世界がわかる
データブック
第26版

世界国勢図会

世界の社会・経済情勢を表とグラフでわかりやすく解説したデータブック。

2015/16

公益財団法人 矢野恒太記念会　編集・発行

まえがき

　本書は，『日本国勢図会』（1927年＝昭和2年，青少年教育を念頭に矢野恒太*が発刊）の姉妹図書として1985年に初版を発行致しました。国際化が急速に進むなかでより詳細な国際統計の必要性が叫ばれ，読者の間からも世界版の刊行を望む声が大きくなり，『日本国勢図会』に掲載する国際統計を大幅に拡充するかたちで『世界国勢図会』を発行することに致しました。初版から第6版までは隔年での刊行でしたが，第7版より年刊化し，本年版で第26版を数えます。

　本年版では7月に公表された国連の人口推計を掲載しました。世界各国の人口推移のほか，男女別人口，高齢化，将来予測など，2年ぶりに改定となったデータを「第2章　人口と都市」で紹介しています。

　世界経済はアメリカ合衆国を中心に緩やかな回復をつづけており，ヨーロッパ，日本の景気も持ち直していくとみられています。しかし，ギリシャ債務危機の再燃や中国経済の減速，原油安などの不安定要因を抱え，楽観視することはできない状況です。加えて，中東・ウクライナ情勢など地政学的リスクの高まりも懸念されるところです。

　本書は，国連，IMFなどの国際機関，各種業界団体による信頼できる統計資料を用いて，国際社会のすがたを示すことを目的としています。本書が，世界情勢を考えるための一助となれば幸いに存じます。

　読者の方々からの積極的なご意見，ご要望，ご叱責をお待ち致します。

2015年9月　　　　　　　　　　　　公益財団法人　矢野恒太記念会

　　　　　　　　　　　　　　　　　編 集 長　米 永　　浩

*矢野恒太（やのつねた）　慶応1.12.2〜昭和26.9.23（1866.1.18〜1951.9.23）
　　　　　　第一生命保険の創立者。保険のみならず統計，
　　　　　　公衆衛生，社会教育など各方面に功績があった。

目　次

〔掲載統計の追加と変更〕

追加統計

　P110　表3-14「働く貧困者」, P110　表3-15「脆弱な就業形態の労働者」, P288　表7-19「世界のサービスロボット販売台数」,（各国の貿易）P336　表8-19「バングラデシュ」, P337　表8-24「モンゴル」, 表8-28「ガーナ」, P465　表12-12「主な国の犯罪状況」

削除統計 （前年版の表図の番号）

　表3-14「アジア主要都市の月給基本給」, 表5-38「在来型・非在来型ガスの資源量」, 表7-23「集積回路等, コンピュータの輸出入」, 表8-16「台湾」, 表8-24「ミャンマー」, 表8-28「カメルーン」

統計表・図の目次

7

第6章　農林水産業

第7章 工業・小売業

第8章　貿易と国際収支

凡　例

▼年次はすべて西暦を使いました。特に「年度」とあるもの以外は暦年
（1月から12月まで）です。「年度」は会計年度を指し，国により始
まりと終わりが異なります。商品別の特別年度（たとえば肥料年度）
については，統計表に注記しました。

▼単位は原則としてメートル法によっていますが，常用の習慣がまだ残
っているものに限り，メートル法以外の単位も使用しました。重量単
位 t も特記しない限り「メトリック・トン」（1000kg）です。

▼体積の表記「リットル」を ℓ から L に改めました。

▼ドルは特記しない限り，アメリカ合衆国のドル（米ドル）です。

▼単位のくり上げのために，合計欄の数字と内訳を合計した結果が一致
しないことがあります。

▼単位のくり上げの方法は四捨五入の方法によりました。

▼構成比（％）の内訳は，その他の項目がある場合を除き100％になる
よう調整していません。

▼統計表の数字は後に修正されることがあります。

▼ただ中国とある場合は，台湾省および香港特別行政区，マカオ特別行
政区を含みません。

▼台湾，香港，マカオ，各国の属領はカッコ付きの表記としました。

▼旧スーダンには南スーダン（2011年7月独立）を含みます。

▼グルジアの国名をジョージアに変更しました。

統計表の記号等について
―　は皆無なこと，またはあてはまる数字のないこと
0 または 0.0　は単位に満たないこと
…　は不詳なこと(調査がないものも含む)　を示します。

正誤表について　本書の内容の訂正は，当財団ホームページでお知らせしています。

国際統計および主要国の基礎データについての留意点

　本書で利用する海外統計は，各国政府や公的機関あるいは業界が公表した原数値，修正値，推計値などであるが，人口，GDP，貿易などがほぼ同じ基準で統計が取られているのに対して，労働，物価，文化指標などは国によって統計の定義，分類，集計範囲が異なっている。そのため各国のデータの整合性がとれず，数値を直接比較することが難しく，データの扱いには注意が必要となる。また，国際統計の多くは，毎年数値が遡って修正されるのが通例で，なかには農業生産などのように，一桁違うような大幅な訂正も行われている。国際統計を利用する際には，整合性がとられていない統計が多いことに留意されて，各注釈を一読されたい。

　14～19ページの主要国の基礎データは，各分野の中から主要項目を選択し，2013年のGDP（国連のデータベースによる）上位20か国について統計を掲載したものである。統計表の下には各項目に関連したグラフも掲載し，表とグラフで主要国の簡単な比較ができる。なお，各項目の資料名，脚注およびここに掲載した主要国以外の国の数値については，表中に本書の該当ページを示したので，そちらを参照されたい。

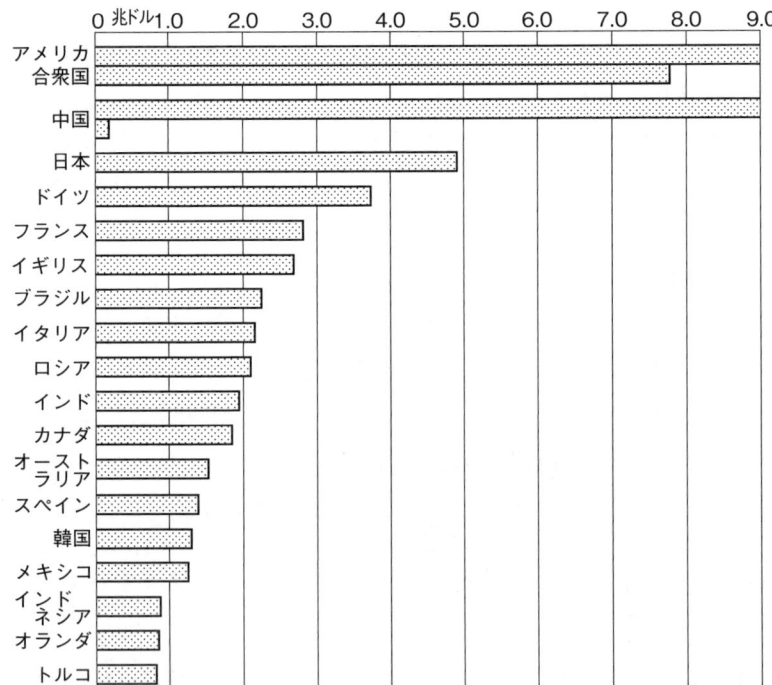

主要国の国内総生産（2013年）

主要国の基礎データ（1）

	面積 （千km²）	人口 （千人）	人口 増加率 （％）	65歳以上 人口割合 （％）	人口予測 （千人）	就業者数 （千人）
	2013	2015	2010～15 年平均	2015	2050	2014
日本·········	378	126 573	-0.1	26.3	107 411	63 508
インド·······	3 287	1 311 051	1.3	5.6	1 705 333	1)374 286
インドネシア·	1 911	257 564	1.3	5.2	322 237	116 399
韓国·········	100	50 293	0.5	13.1	50 593	25 600
サウジアラビア	2 150	31 540	2.3	2.9	46 059	10 984
中国·········	9 597	1 376 049	0.5	9.6	1 348 056	2)769 770
トルコ·······	784	78 666	1.7	7.5	95 819	25 931
イギリス·····	242	64 716	0.6	17.8	75 361	30 642
イタリア·····	301	59 798	0.1	22.4	56 513	22 279
オランダ·····	37	16 925	0.4	18.2	17 602	8 318
スイス·······	41	8 299	1.2	18.0	10 019	4 535
スペイン·····	506	46 122	-0.2	18.8	44 840	17 344
ドイツ·······	357	80 689	0.1	21.2	74 513	39 879
フランス·····	552	64 395	0.5	19.1	71 137	25 769
ロシア·······	17 098	143 457	0.0	13.4	128 599	71 539
アメリカ合衆国	9 834	321 774	0.8	14.8	388 865	146 305
カナダ·······	9 985	35 940	1.0	16.1	44 136	17 802
メキシコ·····	1 964	127 017	1.4	6.5	163 754	49 415
ブラジル·····	8 515	207 848	0.9	7.8	238 270	2)96 659
オーストラリア	7 692	23 969	1.6	15.0	33 496	11 565
本書掲載ページ	24～33	52～57	57～59	74, 75	77～79	100～102

1）2010年。2）2013年。

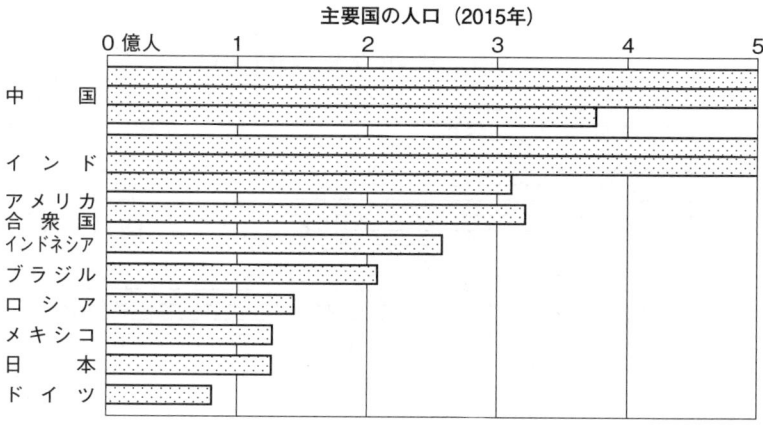

主要国の人口（2015年）

主要国の基礎データ（2）

	産業別就業人口割合（%）			失業		労働生産性（購買力平価換算）（米ドル）
	1次	2次	3次	失業者数（千人）	失業率（%）	
	2014	2014	2014	2014	2014	2013
日本········	3.6	24.8	71.5	2 359	3.6	73 270
インド·······	1) 51.1	1) 22.4	1) 26.6	2) 17 423	2) 3.6	…
インドネシア·	34.3	21.0	44.8	2) 7 524	2) 6.3	…
韓国·········	5.7	24.6	69.7	937	3.5	66 393
サウジアラビア	4.8	23.4	71.8	2) 635	2) 5.7	…
中国········	2) 31.4	2) 30.1	2) 38.5	2) 37 179	2) 4.6	…
トルコ·······	21.1	27.9	51.1	2 860	10.0	55 848
イギリス·····	1.2	18.8	79.9	1 996	6.2	78 062
イタリア·····	3.6	26.9	69.5	3 230	12.7	91 540
オランダ·····	2.1	14.9	83.0	660	7.4	87 195
スイス·······	3.5	19.8	76.7	215	4.5	97 238
スペイン·····	4.2	19.5	76.3	5 610	24.5	87 369
ドイツ·······	1.4	28.1	70.5	2 090	5.0	86 385
フランス·····	2.8	20.5	76.7	3 001	10.2	94 656
ロシア·······	6.7	27.5	65.8	2) 4 266	2) 5.6	…
アメリカ合衆国	1.5	18.6	79.9	9 616	6.2	115 613
カナダ········	3) 1.7	4) 20.2	78.1	1 322	6.9	85 437
メキシコ·····	13.7	24.3	62.0	2 511	4.8	40 716
ブラジル·····	2) 14.5	2) 22.6	2) 63.0	2) 6 308	2) 5.9	…
オーストラリア	2.8	20.4	76.8	745	6.1	90 572
本書掲載ページ	100～102			103		107

就業人口割合で2次産業には鉱業や建設業，電気や水道などを含む。3次産業には分類不能を含む。失業者数，失業率はそれぞれ調整失業者数および調整失業率。1) 2010年。2) 2013年。3) 林業，漁業を含まず。4) 林業，漁業を含む。

主要先進国の失業率（調整失業率）

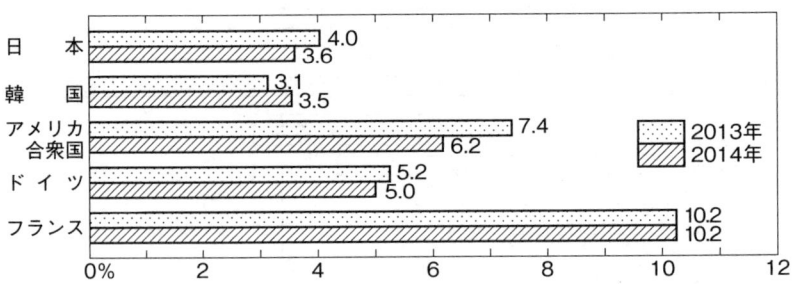

主要国の基礎データ（3）

	国内総生産（億ドル）	1人あたり国民総所得（ドル）	経済成長率（％）	一次エネルギー自給率（％）	発電量（億kWh）	穀物生産量（千 t）
	2013	2013	2014	2012	2012	2013
日本‥‥‥‥‥	48 985	39 947	-0.1	6	10 940	11 787
インド‥‥‥‥	19 378	1 410	7.2	69	11 276	293 940
インドネシア‥	8 683	3 368	5.0	206	1 959	89 792
韓国‥‥‥‥‥	13 046	26 718	3.3	18	5 346	5 818
サウジアラビア	7 484	25 962	3.6	312	2 717	973
中国‥‥‥‥‥	91 812	6 595	7.4	87	49 941	552 876
トルコ‥‥‥‥	8 221	10 935	2.9	26	2 395	37 475
イギリス‥‥‥	26 785	42 098	2.6	61	3 638	20 076
イタリア‥‥‥	21 495	35 183	-0.4	20	2 993	18 084
オランダ‥‥‥	8 535	51 039	0.9	82	1 025	1 811
スイス‥‥‥‥	6 854	88 815	2.0	50	699	839
スペイン‥‥‥	13 930	29 480	1.4	27	2 976	25 232
ドイツ‥‥‥‥	37 303	46 253	1.6	39	6 298	47 757
フランス‥‥‥	28 064	43 073	0.4	53	5 643	67 518
ロシア‥‥‥‥	20 968	14 119	0.6	176	10 707	90 375
アメリカ合衆国	167 681	53 755	2.4	84	42 905	436 554
カナダ‥‥‥‥	18 390	51 159	2.5	167	6 344	66 372
メキシコ‥‥‥	12 592	10 085	2.1	116	2 939	33 210
ブラジル‥‥‥	22 439	11 003	0.1	89	5 525	100 902
オーストラリア	15 313	64 097	2.7	247	2 489	35 598
本書掲載ページ	116〜123	129〜131	132, 133	179	198, 199	208〜211

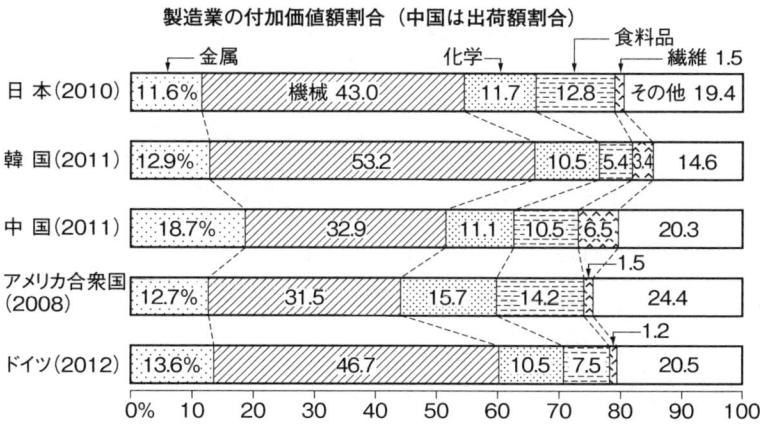

製造業の付加価値額割合（中国は出荷額割合）

日 本（2010）　金属 11.6%　機械 43.0　化学 11.7　12.8　食料品　その他 19.4　繊維 1.5

韓 国（2011）　12.9%　53.2　10.5　5.4　3.4　14.6

中 国（2011）　18.7%　32.9　11.1　10.5　6.5　20.3

アメリカ合衆国（2008）　12.7%　31.5　15.7　14.2　1.5　24.4

ドイツ（2012）　13.6%　46.7　10.5　7.5　1.2　20.5

0%　10　20　30　40　50　60　70　80　90　100

主要国の基礎データ（4）

	工業生産指数 (2010=100)	粗鋼生産 (千t)	消費者物価増減率 (%)	自動車保有台数 (100人あたり 台)	高等教育総就学率 (%)	国防支出総額 (百万ドル)
	2014	2014	2015 3月	2013	2013	2014
日本………	99.0	110 666	2.3	60.3	3) 61	47 685
インド………	1) 103.5	86 530	6.3	2.6	25	45 212
インドネシア……	…	1) 2 644	6.4	7.8	3) 32	7 076
韓国………	107.7	71 036	0.4	39.4	2) 97	34 438
サウジアラビア	126.4	6 291	2.0	21.3	58	80 762
中国………	…	822 698	1.4	9.1	30	129 408
トルコ………	121.3	34 035	7.6	18.2	79	10 047
イギリス……	102.7	12 120	-0.1	57.5	60	61 818
イタリア……	91.0	23 714	-0.1	68.6	3) 62	24 274
オランダ……	102.6	6 964	0.4	54.9	3) 77	10 683
スイス………	108.2	1) 1 530	-0.9	58.8	56	5 260
スペイン……	91.7	14 249	-0.7	57.9	86	15 070
ドイツ………	109.3	42 943	0.3	56.8	60	43 934
フランス……	98.7	16 143	-0.1	59.4	60	53 080
ロシア………	116.5	71 461	16.9	33.1	3) 76	70 048
アメリカ合衆国	115.5	88 174	-0.1	79.0	89	581 000
カナダ………	108.7	12 730	1.2	63.5	…	15 925
メキシコ……	114.2	18 995	2.8	28.1	30	6 548
ブラジル……	96.4	33 897	8.1	19.8	…	31 930
オーストラリア	96.2	4 607 2)	2.5	70.2	89	22 512
本書掲載ページ	268	278	387〜390	407〜409	458〜463	474〜481

1）2013年。2）2014年。3）2012年。

100人あたり自動車保有台数と1人あたりGNI（2013年）

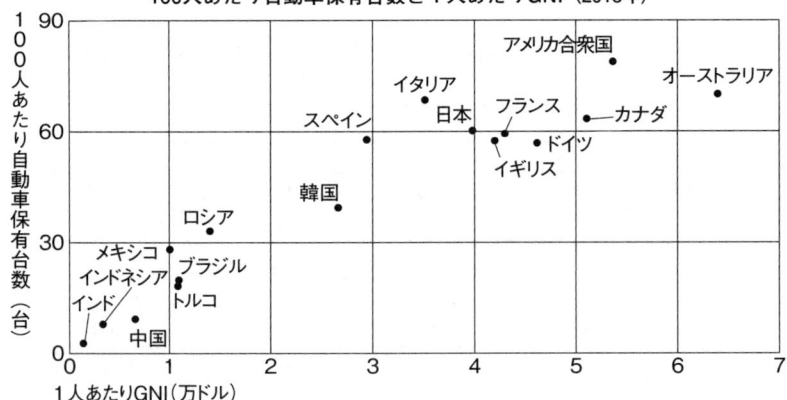

主要国の基礎データ（5）

	貿易 （百万ドル）		国際収支 （百万ドル）		外貨 準備高
	輸出	輸入	経常 収支	金融 収支	（百万 ドル）
	2014	2014	2013	2013	2014 年末
日本・・・・・・・・・	690 202	811 882	34 100	-55 300	1 232 258
インド・・・・・・・	319 759	461 442	-49 226	-59 174	304 365
インドネシア・・	176 341	178 182	2) -24 074	2) -24 906	108 962
韓国・・・・・・・・・	572 665	525 514	79 884	62 403	358 956
サウジアラビア	1) 375 934	1) 163 902	134 330	61 000	732 447
中国・・・・・・・・・	2 342 290	1 960 290	182 807	-323 151	3 860 886
トルコ・・・・・・・・	157 630	242 182	-65 061	-73 674	107 770
イギリス・・・・・・	477 934	663 718	-111 100	-112 400	96 204
イタリア・・・・・・	528 034	470 381	21 273	30 646	51 686
オランダ・・・・・・	574 206	507 005	83 070	75 442	20 305
スイス・・・・・・・・	229 401	196 057	97 574	114 999	507 159
スペイン・・・・・・	318 860	351 452	10 668	32 942	39 952
ドイツ・・・・・・・・	1 505 467	1 217 951	274 000	332 100	67 784
フランス・・・・・・	567 237	661 217	-40 200	-17 200	53 518
ロシア・・・・・・・・	497 909	286 669	32 761	42 514	341 340
アメリカ合衆国	1 623 410	2 409 380	-379 300	-348 100	132 308
カナダ・・・・・・・・	469 980	465 908	-58 975	-61 201	74 589
メキシコ・・・・・・	397 658	399 977	-25 856	-59 604	191 123
ブラジル・・・・・・	225 102	237 531	-81 075	-72 954	361 074
オーストラリア	241 235	227 634	-43 822	-49 932	50 945
本書掲載ページ	314〜322		348〜357		358，359

1）2013年。2）2012年。

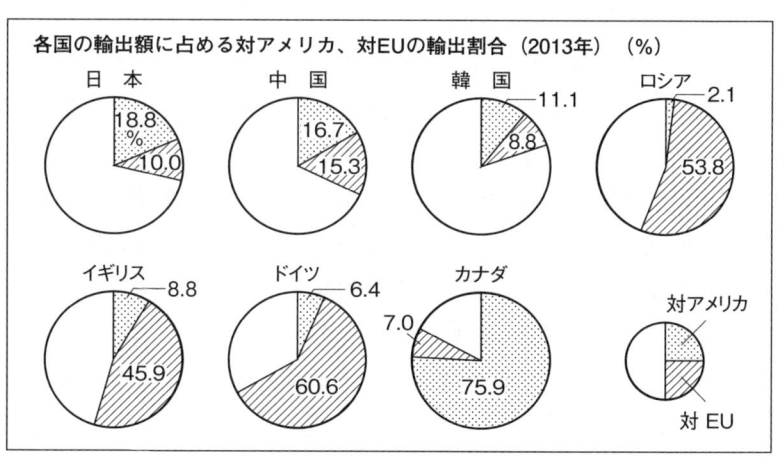

各国の輸出額に占める対アメリカ、対EUの輸出割合（2013年）（%）

日本　18.8 %　10.0
中国　16.7　15.3
韓国　11.1　8.8
ロシア　2.1　53.8
イギリス　8.8　45.9
ドイツ　6.4　60.6
カナダ　7.0　75.9

対アメリカ
対EU

第1章　世界の国々

　2015年は第二次世界大戦が終結してから70年の節目となった。戦後の世界は東西冷戦の時代に入り，米国を中心とする資本主義国とソ連を中心とする社会主義国に大きく二分され，ドイツ，朝鮮，ベトナムなどは分断国家となった。さらに，米国とソ連は核軍拡競争を繰り広げ，1962年のキューバ危機では核戦争の危機に直面したが，結果的には米ソが歩みより核戦争は回避された。1980年代の後半になると東欧革命と言われる民主化運動が起こり，東欧の共産党政権が次々に瓦壊するとともに，1989年11月には東西冷戦の象徴といわれたベルリンの壁も崩壊した。さらに，1991年にはソ連邦が解体して約40年以上にわたった東西冷戦はいったん幕を閉じた。しかし，東西冷戦が終結した後も，民族・宗教などの対立によって世界のいたるところで紛争や内戦が後を絶たず，近年はイスラム過激派勢力によるテロが多発している。国連難民高等弁務官事務所（UNHCR）によると，世界で紛争や迫害で居住地を離れて難民・避難民となった人々が2014年には新たに1390万人発生，2014年度統計では約5950万人となり，いずれも戦後で最悪となっている。

　2014年から2015年にかけては，地政学リスクの高まっている中東において「イスラム国（IS）」が台頭し，その過激な行動により世界に衝撃を与えた。国際テロ組織アルカイダを源流とするイスラム教スンニ派の過激派組織「イスラム国」は，2014年6月に国家の樹立を一方的に宣言し，イラクとシリアにまたがる地域で支配を拡大している。世界各地での爆弾テロや外国人を拉致しての身代金要求，人質殺害映像のネット公開などは脅威の的となっている。米政府と有志国はイスラム国支配地域に空爆を行なっているが，多くの若者が兵士として流入するなど勢力が衰えず，掃討のめどは立っていない。その他にもイスラム過激派による紛争は，イエメン，アフガニスタン，ナイジェリア，アルジェリアなどでも後を絶たない。ナイジェリアでは，女子生徒200名以上を拉致するなど世界を驚がくさせたイスラム過激派「ボコ・ハラム」の台頭により，

政情は不安定化している。そのアフリカではエボラ出血熱が西部を中心に史上最悪の感染となった。WHOによる全世界の患者数は2015年7月現在，2万7678人，死亡者数は1万1276人となっている。また，パレスチナ自治区ガザ地区ではイスラエルとイスラム原理主義組織ハマスの戦闘が継続しており，和平交渉は暗礁に乗り上げたままである。一方で，イランでは核交渉が2015年7月に6カ国（米英仏露中独）と最終合意し，核開発を制限することで経済制裁が解除される。2002年にイランで核兵器開発疑惑が発覚してから13年目にして歴史的な合意となった。

　米国では2014年11月に中間選挙が行われ，オバマ民主党政権に対して，共和党が8年ぶりに上院で過半数の議席を確保し，下院も過半数を維持するという大勝利を収めた。オバマ政権と議会との対立は今後の政権運営の足かせとなりかねないが，民主・共和両党は既に2016年の大統領選挙に向けた候補指名などの取組みを開始しており，その動向が注目されている。その米国とキューバは2015年7月に外交関係を正常化し，「東西冷戦の遺物」といわれた長い対立がようやく解消した（22ページ解説欄）。一方，南シナ海では中国と周辺国が領有権を巡り対立するなか，中国が数年前から埋立てを行って領有を既成事実化しようとしており，軍事基地化を警戒する米国との新たな対立軸となっている。

世界の国・地域（2015年6月末現在）　2015年6月末現在，日本が国家として承認している国の数は195か国で，北朝鮮については未承認である。直近ではニウエを承認国としている（2015年5月15日承認）。日本と北朝鮮を含めた世界の独立国は197か国で，国際連合（国連）にはバチカン，コソボ，クック諸島およびニウエを除く193か国が加盟する。2014年6月，イスラム教スンニ派の過激派組織「イスラム国」が，イラク北西部からシリア東部にかけての一帯でイスラム国家の樹立を宣言したが，国際社会はテロや人質殺害などの非人道的な支配に対して強く反発している。2014年3月にはウクライナ南部のクリミア自治共和国がウクライナからの分離独立とロシアへの併合を決めたが，ウクライナをはじめ欧米諸国や日本はそれを認めていない。独立国家の樹立を目指すパレスチナ（ガザ・ヨルダン川西岸）は，2012年11月に国連でのオブザーバー資格が「国家」（正式な国家承認ではなく，総会での投票権は無い）に格上げされるなど正式な国家樹立に向けて前進しているが，イスラエルとの和解が進まず足踏み状態が続いている。

　ヨーロッパでは，ウクライナで親欧州派と親ロシア派が分裂するなか，ロシアがウクライナ南部のクリミア半島編入を強行したため，東部は政府軍と親ロシア派武装勢力との内戦状態に陥った。2015年2月にロシアとウクライナ，および調停役となったドイツ，フランスの4か国による首脳会談を受けて停戦で合意はしたものの，一部地域でなお衝突が続いている。このため，米国とEU諸国などがロシアに対し数次にわたる経済制裁を科しており，双方の確執が続いている。一方，欧州連合（EU）では，加盟国間の経済格差や厳しい財政規律などに不満が高まっている。ギリシャでは債務危機が再燃し，EUの求める財政緊縮策が2015年7月に国民投票で受入拒否となったが，結局，EUの新たな財政緊縮策を受入れた。追加融資により当面の債務不履行は回避されたものの，課題は残されたままである。また，イギリスでは2014年9月にスコットランドの独立を決める住民投票で国家分裂の危機は回避されたが，2017年にはEUに残留か離脱かを問う国民投票が予定されている。

米・キューバ正式に国交回復

　米国とキューバは2015年7月，相手国の首都に再び大使館を設置し，1961年に断絶した国交を54年ぶりに回復した。キューバでは1959年に誕生したカストロ革命政権が米国企業の資産を接収し，米国と対立するソ連の支援を受けて社会主義宣言を行ったことから米国との関係が悪化した。そして，1962年にはソ連製核ミサイルの配備をめぐってキューバ危機が起きている。一方，米国はキューバに対して1962年に全面禁輸に踏み切り，1982年に「テロ支援国家」に指定，1996年には同国への投資に対する制裁を盛り込んだ「キューバ経済制裁強化法」を成立させた。また，キューバにとって頼みの綱であったソ連は，1991年の東西冷戦の終結により，駐在する兵を引き上げるとともに経済援助も打ち切っている。

　キューバはこのような状況下において，経済危機に苦しみながらも社会主義国家を維持してきた。これに対し米オバマ政権は「時代遅れの政策を転換する」として，2015年1月から国交正常化交渉を開始し，同年5月には「テロ支援国家」指定を解除するなど，関係の改善を図ってきた。さらに，両国は完全な正常化を目指す取組みを表明しているが，米国はキューバによる反体制派への人権弾圧の改善を，キューバは米国による経済制裁の全面解除や，グアンタナモ米軍基地（南東部にある米国海軍の基地）の返還を要求するなど，完全な正常化にはまだ時間がかかりそうである。

表 1-1　世界の地域別の面積と人口

	人口（百万人）				面積 （百万 km²）	人口 密度 （人/km²）
	2000	2014	2015	%		
アジア・・・・・・・・・	3 714	4 350	4 393	*59.8*	31.9	137.7
アフリカ・・・・・・・・	814	1 157	1 186	*16.1*	30.3	39.1
ヨーロッパ・・・・・・	726	738	738	*10.0*	23.0	32.0
アメリカ・・・・・・・・	841	983	992	*13.5*	42.3	23.4
北米・・・・・・・・ 1)	314	355	358	*4.9*	21.8	16.4
カリブ諸国・・・・	38	43	43	*0.6*	0.2	184.6
中米・・・・・・・・・・	139	170	173	*2.4*	2.5	69.7
南米・・・・・・・・・・	350	414	418	*5.7*	17.8	23.5
オセアニア・・・・・・	31	39	39	*0.5*	8.6	4.6
世界計・・・・・・・・	**6 127**	**7 266**	**7 349**	*100.0*	**136.2**	54.0

面積は国連 “Demographic Yearbook”（2013年版）による2013年のデータ。人口は国連 “World Population Prospects”（2015年版）による年央（7月1日）の推計（2015年7月30日公表データ）。人口密度は2015推計人口で算出。地域の面積は各国面積の合計で，極地地方と定住者のない島の地域の面積は含まれていない。面積・人口ともトルコはアジアに，ハワイは北アメリカ，ロシアはヨーロッパに含む。1) バミューダ，カナダ，グリーンランド，サンピエール・ミクロン，アメリカ合衆国。

図 1-1　世界銀行の分類による面積，人口，GNIの分布（2013年）

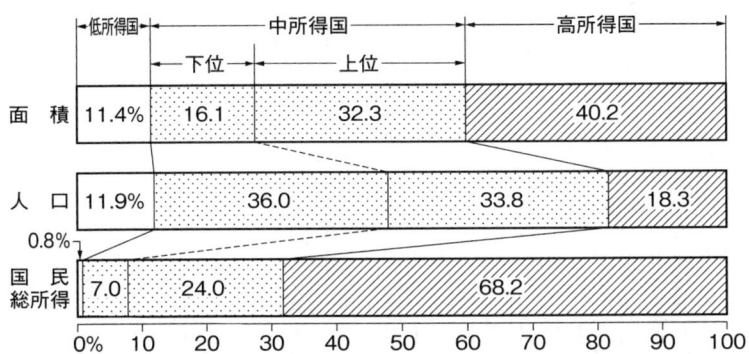

世界銀行 “World Development Indicators”（2015年版）による。他の図表とは基にしている資料が異なるので注意。世界銀行は，1人あたり国民総所得（GNI）によって便宜的な所得による分類を毎年行っている。2013年の低所得国は1人あたりGNIが1045ドル以下の国，中所得国のうち下位は1046ドル以上4125ドル以下，上位は4126ドル以上12745ドル以下，高所得国は12746ドル以上の国。それぞれの分類における1人あたりGNIの平均は，低所得国が728ドル，中所得国のうち下位は2074ドル，上位は7604ドル，高所得国は39812ドルで，世界平均は10683ドル。割合は100％になるように調整してある。

表1-2　独立国・その他の地域の一覧表

国　名	面積 (千km²) (2013年)	人口 (千人) (2015年)	人口密度 (1km² あ たり　人)	首　都
アジア				
日本国・・・・・・・・・・・・	378	126 573	335 [1]	東京
アゼルバイジャン共和国	87	9 754	113	バクー
アフガニスタン・ 　イスラム共和国・・・・・	653	32 527	50	カブール
アラブ首長国連邦・・・・・	84	9 157	110	アブダビ
アルメニア共和国・・・・・	30	3 018	101	エレバン
イエメン共和国・・・・・・・	528	26 832	51	サヌア
イスラエル国・・・・・・・ [3]	22	8 064	365	エルサレム
イラク共和国・・・・・・・・	435	36 423	84	バグダッド
イラン・イスラム共和国	1 629	79 109	49	テヘラン
インド・・・・・・・・・・・ [4]	3 287	1 311 051	399	ニューデリー
インドネシア共和国・・・・	1 911	257 564	135	ジャカルタ
ウズベキスタン共和国・・	447	29 893	67	タシケント
オマーン国・・・・・・・・・	310	4 491	15	マスカット
カザフスタン共和国・・・	2 725	17 625	6	アスタナ
カタール国・・・・・・・・・	12	2 235	193	ドーハ
カンボジア王国・・・・・・・	181	15 578	86	プノンペン
キプロス共和国・・・・・ [6]	9.3	1 165	126	ニコシア
キルギス共和国・・・・・・	200	5 940	30	ビシュケク
クウェート国・・・・・・・・	18	3 892	218	クウェート
サウジアラビア王国・・・・ [7]	2 150	31 540	15	リヤド
ジョージア・・・・・・・・・ [8]	70	4 000	57	トビリシ
シリア・アラブ共和国・・	185	18 502	100	ダマスカス
シンガポール共和国・・・・	0.7	5 604	7 826	なし（都市国家）
スリランカ民主 　社会主義共和国・・・・・・	66	20 715	316	スリ・ジャヤワルダ 　ナプラ・コッテ
タイ王国・・・・・・・・・・・	513	67 959	132	バンコク
大韓民国（韓国）・・・・・・・	100	50 293	502	ソウル
タジキスタン共和国・・・・	143	8 482	59	ドゥシャンベ
中華人民共和国・・・・・ [10]	9 597	1 376 049	143	ペキン（北京）
トルクメニスタン・・・・・・	488	5 374	11	アシガバット
トルコ共和国・・・・・・・・	784	78 666	100	アンカラ
ネパール連邦民主共和国	147	28 514	194	カトマンズ
バーレーン王国・・・・・・・	0.8	1 377	1 796	マナーマ
パキスタン・イスラム共和国 [11]	796	188 925	237	イスラマバード
バングラデシュ人民共和国	148	160 996	1 091	ダッカ
東ティモール民主共和国	15	1 185	79	ディリ
フィリピン共和国・・・・・	300	100 699	336	マニラ
ブータン王国・・・・・・・・	38	775	20	ティンプー
ブルネイ・ 　ダルサラーム国・・・・・・	5.8	423	73	バンダルスリ 　ブガワン
ベトナム社会主義共和国	331	93 448	282	ハノイ

主要言語	独立年月	国内総生産(2013年)(百万ドル)	1人あたりGNI(2013年)(ドル)	貿易額(百万ドル)(2014年) 輸出	輸入
日本語	—	4 898 532	39 947	690 202	811 882
アゼルバイジャン語	1991. 8	73 557	7 376	21 829	9 188
パシュトゥー語，ダリー語	—	21 618	708	*¹ 500	*¹ 5 400
アラビア語	1971.12	402 340	43 085	*¹ 365 000	*¹245 000
アルメニア語	1991. 9	10 431	3 644	1 519	4 402
アラビア語	2)	34 714	1 360	*¹ 9 500	*¹112 500
ヘブライ語，アラビア語	1948. 5	291 567	36 991	*¹ 66 607	*¹74 861
アラビア語，クルド語	—	195 517	5 921	*¹ 89 550	*¹61 000
ペルシャ語，トルコ語	—	492 783	6 321	*¹ 82 000	*¹49 000
ヒンディー語5)	1947. 8	1 937 797	1 410	319 759	461 442
インドネシア語	1945. 8	868 346	3 368	176 341	178 182
ウズベク語，ロシア語	1991. 8	57 210	2 064	*¹ 15 087	*¹13 799
アラビア語	—	79 656	20 662	*¹ 56 429	*¹34 333
カザフ語，ロシア語	1991.12	224 415	11 819	78 238	41 213
アラビア語	1971. 9	202 450	87 390	*¹ 136 855	*¹27 038
カンボジア語	1953.11	15 250	885	*¹ 9 100	*¹13 000
ギリシャ語，トルコ語	1960. 8	24 057	26 814	1 917	6 814
キルギス語，ロシア語	1991. 8	7 226	1 269	1 650	5 732
アラビア語	1961. 6	175 831	55 809	*¹ 115 105	*¹29 313
アラビア語	—	748 450	25 962	*¹ 375 934	*¹163 902
ジョージア語	1991. 4	16 127	3 649	2 861	8 593
アラビア語	1946. 4	35 164	1 573	*¹ 3 000	*¹ 5 800
マレー語，英語9)	1965. 8	295 744	53 363	409 769	366 247
シンハラ語，タミル語，英語	1948. 2	67 203	3 075	*¹ 10 397	*¹17 973
タイ語	—	420 167	5 849	225 239	228 200
韓国語	1948. 8	1 304 554	26 718	572 665	525 514
タジク語，ロシア語	1991. 9	8 506	1 307	1 078	4 669
中国語	—	9 181 204	6 595	2 342 290	1 960 290
トルクメン語，ロシア語	1991.10	41 851	7 370	…	…
トルコ語	—	822 149	10 935	157 630	242 182
ネパール語	—	18 179	657	*¹ 926	*¹ 6 428
アラビア語	1971. 8	32 898	21 477	*¹ 17 500	*¹13 000
ウルドゥー語，英語	1947. 8	225 419	1 297	24 706	45 772
ベンガル語	1971.12	153 505	1 059	*¹ 27 033	*¹33 576
テトゥン語，ポルトガル語	2002. 5	4 941	3 847	*¹ 51	*¹ 844
フィリピノ語，英語	1946. 7	272 067	3 316	61 927	67 546
ゾンカ語	—	1 781	2 209	*¹ 544	*¹ 911
マレー語，英語	1984. 1	16 111	38 750	*² 12 982	*² 3 563
ベトナム語	12)	171 222	1 785	149 565	148 770

国　名	面積 (千km²) (2013年)	人口 (千人) (2015年)	人口密度 (1km²あ たり　人)	首　都
アジア（つづき）				
マレーシア………………	330	30 331	92	クアラルンプール
ミャンマー連邦共和国‥	677	53 897	80	ネーピードー
モルディブ共和国………	0.3	364	1 212	マレ
モンゴル国………………	1 564	2 959	2	ウランバートル
ヨルダン・ハシェミット王国 [13]	89	7 595	85	アンマン
ラオス人民民主共和国‥	237	6 802	29	ビエンチャン
レバノン共和国………	10	5 851	560	ベイルート
アフリカ				
アルジェリア民主人民共和国	2 382	39 667	17	アルジェ
アンゴラ共和国………	1 247	25 022	20	ルアンダ
ウガンダ共和国………	242	39 032	162	カンパラ
エジプト・アラブ共和国	1 002	91 508	91	カイロ
エチオピア連邦民主共和国	1 104	99 391	90	アディスアベバ
エリトリア国…………	118	5 228	44	アスマラ
ガーナ共和国…………	239	27 410	115	アクラ
カーボヴェルデ共和国‥	4.0	521	129	プライア
ガボン共和国…………	268	1 725	6	リーブルビル
カメルーン共和国……	476	23 344	49	ヤウンデ
ガンビア共和国………	11	1 991	176	バンジュール
ギニア共和国…………	246	12 609	51	コナクリ
ギニアビサウ共和国……	36	1 844	51	ビサウ
ケニア共和国…………	592	46 050	78	ナイロビ
コートジボワール共和国	322	22 702	70	ヤムスクロ [14]
コモロ連合……………	2.2	788	353	モロニ
コンゴ共和国…………	342	4 620	14	ブラザビル
コンゴ民主共和国……	2 345	77 267	33	キンシャサ
サントメ・プリンシペ 　民主共和国…………	1.0	190	197	サントメ
ザンビア共和国………	753	16 212	22	ルサカ
シエラレオネ共和国……	72	6 453	89	フリータウン
ジブチ共和国…………	23	888	38	ジブチ
ジンバブエ共和国……	391	15 603	40	ハラレ
スーダン共和国……… [15]	1 880	40 235	21	ハルツーム
スワジランド王国……	17	1 287	74	ムババネ
セーシェル共和国……	0.5	96	211	ビクトリア
赤道ギニア共和国……	28	845	30	マラボ
セネガル共和国………	197	15 129	77	ダカール
ソマリア連邦共和国…… [16]	638	10 787	17	モガディシュ
タンザニア連合共和国‥	947	53 470	56	ドドマ [18]
チャド共和国…………	1 284	14 037	11	ンジャメナ
中央アフリカ共和国……	623	4 900	8	バンギ
チュニジア共和国……	164	11 254	69	チュニス
トーゴ共和国…………	57	7 305	129	ロメ

主要言語	独立年月	国内総生産(2013年)(百万ドル)	1人あたりGNI(2013年)(ドル)	貿易額(百万ドル)(2014年) 輸出	輸入
マレー語, 中国語, 英語	1957. 8	312 434	10 138	234 139	208 874
ミャンマー語	1948. 1	63 031	1 183	9 183	16 226
ディベヒ語	1965. 7	2 836	6 779	145	1 993
モンゴル語	—	11 516	3 787	5 775	5 237
アラビア語, 英語	1946. 5	33 594	4 560	8 376	22 952
ラオス語	1953.10	10 760	1 511	*1 2 264	*1 3 020
アラビア語, 英語, 仏語	1943.11	47 221	9 512	*1 4 059	*1 21 236
アラビア語, 仏語	1962. 7	208 764	5 229	61 413	58 367
ポルトガル語	1975.11	121 692	5 041	58 915	28 086
英語, スワヒリ語	1962.10	26 444	682	2 667	5 086
アラビア語	—	255 199	3 079	24 736	61 010
アムハラ語, 英語	—	46 017	488	*2 4 062	*2 12 641
ティグリニャ語, アラビア語	1993. 5	3 438	538	…	…
英語	1957. 3	47 830	1 798	*1 13 691	*1 17 759
ポルトガル語, クレオール語	1975. 7	1 861	3 616	*1 69	*1 727
仏語	1960. 8	16 970	9 078	*1 9 514	*1 3 886
仏語, 英語	1960. 1	29 568	1 274	*1 4 204	*1 7 006
英語, マンディンゴ語	1965. 2	902	469	*1 8	*1 348
仏語, 各民族語	1958.10	7 219	570	*1 1 300	*1 2 150
ポルトガル語	1973. 9	1 036	604	*1 210	*1 240
スワヒリ語, 英語	1963.12	54 443	1 218	*1 5 856	*1 16 358
仏語, 各部族語	1960. 8	28 593	1 355	*1 13 748	*1 12 898
仏語, アラビア語, コモロ語	1975. 7	622	878	*1 25	*1 285
仏語, リンガラ語	1960. 8	14 022	2 751	*1 9 800	*1 5 500
仏語, キコンゴ語	1960. 6	32 691	440	*1 6 300	*1 6 300
ポルトガル語	1975. 7	342	1 765	*1 12	*1 140
英語, ベンバ語	1964.10	22 384	1 456	*1 10 596	*1 10 165
英語, メンデ語	1961. 4	4 929	736	*1 1 893	*1 1 780
アラビア語, 仏語	1977. 6	1 456	1 781	*1 120	*1 560
英語, ショナ語, ンデベレ語	1980. 4	13 490	937	*1 3 552	*1 4 300
アラビア語, 英語	1956. 1	54 595	1 498	*1 7 086	*1 9 918
英語, シスワティ語	1968. 9	3 523	2 930	*2 1 897	*2 1 946
英語, 仏語, クレオール語	1976. 6	1 445	14 019	*1 578	*1 1 098
スペイン語, 仏語	1968.10	18 532	16 875	*1 13 981	*1 6 990
仏語, ウォロフ語	1960. 8	15 152	989	*1 2 440	*1 6 067
ソマリ語, アラビア語17)	1960. 4	1 399	128	…	…
スワヒリ語, 英語	1961.12	19) 44 698	19) 928	*1 5 043	*1 12 235
仏語, アラビア語	1960. 8	10 460	449	*1 4 496	*1 2 997
サンゴ語, 仏語	1960. 8	1 585	343	*1 140	*1 250
アラビア語, 仏語	1956. 3	46 883	4 213	16 756	24 828
仏語	1960. 4	4 158	520	*1 1 048	*1 2 108

国　名	面積 (千km²) (2013年)	人口 (千人) (2015年)	人口密度 (1km²あ たり　人)	首　都
アフリカ（つづき）				
ナイジェリア連邦共和国	924	182 202	197	アブジャ
ナミビア共和国‥‥‥‥‥	824	2 459	3	ウィントフック
ニジェール共和国‥‥‥‥	1 267	19 899	16	ニアメ
ブルキナファソ‥‥‥‥	273	18 106	66	ワガドゥグー
ブルンジ共和国‥‥‥‥	28	11 179	402	ブジュンブラ
ベナン共和国‥‥‥‥‥	115	10 880	95	ポルトノボ
ボツワナ共和国‥‥‥‥	582	2 262	4	ハボロネ
マダガスカル共和国‥‥	587	24 235	41	アンタナナリボ
マラウイ共和国‥‥‥‥	118	17 215	145	リロングウェ
マリ共和国‥‥‥‥‥‥	1 240	17 600	14	バマコ
南アフリカ共和国‥‥‥‥	1 221	54 490	45	プレトリア
南スーダン共和国‥‥15)	640	12 340	19	ジュバ
モーリシャス共和国‥‥	2.0	1 273	647	ポートルイス
モーリタニア・イスラム共和国	1 031	4 068	4	ヌアクショット
モザンビーク共和国‥‥	802	27 978	35	マプト
モロッコ王国‥‥‥‥‥	447	34 378	77	ラバト
リビア‥‥‥‥‥‥20)	1 760	6 278	4	トリポリ
リベリア共和国‥‥‥‥	111	4 503	40	モンロビア
ルワンダ共和国‥‥‥‥	26	11 610	441	キガリ
レソト王国‥‥‥‥‥‥	30	2 135	70	マセル
ヨーロッパ				
アイスランド共和国‥‥	103	329	3	レイキャビク
アイルランド‥‥‥‥	70	4 688	67	ダブリン
アルバニア共和国‥‥‥	29	2 897	101	ティラナ
アンドラ公国‥‥‥‥‥	0.5	70	151	アンドラベリャ
イタリア共和国‥‥‥‥	301	59 798	198	ローマ
ウクライナ‥‥‥‥‥	604	44 824	74	キエフ
エストニア共和国‥‥‥	45	1 313	29	タリン
オーストリア共和国‥‥	84	8 545	102	ウィーン
オランダ王国‥‥‥‥‥	37	16 925	453	アムステルダム
ギリシャ共和国‥‥‥‥	132	10 955	83	アテネ
グレートブリテン・ 　北アイルランド 　　連合王国（イギリス）・	242	64 716	267	ロンドン
クロアチア共和国‥‥‥	57	4 240	75	ザグレブ
コソボ共和国（国連未加盟）21)	11	1 823	167	プリシュティナ
サンマリノ共和国‥‥‥	0.06	32	521	サンマリノ
スイス連邦‥‥‥‥‥	41	8 299	201	ベルン
スウェーデン王国‥‥‥	450	9 779	22	ストックホルム
スペイン‥‥‥‥‥‥	506	46 122	91	マドリード
スロバキア共和国‥‥‥	49	5 426	111	ブラチスラバ
スロベニア共和国‥‥‥	20	2 068	102	リュブリャナ
セルビア共和国‥‥‥22)	77	7 129	92	ベオグラード
チェコ共和国‥‥‥‥‥	79	10 543	134	プラハ

主要言語	独立年月	国内総生産 (2013年) (百万ドル)	1人あたりGNI (2013年) (ドル)	貿易額（百万ドル）(2014年) 輸出	輸入
英語，ハウサ語	1960.10	514 965	2 663	*2 114 000	*2 35 703
英語，アフリカーンス語	1990. 3	12 580	5 408	*1 5 740	*1 7 568
仏語，ハウサ語	1960. 8	7 407	409	*1 1 613	*1 1 909
仏語	1960. 8	12 547	728	*1 2 161	*1 3 499
仏語，キルンジ語	1962. 7	2 549	251	124	769
仏語	1960. 8	8 307	801	*1 1 154	*1 2 148
英語，ツワナ語	1966. 9	14 778	7 229	*1 7 765	*1 7 007
マダガスカル語，仏語	1960. 6	10 612	448	*1 1 947	*1 3 198
チェワ語，英語	1964. 7	5 146	308	*1 1 196	*1 2 831
仏語，バンバラ語	1960. 9	10 943	671	*1 2 601	*1 3 699
英語，アフリカーンス語	—	366 060	6 754	91 191	99 924
英語，各部族語	2011. 7	11 804	475	…	…
英語，仏語，クレオール語	1968. 3	11 938	9 604	3 083	5 610
アラビア語，仏語	1960.11	5 516	1 326	2 298	3 642
ポルトガル語	1975. 6	15 628	605	*1 4 300	*1 8 600
アラビア語，ベルベル語	1956. 3	103 836	3 059	23 678	45 823
アラビア語	1951.12	74 597	11 956	*1 43 989	*1 27 012
英語，各部族語	—	1 946	407	*1 540	*1 1 210
仏語，英語，キニヤルワンダ語	1962. 7	7 601	636	*1 689	*1 2 480
英語，ソト語	1966.10	2 230	1 294	*1 934	*1 2 284
アイスランド語	1944. 6	15 330	45 661	4 980	5 240
アイルランド語，英語	—	232 077	42 671	118 619	70 769
アルバニア語	—	12 904	4 078	2 431	5 230
カタルニア語，仏語	1993. 3	3 249	41 015	98	1 556
イタリア語	—	2 149 485	35 183	528 034	470 381
ウクライナ語，ロシア語	1991. 8	188 350	4 142	54 103	54 293
エストニア語	1991. 9	24 880	18 841	15 931	17 992
独語	—	428 322	50 372	169 189	171 389
オランダ語	—	853 539	51 039	574 206	507 005
ギリシャ語	—	242 230	21 761	35 813	63 282
英語	—	2 678 455	42 098	477 934	663 718
クロアチア語	1991. 6	57 869	13 017	13 686	22 523
アルバニア語，セルビア語	2008. 2	6 837	3 041	…	…
イタリア語	—	1 802	48 987	…	…
独語，仏語	—	685 434	88 815	229 401	196 057
スウェーデン語	—	579 680	62 619	162 587	159 533
スペイン語	—	1 393 040	29 480	318 860	351 452
スロバキア語	1993. 1	97 713	17 572	85 923	82 042
スロベニア語	1991. 6	47 990	22 991	30 672	30 189
セルビア語	1992. 4	45 520	6 134	14 813	20 437
チェコ語	1993. 1	208 796	18 218	173 853	152 170

国　名	面積 (千km²) (2013年)	人口 (千人) (2015年)	人口密度 (1km²あ たり　人)	首　都
ヨーロッパ（つづき）				
デンマーク王国・・・・・・・・	43	5 669	132	コペンハーゲン
ドイツ連邦共和国・・・・・・	357	80 689	226	ベルリン
ノルウェー王国・・・・・・・・	324	5 211	16	オスロ
バチカン（国連未加盟）・	0.0004	0.8	1 818	なし(都市国家の一種)
ハンガリー・・・・・・・・・・・・	93	9 855	106	ブダペスト
フィンランド共和国・・・・	337	5 503	16	ヘルシンキ
フランス共和国・・・・・・・・	552	64 395	117	パリ
ブルガリア共和国・・・・・・	111	7 150	64	ソフィア
ベラルーシ共和国・・・・・・	208	9 496	46	ミンスク
ベルギー王国・・・・・・・・・・	31	11 299	370	ブリュッセル
ポーランド共和国・・・・・・	312	38 612	124	ワルシャワ
ボスニア・ヘルツェゴビナ	51	3 810	74	サラエボ
ポルトガル共和国・・・・・・	92	10 350	112	リスボン
マケドニア・旧ユーゴ 　スラビア共和国・・・・・・	26	2 078	81	スコピエ
マルタ共和国・・・・・・・・・・	0.3	419	1 325	バレッタ
モナコ公国・・・・・・・・・・・・	0.002	38	18 866	モナコ
モルドバ共和国・・・・・・・・	34	4 069	120	キシニョフ
モンテネグロ・・・・・・・・・・	14	626	45	ポドゴリツァ
ラトビア共和国・・・・・・・・	65	1 971	31	リガ
リトアニア共和国・・・・・・	65	2 878	44	ビリニュス
リヒテンシュタイン公国	0.2	38	235	ファドーツ
ルーマニア・・・・・・・・・・・・	238	19 511	82	ブカレスト
ルクセンブルク大公国・・	2.6	567	219	ルクセンブルク
ロシア連邦・・・・・・・・・・・・	17 098	143 457	8	モスクワ
北中アメリカ				
アメリカ合衆国（米国）・	9 834	321 774	33	ワシントンD.C.
アンティグア・バーブーダ	0.4	92	208	セントジョンズ
エルサルバドル共和国・・	21	6 127	291	サンサルバドル
カナダ・・・・・・・・・・・・・・・・	9 985	35 940	4	オタワ
キューバ共和国・・・・・・・・	110	11 390	104	ハバナ
グアテマラ共和国・・・・・・	109	16 343	150	グアテマラシティー
グレナダ・・・・・・・・・・・・・・	0.3	107	311	セントジョージズ
コスタリカ共和国・・・・・・	51	4 808	94	サンホセ
ジャマイカ・・・・・・・・・・・・	11	2 793	254	キングストン
セントクリストファー・ 　ネービス・・・・・・・・・・23)	0.3	56	213	バセテール
セントビンセント・ 　グレナディーン諸島・・	0.4	109	281	キングスタウン
セントルシア・・・・・・・・・・	0.5	185	343	カストリーズ
ドミニカ共和国・・・・・・・・	48	10 528	218	サントドミンゴ
ドミニカ国・・・・・・・・・・・・	0.8	73	97	ロゾー
トリニダード・トバゴ共和国	5.1	1 360	265	ポートオブスペイン
ニカラグア共和国・・・・・・	130	6 082	47	マナグア

主要言語	独立年月	国内総生産 (2013年) (百万ドル)	1人あたりGNI (2013年) (ドル)	貿易額 (百万ドル) (2014年) 輸出	輸入
デンマーク語	—	336 701	61 841	110 491	99 127
独語	—	3 730 261	46 253	1 505 467	1 217 951
ノルウェー語	—	522 349	105 266	142 301	88 053
ラテン語, 仏語, イタリア語	—	…	…	…	…
ハンガリー語	—	133 424	13 014	112 438	103 942
フィンランド語	—	267 329	49 414	74 112	76 464
仏語	—	2 806 432	43 073	567 237	661 217
ブルガリア語	—	54 481	7 409	30 930	34 730
ベラルーシ語, ロシア語	1991. 8	71 710	7 374	36 392	40 788
仏語, オランダ語, 独語	—	524 806	46 785	469 254	449 838
ポーランド語	—	525 863	13 259	216 666	219 859
ボスニア語, セルビア語	1992. 3	17 852	4 705	5 893	10 988
ポルトガル語	—	227 324	20 959	64 058	77 745
マケドニア語, アルバニア語	1991. 9	10 767	5 039	4 875	7 228
マルタ語, 英語	1964. 9	9 971	22 191	4 836	8 122
仏語	—	6 559	173 377	…	…
モルドバ語, ロシア語	1991. 8	7 970	2 484	2 340	5 317
モンテネグロ語, セルビア語	2006. 6	4 417	7 249	447	2 369
ラトビア語	1991. 9	30 886	15 098	13 585	16 766
リトアニア語	1991. 9	46 403	14 967	32 396	35 218
独語	—	5 647	119 918	…	…
ルーマニア語	—	192 094	8 633	69 891	77 882
ルクセンブルク語	—	60 131	72 005	15 069	23 545
ロシア語	—	2 096 774	14 119	497 909	286 669
英語	—	16 768 050	53 755	1 623 410	2 409 380
英語	1981.11	1 241	13 205	25	553
スペイン語	—	24 259	3 674	5 273	10 513
英語, 仏語	—	1 838 964	51 159	469 980	465 908
スペイン語	—	78 694	6 884	…	…
スペイン語	—	53 797	3 388	7 366	14 921
英語	1974. 2	831	7 648	*1 33	*1 368
スペイン語	—	49 621	9 885	11 217	17 229
英語	1962. 8	14 270	5 030	*1 1 574	*1 6 200
英語	1983. 9	743	13 362	*1 50	*1 249
英語	1979.10	709	6 450	*1 48	*1 378
英語	1979. 2	1 336	6 600	*1 171	*1 598
スペイン語	—	60 612	5 556	4 677	13 838
英語	1978.11	498	6 728	39	205
英語	1962. 8	24 463	14 780	*1 12 700	*1 8 799
スペイン語	—	11 256	1 800	*1 2 408	*1 5 647

国名・ 地域名	面積 （千km²） （2013年）	人口 （千人） （2015年）	人口密度 （1km²あ たり　人）	首都・ 政庁所在地
北中アメリカ（つづき）				
ハイチ共和国‥‥‥‥‥‥	28	10 711	386	ポルトープランス
パナマ共和国‥‥‥‥‥	75	3 929	52	パナマシティ
バハマ国‥‥‥‥‥‥‥	14	388	28	ナッソー
バルバドス‥‥‥‥‥‥	0.4	284	661	ブリッジタウン
ベリーズ‥‥‥‥‥‥‥	23	359	16	ベルモパン
ホンジュラス共和国‥‥‥	112	8 075	72	テグシガルパ
メキシコ合衆国‥‥‥‥	1 964	127 017	65	メキシコシティ
南アメリカ				
アルゼンチン共和国‥‥‥	2 780	43 417	16	ブエノスアイレス
ウルグアイ東方共和国‥‥	176	3 432	19	モンテビデオ
エクアドル共和国‥‥‥‥	257	16 144	63	キト
ガイアナ共和国‥‥‥‥24)	215	767	4	ジョージタウン
コロンビア共和国‥‥‥‥	1 142	48 229	42	ボゴタ
スリナム共和国‥‥‥‥‥	164	543	3	パラマリボ
チリ共和国‥‥‥‥‥‥‥	756	17 948	24	サンティアゴ
パラグアイ共和国‥‥‥‥	407	6 639	16	アスンシオン
ブラジル連邦共和国‥‥‥	8 515	207 848	24	ブラジリア
ベネズエラ・ボリバル共和国	912	31 108	34	カラカス
ペルー共和国‥‥‥‥‥	1 285	31 377	24	リマ
ボリビア多民族国‥‥‥‥	1 099	10 725	10	ラパス25)
オセアニア				
オーストラリア連邦‥‥‥	7 692	23 969	3	キャンベラ
キリバス共和国‥‥‥‥‥	0.7	112	155	タラワ
クック諸島（国連未加盟）	0.2	21	88	アバルア
サモア独立国‥‥‥‥‥	2.8	193	68	アピア
ソロモン諸島‥‥‥‥‥	29	584	20	ホニアラ
ツバル‥‥‥‥‥‥‥‥	0.03	10	381	フナフチ
トンガ王国‥‥‥‥‥‥	0.7	106	142	ヌクアロファ
ナウル共和国‥‥‥‥‥	0.02	10	487	ヤレン
ニウエ‥‥‥‥‥‥‥27)	0.26	2	6	アロフィ
ニュージーランド‥‥‥	275	4 529	16	ウェリントン
バヌアツ共和国‥‥‥‥	12	265	22	ポートビラ
パプアニューギニア独立国	463	7 619	16	ポートモレスビー
パラオ共和国‥‥‥‥‥	0.5	21	46	マルキョク
フィジー共和国‥‥‥‥	18	892	49	スバ
マーシャル諸島共和国‥‥	0.2	53	293	マジュロ
ミクロネシア連邦‥‥‥	0.7	104	149	パリキール
主なその他の地域				
北朝鮮（日本未承認）‥28)	121	25 155	209	ピョンヤン（平壌）
台湾‥‥‥‥‥‥‥‥29)	36	23 381	646	タイペイ（台北）
パレスチナ‥‥‥‥‥30)	6.0	4 668	775	ラマッラ
香港特別行政区‥‥‥31)	1.1	7 288	6 601	—
マカオ特別行政区‥‥31)	0.03	588	19 587	—

資料，脚注は34ページ参照。

主要言語	独立年月	国内総生産(2013年)(百万ドル)	1人あたりGNI(2013年)(ドル)	貿易額(百万ドル)(2014年)	
				輸出	輸入
仏語, クレオール語	—	7 691	751	*1 885	*1 3 400
スペイン語	—	40 467	10 267	*3 785	*3 11 342
英語	1973. 7	8 420	21 777	*1 715	*1 3 276
英語	1966.11	4 228	14 317	*1 463	*1 1 759
英語, スペイン語	1981. 9	1 624	4 731	*1 315	*1 930
スペイン語	—	18 569	2 131	4 063	9 311
スペイン語	—	1 259 201	10 085	397 658	399 977
スペイン語	—	611 726	14 504	71 936	65 249
スペイン語	—	55 708	15 801	9 475	10 901
スペイン語	—	94 473	5 810	25 732	27 740
英語	1966. 5	2 990	3 775	*1 1 380	*1 1 750
スペイン語	—	378 148	7 523	54 788	64 060
オランダ語	1975.11	5 299	9 597	2 113	1 982
スペイン語	—	277 043	15 093	74 547	72 433
スペイン語, グアラニー語	—	29 208	4 066	9 655	12 169
ポルトガル語	—	2 243 854	11 003	225 102	237 531
スペイン語	—	371 339	11 826	*1 86 700	*1 46 363
スペイン語	—	200 269	6 363	*1 41 484	*1 42 199
スペイン語, ケチュア語	—	30 601	2 688	12 266	10 421
英語	—	1 531 282	64 097	241 235	227 634
キリバス語, 英語	1979. 7	175	2 553	*1 8	*1 112
マオリ語, 英語	26)	330	16 002	*1 6	*1 150
サモア語, 英語	1962. 1	691	3 479	*1 24	*1 326
ピジン語, 英語	1978. 7	1 073	1 675	*1 440	*1 530
ツバル語, 英語	1978.10	38	6 388	…	…
トンガ語, 英語	1970. 6	440	4 218	*1 22	*1 198
ナウル語, 英語	1968. 1	153	15 737	…	…
ニウエ語, 英語	—	…	…	…	…
英語, マオリ語	—	189 025	40 318	41 624	42 518
ビシュラマ語, 英語, 仏語	1980. 7	800	3 010	63	311
英語, ピジン英語, モツ語	1975. 9	15 420	1 913	*2 6 328	*2 5 500
パラオ語, 英語	1994.10	240	10 014	…	162
英語, フィジー語	1970.10	4 034	4 303	1 373	3 250
マーシャル語, 英語	1986.10	189	4 467	…	…
英語, 現地の8言語	1986.11	333	3 302	*1 35	*1 188
朝鮮語	(1948. 9)	15 454	622	…	…
中国語	—	511 293	22 513	313 696	274 026
アラビア語	—	12 579	3 134	865	5 055
中国語, 英語	—	274 027	38 794	473 659	544 112
中国語, ポルトガル語	—	51 753	81 848	1 241	11 262

表1-2の資料，脚注　面積は，国連"Demographic Yearbook"（2013年版）による2013年のデータ。人口は，国連"World Population Prospects: The 2015 Revision Date Online"（http://www.un.org/esa/population/unpop.htm）による2015年年央（7月1日）推計（2015年7月30日公表データ）。国勢調査の実施や推計の基準となる出生率・死亡率などの見直しにより，人口データは見直される国があるので注意。日本と台湾も本年版より上記国連資料による（台湾は「Eastern Asia」における「Other non-specified areas」の数値）。難民や遊牧民などの取り扱い方は国によって異なり，詳細は不明。面積は，原則として海洋面積等を含まない国土面積（内水面は含む）となっている。国・地域名，主要言語および首都・政庁所在地名は，原則として外務省ホームページによる。独立年月は1943年以降に独立した国のもの。国内総生産（GDP）および1人あたりGNIは名目で，国連"National Accounts Estimates of Main Aggregates"による（2014年12月更新データ）。台湾のデータは「台湾統計月報」などによる。貿易額は「国連統計月報」による2014年データ。先述の資料で数字がとれない場合，または年次が古い国については「…」で示した。言語は主なもので，公用語以外の通用語も示した。＊1は2013年。＊2は2012年。＊3は2011年。1）北方領土（約5000 km²）を含まない面積で算出。2）イエメン・アラブ共和国（北イエメン）とイエメン民主人民共和国（南イエメン）が1990年5月に統合。3）東エルサレム地区とゴラン高原を含む。イスラエルはエルサレムを首都として宣言しているが，国際的承認は得ていない。4）パキスタンとの係争地であるジャム・カシミール地方のインド支配地域を含む。首都はデリーと表記されることもある。5）このほかに21の憲法公認語がある。6）1974年のトルコ軍による軍事侵攻以降，キプロスは北部のトルコ軍実効支配地域（北キプロス・トルコ共和国）と南部のキプロス共和国実効支配地域とに分かれている。面積・人口は北キプロスを含むもので，北キプロスの面積は3.4千km²，人口は約29万人。7）2012・13年版の国連資料では2207千 km²となっているが，増加の理由は不明。2011年の数値を据え置く。8）2015年4月に日本語表記が「グルジア」から「ジョージア」に変更された。9）このほか中国語，タミール語。10）原資料は，便宜上，人口や面積などについて香港，マカオ，台湾を含まないとしている。11）パキスタン支配のジャム・カシミール地方を除く。12）南北ベトナムの統一は1976年7月。13）ヨルダン川西岸を除く。14）実質的な首都機能はアビジャン。15）面積は外務省データ。スーダンの貿易額には南スーダンを含む。南スーダンは2011年7月9日に正式に独立。16）1991年に内戦がぼっ発して以降，事実上の無政府状態が続いたが，2012年に全土を支配する統一政府が発足。17）このほか英語，イタリア語。18）政府官庁が存在し，事実上の首都機能を有するのはダルエスサラーム。19）ザンジバルを含まず。20）カダフィ政権の崩壊を受け，2011年10月国名を変更。21）2008年2月，セルビアから独立。同年3月，日本政府は同国の独立を承認。面積は外務省データ。人口は世銀による2014年。22）2003年に国家連合となった「セルビア・モンテネグロ」において，2006年6月，モンテネグロ共和国が独立し，セルビア共和国がセルビア・モンテネグロを継承した。2008年2月，コソボがセルビアから分離・独立を宣言したが，セルビアはこれを認めていない。面積は外務省データ。人口は世銀による2014年。23）国連はセントキッツ・ネービスを国名として使用。24）憲法上の国名はガイアナ協同共和国。25）憲法上の首都はスクレ。26）1965年8月，ニュージーランドとの自由連合となり自治を確立。2011年3月，日本は国家承認を行った。27）2015年5月，日本が国家承認した。28）日本は国家承認を行っていないが，国連には加盟している。外務省の地域区分に則り，その他の地域に表示した。29）日本をはじめとする多くの国は，台湾と非政府間の実務関係を結ぶにとどまっている。30）ヨルダン川西岸とガザ地区。2012年に国連オブザーバーの地位が「組織」から「国家」となった。31）中華人民共和国の特別行政区。便宜上，統計データの多くは中華人民共和国に含まれない。

表1-3　その他の地域の面積と人口

	面積 (km²)	人口 (千人)		面積 (km²)	人口 (千人)
アフリカ			オランダ領		
イギリス領			アルバ‥‥‥	180	104
アセンション島	88	…	キュラソー‥ 5)	444	157
セントヘレナ島1)	122	4	シント・マールテン5)	34	39
トリスタンダクーニャ	98	…	デンマーク領		
西サハラ‥‥‥ 2)	266 000	573	グリーンランド	2 166 086	56
フランス領			フランス領		
レユニオン‥‥	2 513	861	グアドループ島	1 705	468
			サンピエール		
ヨーロッパ			・ミクロン島	242	6
イギリス領			マルチニーク島	1 128	396
ガーンジー島3)	63	63			
ジャージー島3)	116	98	**南アメリカ**		
ジブラルタル4)	6	32	イギリス領		
マン島‥‥‥‥	572	88	フォークランド		
デンマーク領			(マルビナス)諸島6)	12 173	3
フェロー諸島・	1 393	48	フランス領		
ノルウェー領			仏領ギアナ‥‥	83 534	269
スバールバル・					
ヤンマイエン島	62 422	3	**オセアニア**		
フィンランド領			アメリカ領		
オーランド諸島	1 580	29	米領サモア‥‥	199	56
			グアム‥‥‥‥	549	170
北中アメリカ			北マリアナ諸島	457	55
アメリカ領			イギリス領		
プエルトリコ・	8 870	3 683	ピトケアン島・	5	…
米領バージン諸島	347	106	オーストラリア領		
イギリス領			ノーフォーク島	36	2
アンギラ‥‥‥	91	15	ニュージーランド領		
英領バージン諸島	151	30	トケラウ諸島・	12	1
ケイマン諸島・	264	60	フランス領		
タークス・カイ			仏領ポリネシア	4 000	283
コス諸島‥‥	948	34	ニューカレドニア	18 575	263
モンセラット・	103	5	ワリス・フテュナ	142	13
バミューダ島・	53	62			

面積は国連"Demographic Yearbook"(2013年版)による2013年データ。人口は国連"World Population Prospects"(2015年版)による2015年年央推計(2015年7月30日公表データ)。前述資料にない面積および人口は，世界銀行の資料やPalgrave MacMillan "The Statesman's Yearbook 2014"などによる最近値。　面積の単位は前表(千km²)と異なるので注意。パレスチナは表1-2に掲載。1) 同島と，アセンション島とトリスタンダクーニャ島とあわせてセントヘレナ諸島を形成。2) 旧スペイン領。モロッコが領有を主張し，独立を宣言した現地住民と紛争が続く。3) ガーンジー島とジャージー島でチャネル諸島を形成。4) イギリスとスペインが原則合意した共同統治案の是非を問う住民投票が2002年に実施されたが，反対票が99％と住民はイギリス領に留まる意向を示す。5) 2010年10月にオランダ領アンティルは解体され，キュラソー島とシントマールテン島は独立自治領となった。6) アルゼンチンも領有権を主張。2013年3月に，英国領としての現在の地位を維持するかを問う国民投票が行われ，99％以上の島民がイギリスへの帰属維持を支持。

図1-2　世界の面積・人口・人口密度

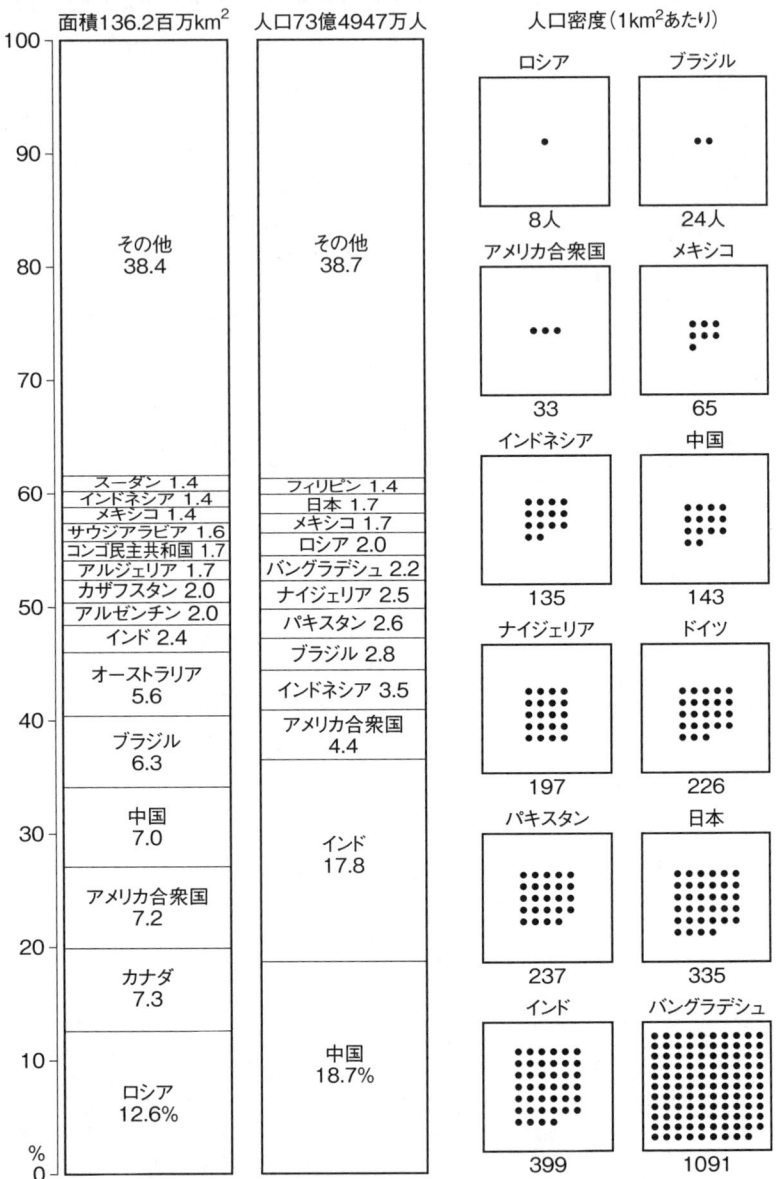

表1-1，-2より作成。注記参照。面積は国連 "Demographic Yearbook"（2013年版）による2013年のデータ。人口は国連 "World Population Prospects"（2015年版）による2015年の年央推計。国によっては前年より大幅なデータの見直しが行われることがある。人口密度は，編者算出。

図 1-3　世界の宗教人口 (2013年)

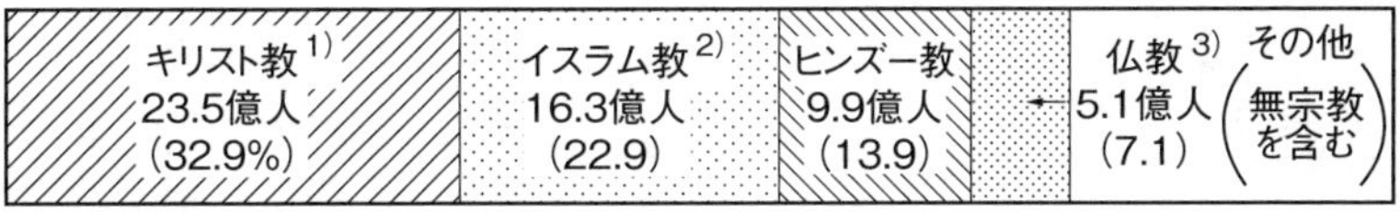

キリスト教[1] 23.5億人 (32.9%)	イスラム教[2] 16.3億人 (22.9)	ヒンズー教 9.9億人 (13.9)	仏教[3] 5.1億人 (7.1)	その他 (無宗教を含む)

World Almanac "The World Almanac and Book of Facts 2015" による。原資料は "2014 Encyclopedia Britannica Book of the Year" の年央推計。原則として，個人の主観的な帰属意識による宗教分類。カッコ内は，無宗教を含む各宗教人口の合計（重複があるとみられるが，世界人口とほぼ同じ71.3億人）に対する割合。1）カトリックが12.1億人（対世界計16.9％），プロテスタントが5.3億人（7.4％），オーソドックスが2.8億人（3.9％）など。2）うちスンニ派が87％，シーア派が12％。3）ほかに，仏教の要素を持つ中国の伝統的な宗教（先祖崇拝など）が4.4億人（6.1％）。

表 1-4　主な国の宗教

アメリカ合衆国‥	プロテスタント51.3％，カトリック23.9％，ユダヤ教1.7％
アラブ首長国連邦	イスラム教（スンニ派が大多数，約16％がシーア派）
アルゼンチン‥‥‥	90％以上がカトリック，約2％がプロテスタント
イギリス‥‥‥‥[1]	キリスト教約60％（英国国教会が国教），無宗教約26％
イスラエル‥‥‥‥	ユダヤ教75.1％，イスラム教17.4％（大半がスンニ派），キリスト教2.0％
イタリア‥‥‥‥‥	カトリック90％以上
イラク‥‥‥‥‥‥	イスラム教95％（シーア派が全人口の約60％でスンニ派アラブ人同20％）
イラン‥‥‥‥‥‥	イスラム教99％（シーア派90〜95％，スンニ派5〜10％）
インド‥‥‥‥‥‥	ヒンズー教80.5％，イスラム教13.4％，キリスト教2.3％
インドネシア‥‥‥	イスラム教88％，プロテスタント6％，カトリック3％
エジプト‥‥‥‥‥	イスラム教90％（国教，スンニ派が大多数），コプト教10％弱
エチオピア‥‥‥‥	エチオピア正教44％，イスラム教34％，プロテスタント19％
オーストラリア‥‥	キリスト教（カトリック，英国国教会など）64％，無宗教19％
韓国‥‥‥‥‥‥‥	仏教24.2％，プロテスタント24.0％，カトリック7.6％，無宗教43.3％
ギリシャ‥‥‥‥‥	ギリシャ正教（国教）98％
ケニア‥‥‥‥‥‥	プロテスタント48％，カトリック24％，イスラム教11％
サウジアラビア‥‥	イスラム教スンニ派85％（戒律の厳しいワッハーブ派が支配的）
シリア‥‥‥‥‥‥	イスラム教スンニ派74％，アラウィ派12％，キリスト教10％
ソマリア‥‥‥‥‥	イスラム教（国教）スンニ派が大半
中国‥‥‥‥‥‥‥	憲法で信教の自由を保障しているが，実質的には規制
ドイツ‥‥‥‥‥‥	カトリック30％，プロテスタント29％，イスラム教1.9％（自己申告）
トルコ‥‥‥‥‥‥	イスラム教99％（スンニ派が大多数）
日本‥‥‥‥‥‥‥	神道，仏教，キリスト教など
ネパール‥‥‥‥‥	ヒンズー教81％，仏教9％，イスラム教4％
ブラジル‥‥‥‥‥	カトリックが65％，プロテスタント22％，無宗教8％
パキスタン‥‥‥‥	イスラム教95％（国教，大部分はスンニ派）
フランス‥‥‥‥‥	カトリックが約50％，イスラム教が約10％
マレーシア‥‥‥‥	イスラム教（国教）61％，仏教20％，キリスト教9％，ヒンズー教6％
ヨルダン‥‥‥‥‥	イスラム教スンニ派が約90％
ロシア‥‥‥‥‥‥	主にロシア正教，ほかにイスラム教，仏教，カトリックなど

共同通信社「世界年鑑」(2015年版)，"The World Almanac"(2015年) による。主な宗教のみで割合は概数。1）北アイルランドでは，58％がプロテスタント，42％がカトリック。

図 1-4 **国連の主な組織**（2015年6月現在）

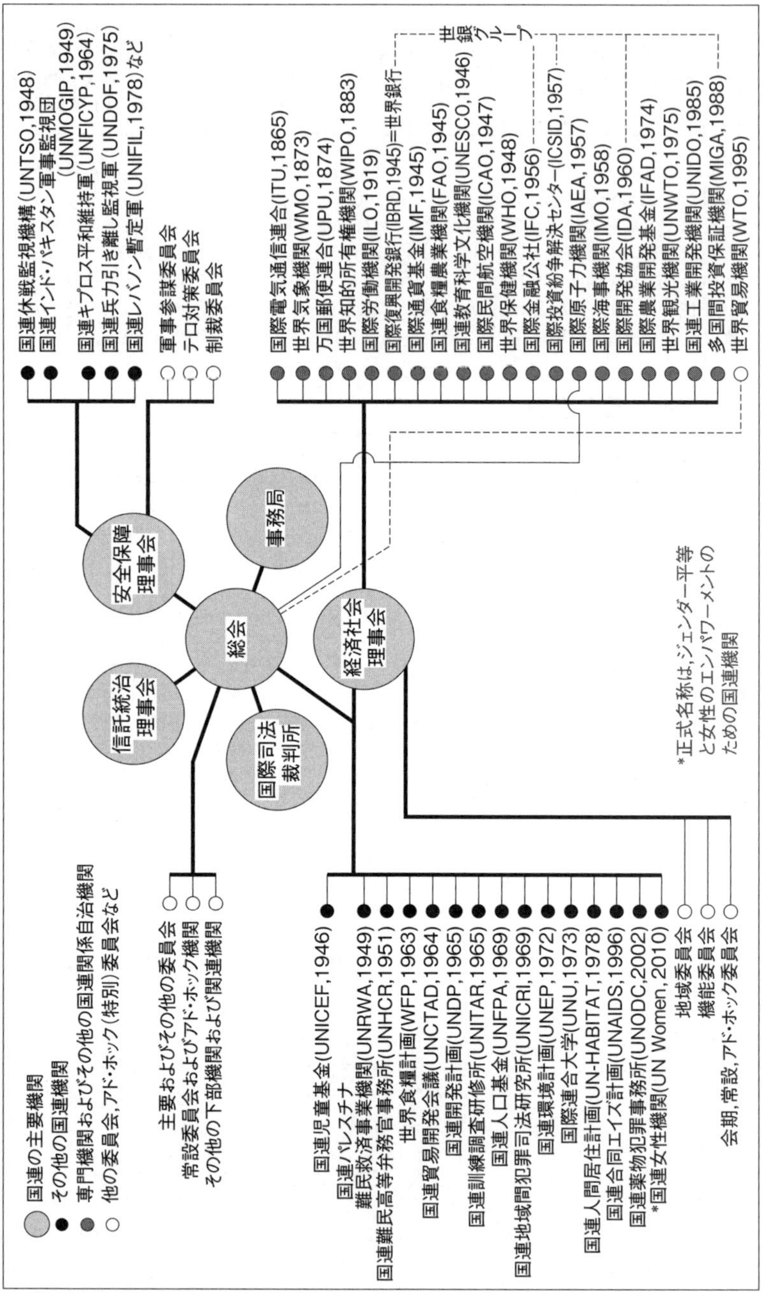

凡例：
- ● 国連の主要機関
- ● その他の国連機関
- ● 専門機関およびその他の国連関係自治機関
- ○ 他の委員会、アドホック（特別）委員会など

主要およびその他の委員会
- ○ 常設委員会およびアドホック機関
- ○ その他の下部機関および関連機関

主要機関：
- 安全保障理事会
- 事務局
- 信託統治理事会
- 総会
- 国際司法裁判所
- 経済社会理事会

安全保障理事会の下部：
- ● 国連休戦監視機構（UNTSO,1948）
- ● 国連インド・パキスタン軍事監視団（UNMOGIP,1949）
- ● 国連キプロス平和維持軍（UNFICYP,1964）
- ● 国連兵力引き離し監視軍（UNDOF,1975）
- ● 国連レバノン暫定軍（UNIFIL,1978）など
- ○ 軍事参謀委員会
- ○ テロ対策委員会
- ○ 制裁委員会

経済社会理事会および総会の下部：
- ● 国際電気通信連合（ITU,1865）
- ● 世界気象機関（WMO,1873）
- ● 万国郵便連合（UPU,1874）
- ● 世界知的所有権機関（WIPO,1883）
- ● 国際労働機関（ILO,1919）
- ● 国際復興開発銀行（IBRD,1945）＝世界銀行
- ● 国際通貨基金（IMF,1945）
- ● 国際食糧農業機関（FAO,1945）
- ● 国連教育科学文化機関（UNESCO,1946）
- ● 国際民間航空機関（ICAO,1947）
- ● 世界保健機関（WHO,1948）
- ● 国際金融公社（IFC,1956）
- ● 国際投資紛争解決センター（ICSID,1957）
- ● 国際原子力機関（IAEA,1957）
- ● 国際開発協会（IDA,1960）
- ● 国際海事機関（IMO,1958）
- ● 国際農業開発基金（IFAD,1974）
- ● 世界観光機関（UNWTO,1975）
- ● 国連工業開発機関（UNIDO,1985）
- ● 多国間投資保証機関（MIGA,1988）
- ○ 世界貿易機関（WTO,1995）

世界銀行グループ

*正式名称は、ジェンダー平等
と女性のエンパワーメントの
ための国連機関

総会および経済社会理事会の下部：
- ● 国連児童基金（UNICEF,1946）
- ● 国連パレスチナ難民救済事業機関（UNRWA,1949）
- ● 国連難民高等弁務官事務所（UNHCR,1951）
- ● 世界食糧計画（WFP,1963）
- ● 国連貿易開発会議（UNCTAD,1964）
- ● 国連開発計画（UNDP,1965）
- ● 国連訓練調査研修所（UNITAR,1965）
- ● 国連人口基金（UNFPA,1969）
- ● 国連地域間犯罪司法研究所（UNICRI,1969）
- ● 国連環境計画（UNEP,1972）
- ● 国連大学（UNU,1973）
- ● 国連人間居住計画（UN-HABITAT,1978）
- ● 国連合同エイズ計画（UNAIDS,1996）
- ● 国連薬物犯罪事務所（UNODC,2002）
- ● *国連女性機関（UN Women,2010）
- ○ 地域委員会
- ○ 機能委員会
- ○ 会期、常設、アドホック委員会

国際連合（The United Nations）

【成立】 第2次世界大戦で全体主義国家と戦った連合諸国が，勝利のために築いた連合組織を戦後も維持し，世界平和を守るための恒久的な世界機関へと発展させたもの。第2次世界大戦末期の1945年4月25日から6月26日までサンフランシスコで開かれた「国際機関創設のための連合国会議」において，世界50か国の代表により国際連合憲章が起草された（後にポーランドが加わり原加盟国は51か国）。「1945年10月24日」──国際連合（以下国連）が正式に発足した。この日は国連の日と定められている。本部はニューヨーク。

【目的】 国連憲章第1章第1条（目的）は以下のとおりである。

1．国際の平和と安全を維持すること。そのために，平和に対する脅威の防止および除去，侵略行為その他の平和破壊行為の鎮圧のために有効な集団的措置をとる。また，国際紛争などの解決については，平和的手段および国際法の原則に従って実現を図る。

2．諸国間の友好関係を発展させ，世界平和を強化する措置をとる。

3．経済，社会，文化および人道的な国際問題の解決と人権および基本的自由の尊重を助長奨励することについて国際協力を実現する。

4．これらの共通目的の達成にあたって国際活動の中心となる。

【公用語】 英語，スペイン語，フランス語，ロシア語，中国語，アラビア語。

【加盟国】 国連憲章が定める義務を受け入れ，履行する意思と能力があると認められるすべての平和愛好国が加盟できる。加盟は安全保障理事会の勧告を受けた総会の3分の2以上の賛成による承認で決定する。2015年6月末現在の加盟国数は193か国で，非加盟の独立国はバチカン市国，コソボ共和国，クック諸島およびニウエ。2000年11月には，ユーゴスラビア連邦共和国（セルビア・モンテネグロ）の加盟が承認され，保留となっていた旧ユーゴの議席が解決。2002年9月にスイスと東ティモールが加盟。2006年6月，セルビア・モンテネグロから独立したモンテネグロ共和国が192か国目の加盟国となる（セルビア・モンテネグロの議席は，セルビア共和国が継承）。2011年7月には新しい独立国の南スーダンが加盟。2012年11月，パレスチナは国連でのオブザーバーとしての資格を「組織」から「国家」に格上げされた（正式加盟申請中）。

【予算】 国連の通常予算は2年ごとに編成される。事務総長が予算案を提出し，16人の専門家で構成する行財政問題諮問委員会が審査して，修正案を総会に勧告する。最終的な承認は総会が行う。通常予算の主な財源は加盟国の分担金であり，各国の分担率は，国民総生産（GNP，現在の国民総所得──GNI）を考慮した分担金委員会の勧告に基づき総会で3年ごとに決定される。また，加盟国は通常予算以外でも，基本的な分担率を修正した率に応じて，平和維持活動（PKO）の経費を割り当てられる。国連開発計画（UNDP）や国連難民高等弁務官事務所（UNHCR）といった国連の活動計画や基金の多くは，主として各国の自発的拠出金によってまかなわれており，国連児童基金（UNICEF）のように個人から提供されることもある。

【主な機構】 国連は，総会，安全保障理事会，経済社会理事会，国際司法裁判所，事務局，信託統治理事会（活動停止）の6主要機関から成る。

（総会） 国連の主要審議機関で，年1回（9月から12月中旬まで）開かれる通常総会と，必要に応じて安全保障理事会および加盟国の過半数の要請によって開かれる特別総会（緊急特別総会を含む）がある。全加盟国の代表によって構成され，投票権は1国1票。国連憲章に定められたすべての事項について審議，勧告する。平和と安全保障に関する勧告，新加盟国の承認，安保理非常任理事国の選出，経済社会理事会の理事国の選出，予算事項，加盟国の除名などの重要問題に関する表決には，出席投票国の3分の2の多数が必要であり，その他の問題は単純多数決による。総会の勧告には拘束力はなく，安全保障理事会が処理中の紛争や事態に関しては，安保理の要請がない限り勧告できない。主要委員会は6つあり，それぞれ軍縮，経済，人権，非植民地化，行政・予算，法律を担当している。信頼性を失ったとの批判を受けていた人権委員会は，2006年3月に廃止され，新しく人権理事会が設立された。

（安全保障理事会） 国際の平和と安全の維持について，主要な責任を持つ。全加盟国は安保理の決定を受け入れ，履行しなければならない。アメリカ，イギリス，フランス，ロシア，中国の常任理事国5か国（1国でも反対すると決議ができない拒否権を持つ）と非常任理事国10か国（任期2年）の計15の理事国で構成。議事手続き事項の決定には15か国のうち少なくとも9か国の賛成が必要である。実質事項に関する決定には，常任理事国すべての賛成を含む9票が必要である。2015年6月現在の非常任理事国は，チャド，チリ，ヨルダン，リトアニア，ナイジェリア（以上2015年末まで），アンゴラ，マレーシア，ニュージーランド，スペイン，ベネズエラ（以上2016年末まで）。

（経済社会理事会） 国連およびその専門機関などの経済的・社会的活動を調整する機関。アフリカ14，西ヨーロッパとその他13，アジア11，中南米10，東ヨーロッパ6の合計54か国で構成され，任期は3年である。毎年，総会で3年の任期を終えた18か国の後任として新たな18か国が選出される。

（国際司法裁判所） 国連の主要な司法機関。加盟国は裁判所の判決に従う義務がある。総会と安保理によって選出された15人の裁判官で構成され（現行ではアフリカ3，西ヨーロッパとその他5，アジア3，中南米2，東ヨーロッパ2），任期は9年間，3年ごとに5人が改選される。本部はオランダのハーグ。

（事務局） 国連の日常業務を遂行するほか，他の国連機関を補佐し，それらの機関が決定した計画や政策を実施する。国連本部と世界各地に勤務する職員で構成される。事務総長はその最高責任者で，安保理の勧告に基づき総会が任命する（任期5年）。事務総長の職は，慣習として，各地域の出身者が交代で務めることになっている。現在の事務総長（第8代）は韓国の潘基文（パン・ギムン）氏。任期は2期目となり，2012年1月から5年間。

（信託統治理事会） この制度は信託統治地域の施政を監督するためのものであったが，1994年10月1日，最後の信託統治領パラオが正式に独立したのを受け，94年11月，活動停止を決定した。

表1-5　国連通常予算の分担率と分担額

	2010～2012年分担率（％）	2013～2015年分担率（％）	2015年度分担額（千ドル）		
			総額	職員課金からの収入[1]	支払い義務のある分担額
アメリカ合衆国‥	*22.000*	*22.000*	654 779	―	654 779
日本‥‥‥‥‥‥	*12.530*	*10.833*	322 419	28 459	293 960
ドイツ‥‥‥‥‥	*8.018*	*7.141*	212 535	18 760	193 776
フランス‥‥‥‥	*6.123*	*5.593*	166 463	14 693	151 770
イギリス‥‥‥‥	*6.604*	*5.179*	154 141	13 605	140 536
中国‥‥‥‥‥‥	*3.189*	*5.148*	153 218	13 524	139 694
イタリア‥‥‥‥	*4.999*	*4.448*	132 384	11 685	120 699
カナダ‥‥‥‥‥	*3.207*	*2.984*	88 812	7 839	80 973
スペイン‥‥‥‥	*3.177*	*2.973*	88 484	7 810	80 674
ブラジル‥‥‥‥	*1.611*	*2.934*	87 324	7 708	79 616
ロシア‥‥‥‥‥	*1.602*	*2.438*	72 561	6 405	66 157
オーストラリア‥	*1.933*	*2.074*	61 728	5 448	56 279
韓国‥‥‥‥‥‥	*2.260*	*1.994*	59 347	5 238	54 108
メキシコ‥‥‥‥	*2.356*	*1.842*	54 823	4 839	49 984
オランダ‥‥‥‥	*1.855*	*1.654*	49 227	4 345	44 882
トルコ‥‥‥‥‥	*0.617*	*1.328*	39 525	3 489	36 036
スイス‥‥‥‥‥	*1.130*	*1.047*	31 162	2 751	28 411
ベルギー‥‥‥‥	*1.075*	*0.998*	29 703	2 622	27 081
スウェーデン‥‥	*1.064*	*0.960*	28 572	2 522	26 050
ポーランド‥‥‥	*0.828*	*0.921*	27 411	2 419	24 992
サウジアラビア‥	*0.830*	*0.864*	25 715	2 270	23 445
ノルウェー‥‥‥	*0.871*	*0.851*	25 328	2 236	23 092
オーストリア‥‥	*0.851*	*0.798*	23 751	2 096	21 654
デンマーク‥‥‥	*0.736*	*0.675*	20 090	1 773	18 317
インド‥‥‥‥‥	*0.534*	*0.666*	19 822	1 750	18 072
ギリシャ‥‥‥‥	*0.691*	*0.638*	18 989	1 676	17 313
ベネズエラ‥‥‥	*0.314*	*0.627*	18 661	1 647	17 014
アラブ首長国連邦	*0.391*	*0.595*	17 709	1 563	16 146
フィンランド‥‥	*0.566*	*0.519*	15 447	1 363	14 083
ポルトガル‥‥‥	*0.511*	*0.474*	14 108	1 245	12 862
アルゼンチン‥‥	*0.287*	*0.432*	12 857	1 135	11 723
アイルランド‥‥	*0.498*	*0.418*	12 441	1 098	11 343
イスラエル‥‥‥	*0.384*	*0.396*	11 786	1 040	10 746
チェコ‥‥‥‥‥	*0.349*	*0.386*	11 488	1 014	10 474
シンガポール‥‥	*0.335*	*0.384*	11 429	1 009	10 420
世界計×‥‥‥‥	*100.000*	*100.000*	**2 976 268**	**204 909**	**2 771 359**

国際連合資料による。1）アメリカ合衆国を除き，国連職員は出身国への納税義務が免除されており，国連に対して所得税にあたる「職員課金」を納めている。職員課金は，その職員の出身国の分担金に繰り込まれ，通常活動予算に適用される。アメリカ合衆国は，自国職員から所得税を徴収しているため，職員課金からの収入はない。×その他とも。

図 1-5　**世界の難民数の推移**（各年末現在）

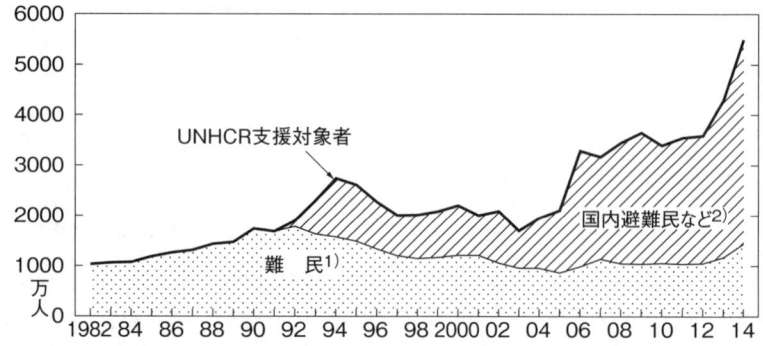

国連難民高等弁務官事務所（UNHCR）の資料による。表1-7の注記参照。1）自国を逃れほかの国の保護を受けている者。2）庇護希望者や帰還民，無国籍者などを含む。

図 1-6　**地域別**（庇護国ベース）**と種類別の難民の割合**（2014年）

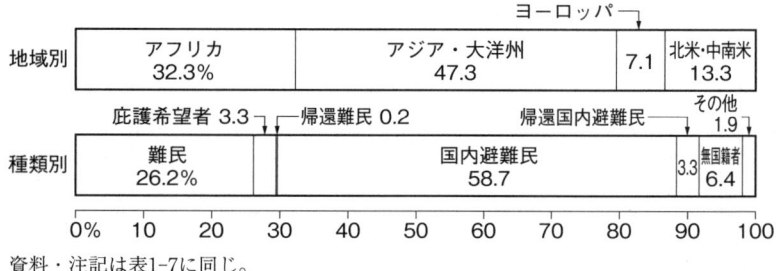

資料・注記は表1-7に同じ。

表 1-6　**2014年中の新たな難民発生の動き**（単位　千人）

発生国 (from)	流出 難民数	主な庇護国 (to)
シリア・・・・・・・・	1 552	トルコ，レバノン，ヨルダン，イラク，エジプト
南スーダン・・・・・	499	エチオピア，ウガンダ，スーダン，ケニア
パキスタン・・・・・	284	アフガニスタン
ウクライナ・・・・・	248	ロシア
中央アフリカ共和国	164	カメルーン，コンゴ民主共和国，チャド，コンゴ
コンゴ民主共和国	42	ウガンダ，ブルンジ，ケニア
エリトリア・・・・・	40	エチオピア
ソマリア・・・・・・	36	イエメン，ケニア，エチオピア
ナイジェリア・・・	35	カメルーン，チャド
マリ・・・・・・・・	14	ニジェール，モーリタニア，ブルキナファソ
スーダン・・・・・・	11	南スーダン，チャド，エチオピア

資料・注記は表1-7に同じ。難民に相当する状況の人々を含む。2014年中のイラクからの難民は約2千人（ヨルダンに約1.3千人など）が報告されているが，全体の数は不明。

表1-7　難民・国内避難民などの発生国（2014年末現在）（単位　千人）

発生国	難民[1]	庇護[2]希望者	帰還難民	国内避難民	帰還国内避難民	計[3]
シリア・・・・・・・・	3 884	80	—	7 633	—	11 598
コロンビア・・・・・	360	5	0	6 044	—	6 409
イラク・・・・・・・・	370	104	11	3 596	20	4 104
コンゴ民主共和国	517	67	25	2 757	561	4 039
アフガニスタン・	2 593	85	18	805	—	3 703
スーダン・・・・・・	666	36	13	2 193	2	2 910
南スーダン・・・・・	616	4	—	1 645	200	2 465
ソマリア・・・・・・・	1 106	49	2	1 133	13	2 304
パキスタン・・・・・	336	44	0	1 376	76	1 832
中央アフリカ共和国	412	14	—	439	611	1 491
ナイジェリア・・・	91	30	—	1 188	—	1 379
ウクライナ・・・・・	238	15	—	823	—	1 076
ミャンマー・・・・・	479	51	0	377	—	907
アゼルバイジャン	11	4	—	623	—	638
マリ・・・・・・・・・・	139	12	21	100	155	427
イエメン・・・・・・・	3	3	—	334	86	425
エリトリア・・・・・	363	54	—	—	—	417
リビア・・・・・・・・	4	4	—	363	—	371
ブルンジ・・・・・・・	72	19	1	79	—	335
フィリピン・・・・・	1	1	—	142	99	323
ベトナム・・・・・・	313	3	—	—	—	317
セルビア・・・・・ [4]	46	46	0	223	0	316
世界計×・・・・・	14 380	1 796	127	32 275	1 823	54 945

国連難民高等弁務官事務所（UNHCR）"UNHCR Global Trends 2014"による。UNHCRの支援対象者のみ。UNRWA（国連パレスチナ難民救済事業機関）の援助下にある549万人（うちパレスチナ難民509万人，2014年7月現在）を含まず。難民または国内避難民の認定を受けてないが，それに相当する状況にある人々を含む。1）自国を逃れてほかの国の保護を受けている者。2）難民認定のプロセスが終了していない者。3）その他の支援対象者を含む。世界計には無国籍者3492千人などを含む。4）コソボを含む。×その他とも。

表1-8　難民受入れ数の多い国（2014年末現在）（単位　千人）

庇護国	受入れ難民数	主な発生国
トルコ・・・・・・・・	1 587	シリア，イラク，アフガニスタン
パキスタン・・・・・	1 506	アフガニスタン
レバノン・・・・・・・	1 154	シリア，イラク
イラン・・・・・・・・	982	アフガニスタン，イラク
エチオピア・・・・・	660	南スーダン，ソマリア，エリトリア，スーダン
ヨルダン・・・・・・	654	シリア，イラク
ケニア・・・・・・・・	551	ソマリア，南スーダン，エチオピア，コンゴ民主共和国
チャド・・・・・・・・	453	スーダン，中央アフリカ共和国
ウガンダ・・・・・・	386	コンゴ民主共和国，南スーダン，ソマリア，ルワンダ
中国・・・・・・・・・・	301	ベトナム（現地での融合が進む）

資料・注記は表1-7に同じ。難民に相当する状況にある人々を含む。

主な国際機構・会議（2015年7月現在）

OECD　経済協力開発機構（Organisation for Economic Cooperation and Development）[設立]1961年9月。[本部]パリ（フランス）。[主な目的]自由貿易の拡大と途上国への援助。[加盟国]アメリカ合衆国，カナダ，メキシコ，イギリス，フランス，ドイツ，イタリア，ベルギー，オランダ，ルクセンブルク，ノルウェー，スウェーデン，デンマーク，アイスランド，フィンランド，アイルランド，スイス，オーストリア，ギリシャ，トルコ，スペイン，ポルトガル，日本，オーストラリア，ニュージーランド，チェコ，ハンガリー，ポーランド，韓国，スロバキア，チリ（2010年5月），スロベニア（同年7月），イスラエル（同年9月），エストニア（同年12月）の34か国。ロシアは加盟候補国。中国，インド，インドネシア，ブラジル，南アフリカは主要パートナー。

EU　欧州連合（European Union）[設立]欧州共同体（EC）が前身で，1993年11月に発効したマーストリヒト条約による。[本部]拠点都市はブリュッセル（ベルギー），ストラスブール（フランス），ルクセンブルク。[主な目的]経済通貨統合，共通外交・安全保障政策の実施。欧州憲法に代わるリスボン条約は2009年12月に発効。1999年に発足した統一通貨ユーロ圏には，現在19か国が参加（2001年にギリシャ，2007年にスロベニア，2008年にキプロスとマルタ，2009年にスロバキア，2011年にエストニア，2014年にラトビア，2015年にリトアニア）。イギリス，スウェーデン，デンマークはユーロ導入を保留中。[加盟国]28か国。フランス，ドイツ（旧西ドイツ），イタリア，ベルギー，オランダ，ルクセンブルクの原加盟6か国に，イギリス，アイルランド，デンマークの3か国（1973年），ギリシャ（1981年），スペイン，ポルトガル（1986年），オーストリア，フィンランド，スウェーデン（1995年），ポーランド，ハンガリー，チェコ，スロバキア，スロベニア，エストニア，ラトビア，リトアニア，マルタ，キプロス（2004年），ブルガリアとルーマニア（2007年），クロアチア（2013年）が加盟。他の加盟候補国は，トルコ，マケドニア・旧ユーゴスラビア共和国，アイスランド，モンテネグロ，セルビア，アルバニア。

ASEAN　東南アジア諸国連合（Association of South-East Asian Nations）[設立]1967年8月。[本部]ジャカルタ（インドネシア）。[主な目的]東南アジアの経済成長，社会文化の発展，政治経済の安定。なお，2015年末には貿易・投資などを自由化し，経済統合を目指してAEC（ASEAN経済共同体）が創設される予定。[加盟国]10か国。インドネシア，マレーシア，フィリピン，シンガポール，タイ（以上5か国は原加盟国）と，ブルネイ（1984年），ベトナム（1995年），ラオスとミャンマー（1997年），カンボジア（1999年）。

UNASUR　南米諸国連合（Union of South American Nations）[設立]2008年5月，設立条約に調印。2004年12月に設立された南米諸国共同体が前身で，2007年4月に名称を南米諸国連合に変更。[本部]事務局はキト（エクアドル），議会はコチャバンバ（ボリビア）。[主な目的]南米諸国の政治的対話の強化と地域統合の促進。[加盟国]ブラジル，アルゼンチン，パラグアイ，ウルグアイ，

ベネズエラ，ペルー，ボリビア，コロンビア，エクアドル，チリ，ガイアナ，スリナムの南米12か国。

ADB　アジア開発銀行（Asian Development Bank）　**[設立]**1966年。**[本部]**マニラ（フィリピン）。**[主な目的]**広くアジア地域の経済開発に対して融資を行う。**[加盟国]**67か国（アジア・太平洋地域の48か国と，その他の地域にある19か国）が参加。最大の出資国は日本とアメリカ合衆国。

AU　アフリカ連合（African Union）　**[設立]**2002年。1963年に創設されたアフリカ統一機構（OAU）が新機構として発足したもの。**[本部]**アディスアベバ（エチオピア）。**[主な目的]**政治・経済の統合を進めるEUにならい，共通の議会，裁判所，通貨の導入など。アフリカ地域における戦争，虐殺，人権侵害など非人道的犯罪や紛争の解決を目的とする「平和安全保障委員会」を創設し，平和維持軍の編成・派遣を行う。**[加盟国]**西サハラ（サハラ・アラブ民主共和国）を含む54か国・地域（2011年7月，南スーダン共和国が加盟）。

ECOWAS　西アフリカ諸国経済共同体（Economic Community of West African States）　**[設立]**1975年。**[本部]**アブジャ（ナイジェリア）。**[主な目的]**西アフリカ地域の経済交流の推進。また，地域の紛争解決を目的とする平和維持活動組織，西アフリカ諸国監視グループ（ECOMOG）を設立。**[加盟国]**ガーナ，カーボベルデ，ガンビア，ギニア，ギニアビサウ，コートジボワール，シエラレオネ，セネガル，トーゴ，ナイジェリア，ニジェール，ブルキナファソ，ベナン，マリ，リベリアの15か国。

アラブ連盟（League of Arab States）　**[設立]**1945年。**[本部]**カイロ（エジプト）。**[主な目的]**アラブ諸国の政治，文化，社会，経済面での協力，独立と主権の擁護，紛争の調停と仲介。2015年3月に「アラブ合同軍」の創設を原則合意。**[加盟国]**21か国と1機構＊。エジプト，イラク，サウジアラビア，シリア（2011年11月にシリア政府の加盟資格が停止。2013年3月にシリア反体制派の統一組織「シリア国民連合」にシリアを代表する資格が与えられた），レバノン，ヨルダン，イエメン（加盟時は北イエメン），アルジェリア，バーレーン，ジブチ，クウェート，リビア，モーリタニア，モロッコ，オマーン，カタール，ソマリア，スーダン，チュニジア，アラブ首長国連邦，コモロ，パレスチナ（＊アラブ連盟は独立国として承認している）。

GCC　湾岸協力会議（Gulf Cooperation Council）　**[設立]**1981年に決定。**[本部]**リヤド（サウジアラビア）。**[主な目的]**軍事，経済，情報，司法などの分野で共通の制度を設置すること。通貨統合を目指すが，足並みはそろっていない。**[加盟国]**アラブ首長国連邦，バーレーン，クウェート，オマーン，カタール，サウジアラビアの6か国。イエメンが加盟申請中。

OIC　イスラム協力機構（Organisation of Islamic Cooperation）　**[設立]**1971年。**[本部]**エルサレム解放までジッダ（サウジアラビア）に事務局が置かれている。**[主な目的]**イスラム世界の連帯強化と聖都であるエルサレムの奪回。付属機関にイスラム開発銀行やイスラム商工業・商品取引会議所を持つ。**[加盟国]**イスラム諸国56か国とパレスチナ。シリアの加盟資格は一時停止中。

表1-9　アメリカ合衆国50州の主要統計

	面積1)(千km²)(2010)	人口2)(千人)(2014)	65歳以上(%)(2013)	失業率(%)(2014)	小麦生産(百万ブッシェル)3)(2014)	とうもろこし(粒)生産(百万ブッシェル)3)(2014)
アーカンソー	137.7	2 966	15.4	6.1	24.9	99.1
アイオワ	145.7	3 107	15.6	4.4	0.7	① 2 367.4
アイダホ	216.4	1 634	13.8	4.8	⑥ 93.7	16.0
アラスカ	① 1 723.3	737	9.0	6.8	—	—
アラバマ	135.8	4 849	14.9	6.8	15.5	45.3
アリゾナ	⑥ 295.2	6 731	15.4	6.9	8.7	5.9
イリノイ	150.0	⑤ 12 881	13.5	7.1	44.9	② 2 350.0
インディアナ	94.3	6 597	13.9	6.0	25.5	⑤ 1 084.8
ウィスコンシン	169.6	5 758	14.8	5.5	16.3	⑩ 485.2
ウエスト・バージニア	62.8	1 850	17.3	6.5	0.4	5.4
オクラホマ	181.0	3 878	14.3	4.5	47.6	42.6
オハイオ	116.1	⑦ 11 594	15.1	5.7	40.3	⑧ 610.7
オレゴン	⑨ 254.8	3 970	15.5	6.9	44.4	7.4
カリフォルニア	③ 424.0	① 38 803	12.5	7.5	17.0	15.7
カンザス	213.1	2 904	14.0	4.5	② 246.4	⑨ 566.2
ケンタッキー	104.7	4 413	14.4	6.5	36.2	225.9
コネティカット	14.4	3 597	15.2	6.6	—	—
コロラド	⑧ 269.6	5 356	12.3	5.0	⑦ 89.8	147.5
サウス・カロライナ	82.9	4 832	15.2	6.4	11.4	32.8
サウス・ダコタ	199.7	853	14.9	3.4	④ 131.3	⑥ 787.4
ジョージア	153.9	⑧ 10 097	12.0	7.2	11.3	52.7
テキサス	② 695.7	② 26 957	11.2	5.1	⑨ 67.5	294.5
テネシー	109.2	6 549	14.7	6.7	31.4	141.1
デラウェア	6.4	936	15.9	5.7	5.4	33.6
ニュージャージー	22.6	8 938	14.4	6.6	1.3	12.4
ニューハンプシャー	24.2	1 327	15.4	4.3	—	—
ニューメキシコ	⑤ 314.9	2 086	14.7	6.5	2.9	9.4
ニューヨーク	141.3	④ 19 746	14.4	6.3	6.0	100.6
ネバダ	⑦ 286.4	2 839	13.7	7.8	1.1	—
ネブラスカ	200.3	1 882	14.1	3.3	⑧ 71.1	③ 1 602.1
ノース・カロライナ	139.4	⑨ 9 944	14.3	6.1	44.7	103.0
ノース・ダコタ	183.1	739	14.2	2.8	① 347.1	313.7
バージニア	110.8	8 326	13.4	5.2	17.7	50.8
バーモント	24.9	627	16.4	4.1	—	—
ハワイ	28.3	1 420	15.6	4.4	—	—
フロリダ	170.3	③ 19 893	18.7	6.3	0.4	5.4
ペンシルバニア	119.3	⑥ 12 787	16.4	5.8	9.8	158.6
マサチューセッツ	27.3	6 745	14.8	5.8	—	—
ミシガン	250.5	⑩ 9 910	15.0	7.3	35.9	355.8
ミシシッピ	125.4	2 994	13.9	7.8	12.5	89.7
ミズーリ	180.5	6 064	15.0	6.1	42.9	⑦ 628.7
ミネソタ	225.2	5 457	13.9	4.1	⑩ 66.5	④ 1 177.8
メーン	91.6	1 330	17.7	5.7	—	—
メリーランド	32.1	5 976	13.4	5.8	17.5	75.3
モンタナ	④ 380.8	1 024	16.2	4.7	③ 209.5	7.5
ユタ	219.9	2 943	9.8	3.8	5.9	4.5
ルイジアナ	135.7	4 650	13.3	6.4	9.3	71.4
ロードアイランド	4.0	1 055	15.5	7.7	—	—
ワイオミング	⑩ 253.3	584	13.5	4.3	4.8	8.3
ワシントン	184.7	7 062	13.6	6.2	⑤ 108.5	23.7
アメリカ合衆国・4)	9 833.5	318 857	14.1	6.2	2 025.7	14 215.5

アメリカ合衆国商務省, 農務省, 労働省などの統計資料および "The World Almanac"(2015年版)などによる。1) 沿岸部分等も含む総面積。2) 居住人口で推計値。3) ブッシェル↗

農業生産額（億ドル）(2013)		工業製品出荷額（億ドル）(2013)		小売業販売額（億ドル）(2009)		州総生産（億ドル）(2013)		1人あたり可処分所得（ドル）(2014)		
	114.3		621		352		1 186		34 173	アーカンソー
②	357.2		1 194		369		1 668		40 252	アイオワ
	91.7		208		201		611		34 016	アイダホ
	0.4		74		97	④	573		48 132	アラスカ
	72.7		1 283		595		1 947		34 064	アラバマ
	46.4		528		839		2 747		34 202	アリゾナ
⑤	256.9	④	2 849	⑤	1 580	⑤	7 248		41 889	イリノイ
⑧	161.4	⑦	2 451		763		3 112		35 281	インディアナ
⑩	143.2	⑩	1 793		691		2 847		39 543	ウィスコンシン
	10.4		246		222		706		33 237	ウエスト・バージニア
	79.2		750		428		1 764		38 863	オクラホマ
	127.3	③	3 201	⑦	1 278	⑦	5 628		37 800	オハイオ
	53.7		635		485		2 049		36 652	オレゴン
①	488.3	②	5 245	①	4 590	①	22 130		43 258	カリフォルニア
⑦	184.0		893		315		1 424		40 613	カンザス
	77.4		1 339		494		1 836		33 925	ケンタッキー
	7.3		582		490		2 469	①	52 250	コネティカット
	84.2		522		668		2 883		42 684	コロラド
	35.5		1 043		539		1 824		33 440	サウス・カロライナ
	133.9		170		128		447		42 133	サウス・ダコタ
	107.7	⑩	1 615	⑩	1 155	⑩	4 565		34 921	ジョージア
④	262.3	①	7 317	②	3 018	②	15 572		40 798	テキサス
	51.2		1 436		807		2 901		37 398	テネシー
	15.2		222		140		608		40 748	デラウェア
	12.8		1 033	⑧	1 175	⑧	5 374	③	49 267	ニュージャージー
	2.6		194		254		687	⑥	47 894	ニューハンプシャー
	40.7		252		249		908		34 360	ニューメキシコ
	64.4		1 448	④	2 384	③	13 416	⑨	47 522	ニューヨーク
	8.4		162		387		1 280		35 946	ネバダ
③	271.5		577		247		1 094		42 019	ネブラスカ
⑨	143.3	⑨	2 126		1 152	⑨	4 671		35 437	ノース・カロライナ
	108.0		156		108		510	⑦	47 621	ノース・ダコタ
	49.7		1 000		1 072		4 550		43 605	バージニア
	9.8		92		97		288		42 609	バーモント
	8.9		64		183		751		41 827	ハワイ
	89.9		1 013	③	2 503	④	8 007		38 250	フロリダ
	89.3	⑧	2 355	⑥	1 579	⑥	6 403		42 253	ペンシルバニア
	6.4		825		837		4 415	②	50 394	マサチューセッツ
	99.2	⑥	2 509	⑨	1 158		4 347		35 941	ミシガン
	77.9		660		347		1 041		31 529	ミシシッピ
	125.5		1 095		774		2 767		37 267	ミズーリ
	239.1		1 269		692		3 073		42 221	ミネソタ
	8.5		165		198		546		37 846	メーン
	28.9		405		730		3 394	⑤	48 083	メリーランド
	53.6		124		155		430		36 148	モンタナ
	21.1		484		380		1 350		33 718	ユタ
	50.5	⑤	2 630		583		2 467		38 213	ルイジアナ
	0.9		115		121		533		43 534	ロードアイランド
	20.1		104		90		418	⑧	47 595	ワイオミング
	107.3		1 392		884		4 072	⑩	44 504	ワシントン
	4 699.9		58 468		38 622		166 652		40 670	アメリカ合衆国4)

↘（bushel）は穀物などの計量単位で，1ブッシェルはおよそ35リットル。4）ワシントンＤＣを含む。円内の数字は50州中の順位。

第2章　人口と都市

　2015年7月30日，国連は新しい人口推計「World Population Prospects; The 2015 Revision」を公表した。それによると，2015年央の世界の人口は14年央よりも8369万人増え，73億4947万人となった。このうち，アジア地域の人口が60％を占めて最も多く，次いでアフリカ16％，ヨーロッパ10％，ラテンアメリカ9％などとなった。

　近年，アフリカ地域の人口が急速に増加している。2000年から15年にかけての人口増加率を地域別にみると，アフリカが45.7％で最も高く，以下，オセアニア26.6％，ラテンアメリカ20.4％と続き，アジアは18.3％となっている。国連によると，今後も世界人口は急速に増えていき，2050年には97億人になる（中位推計）。2050年の世界人口のうち，アジアは54％を占め，次いでアフリカが25％を占めるとみられている。

　先進国の人口は，2015年から30年にかけて，12.5億人から12.8億人に増えるとみられ，今後，人口水準に大きな変動はない。一方，同期間に，途上国の人口は61.0億人から72.2億人へと1.2倍に増える。

　先進国では，女性が産む子供の平均数である合計特殊出生率（以下，出生率）が1960年代ごろから急速に低下していき，70年代半ば以降は，多くの国で出生率が2.0を割り込んで推移して少子化が進んだ。しかし，1990年代以降は，先進国のなかでもアメリカ合衆国やフランスなどのように出生率が回復に向かう国と，ドイツや日本などのように出生率が低水準のまま推移している国とに分かれている。出生率が比較的高い先進国では，アメリカ合衆国のように移民数が多いことやフランスのように育児支援策が手厚いことなど，国により様々な事情があるが，全体としては各国とも女性の労働力率が高い傾向にある。1980年代前半ごろまでは，女性の労働力率が上昇し，社会進出が進むにつれて出生率は低下する関係にあった。しかし，1980年代後半以降は，女性の労働力率が高まるに従い，出生率が高くなる関係がみられるようになっている。

　2015年の世界人口73億人を年齢3区分別にみると，0～14歳の年少人

口が19億人で全体の26.1%，15〜64歳の生産年齢人口が48億人で同65.7%，65歳以上の老年人口が6億人で同8.3%を占めている。先進国，途上国別にみると，2015年，年少人口，生産年齢人口，老年人口の割合は，それぞれ，先進国では16.4%，66.0%，17.6%，途上国では28.1%，65.6%，6.4%となっている。

人口に占める65歳以上の高齢者の割合を高齢化率という。高齢化率が7%を超える社会を高齢化社会，14%を超えると高齢社会，21%を超えると超高齢社会と呼ぶ。2015年，先進国全体が高齢社会となっているが，途上国では，まだ高齢化が7%に達していない。しかし，途上国においても，今後は急速に高齢化が進み，高齢化率は2019年には7%を，49年には14%を超えるとみられている。

世界一の人口大国である中国では，現在，急速に高齢化が進んでいる。中国では，1979年より，急増する人口を抑制するため，一人っ子政策が進められてきた。その結果，少子高齢化が進み，国連の推計では，中国の人口は2022年にインドに抜かれ，29年には人口が減少に転じるとみられている。中国の高齢化率は，1990年には5.3%であったが，2002年に7%を超え，15年には9.6%となった。今後も高齢化は進み，2025年には高齢化率が14%を超えるとみられている。こうしたことを背景に，中国では，近年，一人っ子政策の緩和が続いている。

中国よりも先に経済成長を遂げた韓国やシンガポール，台湾などでは，1980年代ごろから急速に少子化が進んだ。そのため，現在は，中国を上回る速さで高齢化が進行している。

人口が都市部に集中することを都市化という。国連によると，世界の都市人口は2000年の29億人から14年には39億人へと10億人増えた。また，同期間に，都市化率は47%から54%に上昇し，世界人口の半分以上が都市部に住んでいる。今後も，都市化は急速に進むとみられ，2030年には都市人口51億人，都市化率は60%になると予測されている。都市化の進行により，住宅難や環境汚染など様々な都市問題が生じている。世界銀行などによると，2013年時点で，世界で8億人がスラムと呼ばれる非正規居住区に劣悪な環境のもとで暮らしているとみられている。

第2章　人口と都市

図2-1　世界人口の地域別割合

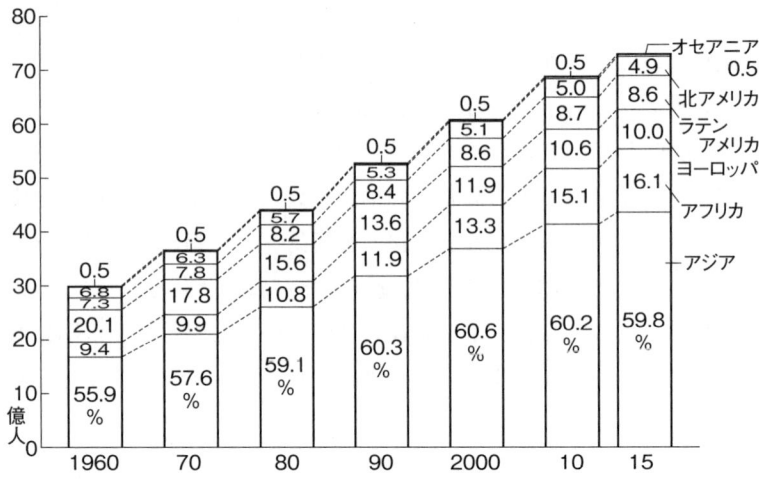

下表による。内訳の合計が100%になるように調整していない。

表2-1　地域別世界人口の推移（単位　百万人）

	1950	1960	1970	1980	1990
アジア‥‥‥‥‥	1 394	1 687	2 120	2 626	3 202
アフリカ‥‥‥‥	229	285	366	478	632
ヨーロッパ‥‥‥	549	606	657	694	721
北アメリカ‥‥ 1)	172	204	231	254	281
ラテンアメリカ 2)	169	221	288	365	447
オセアニア‥‥‥	13	16	20	23	27
世界計‥‥‥‥	2 525	3 018	3 682	4 440	5 310

	2000	2010	2014	2015	人口増加率 （2014～15） （%）
アジア‥‥‥‥‥	3 714	4 170	4 350	4 393	*1.01*
アフリカ‥‥‥‥	814	1 044	1 157	1 186	*2.55*
ヨーロッパ‥‥‥	726	735	738	738	*0.06*
北アメリカ‥‥ 1)	314	344	355	358	*0.75*
ラテンアメリカ 2)	527	600	628	634	*1.07*
オセアニア‥‥‥	31	36	39	39	*1.48*
世界計‥‥‥‥	6 127	6 930	7 266	7 349	*1.15*

国際連合人口部「World Population Prospects; The 2015 Revision」（2015年7月公表）による。現在人口。各年7月1日現在の推計人口。旧ソ連の各構成国はアジア，ヨーロッパにそれぞれ振り分けられている。アメリカは人口動向が類似した二つの地域に区分。表2-2などでは，アメリカを大陸別に北中，南アメリカと区分。1）北部アメリカ。2）カリブ海諸国，中央アメリカおよび南アメリカ。

図 2-2　人口の多い国（2015年）

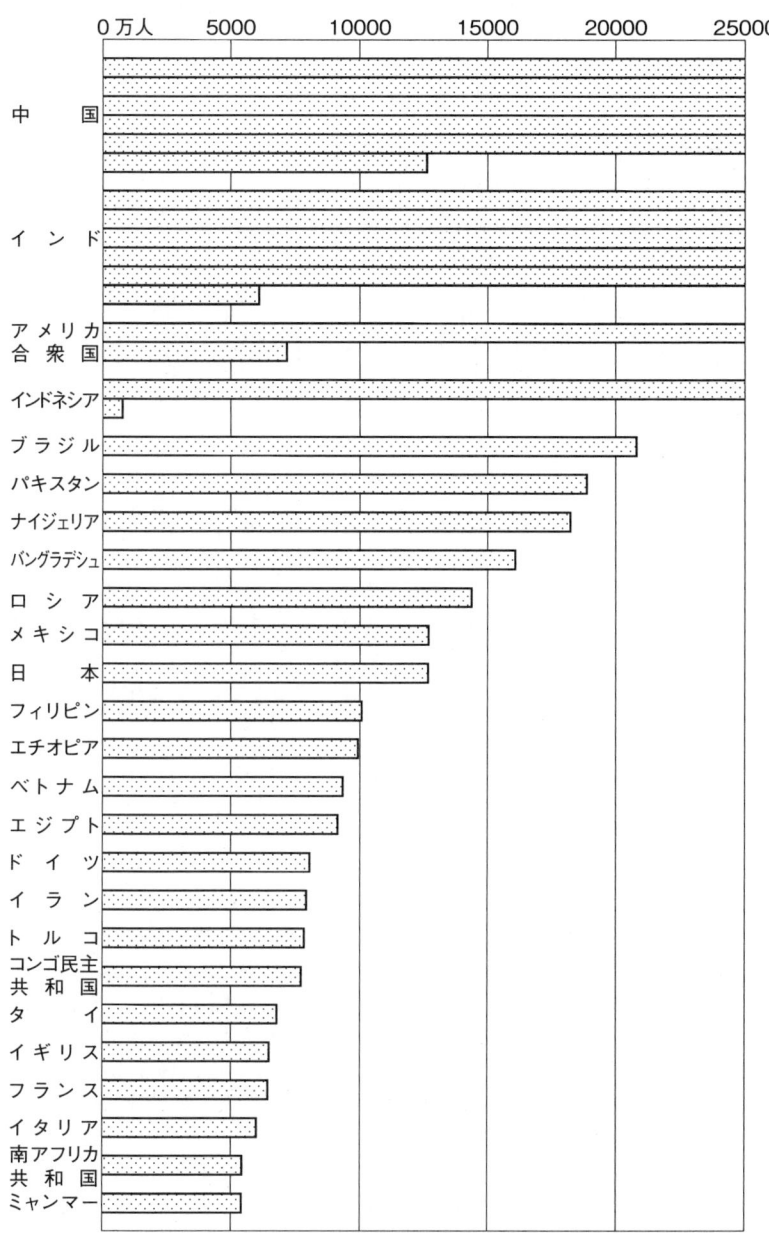

表2-2による。

表 2-2　各国の人口の推移（Ⅰ）（単位　千人）

	1990	2000	2010	2014	2015
アジア					
日本・・・・・・・・・・・	122 249	125 715	127 320	126 795	126 573
アゼルバイジャン 1)	7 217	8 118	9 100	9 630	9 754
アフガニスタン・・	12 068	19 702	27 962	31 628	32 527
アラブ首長国連邦	1 811	3 050	8 329	9 086	9 157
アルメニア・・・・・・	3 545	3 076	2 963	3 006	3 018
イエメン・・・・・・・・	11 961	17 795	23 592	26 184	26 832
イスラエル・・・・・・	4 499	6 014	7 420	7 939	8 064
イラク・・・・・・・・・	17 478	23 575	30 868	35 273	36 423
イラン・・・・・・・・・	56 169	65 850	74 253	78 144	79 109
インド・・・・・・・・・	870 602	1 053 481	1 230 985	1 295 292	1 311 051
インドネシア・・・・	181 437	211 540	241 613	254 455	257 564
ウズベキスタン・・	20 515	24 518	27 740	29 470	29 893
オマーン・・・・・・・・	1 812	2 239	2 944	4 236	4 491
カザフスタン・・・・	16 530	14 957	16 311	17 372	17 625
カタール・・・・・・・・	476	593	1 766	2 172	2 235
韓国・・・・・・・・・・	42 972	46 206	49 090	50 074	50 293
カンボジア・・・・・・	9 009	12 198	14 364	15 328	15 578
北朝鮮・・・・・・・・・	20 194	22 840	24 501	25 027	25 155
キプロス・・・・・・ 2)	767	943	1 104	1 154	1 165
キルギス・・・・・・・・	4 395	4 955	5 465	5 844	5 940
クウェート・・・・・・	2 059	1 929	3 059	3 753	3 892
サウジアラビア・・	16 361	21 392	28 091	30 887	31 540
ジョージア・・・・ 3)	5 460	4 744	4 250	4 035	4 000
シリア・・・・・・・・・	12 452	16 354	20 721	18 772	18 502
シンガポール・・・・	3 016	3 918	5 079	5 507	5 604
スリランカ・・・・・・	17 331	18 784	20 201	20 619	20 715
タイ・・・・・・・・・・	56 583	62 693	66 692	67 726	67 959

各国の人口について　人口統計には，全数調査（センサス）や標本調査など調査による数値と，それらの調査で得た数値に基づいて計算した推計人口や将来推計人口がある。人口センサスとは日本では国勢調査にあたり，各国とも概ね5〜10年ごとに実施している。一方，推計人口とは，人口センサスが行われない年の人口について，センサス人口を基に，各年の出生，死亡，出入国者数を加減するなどして推計したもので，国により推計方法は異なる。将来推計人口とは，センサス人口を基準に，出生，死亡，国際人口移動数について将来の仮定を設けて推計したものである。国連では人口部において，2年に一度「World Population Prospects」を公表し，推計人口と将来推計人口を計算している。本書の表2-2や2-8は，この資料を用いている。一方，国連の統計部では各国から報告されたセンサス人口や推計人口を取りまとめ，毎年「Demographic Yearbook」を公表している。表2-6や2-10は，この資料を用いている。

各国の人口の推移（Ⅱ）（単位　千人）

	1990	2000	2010	2014	2015
タジキスタン‥‥	5 297	6 186	7 582	8 296	8 482
中国‥‥‥‥‥ 4)	1 154 606	1 269 975	1 340 969	1 369 436	1 376 049
（台湾）‥‥‥‥ 5)	20 232	21 935	23 200	23 362	23 381
（香港）‥‥‥‥	5 794	6 784	6 994	7 227	7 288
（マカオ）‥‥‥	360	432	535	578	588
トルクメニスタン	3 668	4 501	5 042	5 307	5 374
トルコ‥‥‥‥	53 995	63 240	72 310	77 524	78 666
ネパール‥‥‥	18 742	23 740	26 876	28 175	28 514
バーレーン‥‥	496	667	1 261	1 362	1 377
パキスタン‥‥	107 608	138 250	170 044	185 044	188 925
（パレスチナ）‥ 6)	2 101	3 224	4 069	4 542	4 668
バングラデシュ‥	105 983	131 281	151 617	159 078	160 996
東ティモール‥‥	740	847	1 057	1 157	1 185
フィリピン‥‥	61 947	77 932	93 039	99 139	100 699
ブータン‥‥‥	536	564	720	765	775
ブルネイ‥‥‥	257	331	393	417	423
ベトナム‥‥‥	68 210	80 286	88 358	92 423	93 448
マレーシア‥‥	18 211	23 421	28 120	29 902	30 331
ミャンマー‥‥	42 007	47 670	51 733	53 437	53 897
モルディブ‥‥	223	280	333	357	364
モンゴル‥‥‥	2 184	2 397	2 713	2 910	2 959
ヨルダン‥‥‥	3 358	4 767	6 518	7 416	7 595
ラオス‥‥‥	4 248	5 343	6 261	6 689	6 802
レバノン‥‥‥	2 703	3 235	4 337	5 612	5 851
アフリカ					
アルジェリア‥‥	25 912	31 184	36 036	38 934	39 667
アンゴラ‥‥‥	11 128	15 059	21 220	24 228	25 022
ウガンダ‥‥‥	17 384	23 758	33 149	37 783	39 032
エジプト‥‥‥	56 397	68 335	82 041	89 580	91 508
エチオピア‥‥	48 057	66 444	87 562	96 959	99 391
エリトリア‥‥	3 139	3 535	4 690	5 110	5 228
ガーナ‥‥‥‥	14 628	18 825	24 318	26 787	27 410
カーボヴェルデ‥	341	439	490	514	521
ガボン‥‥‥‥	952	1 232	1 542	1 688	1 725
カメルーン‥‥	12 070	15 928	20 591	22 773	23 344
ガンビア‥‥‥	917	1 229	1 693	1 928	1 991
ギニア‥‥‥‥	6 034	8 799	11 012	12 276	12 609
ギニアビサウ‥‥	1 056	1 315	1 634	1 801	1 844
ケニア‥‥‥‥	23 446	31 066	40 328	44 864	46 050
コートジボワール	12 166	16 518	20 132	22 157	22 702
コモロ‥‥‥‥	415	548	699	770	788
コンゴ共和国‥‥	2 386	3 109	4 066	4 505	4 620
コンゴ民主共和国	34 963	48 049	65 939	74 877	77 267
サントメ・プリンシペ	114	137	171	186	190
ザンビア‥‥‥	8 143	10 585	13 917	15 721	16 212

各国の人口の推移 (Ⅲ) (単位　千人)

	1990	2000	2010	2014	2015
シエラレオネ‥‥	3 931	4 061	5 776	6 316	6 453
ジブチ‥‥‥‥‥	588	723	831	876	888
ジンバブエ‥‥‥	10 485	12 500	13 974	15 246	15 603
スーダン‥‥ 7) 8)	20 009	28 080	36 115	39 350	40 235
スワジランド‥‥	863	1 064	1 193	1 269	1 287
セーシェル‥‥‥	71	81	93	96	96
赤道ギニア‥‥‥	377	531	729	821	845
セネガル‥‥‥‥	7 514	9 861	12 957	14 673	15 129
ソマリア‥‥‥‥	6 322	7 385	9 582	10 518	10 787
タンザニア‥‥‥	25 458	33 992	45 649	51 823	53 470
チャド‥‥‥‥‥	5 958	8 343	11 896	13 587	14 037
中央アフリカ共和国	2 938	3 726	4 445	4 804	4 900
チュニジア‥‥‥	8 233	9 699	10 639	11 130	11 254
トーゴ‥‥‥‥‥	3 787	4 875	6 391	7 115	7 305
ナイジェリア‥‥	95 617	122 877	159 425	177 476	182 202
ナミビア‥‥‥‥	1 415	1 898	2 194	2 403	2 459
ニジェール‥‥‥	7 912	11 225	16 292	19 114	19 899
ブルキナファソ‥	8 811	11 608	15 632	17 589	18 106
ブルンジ‥‥‥‥	5 613	6 767	9 461	10 817	11 179
ベナン‥‥‥‥‥	5 001	6 949	9 510	10 598	10 880
ボツワナ‥‥‥‥	1 380	1 737	2 048	2 220	2 262
マダガスカル‥‥	11 546	15 745	21 080	23 572	24 235
マラウイ‥‥‥‥	9 409	11 193	14 770	16 695	17 215
マリ‥‥‥‥‥‥	8 482	11 047	15 167	17 086	17 600
南アフリカ共和国	36 793	44 897	51 622	53 969	54 490
南スーダン‥‥ 7)	5 762	6 693	10 056	11 911	12 340
モーリシャス‥ *	1 056	1 185	1 248	1 269	1 273
モーリタニア‥‥	2 024	2 711	3 591	3 970	4 068
モザンビーク‥‥	13 372	18 265	24 321	27 216	27 978
モロッコ‥‥‥‥	24 950	28 951	32 108	33 921	34 378
リビア‥‥‥‥‥	4 398	5 337	6 266	6 259	6 278
リベリア‥‥‥‥	2 103	2 892	3 958	4 397	4 503
ルワンダ‥‥‥‥	7 260	8 022	10 294	11 342	11 610
レソト‥‥‥‥‥	1 598	1 856	2 011	2 109	2 135
ヨーロッパ					
アイスランド‥‥	255	281	318	327	329
アイルランド‥‥	3 563	3 842	4 617	4 675	4 688
アルバニア‥‥‥	3 281	3 122	2 902	2 890	2 897
アンドラ‥‥‥‥	55	65	84	73	70
イギリス‥‥‥‥	57 110	58 867	62 717	64 331	64 716
イタリア‥‥‥‥	57 008	57 147	59 588	59 789	59 798
ウクライナ‥‥15)	51 370	48 746	45 647	45 002	44 824
エストニア‥‥‥	1 565	1 399	1 332	1 316	1 313
オーストリア‥‥	7 707	8 051	8 392	8 517	8 545
オランダ‥‥‥‥	14 915	15 894	16 632	16 868	16 925

各国の人口の推移（Ⅳ）（単位　千人）

	1990	2000	2010	2014	2015
ギリシャ………	10 132	10 954	11 178	11 001	10 955
クロアチア……	4 776	4 428	4 316	4 256	4 240
コソボ……… 11)	1 862	1 700	1 776	1 823	…
サンマリノ……	24	27	31	32	32
スイス………	6 674	7 166	7 831	8 211	8 299
スウェーデン……	8 559	8 872	9 382	9 703	9 779
スペイン…… *	39 192	40 750	46 601	46 260	46 122
スロバキア……	5 278	5 386	5 407	5 423	5 426
スロベニア……	2 007	1 989	2 052	2 066	2 068
セルビア・9) 10) 11)	7 586	7 516	7 291	7 129	…
チェコ………	10 324	10 263	10 507	10 543	10 543
デンマーク……	5 140	5 338	5 551	5 647	5 669
ドイツ………	78 958	81 896	80 435	80 646	80 689
ノルウェー… *	4 240	4 492	4 891	5 148	5 211
バチカン………	0.77	0.79	0.80	0.80	0.80
ハンガリー……	10 385	10 224	10 015	9 890	9 855
フィンランド… *	4 987	5 176	5 368	5 480	5 503
フランス………	56 943	59 387	62 961	64 121	64 395
ブルガリア……	8 821	8 001	7 407	7 201	7 150
ベラルーシ……	10 232	9 952	9 492	9 500	9 496
ベルギー………	9 978	10 268	10 930	11 226	11 299
ポーランド……	38 195	38 486	38 575	38 620	38 612
ボスニア・ヘルツェゴビナ	4 527	3 793	3 835	3 818	3 810
ポルトガル……	9 890	10 279	10 585	10 402	10 350
マケドニア……	1 996	2 012	2 062	2 076	2 078
マルタ………	356	387	412	418	419
モナコ………	29	32	37	38	38
モルドバ…… 12)	4 364	4 201	4 084	4 072	4 069
モンテネグロ…9)	615	614	622	625	626
ラトビア………	2 664	2 371	2 091	1 989	1 971
リトアニア……	3 697	3 486	3 123	2 917	2 878
リヒテンシュタイン	29	33	36	37	38
ルーマニア……	23 489	22 128	20 299	19 652	19 511
ルクセンブルク…	382	436	508	557	567
ロシア………	147 569	146 401	143 158	143 429	143 457
北中アメリカ					
アメリカ合衆国…	252 848	282 896	309 876	319 449	321 774
アンティグア・バーブーダ……	62	78	87	91	92
エルサルバドル…	5 252	5 812	6 038	6 108	6 127
カナダ………	27 662	30 702	34 126	35 588	35 940
キューバ………	10 582	11 117	11 308	11 379	11 390
グアテマラ……	9 159	11 689	14 732	16 015	16 343
グレナダ………	96	102	105	106	107

第2章　人口と都市

各国の人口の推移（Ⅴ）（単位　千人）

	1990	2000	2010	2014	2015
コスタリカ・・・・・	3 096	3 925	4 545	4 758	4 808
ジャマイカ・・・・・・	2 386	2 600	2 741	2 783	2 793
セントクリストフ ァー・ネイビス	41	46	52	55	56
セントビンセント ・グレナディーン 諸島 ・・・・・・・・・	108	108	109	109	109
セントルシア・・・・	138	157	177	184	185
ドミニカ・・・・・・・・	71	70	71	72	73
ドミニカ共和国・・	7 184	8 563	9 898	10 406	10 528
トリニダード・トバゴ	1 222	1 268	1 328	1 354	1 360
ニカラグア・・・・・・	4 145	5 027	5 738	6 014	6 082
ハイチ・・・・・・・・・	7 100	8 549	10 000	10 572	10 711
パナマ・・・・・・・・・	2 471	3 029	3 621	3 868	3 929
バハマ・・・・・・・・・	256	298	361	383	388
バルバドス・・・・・・	260	270	280	283	284
ベリーズ・・・・・・・	188	247	322	352	359
ホンジュラス・・・・	4 903	6 243	7 504	7 962	8 075
メキシコ・・・・・・・・	85 609	102 809	118 618	125 386	127 017
南アメリカ					
アルゼンチン・・・・	32 730	37 057	41 223	42 980	43 417
ウルグアイ・・・・・・	3 110	3 321	3 374	3 420	3 432
エクアドル・・・・・・	10 218	12 629	14 935	15 903	16 144
ガイアナ・・・・・・・・	720	742	753	764	767
コロンビア・・・・・・	34 272	40 404	45 918	47 791	48 229
スリナム・・・・・・・・	408	481	518	538	543
チリ・・・・・・・・・・・	13 141	15 170	17 015	17 763	17 948
パラグアイ・・・・・・	4 214	5 303	6 210	6 553	6 639
ブラジル・・・・・・・・	150 393	175 786	198 614	206 078	207 848
ベネズエラ・・・・・・	19 862	24 481	28 996	30 694	31 108
ペルー・・・・・・・・・	21 827	25 915	29 374	30 973	31 377
ボリビア・・・・・・・・	6 856	8 340	9 918	10 562	10 725
オセアニア					
オーストラリア*	17 097	19 107	22 163	23 622	23 969
キリバス・・・・・・・・	72	84	103	110	112
クック諸島・・・・13)	18	18	20	21	21
サモア・・・・・・・・・	163	175	186	192	193
ソロモン諸島・・・・	312	412	526	572	584
ツバル・・・・・・・・・	9.0	9.4	9.8	9.9	9.9
トンガ・・・・・・・・・	95	98	104	106	106
ナウル・・・・・・・・・	9.2	10.0	10.0	10.2	10.2
ニウエ・・・・・・・14)	2.3	1.9	1.6	1.6	1.6
ニュージーランド	3 398	3 858	4 369	4 495	4 529
バヌアツ・・・・・・・・	147	185	236	259	265
パプアニューギニア	4 158	5 374	6 848	7 464	7 619

各国の人口の推移（Ⅵ）（単位　千人）

	1990	2000	2010	2014	2015
パラオ・・・・・・・・・	15	19	20	21	21
フィジー・・・・・・・・	729	811	860	886	892
マーシャル諸島・・	47	52	52	53	53
ミクロネシア・・・・	96	107	104	104	104

国際連合人口部「World Population Prospects; The 2015 Revision」による（2015年7月30日公表）。現在人口（調査時にその地域に存在する人口）。各年7月1日現在の推計人口。前年版までは，日本は総務省統計局による各年10月1日現在の常住人口（その地域に通常居住している人口）を，台湾は内政部資料による各年末の常住人口を掲載していたが，本年版より上記国連資料によった。ただし，国連の推計では，セルビアの人口にコソボを含んでいるため，セルビアとコソボについては，世界銀行による各年央の現在人口によった。各国とも海外領土・自治領を含まない。1) ナゴルノ・カラバフを含む。2) 北キプロスを含む。3) 2015年4月，「グルジア」から国名呼称変更。南オセチアとアブハジアを含む。4) 台湾,香港およびマカオを含まない。5) 上記国連資料の「Eastern Asia」における「Other non-specified areas」の数値をとった。6) 東エルサレムを含む。7) 2011年7月9日，スーダンから南スーダンが独立。8) 南スーダンを含まない新スーダンの数値。9) 2006年6月，セルビア・モンテネグロからモンテネグロが独立。10) コソボを含まず。11) 2008年2月にコソボはセルビアからの独立を宣言，同年3月18日に日本はコソボを国家として承認。12) トランスニストリアを含む。13) 2011年3月25日に日本はクック諸島を国家として承認。14) 2015年5月15日に日本はニウエを国家として承認。15) クリミアを含む。
*海外領土・自治領を含む。

表 2-3　各国の人口増加率（Ⅰ）（%）

	2000～10年平均増加率	2010～15年平均増加率		2000～10年平均増加率	2010～15年平均増加率
アジア			キプロス・・・・・・	1.6	1.1
日本・・・・・・・・・	0.1	-0.1	キルギス・・・・・・	1.0	1.7
			クウェート・・・・	4.7	4.9
アゼルバイジャン	1.1	1.4	サウジアラビア	2.8	2.3
アフガニスタン	3.6	3.1	ジョージア・・ 1)	-1.1	-1.2
アラブ首長国連邦	10.6	1.9	シリア・・・・・・・	2.4	-2.2
イエメン・・・・・・	2.9	2.6	シンガポール・・	2.6	2.0
イスラエル・・・・	2.1	1.7			
イラク・・・・・・・	2.7	3.4	スリランカ・・・・	0.7	0.5
イラン・・・・・・・	1.2	1.3	タイ・・・・・・・・・	0.6	0.4
インド・・・・・・・・	1.6	1.3	タジキスタン・・	2.1	2.3
			中国・・・・・・・・・	0.5	0.5
インドネシア・・	1.3	1.3	（台湾）・・・・・・	0.6	0.2
ウズベキスタン	1.2	1.5	（香港）・・・・・・	0.3	0.8
オマーン・・・・・・	2.8	8.8	（マカオ）・・・・・	2.2	1.9
カザフスタン・・	0.9	1.6			
カタール・・・・・・	11.5	4.8	トルコ・・・・・・・	1.3	1.7
韓国・・・・・・・・・	0.6	0.5	ネパール・・・・・・	1.2	1.2
カンボジア・・・・	1.6	1.6	パキスタン・・・・	2.1	2.1
北朝鮮・・・・・・・	0.7	0.5	バングラデシュ	1.5	1.2

第2章　人口と都市

各国の人口増加率（Ⅱ）（％）

	2000～10年平均増加率	2010～15年平均増加率		2000～10年平均増加率	2010～15年平均増加率
フィリピン‥‥‥	1.8	1.6	リベリア‥‥‥‥	3.2	2.6
ブータン‥‥‥‥	2.5	1.5	ルワンダ‥‥‥‥	2.5	2.4
ベトナム‥‥‥‥	1.0	1.1	**ヨーロッパ**		
マレーシア‥‥‥	1.8	1.5	アイルランド‥‥	1.9	0.3
ミャンマー‥‥‥	0.8	0.8	アルバニア‥‥‥	-0.7	-0.0
モンゴル‥‥‥‥	1.2	1.8	イギリス‥‥‥‥	0.6	0.6
ヨルダン‥‥‥‥	3.2	3.1	イタリア‥‥‥‥	0.4	0.1
ラオス‥‥‥‥‥	1.6	1.7	ウクライナ‥‥‥	-0.7	-0.4
レバノン‥‥‥‥	3.0	6.2	エストニア‥‥‥	-0.5	-0.3
アフリカ			オーストリア‥‥	0.4	0.4
アルジェリア‥‥	1.5	1.9	オランダ‥‥‥‥	0.5	0.4
アンゴラ‥‥‥‥	3.5	3.4	ギリシャ‥‥‥‥	0.2	-0.4
ウガンダ‥‥‥‥	3.4	3.3	クロアチア‥‥‥	-0.3	-0.4
エジプト‥‥‥‥	1.8	2.2	スイス‥‥‥‥‥	0.9	1.2
エチオピア‥‥‥	2.8	2.6	スウェーデン‥‥	0.6	0.8
ガーナ‥‥‥‥‥	2.6	2.4	スペイン‥‥‥‥	1.4	-0.2
カメルーン‥‥‥	2.6	2.5	スロバキア‥‥‥	0.0	0.1
ギニア‥‥‥‥‥	2.3	2.7	スロベニア‥‥‥	0.3	0.1
ケニア‥‥‥‥‥	2.6	2.7	チェコ‥‥‥‥‥	0.2	0.1
コートジボワール	2.0	2.4	デンマーク‥‥‥	0.4	0.4
コンゴ民主共和国	3.2	3.2	ドイツ‥‥‥‥‥	-0.2	0.1
ザンビア‥‥‥‥	2.8	3.1	ノルウェー‥‥‥	0.9	1.3
シエラレオネ‥‥	3.6	2.2	ハンガリー‥‥‥	-0.2	-0.3
ジンバブエ‥‥‥	1.1	2.2	フィンランド‥‥	0.4	0.5
スーダン‥‥‥‥	2.5	2.2	フランス‥‥‥‥	0.6	0.5
ソマリア‥‥‥‥	2.6	2.4	ブルガリア‥‥‥	-0.8	-0.7
タンザニア‥‥‥	3.0	3.2	ベラルーシ‥‥‥	-0.5	0.0
チャド‥‥‥‥‥	3.6	3.4	ベルギー‥‥‥‥	0.6	0.7
チュニジア‥‥‥	0.9	1.1	ポーランド‥‥‥	0.0	0.0
トーゴ‥‥‥‥‥	2.7	2.7	ボスニア・ヘルツェゴビナ	0.1	-0.1
ナイジェリア‥‥	2.6	2.7			
ナミビア‥‥‥‥	1.5	2.3	ポルトガル‥‥‥	0.3	-0.4
ニジェール‥‥‥	3.8	4.1	モルドバ‥‥‥‥	-0.3	-0.1
ブルキナファソ	3.0	3.0	ラトビア‥‥‥‥	-1.3	-1.2
ブルンジ‥‥‥‥	3.4	3.4	リトアニア‥‥‥	-1.1	-1.6
ボツワナ‥‥‥‥	1.7	2.0	ルーマニア‥‥‥	-0.9	-0.8
マダガスカル‥‥	3.0	2.8	ロシア‥‥‥‥‥	-0.2	0.0
マラウイ‥‥‥‥	2.8	3.1	**北中アメリカ**		
マリ‥‥‥‥‥‥	3.2	3.0	アメリカ合衆国	0.9	0.8
南アフリカ共和国	1.4	1.1	エルサルバドル	0.4	0.3
南スーダン‥‥‥	4.2	4.2	カナダ‥‥‥‥‥	1.1	1.0
モザンビーク‥‥	2.9	2.8	キューバ‥‥‥‥	0.2	0.1
モロッコ‥‥‥‥	1.0	1.4	グアテマラ‥‥‥	2.3	2.1
リビア‥‥‥‥‥	1.6	0.0	コスタリカ‥‥‥	1.5	1.1

各国の人口増加率（Ⅲ）（%）

	2000~10年平均増加率	2010~15年平均増加率		2000~10年平均増加率	2010~15年平均増加率
ジャマイカ‥‥	0.5	0.4	チリ‥‥‥‥‥	1.2	1.1
ドミニカ共和国	1.5	1.2	パラグアイ‥‥	1.6	1.3
ニカラグア‥‥	1.3	1.2	ブラジル‥‥‥	1.2	0.9
ハイチ‥‥‥‥	1.6	1.4	ベネズエラ‥‥	1.7	1.4
パナマ‥‥‥‥	1.8	1.6	ペルー‥‥‥‥	1.3	1.3
ホンジュラス‥	1.9	1.5	ボリビア‥‥‥	1.7	1.6
メキシコ‥‥‥	1.4	1.4	**オセアニア**		
南アメリカ			オーストラリア	1.5	1.6
アルゼンチン‥	1.1	1.0	ニュージーランド	1.3	0.7
ウルグアイ‥‥	0.2	0.3	パプアニュー		
エクアドル‥‥	1.7	1.6	ギニア‥‥‥	2.5	2.2
コロンビア‥‥	1.3	1.0	世界計‥‥‥	1.2	1.2

表2-1, 2-2により作成。それぞれの脚注を参照のこと。中国には台湾, 香港およびマカオを含まず。人口の少ない国の増加率については誤差が大きくなる傾向があり, 必ずしも実態を正確に表してはいないことに留意すること。1)「グルジア」から国名呼称変更。

表 2-4　人口動態（Ⅰ）（人口千人あたり）

	調査年	出生率	死亡率	自然増加率	自然増加数（千人）
アジア					
日本‥‥‥‥‥‥‥‥‥	2014	8.0	10.1	-2.1	-269
アゼルバイジャン‥‥‥	2013	18.5	5.8	12.7	118
アフガニスタン* ‥‥‥	2013	34.1	7.8	26.2	…
アラブ首長国連邦* ‥‥	2013	14.5	1.0	13.4 6)	77
アルメニア‥‥‥‥‥‥	2013	13.8	9.0	4.8	15
イエメン* ‥‥‥‥‥‥	2013	31.1	7.2	23.9	390
イスラエル‥‥‥‥‥‥	2013	21.3	5.2	16.1	130
イラク* ‥‥‥‥‥‥	2013	31.1	5.2	25.9	889
イラン‥‥‥‥‥‥‥‥	2013	19.1	4.8	14.3	1 100
インド‥‥‥‥‥‥‥	2012	21.6	7.0	14.6	…
インドネシア* ‥‥‥‥	2013	18.8	6.2	12.5	…
ウズベキスタン‥‥‥‥	2013	22.7	4.9	17.8	534
オマーン* ‥‥‥‥‥	2013	20.9	2.7	18.1	72
カザフスタン‥‥‥‥‥	2011	22.5	8.7	13.8	228
カタール‥‥‥‥‥‥‥	2013	11.8	1.1	10.7	22
韓国‥‥‥‥‥‥‥‥‥	2013	8.6	5.3	3.3	170
カンボジア* ‥‥‥‥‥	2013	25.7	6.0	19.7 2)	260
北朝鮮‥‥‥‥‥‥‥‥	2008	14.4	9.0	5.4	129
キプロス‥‥‥‥‥‥‥	2013	10.8	6.0	4.8	4
キルギス‥‥‥‥‥‥‥	2013	27.2	6.1	21.1	121
クウェート‥‥‥‥‥‥	2013	17.2	1.7	15.5	54
サウジアラビア* ‥‥‥	2013	19.4	3.2	16.2	501

人口動態（Ⅱ）（人口千人あたり）

	調査年	出生率	死亡率	自然増加率	自然増加数（千人）
ジョージア* ‥‥‥‥‥15)	2013	13.3	11.5	1.8	9
シリア* ‥‥‥‥‥‥‥	2013	24.0	3.9	20.1	13) 778
シンガポール‥‥‥‥‥	2013	10.3	4.9	5.4	21
スリランカ‥‥‥‥‥‥	2012	17.5	6.0	11.5	234
タイ* ‥‥‥‥‥‥‥‥	2013	10.2	7.7	2.5	322
タジキスタン‥‥‥‥‥	2005	26.4	4.6	21.8	1) 178
中国‥‥‥‥‥‥‥‥‥	2013	12.1	7.2	4.9	6 680
（台湾）‥‥‥‥‥‥‥	2014	9.0	7.0	2.0	46
（香港）‥‥‥‥‥‥‥	2013	7.9	6.0	1.9	14
（マカオ）‥‥‥‥‥‥	2013	11.1	3.2	7.9	5
トルクメニスタン* ‥‥	2013	21.3	7.8	13.6	…
トルコ‥‥‥‥‥‥‥‥	2013	16.8	4.9	11.9	911
ネパール‥‥‥‥‥‥‥	2011	11.4	4.5	6.9	197
バーレーン‥‥‥‥‥‥	2012	15.5	2.1	13.4	17
パキスタン‥‥‥‥‥‥	2007	23.5	6.3	17.2	2 811
（パレスチナ*）‥‥‥‥	2013	30.4	3.5	26.9	116
バングラデシュ‥‥‥‥	2007	20.9	6.2	14.7	14) 2 107
東ティモール* ‥‥‥‥	2013	35.8	5.7	30.0	…
フィリピン‥‥‥‥‥‥	2012	18.6	5.3	13.3	1 276
ブータン‥‥‥‥‥‥‥	2005	19.7	7.1	12.6	8
ブルネイ‥‥‥‥‥‥‥	2008	16.1	2.7	13.4	5
ベトナム‥‥‥‥‥‥‥	2007	15.7	4.5	11.2	944
マレーシア‥‥‥‥‥‥	2012	17.2	4.6	12.6	372
ミャンマー* ‥‥‥‥‥	2013	17.2	8.5	8.7	6) 665
モルディブ‥‥‥‥‥‥	2012	22.5	3.4	19.1	6
モンゴル‥‥‥‥‥‥‥	2013	27.5	5.9	21.6	63
ヨルダン* ‥‥‥‥‥‥	2013	27.0	3.7	23.4	154
ラオス* ‥‥‥‥‥‥‥	2013	26.8	5.9	20.8	…
レバノン* ‥‥‥‥‥‥	2013	13.4	4.4	9.0	14) 71
アフリカ					
アルジェリア* ‥‥‥‥	2013	24.3	5.9	18.4	795
アンゴラ* ‥‥‥‥‥‥	2013	44.1	13.9	30.2	…
ウガンダ* ‥‥‥‥‥‥	2013	43.2	9.2	33.9	…
エジプト‥‥‥‥‥‥‥	2013	31.0	6.0	25.0	2 111
エチオピア‥‥‥‥‥‥	2007	28.8	10.9	17.9	1 379
エリトリア* ‥‥‥‥‥	2013	36.7	6.7	30.0	…
ガーナ‥‥‥‥‥‥‥‥	2010	25.3	6.6	18.7	460
カーボヴェルデ‥‥‥‥	2010	25.9	5.6	20.3	10
ガボン* ‥‥‥‥‥‥‥	2013	31.9	9.1	22.8	…
カメルーン* ‥‥‥‥‥	2013	37.3	11.7	25.5	…
ガンビア* ‥‥‥‥‥‥	2013	42.7	9.7	33.1	…
ギニア* ‥‥‥‥‥‥‥	2013	36.9	11.5	25.4	…
ギニアビサウ* ‥‥‥‥	2013	37.5	12.5	24.9	…
ケニア* ‥‥‥‥‥‥‥	2013	34.9	8.2	26.7	676

人口動態（Ⅲ）（人口千人あたり）

	調査年	出生率	死亡率	自然増加率	自然増加数（千人）
コートジボワール* ····	2013	36.6	14.2	22.4	16) 454
コモロ* ··············	2013	35.2	8.8	26.5	···
コンゴ共和国* ········	2013	37.6	10.2	27.3	10) 59
コンゴ民主共和国* ····	2013	42.7	15.4	27.3	···
サントメ・プリンシペ*	2013	33.9	6.8	27.1	···
ザンビア··············	2010	35.4	13.1	22.3	279
シエラレオネ* ········	2013	36.6	17.2	19.4	14) 135
ジブチ* ··············	2013	27.5	8.7	18.7	6) 10
ジンバブエ* ··········	2013	31.3	9.0	22.3	···
スーダン* ············	2013	33.5	8.4	25.1	···
スワジランド··········	2007	32.5	18.0	14.5	15
セーシェル············	2013	17.4	8.0	9.4	0.8
セネガル··············	2013	35.3	10.1	25.2	342
ソマリア* ············	2013	43.8	12.3	31.5	···
タンザニア* ··········	2013	39.2	8.5	30.6	14) 1 139
チャド* ··············	2013	45.9	14.3	31.6	5) 260
中央アフリカ共和国* ··	2013	34.2	14.9	19.3	···
チュニジア* ··········	2013	19.8	6.3	13.5	14) 153
トーゴ* ··············	2013	36.4	10.7	25.7	···
ナイジェリア* ········	2013	41.2	13.2	28.0	···
ナミビア* ············	2013	26.0	7.2	18.9	···
ニジェール* ··········	2013	49.7	10.9	38.8	11) 112
ブルキナファソ········	2008	46.1	11.9	34.2	504
ブルンジ* ············	2013	44.7	12.8	31.9	···
ベナン················	2012	40.2	8.4	31.8	297
ボツワナ* ············	2013	23.6	16.9	6.6	4) 33
マダガスカル* ········	2013	34.7	6.8	27.8	···
マラウイ··············	2008	37.9	10.0	27.9	381
マリ* ················	2013	47.1	13.0	34.1	10) 604
南アフリカ共和国* ····	2013	20.9	13.0	7.8	631
南スーダン* ··········	2013	36.1	11.8	24.3	···
モーリシャス··········	2013	10.7	7.5	3.2	4
モザンビーク* ········	2013	38.9	14.1	24.7	5) 422
モロッコ* ············	2013	22.7	6.3	16.4	···
リビア* ··············	2013	20.7	4.2	16.5	10) 112
リベリア* ············	2013	35.5	8.8	26.6	···
ヨーロッパ					
アイスランド··········	2013	13.4	6.7	6.7	2
アイルランド··········	2013	15.0	6.5	8.5	39
アルバニア············	2013	12.3	7.1	5.2	15
イギリス··············	2013	12.2	9.0	3.2	206
イタリア··············	2013	8.6	10.1	-1.5	-86
ウクライナ············	2013	11.1	14.5	-3.4	-159
エストニア············	2013	10.2	11.5	-1.3	-2

第2章 人口と都市

人口動態（Ⅳ）（人口千人あたり）

	調査年	出生率	死亡率	自然増加率	自然増加数（千人）
オーストリア‥‥‥‥‥‥	2013	9.4	9.4	-0.0	-0.2
オランダ‥‥‥‥‥‥‥	2013	10.2	8.4	1.8	30
ギリシャ‥‥‥‥‥‥‥	2013	8.5	10.1	-1.6	-18
クロアチア‥‥‥‥‥‥	2013	9.4	11.8	-2.4	-10
サンマリノ‥‥‥‥‥‥	2013	9.5	7.4	2.1	0.1
スイス‥‥‥‥‥‥‥‥	2013	10.3	8.1	2.2	18
スウェーデン‥‥‥‥‥	2013	11.8	9.4	2.4	23
スペイン‥‥‥‥‥‥‥	2013	9.1	8.3	0.8	36
スロバキア‥‥‥‥‥‥	2013	10.1	9.6	0.5	3
スロベニア‥‥‥‥‥‥	2013	10.3	9.4	0.9	2
セルビア‥‥‥‥‥‥ [7]	2013	9.1	14.0	-4.9	-35
チェコ‥‥‥‥‥‥‥‥	2013	10.2	10.4	-0.2	-2
デンマーク‥‥‥‥‥‥	2013	10.0	9.4	0.6	3
ドイツ‥‥‥‥‥‥‥‥	2013	8.5	11.1	-2.6	-212
ノルウェー‥‥‥‥‥‥	2013	11.7	8.2	3.5	18
ハンガリー‥‥‥‥‥‥	2013	9.0	12.8	-3.8	-37
フィンランド‥‥‥‥‥	2013	10.7	9.5	1.2	7
フランス‥‥‥‥‥‥‥	2013	12.3	8.8	3.5	223
ブルガリア‥‥‥‥‥‥	2013	9.2	14.4	-5.2	-38
ベラルーシ‥‥‥‥‥‥	2013	12.5	13.2	-0.7	-7
ベルギー‥‥‥‥‥‥‥	2013	11.3	9.8	1.5	16
ポーランド‥‥‥‥‥‥	2013	9.6	10.1	-0.5	-18
ボスニア・ヘルツェゴビナ	2013	8.0	9.3	-1.3	-5
ポルトガル‥‥‥‥‥‥	2013	7.9	10.2	-2.3	-24
マケドニア‥‥‥‥‥‥	2013	11.2	9.3	1.9	4
マルタ‥‥‥‥‥‥‥‥	2013	9.5	7.6	1.9	0.8
モルドバ‥‥‥‥‥‥‥	2013	10.6	10.7	-0.1	-0.2
モンテネグロ‥‥‥‥‥	2013	12.0	9.5	2.5	2
ラトビア‥‥‥‥‥‥‥	2013	10.2	14.2	-4.0	-8
リトアニア‥‥‥‥‥‥	2013	10.1	14.0	-3.9	-12
リヒテンシュタイン‥‥	2013	9.2	6.7	2.5	0.1
ルーマニア‥‥‥‥‥‥	2013	9.1	12.4	-3.3	-65
ルクセンブルク‥‥‥‥	2013	11.4	7.1	4.3	2
ロシア‥‥‥‥‥‥‥‥	2013	13.2	13.1	0.1	23
北中アメリカ					
アメリカ合衆国‥‥‥‥	2013	12.4	8.2	4.2	1 335
エルサルバドル‥‥‥‥	2012	17.7	5.1	12.6	79
カナダ‥‥‥‥‥‥‥‥	2011	11.0	7.0	4.0	136
キューバ‥‥‥‥‥‥‥	2013	11.2	8.2	3.0	34
グアテマラ‥‥‥‥‥‥	2012	25.8	4.8	21.0	316
グレナダ*‥‥‥‥‥‥	2013	19.3	7.4	11.9 [5]	1
コスタリカ‥‥‥‥‥‥	2013	15.0	4.2	10.8	51
ジャマイカ*‥‥‥‥‥	2013	13.5	5.7	7.8	21
セントルシア‥‥‥‥‥	2006	13.3	6.1	7.2	1

人口動態（Ⅴ）（人口千人あたり）

	調査年	出生率	死亡率	自然増加率	自然増加数（千人）
ドミニカ‥‥‥‥‥‥‥‥	2006	14.9	7.5	7.4 13)	0.3
ドミニカ共和国* ‥‥‥	2013	20.8	6.0	14.8	96
トリニダード・トバゴ‥	2008	15.2	8.0	7.2	9
ニカラグア* ‥‥‥‥‥	2013	22.7	4.6	18.2 9)	107
ハイチ* ‥‥‥‥‥‥‥	2013	25.6	8.6	17.1	…
パナマ* ‥‥‥‥‥‥‥	2013	19.4	4.9	14.5	56
バハマ‥‥‥‥‥‥‥‥	2010	14.2	5.8	8.4 1)	2
バルバドス‥‥‥‥‥‥	2007	12.9	8.1	4.8	1
（プエルトリコ）‥‥‥ 12)	2013	10.1	8.1	2.0	7
ベリーズ* ‥‥‥‥‥‥	2013	23.4	4.5	18.9 3)	7
ホンジュラス* ‥‥‥‥	2013	25.8	4.7	21.1 6)	187
メキシコ* ‥‥‥‥‥‥	2013	18.4	4.5	13.9 6)	1 997
南アメリカ					
アルゼンチン‥‥‥‥‥	2013	17.9	7.7	10.2	428
ウルグアイ‥‥‥‥‥‥	2012	14.3	9.8	4.5	15
エクアドル* ‥‥‥‥‥	2013	20.8	4.9	15.9	158
ガイアナ* ‥‥‥‥‥‥	2013	20.3	6.7	13.6	…
コロンビア* ‥‥‥‥‥	2013	18.8	5.6	13.2 14)	477
スリナム‥‥‥‥‥‥‥	2013	18.2	6.5	11.7	6
チリ‥‥‥‥‥‥‥‥‥	2012	14.0	5.7	8.3	145
パラグアイ* ‥‥‥‥‥	2013	23.7	5.7	18.0 9)	75
ブラジル* ‥‥‥‥‥‥	2013	14.9	6.5	8.5	1 652
ベネズエラ‥‥‥‥‥‥	2011	21.0	4.7	16.3	478
ペルー* ‥‥‥‥‥‥‥	2013	19.7	5.3	14.4	381
ボリビア* ‥‥‥‥‥‥	2013	25.7	7.1	18.6 11)	75
オセアニア					
オーストラリア‥‥‥‥	2013	13.3	6.4	6.9	160
（グアム）‥‥‥‥‥‥ 12)	2013	20.8	5.6	15.2	2
ソロモン諸島* ‥‥‥‥	2013	30.8	5.9	25.0	…
トンガ‥‥‥‥‥‥‥‥	2006	28.6	6.9	21.7	2
ニュージーランド‥‥‥	2013	13.2	6.7	6.5	29
パプアニューギニア* ‥	2013	28.9	7.7	21.2 8)	186
フィジー* ‥‥‥‥‥‥	2013	20.4	6.8	13.6	…

国連「Population and Vital Statistics Report」（2015年6月1日更新版）による。同書にデータが掲載されていない国については、世界銀行"World Development Indicators"（2015年7月1日更新版）のデータによった。ただし、日本は厚生労働省「人口動態統計月報年計（概数）の概況」による概数値、台湾は行政院の資料による。中国には台湾、香港、マカオを含まず。インドにはジャム・カシミール地方のインド支配地域を含み、パキスタンには同地方のパキスタン支配地域を含まず。出生率、死亡率は、それぞれ粗出生率、粗死亡率。人口増加には自然増加数に出入国者数の増減（社会増加数）を加える。*出生率、死亡率および自然増加率のデータは世界銀行のデータによる。1）2013年。2）2004年。3）2005年。4）2006年。5）2001年。6）2011年。7）コソボを除く。8）2003年。9）2008年。10）2009年。11）2007年。12）アメリカ合衆国領。13）2010年。14）2012年。15）国名の呼称が「グルジア」から変更された。16）2000年。

表 2-5　男女別人口と人口性比 (Ⅰ)(2015年)(単位　千人)

	人口総数	男	女	人口性比*
アジア				
日本・・・・・・・・・・・・・・	126 573	61 559	65 015	94.68
アゼルバイジャン・・・・・	9 754	4 856	4 898	99.12
アフガニスタン・・・・・・・	32 527	16 774	15 753	106.48
アラブ首長国連邦・・・・・	9 157	6 708	2 449	273.95
アルメニア・・・・・・・・・・	3 018	1 400	1 618	86.49
イエメン・・・・・・・・・・・・	26 832	13 553	13 279	102.07
イスラエル・・・・・・・・・・	8 064	3 999	4 065	98.36
イラク・・・・・・・・・・・・・	36 423	18 437	17 986	102.50
イラン・・・・・・・・・・・・・	79 109	39 835	39 274	101.43
インド・・・・・・・・・・・・・	1 311 051	679 548	631 502	107.61
インドネシア・・・・・・・・・	257 564	129 688	127 876	101.42
ウズベキスタン・・・・・・・	29 893	14 699	15 194	96.74
オマーン・・・・・・・・・・・	4 491	2 979	1 512	197.01
カザフスタン・・・・・・・・	17 625	8 512	9 113	93.40
カタール・・・・・・・・・・・・	2 235	1 624	612	265.47
韓国・・・・・・・・・・・・・・	50 293	24 995	25 298	98.80
カンボジア・・・・・・・・・・	15 578	7 598	7 980	95.22
北朝鮮・・・・・・・・・・・・・	25 155	12 300	12 856	95.68
キルギス・・・・・・・・・・・	5 940	2 940	3 000	98.01
クウェート・・・・・・・・・・	3 892	2 186	1 706	128.19
サウジアラビア・・・・・・・	31 540	17 836	13 704	130.15
ジョージア・・・・・・・・・ 1)	4 000	1 908	2 092	91.23
シリア・・・・・・・・・・・・・	18 502	9 367	9 136	102.52
シンガポール・・・・・・・・・	5 604	2 765	2 839	97.40
スリランカ・・・・・・・・・・	20 715	9 979	10 736	92.95
タイ・・・・・・・・・・・・・・	67 959	33 495	34 465	97.19
タジキスタン・・・・・・・・・	8 482	4 296	4 186	102.62
中国・・・・・・・・・・・・・・	1 376 049	708 977	667 072	106.28
(台湾)・・・・・・・・・・・・・	23 381	11 700	11 681	100.16
(香港)・・・・・・・・・・・・・	7 288	3 422	3 866	88.50
トルクメニスタン・・・・・・	5 374	2 641	2 733	96.63
トルコ・・・・・・・・・・・・・	78 666	38 675	39 991	96.71
ネパール・・・・・・・・・・・・	28 514	13 816	14 697	94.01
バーレーン・・・・・・・・・・	1 377	854	524	163.02
パキスタン・・・・・・・・・・・	188 925	97 052	91 873	105.64
(パレスチナ)・・・・・・・・・	4 668	2 367	2 302	102.83
バングラデシュ・・・・・・・	160 996	81 277	79 719	101.95
フィリピン・・・・・・・・・・	100 699	50 813	49 887	101.86
ブータン・・・・・・・・・・・・	775	416	359	116.10
ブルネイ・・・・・・・・・・・	423	218	205	106.27
ベトナム・・・・・・・・・・・・	93 448	46 224	47 223	97.89
マレーシア・・・・・・・・・・	30 331	15 026	15 305	98.17
ミャンマー・・・・・・・・・・	53 897	26 335	27 562	95.55

男女別人口と人口性比 (Ⅱ) (2015年) (単位　千人)

	人口総数	男	女	人口性比*
モンゴル・・・・・・・・・・・・・・	2 959	1 465	1 494	98.02
ヨルダン・・・・・・・・・・・・・・	7 595	3 889	3 706	104.95
ラオス・・・・・・・・・・・・・・・	6 802	3 385	3 417	99.08
レバノン・・・・・・・・・・・・・	5 851	2 939	2 912	100.90
アフリカ				
アルジェリア・・・・・・・・・	39 667	19 958	19 709	101.26
アンゴラ・・・・・・・・・・・・・	25 022	12 416	12 606	98.50
ウガンダ・・・・・・・・・・・・・	39 032	19 507	19 525	99.91
エジプト・・・・・・・・・・・・・	91 508	46 240	45 268	102.15
エチオピア・・・・・・・・・・・	99 391	49 608	49 783	99.65
ガーナ・・・・・・・・・・・・・・	27 410	13 635	13 774	98.99
ガボン・・・・・・・・・・・・・・	1 725	872	853	102.29
カメルーン・・・・・・・・・・・	23 344	11 672	11 672	100.00
ガンビア・・・・・・・・・・・・・	1 991	986	1 005	98.02
ギニア・・・・・・・・・・・・・・	12 609	6 322	6 286	100.57
ギニアビサウ・・・・・・・・・	1 844	916	929	98.57
ケニア・・・・・・・・・・・・・・	46 050	23 017	23 033	99.93
コートジボワール・・・・・・	22 702	11 546	11 155	103.50
コンゴ共和国・・・・・・・・・	4 620	2 311	2 309	100.08
コンゴ民主共和国・・・・・	77 267	38 533	38 734	99.48
ザンビア・・・・・・・・・・・・・	16 212	8 094	8 118	99.70
シエラレオネ・・・・・・・・・	6 453	3 193	3 260	97.95
ジブチ・・・・・・・・・・・・・・	888	446	442	100.86
ジンバブエ・・・・・・・・・・・	15 603	7 688	7 915	97.12
スーダン・・・・・・・・・・・・・	40 235	20 197	20 038	100.79
スワジランド・・・・・・・・・	1 287	636	651	97.83
セネガル・・・・・・・・・・・・・	15 129	7 429	7 701	96.47
ソマリア・・・・・・・・・・・・・	10 787	5 368	5 419	99.05
タンザニア・・・・・・・・・・・	53 470	26 574	26 896	98.80
チャド・・・・・・・・・・・・・・	14 037	7 028	7 010	100.25
中央アフリカ共和国・・・・	4 900	2 415	2 485	97.21
チュニジア・・・・・・・・・・・	11 254	5 561	5 692	97.69
トーゴ・・・・・・・・・・・・・・	7 305	3 609	3 695	97.66
ナイジェリア・・・・・・・・・	182 202	92 789	89 413	103.78
ナミビア・・・・・・・・・・・・・	2 459	1 197	1 262	94.83
ニジェール・・・・・・・・・・・	19 899	10 029	9 870	101.61
ブルキナファソ・・・・・・・・	18 106	8 984	9 121	98.50
ブルンジ・・・・・・・・・・・・・	11 179	5 524	5 655	97.69
ベナン・・・・・・・・・・・・・・	10 880	5 426	5 454	99.49
ボツワナ・・・・・・・・・・・・・	2 262	1 130	1 132	99.85
マダガスカル・・・・・・・・・	24 235	12 082	12 153	99.42
マラウイ・・・・・・・・・・・・・	17 215	8 593	8 622	99.66
マリ・・・・・・・・・・・・・・・	17 600	8 885	8 715	101.95
南アフリカ共和国・・・・・・	54 490	26 797	27 693	96.76

男女別人口と人口性比（Ⅲ）（2015年）（単位　千人）

	人口総数	男	女	人口性比*
南スーダン············	12 340	6 179	6 161	100.30
モーリシャス··········	1 273	629	644	97.59
モーリタニア··········	4 068	2 047	2 021	101.29
モザンビーク··········	27 978	13 666	14 312	95.49
モロッコ··············	34 378	16 989	17 388	97.71
リビア················	6 278	3 157	3 122	101.12
リベリア··············	4 503	2 270	2 234	101.62
ルワンダ··············	11 610	5 560	6 050	91.89
レソト················	2 135	1 057	1 078	98.01
ヨーロッパ				
アイスランド··········	329	165	164	100.37
アイルランド··········	4 688	2 340	2 348	99.65
アルバニア············	2 897	1 437	1 460	98.42
イギリス··············	64 716	31 899	32 817	97.20
イタリア··············	59 798	29 070	30 728	94.60
ウクライナ············	44 824	20 759	24 064	86.27
エストニア············	1 313	614	698	87.98
オーストリア··········	8 545	4 196	4 348	96.51
オランダ··············	16 925	8 401	8 524	98.55
ギリシャ··············	10 955	5 345	5 609	95.29
クロアチア············	4 240	2 045	2 195	93.17
スイス················	8 299	4 109	4 189	98.09
スウェーデン··········	9 779	4 887	4 893	99.88
スペイン··············	46 122	22 624	23 498	96.28
スロバキア············	5 426	2 630	2 796	94.06
スロベニア············	2 068	1 025	1 043	98.29
チェコ················	10 543	5 180	5 363	96.59
デンマーク············	5 669	2 814	2 855	98.56
ドイツ················	80 689	39 653	41 036	96.63
ノルウェー············	5 211	2 625	2 586	101.49
ハンガリー············	9 855	4 691	5 164	90.84
フィンランド··········	5 503	2 709	2 794	96.94
フランス··············	64 395	31 342	33 054	94.82
ブルガリア············	7 150	3 473	3 676	94.48
ベラルーシ············	9 496	4 414	5 082	86.84
ベルギー··············	11 299	5 559	5 740	96.85
ポーランド············	38 612	18 674	19 938	93.66
ボスニア・ヘルツェゴビナ	3 810	1 896	1 914	99.08
ポルトガル············	10 350	4 901	5 449	89.93
マケドニア············	2 078	1 035	1 044	99.12
マルタ················	419	208	210	99.20
モルドバ··············	4 069	1 956	2 113	92.56
モンテネグロ··········	626	309	317	97.68
ラトビア··············	1 971	904	1 067	84.76

男女別人口と人口性比（Ⅳ）（2015年）（単位　千人）

	人口総数	男	女	人口性比*
リトアニア‥‥‥‥‥‥	2 878	1 325	1 553	85.33
ルーマニア‥‥‥‥‥‥	19 511	9 451	10 060	93.94
ルクセンブルク‥‥‥‥	567	285	282	100.75
ロシア‥‥‥‥‥‥‥‥	143 457	66 644	76 813	86.76
北中アメリカ				
アメリカ合衆国‥‥‥‥	321 774	159 494	162 280	98.28
エルサルバドル‥‥‥‥	6 127	2 875	3 251	88.43
カナダ‥‥‥‥‥‥‥‥	35 940	17 826	18 114	98.41
キューバ‥‥‥‥‥‥‥	11 390	5 722	5 668	100.96
グアテマラ‥‥‥‥‥‥	16 343	7 993	8 350	95.73
コスタリカ‥‥‥‥‥‥	4 808	2 406	2 402	100.13
ジャマイカ‥‥‥‥‥‥	2 793	1 391	1 402	99.20
ドミニカ共和国‥‥‥‥	10 528	5 246	5 282	99.31
トリニダード・トバゴ‥	1 360	671	689	97.40
ニカラグア‥‥‥‥‥‥	6 082	2 998	3 084	97.21
ハイチ‥‥‥‥‥‥‥‥	10 711	5 297	5 414	97.85
パナマ‥‥‥‥‥‥‥‥	3 929	1 970	1 959	100.53
バハマ‥‥‥‥‥‥‥‥	388	190	198	95.91
ベリーズ‥‥‥‥‥‥‥	359	179	180	99.40
ホンジュラス‥‥‥‥‥	8 075	4 036	4 039	99.92
メキシコ‥‥‥‥‥‥‥	127 017	63 181	63 836	98.97
南アメリカ				
アルゼンチン‥‥‥‥‥	43 417	21 245	22 172	95.82
ウルグアイ‥‥‥‥‥‥	3 432	1 656	1 775	93.31
エクアドル‥‥‥‥‥‥	16 144	8 071	8 073	99.97
コロンビア‥‥‥‥‥‥	48 229	23 744	24 485	96.97
スリナム‥‥‥‥‥‥‥	543	272	271	100.41
チリ‥‥‥‥‥‥‥‥‥	17 948	8 855	9 093	97.38
パラグアイ‥‥‥‥‥‥	6 639	3 369	3 270	103.03
ブラジル‥‥‥‥‥‥‥	207 848	102 201	105 647	96.74
ベネズエラ‥‥‥‥‥‥	31 108	15 487	15 621	99.14
ペルー‥‥‥‥‥‥‥‥	31 377	15 673	15 704	99.81
ボリビア‥‥‥‥‥‥‥	10 725	5 371	5 354	100.31
オセアニア				
オーストラリア‥‥‥‥	23 969	11 976	11 993	99.86
ニュージーランド‥‥‥	4 529	2 213	2 315	95.58
パプアニューギニア‥‥	7 619	3 887	3 733	104.13
フィジー‥‥‥‥‥‥‥	892	454	439	103.45
世界計×‥‥‥‥‥‥‥	**7 349 472**	**3 707 206**	**3 642 266**	101.78

表2-2の資料により作成。現在人口。2015年7月1日現在の推計人口。各国の範囲については表2-2と同じ。表2-2の脚注を参照のこと。中国には香港，マカオおよび台湾を含まず。
*人口性比は女性100人に対する男性の数）。1）2015年4月，「グルジア」から国名呼称が変更された。×その他とも。

第2章 人口と都市

図 2-3　人口ピラミッド（年齢階級別人口構成）

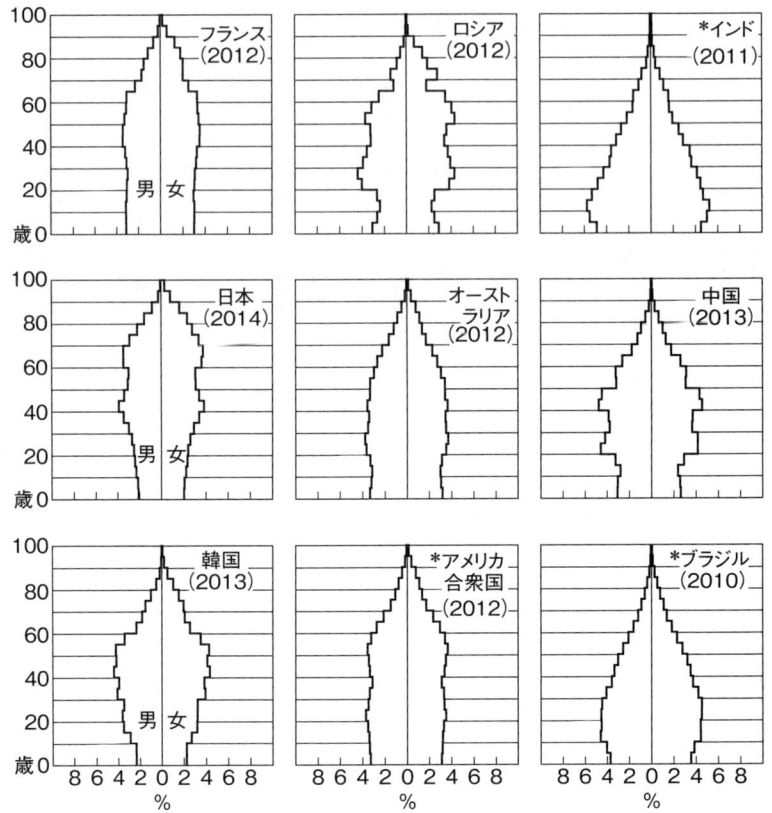

国連資料などによる。日本は人口推計による。5 歳階級別人口構成図。ただし，95〜
100歳は95歳以上人口。*センサス。表2-6も参照。

人口ピラミッド　人口総数に対する男女年齢別の人口構成を図式化したものが
人口ピラミッドで，一般的に実数で描く絶対ピラミッドと総数に占める割合で
示す相対ピラミッドとがある。上記の図は男女 5 歳階級別の相対ピラミッドで，
先進国，開発途上国のなかから 9 か国を選んで図式化した。人口ピラミッドの
型としては富士山型，つりがね型が代表的なものである。アジアやアフリカの
開発途上国では，年少人口のすそ野部分の割合が多く，年齢が上へいくにつれ
てしだいに先細りする典型的な富士山型を示している。一方，先進国は出生率，
死亡率がともに低いつりがね型となっている。人口ピラミッドの型は国が発展
するにしたがって富士山型からつりがね型へ，出生率がさらに低下するとつぼ
型へ移行していくと考えられている。また，戦争やベビーブームなど，過去に
起こった社会現象の人口に対する影響が人口ピラミッドにはあらわれる。

図 2-4　年齢 3 階級別人口構成割合

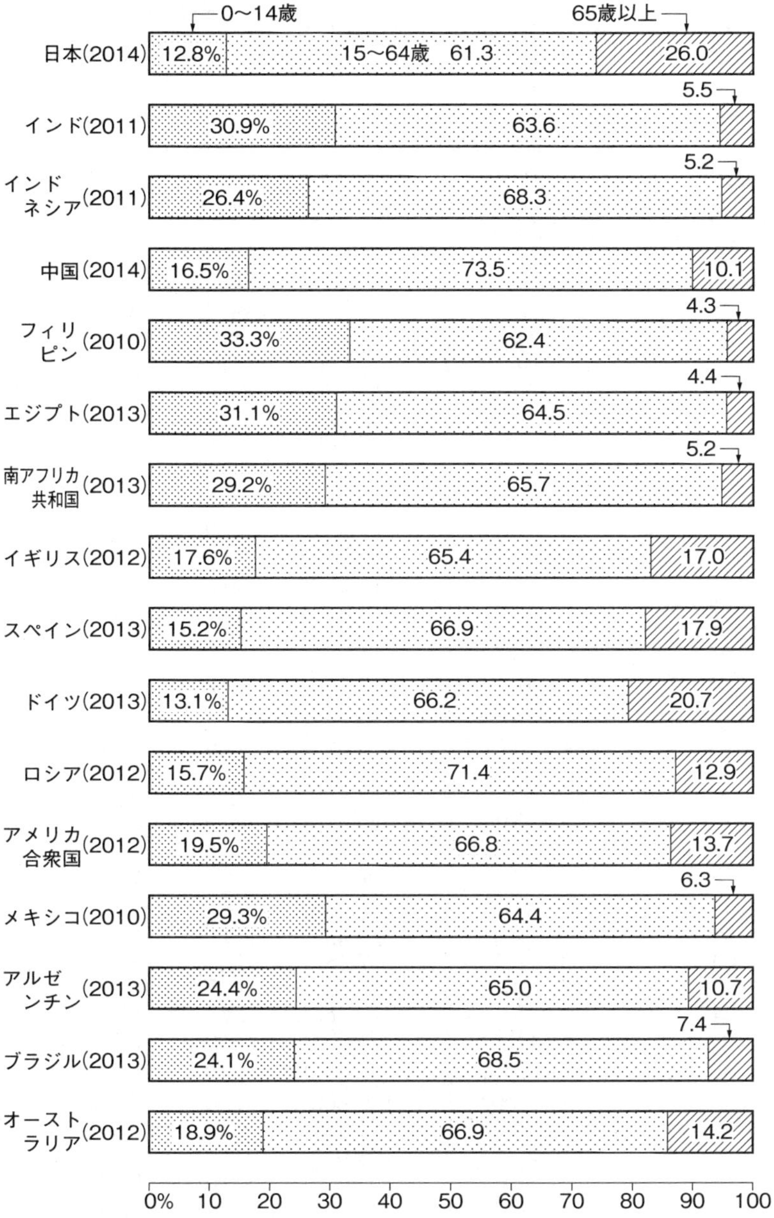

	0〜14歳	15〜64歳	65歳以上
日本(2014)	12.8%	61.3	26.0
インド(2011)	30.9%	63.6	5.5
インドネシア(2011)	26.4%	68.3	5.2
中国(2014)	16.5%	73.5	10.1
フィリピン(2010)	33.3%	62.4	4.3
エジプト(2013)	31.1%	64.5	4.4
南アフリカ共和国(2013)	29.2%	65.7	5.2
イギリス(2012)	17.6%	65.4	17.0
スペイン(2013)	15.2%	66.9	17.9
ドイツ(2013)	13.1%	66.2	20.7
ロシア(2012)	15.7%	71.4	12.9
アメリカ合衆国(2012)	19.5%	66.8	13.7
メキシコ(2010)	29.3%	64.4	6.3
アルゼンチン(2013)	24.4%	65.0	10.7
ブラジル(2013)	24.1%	68.5	7.4
オーストラリア(2012)	18.9%	66.9	14.2

0%　10　20　30　40　50　60　70　80　90　100

第 2 章　人口と都市

表2-6による。カッコ内は年次。四捨五入の関係で内訳の合計が100％にならない場合がある。

表 2-6　年齢別人口構成（I）

	調査時点	人口総数 （千人）	年齢別人口（%）		
			0〜14歳	15〜64歳	65歳以上
アジア					
日本‥‥‥‥‥‥♮#	2014.10.1	127 083	*12.8*	*61.3*	*26.0*
アゼルバイジャン‥	2012.7.1	9 296	*22.3*	*72.0*	*5.8*
アフガニスタン‥‥	2012.7.1	25 500	*46.1*	*50.2*	*3.7*
アラブ首長国連邦‥	2005.12.5*	4 106	*19.5*	*79.7*	*0.8*
アルメニア‥‥‥♮	2011.10.12*	3 019	*18.8*	*70.7*	*10.5*
イエメン‥‥‥‥♮	2013.7.1	25 235	*41.4*	*55.7*	*3.0*
イスラエル‥‥‥♮	2012.7.1	7 911	*28.2*	*61.6*	*10.3*
イラク‥‥‥‥‥	2013.7.1	34 794	*39.5*	*57.6*	*2.9*
イラン‥‥‥‥‥♮	2011.10.24*	75 150	*23.4*	*70.9*	*5.7*
インド‥‥‥‥‥	2011.2.9*	1 210 855	*30.9*	*63.6*	*5.5*
インドネシア‥‥♮	2011.7.1	236 954	*26.4*	*68.3*	*5.2*
ウズベキスタン‥‥	2003.7.1	25 568	*34.8*	*60.9*	*4.4*
オマーン‥‥‥‥	2012.7.1	3 623	*22.1*	*75.3*	*2.6*
カザフスタン‥‥‥	2008.7.1	15 674	*24.1*	*68.3*	*7.6*
カタール‥‥‥‥	2012.7.1	1 833	*14.9*	*83.9*	*1.1*
韓国‥‥‥‥‥‥	2013.7.1	50 220	*14.7*	*73.1*	*12.2*
カンボジア‥‥‥	2013.7.1	14 963	*30.1*	*65.5*	*4.4*
北朝鮮‥‥‥‥‥♮	2008.10.1*	24 052	*23.2*	*68.1*	*8.7*
キプロス‥‥‥‥	2011.10.1*	840	*16.1*	*70.6*	*13.3*
キルギス‥‥‥‥♮	2012.7.1	5 608	*30.6*	*65.1*	*4.3*
クウェート‥‥‥‥	2011.4.20*	3 066	*22.7*	*75.5*	*1.8*
サウジアラビア‥‥	2012.7.1	29 196	*30.4*	*66.9*	*2.7*
ジョージア‥‥‥3)	2012.7.1	4 491	*17.0*	*69.3*	*13.8*
シリア‥‥‥‥‥	2011.7.1	21 124	*37.2*	*58.7*	*4.1*
シンガポール‥‥♮	2013.6.30	3 845	*16.0*	*73.5*	*10.5*
スリランカ‥‥‥	2013.7.1	20 483	*25.2*	*66.9*	*7.8*
タイ‥‥‥‥‥‥♮	2012.7.1	67 912	*19.7*	*71.9*	*8.4*
タジキスタン‥‥‥	2012.7.1	7 897	*35.3*	*61.5*	*3.1*
中国‥‥‥‥‥‥♮#	2014.12.31	1 367 820	*16.5*	*73.5*	*10.1*
（台湾）‥‥‥‥♮#	2014.12.31	23 434	*14.0*	*74.0*	*12.0*
（香港）‥‥‥‥♮	2013.7.1	7 188	*11.1*	*74.7*	*14.2*
（マカオ）‥‥‥♮	2012.7.1	568	*11.7*	*80.9*	*7.4*
トルコ‥‥‥‥‥♮	2012.7.1	74 885	*25.2*	*67.7*	*7.1*
ネパール‥‥‥‥♮	2011.6.22*	26 495	*34.9*	*59.8*	*5.3*
バーレーン‥‥‥♮	2011.7.1	1 195	*20.9*	*76.8*	*2.2*
パキスタン‥‥‥♮	2007.7.1	149 860	*41.6*	*55.1*	*3.3*
（パレスチナ）‥‥	2013.7.1	4 421	*40.1*	*57.0*	*2.9*
バングラデシュ‥‥	2011.3.15*	144 044	*34.6*	*60.6*	*4.7*
フィリピン‥‥‥♮	2010.5.1*	92 335	*33.3*	*62.4*	*4.3*
ブータン‥‥‥‥	2013.7.1	733	*30.6*	*64.4*	*5.0*
ブルネイ‥‥‥‥	2011.6.20*	393	*25.3*	*71.2*	*3.5*
ベトナム‥‥‥‥	2013.7.1	89 709	*24.2*	*68.5*	*7.2*

年齢別人口構成（Ⅱ）

	調査時点	人口総数 （千人）	年齢別人口（％）		
			0～14歳	15～64歳	65歳以上
マレーシア‥‥‥‥ ♮	2013.7.1	29 948	*26.0*	*68.5*	*5.5*
ミャンマー‥‥‥‥‥	2012.10.1	60 976	*29.0*	*65.1*	*5.9*
モンゴル‥‥‥‥‥	2013.7.1	2 899	*27.2*	*69.0*	*3.8*
ヨルダン‥‥‥‥‥	2013.12.31	6 530	*37.3*	*59.4*	*3.2*
ラオス‥‥‥‥‥‥	2013.7.1	6 679	*37.0*	*59.3*	*3.7*
レバノン‥‥‥‥‥	2007.3.3	3 759	*24.7*	*65.7*	*9.6*
アフリカ					
アルジェリア‥‥‥ ♮	2008.4.16*	34 080	*28.1*	*66.6*	*5.3*
ウガンダ‥‥‥‥‥	2012.7.1	34 131	*50.7*	*47.9*	*1.4*
エジプト‥‥‥‥‥	2013.7.1	84 629	*31.1*	*64.5*	*4.4*
エチオピア‥‥‥‥	2008.7.1	79 221	*42.8*	*54.4*	*2.8*
ガーナ‥‥‥‥‥‥	2010.9.26*	24 659	*38.3*	*56.9*	*4.7*
カメルーン‥‥‥‥ ♮	2010.7.1	19 406	*43.6*	*53.1*	*3.3*
ギニア‥‥‥‥‥‥	2009.7.1	10 218	*41.3*	*54.2*	*4.5*
ケニア‥‥‥‥‥‥	2009.8.24*	38 610	*42.9*	*53.6*	*3.5*
コンゴ共和国‥‥‥	2009.7.1	3 838	*38.5*	*58.3*	*3.1*
ザンビア‥‥‥‥ ♮	2010.10.16*	13 093	*45.4*	*52.0*	*2.6*
シエラレオネ‥‥‥	2010.7.1	5 747	*41.7*	*53.8*	*4.5*
ジンバブエ‥‥‥‥	2012.8.17*	13 061	*41.2*	*54.7*	*4.1*
セネガル‥‥‥‥‥	2013.11.19*	12 874	*42.1*	*54.4*	*3.5*
タンザニア‥‥‥‥	2013.7.1	47 133	*44.4*	*52.6*	*3.0*
チュニジア‥‥‥‥	2008.7.1	10 329	*24.3*	*68.8*	*7.0*
トーゴ‥‥‥‥‥ ♮	2010.11.6*	6 191	*42.1*	*54.1*	*3.8*
ナイジェリア‥‥‥	2006.3.21*	140 432	*41.8*	*54.9*	*3.2*
ナミビア‥‥‥‥‥	2011.8.28*	2 113	*36.4*	*58.4*	*5.1*
ニジェール‥‥‥ ♮	2008.7.1	14 198	*49.9*	*47.5*	*2.6*
ブルキナファソ‥ ♮	2009.7.1	15 225	*48.0*	*48.9*	*3.1*
ブルンジ‥‥‥‥ ♮	2008.8.16*	8 054	*44.6*	*52.7*	*2.8*
ベナン‥‥‥‥‥‥	2012.7.1	9 365	*44.9*	*52.5*	*2.7*
ボツワナ‥‥‥‥ ♮	2011.7.1	1 850	*33.9*	*61.0*	*5.2*
マラウイ‥‥‥‥‥	2008.6.8*	13 077	*45.9*	*50.2*	*3.8*
マリ‥‥‥‥‥‥‥	2009.4.1*	14 529	*47.5*	*49.3*	*3.2*
南アフリカ共和国‥	2013.7.1	52 982	*29.2*	*65.7*	*5.2*
モーリタニア‥‥ ♮	2013.3.24*	3 537	*44.2*	*51.9*	*3.9*
モザンビーク‥‥‥	2007.8.1*	20 252	*46.9*	*50.1*	*3.1*
モロッコ‥‥‥‥‥	2013.7.1	32 950	*26.2*	*67.7*	*6.0*
リビア‥‥‥‥‥‥	2006.4.15*	5 298	*31.1*	*64.7*	*4.2*
リベリア‥‥‥‥‥	2008.3.21*	3 477	*41.9*	*54.7*	*3.4*
ルワンダ‥‥‥‥‥	2012.7.1	11 033	*42.6*	*55.1*	*2.3*
ヨーロッパ					
アイルランド‥‥ ♮	2013.4.15	4 593	*21.9*	*65.7*	*12.4*
アルバニア‥‥‥‥	2013.7.1	2 897	*19.5*	*68.6*	*11.8*
イギリス‥‥‥‥ ♮	2012.7.1	63 705	*17.6*	*65.4*	*17.0*

第 2 章 人口と都市

年齢別人口構成 (Ⅲ)

	調査時点	人口総数 (千人)	年齢別人口 (%)		
			0～14歳	15～64歳	65歳以上
イタリア‥‥‥‥ ♮	2013.1.1	59 685	14.0	64.8	21.2
ウクライナ‥‥‥ ♮	2013.1.1	45 373	14.6	70.2	15.2
エストニア‥‥‥ ♮	2012.7.1	1 323	15.6	66.5	17.9
オーストリア‥‥ ♮	2013.1.1	8 452	14.4	67.5	18.1
オランダ‥‥‥‥ ♮	2011.1.1	16 656	17.5	67.0	15.6
ギリシャ‥‥‥‥‥	2012.7.1	11 093	14.7	65.4	19.9
クロアチア‥‥‥ ♮	2012.7.1	4 269	15.0	67.0	18.0
スイス‥‥‥‥‥ ♮	2012.7.1	7 997	14.4	67.7	17.8
スウェーデン‥‥ ♮	2012.7.1	9 519	16.8	64.2	19.0
スペイン‥‥‥‥ ♮	2013.7.1	46 618	15.2	66.9	17.9
スロバキア‥‥‥ ♮	2012.7.1	5 408	15.4	71.7	13.0
スロベニア‥‥‥ ♮	2012.7.1	2 056	14.4	68.7	17.0
セルビア‥‥‥‥ ♮1)	2012.7.1	7 199	14.4	68.2	17.5
チェコ‥‥‥‥‥ ♮	2013.1.1	10 516	14.8	68.4	16.8
デンマーク‥‥‥ ♮	2013.7.1	5 609	17.4	64.6	18.1
ドイツ‥‥‥‥‥ ♮	2013.1.1	82 021	13.1	66.2	20.7
ノルウェー‥‥‥ ♮	2011.11.19*	4 980	18.5	66.1	15.4
ハンガリー‥‥‥ ♮	2012.7.1	9 920	14.5	68.5	17.0
フィンランド‥‥ ♮	2012.7.1	5 386	16.4	65.1	18.4
フランス‥‥‥‥ ♮	2012.7.1	63 519	18.4	64.1	17.5
ブルガリア‥‥‥ ♮	2012.7.1	7 306	13.5	67.5	19.0
ベラルーシ‥‥‥ ♮	2012.7.1	9 464	15.3	71.0	13.8
ベルギー‥‥‥‥ ♮	2012.7.1	11 128	17.0	65.5	17.5
ポーランド‥‥‥ ♮	2012.7.1	38 534	15.1	70.9	14.0
ボスニア・ 　ヘルツェゴビナ‥	2010.7.1	3 843	17.5	67.4	15.1
ポルトガル‥‥‥ ♮	2012.7.1	10 515	14.9	65.9	19.2
マケドニア‥‥‥‥	2012.7.1	2 061	17.1	71.0	11.9
モルドバ‥‥‥‥ ♮	2012.7.1	3 560	16.2	73.9	9.9
モンテネグロ‥‥ ♮	2011.4.1*	620	19.2	68.0	12.8
ラトビア‥‥‥‥ ♮	2012.7.1	2 034	14.4	67.0	18.7
リトアニア‥‥‥ ♮2)	2011.3.1*	3 043	14.9	67.2	17.9
ルーマニア‥‥‥ ♮	2012.7.1	21 316	15.0	70.0	15.0
ルクセンブルク‥ ♮	2013.1.1	537	17.0	69.0	14.0
ロシア‥‥‥‥‥ ♮	2012.7.1	143 202	15.7	71.4	12.9
北中アメリカ					
アメリカ合衆国‥ ♮	2012.7.1	313 914	19.5	66.8	13.7
エルサルバドル‥‥	2011.7.1	6 216	30.9	61.8	7.3
カナダ‥‥‥‥‥ ♮	2012.7.1	34 880	16.2	68.9	14.9
キューバ‥‥‥‥ ♮	2013.7.1	11 192	17.1	69.6	13.4
グアテマラ‥‥‥‥	2010.7.1	14 362	41.6	54.1	4.3
コスタリカ‥‥‥ ♮	2013.7.1	4 718	21.7	69.1	9.2
ジャマイカ‥‥‥ ♮	2011.4.4*	2 698	26.1	65.9	8.1

年齢別人口構成（Ⅳ）

	調査時点	人口総数（千人）	年齢別人口（%）0〜14歳	15〜64歳	65歳以上
セントルシア‥‥‥	2009.7.1	172	25.9	67.4	6.7
ドミニカ共和国‥‥	2012.7.1	10 135	30.8	63.0	6.1
トリニダード・トバゴ‥ ♯	2011.1.9*	1 328	20.6	70.4	9.0
ニカラグア‥‥‥ ♯	2009.7.1	5 742	35.1	60.5	4.4
ハイチ‥‥‥‥ ♯	2011.7.1	10 248	35.5	60.2	4.4
パナマ‥‥‥‥	2013.7.1	3 851	28.1	64.6	7.2
バルバドス‥‥‥ ♯	2010.5.1*	278	19.7	67.3	12.9
（プエルトリコ）‥ ♯	2012.7.1	3 667	18.8	65.4	15.9
ベリーズ‥‥‥	2013.7.1	350	35.6	60.2	4.2
ホンジュラス‥‥	2010.7.1	8 046	38.4	57.5	4.1
メキシコ‥‥‥‥	2010.6.12*	112 337	29.3	64.4	6.3
南アメリカ					
アルゼンチン‥‥	2013.7.1	41 660	24.4	65.0	10.7
ウルグアイ‥‥‥ ♯	2011.10.4*	3 286	21.8	64.1	14.1
エクアドル‥‥‥	2013.7.1	15 775	31.5	61.9	6.7
ガイアナ‥‥‥‥	2010.7.1	785	26.9	67.5	5.6
コロンビア‥‥‥ ♯	2013.7.1	47 121	27.4	65.5	7.2
スリナム‥‥‥‥ ♯	2011.7.1	540	28.0	65.5	6.4
チリ‥‥‥‥‥	2013.7.1	17 557	21.5	68.7	9.8
パラグアイ‥‥‥	2013.7.1	6 783	32.3	62.3	5.4
ブラジル‥‥‥ ♯	2013.7.1	201 033	24.1	68.5	7.4
ベネズエラ‥‥‥	2013.7.1	30 155	28.4	65.3	6.3
ペルー‥‥‥‥	2013.7.1	30 475	28.7	65.0	6.3
ボリビア‥‥‥‥	2012.11.21*	10 060	31.4	62.6	5.9
オセアニア					
オーストラリア‥ ♯	2012.7.1	22 710	18.9	66.9	14.2
サモア‥‥‥‥	2011.11.7*	188	38.3	56.8	4.9
ソロモン諸島‥‥	2009.11.22*	516	40.6	55.9	3.5
トンガ‥‥‥‥	2008.7.1	104	34.1	59.5	6.4
ニュージーランド ♯	2013.7.1	4 471	19.9	65.9	14.2
バヌアツ‥‥‥ ♯	2009.11.16*	234	38.9	57.1	4.1
フィジー‥‥‥	2008.12.31	843	28.7	66.4	4.9
ミクロネシア‥‥ ♯	2010.7.1	108	36.5	59.5	4.0

国連「デモグラフィック・イヤーブック」（各年版。2013年インターネット版は2015年6月閲覧），総務省統計局「人口推計」などによる。現在人口。年齢不詳を除いた内訳。本表と表2-2の人口数は推計主体，推計方法が異なる。そのため，本表と表2-2の調査年が同じであっても人口数は異なる。年齢別人口割合は四捨五入の関係で内訳の合計が100%にならない場合がある。中国には台湾，香港，マカオを含まず。インドにはジャム・カシミール地方のインド支配地域を含み，パキスタンには同地方のパキスタン支配地域を含まず。♯各国の統計機関による数値。*国勢調査。♮常住人口。1）コソボを含まず。2）デモグラフィック・イヤーブック2013年版においてデータが改訂された。3）2015年4月，「グルジア」から国名呼称変更。

表 2-7 人口高齢化の推移と予測（Ⅰ）（%）

	1980	1990	2000	2010	2015	2030	2050
アジア・・・・・・・・・・	4.3	4.8	5.7	6.8	7.5	11.8	18.2
日本・・・・・・・・・・・	9.0	11.9	17.2	22.9	26.3	30.4	36.3
アラブ首長国連邦・・	1.5	1.2	1.1	0.7	1.1	6.3	16.3
イスラエル・・・・・・・	8.7	8.9	10.0	10.4	11.2	14.0	17.4
イラク・・・・・・・・・	4.1	3.8	3.5	3.3	3.1	3.5	5.9
イラン・・・・・・・・・・	3.0	3.3	4.2	4.9	5.1	9.7	22.0
インド・・・・・・・・・	3.6	3.8	4.4	5.1	5.6	8.5	13.7
インドネシア・・・・・	3.6	3.8	4.7	4.9	5.2	8.4	14.0
韓国・・・・・・・・・・	3.9	5.0	7.3	11.1	13.1	23.7	35.1
カンボジア・・・・・・・	2.7	2.9	3.1	3.7	4.1	6.9	12.8
クウェート・・・・・・・	1.6	1.5	2.1	1.9	2.0	5.0	13.8
サウジアラビア・・・	3.0	2.8	2.9	2.8	2.9	6.7	15.3
シンガポール・・・・・	4.7	5.6	7.3	9.0	11.7	23.3	33.9
タイ・・・・・・・・・・	3.7	4.5	6.6	8.9	10.5	19.5	30.1
中国・・・・・・・・・・	4.5	5.3	6.7	8.2	9.6	17.2	27.6
（台湾）・・・・・・・・・	4.0	6.1	8.5	10.8	12.2	23.9	37.4
トルコ・・・・・・・・・	4.7	4.5	6.0	7.0	7.5	12.1	20.6
パキスタン・・・・・・	3.8	3.9	4.1	4.4	4.5	5.5	8.4
バングラデシュ・・・・	3.1	3.1	3.8	4.7	5.0	7.4	15.5
フィリピン・・・・・・・	3.2	3.1	3.2	4.2	4.6	6.7	9.7
ベトナム・・・・・・・・	5.3	5.7	6.4	6.5	6.7	12.4	21.0
マレーシア・・・・・・	3.6	3.6	3.8	4.9	5.9	9.9	16.8
ミャンマー・・・・・・・	3.9	4.2	4.8	5.0	5.4	8.7	13.3
アフリカ・・・・・・・・	3.1	3.2	3.4	3.5	3.5	4.1	5.9
アルジェリア・・・・・	3.4	3.4	4.3	5.6	5.9	9.3	16.9
ウガンダ・・・・・・・・	2.6	2.7	2.7	2.5	2.5	2.3	3.9
エジプト・・・・・・・・	4.6	4.7	5.1	4.9	5.2	6.7	10.4
エチオピア・・・・・・・	3.2	3.1	3.1	3.3	3.5	4.1	6.9
ガーナ・・・・・・・・・	2.6	2.8	3.0	3.5	3.4	4.0	6.3
ケニア・・・・・・・・・	3.0	2.7	2.8	2.7	2.8	3.7	6.3
コンゴ民主共和国・・	2.9	2.9	2.9	2.9	3.0	3.2	4.2
スーダン・・・・・・・・	2.9	2.9	3.0	3.1	3.3	4.1	6.1
タンザニア・・・・・・・	2.6	2.7	2.8	3.1	3.2	3.4	4.9
チュニジア・・・・・・・	3.9	4.9	6.7	7.5	7.6	12.4	19.6
ナイジェリア・・・・・	2.8	2.9	2.8	2.7	2.7	2.9	4.0
南アフリカ共和国・・	3.1	3.2	4.0	5.1	5.0	7.1	10.2
南スーダン・・・・・・・	2.6	2.7	3.0	3.4	3.5	3.6	4.8
モロッコ・・・・・・・・	3.3	3.9	5.2	6.0	6.2	10.6	17.3
ヨーロッパ・・・・・・	12.4	12.7	14.7	16.4	17.6	23.1	27.6
アイルランド・・・・・	10.6	11.1	10.5	11.1	13.1	18.6	25.8
イギリス・・・・・・・・	14.9	15.7	15.8	16.2	17.8	21.4	24.7
イタリア・・・・・・・・	13.3	14.8	18.1	20.4	22.4	28.6	35.1
オーストリア・・・・・	15.1	14.8	15.3	17.7	18.8	24.7	30.6
オランダ・・・・・・・・	11.4	12.7	13.6	15.6	18.2	24.9	27.5
ギリシャ・・・・・・・・	13.2	13.7	16.9	19.0	21.4	25.8	34.8
スイス・・・・・・・・・	13.8	14.6	15.3	16.9	18.0	23.5	28.4

人口高齢化の推移と予測（Ⅱ）（%）

	1980	1990	2000	2010	2015	2030	2050
スウェーデン‥‥‥	16.3	17.8	17.3	18.2	19.9	22.2	23.8
スペイン‥‥‥‥‥	11.0	13.4	16.6	17.2	18.8	25.7	35.8
チェコ‥‥‥‥‥‥	13.6	12.7	13.7	15.4	18.1	22.7	30.2
デンマーク‥‥‥‥	14.4	15.6	14.9	16.7	19.0	22.6	24.3
ドイツ‥‥‥‥‥‥	15.7	14.9	16.2	20.6	21.2	28.0	32.3
ノルウェー‥‥‥‥	14.7	16.3	15.2	15.0	16.3	20.0	23.7
ハンガリー‥‥‥‥	13.6	13.5	15.1	16.7	17.8	21.3	27.6
フィンランド‥‥‥	12.0	13.4	14.9	17.1	20.5	25.4	26.5
フランス‥‥‥‥‥	13.9	14.0	16.1	17.0	19.1	23.9	26.3
ブルガリア‥‥‥‥	11.9	13.2	16.6	18.3	20.0	23.1	28.6
ベルギー‥‥‥‥‥	14.5	15.1	16.9	17.2	18.2	23.0	26.7
ポーランド‥‥‥‥	10.1	10.1	12.2	13.5	15.5	23.1	31.4
ポルトガル‥‥‥‥	11.5	13.7	16.3	18.8	20.8	27.4	35.2
ルーマニア‥‥‥‥	10.2	10.4	13.6	15.8	17.3	21.7	29.2
ロシア‥‥‥‥‥‥	10.3	10.3	12.4	13.1	13.4	18.8	20.9
北アメリカ‥‥‥‥	11.2	12.4	12.3	13.1	14.9	21.0	22.7
アメリカ合衆国‥‥	11.4	12.5	12.3	13.0	14.8	20.7	22.2
カナダ‥‥‥‥‥‥	9.4	11.2	12.5	14.2	16.1	23.5	26.4
中南アメリカ‥‥‥ 1)	4.3	4.7	5.4	6.3	6.9	10.6	17.9
エルサルバドル‥‥	3.5	4.4	5.5	7.3	8.2	11.5	18.1
キューバ‥‥‥‥‥	7.8	8.8	9.9	12.5	14.0	23.0	32.6
ドミニカ共和国‥‥	3.1	3.9	5.1	6.1	6.7	10.1	15.8
ニカラグア‥‥‥‥	2.8	3.2	3.8	4.7	5.1	8.9	17.2
ハイチ‥‥‥‥‥‥	4.1	4.0	4.1	4.5	4.6	6.3	10.3
ホンジュラス‥‥‥	3.2	3.4	3.9	4.4	4.9	7.4	13.9
メキシコ‥‥‥‥‥	3.8	4.3	5.0	5.9	6.5	10.4	18.9
南アメリカ‥‥‥‥	4.4	4.8	5.6	7.0	8.0	12.7	20.4
アルゼンチン‥‥‥	8.2	9.1	9.9	10.4	10.9	13.1	18.1
エクアドル‥‥‥‥	4.1	4.2	5.0	6.1	6.7	10.4	16.5
コロンビア‥‥‥‥	3.7	4.1	4.7	5.9	7.0	12.8	21.1
チリ‥‥‥‥‥‥‥	5.9	6.5	7.8	9.7	11.0	17.6	26.2
パラグアイ‥‥‥‥	3.8	4.1	4.4	5.3	6.0	8.6	12.9
ブラジル‥‥‥‥‥	3.7	4.0	5.1	6.7	7.8	13.5	22.8
ベネズエラ‥‥‥‥	3.2	3.7	4.3	5.5	6.3	10.3	16.2
ペルー‥‥‥‥‥‥	3.6	4.0	4.9	6.2	6.8	10.3	17.4
ボリビア‥‥‥‥‥	3.8	4.4	5.1	6.0	6.5	8.2	12.4
オセアニア‥‥‥‥	8.0	9.1	9.8	10.7	11.9	15.5	18.2
オーストラリア‥‥	9.6	11.1	12.4	13.5	15.0	19.4	22.5
ニュージーランド‥	9.8	11.1	11.8	13.0	14.9	21.2	24.1
世界‥‥‥‥‥‥‥	5.8	6.1	6.8	7.6	8.3	11.7	16.0

国際連合人口部「World Population Prospects; The 2015 Revision」(2015年7月30日公表)による。65歳以上人口の全人口に占める割合。現在人口。各年7月1日現在で，2015年までは推計人口，2030・50年は将来推計人口の中位推計値。中国には香港，マカオ，台湾を含まない。各国の範囲については表2-2に同じ。表2-2の脚注も参照のこと。1) カリブ海諸国および中央アメリカ。

第2章 人口と都市

図 2-5　将来推計人口

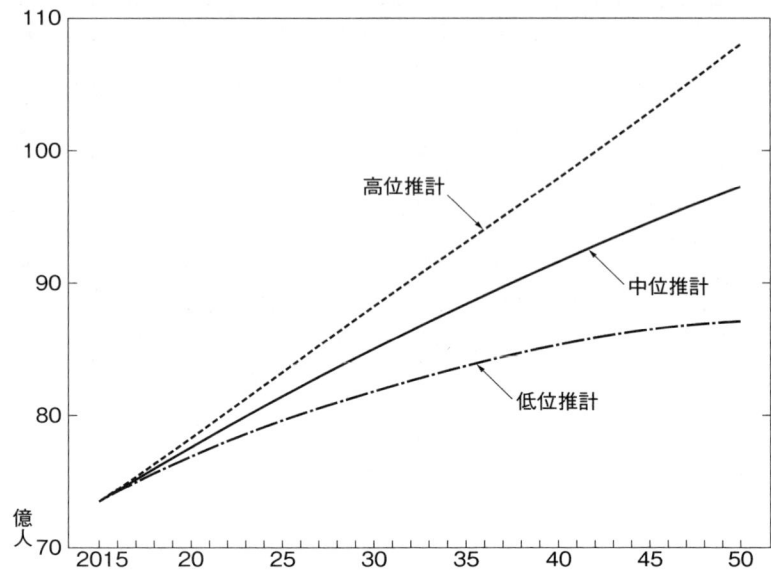

図 2-6　地域別の人口の推移と予測

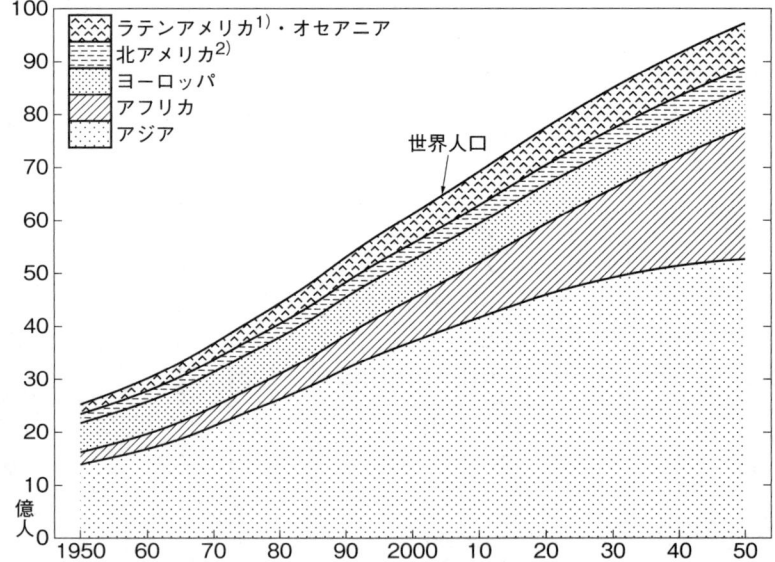

資料は表2-8に同じ。図2-5も同じ。2015年までは推計人口で，それ以降は予測（中位推計）。1）カリブ海諸国，中央アメリカおよび南アメリカ。2）北部アメリカ。

表 2-8　人口予測（Ⅰ）

	人口（千人）			年平均人口増加率（%）	
	2015	2030	2050	2015～2030	2030～2050
アジア‥‥‥‥‥	4 393 296	4 922 830	5 266 848	*0.76*	*0.34*
日本‥‥‥‥‥‥‥	126 573	120 127	107 411	*-0.35*	*-0.56*
アゼルバイジャン‥	9 754	10 727	10 963	*0.64*	*0.11*
アラブ首長国連邦‥	9 157	10 977	12 789	*1.22*	*0.77*
イスラエル‥‥‥‥	8 064	9 998	12 610	*1.44*	*1.17*
イラク‥‥‥‥‥‥	36 423	54 071	83 652	*2.67*	*2.21*
イラン‥‥‥‥‥‥	79 109	88 529	92 219	*0.75*	*0.20*
インド‥‥‥‥‥‥	1 311 051	1 527 658	1 705 333	*1.02*	*0.55*
インドネシア‥‥‥	257 564	295 482	322 237	*0.92*	*0.43*
ウズベキスタン‥‥	29 893	34 397	37 126	*0.94*	*0.38*
カザフスタン‥‥‥	17 625	20 072	22 447	*0.87*	*0.56*
韓国‥‥‥‥‥‥‥	50 293	52 519	50 593	*0.29*	*-0.19*
カンボジア‥‥‥‥	15 578	18 991	22 545	*1.33*	*0.86*
北朝鮮‥‥‥‥‥‥	25 155	26 701	26 907	*0.40*	*0.04*
クウェート‥‥‥‥	3 892	4 987	5 924	*1.67*	*0.86*
サウジアラビア‥‥	31 540	39 132	46 059	*1.45*	*0.82*
シリア‥‥‥‥‥‥	18 502	28 647	34 902	*2.96*	*0.99*
シンガポール‥‥‥	5 604	6 418	6 681	*0.91*	*0.20*
スリランカ‥‥‥‥	20 715	21 536	20 836	*0.26*	*-0.17*
タイ‥‥‥‥‥‥‥	67 959	68 250	62 452	*0.03*	*-0.44*
タジキスタン‥‥‥	8 482	11 102	14 288	*1.81*	*1.27*
中国‥‥‥‥‥‥‥	1 376 049	1 415 545	1 348 056	*0.19*	*-0.24*
（台湾）‥‥‥‥‥	23 381	23 116	20 778	*-0.08*	*-0.53*
（香港）‥‥‥‥‥	7 288	7 951	8 148	*0.58*	*0.12*
トルコ‥‥‥‥‥‥	78 666	87 717	95 819	*0.73*	*0.44*
ネパール‥‥‥‥‥	28 514	33 104	36 159	*1.00*	*0.44*
パキスタン‥‥‥‥	188 925	244 916	309 640	*1.75*	*1.18*
（パレスチナ）‥‥	4 668	6 765	9 791	*2.50*	*1.87*
バングラデシュ‥‥	160 996	186 460	202 209	*0.98*	*0.41*
フィリピン‥‥‥‥	100 699	123 575	148 260	*1.37*	*0.91*
ベトナム‥‥‥‥‥	93 448	105 220	112 783	*0.79*	*0.35*
マレーシア‥‥‥‥	30 331	36 107	40 725	*1.17*	*0.60*
ミャンマー‥‥‥‥	53 897	60 242	63 575	*0.74*	*0.27*
アフリカ‥‥‥‥	1 186 178	1 679 301	2 477 536	*2.34*	*1.96*
アルジェリア‥‥‥	39 667	48 274	56 461	*1.32*	*0.79*
アンゴラ‥‥‥‥‥	25 022	39 351	65 473	*3.06*	*2.58*
ウガンダ‥‥‥‥‥	39 032	61 929	101 873	*3.13*	*2.52*
エジプト‥‥‥‥‥	91 508	117 102	151 111	*1.66*	*1.28*
エチオピア‥‥‥‥	99 391	138 297	188 455	*2.23*	*1.56*
ガーナ‥‥‥‥‥‥	27 410	36 865	50 071	*2.00*	*1.54*
カメルーン‥‥‥‥	23 344	32 947	48 362	*2.32*	*1.94*
ケニア‥‥‥‥‥‥	46 050	65 412	95 505	*2.37*	*1.91*
コートジボワール‥	22 702	32 143	48 797	*2.35*	*2.11*

第2章　人口と都市

人口予測（Ⅱ）

	人口（千人）			年平均人口 増加率（％）	
	2015	2030	2050	2015～ 2030	2030～ 2050
コンゴ民主共和国‥	77 267	120 304	195 277	3.00	2.45
ザンビア‥‥‥‥‥	16 212	25 313	42 975	3.01	2.68
ジンバブエ‥‥‥‥	15 603	21 353	29 615	2.11	1.65
スーダン‥‥‥‥‥	40 235	56 443	80 284	2.28	1.78
セネガル‥‥‥‥‥	15 129	22 802	36 223	2.77	2.34
ソマリア‥‥‥‥‥	10 787	16 493	27 030	2.87	2.50
タンザニア‥‥‥‥	53 470	82 927	137 136	2.97	2.55
チャド‥‥‥‥‥‥	14 037	21 946	35 131	3.02	2.38
チュニジア‥‥‥‥	11 254	12 686	13 476	0.80	0.30
ナイジェリア‥‥‥	182 202	262 599	398 508	2.47	2.11
ニジェール‥‥‥‥	19 899	35 966	72 238	4.02	3.55
ブルキナファソ‥‥	18 106	27 244	42 789	2.76	2.28
ブルンジ‥‥‥‥‥	11 179	17 357	28 668	2.98	2.54
ベナン‥‥‥‥‥‥	10 880	15 593	22 549	2.43	1.86
マダガスカル‥‥‥	24 235	35 960	55 294	2.67	2.17
マラウイ‥‥‥‥‥	17 215	26 584	43 155	2.94	2.45
マリ‥‥‥‥‥‥‥	17 600	27 370	45 404	2.99	2.56
南アフリカ共和国‥	54 490	60 034	65 540	0.65	0.44
南スーダン‥‥‥‥	12 340	17 810	25 855	2.48	1.88
モザンビーク‥‥‥	27 978	41 437	65 544	2.65	2.32
リビア‥‥‥‥‥‥	6 278	7 418	8 375	1.12	0.61
ルワンダ‥‥‥‥‥	11 610	15 785	21 187	2.07	1.48
ヨーロッパ‥‥‥‥	738 442	733 929	706 793	-0.04	-0.19
アイルランド‥‥‥	4 688	5 204	5 789	0.70	0.53
イギリス‥‥‥‥‥	64 716	70 113	75 361	0.54	0.36
イタリア‥‥‥‥‥	59 798	59 100	56 513	-0.08	-0.22
ウクライナ‥‥‥‥	44 824	40 892	35 117	-0.61	-0.76
オーストリア‥‥‥	8 545	8 844	8 846	0.23	0.00
オランダ‥‥‥‥‥	16 925	17 605	17 602	0.26	-0.00
ギリシャ‥‥‥‥‥	10 955	10 480	9 705	-0.29	-0.38
クロアチア‥‥‥‥	4 240	3 977	3 554	-0.43	-0.56
スイス‥‥‥‥‥‥	8 299	9 223	10 019	0.71	0.41
スウェーデン‥‥‥	9 779	10 766	11 881	0.64	0.49
スペイン‥‥‥‥‥	46 122	45 920	44 840	-0.03	-0.12
チェコ‥‥‥‥‥‥	10 543	10 461	9 965	-0.05	-0.24
デンマーク‥‥‥‥	5 669	6 003	6 299	0.38	0.24
ドイツ‥‥‥‥‥‥	80 689	79 294	74 513	-0.12	-0.31
ノルウェー‥‥‥‥	5 211	5 945	6 658	0.88	0.57
ハンガリー‥‥‥‥	9 855	9 275	8 318	-0.40	-0.54
フィンランド‥‥‥	5 503	5 706	5 752	0.24	0.04
フランス‥‥‥‥‥	64 395	68 007	71 137	0.36	0.23
ベルギー‥‥‥‥‥	11 299	12 019	12 527	0.41	0.21
ポーランド‥‥‥‥	38 612	37 207	33 136	-0.25	-0.58

人口予測（Ⅲ）

	人口（千人）			年平均人口増加率（%）	
	2015	2030	2050	2015～2030	2030～2050
ポルトガル	10 350	9 845	9 216	-0.33	-0.33
ルーマニア	19 511	17 639	15 207	-0.67	-0.74
ロシア	143 457	138 652	128 599	-0.23	-0.38
北アメリカ	357 838	396 278	433 114	0.68	0.45
アメリカ合衆国	321 774	355 765	388 865	0.67	0.45
カナダ	35 940	40 390	44 136	0.78	0.44
中南アメリカ 1)	215 939	250 101	277 024	0.98	0.51
エルサルバドル	6 127	6 408	6 390	0.30	-0.01
キューバ	11 390	11 237	10 339	-0.09	-0.42
グアテマラ	16 343	21 424	27 754	1.82	1.30
コスタリカ	4 808	5 413	5 759	0.79	0.31
ドミニカ共和国	10 528	12 087	13 238	0.92	0.46
ニカラグア	6 082	7 033	7 863	0.97	0.56
ハイチ	10 711	12 578	14 189	1.08	0.60
ホンジュラス	8 075	9 737	11 217	1.26	0.71
メキシコ	127 017	148 133	163 754	1.03	0.50
南アメリカ	418 447	470 966	507 223	0.79	0.37
アルゼンチン	43 417	49 365	55 445	0.86	0.58
エクアドル	16 144	19 563	23 013	1.29	0.82
コロンビア	48 229	53 175	54 927	0.65	0.16
チリ	17 948	20 250	21 601	0.81	0.32
ブラジル	207 848	228 663	238 270	0.64	0.21
ベネズエラ	31 108	36 673	41 562	1.10	0.63
ペルー	31 377	36 855	41 899	1.08	0.64
ボリビア	10 725	13 177	15 963	1.38	0.96
オセアニア	39 331	47 361	56 609	1.25	0.90
オーストラリア	23 969	28 482	33 496	1.16	0.81
ニュージーランド	4 529	5 103	5 607	0.80	0.47
世界計	7 349 472	8 500 766	9 725 148	0.97	0.68

国際連合人口部「World Population Prospects; The 2015 Revision」（2015年7月30日公表）による。現在人口。各年7月1日現在で，2015年は推計人口，2030・50年は将来推計の中位推計値。各国の範囲については，表2-2と同じであるため，表2-2の脚注も参照のこと。中国には香港，マカオ，台湾を含まない。1) カリブ海諸国および中央アメリカ。

現在人口と常住人口 人口を調査する際，調査時にいる場所で各人を調査する方法を現在地方式，調査時に常住している場所で調査する方法を常住地方式という。現在人口（de facto population）は現在地方式による人口で，調査地域の居住者か非居住者かを問わない。一方，常住人口（de jure population）は常住地方式による人口で，調査地域に通常居住している者の人数である。日本の国勢調査では，1950年以降，常住地方式によって人口を調査している。

表 2-9　都市人口割合の推移（Ⅰ）（%）

	1980	1990	2000	2010	2014 %	2014 都市人口（千人）
アジア‥‥‥‥‥‥	27.1	32.3	37.5	44.8	47.5	2 064 211
日本‥‥‥‥‥‥‥	76.2	77.3	78.6	90.5	93.0	118 136
アゼルバイジャン‥	52.8	53.7	51.4	53.4	54.4	5 172
アフガニスタン‥‥	15.7	18.3	21.3	24.7	26.3	8 221
アラブ首長国連邦‥	80.7	79.1	80.2	84.1	85.3	8 054
アルメニア‥‥‥‥	66.1	67.4	64.7	63.6	62.8	1 874
イエメン‥‥‥‥‥	16.5	20.9	26.3	31.7	34.0	8 496
イスラエル‥‥‥‥	88.6	90.4	91.2	91.8	92.1	7 202
イラク‥‥‥‥‥‥	65.5	69.7	68.5	69.0	69.4	24 116
イラン‥‥‥‥‥‥	49.7	56.3	64.0	70.6	72.9	57 170
インド‥‥‥‥‥‥	23.1	25.5	27.7	30.9	32.4	410 204
インドネシア‥‥‥	22.1	30.6	42.0	49.9	53.0	133 999
ウズベキスタン‥‥	40.8	40.2	37.4	36.2	36.3	10 638
オマーン‥‥‥‥‥	47.6	66.1	71.6	75.2	77.2	3 030
カザフスタン‥‥‥	54.1	56.3	55.7	53.7	53.3	8 850
カタール‥‥‥‥‥	89.4	92.8	96.3	98.7	99.2	2 249
韓国‥‥‥‥‥‥‥	56.7	73.8	79.6	81.9	82.4	40 778
カンボジア‥‥‥‥	9.9	15.5	18.6	19.8	20.5	3 161
北朝鮮‥‥‥‥‥‥	56.9	58.4	59.4	60.2	60.7	15 195
キルギス‥‥‥‥‥	38.6	37.8	35.3	35.3	35.6	2 002
クウェート‥‥‥‥	94.8	98.0	98.1	98.3	98.3	3 421
サウジアラビア‥‥	65.9	76.6	79.8	82.1	82.9	24 355
ジョージア*‥‥‥	52.5	55.0	52.6	52.9	53.5	2 311
シリア‥‥‥‥‥‥	46.7	48.9	51.9	55.7	57.3	12 588
シンガポール‥‥‥	100.0	100.0	100.0	100.0	100.0	5 517
スリランカ‥‥‥‥	18.8	18.6	18.4	18.3	18.3	3 929
タイ‥‥‥‥‥‥‥	26.8	29.4	31.4	44.1	49.2	33 056
タジキスタン‥‥‥	34.3	31.7	26.5	26.5	26.7	2 245
中国‥‥‥‥‥‥1)	19.4	26.4	35.9	49.2	54.4	758 360
トルクメニスタン‥	47.1	45.1	45.9	48.4	49.7	2 637
トルコ‥‥‥‥‥‥	43.8	59.2	64.7	70.7	72.9	55 279
ネパール‥‥‥‥‥	6.1	8.9	13.4	16.8	18.2	5 130
バーレーン‥‥‥‥	86.1	88.1	88.4	88.5	88.7	1 192
パキスタン‥‥‥‥	28.1	30.6	33.2	36.6	38.3	70 912
バングラデシュ‥‥	14.9	19.8	23.6	30.5	33.5	53 127
フィリピン‥‥‥‥	37.5	48.6	48.0	45.3	44.5	44 531
ブータン‥‥‥‥‥	10.1	16.4	25.4	34.8	37.9	290
ブルネイ‥‥‥‥‥	59.9	65.8	71.2	75.5	76.9	325
ベトナム‥‥‥‥‥	19.2	20.3	24.4	30.4	33.0	30 495
マレーシア‥‥‥‥	42.0	49.8	62.0	70.9	74.0	22 342
ミャンマー‥‥‥‥	24.0	24.6	27.0	31.4	33.6	18 023
モンゴル‥‥‥‥‥	52.1	57.0	57.1	67.6	71.2	2 052
ヨルダン‥‥‥‥‥	60.0	73.3	79.8	82.5	83.4	6 263

都市人口割合の推移（Ⅱ）（%）

	1980	1990	2000	2010	2014 %	2014 都市人口（千人）
アジア（つづき）						
ラオス	12.4	15.4	22.0	33.1	37.6	2 589
レバノン	73.7	83.1	86.0	87.2	87.7	4 354
アフリカ	26.7	31.3	34.5	38.3	40.0	455 345
アルジェリア	43.5	52.1	59.9	67.5	70.1	28 002
アンゴラ	19.8	25.6	32.4	40.1	43.3	9 580
ウガンダ	7.5	11.1	12.1	14.5	15.8	6 124
エジプト	43.9	43.5	42.8	43.0	43.1	35 914
エチオピア	10.4	12.6	14.7	17.3	19.0	18 363
ガーナ	31.2	36.4	43.9	50.7	53.4	14 118
カメルーン	31.9	39.7	45.5	51.5	53.8	12 281
ガンビア	28.4	38.3	47.9	56.3	59.0	1 127
ギニア	23.6	28.0	31.0	34.9	36.7	4 418
ケニア	15.6	16.7	19.9	23.6	25.2	11 476
コートジボワール	36.8	39.3	43.5	50.6	53.5	11 126
コモロ	23.2	27.9	28.1	27.9	28.2	212
コンゴ共和国	47.9	54.3	58.7	63.2	65.0	2 961
コンゴ民主共和国	27.1	30.6	35.1	39.9	42.0	29 115
ザンビア	39.8	39.4	34.8	38.7	40.5	6 079
シエラレオネ	29.8	33.3	35.6	38.2	39.6	2 456
ジブチ	72.1	76.0	76.5	77.0	77.3	685
ジンバブエ	22.4	29.0	33.8	33.2	32.5	4 745
スーダン 2)	20.0	28.6	32.5	33.1	33.6	13 034
スワジランド	17.8	22.9	22.7	21.5	21.3	270
セーシェル	49.4	49.3	50.1	52.3	53.6	50
セネガル	35.8	38.9	40.3	42.2	43.4	6 313
ソマリア	26.8	29.7	33.2	37.3	39.1	4 223
タンザニア	14.6	18.9	22.3	28.1	30.9	15 685
チャド	18.8	20.8	21.6	22.0	22.3	2 951
中央アフリカ共和国	33.9	36.8	37.6	38.8	39.8	1 872
チュニジア	50.6	57.9	63.4	65.9	66.6	7 409
トーゴ	24.7	28.6	32.9	37.5	39.5	2 760
ナイジェリア	22.0	29.7	34.8	43.5	46.9	83 799
ナミビア	25.1	27.7	32.4	41.6	45.7	1 073
ニジェール	13.4	15.4	16.2	17.6	18.5	3 423
ブルキナファソ	8.8	13.8	17.8	25.7	29.0	5 056
ボツワナ	16.5	41.9	53.2	56.2	57.2	1 166
マダガスカル	18.5	23.6	27.1	31.9	34.5	8 125
マラウイ	9.1	11.6	14.6	15.5	16.1	2 710
南アフリカ共和国	48.4	52.0	56.9	62.2	64.3	34 168
南スーダン	8.5	13.3	16.5	17.9	18.6	2 182
モザンビーク	13.1	25.0	29.1	31.0	31.9	8 454
モロッコ	41.2	48.4	53.3	57.7	59.7	19 995

第2章 人口と都市

都市人口割合の推移 (Ⅲ)（%）

	1980	1990	2000	2010	2014 %	2014 都市人口（千人）
アフリカ（つづき）						
リビア・・・・・・・・・・・	70.1	75.7	76.3	77.6	78.4	4 900
リベリア・・・・・・・・・	35.2	55.4	44.3	47.8	49.3	2 168
ルワンダ・・・・・・・・・	4.7	5.4	14.9	24.0	27.8	3 369
レソト・・・・・・・・・・	11.5	14.0	19.5	24.8	26.8	562
ヨーロッパ・・・・・・・	67.4	70.0	70.9	72.7	73.4	545 382
アイスランド・・・・・	88.3	90.8	92.4	93.6	94.0	313
アイルランド・・・・・	55.3	56.9	59.1	61.8	63.0	2 944
アルバニア・・・・・・・	33.8	36.4	41.7	52.2	56.4	1 797
アンドラ・・・・・・・・・	92.1	94.7	92.4	87.8	85.6	69
イギリス・・・・・・・・・	78.5	78.1	78.7	81.3	82.3	52 280
イタリア・・・・・・・・・	66.6	66.7	67.2	68.3	68.8	42 029
ウクライナ・・・・・・・	61.7	66.8	67.1	68.7	69.5	31 226
エストニア・・・・・・・	69.7	71.2	69.4	68.1	67.6	868
オーストリア・・・・・	65.4	65.8	65.8	65.9	65.9	5 621
オランダ・・・・・・・・・	64.7	68.7	76.8	87.1	89.9	15 107
ギリシャ・・・・・・・・・	69.3	71.5	72.7	76.3	77.7	8 644
クロアチア・・・・・・・	50.1	54.0	55.6	57.5	58.7	2 506
スイス・・・・・・・・・・	57.1	73.2	73.3	73.7	73.8	6 024
スウェーデン・・・・・	83.1	83.1	84.0	85.1	85.7	8 251
スペイン・・・・・・・・・	72.8	75.4	76.3	78.4	79.4	37 349
スロバキア・・・・・・・	51.6	56.5	56.2	54.7	53.8	2 932
スロベニア・・・・・・・	48.0	50.4	50.8	50.0	49.7	1 031
チェコ・・・・・・・・・・	75.2	75.2	74.0	73.3	73.0	7 843
デンマーク・・・・・・・	83.7	84.8	85.1	86.8	87.5	4 935
ドイツ・・・・・・・・・・	72.8	73.1	73.1	74.3	75.1	62 067
ノルウェー・・・・・・・	70.5	72.0	76.1	79.1	80.2	4 084
ハンガリー・・・・・・・	64.2	65.8	64.6	68.9	70.8	7 030
フィンランド・・・・・	71.7	79.4	82.2	83.6	84.1	4 577
フランス・・・・・・・・・	73.3	74.1	75.9	78.3	79.3	51 253
ブルガリア・・・・・・・	62.1	66.4	68.9	72.3	73.6	5 277
ベラルーシ・・・・・・・	56.5	66.0	70.0	74.6	76.3	7 100
ベルギー・・・・・・・・・	95.4	96.4	97.1	97.6	97.8	10 901
ポーランド・・・・・・・	58.1	61.3	61.7	60.9	60.6	23 149
ボスニア・ヘルツェゴビナ・・	35.5	39.2	39.3	39.2	39.6	1 515
ポルトガル・・・・・・・	42.8	47.9	54.4	60.6	62.9	6 675
マケドニア・・・・・・・	53.5	57.8	58.5	57.0	57.0	1 202
マルタ・・・・・・・・・・	89.8	90.4	92.4	94.7	95.3	410
ラトビア・・・・・・・・・	67.1	69.3	68.1	67.7	67.4	1 376
リトアニア・・・・・・・	61.2	67.6	67.0	66.8	66.5	2 001
ルーマニア・・・・・・・	46.1	53.2	53.0	53.8	54.4	11 771
ルクセンブルク・・・・	80.0	80.9	84.2	88.5	89.9	482
ロシア・・・・・・・・・・	69.8	73.4	73.4	73.7	73.9	105 318

都市人口割合の推移（Ⅳ）（%）

	1980	1990	2000	2010	2014 %	2014 都市人口（千人）
北アメリカ‥‥‥‥	73.9	75.4	79.1	80.8	81.5	291 860
アメリカ合衆国‥‥	73.7	75.3	79.1	80.8	81.4	262 734
カナダ‥‥‥‥‥	75.7	76.6	79.5	80.9	81.6	29 006
中南アメリカ‥‥ 3)	58.2	63.4	67.2	71.3	72.7	154 578
エルサルバドル‥‥	44.1	49.2	58.9	64.3	66.3	4 230
キューバ‥‥‥‥	68.1	73.4	75.3	76.6	77.0	8 666
グアテマラ‥‥‥	37.4	41.1	45.1	49.3	51.1	8 107
コスタリカ‥‥‥	43.1	50.0	59.0	71.7	75.9	3 749
ジャマイカ‥‥‥	46.7	49.4	51.8	53.7	54.6	1 527
ドミニカ共和国‥‥	51.3	55.2	61.7	73.8	78.1	8 219
ニカラグア‥‥‥	49.9	52.3	54.7	57.3	58.5	3 607
ハイチ‥‥‥‥‥	20.5	28.5	35.6	52.0	57.4	6 009
パナマ‥‥‥‥‥	50.4	53.9	62.2	65.1	66.3	2 603
バハマ‥‥‥‥‥	73.1	79.8	82.0	82.5	82.8	317
ベリーズ‥‥‥‥	49.4	47.5	47.7	45.0	44.1	150
ホンジュラス‥‥‥	34.9	40.5	45.5	51.7	54.1	4 472
メキシコ‥‥‥‥	66.3	71.4	74.7	77.8	79.0	97 766
南アメリカ‥‥	67.4	74.1	79.4	82.1	83.0	341 279
アルゼンチン‥‥‥	82.9	87.0	89.1	91.0	91.6	38 293
ウルグアイ‥‥‥	85.4	89.0	92.0	94.4	95.2	3 253
エクアドル‥‥‥	47.0	55.1	60.3	62.7	63.5	10 152
コロンビア‥‥‥	62.1	68.3	72.1	75.0	76.2	37 265
スリナム‥‥‥‥	65.0	65.7	66.4	66.3	66.1	359
チリ‥‥‥‥‥	81.2	83.3	86.1	88.6	89.4	15 881
パラグアイ‥‥‥	41.7	48.7	55.3	58.5	59.4	4 110
ブラジル‥‥‥‥	65.5	73.9	81.2	84.3	85.4	172 604
ベネズエラ‥‥‥	79.2	84.3	88.0	88.8	88.9	27 439
ペルー‥‥‥‥‥	64.6	68.9	73.0	76.9	78.3	24 088
ボリビア‥‥‥‥	45.5	55.6	61.8	66.4	68.1	7 388
オセアニア‥‥‥	71.3	70.7	70.5	70.7	70.8	27 473
オーストラリア‥‥	85.8	85.4	87.2	88.7	89.3	21 099
ニュージーランド‥	83.4	84.7	85.7	86.2	86.3	3 926
パプアニューギニア	13.0	15.0	13.2	13.0	13.0	971
フィジー‥‥‥‥	37.8	41.6	47.9	51.8	53.4	473
世界計‥‥‥‥‥	39.3	42.9	46.6	51.6	53.6	3 880 128

国連「World Urbanization Prospects；The 2014 Revision」（2015年6月閲覧）による。同資料は「World Population Prospects；The 2012 Revision」を基準にしている。現在人口。各国の人口センサスを基礎とした国連による推計値。都市の定義は，国により違いがあるために単純に比較することはできない。おもな都市の考え方としては，人口集中地区，行政単位，非農業人口が多いことなどがあげられる。各国の範囲については表2-2に同じ。表2-13の脚注も参照のこと。*2015年4月，「グルジア」から国名呼称変更。1）香港，マカオ，台湾を含まない。2）南スーダンを含まず。3）カリブ海諸国および中央アメリカ。

表 2-10　各国の大都市人口（Ⅰ）（単位　千人）

	都市名	調査年	市域人口	郊外を含む人口
アジア				
アゼルバイジャン‥‥	#バクー	2012	2 137	…
アフガニスタン‥‥‥	#カブール	2012	3 289	…
アラブ首長国連邦‥‥	ドバイ	2002	1 089	…
	#アブダビ	〃	527	…
アルメニア‥‥‥‥ ♮	#エレバン	2011*	1 060	…
イエメン‥‥‥‥‥‥	#サヌア	2009	1 976	2 023
イスラエル‥‥‥ ♮	テルアビブヤッフォ	2012	412	1) 2 706
	#エルサレム2)	〃	809	…
イラク‥‥‥‥‥‥	#バグダッド	1987*	3 841	…
イラン‥‥‥‥‥‥	#テヘラン	2011*	3) 8 154	…
	マシュハド	〃	3) 2 766	…
	イスファハーン	〃	1 756	…
	キャラジ	〃	3) 1 615	…
	タブリーズ	〃	3) 1 495	…
	シーラーズ	〃	3) 1 461	…
	アフワーズ	〃	3) 1 112	…
	ゴム	〃	1 074	…
インド‥‥‥‥‥‥	ムンバイ（ボンベイ）	2001*	11 978	16 434
	コルカタ（カルカッタ）	〃	4 573	13 206
	デリー	〃	9 879	4) 12 877
	チェンナイ（マドラス）	〃	4 344	6 560
	ハイデラバード	〃	3 637	5 742
	ベンガルール（バンガロール）	〃	4 301	5 701
	アーメダバード	〃	3 520	4 525
	プネー	〃	2 538	3 761
	スーラト	〃	2 434	2 812
	カーンプル	〃	2 551	2 716
	ジャイプル	〃	2 323	…
	ラクナウ	〃	2 186	2 246
	ナーグプル	〃	2 052	2 130
	パトナ	〃	1 366	1 698
	インドール	〃	1 475	1 517
インドネシア‥‥ ♮	#ジャカルタ	2010*	9 608	…
	スラバヤ	〃	2 765	…
	バンドン	〃	2 395	…
	メダン	〃	2 098	…
	タンゲラン	〃	1 799	…
	スマラン	〃	1 556	…
	パレンバン	〃	1 455	…
	マカッサル（ウジュンパンダン）	〃	1 339	…
ウズベキスタン‥‥	#タシケント	2001	2 137	…
カザフスタン‥‥‥	アルマティ	2009	1 365	…
	#アスタナ	〃	639	…
カタール‥‥‥‥‥	#ドーハ	2010*	797	…
カンボジア‥‥‥‥	#プノンペン	2011	1 571	…
	バタンバン	〃	1 126	…
韓国‥‥‥‥‥‥ ♮	#ソウル	2013	9 991	…

各国の大都市人口（Ⅱ）（単位　千人）

	都市名	調査年	市域人口	郊外を含む人口
韓国（つづき）‥‥♮	プサン（釜山）	2013	3 430	…
	インチョン（仁川）	2011	2 675	…
	テグ（大邱）	2013	2 471	…
	テジョン（大田）	〃	1 546	…
	クアンジュ（光州）	〃	1 518	…
	ウルサン（蔚山）	〃	1 120	…
北朝鮮‥‥‥‥‥♮	#ピョンヤン（平壌）	2008*	2 581	…
キルギス‥‥‥‥♮	#ビシュケク	2012	871	884
サウジアラビア‥‥	#リヤド	2004*	4 087	…
	ジッダ	〃	2 801	…
	マッカ（メッカ）	〃	1 294	…
ジョージア‥‥‥‥	#トビリシ	2011	1 173	…
シリア‥‥‥‥‥‥	アレッポ	2008	…	4 450
	#ダマスカス	〃	1 680	…
	ホムス	〃	…	1 667
	ハマー	〃	…	1 508
	ハサカ	〃	…	1 392
	イドリブ	〃	…	1 376
	デリゾール	〃	…	1 111
シンガポール‥‥♮	シンガポール	2013	5 399	…
スリランカ‥‥‥‥	コロンボ5)	2001*	647	…
タイ‥‥‥‥‥‥♮	#バンコク	2010*	…	8 305
	チョンブリー	〃	…	1 159
	サムットプラーカーン	〃	…	1 083
タジキスタン‥‥‥	#ドゥシャンベ	2012	756	
中国‥‥‥‥‥‥♮6)	チョンチン（重慶）7)	2013	…	29 700
	シャンハイ（上海）7)	〃	…	24 152
	#ペキン（北京）7)	〃	…	21 148
	テンチン（天津）7)	〃	…	14 722
	コワンチョウ（広州）	2000*	8 525	…
	ウーハン（武漢）	〃	8 313	…
	ホンコン（香港）	2013	7 188	…
	シェンチェン（深圳）	2000*	7 009	…
	トンコワン（東莞）	〃	6 446	…
	シェンヤン（瀋陽）	〃	5 303	…
	シーアン（西安）	〃	4 482	…
	チョンツー（成都）	〃	4 334	…
	ナンキン（南京）	〃	3 624	…
	ハルビン（哈爾浜）	〃	3 482	…
	ターリエン（大連）	〃	3 245	…
	チャンチュン（長春）	〃	3 226	…
	クンミン（昆明）	〃	3 035	…
	チーナン（済南）	〃	3 000	…
	コイヤン（貴陽）	〃	2 985	…
	ツーポー（淄博）	〃	2 817	…
	チンタオ（青島）	〃	2 721	…
	チョンチョウ（鄭州）	〃	2 589	…
	タイユアン（太原）	〃	2 558	…

各国の大都市人口（Ⅲ）（単位　千人）

	都市名	調査年	市域人口	郊外を含む人口
中国‥‥‥‥‥‥‥♮6)	チャオヤン（潮陽）	2000*	2 471	…
（つづき）	ハンチョウ（杭州）	〃	2 451	…
	チュンシャン（中山）	〃	2 363	…
	ナンハイ（南海）	〃	2 134	…
	フーチョウ（福州）	〃	2 124	…
	チャンシャー（長沙）	〃	2 123	…
	ランチョウ（蘭州）	〃	2 088	…
	アモイ（廈門）	〃	2 053	…
（台湾）‥‥‥‥‥♮	シンペイ（新北）	2014	3 967	…
	カオシュン（高雄）	〃	2 779	…
	タイチュン（台中）	〃	2 720	…
	タイペイ（台北）	〃	2 702	…
	タイナン（台南）	〃	1 884	…
トルコ‥‥‥‥‥‥	イスタンブール	2012	…	13 597
	#アンカラ	〃	…	4 591
	イズミル	〃	…	3 384
	ブルサ	〃	…	1 966
	アダナ	〃	…	1 627
	コジャエリ	〃	…	1 514
	ガズィアンテプ	〃	…	1 416
	コンヤ	〃	…	1 091
	アンタルヤ	〃	…	1 058
日本‥‥‥‥‥‥♮8)	#東京	2015	9) 9 016	10) 13 202
	横浜	〃	3 714	…
	大阪	〃	2 668	…
	名古屋	〃	2 255	…
	札幌	〃	1 930	…
	神戸	〃	1 554	…
	福岡	〃	1 474	…
	川崎	〃	1 434	…
	京都	〃	1 421	…
	さいたま	〃	1 254	…
	広島	〃	1 187	…
	仙台	〃	1 050	…
ネパール‥‥‥‥♮	#カトマンズ	2011*	1 003	…
パキスタン‥‥‥‥	カラチ	1998*	9 339	…
	ラホール	〃	5 143	…
	ファイサラバード	〃	2 009	…
	ラワルピンディー	〃	1 410	…
	ムルターン	〃	1 197	…
	ハイデラバード	〃	1 167	…
	グジランワーラ	〃	1 133	…
	#イスラマバード		529	…
バングラデシュ‥‥	#ダッカ	2001*	…	5 334
	チッタゴン	〃	…	2 023
フィリピン‥‥‥♮	#マニラ	2010*	1 652	11) 8 594
	ケソンシティー	〃	2 762	…
	カルーカン	〃	1 489	…

各国の大都市人口（Ⅳ）（単位　千人）

	都市名	調査年	市域人口	郊外を含む人口
フィリピン（つづき）♮	ダバオ	2010*	1 449	…
ベトナム・・・・・・・・・	ホーチミン（サイゴン）	1992	3 016	12) 3 924
	#ハノイ	〃	1 074	12) 3 056
マレーシア・・・・・・♮	#クアラルンプール	2011	1 645	…
ミャンマー・・・・・・・・	ヤンゴン（ラングーン）	1983*	2 513	…
モンゴル・・・・・・・・・	#ウランバートル	2013	1 345	…
ヨルダン・・・・・・・・・	#アンマン	2013	2 324	…
ラオス・・・・・・・・・・・	#ビエンチャン	2011	…	783
アフリカ				
アルジェリア・・・・♮	#アルジェ	1998*	1 570	…
アンゴラ・・・・・・・・・・	#ルアンダ	1993	…	1 822
ウガンダ・・・・・・・・・	#カンパラ	2009	1 534	…
エジプト・・・・・・・・・・	#カイロ	2010	7 249	…
	アレクサンドリア	〃	4 358	…
	ギーザ	〃	3 122	…
エチオピア・・・・・・・・	#アディスアベバ	2002	2 646	…
ガーナ・・・・・・・・・・・	#アクラ	2009	…	2 264
	クマシ	〃	…	1 922
カメルーン・・・・・・♮	ドゥアラ	2005*	1 907	…
	#ヤウンデ		1 818	…
ギニア・・・・・・・・・・・	#コナクリ	1996*	1 092	…
ケニア・・・・・・・・・・・	#ナイロビ	2009*	3 134	…
コートジボワール・・	アビジャン	1988*	1 929	…
コンゴ共和国・・・・・	#ブラザビル	1984*	596	…
コンゴ民主共和国・・	#キンシャサ	1984	2 664	…
ザンビア・・・・・・・♮	#ルサカ	2010*	1 747	…
シエラレオネ・・・・・・	#フリータウン	2010	945	…
ジンバブエ・・・・・・・	#ハラレ	2012*	1 485	…
旧スーダン・・・・・・・・	#ハルツーム	1993*	947	2 920
	オームドゥルマーン	〃	1 271	
セネガル・・・・・・・♮	#ダカール	2011	1 056	…
ソマリア・・・・・・・・・	#モガディシオ	2001	1 212	…
タンザニア・・・・・・・・	#ダル・エス・サラーム	1988*	1 361	…
チャド・・・・・・・・・・・	#ウンジャメナ	1993*	531	…
チュニジア・・・・・・・・	#チュニス	1998	702	…
ナイジェリア・・・・・・	ラゴス	1991*	5 195	…
	カノ	〃	2 167	…
	イバダン	〃	1 835	…
ニジェール・・・・・・♮	#ニアメ	2001*	708	…
ブルキナファソ・・・・	#ワガドゥグー	2006*	1 475	…
マダガスカル・・・・・・	#アンタナナリボ	2005	1 015	…
マラウイ・・・・・・・・・・	#リロングウェ	2008*	669	…
マリ・・・・・・・・・・・♮	#バマコ	1998*	1 016	…
南アフリカ共和国・・	ケープタウン13)	1996*	987	…
	#プレトリア	〃	692	…
モーリタニア・・・・・・	#ヌアクショット	2008	847	…
モザンビーク・・・・・・	#マプト	1997*	967	1 391

各国の大都市人口（Ⅴ）（単位　千人）

	都市名	調査年	市域人口	郊外を含む人口
モロッコ………………	カサブランカ	2013	3 102	…
	ケニトラ	〃	697	1 310
	マラケシュ	〃	1 067	1 248
	アルジャディーダ	〃	349	1 188
	フェス	〃	1 105	1 126
	セタト	〃	377	1 023
	サレ	〃	967	1 001
	#ラバト	〃	670	…
リビア………… ♮	#トリポリ	1990	1 500	…
ルワンダ……… ♮	#キガリ	2002*	603	…
ヨーロッパ				
アイルランド……	#ダブリン	2011*	528	1 111
イギリス…………	#ロンドン	2001*	…	8 278
	マンチェスター	〃	…	2 245
イタリア……… ♮	#ローマ	2012	2 627	…
	ミラノ	〃	1 251	…
	ナポリ	〃	960	…
ウクライナ…… ♮	#キエフ	2013	2 804	…
	ハリコフ	〃	1 431	…
	オデッサ	〃	997	…
	ドニエプロペトロフスク	〃	988	990
	ドネック	〃	945	961
オーストリア…… ♮	#ウイーン	2013	1 741	…
オランダ……… ♮	#アムステルダム	2011	780	1 069
	ロッテルダム	〃	610	1 003
ギリシャ…………	#アテネ	2011*	664	14) *3 073
クロアチア…… ♮	#ザグレブ	2011*	790	…
スイス………… ♮	チューリヒ	2012	379	1 211
スウェーデン…… ♮	#ストックホルム	2007	789	15) 1 904
スペイン……… ♮	#マドリード	2012	3 220	…
	バルセロナ	〃	1 616	…
セルビア……… ♮	#ベオグラード	2012	1 351	1 664
チェコ………… ♮	#プラハ	2013	1 247	…
デンマーク…… ♮	#コペンハーゲン	2013	562	…
ドイツ………… ♮	#ベルリン	2013	3 375	…
	ハンブルク	〃	1 734	…
	ミュンヘン	〃	1 388	…
	ケルン	〃	1 024	…
ノルウェー…… ♮	#オスロ	2012	619	…
ハンガリー…… ♮	#ブダペスト	2012	1 732	2 534
フィンランド…… ♮	#ヘルシンキ	2012	600	1) *956
フランス……… ♮	#パリ	2010* 16)	2 244	10 460
	マルセイユ	〃	851	1 560
	リヨン	〃	484	1 551
	リール	〃	228	1 018
	ニース	〃	343	942
ブルガリア…… ♮	#ソフィア	2012	1 211	…

各国の大都市人口（Ⅵ）（単位 千人）

	都市名	調査年	市域人口	郊外を含む人口
ベラルーシ……… ♮	#ミンスク	2012	1 893	…
ベルギー………… ♮	#ブリュッセル	2011	177	1 561
ポーランド……… ♮	#ワルシャワ	2012	1 711	…
ボスニア・ヘルツェゴビナ ♮	#サラエボ	1991*	527	…
ポルトガル……… ♮	#リスボン	2012	531	17)*2 683
	ポルト	〃	230	17)*1 261
マケドニア………	#スコピエ	2012	536	…
モルドバ………… ♮	#キシニョフ	2012	670	726
ラトビア………… ♮	#リガ	2013	644	…
リトアニア……… ♮	#ビリニュス	2013	535	…
ルーマニア……… ♮	#ブカレスト	2012	1 913	…
ロシア…………… ♮	#モスクワ	2012	11 918	…
	サンクトペテルブルク	〃	4 991	…
	ノボシビルスク	〃	1 511	…
	エカテリンブルク	〃	1 387	1 420
	ニージニーノブゴロド	〃	1 257	1 266
	サマーラ	〃	1 170	1 170
	カザン	〃	1 169	…
	オムスク	〃	1 159	…
	チェリャビンスク	〃	1 150	…
	ロストフナドヌー	〃	1 100	…
	ウファ	〃	1 075	1 084
	ボルゴグラード	〃	1 019	…
	クラスノヤルスク	〃	1 007	1 008
	ペルミ	〃	1 007	1 007
	ヴォロネジ	〃	997	…
北中アメリカ				
アメリカ合衆国‥ ♮	ニューヨーク	2013	8 406	19 950
	ロサンゼルス	〃	3 884	13 131
	シカゴ	〃	2 719	9 537
	ダラス	〃	1 258	6 811
	ヒューストン	〃	2 196	6 313
	フィラデルフィア	〃	1 553	6 035
	#ワシントンD.C.	〃	646	5 950
	マイアミ	〃	418	5 828
	アトランタ	〃	448	5 523
	ボストン	〃	646	4 684
	サンフランシスコ	〃	837	4 516
	フェニックス	〃	1 513	4 399
	リバーサイド（カリフォルニア州）	〃	317	4 381
	デトロイト	〃	689	4 295
	シアトル	〃	652	3 610
	ミネアポリス	〃	400	3 459
	サンディエゴ	〃	1 356	3 211
	タンパ	〃	353	2 871
	セントルイス	〃	318	2 801
	ボルティモア	〃	622	2 771

第2章 人口と都市

各国の大都市人口（Ⅶ）（単位　千人）

	都市名	調査年	市域人口	郊外を含む人口
アメリカ合衆国‥♮	デンバー	2013	649	2 697
（つづき）	ピッツバーグ	〃	306	2 361
	シャーロット	〃	793	2 335
	ポートランド（オレゴン州）	〃	609	2 315
	サンアントニオ	〃	1 409	2 278
エルサルバドル‥‥	#サンサルバドル	2013	290	1) 1 959
カナダ‥‥‥‥‥♮	#トロント	2011*	2 615	5 583
	モントリオール	〃	1 650	3 824
	バンクーバー	〃	604	2 313
	#オタワ	〃	883	1 236
	カルガリー	〃	1 097	1 215
	エドモントン	〃	812	1 160
キューバ‥‥‥‥♮	#ハバナ	2012	2 105	…
グアテマラ‥‥‥‥	#グアテマラシティ	2001	1 022	…
コスタリカ‥‥‥♮	#サンホセ	2011*	288	1) *1 346
ジャマイカ‥‥‥♮	#キングストン	2011*	…	592
ドミニカ共和国‥‥	#サントドミンゴ	2011	1 126	…
ニカラグア‥‥‥♮	#マナグア	2009	…	985
ハイチ‥‥‥‥‥♮	#ポルトープランス	1999	991	…
パナマ‥‥‥‥‥‥	#パナマシティ	2013	462	1 005
ホンジュラス‥‥‥	#テグシガルパ	2003	858	…
メキシコ‥‥‥‥‥	#メキシコシティ	2010*	8 851	20 117
	グアダラハラ	〃	1 495	4 435
	モンテレイ	〃	1 136	4 090
	プエブラ	〃	1 434	2 668
	トルカ	〃	489	1 846
	ティファナ	〃	1 301	1 751
	エカテペック	〃	1 655	…
	レオン	〃	1 239	1 610
	シウダーフアレス	〃	1 321	1 332
	トレオン	〃	609	1 216
	サポパン18)	〃	1 142	…
	ネツァワルコヨトル	〃	1 105	…
	ケレタロ	〃	626	1 097
	サンルイスポトシ	〃	723	1 040
南アメリカ				
アルゼンチン‥‥‥‥	#ブエノスアイレス	2013	…	13 339
	コルドバ	〃	…	1 442
	ロサリオ	〃	…	1 285
ウルグアイ‥‥‥♮	#モンテビデオ	2011*	1 305	…
エクアドル‥‥‥‥	グアヤキル	2010*	3) 2 291	…
	#キト	〃	3) 1 619	…
コロンビア‥‥‥♮	#ボゴタ	2013	…	7 674
	メデリン	〃	…	2 417
	カリ	〃	…	2 320
	バランキア	〃	…	1 207
チリ‥‥‥‥‥‥‥	#サンティアゴ	2013	5 106	…

各国の大都市人口 （Ⅷ）（単位　千人）

	都市名	調査年	市域人口	郊外を含む人口
パラグアイ‥‥‥‥	#アスンシオン	2008	519	2 449
ブラジル‥‥‥‥ ♮	サンパウロ	2010*	…	11 153
	リオデジャネイロ	〃	6 320	
	サルバドル	〃	2 675	
	#ブラジリア	〃	2 481	
	フォルタレザ	〃	863	2 452
	ベロオリゾンテ	〃	1 433	2 375
	マナウス	〃	1 793	
	クリティバ	〃	1 752	
	レシフェ	〃	1 538	
	ポルトアレグレ	〃	1 409	
	ベレン	〃	…	1 381
	ゴイアニア	〃	1 296	1 297
	グアルーリョス	〃	785	1 222
	カンピナス	〃	953	1 062
ベネズエラ‥‥‥‥	#カラカス	2011	2 104	…
	マラカイボ	〃	1 339	…
	バルキシメト	〃	1 001	…
ペルー‥‥‥‥‥‥	#リマ	2013	…	9 586
ボリビア‥‥‥‥‥	サンタクルス	2010	1 616	…
	#ラパス19)	〃	835	…
オセアニア				
オーストラリア‥ ♮	シドニー	2012	4 293	4 673
	メルボルン	〃	4 087	4 248
	ブリズベン	〃	2 099	2 192
	パース	〃	1 834	1 900
	アデレード	〃	1 251	1 278
ニュージーランド ♮	オークランド	2013	1 529	…

国連「デモグラフィック・イヤーブック」各年版による。ただし，日本は住民基本台帳人口，台湾は行政院資料，アメリカ合衆国は "THE WORLD ALMANAC" による。現在人口。♮印は常住人口。#印は首都。*印は国勢調査人口。国連資料により市域人口（City proper）か郊外を含む人口（Urban agglomeration）が100万人以上の都市を掲載。ただし，中国は200万人以上，インドは150万人以上，ヨーロッパは90万人以上の都市で，アメリカ合衆国は市域人口が100万人以上か郊外を含む人口が230万人以上の都市とした。また，人口50万人以上の首都も掲載した。市域人口と郊外を含む人口の区別がない都市は，それらの項目の中央に人口を掲載。国により「都市」の定義は異なる。表2-13の脚注も参照。なお，調査年が同じであっても，国により数値が改訂されている場合がある。1）2000年。2）東エルサレムを含む。3）デモグラフィック・イヤーブックの2012年版で郊外を含む人口として記載されていたデータが，13年版では市域人口に変更された。4）#ニューデリーを含む。5）旧首都。首都スリジャヤワルダナプラコッテはコロンボ市に隣接。6）参考として中国統計年鑑による2013年の主要都市人口（戸籍人口）を95ページに掲載。7）中国統計年鑑による。8）2015年1月1日現在の住民基本台帳人口。外国人を含む。9）23区人口。10）東京都人口。11）1994年。12）1989年。13）立法上の首都。14）1991年。15）2006年。16）センサスの抽出速報集計。17）2001年。18）グアダラハラ市などとグアダラハラ都市圏を形成する。グアダラハラ市の郊外を含む人口に含まれる。19）憲法上の首都はスクレ。

表 2-11　国際移住者数の推移

	国際移住者数（千人）					国際移住者率*
	1990	2000	2010	2013	うち男性	2013（％）
ヨーロッパ‥‥	49 048	56 209	69 174	72 450	34 870	9.8
アジア‥‥‥‥	49 911	50 415	67 782	70 847	41 373	1.6
北アメリカ‥‥4)	27 774	40 395	51 205	53 095	25 900	14.9
アフリカ‥‥‥	15 631	15 591	17 126	18 644	10 093	1.7
ラテンアメリカ5)	7 130	6 503	8 093	8 548	4 142	1.4
オセアニア‥‥	4 668	5 402	7 349	7 938	3 950	20.7
世界計‥‥‥	**154 162**	**174 516**	**220 729**	**231 522**	**120 328**	**3.2**
アメリカ合衆国1)	23 251	34 814	44 184	45 785	22 407	14.3
ロシア‥‥‥‥1)	11 525	11 892	11 195	11 048	5 424	7.7
ドイツ‥‥‥‥1)	5 936	8 993	9 734	9 845	4 707	11.9
サウジアラビア2)3)	4 998	5 263	8 430	9 060	6 437	31.4
アラブ首長国連邦2)3)	1 307	2 447	7 317	7 827	5 850	83.7
イギリス‥‥‥1)	3 647	4 706	7 005	7 824	3 786	12.4
フランス‥‥‥1)	5 897	6 279	7 196	7 439	3 612	11.6
カナダ‥‥‥‥1)	4 498	5 555	6 996	7 284	3 479	20.7
オーストラリア1)	3 886	4 412	5 994	6 469	3 214	27.7
スペイン‥‥‥1)	830	1 657	6 234	6 467	3 194	13.8
イタリア‥‥‥1)	1 428	2 122	4 799	5 721	2 639	9.4
インド‥‥‥‥1)3)	7 493	6 411	5 436	5 338	2 736	0.4
ウクライナ‥‥1)	6 893	5 527	5 190	5 151	2 366	11.4
パキスタン‥1)3)	6 556	4 243	4 302	4 081	2 307	2.2
タイ‥‥‥‥1)3)	529	1 258	3 224	3 722	1 877	5.6
カザフスタン‥1)	3 619	2 871	3 335	3 476	1 715	21.1
ヨルダン‥‥2)3)	1 146	1 928	2 723	2 926	1 483	40.2
（香港）‥‥‥1)	2 218	2 669	2 782	2 805	1 145	38.9
イラン‥‥‥1)3)	4 292	2 804	2 687	2 650	1 612	3.4
マレーシア‥1)3)	1 014	1 614	2 358	2 469	1 449	8.3
コートジボワール1)2)	1 816	2 336	2 372	2 446	1 378	12.0
日本‥‥‥‥2)	1 076	1 687	2 339	2 437	1 090	1.9
南アフリカ共和国1)3)	1 389	1 002	2 056	2 399	1 392	4.5
スイス‥‥‥‥1)	1 392	1 571	2 075	2 335	1 143	28.9
シンガポール‥1)	727	1 352	2 165	2 323	1 026	42.9
イスラエル‥1)3)	1 633	1 851	2 014	2 047	928	26.5
クウェート‥2)3)	1 585	1 500	1 872	2 028	1 419	60.2
オランダ‥‥‥1)	1 192	1 585	1 850	1 965	940	11.7
アルゼンチン‥1)	1 650	1 540	1 806	1 886	865	4.5
トルコ‥‥‥1)3)	1 150	1 263	1 713	1 865	963	2.5
カタール‥‥‥2)	370	471	1 456	1 601	1 268	73.8

国連経済社会局 "Trends in International Migrant Stock: The 2013 Revision"（2015年6月閲覧）により作成。国際移民数。*国際移住者数の全人口に対する割合。1) 外国生まれの人口。2) 外国人人口。3) 難民を含む。4) 北部アメリカ。5) カリブ海諸国，中央アメリカおよび南アメリカ。

表 2-12　地域別の都市人口と人口予測

	都市人口（千人）			年平均増加率 (%)	
	2010	2030	2050	2010〜2030	2030〜2050
アジア・・・・・・・・・・・	1 864 836	2 752 457	3 313 424	1.97	0.93
アフリカ・・・・・・・・・	394 940	770 068	1 338 566	3.40	2.80
ヨーロッパ・・・・・・・・	537 982	566 970	581 113	0.26	0.12
北アメリカ・・・・・・・・	279 949	339 782	390 070	0.97	0.69
中南アメリカ・・・・・・	144 074	192 770	225 598	1.47	0.79
南アメリカ・・・・・・・・	323 567	402 365	448 033	1.10	0.54
オセアニア・・・・・・・・	25 924	33 747	41 807	1.33	1.08
先進国・・・・・・・・・・ 1)	956 857	1 054 054	1 113 500	0.48	0.27
開発途上国・・・・・・・・	2 614 415	4 004 104	5 225 111	2.15	1.34
世界計・・・・・・・・・	**3 571 272**	**5 058 158**	**6 338 611**	1.76	1.13

国連「World Urbanization Prospects;The 2014 Revision」（2015年6月閲覧）による。現在人口。2010年は推計人口で，2030・50年は将来推計人口。旧ソ連の各構成国はそれぞれアジアとヨーロッパに分類。1）北アメリカ，ヨーロッパ諸国とオーストラリア，ニュージーランド，日本。

表 2-13　各国の主要都市の人口と人口予測（Ⅰ）

都市名	国名	人口（千人）			2010〜2030年増加率（％）1)
		2010	2020	2030	
東京#・・・・・・・・・・ 2)	日本	36 834	38 323	37 190	0.05
デリー・・・・・・・・・・・・	インド	21 935	29 348	36 060	2.52
上海*・・・・・・・・・・・	中国	19 980	27 137	30 751	2.18
ムンバイ（ボンベイ）・・	インド	19 422	22 838	27 797	1.81
北京・・・・・・・・・・・	中国	16 190	24 201	27 706	2.72
ダッカ#・・・・・・・・・	バングラデシュ	14 731	20 989	27 374	3.15
カラチ・・・・・・・・・・・	パキスタン	14 081	19 230	24 838	2.88
カイロ#・・・・・・・・・・	エジプト	16 899	20 568	24 502	1.87
ラゴス・・・・・・・・・・・	ナイジェリア	10 781	16 168	24 239	4.13
メキシコシティ#・・・	メキシコ	20 132	21 868	23 865	0.85
サンパウロ#・・・・・・・	ブラジル	19 660	22 119	23 444	0.88
キンシャサ・・・・・・・・	コンゴ民主共和国	9 382	14 118	19 996	3.86
大阪#・・・・・・・・・・ 3)	日本	19 492	20 523	19 976	0.12
ニューヨーク・・・・ 4)	アメリカ合衆国	18 365	18 793	19 885	0.40
コルカタ（カルカッタ）	インド	14 283	15 726	19 092	1.46
広州・・・・・・・・・・・・	中国	9 620	15 174	17 574	3.06
重慶・・・・・・・・・・・・	中国	11 244	15 233	17 380	2.20
ブエノスアイレス・・	アルゼンチン	14 246	15 894	16 956	0.87
マニラ・・・・・・・・・・	フィリピン	11 891	13 942	16 756	1.73
イスタンブール・・・	トルコ	12 703	15 099	16 694	1.38
バンガロール・・・・・・	インド	8 275	11 837	14 762	2.94

第 2 章　人口と都市

各国の主要都市の人口と人口予測（Ⅱ）

都市名	国名	人口（千人）			2010～2030年増加率（％）1)
		2010	2020	2030	
天津・・・・・・・・・・・・・	中国	9 451	12 816	14 655	2.22
リオデジャネイロ#・	ブラジル	12 374	13 326	14 174	0.68
チェンナイ・・・・・・・・	インド	8 523	11 241	13 921	2.48
ジャカルタ*・・・・・・	インドネシア	9 630	11 298	13 812	1.82
ロサンゼルス・・・・ 5)	アメリカ合衆国	12 160	12 454	13 257	0.43
ラホール・・・・・・・・・	パキスタン	7 487	10 054	13 033	2.81
ハイデラバード・・・・	インド	7 578	10 279	12 774	2.65
深圳・・・・・・・・・・・・・	中国	10 223	11 287	12 673	1.08
リマ#・・・・・・・・・・・・	ペルー	8 955	10 756	12 221	1.57
モスクワ*・・・・・・・・・	ロシア	11 461	12 474	12 200	0.31
ボゴタ・・・・・・・・・・・	コロンビア	8 506	10 696	11 966	1.72
パリ・・・・・・・・・・・・・	フランス	10 460	11 271	11 803	0.61
ヨハネスブルグ#・・・	南アフリカ共和国	7 992	10 361	11 573	1.87
バンコク#・・・・・・・・・	タイ	8 213	10 137	11 528	1.71
ロンドン・・・・・・・・・	イギリス	9 699	10 849	11 467	0.84
ダル・エス・サラーム	タンザニア	3 870	6 727	10 760	5.25
アーメダバード・・・・	インド	6 210	8 452	10 527	2.67
ルアンダ・・・・・・・・・	アンゴラ	4 508	6 837	10 429	4.28
ホーチミン・・・・・・・・	ベトナム	6 189	8 309	10 200	2.53
成都・・・・・・・・・・・・・	中国	6 234	8 766	10 104	2.44
テヘラン*・・・・・・・・・	イラン	8 059	8 909	9 990	1.08
ソウル*・・・・・・・・・・	韓国	9 796	9 818	9 960	0.08
南京・・・・・・・・・・・・・	中国	6 162	8 476	9 754	2.32
バグダッド#・・・・・・・	イラク	5 891	7 544	9 710	2.53
シカゴ・・・・・・・・・・・	アメリカ合衆国	8 616	8 871	9 493	0.49
武漢・・・・・・・・・・・・・	中国	7 515	8 364	9 442	1.15
クアラルンプール#・	マレーシア	5 810	7 844	9 423	2.45
名古屋#・・・・・・・・・ 6)	日本	9 165	9 491	9 304	0.08
杭州・・・・・・・・・・・・・	中国	5 082	7 597	8 822	2.80
東莞・・・・・・・・・・・・・	中国	7 118	7 731	8 701	1.01
スーラト・・・・・・・・・	インド	4 438	6 827	8 616	3.37
仏山・・・・・・・・・・・・・	中国	6 653	7 399	8 353	1.14
カブール*・・・・・・・・・	アフガニスタン	3 722	5 722	8 280	4.08
ハルツーム・・・・・・・・	スーダン7)	4 517	5 905	8 158	3.00
蘇州・・・・・・・・・・・・・	中国	3 997	6 876	8 098	3.59
プネー・・・・・・・・・・・	インド	4 951	6 502	8 091	2.49
リヤド*・・・・・・・・・・	サウジアラビア	5 227	7 133	7 940	2.11
瀋陽・・・・・・・・・・・・・	中国	5 676	6 932	7 911	1.67
西安・・・・・・・・・・・・・	中国	5 149	6 869	7 904	2.17
香港・・・・・・・・・・・・・	中国	7 050	7 550	7 885	0.56
アビジャン・・・・・・・・	コートジボワール	4 150	5 748	7 773	3.19
ナイロビ*・・・・・・・・・	ケニア	3 237	4 792	7 140	4.04
サンチアゴ・・・・・・・・	チリ	6 269	6 707	7 122	0.64

各国の主要都市の人口と人口予測（Ⅲ）

都市名	国名	人口（千人）			2010〜2030年増加率（％）[1]
		2010	2020	2030	
トロント# ········	カナダ	5 499	6 407	6 957	1.18
アモイ ··········	中国	3 040	5 800	6 911	4.19
ハルビン ········	中国	4 896	5 999	6 860	1.70
ヒューストン ······	アメリカ合衆国	4 976	6 151	6 729	1.52
チッタゴン# ·······	バングラデシュ	4 106	5 155	6 719	2.49
マドリード* ······	スペイン	5 787	6 476	6 707	0.74
ダラス ········· 8)	アメリカ合衆国	5 149	6 130	6 683	1.31
ヤンゴン ·········	ミャンマー	4 342	5 358	6 578	2.10
シンガポール ······	シンガポール	5 079	6 057	6 578	1.30

国連「World Urbanization Prospects;The 2014 Revision」(2015年6月閲覧）による。同資料は「World Population Prospects;The 2012 Revision」を基準にしている。現在人口。2010年は推計人口で，2020・30年は将来推計人口。同資料で，2030年時点の都市人口が多い順に掲載。前回予測（The 2011 Revision）に比べて国によりデータが改訂されている。都市の区分には，**固有市域**（City proper，法的に一定の境界があり，通常ある種の地方政府で行政的に承認された都市的性格をもつ地域）や**都市及びそれに隣接した周辺地域**（Urban agglomeration，固有市域及び固有市域の都市境界線の外側に隣接する人口密集地域），**大都市圏**（Metropolitan area，行政区分を超えて社会・経済的なつながりをもつ地域）がある。本表では，都市及びそれに隣接した周辺地域（Urban agglomeration）の人口数について掲載している。ただし，都市名に#印のついているものは大都市圏，*印のついているものは固有市域の人口数。国により都市の定義が異なるため単純に各国の都市人口を比較することはできない。1) 年平均人口増加率。2) 首都圏の大都市を中心とする関東大都市圏。3) 大阪市などを中心とする近畿大都市圏。4) ニューヨーク・ニューアーク。5) ロサンゼルス・ロングビーチ・サンタアナ。6) 名古屋市を中心とする中京大都市圏。7) 2011年7月，スーダンから南スーダンが独立。8) ダラス・フォートワース。

（参考）中国の主要都市人口（2013年）（単位 千人）

	総人口		総人口		総人口
重慶* ······	33 584	武漢········	8 221	済南········	6 133
上海* ······	14 323	西安········	8 069	昆明········	5 468
北京* ······	13 163	長春········	7 527	南昌········	5 101
成都········	11 880	瀋陽········	7 271	貴陽········	3 791
天津* ······	10 040	合肥········	7 115	蘭州········	3 686
石家荘······	10 032	杭州········	7 066	太原········	3 675
ハルビン·····	9 952	長沙········	6 628	西寧········	2 268
鄭州········	9 191	福州········	6 555	海口········	1 632
広州········	8 323	南京········	6 431		

中国国家統計局編「中国統計年鑑」(2014年）による。22省（台湾を除く）の省都と4直轄市の人口を掲載。このほか，青島市7737千人，南寧市7244千人，大連市5915千人，寧波市5802千人などの人口が多い。市が管轄する包括的な市域の人口。戸籍人口。なお，表2-10の中国の都市人口は常住人口。*直轄市。

第3章　労　　　働

　ILOが2015年 1 月に公表した「World Employment and Social Outlook: Trends 2015（世界の雇用及び社会の見通し）」によると，2014年の世界の失業者数は 2 億130万人，失業率は5.9％と推定される。日本やアメリカの雇用情勢が改善した一方，ヨーロッパなどでは厳しい情勢が続いている。ILOでは失業率は2019年まで5.9％のまま推移するが，労働力人口の拡大で失業者数は 2 億1225万人となると予測している。

　世界の若年労働者（15〜24歳）の失業率は2014年で13.0％と推定され，25歳以上の失業率4.5％の約 3 倍である。若年者のうち高等教育卒業資格保有者の割合は分析可能な国の多くで高まっているが，若年失業者でも高等教育卒業資格保有者の割合が同様に高まっている。特に近年は求職者と企業の求人希望がすれ違うミスマッチ失業の増加が指摘される。さらに，就学も就労も職業訓練等も受けていないニートが問題となっている。これらは若者の貧困といった問題だけでなく，キャリアを積む機会を逸して将来の賃金にまで影響が及ぶことや，労働市場から永遠に排除される危険性，さらには社会的な排除にもつながる恐れがある。

　業種別の就業者数の変化をみると，2014年から19年までに世界の全就業者数は 1 億9745万人増加すると予測されるが，2014年に全労働力の37.1％を占める民間サービス部門等だけで 1 億4614万人の増加が見込まれる。このほか，2014年で12.0％を占める保健医療，教育，公務部門が3856万人増加するのに対し，11.5％を占める製造業は280万人の増加にとどまる。ILOでは，業種による就業者の伸びの変化は労働市場で求められる技能の変化を示すと分析している。特に自動化が可能な定型業務を担う中級技能職は，2014年の就業者全体の65.8％から19年には64.4％に減少すると予測しているが，これらの労働者は新たに技能を獲得しない限り，より低い技能レベルの仕事を求めて競うこととなる。技能水準の二極化は労働者の所得の二極化につながるが，特に機械工や組立工など製造業の定型業務職の減少は，農村労働者の雇用状況改善の機会を奪

うほか，教育や訓練の機会が得られない人々にとっては，高い技能の職業につくことがより難しくなる。このため，就業構造の変化は消費レベルや貧困にも影響を与える。なお，ILOでは先進国で中級技能職の減少傾向がより強いと指摘しているが，中級技能職は2014年の50.8％から19年には49.9％に減少すると予測されるものの，低級技能職は9.8％で変わらず，高級技能職が39.4％から40.3％へ増加しており，中級技能職から高級技能職への移行が顕著である。

　一方，1日2ドル以下で暮らす働く貧困者（ワーキングプア，表3-14）は途上国全体で7億5932万人（2014年）と推定される。このうち，1.25ドル以下は3億1950万人であるが，これは2000年の半分以下であり，2019年にはさらに22.8％減少すると見込まれる。所得の改善が続く中で，途上国では中流階級が増大して，2014年は全就業者の34.5％を占めており，19年には36.9％となる見込みである。脆弱な就業状態にある人（個人事業主と家族従業者，表3-15）は2014年推計で全就業者の45.3％であるが，2019年には44.3％まで減少すると見込まれる。

アメリカ西海岸の港湾スト

　アメリカ西海岸は，アジアとアメリカ国内をつなぐ物流の要である。近年は，アメリカ企業でも中国や他のアジア諸国で製造してアメリカに輸入することが盛んで，西海岸の港湾の重要性が高まっている。しかし，2014年から15年にかけて，アメリカ西海岸各地の港湾で労働組合による大規模なストライキが発生し，物流が滞る事態となった。

　西海岸の港湾は東海岸と比べて自動化で遅れているとされるが，今回のストライキは労働契約が更新される機会に自動化を進めたい雇用者側と，雇用を確保したい労働者側が対立したもので，労働者は荷役をさばく速度を極端に遅くするスローダウンと呼ばれる戦術で対抗した。この結果，日本でもアメリカからの輸入牛肉やファストフード店のポテトなどへの影響が話題となったほか，アメリカ国内で現地生産する自動車工場への部品供給などが問題となった。企業の中には，アメリカ東海岸への回送や空輸への切り替えを余儀なくされるところも現れて，多大なコストを要した。9か月にわたる交渉の末に2015年2月に労使は合意して，港湾業務は徐々に正常化していったが，ストが終わっても物流の経路から外されて，物流量が元の水準に戻らない港湾もあると指摘されている。

表3-1　労働力人口と労働力率 (15歳以上) (Ⅰ) (2013年)

	労働力人口(千人)	男	女	労働力率(%)	男	女
アゼルバイジャン	4 844	2 478	2 367	66.1	69.6	62.9
アフガニスタン‥	7 801	6 521	1 280	47.9	79.5	15.8
アラブ首長国連邦	6 349	5 368	980	79.9	92.0	46.5
イエメン‥‥‥‥	7 125	5 272	1 853	48.8	72.2	25.4
イラク‥‥‥‥‥	8 559	7 055	1 504	42.3	69.8	14.9
イラン‥‥‥‥‥	26 619	21 731	4 888	45.1	73.6	16.6
インド‥‥‥‥‥	480 955	364 328	116 627	54.2	79.9	27.0
インドネシア‥‥	120 379	74 619	45 760	67.7	84.2	51.4
ウズベキスタン‥	12 736	7 699	5 037	61.6	75.6	48.1
カザフスタン‥‥	8 848	4 470	4 378	72.5	77.9	67.7
韓国‥‥‥‥‥‥	25 575	14 926	10 648	61.0	72.1	50.1
カンボジア‥‥‥	8 597	4 302	4 295	82.5	86.5	78.8
北朝鮮‥‥‥‥‥	15 207	7 922	7 285	78.0	84.2	72.2
サウジアラビア‥	11 198	9 534	1 664	54.9	78.3	20.2
シリア‥‥‥‥‥	6 181	5 238	943	43.6	72.7	13.5
スリランカ‥‥‥	8 751	5 862	2 889	55.0	76.3	35.1
タイ‥‥‥‥‥‥	39 650	21 477	18 173	72.3	80.7	64.3
中国‥‥‥‥‥‥	809 814	456 757	353 057	71.3	78.3	63.9
トルコ‥‥‥‥‥	27 541	19 106	8 435	49.4	70.8	29.4
日本‥‥‥‥‥‥	65 476	37 542	27 934	59.2	70.4	48.8
ネパール‥‥‥‥	15 115	7 406	7 710	83.3	87.1	79.9
パキスタン‥‥‥	65 593	51 068	14 525	54.4	82.9	24.6
バングラデシュ‥	77 624	46 393	31 231	70.8	84.1	57.4
フィリピン‥‥‥	42 259	25 554	16 705	65.2	79.7	51.1
ベトナム‥‥‥‥	54 904	28 338	26 566	77.5	82.2	73.0
マレーシア‥‥‥	13 047	8 008	5 039	59.4	75.5	44.4
ミャンマー‥‥‥	31 438	15 787	15 651	78.6	82.3	75.2
アルジェリア‥‥	12 453	10 308	2 144	43.9	72.2	15.2
アンゴラ‥‥‥‥	7 899	4 256	3 642	70.0	76.9	63.3
ウガンダ‥‥‥‥	15 041	7 677	7 364	77.5	79.2	75.8
エジプト‥‥‥‥	27 776	21 055	6 721	49.1	74.8	23.7
エチオピア‥‥‥	45 163	23 895	21 268	83.7	89.3	78.2
ガーナ‥‥‥‥‥	11 058	5 543	5 514	69.3	71.4	67.3
カメルーン‥‥‥	8 927	4 851	4 076	70.3	76.8	63.8
ギニア‥‥‥‥‥	4 881	2 648	2 233	72.0	78.3	65.6
ケニア‥‥‥‥‥	17 239	9 201	8 038	67.3	72.4	62.2
コートジボワール	8 023	4 992	3 032	67.3	81.4	52.4
コンゴ民主共和国	26 741	13 420	13 321	71.9	73.2	70.7
ザンビア‥‥‥‥	6 159	3 307	2 852	79.3	85.6	73.1
ジンバブエ‥‥‥	7 394	3 749	3 645	86.5	89.8	83.4
スーダン‥‥‥‥	11 960	8 452	3 508	53.5	76.0	31.3
セネガル‥‥‥‥	6 113	3 365	2 748	76.5	88.0	66.0
タンザニア‥‥‥	24 219	12 179	12 040	89.1	90.2	88.1
チャド‥‥‥‥‥	4 744	2 612	2 132	71.6	79.2	64.0
ナイジェリア‥‥	54 205	31 185	23 020	56.1	63.7	48.2

労働力人口と労働力率（15歳以上）（Ⅱ）（2013年）

	労働力人口（千人）	男	女	労働力率（%）	男	女
ニジェール‥‥‥	5 763	3 968	1 795	64.7	89.7	40.0
ブルキナファソ‥	7 701	4 053	3 649	83.4	90.0	77.1
マダガスカル‥‥	11 696	5 916	5 781	88.5	90.5	86.6
マラウイ‥‥‥‥	7 441	3 634	3 807	83.0	81.5	84.6
マリ‥‥‥‥‥	5 324	3 273	2 051	66.0	81.4	50.8
南アフリカ共和国	19 414	10 773	8 641	52.1	60.5	44.5
モザンビーク‥‥	11 893	5 598	6 295	84.2	82.8	85.5
モロッコ‥‥‥‥	12 030	8 783	3 247	50.5	75.8	26.5
ルワンダ‥‥‥‥	5 785	2 758	3 027	85.9	85.3	86.4
イギリス‥‥‥‥	32 306	17 476	14 830	62.1	68.7	55.7
イタリア‥‥‥‥	25 758	14 997	10 761	49.1	59.5	39.6
ウクライナ‥‥‥	22 995	11 698	11 297	59.4	66.9	53.2
オランダ‥‥‥‥	8 955	4 828	4 126	64.4	70.6	58.5
ギリシャ‥‥‥‥	5 051	2 910	2 141	53.2	62.5	44.2
スイス‥‥‥‥‥	4 700	2 524	2 176	68.2	74.9	61.8
スウェーデン‥‥	5 095	2 676	2 419	64.1	67.9	60.3
スペイン‥‥‥‥	23 446	12 818	10 628	59.0	65.8	52.5
チェコ‥‥‥‥‥	5 422	3 043	2 380	59.5	68.3	51.1
ドイツ‥‥‥‥‥	43 043	23 275	19 768	59.9	66.4	53.6
フランス‥‥‥‥	29 409	15 482	13 928	55.9	61.6	50.7
ベルギー‥‥‥‥	4 910	2 662	2 248	53.3	59.3	47.5
ポーランド‥‥‥	18 374	10 069	8 305	56.5	64.9	48.9
ポルトガル‥‥‥	5 456	2 869	2 587	60.3	66.2	54.9
ルーマニア‥‥‥	10 420	5 770	4 650	56.5	64.9	48.7
ロシア‥‥‥‥‥	76 588	38 951	37 636	63.7	71.7	57.1
アメリカ合衆国‥	160 871	86 522	74 348	62.5	68.9	56.3
カナダ‥‥‥‥‥	19 485	10 294	9 190	66.2	71.0	61.6
キューバ‥‥‥‥	5 354	3 306	2 048	56.7	70.0	43.4
グアテマラ‥‥‥	6 241	3 852	2 389	67.7	88.2	49.3
ドミニカ共和国‥	4 710	2 833	1 877	64.9	78.6	51.3
メキシコ‥‥‥‥	53 880	33 118	20 762	61.6	79.9	45.1
アルゼンチン‥‥	19 094	11 384	7 710	60.8	75.0	47.5
エクアドル‥‥‥	7 558	4 518	3 041	68.6	82.7	54.7
コロンビア‥‥‥	23 561	13 503	10 058	67.4	79.7	55.8
チリ‥‥‥‥‥‥	8 588	5 104	3 483	61.8	74.8	49.2
ブラジル‥‥‥‥	106 149	59 686	46 463	69.8	80.8	59.4
ベネズエラ‥‥‥	14 139	8 565	5 574	65.1	79.2	51.1
ペルー‥‥‥‥‥	16 495	9 085	7 410	76.2	84.4	68.2
ボリビア‥‥‥‥	5 037	2 777	2 260	72.5	80.9	64.2
オーストラリア‥	12 329	6 708	5 621	65.2	71.8	58.8

第3章 労働

ILO"KILM（Key Indicators of the Labour Market）8th edition"による。2015年7月29日時点のデータ。労働力人口は労働年齢（基本的には15歳以上）の就業者と失業者の合計。労働力率は労働年齢人口に対する労働力人口の割合。各国で調査方法や統計範囲等が異なるが，本表はILOがこれらを調整して国際比較ができるようにしたもの。

表 3-2　産業別就業人口（15歳以上）（2014年）（Ⅰ）（単位　千人）

	イラン4)(2010)	インド(2010)	インドネシア	カザフスタン(2013)	韓国	サウジアラビア
農林水産業 ……	3 970	191 096	39 903	2 074	1 452	522
鉱工業 ………	3 634	45 391	16 852	797	4 343	887
製造業 ………	3 522	42 495	15 322	548	4 330	750
電気・ガス・水道1)	198	1 102	299	242	170	181
建設 ………	2 820	37 264	7 246	660	1 796	1 505
卸売・小売 …… 2)	3 233	37 337	} 25 320	1 257	3 792	1 605
宿泊・飲食 ……	247	5 123		139	2 097	321
運輸・保管 ……	} 2 126	} 17 128	} 5 219	569	1 407	386
情報通信 ………				133 7)	714	121
金融・保険・不動産3)	5)907	5)8 195	5)3 112	244	1 345	251
教育・医療・福祉	1 725	13 103	6)18 449	1 348	3 500	1 956
その他のサービス	1 764	15 458		1 094	4 854	2 391
計× ………	**20 657**	**374 286**	**116 399**	**8 571**	**25 600**	**10 984**

	スリランカ(2013)	タイ(2013)	（台湾）	中国10)11)(2013)	中国10)11)(都市部)(2013)	トルコ
農林水産業 ……	2 668	16 385	548	241 710	2 948	5 468
鉱工業 ………	1 607	5 475	3 011		58 944	5 068
製造業 ………	1 482	5 414	3 007	} 231 700	52 579	4 935
電気・ガス・水道1)	8)611	214	111		4 045	246
建設 ………	…	2 265	882		29 219	1 911
卸売・小売 …… 2)	1 182	5 736	1 825	}	8 908	3 586
宿泊・飲食 ……	205	2 181	792		3 044	1 351
運輸・保管 ……	530	901	432		8 462	1 119
情報通信 ………	64	193	241	} 296 360	3 273	228
金融・保険・不動産3)	9)150	572	514		9 116	506
教育・医療・福祉	425	1 791	1 077		24 572	2 295
その他のサービス	834	3 127	1 643		6)28 552	3 993
計× ………	**8 475**	**39 112**	**11 079**	**769 770**	**181 084**	**25 931**

	日本	ネパール(2008)	パキスタン4)(2008)	バングラデシュ(2010)	フィリピン	ベトナム(2013)
農林水産業 ……	2 300	8 704	21 919	25 727	11 589	24 435
鉱工業 ………	10 440	800	6 434	6 846	3 415	7 551
製造業 ………	10 405	773	6 377	6 737	3 180	7 284
電気・ガス・水道1)	290	109	343	123	137	249
建設 ………	5 050	367	3 088	2 617	2 520	3 258
卸売・小売 …… 2)	10 588	692	} 7 178	7 557	7 136	6 547
宿泊・飲食 ……	3 855	197		832	1 656	2 211
運輸・保管 ……	3 358	} 198	} 2 681	3 983	2 662	1 496
情報通信 ………	2 028			55	354	267
金融・保険・不動産3)	2 663	5)103	5)692	399	661	484
教育・医療・福祉	10 568	362	6)6 706	1 717	1 725	2 310
その他のサービス	11 383	208		3 566	5 710	3 213
計× ………	**63 508**	**11 779**	**49 090**	**54 084**	**38 094**	**52 208**

産業別就業人口（15歳以上）（2014年）（Ⅱ）（単位　千人）

	マレーシア	アルジェリア (2011)	ウガンダ4)15) (2009)	エジプト (2013)	エチオピア4)16) (2013)	ガーナ (2010)
農林水産業 ‥‥‥	1 660	1 034	11 634	6 703	30 817	4 302
鉱工業 ‥‥‥‥‥	2 357	12) 1 367	829	2 612	2 082	1 210
製造業 ‥‥‥‥	2 273	} 1 175	780	2 571	1 902	1 098
電気・ガス・水道1)	143		19	441	227	40
建設 ‥‥‥‥‥‥	1 226	1 595	270	2 728	825	311
卸売・小売 ‥‥2)	2 286	1 232	1 210	2 688	2 305	1 919
宿泊・飲食 ‥‥‥	1 119	13) 323	275	526	482	553
運輸・保管 ‥‥‥	593	} 627	301	1 699	353	360
情報通信 ‥‥‥‥	210		16	189	60	42
金融・保険・不動産3)	408	…	37	193	136	75
教育・医療・福祉	1 408	14)3 421	540	2 946	934	522
その他のサービス	2 018		615	3 115	1 069	831
計× ‥‥‥‥‥	**13 576**	**9 599**	**15 768**	**23 974**	**42 404**	**10 244**

	ナイジェリア17) (2009)	マダガスカル4) (2012)	南アフリカ共和国17)	モロッコ (2012)	イギリス	イタリア
農林水産業 ‥‥‥	29 664	7 859	702	4 120	382	812
鉱工業 ‥‥‥‥‥	817	674	2 188	1 173	3 139	4 173
製造業 ‥‥‥‥	735	548	1 760	1 105	3 008	4 134
電気・ガス・水道1)	343	6	118	35	392	336
建設 ‥‥‥‥‥‥	360	142	1 249	1 038	2 235	1 484
卸売・小売 ‥‥2)	153	769	} 3 202	1 594	4 019	3 227
宿泊・飲食 ‥‥‥	163	122		269	1 598	1 269
運輸・保管 ‥‥‥	} 904	145	} 932	} 470	1 473	1 039
情報通信 ‥‥‥‥		1			1 199	551
金融・保険・不動産3)	5) 419	16	5) 2 030	5) 240	1 526	737
教育・医療・福祉	12 550	238	} 3 494	470	7 260	3 318
その他のサービス	9 097	213		977	7 032	4 541
計× ‥‥‥‥‥	**54 472**	**10 442**	**15 147**	**10 511**	**30 642**	**22 279**

	ウクライナ16)18) (2013)	オランダ	スペイン	ドイツ	フランス	ポーランド
農林水産業 ‥‥‥	4 083	178	736	569	714	1 820
鉱工業 ‥‥‥‥‥	3 211	778	2 173	7 899	3 200	3 303
製造業 ‥‥‥‥	2 572	768	2 141	7 811	3 172	3 036
電気・ガス・水道1)	611	60	207	557	380	346
建設 ‥‥‥‥‥‥	1 240	400	994	2 732	1 699	1 187
卸売・小売 ‥‥2)	3 481	1 251	2 867	5 614	3 312	2 296
宿泊・飲食 ‥‥‥	388	333	1 404	1 527	911	334
運輸・保管 ‥‥‥	1 296	359	853	1 925	1 408	927
情報通信 ‥‥‥‥	298	246	516	1 165	709	356
金融・保険・不動産3)	455	345	552	1 471	1 270	534
教育・医療・福祉	2 959	1 863	2 568	7 566	5 645	2 185
その他のサービス	2 330	1 843	3 815	8 604	5 886	2 521
計× ‥‥‥‥‥	**20 404**	**8 318**	**17 344**	**39 879**	**25 769**	**15 862**

産業別就業人口 （15歳以上）（2014年）（Ⅲ）（単位　千人）

	ルーマニア	ロシア19)	アメリカ合衆国10)	カナダ	メキシコ	アルゼンチン23)（都市部）
農林水産業 ‥‥‥‥	2 442	4 811	2 237	20)305	6 751	60
鉱工業 ‥‥‥‥‥	1 670	11 908	16 188	21)2 084	8 118	1 499
製造業 ‥‥‥‥	1 595	10 382	15 100	1 711	7 888	1 451
電気・ガス・水道1)	182	2 358	1 204	137	185	142
建設 ‥‥‥‥‥‥	640	5 419	9 813	1 372	3 724	1 009
卸売・小売 ‥‥2)	1 112	} 13 197	20 251	2 729	9 599	1 933
宿泊・飲食 ‥‥‥	181		10 407	1 208	3 449	407
運輸・保管 ‥‥‥	432	} 6 776	6 377	897	2 049	649
情報通信 ‥‥‥‥	148		3 115	22)757	366	238
金融・保険・不動産3)	133	5)6 623	9 871	1 084	790	240
教育・医療・福祉	680	12 203	32 830	3 457	4 008	1 488
その他のサービス	941	8 245	34 012	3 774	10 096	2 496
計× ‥‥‥‥‥	**8 614**	**71 539**	**146 305**	**17 802**	**49 415**	**11 047**

	コロンビア24)	チリ	ブラジル4)（2013）	ベネズエラ（2013）	ペルー25)（2013）	オーストラリア
農林水産業 ‥‥‥‥	3 495	743	13 982	962	3 850	324
鉱工業 ‥‥‥‥‥	2 800	1 135	12 596	1 630	1 788	1 173
製造業 ‥‥‥‥	2 586	898	12 223	1 462	1 590	924
電気・ガス・水道1)	121	59	363	56	65	146
建設 ‥‥‥‥‥‥	1 302	663	8 871	1 069	975	1 037
卸売・小売 ‥‥2)	} 5 859	1 587	} 17 187	} 3 172	3 009	1 623
宿泊・飲食 ‥‥‥		275	4 474		1 055	776
運輸・保管 ‥‥‥	} 1 793	} 576	} 5 406	1 202	1 048	596
情報通信 ‥‥‥‥					158	208
金融・保険・不動産3)	1 850	5)666	5)8 180	5)756	152	632
教育・医療・福祉	} 4 280	1 013	9 917	} 6)4 071	1 202	2 319
その他のサービス		688	9 142		1 976	2 732
計× ‥‥‥‥‥	**21 503**	**7 903**	**96 659**	**12 948**	**15 684**	**11 565**

ILO "ILO STAT"（http://www.ilo.org/ilostat/）および同 "KILM 8th edition"による。2015年7月29日時点での数値。本表は基本的に国際標準産業分類ISIC Rev.4を元にした分類であるが，旧分類のISIC Rev.3や，各国独自の分類を大まかに組み替えたものもある。このため，国によっては分類項目が完全には一致しない場合がある。また，軍隊などの扱いが国によって異なる場合がある。1）下水道や廃棄物処理を含む。2）自動車修理業等を含む。3）物品賃貸業を含む。4）10歳以上。5）対事業サービスを含む。6）家政婦などを含む。7）出版や映像サービス業を含む。8）水道を除く。9）不動産業，物品賃貸業を除く。10）16歳以上。11）中国国家統計局「中国統計年鑑」（2014年）による。12）電気・ガス・水道を含む。13）金融・保険，不動産，管理・支援サービスを含む。14）管理・支援サービス，芸術や娯楽産業を除く。15）76歳以下。16）いくつかの地域を含まず。17）64歳以下。18）70歳以下。19）72歳以下。20）林業，漁業を除く。21）林業，漁業を含む。22）文化，娯楽産業を含む。23）主要都市圏のみ。24）調査対象年齢が都市部は12歳以上，地方は10歳以上。25）14歳以上。×家政婦などその他の就業者を含む。

表 3-3　失業者数・失業率 （2013年, ＊は2014年）

	失業者数 (千人)	失業率 (%)		失業者数 (千人)	失業率 (%)
アフガニスタン ・	621	8.0	ナイジェリア ・・・	4 073	7.5
イエメン ・・・・・・・	1 243	17.4	マダガスカル ・・・	415	3.6
イラク ・・・・・・・・・	1 368	16.0	マラウイ ・・・・・・・	565	7.6
イラン ・・・・・・・・・	3 501	13.2	マリ ・・・・・・・・・・	439	8.2
インド ・・・・・・・・・	17 423	3.6	南アフリカ共和国	4 830	24.9
インドネシア ・・・	7 524	6.3	モーリタニア ・・・	390	31.0
ウズベキスタン ・・	1 357	10.7	モザンビーク ・・・	993	8.3
カザフスタン ・・・	457	5.2	モロッコ ・・・・・・・	1 107	9.2
韓国 ・・・・・・・・・ ＊	937	3.5	リビア ・・・・・・・・・	453	19.6
北朝鮮 ・・・・・・・・	695	4.6	イギリス ・・・・・ ＊	1 996	6.2
サウジアラビア ・	635	5.7	イタリア ・・・・・ ＊	3 230	12.7
シリア ・・・・・・・・・	670	10.8	ウクライナ ・・・・・	1 813	7.9
スリランカ ・・・・・	369	4.2	オランダ ・・・・・ ＊	660	7.4
タイ ・・・・・・・・・・	285	0.7	ギリシャ ・・・ ＊	1 274	26.6
（台湾） ・・・・・・・・・	485	4.2	クロアチア ・・・・・	331	17.7
タジキスタン ・・・	382	10.7	スウェーデン ・ ＊	411	7.9
中国 ・・・・・・・・・・・	37 179	4.6	スペイン ・・・・ ＊	5 610	24.5
トルコ ・・・・・・・ ＊	2 860	10.0	スロバキア ・・・ ＊	359	13.2
日本 ・・・・・・・・ ＊	2 359	3.6	セルビア ・・・・・・・	927	22.2
ネパール ・・・・・・・	407	2.7	ドイツ ・・・・・・ ＊	2 090	5.0
パキスタン ・・・・・	3 378	5.1	ハンガリー ・・・ ＊	344	7.7
バングラデシュ ・	3 368	4.3	フランス ・・・・ ＊	3 001	10.2
フィリピン ・・・・・	3 000	7.1	ブルガリア ・・・・・	428	12.9
ベトナム ・・・・・・・	1 106	2.0	ベルギー ・・・・ ＊	423	8.5
マレーシア ・・・・・	417	3.2	ポーランド ・・・ ＊	1 567	9.0
ミャンマー ・・・・・	1 073	3.4	ボスニア・ヘルツェゴビナ ・・・	415	28.4
アルジェリア ・・・	1 223	9.8	ポルトガル ・・・ ＊	729	14.1
アンゴラ ・・・・・・・	540	6.8	ルーマニア ・・・・・	759	7.3
ウガンダ ・・・・・・・	579	3.8	ロシア ・・・・・・・・ ＊	4 266	5.6
エジプト ・・・・・・・	3 531	12.7	(再掲) EU ・ 1) ＊	24 777	10.2
エチオピア ・・・・・	2 556	5.7			
ガーナ ・・・・・・・・	505	4.6	アメリカ合衆国＊	9 616	6.2
カメルーン ・・・・・	359	4.0	カナダ ・・・・・・・ ＊	1 322	6.9
ケニア ・・・・・・・・・	1 589	9.2	ドミニカ共和国 ・	704	14.9
コンゴ民主共和国	2 142	8.0	メキシコ ・・・・・ ＊	2 511	4.8
ザンビア ・・・・・・・	817	13.3	アルゼンチン ・・・	1 429	7.5
ジンバブエ ・・・・・	396	5.4	コロンビア ・・・・・	2 482	10.5
スーダン ・・・・・・・	1 814	15.2	チリ ・・・・・・・・ ＊	540	6.4
セネガル ・・・・・・・	627	10.3	ブラジル ・・・・・・・	6 308	5.9
タンザニア ・・・・・	842	3.5	ベネズエラ ・・・・・	1 060	7.5
チャド ・・・・・・・・・	333	7.0	ペルー ・・・・・・・・・	638	3.9
チュニジア ・・・・・	533	13.3	オーストラリア ＊	745	6.1

ILO "KILM 8th edition" による。ILOが国際比較できるように調整したもの。＊はOECD "StatExtracts"（http://stats.oecd.org/）による2014年の調整失業者数と調整失業率。2015年 7 月30日閲覧。1）EU28か国。

第3章　労働

図 3-1　失業率の推移（調整失業率）

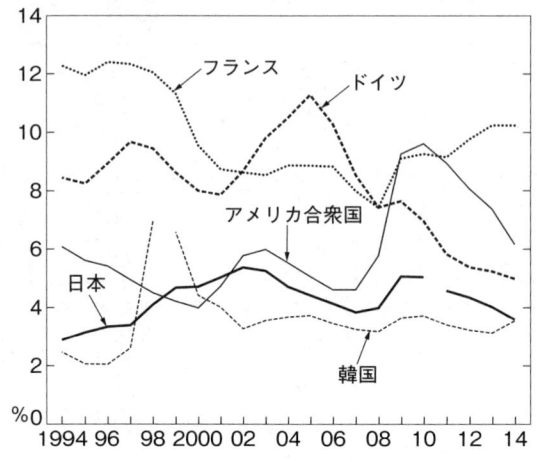

OECD "StatExtracts"（http://stats.oecd.org/）による。2015年7月30日閲覧。調整失業率は失業者を生産年齢で就業可能であるが就業しておらず，かつ求職活動を積極的に行ったと定義したもの（ILO定義）。失業者の定義を統一することで国際間比較を可能にしている。日本，韓国は特定の年次でデータが接続しない。

表 3-4　男女別失業率（2013年，＊は2014年）（％）

	男	女		男	女
イラン・・・・・・・・	11.6	20.1	イギリス・・・・・・ ＊	6.4	5.9
インド・・・・・・・・・	3.5	4.0	イタリア・・・・・・ ＊	11.9	13.8
インドネシア・・・・	5.6	7.3	ウクライナ・・・・・	9.0	6.7
ウズベキスタン・・	10.5	10.9	オランダ・・・・・ ＊	7.2	7.8
韓国・・・・・・・・ ＊	3.6	3.5	ギリシャ・・・・ ＊	23.7	30.2
サウジアラビア・・	2.9	21.3	スウェーデン・・	8.1	7.7
タイ・・・・・・・・・	0.8	0.7	スペイン・・・・ ＊	23.6	25.4
（台湾）・・・・・・・	4.5	3.7	ドイツ・・・・・・ ＊	5.3	4.6
中国・・・・・・・・・	5.2	3.8	ハンガリー・・・・ ＊	7.6	8.0
トルコ・・・・・・・ ＊	9.1	11.9	フランス・・・・・・ ＊	10.5	10.0
日本・・・・・・・ ＊	3.8	3.4	ベルギー・・・・・ ＊	9.1	7.9
パキスタン・・・・・	4.0	9.3	ポーランド・・・ ＊	8.5	9.6
バングラデシュ・・	3.9	5.0	ポルトガル・・・ ＊	13.8	14.5
フィリピン・・・・・	7.2	6.9	ルーマニア・・・・・	7.9	6.6
ベトナム・・・・・・	1.8	2.2	ロシア・・・・・・ ＊	5.9	5.2
マレーシア・・・・・	3.1	3.4	（再掲）EU・・ 1) ＊	10.1	10.3
ミャンマー・・・・・	3.1	3.7	アメリカ合衆国 ＊	6.3	6.1
アルジェリア・・・・	8.4	16.8	カナダ・・・・・ ＊	7.4	6.4
エジプト・・・・・・・	7.4	29.3	メキシコ・・・・ ＊	4.8	4.9
エチオピア・・・・・	2.9	8.8	アルゼンチン・・・・	6.5	9.0
ケニア・・・・・・・・	8.1	10.5	チリ・・・・・・ ＊	6.0	6.9
コンゴ民主共和国	7.2	8.9	ブラジル・・・・・	4.5	7.8
ナイジェリア・・・・	7.6	7.4	ベネズエラ・・・・・	7.0	8.2
南アフリカ共和国	22.3	28.0	オーストラリア ＊	6.0	6.2
モロッコ・・・・・・・	9.0	9.8			

資料・注記は表3-3に同じ。1) EU28か国。

表 3-5　失業者に占める長期失業者の割合 （15歳以上）（2014年）（%）

国	%	国	%	国	%
イスラエル 1)	13.4	アイルランド	58.2	ベルギー	49.9
インド 2)3)	38.2	イギリス	35.8	ポーランド	42.7
韓国 4)	0.3	イタリア	60.8	ポルトガル	59.6
サウジアラビア 1)	19.9	オーストリア	27.2	ルーマニア	41.1
タイ 4)5)	13.1	オランダ	39.6	ロシア 4)8)9)	30.9
トルコ	20.5	ギリシャ	73.5	アメリカ合衆国 10)11)	23.0
日本 4)	37.5	スイス	34.9	カナダ 11)	12.4
フィリピン 4)	0.9	スウェーデン	18.2	メキシコ	1.5
ベトナム 1)	13.1	スペイン	52.8	アルゼンチン 1)7)12)	23.0
マレーシア 4)6)	8.9	チェコ	43.5	チリ 4)	23.2
エジプト 1)	88.5	ドイツ	44.0	ブラジル 7)12)	17.3
エチオピア 4)5)7)	35.6	フランス	42.4	ベネズエラ 4)12)	29.2
南アフリカ共和国 4)6)	39.4	ブルガリア	60.4	オーストラリア	21.8

ILO "ILO STAT"（http://www.ilo.org/ilostat/）による。2015年7月30日閲覧。失業者のうち1年以上失業中の割合。1) 2013年。2) 2010年。3) 11か月以上失業中。4) 2012年。5) 失業の定義の一つである求職中かどうかを問わない。6) 64歳以下。7) 都市部のみ。8) 72歳以下。9) 一部地域を除く。10) 16歳以上。11) 52週以上失業中。12) 10歳以上。

表 3-6　若年労働者の失業率とニートの割合 （15～24歳）（2014年）（%）

国	失業率	ニートの割合	国	失業率	ニートの割合
イスラエル	10.6	1) 15.7	イギリス	16.9	11.9
イラン 2)	28.7	34.4	イタリア	42.7	22.0
インド 2)3)	10.2	27.2	オランダ	10.5	5.0
インドネシア 1)4)	21.6	24.2	ギリシャ	52.4	19.2
韓国	10.0	5) 18.5	スウェーデン	22.9	7.2
サウジアラビア	30.4	1) 18.4	スペイン	53.2	17.1
タイ 1)6)	3.4	1.6	ドイツ	7.7	6.4
(台湾)	12.6	...	フランス	23.2	10.7
トルコ	17.8	24.8	ポーランド	23.9	12.0
日本	6.2	1) 3.9	ロシア	13.7	3)7) 12.0
フィリピン	15.7	7) 24.8	アメリカ合衆国 10)	13.4	7) 16.5
ベトナム 1)	6.2	9.3	カナダ	13.5	1)3) 13.3
マレーシア 1)	10.4	1.2	メキシコ	9.5	7) 20.0
エジプト 1)	34.2	27.9	アルゼンチン 8)	19.4	1) 18.6
エチオピア 7)8)4)	26.3	9) 1.1	ブラジル 11)	16.1	1) 19.6
南アフリカ共和国	51.3	1) 32.0	オーストラリア	13.3	2) 4.7

ILO "ILO STAT"（http://www.ilo.org/ilostat/）による。2015年7月30日閲覧。失業率は調整失業率。ニートは，雇用されておらず教育等も受けていない若者で同年6月24日閲覧時の数値。ニートの割合は当該年齢人口に対するものであるが，失業率は労働力人口（学生などを除く）に対する失業者の割合で，単純比較できない。1) 2013年。2) 2010年。3) 一部の地域を除く。4) 求職をあきらめた人を含む。5) OECD "Education at Grance 2014" による。15～29歳。教育を受けていない求職者を含むOECDの定義による2012年の数値で，本定義での日本のニート割合は15～24歳で9.4%（2012年）。6) 季節労働者を含む。7) 2012年。8) 都市部のみ。9) 10歳以上。10) 16歳以上。11) 14歳以上。

第3章　労働

表 3-7　就業者のパートタイム割合（15歳以上）（2014年）（%）

	就業者のパート割合	女性就業者のパート割合		就業者のパート割合	女性就業者のパート割合
インドネシア ‥ 1)	33.1	40.3	オランダ ‥‥‥‥	45.1	63.4
韓国 ‥‥‥‥‥ 1)	12.6	18.2	ギリシャ ‥‥‥‥	18.3	24.0
サウジアラビア 2)	3.1	4.1	スウェーデン ‥‥	35.9	42.4
タイ ‥‥‥‥‥ 1)	11.2	12.1	スペイン ‥‥‥‥	24.1	33.3
トルコ ‥‥‥‥	17.1	28.0	ドイツ ‥‥‥‥‥	33.4	47.4
日本 ‥‥‥‥‥ 1)	23.3	37.6	フランス ‥‥‥‥	33.6	42.0
フィリピン ‥‥ 2)	26.8	29.6	ポーランド ‥‥‥	15.8	22.1
ベトナム ‥‥‥ 1)	14.2	16.6	ロシア ‥‥‥ 2)4)8)	7.2	9.5
マレーシア ‥‥ 1)3)	5.0	7.1	アメリカ合衆国 2)9)	17.5	22.7
エジプト ‥‥‥ 1)	5.9	20.0	カナダ ‥‥‥‥ 1)4)	29.5	38.1
エチオピア ‥1)4)5)	50.3	63.3	メキシコ ‥‥‥ 1)	22.7	32.0
南アフリカ共和国1)3)	11.8	15.9	アルゼンチン ‥2)5)7)	25.6	39.1
イギリス ‥‥‥‥	34.3	48.2	コロンビア ‥ 1)10)	23.4	33.6
イタリア ‥‥‥‥	28.0	41.6	ベネズエラ ‥2)5)	10.7	16.8
ウクライナ ‥1)4)6)	13.3	17.8	オーストラリア 1)	35.7	47.9

ILO "ILO STAT"（http://www.ilo.org/ilostat/）による。2015年7月30日閲覧。パートタイムは多くの国で週30時間未満や週35時間未満の就業者を指す。1) 2013年。2) 2012年。3) 64歳以下。4) 一部地域を除く。5) 10歳以上。6) 70歳以下。7) 都市部のみ。8) 72歳以下。9) 16歳以上。10) 都市部は12歳，地方は10歳以上。

表 3-8　就業者の週あたり労働時間（全産業）（2014年）（単位　時間）

イスラエル‥ 1)	39.0	エジプト ‥2)5)7)	45.8	フィンランド‥	36.0
インドネシア 1)	37.0	エチオピア ‥ 4)7)	43.8	フランス ‥‥‥	36.1
カザフスタン1)2)	39.0	モロッコ ‥‥ 2)7)	44.9	ブルガリア ‥‥	40.1
カタール ‥‥ 1)	50.0	南アフリカ共和国1)2)	43.0	ベルギー ‥‥‥	37.3
韓国 ‥‥‥‥ 1)	43.1	アイルランド‥	35.6	ポーランド ‥‥	40.4
サウジアラビア1)	49.1	イギリス ‥‥‥	36.0	ポルトガル ‥‥	38.8
シンガポール1)3)	45.3	イタリア ‥‥‥	36.3	ルーマニア ‥‥	39.2
タイ ‥‥‥‥ 1)2)	45.0	ウクライナ ‥ 1)8)	38.0	ロシア ‥‥ 1)2)8)	38.1
中国‥‥‥‥ 1)4)5)	46.6	オーストリア‥	35.9	アメリカ合衆国1)	38.6
トルコ ‥‥‥‥	47.1	オランダ ‥‥‥	32.2	カナダ ‥‥‥ 1)2)	35.7
日本 ‥‥‥‥ 1)2)	39.5	ギリシャ ‥‥‥	40.9	メキシコ ‥‥ 1)2)	42.4
パキスタン ‥1)5)	46.4	スイス ‥‥‥‥	36.6	アルゼンチン 4)7)	39.0
バングラデシュ6)	46.0	スウェーデン ‥	35.8	コロンビア ‥ 1)2)	42.6
フィリピン ‥2)7)	41.2	スペイン ‥‥‥	37.4	チリ ‥‥‥‥ 1)2)	40.0
ベトナム ‥‥ 1)	44.3	チェコ ‥‥‥‥	39.4	ベネズエラ ‥2)7)	40.0
（香港）‥‥‥ 1)	44.0	デンマーク ‥‥	35.0	オーストラリア1)	33.9
マレーシア ‥1)2)	45.7	ドイツ ‥‥‥‥	35.6	ニュージーランド1)	34.0

ILO "ILO STAT"（http://www.ilo.org/ilostat/）による。2015年7月30日閲覧。実労働時間でパートタイム労働者を含む。国によって加重平均や中央値のものがある。1) 2013年。2) 主業のみ。3) 自国民のみで所定労働時間。4) 都市部のみ。5) フルタイム労働者のみ。6) 2010年。7) 2012年。8) 一部地域を含まず。

表 3-9　1人あたり労働生産性（単位　購買力平価換算米ドル）

	2000	2013		2000	2013
ルクセンブルク	88 833	127 930	フィンランド ‥	56 467	84 691
ノルウェー ‥‥	71 598	127 565	ギリシャ ‥‥‥	48 778	78 317
アメリカ合衆国	74 388	115 613	イギリス ‥‥‥	57 202	78 062
アイルランド ‥	65 265	105 781	イスラエル ‥‥	57 282	76 530
ベルギー ‥‥‥	69 338	99 682	アイスランド ‥	51 926	74 589
スイス ‥‥‥‥	60 284	97 238	日本 ‥‥‥‥‥	51 034	73 270
フランス ‥‥‥	61 564	94 656	ニュージーランド	45 459	68 559
イタリア ‥‥‥	69 172	91 540	韓国 ‥‥‥‥‥	40 305	66 393
オーストラリア	60 137	90 572	スロバキア ‥‥	27 969	60 702
オーストリア ‥	61 351	89 603	ポルトガル ‥‥	36 284	60 021
デンマーク ‥‥	56 098	89 322	チェコ ‥‥‥‥	33 791	58 273
スウェーデン ‥	58 554	88 765	ハンガリー ‥‥	31 501	57 491
スペイン ‥‥‥	55 106	87 369	ポーランド ‥‥	27 687	57 465
オランダ ‥‥‥	59 351	87 195	トルコ ‥‥‥‥	26 720	55 848
ドイツ ‥‥‥‥	58 134	86 385	チリ ‥‥‥‥‥	27 564	49 583
カナダ ‥‥‥‥	60 225	85 437	メキシコ ‥‥‥	26 767	40 716

日本生産性本部「日本の生産性の動向」（2014年版）による。購買力平価換算GDPを就業者数で割ったもの。労働生産性は，個々の就業者の生産性に加えて就業者が従事する産業の特性にも左右される。ルクセンブルクは装置産業の鉄鋼業が盛んなことに加えてヨーロッパ有数の金融センターであり，労働生産性の高い産業に就業者が多い。

表 3-10　労働時間あたり労働生産性（2014年）（単位　購買力平価換算米ドル）

	労働時間あたりGDP	日本=100		労働時間あたりGDP	日本=100
イスラエル ‥‥	37.3	89.9	ドイツ ‥‥‥‥	62.3	150.1
韓国 ‥‥‥‥‥	32.8	79.0	ノルウェー ‥‥	88.0	212.0
トルコ ‥‥‥‥	31.4	75.7	ハンガリー ‥‥	31.6	76.1
日本 ‥‥‥‥‥	41.5	100.0	フィンランド ‥	53.6	129.2
アイルランド ‥	64.7	155.9	フランス ‥‥‥	62.7	151.1
イギリス ‥‥‥	50.5	121.7	ベルギー ‥‥‥	66.5	160.2
イタリア ‥‥‥	50.8	122.4	ポーランド ‥‥	29.7	71.6
オーストリア ‥	55.6	134.0	ポルトガル ‥‥	35.3	85.1
オランダ ‥‥‥	64.3	154.9	ルクセンブルク	95.9	231.1
ギリシャ ‥‥‥	36.2	87.2	ロシア ‥‥‥‥	25.9	62.4
スイス ‥‥‥‥	61.1	147.2	アメリカ合衆国	67.4	162.4
スウェーデン ‥	58.3	140.5	カナダ ‥‥‥‥	50.7	122.2
スペイン ‥‥‥	51.4	123.9	メキシコ ‥‥‥	19.5	47.0
スロバキア ‥‥	38.1	91.8	チリ ‥‥‥‥‥	25.9	62.4
スロベニア ‥‥	42.8	103.1	オーストラリア	55.2	133.0
チェコ ‥‥‥‥	34.8	83.9	ニュージーランド	39.9	96.1
デンマーク ‥‥	63.3	152.5			

OECD "StatExtracts"（http://stats.oecd.org/）による。2015年7月30日閲覧。

第3章

労働

表 3-11　製造業の全雇用者1人あたり労働コスト（単位　米ドル/時間）

	2000	2005	2010	2012	2013	日本 =100 (2013)
イスラエル・・・・ 1)	12.25	13.27	19.22	20.14	22.25	76.4
韓国・・・・・・・・・・	9.62	14.83	17.88	20.44	21.96	75.4
シンガポール・ 2)3)	11.72	13.24	19.41	24.16	23.95	82.2
（台湾）・・・・・・・・・	7.31	7.92	8.31	9.39	9.37	32.2
日本・・・・・・・・ 4)5)	25.03	25.23	31.75	35.35	29.13	100.0
フィリピン・・・・ 1)	0.99	1.18	1.85	2.08	2.12	7.3
（参考）中国・・・・ 6)	0.60	0.83	1.98	3.07	…7)	8.7
（参考）インド・・・	0.70	0.91	1.46 8)	1.59	…8)	4.5
アイルランド・・・・	16.40	29.79	40.66	40.72	41.98	144.1
イギリス・・・・・・・・	20.63	29.69	28.99	30.87	31.00	106.4
イタリア・・・・・・・・	16.61	27.68	33.81	34.71	36.92	126.7
エストニア・・・・・・	2.55	5.52	9.45	10.48	11.66	40.0
オーストリア・・・・	21.92	32.34	40.12	41.90	44.37	152.3
オランダ・・・・・・・・	21.00	33.26	39.45	39.51	42.26	145.1
ギリシャ・・・・・・・・	9.94	15.23	22.33	19.40	18.96	65.1
スイス・・・・・・・ 9)	26.95	40.13	51.12	61.28	63.23	217.1
スウェーデン・・ 4)	23.43	35.38	42.69	48.17	51.10	175.4
スペイン・・・・・・・・	12.38	20.71	26.61	26.85	28.09	96.4
スロバキア・・・ 1)	2.60	5.82	10.71	11.43	12.31	42.3
チェコ・・・・・・・・・・	3.40	7.30	11.43	11.87	12.17	41.8
デンマーク・・・・・	22.24	37.04	48.50	49.29	51.07	175.3
ドイツ・・・・・・・ 2)	25.37	38.17	44.25	45.89	48.98	168.1
ノルウェー・・・・ 4)	24.53	42.04	57.51	63.01	65.86	226.1
ハンガリー・・・ 2)4)	2.96	6.71	8.40	8.80	9.44	32.4
フィンランド・・・・	19.83	33.59	40.35	42.01	44.57	153.0
フランス・・・・・・・・	21.33	32.67	39.04	40.67	42.85	147.1
ベルギー・・・・・・・・	26.08	40.96	50.66	52.17	54.88	188.4
ポーランド・・・・・・	3.52	5.73	8.46	8.67	9.25	31.8
ポルトガル・・・・・・	5.90	9.48	12.00	12.39	12.90	44.3
アメリカ合衆国・・	24.95	30.13	34.75	35.64	36.34	124.8
カナダ・・・・・・・・・・	18.34	26.26	34.35	36.58	36.33	124.7
メキシコ・・・・・・ 10)	4.70	5.61	6.13	6.35	6.82	23.4
アルゼンチン・・・・	8.16	5.51	12.77	18.96	19.97	68.6
ブラジル・・・・・・ 11)	4.34	5.01	10.00	10.84	10.69	36.7
オーストラリア・・	16.40	28.59	39.56	47.72	47.09	161.7
ニュージーランド 12)	8.95	16.25	20.39	24.90	25.85	88.7

全米産業審議会 "International Comparisons of Hourly Compensation Costs in Manufacturing, 2013" による。賃金などのほか社会保障費や税などを含む。統計範囲や調査対象などが国によって若干異なる場合がある。特にインドはデータの不備が多く注意が必要。1) 雇用者20人以上の事業所。2) パートタイム労働者を除く。3) 所得データは雇用者25人以上の事業所。雇用にかかるコストを含む。4) 所得データは雇用者5人以上の事業所。5) 所得データ以外は雇用者30人以上の事業所。6) 2002年。7) 2012年。8) 2011年。9) 現物支給を含む。10) 雇用者15人以上の事業所。11) 労働時間は都市部のみで無給の家族労働者を含む。12) 不定期の賞与や病気休暇中の給料を含まず。

表 3-12　時間あたり賃金（製造業の全雇用者）

	1時間あたり米ドル				各国通貨ベース指数 (2000年＝100)		
	2000	2010	2012	2013	2010	2012	2013
イスラエル‥‥ 1)	10.48	16.19	16.84	18.62	141.7	152.0	157.4
韓国‥‥‥‥‥‥	7.01	14.26	16.26	17.67	208.0	231.1	244.0
シンガポール・2)3)	9.91	16.28	20.12	19.95	129.9	147.2	146.2
（台湾）‥‥‥‥	6.27	7.07	8.02	8.01	114.3	121.3	121.7
日本‥‥‥‥‥ 4)	20.87	26.01	28.95	23.86	101.5	102.7	103.6
フィリピン‥‥ 1)	0.90	1.71	1.91	1.96	194.0	203.5	208.9
（参考）インド‥‥	0.58	1.25	…	…	221.5	…	…
イギリス‥‥‥‥	17.06	24.84	26.38	26.49	142.6	148.2	150.3
イタリア‥‥‥‥	11.35	24.14	24.90	26.23	147.9	157.3	160.3
オランダ‥‥‥‥	16.57	30.96	30.74	32.88	130.0	133.1	137.7
スイス‥‥‥‥ 5)	22.80	43.29	50.01	51.60	117.2	121.8	124.2
スウェーデン‥ 4)	16.04	29.15	33.37	35.56	143.0	153.9	157.7
スペイン‥‥‥‥	9.28	19.68	19.87	20.84	147.6	153.5	155.9
チェコ‥‥‥‥‥	2.48	8.34	8.72	8.93	166.6	178.5	182.9
ドイツ‥‥‥‥ 2)	19.59	34.24	36.07	38.37	121.6	132.0	135.9
ノルウェー‥‥ 4)	20.84	47.49	52.31	54.68	156.5	165.9	175.1
フランス‥‥‥‥	14.80	27.27	28.31	29.83	128.1	137.1	139.8
ベルギー‥‥‥‥	17.61	34.36	35.38	37.22	135.7	144.0	146.6
ポーランド‥‥‥	2.90	7.15	7.23	7.71	171.2	187.0	193.5
ポルトガル‥‥‥	4.74	9.63	9.93	10.34	141.4	150.4	151.6
アメリカ合衆国‥	19.86	26.26	27.14	27.66	132.2	136.7	139.3
カナダ‥‥‥‥‥	15.67	27.47	29.29	29.06	121.6	125.8	128.6
メキシコ‥‥‥ 6)	3.16	4.29	4.43	4.75	181.5	195.2	202.9
アルゼンチン‥‥	6.78	10.55	15.65	16.49	606.0	1 047.5	1 327.6
ブラジル‥‥‥ 7)	2.93	6.80	7.39	7.29	223.3	269.2	293.3
オーストラリア‥	13.33	31.65	38.27	37.72	150.1	160.8	169.9

資料は表3-11に同じ。1) 雇用者20人以上の事業所。2) パートタイムを除く。3) 雇用者25人以上の事業所。4) 雇用者5人以上の事業所。5) 現物支給を含む。6) 雇用者15人以上の事業所。7) 労働時間は都市部のみで無給の家族労働者を含む。

表 3-13　主要国の男女賃金格差（男性＝100）（2013年）

イスラエル・ 1)	78.2	オランダ‥‥ 2)	79.5	ポーランド・ 3)	89.4
韓国‥‥‥‥‥	63.4	ギリシャ‥‥ 3)	93.1	アメリカ合衆国	82.1
トルコ‥‥‥ 2)	79.9	スペイン‥‥ 3)	91.4	カナダ‥‥‥‥	81.0
日本‥‥‥‥‥	73.4	チェコ‥‥‥‥	84.5	メキシコ‥‥‥	84.6
イギリス‥‥‥	82.5	ドイツ‥‥‥ 1)	83.4	チリ‥‥‥‥ 1)	84.0
イタリア‥‥ 3)	88.9	フランス‥‥ 2)	85.9	オーストラリア	82.0

OECD "Online OECD Employment database"（http://www.oecd.org/employment/emp/onlineoecdemploymentdatabase.htm）による。2015年7月30日閲覧。男性の賃金を100としたときの女性の賃金。フルタイム雇用者の中位所得での格差であるが，定義が各国ごとに若干異なる場合がある。1) 2011年。2) 2010年。3) 2012年。

表 3-14　働く貧困者 (ワーキングプア) (2013年)

	千人	%		千人	%
インド ………	260 589	56.2	マラウイ ……	5 827	84.7
中国 ………	104 812	13.6	ケニア ………	5 560	35.5
バングラデシュ	50 205	67.7	スーダン ……	4 698	46.0
インドネシア ‥	41 125	36.4	ジンバブエ …	4 608	65.8
ナイジェリア …	36 225	72.3	ブルキナファソ	4 568	61.3
パキスタン …	27 177	43.7	ルワンダ ……	4 262	74.1
エチオピア ……	24 535	57.2	ザンビア ……	4 029	75.3
コンゴ民主共和国	22 344	91.0	コートジボワール	4 002	52.0
タンザニア ……	15 822	67.3	カメルーン …	3 967	46.3
フィリピン ……	13 470	34.3	マリ ………	3 948	80.7
マダガスカル ‥	10 700	94.9	ブルンジ ……	3 893	89.7
ミャンマー ……	8 579	28.2	ニジェール …	3 810	69.7
ウガンダ ……	8 296	57.6	アンゴラ ……	3 639	49.5
ネパール ……	6 688	45.5	ギニア ………	3 521	73.4
モザンビーク ‥	6 429	69.8	ブラジル ……	3 239	3.3
アフガニスタン	6 341	89.5	セネガル ……	3 231	58.9
ベトナム ……	6 137	11.4	発展途上国計×	779 128	29.2

ILO "World Employment and Social Outlook: Trends 2015" による。途上国のみの統計。
1日1人2ドル以下で暮らす労働者。割合は就業者全体に対するもの。×その他とも。

表 3-15　脆弱な就業形態の労働者 (2013年)

	千人	%		千人	%
インド ………	362 463	78.1	マダガスカル ‥	10 169	90.2
中国 ………	327 300	42.4	アメリカ合衆国	9 615	6.5
バングラデシュ	59 284	79.9	ケニア ………	9 311	59.4
インドネシア ‥	40 966	36.3	イラン ………	9 263	39.9
ナイジェリア ‥	39 847	79.5	スーダン ……	7 952	77.9
エチオピア ……	38 388	89.5	トルコ ………	7 872	31.3
パキスタン ……	38 264	61.5	ガーナ ………	7 862	72.4
ベトナム ……	33 621	62.6	モザンビーク ‥	7 805	84.7
ミャンマー ……	27 049	88.9	ペルー ………	7 534	47.6
ブラジル ……	23 954	24.1	ブルキナファソ	6 724	90.3
タイ ………	22 050	56.0	カメルーン …	6 422	75.0
コンゴ民主共和国	19 373	78.9	エジプト ……	6 356	26.4
タンザニア ……	18 897	80.4	マラウイ ……	6 165	89.6
フィリピン ……	16 604	42.3	日本 ………	5 893	9.4
メキシコ ……	14 614	28.5	コートジボワール	5 817	75.6
ウガンダ ……	11 649	80.8	カンボジア …	5 458	63.7
ネパール ……	10 241	69.7	韓国 ………	5 303	21.4
コロンビア …	10 214	48.0	世界計× …	1 431 879	45.5

資料は上表に同じ。個人事業主と寄与的家族従業者の計。これらはすべてが脆弱ではない
が，経済的な変動に対してより脆弱なものが多く，不安定で報酬が少なくなりがちなもの
が多い。先進国全体は4662万3千人，途上国は13億8525万6千人。×その他とも。

第4章　経済成長と国民経済計算

　IMF（国際通貨基金）によると，2014年の世界全体の経済成長率は
3.4%（実質GDPの対前年比，2015年4月見通し，以下，同）で，景気
は緩やかに回復している。アメリカ合衆国（以下，米国）経済の回復，
ユーロ圏および日本経済に持ち直しがみられるなど先進国の景気回復が
続く一方，中国，ブラジルなど新興国経済には減速感がみられる。IMF
は2015年の世界経済の成長率を3.5%としていたが，同年7月改定の見
通しで3.3%とし，4月の見通しから0.2ポイント引き下げた。2016年は
新興国で景気回復が見込めるとして，世界全体の成長率は4月の見通し
と同じ3.8%に据え置いた。

　今後の世界経済のリスクとして，中国経済の減速，米国の金利引き上
げによる世界金融市場の混乱，ギリシャ債務問題の深刻化，原油など一
次産品価格の下落などに加えて，ロシア，中東，北アフリカなどの地政
学的リスクなどがあげられる。

　以下，2015年前半までの各国・地域の景気動向をみていく。

　2014年の米国の経済成長率は2.4%であった。雇用者数の増加と賃金
上昇などで労働市場が改善され，個人消費，企業収益も堅調であること
などから，景気は回復基調にある。2015年1～3月期の経済成長率は年
率換算で0.2%減（同年6月確定値，米商務省）となり，5月末に公表
された改定値の0.7%減から上方修正された。同年1～3月期の米国経
済が足踏みしたのは，ドル高による輸出減，製造業の生産と投資の減速，
寒波，港湾ストライキによるものである。もっとも，労働市場の改善を
背景に，個人消費や住宅投資を中心として米国の景気回復は続くとみら
れている。IMFでは2015年の米国経済について3.1%の成長を見込んで
いる（7月改定値では2.5%に下方修正された）。

　回復基調の米国経済を受けてFRB（米連邦準備制度理事会）は，2014
年から国債の買い入れなど量的金融緩和の縮小を行い，2015年の年内に
は金利の引き上げを実施することが見込まれている。だが，これが米国

内の個人消費, 住宅市場に影響を及ぼすのではないかと懸念されている。加えて, FRBが利上げに動けば米ドルが一段と上昇し, 経済が低迷している新興・開発途上国から資金が急激に流出し, 世界の金融市場が混乱する恐れがあるとも指摘されている。

　ユーロ圏の経済は原油安, ECB (欧州中央銀行) による金融緩和策などにより, 持ち直してきた。2014年半ばには減速感がみられたものの, ユーロ安を背景に輸出が持ち直し, 個人消費も緩やかに回復した。原油安による物価の下落が実質所得増となり, 消費の回復を促したと考えられる。ユーロ圏経済はギリシャ債務危機の再燃, 若年層を中心とした高い失業率といった下振れ要因に加え, 物価上昇率が低水準で推移しており, デフレ経済に陥るのではないかと危惧されている。債務問題に苦しむギリシャは2015年7月, EU (欧州連合) などと金融支援のための協議がようやくまとまり, ユーロ圏離脱は回避された。しかし, ギリシャは増税や年金改革などの財政再建策を実行できるか今後の対応が注目される。2014年の欧州各国の経済成長率はドイツが1.6%, イギリス2.6%, フランス0.4%であった (7月改定でドイツは据え置き, イギリスは2.9%に上方修正され, フランスは0.2%に下方修正された)。

　中国は輸出の低迷や固定資産投資の伸びの低下などにより, 景気拡大のテンポが鈍化している。2014年の経済成長率は7.4%であった。中国はこれまで固定資産投資, 個人消費, 輸出を中心に高い経済成長を実現させ, いまではアメリカに次ぐ経済大国となり, 輸出入を合わせた貿易総額が世界一になった。しかし, 2010年の経済成長率10.4%, 2011年に9.3%の高成長を示した後は, 2012年以降7%台の成長率で推移しており, 景気の拡大テンポは緩やかになっている。鉄鋼など主要産業の過剰生産や, 不動産投資の低迷, 人件費高騰に伴う輸出産業の競争力低下が成長鈍化を招いているとみられる。中国政府は, 景気が減速するこの状況を, これまでの高成長とは異なる「新常態 (ニューノーマル)」であるとし, 今後は持続可能で健全な経済成長に向けた構造改革を推進することを目標としている。経済成長の鈍化を容認し, 大型の景気対策に頼ることなく, 質の高い発展をめざす。2015年3月に開催された全国人民

代表大会では，同年の経済成長率目標を前年より0.5％引き下げて7％前後とした。中国政府は景気の減速に歯止めをかけるため，2014年11月から2015年6月までに4回金利を引き下げた。今年の政府目標である7％前後の成長をなんとか達成したい考えである。IMFによる見通しでは，2015年の成長率は6.8％に低下する見込みである（同年7月の改定においても6.8％に据え置いた）。

　日本経済は安倍首相の経済政策，アベノミクス効果もあって，大企業を中心に企業業績が改善し，個人消費，設備投資の増加がみられるようになった。2012年は1.8％，2013年は1.6％の成長であったが，2014年は消費税の税率アップの影響で0.1％のマイナス成長となった。しかし，2015年1〜3月期の成長率は年率換算で3.9％（2次速報値）となり，2四半期連続のプラス成長であった。民間企業設備と民間住宅投資を中心に景気は緩やかな回復が続いていることを示した。IMFは2015年の成長率を1.0％，2016年の成長率を1.2％（7月改定値では2015年を0.8％に下方修正し，2016年は1.2％に据え置いた）としている。

　インドは景気の拡大ペースが鈍化していたが，2013年の6.9％から2014年は7.2％の成長であった。2014年5月にはモディ政権が誕生し，インフラへの投資，物価対策，規制緩和などの経済改革を打ち出した。これにより個人消費に回復の兆しがみられ，生産が増加するようになった。IMFでは 2015年は7.5％の成長を見込んでいる（同年7月の改定においても7.5％に据え置いた）。

　資源輸出国の経済は，原油，鉄鉱石など商品市況の下落の影響で景気が悪化している。ブラジルは景気減速とインフレに苦しんでおり，2014年は0.1％の成長であった。インフレ抑制のための高金利政策で設備投資が伸び悩むなど，2015年はマイナス成長に陥るとみられている。ロシアは原油安に加えてクリミア問題による欧米の経済制裁が景気低迷の要因となっている。ロシアの2014年の成長率は0.6％で，2015年はブラジルと同様にマイナス成長が予想されている。

　2015年の世界経済は米国を中心に緩やかな成長が見込まれているが，中国経済の減速やギリシャ債務危機などのリスク要因も抱えている。

第4章 経済成長と国民経済計算

表 4-1　主な経済地域（2013年）

	面積 （千km²）	人口 （百万人）	GDP （名目） （億ドル）	貿易額（億ドル）	
				輸出	輸入
ASEAN（10か国）‥	4 486	618	24 451	12 715	12 429
EU（28か国）‥‥‥‥	4 381	504	179 642	58 728	57 897
NAFTA（3か国）‥	21 783	476	198 662	24 176	31 722
MERCOSUR（5か国）	12 790	287	33 118	4 302	3 882
（参考）					
中国‥‥‥‥‥‥‥	9 597	1 363	91 812	22 103	19 504
日本‥‥‥‥‥‥‥	378	127	48 985	7 146	8 324

面積は国連，“Demographic Yearbook 2013”，人口は同，“World Population Prospects: The 2015 Revision”，GDPは同，“National Accounts Estimates of Main Aggregates”，貿易額は同，“Monthly Bulletin of Statistics Online”による。ASEAN（東南アジア諸国連合），EU（欧州連合）は44ページを，MERCOSUR（南米南部共同市場，メルコスール）はアルゼンチン，ウルグアイ，パラグアイ，ブラジル，ベネズエラ。NAFTA（北米自由貿易協定）はアメリカ合衆国，カナダ，メキシコ。

図 4-1　主な経済地域のGDP（2013年）

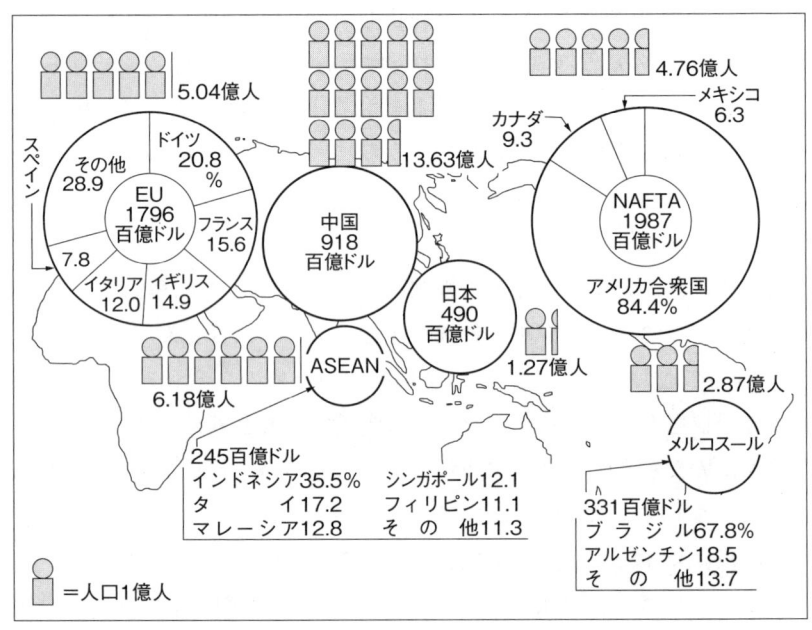

資料・注記は表4-1を参照。名目。

表 4-2　国際機関の経済見通し（%）

	IMF			OECD	
	2014	2015 見通し	2016 見通し	2015 見通し	2016 見通し
先進国··········· 1)	1.8	2.1	2.4	1.9	2.5
日本············	-0.1	0.8	1.2	0.7	1.4
アメリカ合衆国··	2.4	2.5	3.0	2.0	2.8
イギリス········	2.9	2.4	2.2	2.4	2.3
ドイツ·········	1.6	1.6	1.7	1.6	2.3
フランス········	0.2	1.2	1.5	1.1	1.7
イタリア········	-0.4	0.7	1.2	0.6	1.5
新興・開発途上国··	4.6	4.2	4.7	—	—
アジア··········	6.8	6.6	6.4	—	—
中国··········	7.4	6.8	6.3	6.8	6.7
インド·········	7.3	7.5	7.5	6.9	7.6
中南米··········	1.3	0.5	1.7	—	—
ブラジル······	0.1	-1.5	0.7	-0.8	1.1
中東・北アフリカ2)	2.7	2.6	3.8	—	—
サハラ以南アフリカ	5.0	4.4	5.1	—	—
ナイジェリア··	6.3	4.5	5.0	—	—
C.I.S.諸国 ·······	1.0	-2.2	1.2	—	—
ロシア·········	0.6	-3.4	0.2	-3.1	0.8
世界···········	3.4	3.3	3.8	3.1	3.8

IMF（国際通貨基金），"World Economic Outlook"（2015年4月見通し（表4-6参照）を同年7月に主要国・地域について改定したもの）およびOECD（経済協力開発機構），"Economic Outlook 97"（2015年6月）による。1) IMFの先進国には韓国，台湾，香港，シンガポールのアジアNIEsを含む。OECDの先進国は加盟34か国。2) アフガニスタン，パキスタンを含む。

米中戦略・経済対話

　アメリカ合衆国と中国が世界経済に占める割合は34.3%（2013年，GDP）にのぼる。その比率は年々高まっており，両国関係のあり方が重みを増してきている。米中の主要閣僚が年に1回，国際政治，経済関係について話し合うのが米中戦略・経済対話である。2015年6月，ワシントンで行われた米中戦略・経済対話は7回目の会合となり，南シナ海問題，サイバー攻撃，為替政策，アジアインフラ投資銀行，気候変動などについて意見交換が行われた。為替政策では，中国が通貨・人民元の上昇を抑えるために行っている為替介入を，市場が混乱する場合に限ると公約したことで一定の成果をみた。一方アジアインフラ投資銀行については，国際基準に沿った運営を維持するなどの一般論にとどまった。両国は今後，投資協定の締結を目指しており，交渉を前進させるための方策を模索している。

表 4-3　各国の国内総生産と1人あたり国内総生産（I）（名目）（単位　百万ドル）

	1970	1980	1990	2000	2009
アジア					
日本・・・・・・・・・	209 071	1 086 988	3 103 698	4 731 199	5 035 142
アゼルバイジャン	…	…	6 522	5 273	44 292
アフガニスタン	1 749	3 642	3 622	3 532	12 573
アラブ首長国連邦	1 053	43 599	50 701	104 337	253 547
アルメニア・・・・	…	…	2 160	1 912	8 648
イエメン・・・・・・	…	…	4 032	10 865	28 460
イスラエル・・・・	6 325	24 712	60 195	129 139	205 789
イラク・・・・・・・・	2 358	12 559	17 079	16 898	109 651
イラン・・・・・・・・	10 032	91 956	91 035	104 016	366 071
インド・・・・・・・・	61 470	184 761	326 796	467 788	1 338 248
インドネシア・・	9 805	79 636	125 720	165 021	539 580
ウズベキスタン	…	…	14 726	13 759	33 848
オマーン・・・・・・	268	6 256	11 556	19 450	48 388
カザフスタン・・	…	…	29 694	18 292	115 309
カタール・・・・・・	539	7 838	7 360	17 760	97 798
韓国・・・・・・・・・・	9 409	67 795	284 726	561 634	901 935
カンボジア・・・・	769	716	1 698	3 667	10 402
北朝鮮・・・・・・・・	4 927	9 879	14 702	10 608	12 035
キプロス・・・・・・	615	2 411	6 247	9 907	25 593
キルギス・・・・・・	…	…	2 610	1 370	4 690
クウェート・・・・	2 873	28 691	18 471	37 718	105 968
サウジアラビア	5 377	164 540	116 622	188 442	429 098
ジョージア・・・・	…	…	8 445	3 058	10 767
シリア・・・・・・・・	1 756	13 146	11 164	19 666	54 112
シンガポール・・	1 919	12 046	38 835	94 308	190 164
スリランカ・・・・	2 460	4 273	8 204	16 717	42 066
タイ・・・・・・・・・・	7 374	33 467	88 299	126 148	279 982
（台湾）・・・・・・・	…	…	2) 187 314	331 452	392 065
タジキスタン・・	…	…	2 841	861	4 979
中国・・・・・・・・ 3)	91 039	306 520	404 494	1 192 836	5 105 458
トルクメニスタン	…	…	3 073	4 932	20 214
トルコ・・・・・・・・	24 444	92 477	202 546	266 560	614 570
ネパール・・・・・・	1 041	2 089	3 780	5 730	12 744
バーレーン・・・・	422	3 764	4 909	9 063	22 938
パキスタン・・・・	13 139	30 994	51 666	76 866	161 538
（パレスチナ）・・	177	1 074	1 936	4 314	7 268
バングラデシュ	7 122	19 229	32 341	52 265	102 358
東ティモール・・	…	…	209	453	3 298
フィリピン・・・・	7 415	35 962	49 107	81 045	168 374
ブータン・・・・・・	62	129	274	439	1 265
ブルネイ・・・・・・	203	5 587	3 520	6 001	10 733
ベトナム・・・・・・	2 775	2 396	6 472	31 173	97 180
（香港）・・・・・・・	3 812	28 862	76 929	171 669	214 048
（マカオ）・・・・・・	165	982	3 174	6 433	21 313

2010	2011	2012	2013	1人あたり（ドル）1)	
					アジア
5 495 387	5 905 631	5 937 858	4 898 532	38 528	日本
52 906	65 953	69 680	73 557	7 814	アゼルバイジャン
16 078	19 170	21 331	21 618	708	アフガニスタン
286 049	347 454	372 314	402 340	43 049	アラブ首長国連邦
9 260	10 142	9 958	10 431	3 504	アルメニア
30 907	31 079	32 075	34 714	1 422	イエメン
231 676	258 207	257 620	291 567	37 704	イスラエル
117 138	157 553	184 166	195 517	5 790	イラク
421 716	575 381	556 789	492 783	6 363	イラン
1 704 795	1 930 498	1 892 553	1 937 797	1 548	インド
709 191	845 932	876 719	868 346	3 475	インドネシア
39 526	45 558	51 414	57 210	1 977	ウズベキスタン
58 641	69 522	77 497	79 656	21 929	オマーン
148 047	188 049	203 517	224 415	13 650	カザフスタン
125 122	169 805	189 945	202 450	93 352	カタール
1 094 499	1 202 464	1 222 807	1 304 554	26 482	韓国
11 242	12 830	14 054	15 250	1 008	カンボジア
13 945	15 689	15 907	15 454	621	北朝鮮
25 247	27 089	24 941	24 057	27 662	キプロス
4 794	6 198	6 605	7 226	1 303	キルギス
115 412	154 035	174 045	175 831	52 198	クウェート
526 811	669 507	733 956	748 450	25 962	サウジアラビア
11 638	14 435	15 847	16 127	3 715	ジョージア
60 465	53 674	41 500	35 164	1 606	シリア
233 292	272 316	284 299	295 744	54 649	シンガポール
49 566	59 187	59 421	67 203	3 159	スリランカ
338 778	366 946	393 185	420 167	6 270	タイ
446 105	485 653	495 845	511 293	21 902	（台湾）
5 642	6 523	7 633	8 506	1 036	タジキスタン
5 949 785	7 314 444	8 229 447	9 181 204	6 626	中国3)
22 148	29 233	35 164	41 851	7 987	トルクメニスタン
731 144	774 775	788 863	822 149	10 972	トルコ
16 305	18 467	18 029	18 179	654	ネパール
25 713	29 044	30 756	32 898	24 695	バーレーン
174 508	211 769	215 117	225 419	1 238	パキスタン
8 913	10 465	11 279	12 579	2 908	（パレスチナ）
114 586	123 627	128 899	153 505	980	バングラデシュ
4 215	5 727	5 579	4 941	4 362	東ティモール
199 637	224 147	250 240	272 067	2 765	フィリピン
1 585	1 820	1 824	1 781	2 363	ブータン
12 371	16 691	16 954	16 111	38 563	ブルネイ
115 932	135 539	155 820	171 222	1 868	ベトナム
228 639	248 514	262 630	274 027	38 039	（香港）
28 360	36 635	42 981	51 753	91 377	（マカオ）

各国の国内総生産と1人あたり国内総生産 (II)(名目)(単位　百万ドル)

	1970	1980	1990	2000	2009
マレーシア‥‥	3 737	26 458	47 565	97 584	202 257
ミャンマー‥‥	2 692	5 905	5 183	7 275	32 935
モンゴル‥‥‥	175	596	1 508	1 137	4 584
ヨルダン‥‥‥	593	4 013	4 020	8 461	23 820
ラオス‥‥‥‥	115	320	866	1 665	5 585
レバノン‥‥‥	1 960	5 366	2 906	16 430	35 477
アフリカ					
アルジェリア‥	5 167	42 348	61 891	54 790	137 211
アンゴラ‥‥‥	2 865	5 390	10 297	8 858	75 492
ウガンダ‥‥‥	1 569	3 649	4 758	7 469	20 166
エジプト‥‥‥	8 143	20 119	36 013	95 684	187 978
エチオピア‥‥	…	…	11 208	8 030	28 194
エリトリア‥‥	…	…	338	706	1 857
ガーナ‥‥‥‥	3 549	5 232	9 983	7 985	25 978
ガボン‥‥‥‥	410	5 421	6 039	5 677	12 065
カメルーン‥‥	1 157	8 869	11 846	9 287	23 381
ガンビア‥‥‥	96	504	708	783	901
ギニア‥‥‥‥	573	1 495	2 920	3 192	5 310
ケニア‥‥‥‥	2 517	10 512	12 659	14 457	37 022
コートジボワール	1 501	10 176	11 893	10 682	23 043
コンゴ共和国‥	262	1 706	2 799	3 220	9 339
コンゴ民主共和国	4 790	16 076	15 033	2 982	18 263
ザンビア‥‥‥	1 544	4 315	3 795	3 239	12 805
シエラレオネ‥	456	1 333	879	861	2 454
ジブチ‥‥‥‥	66	301	457	556	1 049
ジンバブエ‥‥	2 023	7 148	11 738	7 549	8 157
スーダン‥‥‥	…	…	…	…	48 287
スワジランド‥	123	664	1 085	1 524	3 167
セネガル‥‥‥	952	3 254	6 205	4 680	12 778
ソマリア‥‥‥	341	575	994	2 052	2 012
タンザニア‥ 4)	2 435	9 342	6 863	13 016	28 544
チャド‥‥‥‥	475	1 146	1 612	1 385	7 466
中央アフリカ‥	198	834	1 507	957	2 029
チュニジア‥‥	1 580	9 599	13 520	21 473	43 456
トーゴ‥‥‥‥	265	1 131	1 787	1 294	3 163
ナイジェリア‥	25 355	204 262	68 329	74 591	272 536
ナミビア‥‥‥	633	2 532	2 679	3 909	8 724
ニジェール‥‥	427	2 697	2 638	1 727	5 397
ブルキナファソ	450	1 933	3 133	2 633	8 348
ブルンジ‥‥‥	245	949	1 145	709	1 776
ベナン‥‥‥‥	298	1 374	1 845	2 359	6 585
ボツワナ‥‥‥	67	852	3 721	5 788	10 107
マダガスカル‥	898	3 265	3 080	3 878	8 557
マラウイ‥‥‥	579	2 236	3 166	3 150	6 191
マリ‥‥‥‥‥	294	1 517	2 510	2 655	8 964

2010	2011	2012	2013	1人あたり（ドル）[1]	
247 534	289 038	304 726	312 434	10 514	マレーシア
41 518	57 934	61 571	63 031	1 183	ミャンマー
6 201	8 761	10 322	11 516	4 056	モンゴル
26 425	28 840	30 937	33 594	4 618	ヨルダン
6 744	8 061	9 397	10 760	1 589	ラオス
38 420	40 076	44 100	47 221	9 793	レバノン
					アフリカ
161 207	199 164	207 845	208 764	5 325	アルジェリア
82 513	104 116	115 337	121 692	5 668	アンゴラ
21 620	23 554	25 515	26 444	704	ウガンダ
214 630	231 100	260 149	255 199	3 110	エジプト
26 311	29 921	41 718	46 017	489	エチオピア
2 117	2 608	3 092	3 438	543	エリトリア
32 174	39 200	41 741	47 830	1 846	ガーナ
12 882	16 980	15 968	16 970	10 151	ガボン
23 622	26 587	26 472	29 568	1 329	カメルーン
952	904	914	902	488	ガンビア
5 233	5 599	6 193	7 219	615	ギニア
39 701	40 832	49 617	54 443	1 227	ケニア
22 921	24 075	24 680	28 593	1 407	コートジボワール
12 281	14 798	13 656	14 022	3 153	コンゴ共和国
21 562	25 835	29 306	32 691	484	コンゴ民主共和国
16 190	19 202	20 596	22 384	1 540	ザンビア
2 578	2 932	3 787	4 929	809	シエラレオネ
1 129	1 239	1 354	1 456	1 668	ジブチ
9 422	10 956	12 393	13 490	953	ジンバブエ
53 945	55 333	51 806	54 595	1 438	スーダン
3 892	4 090	3 761	3 523	2 819	スワジランド
12 926	14 372	14 048	15 152	1 072	セネガル
1 071	1 067	1 306	1 399	133	ソマリア
30 009	32 456	37 989	44 698	933	タンザニア[4]
8 630	9 819	10 211	10 460	816	チャド
2 034	2 266	2 237	1 585	343	中央アフリカ
44 051	45 877	45 132	46 883	4 263	チュニジア
3 173	3 688	3 897	4 158	610	トーゴ
369 062	411 744	460 954	514 965	2 966	ナイジェリア
11 141	12 452	13 399	12 580	5 462	ナミビア
5 719	6 409	6 688	7 407	415	ニジェール
8 993	10 756	11 221	12 547	741	ブルキナファソ
2 032	2 260	2 422	2 549	251	ブルンジ
6 558	7 290	7 543	8 307	805	ベナン
13 747	15 292	14 411	14 778	7 312	ボツワナ
8 745	9 922	9 968	10 612	463	マダガスカル
6 960	7 158	5 559	5 146	315	マラウイ
9 400	10 648	10 341	10 943	715	マリ

第4章 経済成長と国民経済計算

各国の国内総生産と1人あたり国内総生産 (Ⅲ)（名目）（単位　百万ドル）

	1970	1980	1990	2000	2009
南アフリカ共和国	18 418	82 980	115 552	136 361	295 937
南スーダン・・・・	…	…	…	…	12 275
モーリシャス・・	197	1 160	2 619	4 663	8 835
モーリタニア・・	324	1 496	1 623	1 294	3 662
モザンビーク・・	3 565	5 648	3 474	4 808	10 727
モロッコ・・・・・	4 421	21 030	28 855	37 022	90 907
リビア・・・・・・・・	3 979	38 186	31 088	38 471	68 838
リベリア・・・・・・	259	765	487	528	1 024
ルワンダ・・・・・	241	1 401	2 573	1 771	5 309
レソト・・・・・・・・	67	351	545	771	1 709
ヨーロッパ					
アイスランド・・	533	3 420	6 543	8 948	12 824
アイルランド・・	4 392	21 726	49 258	99 317	233 542
アルバニア・・・・	2 329	2 201	2 206	3 611	12 044
イギリス・・・・・・	129 730	563 301	1 059 572	1 548 592	2 308 926
イタリア・・・・・・	113 067	475 836	1 177 816	1 142 213	2 186 108
ウクライナ・・・・	…	…	93 531	32 375	121 552
エストニア・・・・	…	…	5 557	5 690	19 651
オーストリア・・	15 336	81 858	166 067	196 422	397 570
オランダ・・・・・	37 531	191 914	313 035	413 397	858 034
ギリシャ・・・・・	13 182	57 054	98 254	132 171	329 837
クロアチア・・・・	…	…	16 618	21 774	62 636
コソボ・・・・・・	…	…	4 489	1 721	5 568
サンマリノ・・・・	80	336	831	1 141	2 363
スイス・・・・・・・	24 214	118 710	257 428	271 653	539 508
スウェーデン・・	37 555	140 089	258 155	259 801	429 656
スペイン・・・・・・	41 730	236 936	546 185	595 402	1 498 984
スロバキア・・・・	…	…	16 777	20 677	88 629
スロベニア・・・・	…	…	18 117	20 344	50 242
セルビア・・・・ 5)	…	…	37 430	6 540	42 617
チェコ・・・・・・・・	…	…	40 315	61 470	205 730
デンマーク・・・・	16 866	70 867	138 096	164 158	319 764
ドイツ・・・・・・・・	215 019	946 738	1 764 944	1 947 207	3 412 770
ノルウェー・・・・	12 995	65 044	120 077	171 315	386 382
ハンガリー・・・・	6 353	25 341	36 985	47 110	129 360
フィンランド・・	11 366	53 689	141 525	125 540	251 484
フランス・・・・・・	148 943	703 542	1 275 263	1 368 435	2 693 669
ブルガリア・・・・	9 000	10 843	20 726	13 354	50 162
ベラルーシ・・・・	…	…	18 855	10 418	49 209
ベルギー・・・・・・	26 809	127 315	206 112	237 336	485 804
ポーランド・・・・	27 735	57 974	64 712	171 708	436 471
ボスニア　　ヘルツェゴビナ	…	…	7 755	5 553	17 265
ポルトガル・・・・	8 109	32 899	78 726	118 358	243 731
マケドニア・・・・	…	…	2 913	3 773	9 402

2010	2011	2012	2013	1人あたり（ドル）1)	
375 348	416 595	397 388	366 060	6 936	南アフリカ共和国
15 720	17 827	10 369	11 804	1 045	南スーダン
9 718	11 252	11 442	11 938	9 593	モーリシャス
4 338	5 123	4 845	5 516	1 418	モーリタニア
10 165	13 245	14 953	15 628	605	モザンビーク
90 771	99 211	95 903	103 836	3 146	モロッコ
80 942	40 587	95 802	74 597	12 029	リビア
1 074	1 540	1 734	1 946	453	リベリア
5 699	6 407	7 293	7 601	645	ルワンダ
2 176	2 487	2 328	2 230	1 075	レソト
					ヨーロッパ
13 261	14 666	14 183	15 330	46 520	アイスランド
218 435	237 771	221 966	232 077	50 155	アイルランド
11 927	12 891	12 345	12 904	4 066	アルバニア
2 407 934	2 591 846	2 614 946	2 678 455	42 423	イギリス
2 126 620	2 278 230	2 091 761	2 149 485	35 243	イタリア
141 209	169 334	182 592	188 350	4 163	ウクライナ
19 491	22 803	22 661	24 880	19 328	エストニア
389 656	429 100	407 575	428 322	50 420	オーストリア
836 390	893 757	823 139	853 539	50 930	オランダ
299 598	288 803	249 525	242 230	21 768	ギリシャ
59 665	62 237	56 485	57 869	13 490	クロアチア
5 683	6 631	6 317	6 837	2 972	コソボ
2 139	2 054	1 801	1 802	57 293	サンマリノ
581 209	696 279	666 101	685 434	84 854	スイス
488 378	563 110	543 881	579 680	60 566	スウェーデン
1 431 588	1 494 598	1 355 733	1 393 040	29 685	スペイン
89 007	97 532	92 747	97 713	17 928	スロバキア
47 970	51 252	46 263	47 990	23 161	スロベニア
39 460	46 467	40 742	45 520	6 313	セルビア5)
207 016	227 307	206 751	208 796	19 510	チェコ
319 812	341 378	321 700	336 701	59 921	デンマーク
3 412 009	3 752 110	3 533 242	3 730 261	45 091	ドイツ
428 527	498 157	509 705	522 349	103 586	ノルウェー
129 583	139 440	126 825	133 424	13 403	ハンガリー
247 800	273 674	255 776	267 329	49 265	フィンランド
2 646 836	2 862 675	2 686 724	2 806 432	42 339	フランス
48 669	55 767	52 590	54 481	7 543	ブルガリア
55 221	59 735	63 615	71 710	7 664	ベラルーシ
484 404	528 238	498 853	524 806	47 261	ベルギー
476 688	524 354	496 200	525 863	13 760	ポーランド
					ボスニア・
16 847	18 318	16 906	17 852	4 662	ヘルツェゴビナ
238 303	244 895	218 000	227 324	21 429	ポルトガル
9 407	10 495	9 745	10 767	5 110	マケドニア

各国の国内総生産と1人あたり国内総生産 (Ⅳ) (名目) (単位　百万ドル)

	1970	1980	1990	2000	2009
マルタ‥‥‥‥	259	1 293	2 635	4 053	8 528
モルドバ‥‥‥	…	…	3 973	1 288	5 439
モンテネグロ‥	…	…	2 147	982	4 141
ラトビア‥‥‥	…	…	9 818	9 872	26 158
リトアニア‥‥	…	…	10 368	11 501	37 439
ルーマニア‥‥	12 721	36 469	40 591	37 439	167 422
ルクセンブルク	1 519	6 273	13 316	21 303	50 141
ロシア‥‥‥‥	…	…	570 377	259 718	1 222 646
北中アメリカ					
アメリカ合衆国	1 075 880	2 862 510	5 979 580	10 284 780	14 418 740
エルサルバドル	338	1 173	4 801	13 134	20 661
カナダ‥‥‥‥	87 761	273 433	592 028	739 451	1 370 839
キューバ‥‥‥	5 693	19 913	28 645	30 565	62 079
グアテマラ‥‥	1 697	7 024	6 820	17 196	37 734
コスタリカ‥‥	1 251	6 139	7 254	15 947	29 383
ジャマイカ‥‥	1 591	3 045	4 822	9 005	12 124
ドミニカ共和国	1 832	8 178	9 385	23 655	46 485
トリニダード・トバゴ	822	6 236	5 068	8 154	21 112
ニカラグア‥‥	1 144	2 718	3 567	5 110	8 381
ハイチ‥‥‥‥	331	1 384	2 614	3 358	5 958
パナマ‥‥‥‥	1 147	4 054	6 077	11 621	24 163
ホンジュラス‥	824	3 061	3 637	7 187	14 587
メキシコ‥‥‥	44 232	231 889	293 358	648 549	893 371
南アメリカ					
アルゼンチン‥	37 538	90 386	169 200	340 361	380 454
ウルグアイ‥‥	2 538	10 642	9 239	22 823	30 461
エクアドル‥‥	1 983	13 895	12 654	18 319	62 520
コロンビア‥‥	10 193	47 204	56 925	99 876	233 822
スリナム‥‥‥	356	1 089	752	1 157	3 875
チリ‥‥‥‥‥	9 559	30 336	34 481	77 383	171 957
パラグアイ‥‥	525	3 931	4 653	7 095	15 934
ブラジル‥‥‥	35 214	191 125	402 137	644 729	1 620 165
ベネズエラ‥‥	13 830	69 147	47 036	117 146	329 419
ペルー‥‥‥‥	5 659	16 156	28 259	51 477	120 487
ボリビア‥‥‥	1 010	3 520	4 868	8 398	17 340
オセアニア					
オーストラリア	45 214	173 472	323 814	409 063	1 011 024
ニュージーランド	6 624	23 365	45 440	54 444	120 468
パプア・ニューギニア	726	2 823	3 286	3 499	8 105
フィジー‥‥‥	223	1 215	1 351	1 723	2 871
世界計×‥‥	**3 402 275**	**12 282 954**	**22 919 837**	**33 255 885**	**59 884 332**

国連のデータベースUNdata (http://data.un.org/) "National Accounts Estimates of Main Aggregates" による。台湾はNational Statistics (http://www.stat.gov.tw/) に↗

2010	2011	2012	2013	1人あたり（ドル）[1]	
8 741	9 584	9 224	9 971	23 243	マルタ
5 812	7 015	7 285	7 970	2 285	モルドバ
4 111	4 496	4 046	4 417	7 109	モンテネグロ
23 867	28 319	28 552	30 886	15 064	ラトビア
37 095	43 485	42 820	46 403	15 381	リトアニア
167 998	185 362	172 044	192 094	8 853	ルーマニア
52 144	58 956	56 292	60 131	113 373	ルクセンブルク
1 524 917	1 904 791	2 017 468	2 096 774	14 680	ロシア
					北中アメリカ
14 964 380	15 517 930	16 163 150	16 768 050	52 392	アメリカ合衆国
21 418	23 139	23 814	24 259	3 826	エルサルバドル
1 614 072	1 788 741	1 832 716	1 838 964	52 270	カナダ
64 328	69 511	73 242	78 694	6 985	キューバ
41 338	47 655	50 388	53 797	3 478	グアテマラ
36 298	41 237	45 375	49 621	10 185	コスタリカ
13 234	14 449	14 825	14 270	5 126	ジャマイカ
50 980	55 433	58 898	60 612	5 826	ドミニカ共和国
20 578	23 542	23 225	24 463	18 240	トリニダード・トバゴ
8 938	9 899	10 645	11 256	1 851	ニカラグア
6 147	6 848	7 166	7 691	745	ハイチ
27 053	31 320	35 938	40 467	10 472	パナマ
15 839	17 710	18 564	18 569	2 293	ホンジュラス
1 049 925	1 169 360	1 184 565	1 259 201	10 293	メキシコ
					南アメリカ
464 616	560 382	604 996	611 726	14 760	アルゼンチン
38 881	47 237	50 000	55 708	16 351	ウルグアイ
69 555	79 277	87 623	94 473	6 003	エクアドル
287 018	335 415	370 328	378 148	7 826	コロンビア
4 368	4 423	5 013	5 299	9 826	スリナム
217 556	251 005	266 410	277 043	15 723	チリ
20 048	25 100	24 595	29 208	4 294	パラグアイ
2 143 035	2 476 651	2 248 817	2 243 854	11 199	ブラジル
393 808	316 482	381 286	371 339	12 213	ベネズエラ
147 070	171 257	192 806	200 269	6 593	ペルー
19 650	23 949	27 067	30 601	2 868	ボリビア
					オセアニア
1 290 335	1 532 880	1 578 010	1 531 282	65 600	オーストラリア
145 284	166 139	174 786	189 025	41 952	ニュージーランド
9 707	12 914	15 422	15 420	2 106	パプア・ニューギニア
3 140	3 646	3 850	4 034	4 578	フィジー
65 429 984	**72 442 602**	**73 699 292**	**75 641 052**	10 564	世界計×

＼よる。2015年5月28日閲覧。1) 2013年。2) 1991年。3) 香港, マカオを含まず。4) ザンジバルを含まず。5) コソボを含まず。×その他の国・地域を含む。

図4-2　GDP（国内総生産）の多い国（名目）（2013年）

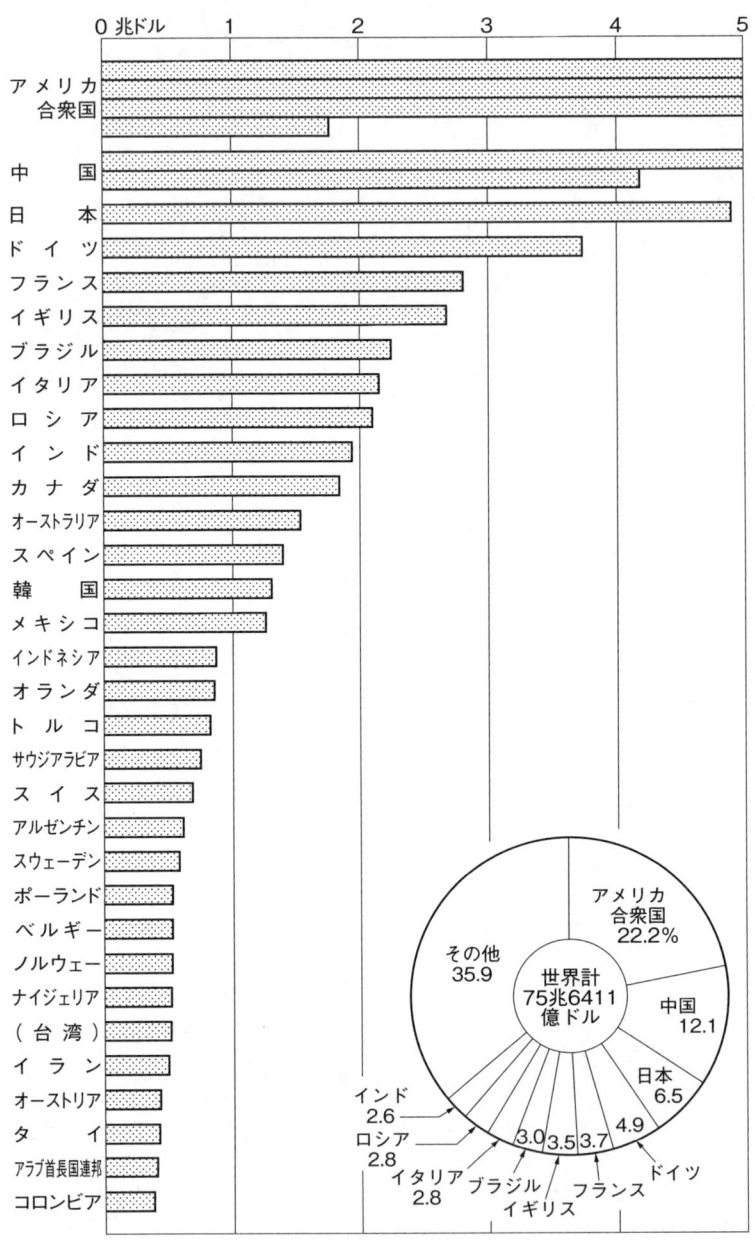

表4-3より作成。

表 4-4　各国の国民総所得（Ⅰ）（名目）（単位　百万ドル）

	2000	2010	2011	2012	2013
アジア					
日本··········	4 791 327	5 643 192	6 089 513	6 126 412	5 079 051
アゼルバイジャン	5 178	49 738	61 441	65 735	69 437
アフガニスタン	3 532	16 078	19 171	21 332	21 619
アラブ首長国連邦	106 432	285 950	347 564	372 611	402 681
イエメン·····	10 157	29 194	28 848	30 866	33 206
イスラエル····	120 560	226 564	253 864	249 594	286 054
イラク········	16 766	118 729	157 352	184 781	199 936
イラン········	104 065	418 541	574 357	552 864	489 580
インド········	462 730	1 686 904	1 781 611	1 735 140	1 765 339
インドネシア··	154 078	689 283	821 202	850 811	841 475
ウズベキスタン	13 540	40 691	47 347	53 676	59 727
オマーン·····	18 613	55 060	65 402	73 021	75 055
カザフスタン··	17 150	128 676	160 325	175 377	194 307
カタール·····	17 403	112 179	156 534	177 814	189 521
韓国··········	557 593	1 095 599	1 209 546	1 235 359	1 316 217
カンボジア····	3 140	10 711	12 108	13 342	13 391
北朝鮮········	10 593	13 960	15 719	15 962	15 474
キプロス······	9 051	24 302	27 433	24 252	23 320
クウェート····	44 417	124 833	163 025	186 742	187 997
サウジアラビア	189 334	533 856	679 191	744 944	748 450
ジョージア····	3 175	11 279	14 012	15 701	15 841
シリア········	18 686	59 105	52 531	40 669	34 439
シンガポール··	93 668	231 949	268 390	277 594	288 787
スリランカ····	16 418	48 948	58 535	58 258	65 409
タイ··········	123 656	323 746	354 005	377 447	391 921
（台湾）········	335 921	459 679	498 832	511 179	525 570
中国········ 1)	1 183 795	5 904 632	7 251 648	8 178 942	9 137 383
トルコ········	268 726	730 413	774 000	788 074	819 400
ネパール······	5 726	16 429	18 569	18 202	18 262
バーレーン····	8 839	23 340	25 279	26 918	28 612
パキスタン····	75 797	181 154	221 269	226 206	236 257
バングラデシュ	53 586	123 862	133 406	139 808	165 851
フィリピン····	95 138	241 009	268 254	299 115	326 317
ブルネイ······	6 001	12 431	16 772	17 036	16 189
ベトナム······	30 726	111 513	129 698	148 961	163 685
（香港）········	173 048	233 478	255 300	266 427	279 464
（マカオ）······	6 534	25 310	31 809	39 232	46 357
マレーシア····	89 835	239 358	281 911	293 063	301 266
ミャンマー····	7 275	41 518	57 925	61 483	63 011
モンゴル······	1 122	5 640	7 918	9 373	10 751
ヨルダン······	8 561	26 334	28 661	30 549	33 112
ラオス········	1 597	6 304	7 484	8 776	10 227
レバノン······	16 975	38 285	40 739	44 507	45 866
アフリカ					
アルジェリア··	52 462	161 125	197 422	205 666	205 007

各国の国民総所得 (Ⅱ)（名目）（単位　百万ドル）

	2000	2010	2011	2012	2013
アンゴラ‥‥‥‥	7 179	74 426	94 441	102 778	108 229
ウガンダ‥‥‥‥	7 286	21 186	23 021	24 797	25 611
エジプト‥‥‥‥	95 564	213 494	227 667	257 558	252 658
エチオピア‥‥‥	8 005	26 262	29 881	41 512	45 922
ガーナ‥‥‥‥‥	7 750	31 642	38 333	38 767	46 581
カメルーン‥‥‥	8 881	23 519	24 330	25 389	28 357
ギニア‥‥‥‥‥	3 114	5 156	5 110	5 720	6 697
ケニア‥‥‥‥‥	14 304	39 519	40 761	49 407	54 025
コートジボワール	10 074	22 073	23 184	23 767	27 536
コンゴ共和国‥	2 414	9 725	11 546	11 673	12 236
コンゴ民主共和国	2 894	20 374	24 531	27 003	29 691
ザンビア‥‥‥‥	3 083	14 827	18 047	19 482	21 172
シエラレオネ‥	881	2 607	3 039	3 438	4 483
ジンバブエ‥‥‥	7 278	9 337	10 746	12 175	13 265
スーダン‥‥‥‥	…	56 193	57 639	53 965	56 870
セネガル‥‥‥‥	4 639	12 800	14 115	13 718	13 971
タンザニア‥ 2)	12 910	29 915	32 212	37 416	44 440
チュニジア‥‥‥	20 531	41 984	43 717	43 227	46 324
ナイジェリア‥	68 820	331 276	366 960	412 015	462 416
ニジェール‥‥‥	1 710	5 674	6 358	6 606	7 299
ブルキナファソ	2 613	8 757	10 360	11 058	12 329
マダガスカル‥	3 948	8 661	9 766	9 644	10 274
マリ‥‥‥‥‥‥	2 622	8 982	10 195	9 808	10 273
南アフリカ共和国	133 188	367 344	405 945	386 629	356 449
南スーダン‥‥‥	…	11 035	11 470	3 928	5 363
モザンビーク‥	4 192	10 099	13 018	14 871	15 622
モロッコ‥‥‥‥	36 054	88 305	96 120	92 686	100 965
ヨーロッパ					
アイスランド‥	8 662	11 112	12 805	12 810	15 047
アイルランド‥	86 351	183 662	193 358	183 246	197 447
アルバニア‥‥‥	3 717	11 808	12 855	12 253	12 940
イギリス‥‥‥‥	1 557 470	2 434 464	2 621 859	2 606 637	2 657 925
イタリア‥‥‥‥	1 137 664	2 121 166	2 270 704	2 087 404	2 145 803
ウクライナ‥‥‥	31 399	140 733	166 829	186 727	187 388
エストニア‥‥‥	5 476	18 482	21 626	21 756	24 253
オーストリア‥	194 424	393 109	430 995	411 353	427 916
オランダ‥‥‥‥	421 371	841 677	894 344	833 279	855 372
ギリシャ‥‥‥‥	132 416	293 454	280 988	251 101	242 156
クロアチア‥‥‥	21 111	57 219	59 813	54 209	55 840
スイス‥‥‥‥‥	289 753	616 381	703 308	679 250	717 436
スウェーデン‥	259 836	501 833	579 184	560 812	599 333
スペイン‥‥‥‥	593 190	1 411 516	1 469 289	1 344 346	1 383 426
スロバキア‥‥‥	20 569	86 926	95 644	90 848	95 774
スロベニア‥‥‥	20 383	47 504	50 820	45 916	47 637
セルビア‥‥‥ 3)	6 539	38 583	45 420	39 491	44 229
チェコ‥‥‥‥‥	60 413	191 457	211 997	191 434	194 968

各国の国民総所得 (Ⅲ)(名目)(単位　百万ドル)

	2000	2010	2011	2012	2013
デンマーク‥‥	160 799	325 079	348 629	329 871	347 488
ドイツ‥‥‥‥	1 933 892	3 483 765	3 848 652	3 626 148	3 826 365
ノルウェー‥‥	169 004	433 573	503 494	520 530	530 820
ハンガリー‥‥	44 844	123 535	132 750	121 417	129 554
フィンランド‥	124 758	251 110	274 857	257 050	268 135
フランス‥‥‥	1 394 047	2 700 872	2 928 595	2 728 713	2 855 133
ブルガリア‥‥	12 783	47 470	53 667	51 520	53 514
ベラルーシ‥‥	10 375	54 058	59 052	62 145	69 001
ベルギー‥‥‥	243 416	493 427	533 906	507 644	519 519
ポーランド‥‥	173 308	458 863	504 998	478 705	506 712
ポルトガル‥‥	116 104	230 038	239 823	211 634	222 332
ラトビア‥‥‥	9 749	24 374	28 543	28 567	30 955
リトアニア‥‥	11 301	36 404	41 887	41 526	45 153
ルーマニア‥‥	37 127	165 941	182 938	168 952	187 314
ルクセンブルク	15 819	34 073	38 680	36 437	38 190
ロシア‥‥‥‥	251 903	1 476 252	1 844 591	1 949 196	2 016 641
北中アメリカ					
アメリカ合衆国	10 421 300	15 121 100	15 802 900	16 599 700	17 204 300
カナダ‥‥‥‥	719 910	1 582 763	1 745 886	1 788 808	1 799 848
キューバ‥‥‥	29 943	63 389	68 500	72 176	77 548
グアテマラ‥‥	16 981	40 124	46 000	49 089	52 409
コスタリカ‥‥	14 697	35 317	40 233	44 071	48 161
ジャマイカ‥‥	8 661	12 740	13 931	14 618	14 002
ドミニカ共和国	22 629	49 319	53 354	56 691	57 805
ニカラグア‥‥	4 864	8 700	9 649	10 344	10 943
パナマ‥‥‥‥	10 782	24 826	28 919	32 922	39 672
ホンジュラス‥	6 965	15 111	16 769	17 279	17 257
メキシコ‥‥‥	632 959	1 038 517	1 149 567	1 160 563	1 233 688
南アメリカ					
アルゼンチン‥	334 073	453 284	547 906	592 514	601 119
ウルグアイ‥‥	22 757	37 379	45 620	48 468	53 835
エクアドル‥‥	16 760	68 569	77 928	85 342	91 444
コロンビア‥‥	98 217	276 808	321 776	355 981	363 498
チリ‥‥‥‥‥	74 604	202 925	237 093	254 902	265 927
パラグアイ‥‥	7 085	18 706	24 023	23 289	27 657
ブラジル‥‥‥	626 915	2 104 366	2 429 947	2 213 582	2 204 564
ベネズエラ‥‥	115 753	388 949	308 493	371 208	359 585
ペルー‥‥‥‥	50 042	136 235	157 539	180 098	193 276
ボリビア‥‥‥	8 172	18 783	22 956	25 002	28 680
オセアニア					
オーストラリア	397 588	1 238 388	1 486 115	1 535 902	1 496 177
ニュージーランド	51 350	137 994	158 501	167 078	181 663
世界計×‥‥	**33 300 490**	**65 366 295**	**72 306 333**	**73 716 694**	**75 607 600**

資料・注記は表4-3に同じ。1) 香港，マカオを含まず。2) ザンジバルを含まず。3) コソボを含まず。×その他を含む。

第4章

経済成長と国民経済計算

図 4-3　1 人あたりGNI（国民総所得）の多い国（2013年）

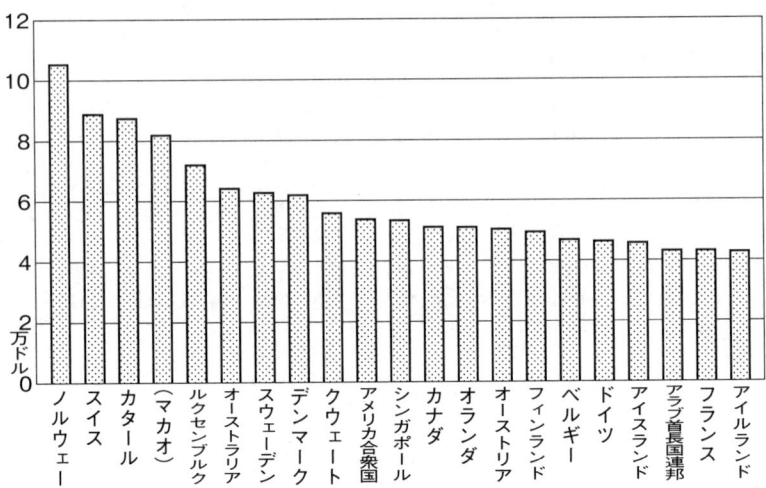

表4-5より作成。ほかに 1 人あたりGNIの多い国・地域としてモナコ（17万3377ドル），リヒテンシュタイン（11万9918ドル），サンマリノ（4 万8987ドル），アンドラ（4 万1015ドル）などがあるが，人口が10万人に満たない国・地域と属領は掲載を見合わせた。それだと日本は24番目に位置する。

アジアインフラ投資銀行（AIIB）

　中国が主導する国際金融機関，アジアインフラ投資銀行は2015年 6 月，創設メンバー57か国のうち50か国が設立協定に署名した。南シナ海の領有を巡り中国と対立しているフィリピンのほか，マレーシア，デンマーク，クウェートなど 7 か国は署名を見送った。各国は運営開始の同年12月までに対応を決める。アメリカ合衆国と日本はメンバーに名を連ねていない。資本金1000億ドルでのスタートとなったアジアインフラ投資銀行だが，最大の出資国は中国で約30％を占める。中国の議決権は26％を超え，重要事項について単独で否決できる拒否権を得た。本部は北京に設置され，総裁も中国から選出される見込みとなっている。

　2010年から2020年の間にアジアのインフラ需要は約 8 兆ドルあるとみられている。アジアインフラ銀行はこの市場に参入し，日米主導のアジア開発銀行（ADB）と競合することになる。アジアインフラ投資銀行には，融資基準や理事会などにおける透明性確保など，国際金融機関にふさわしい組織運営が必要とされ，中国の影響力を行使，拡大するために組織を利用しないことが求められている。

表4-5 各国の1人あたり国民総所得（Ⅰ）（名目）（単位　ドル）

	2000	2010	2011	2012	2013
アジア					
日本・・・・・・・・・・	38 113	44 311	47 829	48 145	39 947
アゼルバイジャン	638	5 469	6 677	7 062	7 376
アフガニスタン・・	171	566	659	715	708
アラブ首長国連邦	35 169	33 874	38 942	40 476	43 085
イエメン・・・・・・・	580	1 283	1 238	1 294	1 360
イスラエル・・・・・	20 048	30 533	33 659	32 653	36 991
イラク・・・・・・・・・	704	3 835	4 942	5 637	5 921
イラン・・・・・・・・・	1 579	5 621	7 615	7 234	6 321
インド・・・・・・・・・	444	1 399	1 459	1 403	1 410
インドネシア・・・・	737	2 864	3 368	3 446	3 368
ウズベキスタン・・	545	1 465	1 682	1 881	2 064
オマーン・・・・・・・・	8 489	19 645	21 622	22 034	20 662
カザフスタン・・・・	1 177	8 082	9 959	10 778	11 819
カタール・・・・・・・・	29 313	64 113	81 916	86 717	87 390
韓国・・・・・・・・・・・	12 128	22 611	24 820	25 210	26 718
カンボジア・・・・・・	257	746	829	898	885
北朝鮮・・・・・・・・・	461	570	639	645	622
キプロス・・・・・・・・	13 050	30 234	32 241	28 187	26 814
クウェート・・・・・・	23 301	41 728	52 173	57 450	55 809
サウジアラビア・・	9 399	19 585	24 465	26 334	25 962
ジョージア・・・・・・	669	2 570	3 203	3 602	3 649
シリア・・・・・・・・・	1 141	2 745	2 409	1 858	1 573
シンガポール・・・・	23 906	45 669	51 691	52 344	53 363
スリランカ・・・・・・	871	2 358	2 797	2 761	3 075
タイ・・・・・・・・・・・	1 983	4 876	5 317	5 652	5 849
（台湾）・・・・・・・・	15 142	19 864	21 507	21 967	22 513
中国・・・・・・・・・・・ 1)	925	4 342	5 299	5 939	6 595
トルコ・・・・・・・・・	4 254	10 125	10 594	10 650	10 935
ネパール・・・・・・・・	247	612	684	663	657
バーレーン・・・・・・	13 228	18 650	19 555	20 426	21 477
パキスタン・・・・・・	527	1 046	1 256	1 263	1 297
バングラデシュ・・	405	820	873	904	1 059
フィリピン・・・・・・	1 225	2 579	2 822	3 093	3 316
ブルネイ・・・・・・・	18 087	31 032	41 259	41 326	38 750
ベトナム・・・・・・・・	380	1 252	1 442	1 641	1 785
（香港）・・・・・・・・	25 317	33 120	35 976	37 270	38 794
（マカオ）・・・・・・	15 128	47 341	58 229	70 462	81 848
マレーシア・・・・・・	3 836	8 465	9 803	10 023	10 138
ミャンマー・・・・・・	150	799	1 106	1 165	1 183
モンゴル・・・・・・・・	468	2 079	2 875	3 352	3 787
ヨルダン・・・・・・・・	1 796	4 080	4 258	4 358	4 560
ラオス・・・・・・・・・	296	986	1 148	1 320	1 511
レバノン・・・・・・・・	5 247	8 819	9 097	9 578	9 512
アフリカ					
アルジェリア・・・・	1 654	4 347	5 228	5 345	5 229

第4章　経済成長と国民経済計算

各国の1人あたり国民総所得（II）（名目）（単位　ドル）

	2000	2010	2011	2012	2013
アンゴラ………	516	3 807	4 680	4 936	5 041
ウガンダ………	300	623	655	682	682
エジプト………	1 445	2 734	2 868	3 191	3 079
エチオピア……	121	302	334	453	488
ガーナ…………	412	1 304	1 544	1 528	1 798
カメルーン……	558	1 140	1 150	1 170	1 274
ギニア…………	356	474	458	500	570
ケニア…………	457	966	970	1 144	1 218
コートジボワール	625	1 163	1 196	1 198	1 355
コンゴ共和国……	772	2 365	2 733	2 692	2 751
コンゴ民主共和国	62	328	384	411	440
ザンビア………	305	1 122	1 324	1 384	1 456
シエラレオネ……	213	453	518	575	736
ジンバブエ……	582	714	804	887	937
スーダン………	…	1 576	1 582	1 451	1 498
セネガル………	470	988	1 059	999	989
タンザニア…… 2)	390	684	715	805	928
チュニジア……	2 149	3 949	4 066	3 975	4 213
ナイジェリア……	560	2 074	2 235	2 440	2 663
ニジェール……	156	357	385	385	409
ブルキナファソ……	225	564	648	672	728
マダガスカル……	251	411	450	433	448
マリ……………	256	642	707	660	671
南アフリカ共和国	2 970	7 140	7 814	7 380	6 754
南スーダン……	…	1 110	1 105	362	475
モザンビーク……	229	421	530	590	605
モロッコ………	1 256	2 791	2 998	2 850	3 059
ヨーロッパ					
アイスランド……	30 802	34 940	39 762	39 310	45 661
アイルランド……	22 701	41 110	42 751	40 046	42 671
アルバニア……	1 125	3 748	4 076	3 875	4 078
イギリス………	26 420	39 224	41 999	41 518	42 098
イタリア………	19 964	35 055	37 391	34 285	35 183
ウクライナ……	640	3 056	3 642	4 101	4 142
エストニア……	4 009	14 233	16 706	16 855	18 841
オーストリア……	24 242	46 788	51 109	48 601	50 372
オランダ………	26 568	50 657	53 662	49 855	51 039
ギリシャ………	12 052	26 414	25 272	22 572	21 761
クロアチア……	4 717	13 190	13 833	12 585	13 017
スイス…………	40 437	78 715	88 855	84 934	88 815
スウェーデン……	29 286	53 487	61 296	58 963	62 619
スペイン………	14 726	30 564	31 588	28 753	29 480
スロバキア……	3 818	15 998	17 581	16 682	17 572
スロベニア……	10 245	23 125	24 647	22 206	22 991
セルビア……… 3)	870	5 292	6 242	5 453	6 134
チェコ…………	5 894	18 141	19 979	17 958	18 218

各国の１人あたり国民総所得 (Ⅲ)（名目）（単位　ドル）

	2000	2010	2011	2012	2013
デンマーク‥‥‥	30 122	58 563	62 532	58 929	61 841
ドイツ‥‥‥‥‥	23 157	41 964	46 429	43 794	46 253
ノルウェー‥‥‥	37 627	88 642	101 845	104 234	105 266
ハンガリー‥‥‥	4 386	12 335	13 280	12 171	13 014
フィンランド‥‥	24 101	46 782	51 003	47 527	49 414
フランス‥‥‥‥	22 882	41 446	44 686	41 400	43 073
ブルガリア‥‥‥	1 598	6 424	7 318	7 079	7 409
ベラルーシ‥‥‥	1 039	5 696	6 249	6 608	7 374
ベルギー‥‥‥‥	23 705	45 098	48 508	45 899	46 785
ポーランド‥‥‥	4 519	12 013	13 218	12 528	13 259
ポルトガル‥‥‥	11 265	21 723	22 630	19 958	20 959
ラトビア‥‥‥‥	4 111	11 659	13 766	13 864	15 098
リトアニア‥‥‥	3 230	11 864	13 761	13 716	14 967
ルーマニア‥‥‥	1 658	7 591	8 388	7 766	8 633
ルクセンブルク‥	36 274	67 088	74 910	69 571	72 005
ロシア‥‥‥‥‥	1 716	10 279	12 860	13 615	14 119
北中アメリカ					
アメリカ合衆国‥	36 618	48 427	50 182	52 282	53 755
カナダ‥‥‥‥‥	23 452	46 380	50 624	51 346	51 159
キューバ‥‥‥‥	2 688	5 619	6 075	6 404	6 884
グアテマラ‥‥‥	1 516	2 798	3 128	3 255	3 388
コスタリカ‥‥‥	3 740	7 563	8 492	9 171	9 885
ジャマイカ‥‥‥	3 354	4 647	5 057	5 279	5 030
ドミニカ共和国‥	2 612	4 924	5 258	5 517	5 556
ニカラグア‥‥‥	954	1 494	1 634	1 726	1 800
パナマ‥‥‥‥‥	3 529	6 750	7 732	8 658	10 267
ホンジュラス‥‥	1 117	1 983	2 156	2 177	2 131
メキシコ‥‥‥‥	6 094	8 809	9 631	9 604	10 085
南アメリカ					
アルゼンチン‥‥	9 053	11 227	13 453	14 421	14 504
ウルグアイ‥‥‥	6 853	11 085	13 483	14 275	15 801
エクアドル‥‥‥	1 337	4 571	5 111	5 509	5 810
コロンビア‥‥‥	2 462	5 960	6 835	7 462	7 523
チリ‥‥‥‥‥‥	4 827	11 832	13 698	14 595	15 093
パラグアイ‥‥‥	1 324	2 896	3 655	3 483	4 066
ブラジル‥‥‥‥	3 593	10 780	12 339	11 143	11 003
ベネズエラ‥‥‥	4 743	13 392	10 457	12 392	11 826
ペルー‥‥‥‥‥	1 925	4 656	5 320	6 006	6 363
ボリビア‥‥‥‥	962	1 849	2 223	2 382	2 688
オセアニア					
オーストラリア‥	20 644	55 274	65 351	66 632	64 097
ニュージーランド	13 310	31 591	35 909	37 463	40 318
世界‥‥‥‥‥	5 435	9 454	10 335	10 414	10 559

第4章　経済成長と国民経済計算

資料・注記は表4-3に同じ。1) 香港, マカオを含まず。2) ザンジバルを含まず。3) コソボを含まず。

表 4-6　各国の実質経済成長率（I）（%）

	2010	2011	2012	2013	2014	2015[1)
アジア						
日本・・・・・・・・・・・	4.7	-0.5	1.8	1.6	-0.1	1.0
アフガニスタン・・	8.4	6.5	14.0	3.7	1.5	3.5
アラブ首長国連邦	1.6	4.9	4.7	5.2	3.6	3.2
イスラエル・・・・・・	5.8	4.2	3.0	3.2	2.8	3.5
イラク・・・・・・・・・	6.4	7.5	13.9	6.6	-2.4	1.3
イラン・・・・・・・・・	6.6	3.8	-6.6	-1.9	3.0	0.6
インド・・・・・・・・	10.3	6.6	5.1	6.9	7.2	7.5
インドネシア・・・・	6.4	6.2	6.0	5.6	5.0	5.2
韓国・・・・・・・・・・	6.5	3.7	2.3	3.0	3.3	3.3
カンボジア・・・・・・	6.0	7.1	7.3	7.4	7.0	7.2
クウェート・・・・・	-2.4	9.6	6.6	1.5	1.3	1.7
サウジアラビア・・	4.8	10.0	5.4	2.7	3.6	3.0
シンガポール・・・・	15.2	6.2	3.4	4.4	2.9	3.0
タイ・・・・・・・・・・	7.8	0.1	6.5	2.9	0.7	3.7
（台湾）・・・・・・・・・	10.6	3.8	2.1	2.2	3.7	3.8
中国・・・・・・・・・・・	10.4	9.3	7.8	7.8	7.4	6.8
トルコ・・・・・・・・・	9.2	8.8	2.1	4.1	2.9	3.1
パキスタン・・・・・	2.6	3.6	3.8	3.7	4.1	4.3
バングラデシュ・・	6.0	6.5	6.3	6.1	6.1	6.3
フィリピン・・・・・・	7.6	3.7	6.8	7.2	6.1	6.7
ベトナム・・・・・・・・	6.4	6.2	5.2	5.4	6.0	6.0
（香港）・・・・・・・・・	6.8	4.8	1.7	2.9	2.3	2.8
マレーシア・・・・・	7.4	5.2	5.6	4.7	6.0	4.8
ミャンマー・・・・・	5.3	5.9	7.3	8.3	7.7	8.3
モンゴル・・・・・・・・	20.9	17.3	12.3	11.6	7.8	4.4
ラオス・・・・・・・・・	8.1	8.0	7.9	8.0	7.4	7.3
アフリカ						
アルジェリア・・・・	3.6	2.8	3.3	2.8	4.1	2.6
アンゴラ・・・・・・・・	3.4	3.9	5.2	6.8	4.2	4.5
エジプト・・・・・・・・	5.1	1.8	2.2	2.1	2.2	4.0
エチオピア・・・・・・	10.6	11.4	8.7	9.8	10.3	8.6
カメルーン・・・・・・	3.3	4.1	4.6	5.6	5.1	5.0
ケニア・・・・・・・・・	8.4	6.1	4.5	5.7	5.3	6.9
スーダン・・・・・・・・	3.0	-1.2	-3.5	3.7	3.4	3.3
チュニジア・・・・・・	2.6	-1.9	3.7	2.3	2.3	3.0
ナイジェリア・・・・	10.0	4.9	4.3	5.4	6.3	4.8
南アフリカ共和国	3.0	3.2	2.2	2.2	1.5	2.0
モロッコ・・・・・・・・	3.6	5.0	2.7	4.4	2.9	4.4
ヨーロッパ						
アイスランド・・・・	-3.1	2.1	1.1	3.5	1.8	3.5
アイルランド・・・・	-0.3	2.8	-0.3	0.2	4.8	3.9
イギリス・・・・・・・・	1.9	1.6	0.7	1.7	2.6	2.7
イタリア・・・・・・・・	1.7	0.6	-2.8	-1.7	-0.4	0.5
オーストリア・・・・	1.9	3.1	0.9	0.2	0.3	0.9
オランダ・・・・・・・・	1.1	1.7	-1.6	-0.7	0.9	1.6
ギリシャ・・・・・・・・	-5.4	-8.9	-6.6	-3.9	0.8	2.5

各国の実質経済成長率（Ⅱ）（%）

	2010	2011	2012	2013	2014	2015[1)
スイス・・・・・・・・・	2.9	1.9	1.1	1.9	2.0	0.8
スウェーデン・・・・	6.0	2.7	-0.3	1.3	2.1	2.7
スペイン・・・・・・・	0.0	-0.6	-2.1	-1.2	1.4	2.5
スロベニア・・・・・・	1.2	0.6	-2.6	-1.0	2.6	2.1
チェコ・・・・・・・・・	2.3	2.0	-0.8	-0.7	2.0	2.5
デンマーク・・・・・	1.6	1.2	-0.7	-0.5	1.0	1.6
ドイツ・・・・・・・・・	3.9	3.7	0.6	0.2	1.6	1.6
ノルウェー・・・・・・	0.6	1.0	2.7	0.7	2.2	1.0
ハンガリー・・・・・・	0.8	1.8	-1.5	1.5	3.6	2.7
フィンランド・・・・	3.0	2.6	-1.4	-1.3	-0.1	0.8
フランス・・・・・・・	2.0	2.1	0.3	0.3	0.4	1.2
ブルガリア・・・・・	0.7	2.0	0.5	1.1	1.7	1.2
ベルギー・・・・・・・	2.5	1.6	0.1	0.3	1.0	1.3
ポーランド・・・・・・	3.7	4.8	1.8	1.7	3.3	3.5
ポルトガル・・・・・	1.9	-1.8	-4.0	-1.6	0.9	1.6
ルーマニア・・・・・	-0.8	1.1	0.6	3.4	2.9	2.7
ルクセンブルク・・	5.1	2.6	-0.2	2.0	2.9	2.5
ロシア・・・・・・・・・	4.5	4.3	3.4	1.3	0.6	-3.8
北中アメリカ						
アメリカ合衆国・・	2.5	1.6	2.3	2.2	2.4	3.1
エルサルバドル・・	1.4	2.2	1.9	1.7	2.0	2.5
カナダ・・・・・・・・・	3.4	3.0	1.9	2.0	2.5	2.2
グアテマラ・・・・・	2.9	4.2	3.0	3.7	4.0	4.0
コスタリカ・・・・・	5.0	4.5	5.2	3.4	3.5	3.8
ドミニカ共和国・・	8.3	2.8	2.6	4.8	7.3	5.1
ハイチ・・・・・・・・・	-5.5	5.5	2.9	4.2	2.8	3.3
パナマ・・・・・・・・・	7.5	10.8	10.7	8.4	6.2	6.1
ホンジュラス・・・・	3.7	3.8	4.1	2.8	3.1	3.3
メキシコ・・・・・・・	5.1	4.0	4.0	1.4	2.1	3.0
南アメリカ						
アルゼンチン・・・・	9.5	8.4	0.8	2.9	0.5	-0.3
エクアドル・・・・・・	3.5	7.9	5.2	4.6	3.6	1.9
コロンビア・・・・・・	4.0	6.6	4.0	4.9	4.6	3.4
チリ・・・・・・・・・・・	5.7	5.8	5.5	4.3	1.8	2.7
パラグアイ・・・・・	13.1	4.3	-1.2	14.2	4.4	4.0
ブラジル・・・・・・・	7.6	3.9	1.8	2.7	0.1	-1.0
ベネズエラ・・・・・	-1.5	4.2	5.6	1.3	-4.0	-7.0
ペルー・・・・・・・・・	8.5	6.5	6.0	5.8	2.4	3.8
ボリビア・・・・・・・	4.1	5.2	5.2	6.8	5.4	4.3
オセアニア						
オーストラリア・・	2.3	2.7	3.6	2.1	2.7	2.8
ニュージーランド	1.6	1.8	2.4	2.2	3.2	2.9
世界・・・・・・・・・	5.4	4.2	3.4	3.4	3.4	3.5

IMF, "World Economic Outlook Database, April 2015" による。2015年5月28日閲覧。
中国には香港，マカオを含まない。1) IMF，2015年4月見通し。

第4章 経済成長と国民経済計算

図 4-4　実質経済成長率の推移（Ⅰ）

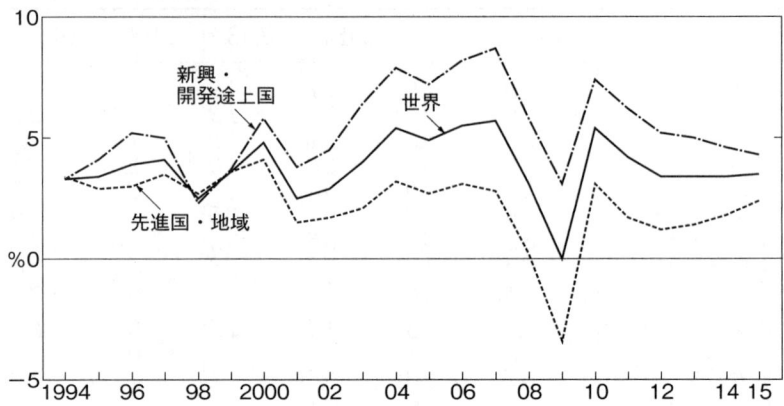

資料，脚注は表4-6に同じ。実質国内総生産の対前年増減率。IMFでは，先進国・地域をアメリカ合衆国，カナダ，ユーロ参加19か国，デンマーク，アイスランド，ノルウェー，スウェーデン，スイス，イギリス，チェコ，サンマリノ，イスラエル，日本，韓国，台湾，香港，シンガポール，オーストラリア，ニュージーランドとし，それ以外の国を新興・開発途上国に分類している。

実質経済成長率の推移（Ⅱ）

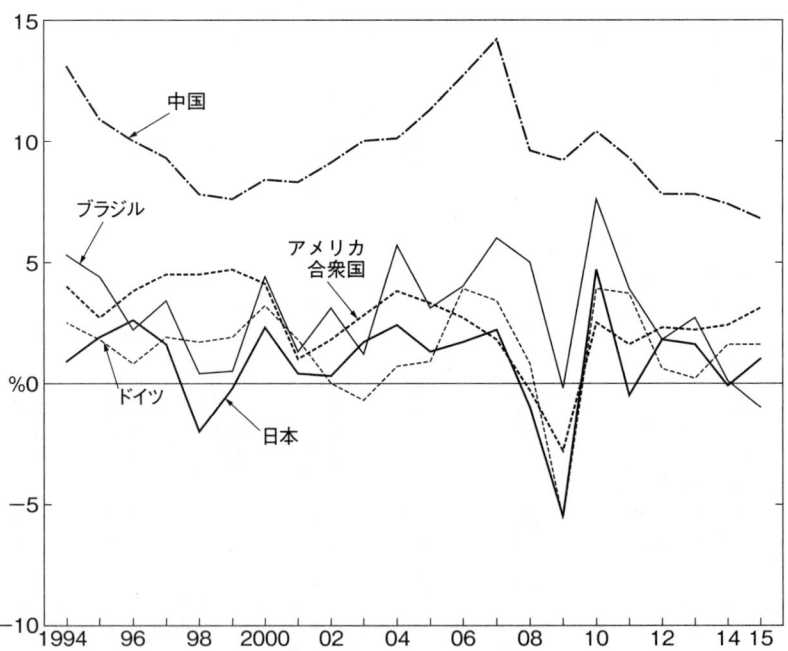

表 4-7 各国の国内総生産 (支出側) (Ⅰ) (名目) (単位 百万ドル)

(各国別の上段：2000年, 中段：2010年, 下段：2013年)

	民間最終消費支出	政府最終消費支出	総資本形成 1)	財貨・サービスの輸出	(控除)財貨・サービスの輸入	国内総生産(支出側) 2)
アジア						
日本	2 674 021	800 885	1 187 751	514 630	446 089	4 731 199
	3 256 636	1 083 718	1 089 377	833 705	768 048	5 495 387
	2 999 598	1 008 220	1 030 508	794 869	934 277	4 898 532
アラブ首長国連邦	45 392	16 068	24 203	76 942	58 267	104 337
	168 093	24 545	74 798	225 275	206 661	286 049
	200 387	27 531	91 033	395 888	312 499	402 340
イスラエル	69 626	32 192	27 912	46 810	47 186	129 139
	131 781	53 862	41 993	81 016	76 977	231 676
	164 040	66 541	57 527	94 845	91 386	291 567
イラン	48 266	14 327	34 777	23 000	17 657	104 016
	172 333	49 792	149 407	116 478	87 381	421 716
	190 776	52 253	189 561	171 672	138 655	492 783
インド	298 003	58 985	113 038	61 886	66 202	467 788
	951 298	194 864	630 369	374 010	448 364	1 704 795
	1 106 702	228 906	608 974	480 866	550 547	1 937 797
インドネシア	101 736	10 779	36 710	67 621	50 265	165 021
	400 798	64 604	229 181	174 323	162 437	709 191
	484 751	79 077	292 129	206 171	223 503	868 346
カザフスタン	11 320	2 209	3 318	10 354	8 981	18 292
	67 185	16 007	37 565	65 502	44 257	148 047
	107 616	23 890	58 763	88 692	61 902	224 415
カタール	2 704	3 493	3 579	11 949	3 966	17 760
	20 232	17 497	39 289	77 822	29 717	125 122
	28 194	26 583	59 435	141 101	52 863	202 450
韓国	301 905	63 680	185 012	196 622	184 993	561 634
	550 760	158 390	350 490	540 896	506 037	1 094 499
	665 761	194 728	378 172	703 476	637 427	1 304 554
カンボジア	3 256	192	643	1 828	2 265	3 667
	9 139	713	1 953	6 080	6 692	11 242
	12 052	898	2 874	9 339	9 984	15 250
クウェート	15 664	8 101	4 023	21 301	11 371	37 718
	32 904	19 896	20 694	76 952	35 034	115 412
	42 529	29 360	24 794	125 827	46 679	175 831
サウジアラビア	68 834	49 014	35 261	82 259	46 926	188 442
	170 511	106 713	161 959	261 831	174 203	526 811
	222 210	165 701	202 215	387 616	229 292	748 450
シリア	12 466	2 440	3 393	7 103	5 736	19 666
	36 635	7 495	16 137	19 747	19 549	60 465
	21 041	4 260	9 915	11 412	11 463	35 164

各国の国内総生産（支出側）（Ⅱ）（名目）（単位　百万ドル）

（各国別の上段：2000年，中段：2010年，下段：2013年）

	民間最終消費支出	政府最終消費支出	総資本形成 1)	財貨・サービスの輸出	（控除）財貨・サービスの輸入	国内総生産（支出側）2)
シンガポール	39 557	10 267	31 294	181 390	169 271	94 308
	86 357	24 154	53 754	470 688	405 221	233 292
	113 583	30 544	77 607	566 238	498 049	295 744
スリランカ	11 850	2 297	4 275	6 393	8 098	16 717
	32 296	7 718	13 504	11 091	15 209	49 566
	44 892	8 804	19 623	14 720	21 047	67 203
タイ	68 176	17 061	28 164	81 953	71 358	126 148
	177 666	53 395	86 493	225 513	206 632	338 778
	218 205	69 030	119 177	285 996	274 789	420 167
中国	553 900	189 182	420 883	279 558	250 685	1 192 836
	2 079 070	788 097	2 859 619	1 743 385	1 520 386	5 949 785
	3 320 652	1 251 626	4 387 464	2 344 485	2 123 023	9 181 204
トルコ	187 933	31 258	55 356	53 573	61 560	266 560
	524 173	104 810	142 744	155 069	195 653	731 144
	582 731	123 753	169 595	210 850	264 780	822 149
パキスタン	59 954	6 412	11 562	9 586	10 476	76 866
	139 110	18 003	27 580	23 587	33 772	174 508
	182 696	24 359	32 063	28 727	42 426	225 419
バングラデシュ	40 275	2 257	12 928	6 357	8 743	52 265
	84 867	5 812	30 054	18 349	24 938	114 586
	111 825	7 854	43 579	29 992	41 076	153 505
フィリピン	58 501	9 527	14 588	41 600	43 113	81 045
	142 808	19 971	40 187	69 426	72 875	199 637
	199 426	30 213	53 493	75 934	86 999	272 067
ベトナム	20 717	2 001	9 230	17 155	17 923	31 173
	77 166	6 947	41 380	82 513	93 449	115 932
	111 361	10 540	45 531	143 613	136 618	171 222
（香港）	100 668	16 082	47 350	216 357	208 788	171 669
	140 328	20 256	54 623	469 447	456 015	228 639
	181 089	25 522	65 086	629 141	626 812	274 027
マレーシア	42 081	9 217	29 381	112 369	94 350	97 584
	117 597	30 264	57 666	230 988	188 982	247 534
	160 102	42 333	82 187	259 079	231 268	312 434
ミャンマー	5 185	1 192	905	1 939	2 313	7 275
	29 334	3 449	9 608	8 190	6 301	41 518
	34 072	9 682	22 971	10 404	10 350	63 031
ラオス	1 557	112	232	501	736	1 665
	4 135	848	1 737	1 590	1 647	6 744
	6 428	1 413	3 029	2 508	2 887	10 760

各国の国内総生産（支出側）（Ⅲ）（名目）（単位　百万ドル）

（各国別の上段：2000年，中段：2010年，下段：2013年）

	民間最終消費支出	政府最終消費支出	総資本形成 1)	財貨・サービスの輸出	（控除）財貨・サービスの輸入	国内総生産（支出側）2)
アフリカ						
アルジェリア	22 777	7 443	12 911	23 050	11 390	54 790
	55 327	27 771	66 789	61 975	50 655	161 207
	72 696	39 735	90 315	69 659	63 642	208 764
アンゴラ	3 502	3 023	1 037	5 978	4 682	8 858
	33 560	19 847	13 314	51 383	35 619	82 513
	50 211	29 685	18 058	79 482	58 064	121 692
エジプト	73 526	10 589	16 976	18 239	23 647	95 684
	160 051	23 951	41 884	45 812	57 068	214 630
	207 137	29 809	36 185	44 976	62 908	255 199
エチオピア	5 551	1 535	1 782	975	1 941	8 030
	21 453	2 415	7 107	3 620	8 766	26 311
	34 525	3 354	15 178	5 823	12 862	46 017
ガーナ	7 293	523	1 363	2 445	3 360	7 985
	25 296	3 332	8 269	9 484	14 768	32 174
	28 315	7 987	11 557	20 254	22 690	47 830
カメルーン	6 523	878	1 553	2 160	1 826	9 287
	17 720	2 743	4 498	4 098	5 436	23 622
	22 818	3 422	5 767	6 108	8 548	29 568
ケニア	11 426	1 811	2 636	2 741	3 756	14 457
	30 862	5 668	8 336	8 263	13 428	39 701
	44 206	7 759	11 005	9 794	18 322	54 443
スーダン	3) 39 697	3) 2 759	3) 11 185	3) 1 880	3) 7 117	3) 48 404
	42 370	2 643	13 471	2 277	6 815	53 945
	51 536	1 883	13 566	935	6 284	54 595
チュニジア	13 015	3 580	5 561	8 531	9 214	21 473
	27 711	7 320	11 291	21 804	24 075	44 051
	31 919	8 810	10 466	21 720	26 049	46 883
ナイジェリア	39 358	4 499	7 789	24 960	8 910	74 591
	244 028	32 150	63 814	93 240	64 170	369 062
	371 494	41 628	75 802	92 907	66 866	514 965
南アフリカ共和国	86 058	25 035	22 316	37 034	33 107	136 361
	221 525	75 932	73 242	107 407	102 747	375 348
	221 990	74 154	73 655	113 388	121 707	366 060
モロッコ	22 748	6 809	9 453	10 360	12 347	37 022
	51 983	15 912	31 799	30 169	39 093	90 771
	62 387	19 697	35 473	34 938	48 658	103 836
リビア	17 865	7 926	5 015	13 560	5 897	38 471
	19 514	10 817	32 545	51 970	33 903	80 942
	25 821	18 934	23 467	38 224	31 850	74 597

各国の国内総生産（支出側）（Ⅳ）（名目）（単位　百万ドル）
（各国別の上段：2000年，中段：2010年，下段：2013年）

	民間最終消費支出	政府最終消費支出	総資本形成 1)	財貨・サービスの輸出	（控除）財貨・サービスの輸入	国内総生産（支出側）2)
ヨーロッパ						
アイルランド	47 101	14 454	24 575	94 935	81 937	99 317
	103 288	40 921	33 822	209 009	170 881	218 435
	104 546	40 562	36 351	244 379	196 099	232 077
イギリス	1 000 769	270 826	307 466	407 441	437 910	1 548 592
	1 551 578	520 074	393 542	690 778	748 038	2 407 934
	1 736 557	542 122	456 050	799 291	849 474	2 678 455
イタリア	691 889	204 177	236 543	292 950	283 347	1 142 213
	1 298 084	433 945	436 438	535 263	577 110	2 126 620
	1 300 337	417 994	382 172	613 809	564 827	2 149 485
ウクライナ	18 597	5 794	6 411	19 521	17 948	32 375
	91 472	27 771	25 943	65 601	69 578	141 209
	139 032	35 241	29 608	81 548	97 079	188 350
オーストリア	106 051	37 394	51 088	85 305	82 584	196 422
	210 405	79 529	87 985	197 535	185 260	389 656
	230 783	84 929	97 814	229 007	213 798	428 322
オランダ	207 297	84 367	94 628	277 541	250 436	413 397
	374 163	221 486	170 794	601 816	531 869	836 390
	384 478	224 781	156 105	707 933	619 757	853 539
ギリシャ	88 469	23 454	34 773	31 237	45 762	132 171
	209 842	64 764	50 687	66 200	91 894	299 598
	172 484	48 425	28 501	73 221	80 401	242 230
クロアチア	13 405	4 646	4 388	7 949	8 612	21 774
	35 169	12 009	12 739	22 516	22 768	59 665
	35 093	11 595	10 913	24 851	24 583	57 869
スイス	154 579	29 382	67 937	141 782	125 113	271 653
	316 867	61 984	139 890	373 421	311 078	581 209
	365 453	75 148	154 581	494 530	411 496	685 434
スウェーデン	121 691	63 748	59 116	114 567	99 320	259 801
	226 796	122 979	111 900	225 558	198 856	488 378
	270 762	151 944	128 446	253 836	225 309	579 680
スペイン	355 436	99 607	158 255	170 381	188 276	595 402
	819 494	293 645	337 131	365 339	384 021	1 431 588
	810 339	271 149	264 077	439 579	392 103	1 393 040
スロバキア	11 502	3 999	5 707	11 181	11 712	20 677
	51 722	17 054	21 492	68 083	69 345	89 007
	55 411	17 644	20 225	90 827	86 394	97 713
チェコ	31 274	11 972	19 364	29 708	30 848	61 470
	101 951	42 395	56 255	136 997	130 581	207 016
	103 548	40 979	52 238	161 199	149 167	208 796

各国の国内総生産（支出側）（V）（名目）（単位　百万ドル）
（各国別の上段：2000年，中段：2010年，下段：2013年）

	民間最終消費支出	政府最終消費支出	総資本形成 1)	財貨・サービスの輸出	（控除）財貨・サービスの輸入	国内総生産（支出側）2)
デンマーク	77 259	39 191	36 692	73 690	62 674	164 158
	153 240	88 117	58 901	159 011	139 457	319 812
	164 352	90 215	63 262	182 637	163 765	336 701
ドイツ	1 112 588	364 533	464 839	601 161	595 914	1 947 207
	1 914 731	654 135	666 265	1 443 158	1 266 280	3 412 009
	2 086 559	718 584	708 364	1 699 677	1 482 923	3 730 261
ノルウェー	72 713	32 558	37 251	78 315	49 523	171 315
	179 869	91 879	108 648	170 639	122 515	428 527
	210 143	111 229	147 785	202 677	149 485	522 349
ハンガリー	25 561	9 943	13 341	31 514	33 249	47 110
	67 777	28 116	26 743	107 066	100 119	129 583
	70 298	26 544	26 450	118 429	108 297	133 424
フィンランド	60 014	24 864	29 996	52 836	41 312	125 540
	131 850	59 202	53 611	95 843	92 707	247 800
	147 440	66 675	57 161	102 058	104 642	267 329
フランス	745 012	302 200	306 343	385 536	370 654	1 368 435
	1 486 021	630 668	579 955	689 322	739 135	2 646 836
	1 553 253	677 049	617 709	793 747	835 335	2 806 432
ブルガリア	9 137	2 413	2 507	4 798	5 501	13 354
	31 018	7 709	11 302	26 836	28 196	48 669
	34 078	8 994	11 725	37 261	37 577	54 481
ベルギー	124 629	49 656	56 814	171 073	164 836	237 336
	249 118	114 479	112 236	369 309	360 737	484 404
	270 819	128 131	118 813	434 338	427 296	524 806
ポーランド	109 089	31 188	42 260	46 775	57 724	171 708
	293 480	91 766	100 095	192 916	201 570	476 688
	320 196	95 412	100 333	242 467	232 544	525 863
ポルトガル	74 868	22 515	34 045	33 366	46 435	118 358
	156 718	49 361	50 236	71 189	89 201	238 303
	146 970	43 082	35 047	89 246	87 021	227 324
ルーマニア	25 568	6 427	7 421	12 248	14 226	37 439
	106 549	26 681	45 084	54 266	64 583	167 998
	119 310	28 143	46 303	79 616	81 278	192 094
ルクセンブルク	8 003	3 045	4 584	31 582	25 911	21 303
	17 001	8 698	8 928	94 198	76 682	52 144
	18 678	10 391	9 894	122 259	101 091	60 131
ロシア	119 926	39 796	48 552	114 432	62 419	259 718
	785 149	285 542	344 858	445 513	322 367	1 524 917
	1 089 144	409 819	473 566	594 798	471 592	2 096 774

第4章　経済成長と国民経済計算

各国の国内総生産（支出側）（Ⅵ）（名目）（単位　百万ドル）
（各国別の上段：2000年，中段：2010年，下段：2013年）

	民間最終消費支出	政府最終消費支出	総資本形成 1)	財貨・サービスの輸出	（控除）財貨・サービスの輸入	国内総生産（支出側）2)
北中アメリカ						
アメリカ合衆国	6 792 390	1 444 170	2 424 010	1 096 830	1 472 630	10 284 780
	10 202 200	2 522 210	2 752 640	1 852 330	2 364 990	14 964 380
	11 484 340	2 547 590	3 244 310	2 262 220	2 770 410	16 768 050
エルサルバドル	11 550	1 336	2 223	3 599	5 573	13 134
	19 897	2 293	2 853	5 553	9 177	21 418
	22 407	2 899	3 664	6 403	11 113	24 259
カナダ	402 793	140 657	153 528	328 370	286 674	739 451
	911 286	355 620	376 738	469 064	499 747	1 614 072
	1 021 477	396 916	450 213	555 263	584 607	1 838 964
キューバ	18 558	9 046	3 822	4 319	5 180	30 565
	32 369	22 360	6 791	14 210	11 401	64 328
	40 292	27 952	7 552	17 950	15 052	78 694
グアテマラ	14 183	1 608	3 392	5 210	7 102	17 196
	35 588	4 331	5 762	10 668	15 010	41 338
	46 593	5 637	7 653	12 730	18 817	53 797
コスタリカ	10 676	2 118	2 697	7 754	7 298	15 947
	23 396	6 407	7 495	13 855	14 856	36 298
	31 942	8 898	10 572	17 436	19 227	49 621
ドミニカ共和国	18 399	1 837	5 505	8 764	10 850	23 655
	44 379	3 905	8 399	11 742	17 444	50 980
	50 460	4 644	8 836	15 785	19 114	60 612
トリニダード・トバゴ	4 680	975	1 369	4 829	3 698	8 154
	9 628	2 853	2 878	12 105	6 885	20 578
	12 302	3 264	3 421	14 543	9 068	24 463
パナマ	6 962	1 533	2 805	8 434	8 113	11 621
	16 176	3 546	6 907	20 337	19 913	27 053
	23 642	4 556	12 140	29 076	28 947	40 467
メキシコ	429 933	65 909	164 895	179 810	191 194	648 549
	704 330	122 542	231 836	313 989	326 637	1 049 925
	869 476	149 707	272 514	400 326	408 671	1 259 201
南アメリカ						
アルゼンチン	248 028	40 933	52 440	31 200	33 162	340 361
	303 088	60 823	89 262	81 305	69 862	464 616
	406 677	94 855	112 419	88 785	90 747	611 726
ウルグアイ	17 461	2 820	3 300	3 811	4 568	22 823
	26 073	5 094	7 333	10 593	10 212	38 881
	36 677	7 714	13 140	13 372	15 194	55 708

各国の国内総生産（支出側）（Ⅶ）（名目）（単位　百万ドル）

（各国別の上段：2000年，中段：2010年，下段：2013年）

	民間最終消費支出	政府最終消費支出	総資本形成 1)	財貨・サービスの輸出	（控除）財貨・サービスの輸入	国内総生産（支出側）2)
エクアドル	11 830	1 713	3 898	5 885	5 008	18 319
	44 012	9 181	19 501	19 402	22 542	69 555
	56 293	13 315	27 180	27 570	29 885	94 473
コロンビア	69 382	16 452	14 877	15 895	16 731	99 876
	181 013	47 748	63 506	45 739	50 988	287 018
	230 725	63 185	91 538	67 112	74 413	378 148
チリ	49 226	9 366	17 502	23 743	22 393	77 383
	128 413	26 742	48 698	82 795	69 092	217 556
	177 422	34 314	66 262	90 198	91 152	277 043
パラグアイ	5 621	899	1 335	2 703	3 463	7 095
	13 984	2 094	3 253	11 046	10 330	20 048
	19 613	3 501	4 697	15 243	13 807	29 208
ブラジル	414 853	123 583	117 664	64 332	75 703	644 729
	1 278 189	453 229	433 720	232 982	255 085	2 143 035
	1 401 620	493 731	404 427	282 089	338 014	2 243 854
ベネズエラ	60 622	14 584	28 315	34 844	21 219	117 146
	220 118	44 144	86 526	112 355	69 336	393 808
	241 705	46 005	101 260	91 962	109 592	371 339
ペルー	36 336	6 020	10 134	8 716	9 756	51 477
	90 780	15 762	34 657	41 051	35 180	147 070
	124 321	22 654	54 129	49 277	50 113	200 269
ボリビア	6 413	1 221	1 524	1 535	2 295	8 398
	12 241	2 718	3 342	8 093	6 745	19 650
	18 407	4 244	5 818	13 518	11 386	30 601
オセアニア						
オーストラリア	240 142	72 154	96 046	90 552	89 831	409 063
	696 275	230 442	350 800	272 732	259 914	1 290 335
	852 558	270 475	415 631	320 531	326 546	1 531 282
ニュージーランド	31 567	9 262	11 996	19 461	17 842	54 444
	83 690	28 724	29 506	44 356	40 993	145 284
	106 886	35 614	43 287	55 088	51 851	189 025
パプア・ニューギニア	1 561	580	766	2 316	1 723	3 499
	6 181	1 466	2 194	6 183	6 306	9 707
	11 041	3 218	3 436	6 004	8 284	15 420

国連のデータベース "National Accounts Main Aggregates Database" による。2015年5月28日閲覧。本書2010/11年版より現在の資料を採用，ドル建ての共通単位で比較可能なことと，表4-3国内総生産の推移，表4-8産業活動別国内総生産のデータとの整合性を重視した。中国には香港，マカオを含まず。1）総固定資本形成および在庫品増加。2）国により統計上の不突合を含む。3）2008年。

表 4-8　産業活動別国内総生産（Ⅰ）（名目）（アジア）（単位　百万ドル）

	日本			アラブ首長国連邦	
	2010	2013		2010	2013
農林水産業 1)	64 429	57 689	農林水産業 1)	2 448	2 654
鉱・工業・・・ 2)	1 203 487	1 014 715	鉱・工業・・・ 2)	123 703	201 230
うち製造業 ・・・	1 074 655	916 844	うち製造業 ・・・	25 744	34 314
建設業・・・・・・	298 448	272 208	建設業・・・・・・	33 316	36 212
卸売・小売業3)5)	751 659	690 689	卸売・小売業3)	41 802	49 193
運輸・通信業・	563 267	508 403	運輸・通信業・	24 375	31 779
サービス業4)5)	2 572 976	2 326 103	サービス業 4)	74 071	99 537
産業計・・・・	5 454 265	4 869 808	産業計・・・・	299 715	420 605
国内総生産×	**5 495 387**	**4 898 532**	国内総生産×	**286 049**	**402 340**

	イスラエル			イラン	
	2010	2013		2010	2013
農林水産業 1)	3 548	4 105	農林水産業 1)	37 084	41 370
鉱・工業・・・ 2)	34 761	42 962	鉱・工業・・・ 2)	143 730	181 965
うち製造業 6)	30 676	38 618	うち製造業 ・・・	42 395	52 280
建設業・・・・・・	10 582	13 910	建設業・・・・・・	19 975	22 531
卸売・小売業3)	19 523	25 720	卸売・小売業3)	49 980	56 768
運輸・通信業6)	27 437	34 576	運輸・通信業・	40 691	43 603
サービス業 4)	110 145	138 547	サービス業 4)	126 732	143 286
産業計・・・・	205 995	259 820	産業計・・・・	418 193	489 524
国内総生産×	**231 676**	**291 567**	国内総生産×	**421 716**	**492 783**

	インド			インドネシア	
	2010	2013		2010	2013
農林水産業 1)	288 451	325 327	農林水産業 1)	108 372	125 323
鉱・工業・・・ 2)	317 525	303 038	鉱・工業・・・ 2)	259 698	310 044
うち製造業 ・・・	243 548	230 391	うち製造業 ・・・	175 385	205 768
建設業・・・・・・	131 220	139 669	建設業・・・・・・	72 710	86 727
卸売・小売業3)	274 613	296 691	卸売・小売業3)	96 927	124 412
運輸・通信業・	117 205	131 637	運輸・通信業・	45 924	60 881
サービス業 4)	487 372	590 872	サービス業 4)	122 928	160 959
産業計・・・・	1 616 386	1 787 234	産業計・・・・	706 558	868 346
国内総生産×	**1 704 795**	**1 937 797**	国内総生産×	**709 191**	**868 346**

産業活動別国内総生産（Ⅱ）（名目）（アジア）（単位　百万ドル）

	韓国			クウェート	
	2010	2013		2010	2013
農林水産業 1)	24 477	27 915	農林水産業 1)	562	618
鉱・工業・・・ 2)	328 358	400 080	鉱・工業・・・ 2)	73 702	125 869
うち製造業・ 6)	304 284	370 394	うち製造業・・・	6 899	11 899
建設業・・・・・・	50 719	59 044	建設業・・・・・・	2 548	3 034
卸売・小売業3)	118 969	141 192	卸売・小売業3)	5 620	6 966
運輸・通信業6)	71 553	84 717	運輸・通信業・	8 312	9 214
サービス業 4)	396 464	478 020	サービス業 4)	40 441	52 596
産業計・・・・	990 540	1 190 968	産業計・・・・	131 186	198 297
国内総生産×	1 094 499	1 304 554	国内総生産×	115 412	175 831

	サウジアラビア			シンガポール	
	2010	2013		2010	2013
農林水産業 1)	12 550	13 770	農林水産業1)7)	87	95
鉱・工業・・・ 2)	284 181	418 764	鉱・工業・・ 2) 7)	50 779	55 920
うち製造業・・・	58 179	75 536	うち製造業・ 6)	47 273	51 645
建設業・・・・・・	24 208	35 852	建設業・・・・・・	9 229	12 183
卸売・小売業3)	46 535	64 423	卸売・小売業3)	46 824	57 565
運輸・通信業・	26 988	36 095	運輸・通信業6)	26 944	30 484
サービス業 4)	133 663	179 542	サービス業 4)	86 277	121 868
産業計・・・・	528 125	748 446	産業計・・・・	220 140	278 115
国内総生産×	526 811	748 450	国内総生産×	233 292	295 744

	タイ			中国	
	2010	2013		2010	2013
農林水産業 1)	35 912	44 930	農林水産業 1)	598 700	919 290
鉱・工業・・・ 2)	126 074	144 043	鉱・工業・・・ 2)	2 373 941	3 400 536
うち製造業・・・	105 988	117 414	うち製造業・・・	1 924 960	2 740 699
建設業・・・・・・	9 556	11 409	建設業・・・・・・	393 795	629 382
卸売・小売業3)	59 348	114 202	卸売・小売業3)	647 162	1 084 064
運輸・通信業・	23 195	28 519	運輸・通信業・	282 591	440 350
サービス業 4)	84 693	112 952	サービス業 4)	1 634 340	2 707 578
産業計・・・・	338 778	456 055	産業計・・・・	5 930 530	9 181 201
国内総生産×	338 778	420 167	国内総生産×	5 949 785	9 181 204

第4章　経済成長と国民経済計算

産業活動別国内総生産（Ⅲ）（名目）（アジア）（単位 百万ドル）

	トルコ			パキスタン	
	2010	2013		2010	2013
農林水産業 1)	61 709	60 752	農林水産業 1)	40 628	53 864
鉱・工業・・・ 2)	141 988	157 502	鉱・工業・・・ 2)	30 861	41 532
うち製造業 ・・・	114 524	126 171	うち製造業 ・・・	22 817	29 547
建設業・・・・・・	30 389	36 242	建設業・・・・・・	3 551	4 378
卸売・小売業3)	99 398	120 432	卸売・小売業3)	33 150	42 902
運輸・通信業・	94 158	113 864	運輸・通信業・	21 533	22 283
サービス業 4)	224 839	239 989	サービス業 4)	37 526	47 737
産業計・・・・	652 482	728 781	産業計・・・・	167 249	212 696
国内総生産×	**731 144**	**822 149**	国内総生産×	**174 508**	**225 419**

	フィリピン			ベトナム	
	2010	2013		2010	2013
農林水産業 1)	24 579	30 552	農林水産業 1)	21 901	31 470
鉱・工業・・・ 2)	52 792	67 641	鉱・工業・・・ 2)	36 842	56 431
うち製造業 ・・・	42 802	55 492	うち製造業 6)	20 813	29 952
建設業・・・・・・	12 516	17 027	建設業・・・・・・	7 477	9 158
卸売・小売業3)	34 617	48 353	卸売・小売業3)	19 596	29 628
運輸・通信業・	12 995	17 199	運輸・通信業6)	4 730	6 435
サービス業 4)	62 125	91 295	サービス業 4)	25 386	38 100
産業計・・・・	199 624	272 067	産業計・・・・	115 932	171 222
国内総生産×	**199 637**	**272 067**	国内総生産×	**115 932**	**171 222**

	（香港）			マレーシア	
	2010	2013		2010	2013
農林水産業1)8)	113	137	農林水産業 1)	25 648	29 135
鉱・工業・・・ 2)	8 362	8 606	鉱・工業・・・ 2)	93 532	113 563
うち製造業 ・・・	3 914	4 003	うち製造業 ・・・	60 704	74 760
建設業・・・・・・	7 276	9 705	建設業・・・・・・	8 417	13 020
卸売・小売業3)9)	60 460	79 038	卸売・小売業3)	39 760	52 666
運輸・通信業・	24 837	25 808	運輸・通信業・	15 944	20 413
サービス業4)9)	122 565	148 171	サービス業 4)	61 850	80 219
産業計・・・・	223 614	271 464	産業計・・・・	245 152	309 017
国内総生産×	**228 639**	**274 027**	国内総生産×	**247 534**	**312 434**

産業活動別国内総生産（Ⅳ）（名目）（アフリカ）（単位　百万ドル）

	アルジェリア			アンゴラ	
	2010	2013		2010	2013
農林水産業 [1]	13 649	20 509	農林水産業 [1]	8 117	11 016
鉱・工業・・・ [2]	65 349	72 971	鉱・工業・・・ [2]	42 921	66 904
うち製造業 ・・・	6 729	7 776	うち製造業 ・・・	5 051	7 043
建設業・・・・・・	16 053	19 682	建設業・・・・・・	6 546	8 721
卸売・小売業[3]	18 875	25 762	卸売・小売業[3]10]	12 916	18 108
運輸・通信業・	12 552	18 183	運輸・通信業・	3 900	5 468
サービス業 [4]	31 840	43 456	サービス業 [4]10]	6 070	8 529
産業計・・・・	158 318	200 562	産業計・・・・	80 470	118 746
国内総生産×	**161 207**	**208 764**	国内総生産×	**82 513**	**121 692**

	エジプト			エチオピア	
	2010	2013		2010	2013
農林水産業 [1]	28 632	34 369	農林水産業 [1]	11 105	19 324
鉱・工業・・・ [2]	67 444	81 274	鉱・工業・・・ [2]	1 494	2 603
うち製造業 ・・・	34 559	39 391	うち製造業 ・・・	1 026	1 639
建設業・・・・・・	9 358	10 976	建設業・・・・・・	1 050	2 096
卸売・小売業[3]	30 915	34 757	卸売・小売業[3]	4 742	7 945
運輸・通信業・	19 646	22 082	運輸・通信業・	892	2 217
サービス業 [4]	48 665	63 759	サービス業 [4]	5 218	8 302
産業計・・・・	204 660	247 216	産業計・・・・	24 502	42 486
国内総生産×	**214 630**	**255 199**	国内総生産×	**26 311**	**46 017**

	カメルーン			ケニア	
	2010	2013		2010	2013
農林水産業 [1]	5 118	6 252	農林水産業 [1]	9 931	14 511
鉱・工業・・・ [2]	5 339	6 411	鉱・工業・・・ [2]	5 619	7 278
うち製造業 ・・・	3 547	3 931	うち製造業 ・ [6]	4 502	5 763
建設業・・・・・・	1 206	1 750	建設業・・・・・・	1 801	2 463
卸売・小売業[3]	4 434	5 649	卸売・小売業[3]	3 697	5 016
運輸・通信業・	1 530	1 952	運輸・通信業[6]	3 601	4 873
サービス業 [4]	4 380	5 472	サービス業 [4]	11 944	16 447
産業計・・・・	22 007	27 486	産業計・・・・	36 593	50 587
国内総生産×	**23 622**	**29 568**	国内総生産×	**39 701**	**54 443**

第4章　経済成長と国民経済計算

産業活動別国内総生産（V）（名目）（アフリカ）（単位　百万ドル）

	スーダン			チュニジア	
	2010	2013		2010	2013
農林水産業 1)	22 843	23 067	農林水産業 1)	3 319	3 888
鉱・工業・・・ 2)	5 060	6 172	鉱・工業・・・ 2)	10 859	11 692
うち製造業 ・・・	5 285	5 323	うち製造業 ・・・	7 281	7 657
建設業・・・・・・	2 231	2 233	建設業・・・・・・	1 906	2 018
卸売・小売業3)	8 984	9 071	卸売・小売業3)	5 698	5 866
運輸・通信業・	5 903	5 801	運輸・通信業・	5 795	5 895
サービス業 4)	8 211	7 742	サービス業 4)	13 475	14 950
産業計・・・・	53 232	54 086	産業計・・・・	41 053	44 309
国内総生産×	**53 945**	**54 595**	国内総生産×	**44 051**	**46 883**

	ナイジェリア			南アフリカ共和国	
	2010	2013		2010	2013
農林水産業 1)	86 820	106 900	農林水産業 1)	8 961	7 608
鉱・工業・・・ 2)	81 541	115 551	鉱・工業・・・ 2)	89 738	85 157
うち製造業 ・・・	23 810	45 981	うち製造業 ・・・	48 994	43 493
建設業・・・・・・	10 452	17 013	建設業・・・・・・	13 038	13 095
卸売・小売業3)	61 467	91 228	卸売・小売業3)	50 617	48 784
運輸・通信業・	44 244	59 822	運輸・通信業・	31 347	32 933
サービス業 4)	78 835	118 620	サービス業 4)	147 070	141 054
産業計・・・・	363 360	509 133	産業計・・・・	340 771	328 632
国内総生産×	**369 062**	**514 965**	国内総生産×	**375 348**	**366 060**

	モロッコ			リビア	
	2010	2013		2010	2013
農林水産業 1)	12 538	15 759	農林水産業 1)	2 008	1 615
鉱・工業・・・ 2)	18 651	20 849	鉱・工業・・・ 2)	53 836	43 168
うち製造業 ・・・	12 837	14 680	うち製造業 ・・・	4 586	3 054
建設業・・・・・・	5 594	6 286	建設業・・・・・・	6 368	4 265
卸売・小売業3)	10 961	12 312	卸売・小売業3)	3 464	3 730
運輸・通信業・	6 005	5 901	運輸・通信業・	3 499	4 043
サービス業 4)	31 981	38 543	サービス業 4)	12 189	18 255
産業計・・・・	85 730	99 650	産業計・・・・	81 364	75 076
国内総生産×	**90 771**	**103 836**	国内総生産×	**80 942**	**74 597**

産業活動別国内総生産（Ⅵ）（名目）（ヨーロッパ）（単位　百万ドル）

	アイルランド			イギリス	
	2010	2013		2010	2013
農林水産業 1)	2 539	3 321	農林水産業 1)	14 651	15 552
鉱・工業・・・ 2)	49 420	47 665	鉱・工業・・・ 2)	317 654	336 780
うち製造業・ 6)	44 007	41 430	うち製造業・ 6)	221 184	231 190
建設業・・・・・・	3 478	3 706	建設業・・・・・・	129 188	144 569
卸売・小売業3)	37 548	42 242	卸売・小売業3)	355 725	392 051
運輸・通信業6)	15 021	16 893	運輸・通信業6)	175 936	193 954
サービス業 4)	92 583	99 346	サービス業 4)	1 171 136	1 301 647
産業計・・・・	200 590	213 172	産業計・・・・	2 164 290	2 384 552
国内総生産×	**218 435**	**232 077**	国内総生産×	**2 407 934**	**2 678 455**

	イタリア			ウクライナ	
	2010	2013		2010	2013
農林水産業 1)	37 636	44 744	農林水産業 1)	10 453	16 480
鉱・工業・・・ 2)	358 361	348 690	鉱・工業・・・ 2)	31 601	37 990
うち製造業・ 6)	302 338	287 482	うち製造業・ 6)	18 492	21 147
建設業・・・・・・	107 553	101 426	建設業・・・・・・	4 618	4 770
卸売・小売業3)	313 215	313 888	卸売・小売業3)	21 709	29 587
運輸・通信業6)	153 634	153 932	運輸・通信業6)	15 237	19 547
サービス業 4)	942 637	971 578	サービス業 4)	41 410	56 635
産業計・・・・	1 913 036	1 934 258	産業計・・・・	125 028	165 009
国内総生産×	**2 126 620**	**2 149 485**	国内総生産×	**141 209**	**188 350**

	オーストリア			オランダ	
	2010	2013		2010	2013
農林水産業 1)	4 982	5 497	農林水産業 1)	14 341	15 126
鉱・工業・・・ 2)	76 595	83 494	鉱・工業・・・ 2)	126 018	135 108
うち製造業・ 6)	64 579	70 553	うち製造業・ 6)	88 768	93 051
建設業・・・・・・	22 637	24 153	建設業・・・・・・	40 436	35 079
卸売・小売業3)	61 756	66 744	卸売・小売業3)	125 041	125 904
運輸・通信業6)	30 515	34 364	運輸・通信業6)	58 147	58 588
サービス業 4)	150 370	167 172	サービス業 4)	387 969	398 341
産業計・・・・	346 856	381 424	産業計・・・・	751 951	768 146
国内総生産×	**389 656**	**428 322**	国内総生産×	**836 390**	**853 539**

第4章　経済成長と国民経済計算

産業活動別国内総生産（Ⅶ）（名目）（ヨーロッパ）（単位　百万ドル）

	ギリシャ			クロアチア	
	2010	2013		2010	2013
農林水産業 1)	8 610	8 107	農林水産業 1)	2 484	2 083
鉱・工業・・・ 2)	28 717	24 727	鉱・工業・・・ 2)	10 358	10 348
うち製造業 ・ 6)	20 466	18 086	うち製造業 ・ 6)	7 222	6 846
建設業・・・・・・	11 521	4 671	建設業・・・・・・	3 446	2 618
卸売・小売業3)	53 730	43 788	卸売・小売業3)	7 942	7 878
運輸・通信業6)	19 952	16 232	運輸・通信業6)	4 888	4 650
サービス業 4)	141 884	115 636	サービス業 4)	21 894	21 409
産業計・・・・	264 415	213 161	産業計・・・・	51 012	48 986
国内総生産×	**299 598**	**242 230**	国内総生産×	**59 665**	**57 869**

	スイス			スウェーデン	
	2010	2013		2010	2013
農林水産業 1)	4 081	4 684	農林水産業 1)	6 975	7 379
鉱・工業・・・ 2)	118 870	136 683	鉱・工業・・・ 2)	98 923	104 299
うち製造業 ・ 6)	107 432	123 855	うち製造業 ・ 6)	79 814	84 367
建設業・・・・・・	28 111	33 832	建設業・・・・・・	25 301	28 101
卸売・小売業3)	99 952	108 359	卸売・小売業3)	53 489	64 688
運輸・通信業6)	45 926	53 988	運輸・通信業6)	47 158	57 706
サービス業 4)	262 839	325 039	サービス業 4)	197 538	249 913
産業計・・・・	559 779	662 586	産業計・・・・	429 383	512 085
国内総生産×	**581 209**	**685 434**	国内総生産×	**488 378**	**579 680**

	スペイン			スロベニア	
	2010	2013		2010	2013
農林水産業 1)	33 446	35 289	農林水産業 1)	828	886
鉱・工業・・・ 2)	225 123	223 861	鉱・工業・・・ 2)	10 131	11 089
うち製造業 ・ 6)	174 077	167 957	うち製造業 ・ 6)	8 432	9 252
建設業・・・・・・	115 922	73 119	建設業・・・・・・	2 668	2 185
卸売・小売業3)	237 098	242 268	卸売・小売業3)	6 022	5 893
運輸・通信業6)	115 229	113 466	運輸・通信業6)	4 027	4 243
サービス業 4)	584 247	584 599	サービス業 4)	18 138	17 165
産業計・・・・	1 311 065	1 272 601	産業計・・・・	41 814	41 461
国内総生産×	**1 431 588**	**1 393 040**	国内総生産×	**47 970**	**47 990**

産業活動別国内総生産（Ⅷ）（名目）（ヨーロッパ）（単位　百万ドル）

	チェコ			デンマーク	
	2010	2013		2010	2013
農林水産業 1)	3 153	4 883	農林水産業 1)	3 870	4 096
鉱・工業・・・ 2)	56 117	58 272	鉱・工業・・・ 2)	50 516	53 293
うち製造業・ 6)	43 991	46 603	うち製造業・ 6)	34 850	39 413
建設業・・・・・・	12 887	10 441	建設業・・・・・・	12 267	12 284
卸売・小売業3)	23 419	22 985	卸売・小売業3)	42 276	44 283
運輸・通信業6)	21 189	20 166	運輸・通信業6)	23 511	24 599
サービス業 4)	70 837	70 509	サービス業 4)	143 244	151 822
産業計・・・・	187 602	187 257	産業計・・・・	275 684	290 377
国内総生産×	**207 016**	**208 796**	国内総生産×	**319 812**	**336 701**
	ドイツ			ノルウェー	
	2010	2013		2010	2013
農林水産業 1)	22 746	28 755	農林水産業 1)	6 725	7 380
鉱・工業・・・ 2)	787 393	875 200	鉱・工業・・・ 2)	128 690	158 843
うち製造業・ 6)	674 894	745 241	うち製造業・ 6)	30 837	35 050
建設業・・・・・・	133 193	154 672	建設業・・・・・・	20 382	27 128
卸売・小売業3)	349 024	370 890	卸売・小売業3)	34 775	38 870
運輸・通信業6)	278 381	308 034	運輸・通信業6)	36 592	42 098
サービス業 4)	1 498 389	1 615 806	サービス業 4)	154 435	193 307
産業計・・・・	3 069 126	3 353 358	産業計・・・・	381 598	467 627
国内総生産×	**3 412 009**	**3 730 261**	国内総生産×	**428 527**	**522 349**
	フィンランド			フランス	
	2010	2013		2010	2013
農林水産業 1)	5 918	6 153	農林水産業 1)	42 504	42 587
鉱・工業・・・ 2)	50 984	46 848	鉱・工業・・・ 2)	322 869	348 043
うち製造業・ 6)	42 313	38 202	うち製造業・ 6)	268 355	285 588
建設業・・・・・・	13 970	14 899	建設業・・・・・・	144 689	151 242
卸売・小売業3)	27 188	29 938	卸売・小売業3)	362 275	371 989
運輸・通信業6)	18 587	20 448	運輸・通信業6)	187 901	193 541
サービス業 4)	100 056	111 529	サービス業 4)	1 325 027	1 411 138
産業計・・・・	216 702	229 815	産業計・・・・	2 385 262	2 518 538
国内総生産×	**247 800**	**267 329**	国内総生産×	**2 646 836**	**2 806 432**

第4章　経済成長と国民経済計算

産業活動別国内総生産（Ⅸ）（名目）（ヨーロッパ）（単位　百万ドル）

	ベルギー			ポーランド	
	2010	2013		2010	2013
農林水産業 1)	3 803	3 891	農林水産業 1)	12 443	15 429
鉱・工業… 2)	78 615	79 464	鉱・工業… 2)	103 563	120 648
うち製造業・ 6)	65 643	66 793	うち製造業・ 6)	73 411	88 003
建設業……	23 924	26 239	建設業……	34 758	34 662
卸売・小売業3)	66 987	71 372	卸売・小売業3)	91 800	103 015
運輸・通信業6)	38 158	40 730	運輸・通信業6)	33 280	37 399
サービス業 4)	221 886	248 123	サービス業 4)	143 983	156 014
産業計……	433 372	469 818	産業計……	419 827	467 167
国内総生産×	**484 404**	**524 806**	国内総生産×	**476 688**	**525 863**

	ポルトガル			ルーマニア	
	2010	2013		2010	2013
農林水産業 1)	4 587	4 580	農林水産業 1)	9 583	10 755
鉱・工業… 2)	35 222	33 664	鉱・工業… 2)	47 655	57 710
うち製造業…	27 577	25 322	うち製造業・ 6)	36 301	43 877
建設業……	12 219	8 398	建設業……	15 322	15 484
卸売・小売業3)	37 956	39 736	卸売・小売業3)	10 049	10 334
運輸・通信業・	17 451	17 094	運輸・通信業6)	18 037	17 258
サービス業 4)	102 256	96 306	サービス業 4)	48 971	56 930
産業計……	209 691	199 778	産業計……	149 618	168 472
国内総生産×	**238 303**	**227 324**	国内総生産×	**167 998**	**192 094**

	ルクセンブルク			ロシア	
	2010	2013		2010	2013
農林水産業 1)	132	184	農林水産業 1)	50 992	71 307
鉱・工業… 2)	3 484	3 646	鉱・工業… 2)	372 253	524 136
うち製造業・ 6)	2 756	2 782	うち製造業…	195 425	267 591
建設業……	2 573	2 902	建設業……	85 215	130 641
卸売・小売業3)	5 610	7 271	卸売・小売業3)	277 406	347 217
運輸・通信業6)	5 032	4 791	運輸・通信業・	120 603	153 450
サービス業 4)	30 251	34 927	サービス業 4)	412 030	578 589
産業計……	47 081	53 720	産業計……	1 318 499	1 805 340
国内総生産×	**52 144**	**60 131**	国内総生産×	**1 524 917**	**2 096 774**

産業活動別国内総生産（X）（名目）（北中アメリカ）（単位　百万ドル）

	アメリカ合衆国			カナダ	
	2010	2013		2010	2013
農林水産業 1)	160 200	226 600	農林水産業 1)	23 089	28 388
鉱・工業・・・ 2)	2 429 300	2 744 600	鉱・工業・・・ 2)	310 406	358 563
うち製造業 ・・・	1 830 600	2 028 500	うち製造業 ・ 6)	162 080	184 069
建設業・・・・・・	541 600	619 900	建設業・・・・・	109 940	124 487
卸売・小売業3)	1 737 300	1 969 900	卸売・小売業3)	191 465	216 435
運輸・通信業・	1 155 300	1 260 600	運輸・通信業6)	113 072	128 057
サービス業 4)	8 940 800	9 946 400	サービス業 4)	770 338	874 743
産業計・・・・	14 964 500	16 768 000	産業計・・・・	1 518 311	1 730 674
国内総生産×	**14 964 380**	**16 768 050**	国内総生産×	**1 614 072**	**1 838 964**

	キューバ			グアテマラ	
	2010	2013		2010	2013
農林水産業 1)	2 658	3 265	農林水産業 1)	4 570	5 725
鉱・工業・・・ 2)	7 452	9 141	鉱・工業・・・ 2)	9 518	12 490
うち製造業 ・・・	5 622	6 949	うち製造業 ・・・	7 703	10 249
建設業・・・・・・	3 474	4 243	建設業・・・・・	1 665	2 200
卸売・小売業3)	8 338	10 041	卸売・小売業3)	8 698	11 988
運輸・通信業・	4 984	6 135	運輸・通信業・	3 263	4 050
サービス業 4)	26 345	32 453	サービス業 4)	12 230	15 814
産業計・・・・	53 251	65 277	産業計・・・・	39 943	52 267
国内総生産×	**64 328**	**78 694**	国内総生産×	**41 338**	**53 797**

	ドミニカ共和国			メキシコ	
	2010	2013		2010	2013
農林水産業 1)	2 924	3 421	農林水産業 1)	33 681	39 694
鉱・工業・・・ 2)	12 449	14 548	鉱・工業・・・ 2)	303 479	366 187
うち製造業 ・・・	11 315	12 802	うち製造業 ・ 6)	174 062	212 505
建設業・・・・・・	2 609	3 067	建設業・・・・・	82 376	91 349
卸売・小売業3)	9 306	10 786	卸売・小売業3)	172 063	221 363
運輸・通信業・	5 465	6 530	運輸・通信業6)	91 060	106 481
サービス業 4)	15 846	20 127	サービス業 4)	324 264	384 413
産業計・・・・	48 600	58 479	産業計・・・・	1 006 922	1 209 487
国内総生産×	**50 980**	**60 612**	国内総生産×	**1 049 925**	**1 259 201**

産業活動別国内総生産（XI）（名目）（南アメリカ）（単位 百万ドル）

	アルゼンチン			コロンビア	
	2010	2013		2010	2013
農林水産業 1)	32 919	36 250	農林水産業 1)	18 662	20 922
鉱・工業・・・ 2)	101 659	118 414	鉱・工業・・・ 2)	71 183	95 951
うち製造業・・・	73 231	79 296	うち製造業・・・	36 621	42 597
建設業・・・・・・	22 643	29 426	建設業・・・・・・	20 721	32 645
卸売・小売業3)	60 219	71 425	卸売・小売業3)	33 293	43 193
運輸・通信業・	28 696	33 614	運輸・通信業・	18 267	21 465
サービス業 4)	156 398	230 273	サービス業 4)	100 775	131 451
産業計・・・・	402 534	519 402	産業計・・・・	262 901	345 626
国内総生産×	**464 616**	**611 726**	国内総生産×	**287 018**	**378 148**

	チリ			ブラジル	
	2010	2013		2010	2013
農林水産業 1)	6 936	8 712	農林水産業 1)	97 302	108 819
鉱・工業・・・ 2)	64 396	67 783	鉱・工業・・・ 2)	411 189	370 549
うち製造業・・・	23 528	29 077	うち製造業・・・	297 640	247 995
建設業・・・・・・	14 808	21 630	建設業・・・・・・	103 726	103 132
卸売・小売業3)	20 387	28 113	卸売・小売業3)	373 297	415 183
運輸・通信業・	13 779	16 336	運輸・通信業・	151 153	150 909
サービス業 4)	79 927	110 806	サービス業 4)	697 764	754 629
産業計・・・・	200 234	253 380	産業計・・・・	1 834 431	1 903 220
国内総生産×	**217 556**	**277 043**	国内総生産×	**2 143 035**	**2 243 854**

	ベネズエラ			ペルー	
	2010	2013		2010	2013
農林水産業 1)	21 168	19 068	農林水産業 1)	10 122	13 373
鉱・工業・・・ 2)	158 726	146 500	鉱・工業・・・ 2)	43 571	55 643
うち製造業・・・	50 892	47 437	うち製造業・6)	22 917	28 749
建設業・・・・・・	31 911	29 516	建設業・・・・・・	9 249	13 652
卸売・小売業3)	58 036	56 454	卸売・小売業3)	20 548	29 750
運輸・通信業・	21 260	19 377	運輸・通信業6)	11 499	15 898
サービス業 4)	82 822	81 633	サービス業 4)	39 605	54 637
産業計・・・・	373 922	352 548	産業計・・・・	134 594	182 952
国内総生産×	**393 808**	**371 339**	国内総生産×	**147 070**	**200 269**

産業活動別国内総生産 (XII) (名目) (オセアニア) (単位 百万ドル)

	オーストラリア			ニュージーランド	
	2010	2013		2010	2013
農林水産業 1)	29 680	34 775	農林水産業 1)	9 614	12 086
鉱・工業‥‥ 2)	247 887	282 960	鉱・工業‥‥ 2)	23 977	30 991
うち製造業‥ 6)	95 972	107 962	うち製造業‥	16 169	21 140
建設業‥‥‥	95 320	116 514	建設業‥‥‥	7 664	10 041
卸売・小売業3)	138 187	165 601	卸売・小売業3)	16 302	21 145
運輸・通信業6)	101 786	118 686	運輸・通信業・	10 582	13 898
サービス業 4)	591 779	712 976	サービス業 4)	65 587	85 544
産業計‥‥	1 204 638	1 431 512	産業計‥‥	133 726	173 705
国内総生産×	**1 290 335**	**1 531 282**	国内総生産×	**145 284**	**189 025**

	パプア・ニューギニア			フィジー	
	2010	2013		2010	2013
農林水産業 1)	2 981	4 107	農林水産業 1)	290	407
鉱・工業‥‥ 2)	2 925	3 553	鉱・工業‥‥ 2)	470	585
うち製造業‥	552	1 101	うち製造業‥	388	480
建設業‥‥‥	1 336	3 309	建設業‥‥‥	81	106
卸売・小売業3)	715	1 506	卸売・小売業3)	503	638
運輸・通信業・	284	561	運輸・通信業・	336	435
サービス業 4)	1 212	2 099	サービス業 4)	953	1 095
産業計‥‥	9 453	15 136	産業計‥‥	2 633	3 266
国内総生産×	**9 707**	**15 420**	国内総生産×	**3 140**	**4 034**

国連のデータベース，UNdata（http://unstats.un.org/），"National Accounts Estimates of Main Aggregates"による。2015年5月28日閲覧。1) 狩猟業を含む。2) 鉱業，製造業のほか，電気・ガス・水道業を含む。3) 自動車・家庭用品等修理業，宿泊・飲食業を含む。4) 上記以外の産業で，教育，保健・衛生，社会福祉，その他サービス産業のほか，金融・保険業，不動産業，対事業所サービス業，公務，政府サービス生産者，対家計民間非営利サービス生産者が含まれる。5) 自動車・家庭用品等修理業，宿泊・飲食業はサービス業に含まれる。6) 出版業は運輸・通信業に含まれる。7) 採石業は農林水産業に含まれる。8) 林業と狩猟業を除く。9) 自動車・家庭用品等修理業はサービス業に含まれる。10) 宿泊・飲食業はサービス業に含まれる。×国内総生産には，産業計のほか，輸入品に課される税・関税，（控除）総資本形成に係る消費税，（控除）帰属利子，統計上の不突合が含まれる。なお，国よっては産業計が国内総生産の場合がある。

第4章 経済成長と国民経済計算

第5章　資源とエネルギー

　途上国の人口増加や経済成長に伴い，世界のエネルギー消費が拡大している。IEA（国際エネルギー機関）のエネルギー需給統計によると，2012年の世界の一次エネルギー供給（消費）は，前年比1.8％増の133.7億トン（石油換算）で，3年連続の増加となった。また，2000年から12年までの年平均増加率は2.38％と，同年間の世界人口の増加率（1.21％）を上回った。一次エネルギー供給をOECD（経済協力開発機構）に加盟する34か国（いわゆる先進国）と非加盟国に分けてみると，OECD加盟国が経済成長の鈍化や省エネルギーの進展などにより，同年間でほぼ横ばい（0.99倍）にとどまったのに対して，非加盟国は1.72倍に伸びており，近年における世界のエネルギー消費の増加分は，途上国（OECD非加盟国）によってもたらされていることが明らかとなっている。途上国のなかでも中国，インド，ブラジル，ASEAN諸国，中東産油国の増加寄与度が大きく，これらの国々が世界の消費を押し上げている。1人あたりエネルギー供給からみて，中国を始め途上国にはまだ伸びる余地があることから，世界のエネルギー消費は今後も増加していくとみられている。一方，一次エネルギーの生産は中国，アメリカ，ロシア，サウジアラビア，インドの順で多く，上位5か国で世界の51％（12年）を占めている。一次エネルギーの生産と供給におけるOECD加盟国と非加盟国の比率をみると，生産が29対71であるのに対して，供給は40対60となっており，加盟国数が34であることからしても，エネルギーの配分はまだまだ先進国に偏っていると言える。以下，一次エネルギーを構成する主要なエネルギー源についてみていくこととする。

　石油（原油と石油製品）は，石油危機以降に先進国で脱石油の動きが広がったものの，今なお一次エネルギーの中心である（一次エネルギー供給の31.4％，2012年）。一般に原油は偏在性の高い資源と言われており，全埋蔵量の約半分（48.5％）が政情不安定な中東地域に集中している。そしてこの偏在性と地政学リスクが，70年代の2度の石油危機の温床と

なり，現在でもシリアの内戦，イラク情勢の不安定化，そこに付け込ん
だイスラム国の台頭など，多くの火種が世界のエネルギー安全保障を脅
かしている。中東地域の供給余力の高さは可採年数に表れており，その
年数は94.4年である。中東以外の在来型原油開発で特に有望な案件がみ
られないことや，北海産油国の生産が先細りであることなどを考えると，
日本などの輸入国が中東産油国に大きく依存する構図は今後も変わらな
いとみられている。一方，非在来型と呼ばれる石油資源が，近年注目さ
れている。代表的なものとしては，カナダのオイルサンド（原油を含ん
だ砂岩），アメリカのシェールオイル（地中の岩盤に含まれる原油），ベ
ネズエラのオリノコタール（超重質油）があげられる。これらの存在は
以前から知られていたが，生産と精製のコストが割高なことから積極的
な開発に至らなかった。しかし，近年の原油価格の高騰によって採算が
好転し，アメリカやカナダで本格的に生産されるようになった。非在来
型石油の利用については原油価格の高止まりが絶対条件であり，開発・
精製には環境への影響も指摘されているが，エネルギー安全保障の確保
や資源量からみて，今後大きな戦力となるであろう。

　石炭は，埋蔵地域の偏りが少なく先進国も輸出できることから，供給
の安定性が高いとされている。一次エネルギー供給に占める割合は，石
油の次に多い29.0%（2012年）である。近年の世界の石炭消費は，先進
国で横ばいか減少しているのに対して，電力需要の旺盛な新興国では拡
大傾向にある。なかでも世界の消費量の約60%を占める中国の消費の伸
びは特に顕著で，2005年から12年までの7年間で1.7倍に拡大している。
中国は世界一の生産国であるが，輸入も年々増えて09年に純輸入国に転
落し，11年には日本を抜いて最大の輸入国となった。一方，輸出はイン
ドネシアとオーストラリアの両国が世界の52%を占め，特にインドネシ
アは近年，安価な一般炭を中心に輸出を伸ばしている。

　天然ガスは，ほかの化石燃料に比べて環境負荷が小さく，中東以外の
産ガス国の供給余力が大きいなどの理由により，石油危機以降，石油代
替エネルギーの主力となってきた。天然ガスの埋蔵地域（2015年1月）
をみると，原油と同様に中東が最大の埋蔵地域（世界全体の40.4%）と

第
5
章

資源とエネルギー

なっているが，その生産量は16％（13年）にとどまっている。この理由
としては，中東地域では原油の開発が先行してきたことや，核開発疑惑
を巡る経済制裁により，イランで開発が停滞していることがあげられる。
しかし，これは中東地域の開発余地が大きいということであり，ロシア
に対する依存を弱めたい国の思惑も働き，今後の天然ガス市場で中東の
存在感は増すとみられている。なお，2015年7月には米欧など6か国と
イランとの間で行われていた核協議が合意に達し，対イラン制裁は解除
される見込みとなった。一方，アメリカとカナダでは，地下のシェール
（頁岩＝けつがん）層に閉じ込められているシェールガスと呼ばれる非
在来型天然ガスの開発が加速している。シェールガスの出現により，ア
メリカは2012年に世界一の天然ガス生産国となり，このまま問題なく開
発が進めば，純輸出国になるのも夢ではなくなっている。

　原子力は，1970年代の石油危機を契機に石油代替エネルギーとして先
進国や旧ソ連で積極的に導入され，近年は中国やインドなどの新興国で
開発が盛んである。各国の原子力政策は，時の政権の方針や重大な原発
事故によって左右される。2011年の福島第一原発の重大事故を受けて，
ドイツなど一部の国が原子力を段階的に全廃する方向に舵を切ったこと
は記憶に新しい。しかし，世界全体で見れば事故の影響は一時的かつ限
定的で，アメリカ，フランス，ロシア，韓国，中国，さらに自公政権下
の日本などの原子力大国は，原子力を積極的に活用する政策を掲げてい
る。さらに近年は，慢性的な電力不足を解消するために，トルコ，ベト
ナム，インドネシアといったアジアや中東の新興国で原発導入の動きが
加速しており，世界の原子力開発は今後も拡大が見込まれている。

OPEC　石油輸出国機構（Organization of the Petroleum Exporting
Countries）1960年9月にイラン，イラク，クウェート，サウジアラビア，ベ
ネズエラの5か国が設立した原油の生産・価格カルテル。本部はオーストリア
のウィーン。2015年6月末現在の加盟国は，上記の5か国のほか，カタール，
リビア，アラブ首長国連邦，アルジェリア，ナイジェリア，アンゴラ，エクア
ドル（07年に再加盟）の計12か国。なお，インドネシアは09年1月より一時脱
退。OPEC12か国のシェアは，生産量で39.8％（14年），埋蔵量で72.8％（15年
1月1日現在）となっている。

図 5-1　各種金属鉱の主要生産国（2012年）

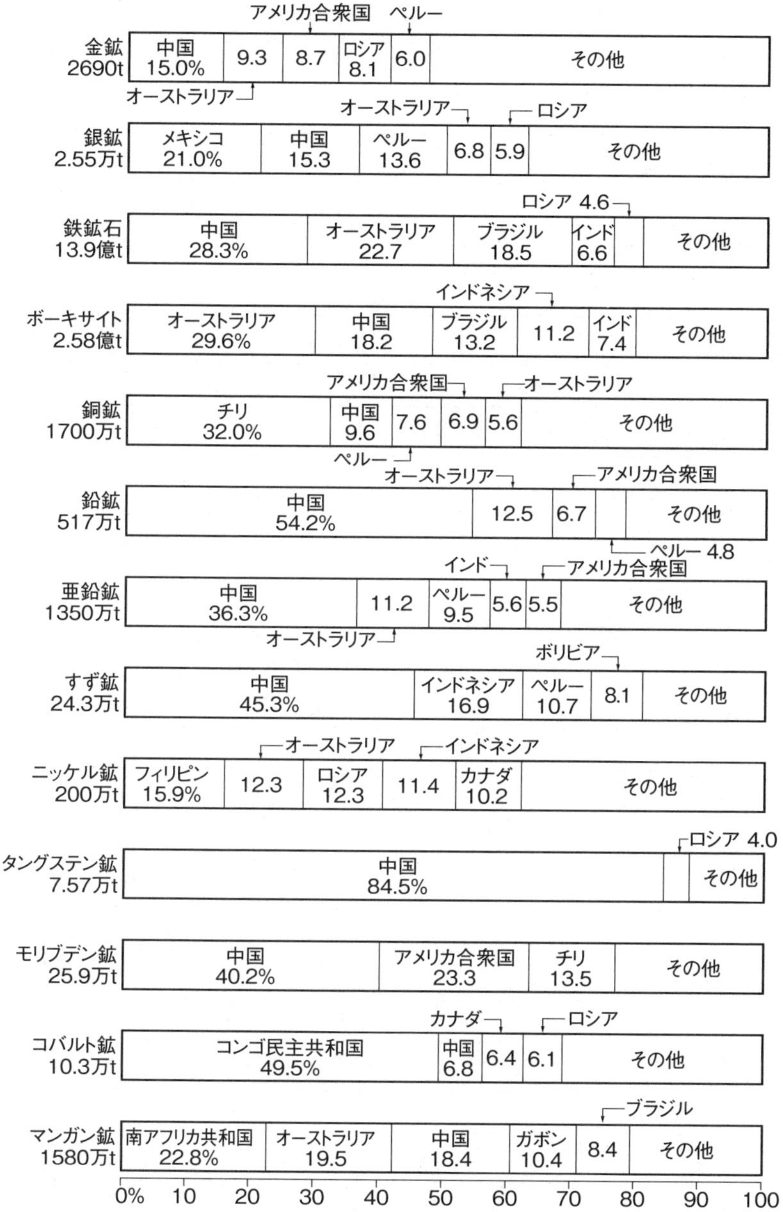

金鉱 2690t	中国 15.0%	9.3 (オーストラリア)	8.7 (アメリカ合衆国)	ロシア 8.1	6.0 (ペルー)	その他
銀鉱 2.55万t	メキシコ 21.0%	中国 15.3	ペルー 13.6	6.8 (オーストラリア)	5.9 (ロシア)	その他
鉄鉱石 13.9億t	中国 28.3%	オーストラリア 22.7	ブラジル 18.5	インド 6.6	ロシア 4.6	その他
ボーキサイト 2.58億t	オーストラリア 29.6%	中国 18.2	ブラジル 13.2	インドネシア 11.2	インド 7.4	その他
銅鉱 1700万t	チリ 32.0%	中国 9.6	7.6 (アメリカ合衆国)	6.9 (ペルー)	5.6 (オーストラリア)	その他
鉛鉱 517万t	中国 54.2%	オーストラリア 12.5	6.7 (アメリカ合衆国)			その他
亜鉛鉱 1350万t	中国 36.3%	インド 11.2	ペルー 9.5	5.6 (アメリカ合衆国)	5.5 ペルー 4.8	その他
すず鉱 24.3万t	中国 45.3%	インドネシア 16.9	ペルー 10.7	8.1 (ボリビア)		その他
ニッケル鉱 200万t	フィリピン 15.9%	12.3 (オーストラリア)	ロシア 12.3	11.4 (インドネシア)	カナダ 10.2	その他
タングステン鉱 7.57万t	中国 84.5%				ロシア 4.0	その他
モリブデン鉱 25.9万t	中国 40.2%	アメリカ合衆国 23.3	チリ 13.5			その他
コバルト鉱 10.3万t	コンゴ民主共和国 49.5%	中国 6.8	6.4 (カナダ)	6.1 (ロシア)		その他
マンガン鉱 1580万t	南アフリカ共和国 22.8%	オーストラリア 19.5	中国 18.4	ガボン 10.4	8.4 (ブラジル)	その他

0%　10　20　30　40　50　60　70　80　90　100

資料については，本章の金属鉱生産統計の各表を参照。生産高は金属含有量。ただし，ボーキサイトは粗鉱量。

第5章　資源とエネルギー

図 5-2　各種金属鉱の主要埋蔵国（2013年）

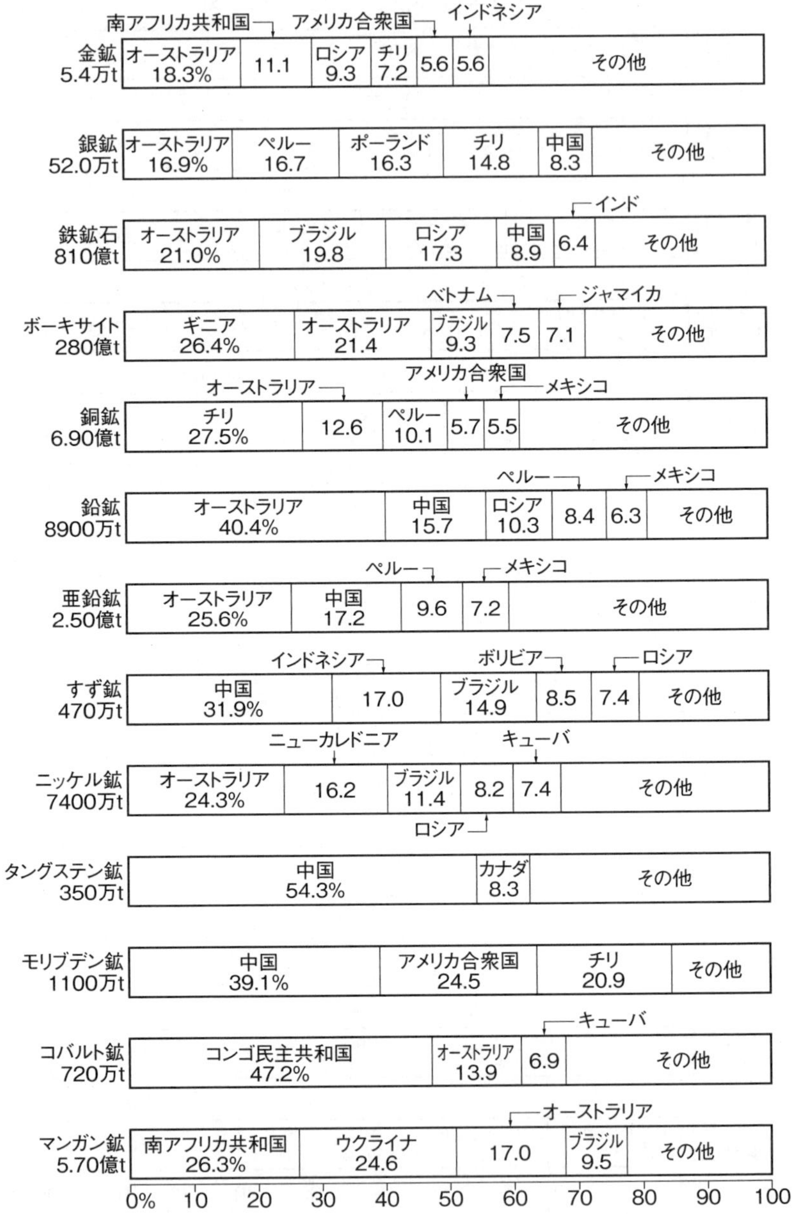

金鉱 5.4万t：オーストラリア 18.3% ／ 南アフリカ共和国 11.1 ／ ロシア 9.3 ／ チリ 7.2 ／ アメリカ合衆国 5.6 ／ インドネシア 5.6 ／ その他

銀鉱 52.0万t：オーストラリア 16.9% ／ ペルー 16.7 ／ ポーランド 16.3 ／ チリ 14.8 ／ 中国 8.3 ／ その他

鉄鉱石 810億t：オーストラリア 21.0% ／ ブラジル 19.8 ／ ロシア 17.3 ／ 中国 8.9 ／ インド 6.4 ／ その他

ボーキサイト 280億t：ギニア 26.4% ／ オーストラリア 21.4 ／ ブラジル 9.3 ／ ベトナム 7.5 ／ ジャマイカ 7.1 ／ その他

銅鉱 6.90億t：チリ 27.5% ／ オーストラリア 12.6 ／ ペルー 10.1 ／ アメリカ合衆国 5.7 ／ メキシコ 5.5 ／ その他

鉛鉱 8900万t：オーストラリア 40.4% ／ 中国 15.7 ／ ロシア 10.3 ／ ペルー 8.4 ／ メキシコ 6.3 ／ その他

亜鉛鉱 2.50億t：オーストラリア 25.6% ／ 中国 17.2 ／ ペルー 9.6 ／ メキシコ 7.2 ／ その他

すず鉱 470万t：中国 31.9% ／ インドネシア 17.0 ／ ブラジル 14.9 ／ ボリビア 8.5 ／ ロシア 7.4 ／ その他

ニッケル鉱 7400万t：オーストラリア 24.3% ／ ニューカレドニア 16.2 ／ ブラジル 11.4 ／ キューバ 8.2 ／ ロシア 7.4 ／ その他

タングステン鉱 350万t：中国 54.3% ／ カナダ 8.3 ／ その他

モリブデン鉱 1100万t：中国 39.1% ／ アメリカ合衆国 24.5 ／ チリ 20.9 ／ その他

コバルト鉱 720万t：コンゴ民主共和国 47.2% ／ オーストラリア 13.9 ／ キューバ 6.9 ／ その他

マンガン鉱 5.70億t：南アフリカ共和国 26.3% ／ ウクライナ 24.6 ／ オーストラリア 17.0 ／ ブラジル 9.5 ／ その他

（0% 10 20 30 40 50 60 70 80 90 100）

U.S.Geological Survey, "Mineral Commodity Summaries 2014" による。金属含有量。ただし，ボーキサイトは粗鉱量。本章の各表を参照。

表 5-1　金鉱の生産（金属含有量）（単位　kg）

	1990	2000	2011	2012	〃 %
日本・・・・・・・・・・・・	7 300	8 399	8 691	7 233	0.3
中国・・・・・・・・・・・・	100 000	180 000	362 000	403 000	15.0
オーストラリア・・・	244 000	296 410	260 000	250 000	9.3
アメリカ合衆国・・・	294 000	353 000	234 000	235 000	8.7
ロシア・・・・・・・・・・	・・・	143 000	199 642	217 800	8.1
ペルー・・・・・・・・・・	9 100	132 585	166 187	161 325	6.0
南アフリカ共和国・	605 000	430 800	180 184	160 000	5.9
カナダ・・・・・・・・・・	169 000	156 207	101 975	103 713	3.9
メキシコ・・・・・・・・	9 680	26 375	84 118	96 650	3.6
ウズベキスタン・・・	・・・	85 000	91 000	93 000	3.5
ガーナ・・・・・・・・・・	16 800	72 100	82 919	86 540	3.2
コロンビア・・・・・・・	29 400	37 018	55 908	66 178	2.5
ブラジル・・・・・・・・	102 000	50 393	65 209	65 000	2.4
インドネシア・・・・・	11 200	124 596	96 100	58 800	2.2
アルゼンチン・・・・・	1 400	25 954	59 140	56 100	2.1
パプアニューギニア	31 900	74 540	61 760	53 100	2.0
チリ・・・・・・・・・・・・	27 500	54 143	45 137	49 936	1.9
タンザニア・・・・・・・	3 500	15 060	44 000	44 000	1.6
カザフスタン・・・・・	・・・	28 171	36 846	40 006	1.5
マリ・・・・・・・・・・・・	5 200	28 717	35 728	40 000	1.5
トルコ・・・・・・・・・・	1 010	500	24 400	29 370	1.1
ブルキナファソ・・・	7 800	625	31 774	27 850	1.0
トーゴ・・・・・・・・・・	—	—	16 469	16 500	0.6
フィリピン・・・・・・・	24 600	36 540	31 120	15 762	0.6
ジンバブエ・・・・・・・	16 900	22 070	12 824	14 742	0.5
世界計×・・・・・・・	**2 180 000**	**2 570 000**	**2 670 000**	**2 690 000**	100.0

U.S.Geological Survey,“Minerals Yearbook”による。×その他とも。

表 5-2　白金族の生産（2012年）（単位　kg）

	プラチナ	パラジウム	他の白金族	白金族計	%
南アフリカ共和国・	133 000	74 000	53 000	260 000	57.6
ロシア・・・・・・・・・・	24 600	82 000	12 000	118 600	26.3
ジンバブエ・・・・・・・	11 000	9 000	2 200	22 200	4.9
カナダ・・・・・・・・・・	7 000	12 200	700	19 900	4.4
アメリカ合衆国・・・	3 670	12 300	—	15 970	3.5
日本・・・・・・・・・・・ 1)	1 500	7 000	—	8 500	1.9
ボツワナ・・・・・・・・	435	2 613	—	3 048	0.7
世界計×・・・・・ 2)	**183 000**	**201 000**	**67 900**	**451 000**	100.0

資料は上表に同じ。プラチナ，パラジウム，ルテニウム，オスミウム，イリジウム，ロジウムの6元素を白金族という。1) 輸入鉱石からの回収。2) ラウンドの関係で合計は一致しない。×その他とも。

表 5-3　**銀鉱の生産**（金属含有量）（単位　t ）

	1990	2000	2010	2011	2012	〃 %
メキシコ········	2 420	2 620	4 411	4 778	5 358	21.0
中国············	130	1 600	3 500	3 700	3 900	15.3
ペルー··········	1 930	2 438	3 640	3 419	3 479	13.6
オーストラリア··	1 170	2 060	1 864	1 725	1 728	6.8
ロシア··········	…	370	1 356	1 350	1 500	5.9
ボリビア········	311	434	1 259	1 214	1 214	4.8
チリ············	655	1 242	1 287	1 291	1 195	4.7
ポーランド······	832	1 148	1 181	1 167	1 149	4.5
アメリカ合衆国··	2 120	1 980	1 280	1 120	1 060	4.2
カザフスタン····	…	927	552	651	963	3.8
アルゼンチン····	83	78	723	747	800	3.1
カナダ··········	1 500	1 212	570	582	663	2.6
インド··········	33	41	165	204	330	1.3
スウェーデン····	243	329	302	302	305	1.2
トルコ··········	53	110	364	247	250	1.0
インドネシア····	67	256	272	310	250	1.0
グアテマラ······	—	—	195	273	205	0.8
モロッコ········	241	289	195	190	190	0.7
世界計×······	**16 600**	**18 100**	**23 900**	**24 100**	**25 500**	100.0

U.S.Geological Survey,“Minerals Yearbook”による。×その他とも。

表 5-4　**ダイヤモンドの生産**（単位　千カラット）

	2010 計	2011 計	2012			
			宝飾用	工業用	計	〃 %
ロシア··········	34 900	35 200	20 700	14 200	34 900	27.3
コンゴ民主共和国	20 471	19 310	21 524	41	21 565	16.8
ボツワナ········	22 010	22 870	14 400	6 170	20 570	16.1
ジンバブエ······	8 438	8 504	11 000	1 100	12 100	9.5
カナダ··········	11 804	10 795	10 451	…	10 451	8.2
オーストラリア··	9 980	7 828	92	9 090	9 182	7.2
アンゴラ········	8 366	8 333	7 500	833	8 333	6.5
南アフリカ共和国	8 870	7 050	2 830	4 246	7 076	5.5
ナミビア········	1 693	1 256	1 629	…	1 629	1.3
シエラレオネ····	438	357	406	135	541	0.4
レソト··········	109	224	479	…	479	0.4
中央アフリカ····	301	324	293	73	366	0.3
ギニア··········	374	304	213	53	266	0.2
ガーナ··········	334	302	233	…	233	0.2
世界計×······	**128 000**	**123 000**	**92 000**	**36 000**	**128 000**	100.0

資料は上表に同じ。1カラットは0.2グラム。×その他とも。

表 5-5　鉄鉱石の生産推移（金属含有量）（単位　千 t ）

	1990	2000	2010	2011	2012
アジア					
中国・・・・・・・・・・・・	50 500	73 500	332 000	412 000	① 393 000
インド・・・・・・・・・・	34 400	48 600	134 404	113 444	④ 91 974
イラン・・・・・・・・・・	1 800	6 100	16 500	16 500	17 500
カザフスタン・・・・・	・・・	9 200	13 800	14 100	14 800
モンゴル・・・・・・	・・・	・・・	2 050	3 600	4 760
マレーシア・・・・・・	210	168	1 970	4 380	4 500
トルコ・・・・・・・・・・	2 690	2 200	3 000	3 400	3 300
ベトナム・・・・・・・・	・・・	165	1 972	2 209	2 210
北朝鮮・・・・・・・・・	4 700	1 100	1 500	1 500	1 500
タイ・・・・・・・・・・・・	71	・・・	485	485	485
韓国・・・・・・・・・・・・	180	188	308	320	300
パキスタン・・・・・・	・・・	・・・	210	200	190
アフリカ					
南アフリカ共和国・	19 700	21 570	36 900	36 500	⑦ 40 500
モーリタニア・・・・・	6 800	7 500	7 500	7 250	7 200
アルジェリア・・・・・	1 470	830	671	704	715
ヨーロッパ					
ロシア・・・・・・・・・	・・・	50 000	56 581	61 360	⑤ 64 000
ウクライナ・・・・・・・	・・・	30 600	43 000	44 300	⑥ 45 100
スウェーデン・・・・・	12 900	13 556	16 750	15 159	15 000
ノルウェー・・・・・・・	1 350	369	1 926	2 047	2 405
ボスニア・					
ヘルツェゴビナ・	・・・	50	588	794	798
オーストリア・・・・・	653	500	662	706	704
ギリシャ・・・・・・・・	861	575	570	560	550
（参考）旧ソ連・・・・	132 000	―	―	―	―
北中アメリカ					
アメリカ合衆国・・・	35 700	39 703	31 300	34 300	⑧ 33 400
カナダ・・・・・・・・・・	22 000	22 744	23 300	22 500	24 900
メキシコ・・・・・・・・	7 110	6 795	8 400	7 722	7 750
南アメリカ					
ブラジル・・・・・・・・	99 900	141 106	247 772	257 600	③ 257 600
ベネズエラ・・・・・・・	13 100	11 092	14 000	17 000	17 000
チリ・・・・・・・・・・・・	5 040	5 455	5 852	7 747	9 429
ペルー・・・・・・・・・・	2 150	2 813	6 140	7 123	6 792
オセアニア					
オーストラリア・・・	69 800	104 226	271 000	277 000	② 315 000
ニュージーランド・	1 300	808	1 400	1 300	1 320
世界計×・・・・・・・	**540 000**	**604 306**	**1 280 000**	**1 370 000**	**1 390 000**

U.S.Geological Survey, "Minerals Yearbook"による。円内の数字は国別順位。×その他
とも。

表5-6 鉄鉱石の埋蔵量 (金属含有量) (2013年)

	百万 t	%		百万 t	%
オーストラリア	17 000	21.0	ベネズエラ‥‥	2 400	3.0
ブラジル‥‥‥	16 000	19.8	カナダ‥‥‥‥	2 300	2.8
ロシア‥‥‥‥	14 000	17.3	ウクライナ‥‥	2 300	2.8
中国‥‥‥‥‥	7 200	8.9			
インド‥‥‥‥	5 200	6.4	世界計×‥‥	81 000	100.0

U.S.Geological Survey，"Mineral Commodity Summaries 2014" による。経済的に採掘可能な可採埋蔵量。×その他とも。

表5-7 ボーキサイトの生産 (粗鉱) (単位 千 t)

	1990	2000	2010	2011	2012	〃 %
オーストラリア‥	41 400	53 802	68 414	69 976	76 282	29.6
中国‥‥‥‥‥‥	2 400	9 000	44 000	45 000	47 000	18.2
ブラジル‥‥‥‥	9 680	13 866	32 028	33 695	34 000	13.2
インドネシア‥‥	1 210	1 151	27 000	40 000	29 000	11.2
インド‥‥‥‥‥	4 850	7 562	18 000	19 000	19 000	7.4
ギニア‥‥‥‥‥	15 800	15 700	15 300	15 300	17 823	6.9
ジャマイカ‥‥‥	10 900	11 127	8 540	10 189	9 339	3.6
ロシア‥‥‥‥‥	…	4 200	5 690	5 943	5 700	2.2
カザフスタン‥‥	…	3 730	5 310	5 495	5 170	2.0
スリナム‥‥‥‥	3 280	3 610	3 104	3 236	3 400	1.3
ガイアナ‥‥‥‥	1 420	2 471	1 083	1 818	2 214	0.9
ギリシャ‥‥‥‥	2 500	1 991	1 902	1 900	2 100	0.8
ベネズエラ‥‥‥	771	4 361	2 500	2 455	2 000	0.8
トルコ‥‥‥‥‥	773	459	1 311	1 025	1 100	0.4
ガーナ‥‥‥‥‥	381	504	595	408	790	0.3
シエラレオネ‥‥	1 430	…	1 089	1 300	776	0.3
ボスニア・ヘルツェゴビナ	…	75	844	708	700	0.3
世界計×‥‥‥‥	113 000	136 000	238 000	259 000	258 000	100.0

U.S.Geological Survey，"Minerals Yearbook" による。×その他とも。

表5-8 ボーキサイトの埋蔵量 (乾燥重量) (2013年)

	百万 t	%		百万 t	%
ギニア‥‥‥‥	7 400	26.4	インドネシア‥	1 000	3.6
オーストラリア	6 000	21.4	ガイアナ‥‥‥	850	3.0
ブラジル‥‥‥	2 600	9.3	中国‥‥‥‥‥	830	3.0
ベトナム‥‥‥	2 100	7.5	ギリシア‥‥‥	600	2.1
ジャマイカ‥‥	2 000	7.1	世界計×‥‥	28 000	100.0

資料・脚注は表5-6に同じ。

表 5-9　銅鉱の生産（金属含有量）（単位　千 t ）

	1990	2000	2010	2011	2012	〃 %
チリ…………	1 590.0	4 602.4	5 418.9	5 262.8	5 433.9	32.0
中国…………	285.0	613.0	1 200.0	1 310.0	1 630.0	9.6
ペルー………	339.3	553.9	1 247.1	1 235.3	1 298.6	7.6
アメリカ合衆国‥	1 584.0	1 440.0	1 110.0	1 110.0	1 170.0	6.9
オーストラリア‥	327.0	829.0	870.0	958.0	958.0	5.6
ロシア………	…	570.0	703.0	856.2	883.0	5.2
ザンビア………	421.0	249.1	686.0	668.0	690.0	4.1
コンゴ民主共和国	356.0	21.0	430.0	554.0	600.0	3.5
カナダ………	793.7	633.9	525.1	566.2	578.6	3.4
メキシコ………	293.9	364.6	270.0	444.0	500.0	2.9
ポーランド……	330.0	454.1	425.4	426.7	427.1	2.5
カザフスタン……	…	430.0	427.0	417.0	424.0	2.5
インドネシア……	164.0	1 012.1	878.4	541.2	398.5	2.3
イラン………	65.8	135.0	256.0	259.0	245.0	1.4
ブラジル………	36.4	31.8	220.9	223.3	221.0	1.3
ラオス………	—	—	132.0	138.8	139.0	0.8
アルゼンチン……	0.4	145.2	140.0	116.7	136.0	0.8
モンゴル………	124.0	125.2	125.0	121.6	121.7	0.7
パプアニューギニア	170.0	200.9	159.8	130.5	121.0	0.7
ブルガリア……	32.9	92.0	105.0	105.0	107.9	0.6
ウズベキスタン‥	…	70.0	90.0	91.5	95.6	0.6
トルコ………	33.5	76.3	97.0	80.0	90.0	0.5
スウェーデン……	74.3	77.8	76.5	83.0	83.0	0.5
ポルトガル……	163.0	76.2	74.4	79.7	82.5	0.5
南アフリカ共和国	179.0	137.1	102.6	96.6	77.0	0.5
スペイン………	10.9	23.3	46.3	74.2	68.7	0.4
フィリピン……	182.0	30.6	58.4	63.8	65.4	0.4
モーリタニア……	—		37.0	35.3	37.7	0.2
（参考）旧ソ連…	950.0	—	—	—	—	
世界計×……	8 950	13 300	16 200	16 300	17 000	100.0

U.S.Geological Survey, "Minerals Yearbook" による。×その他とも。

表 5-10　銅鉱の埋蔵量（金属含有量）（2013年）

	千 t	%		千 t	%
チリ…………	190 000	27.5	中国…………	30 000	4.3
オーストラリア	87 000	12.6	ロシア………	30 000	4.3
ペルー………	70 000	10.1	インドネシア‥	28 000	4.1
アメリカ合衆国	39 000	5.7	ポーランド……	26 000	3.8
メキシコ……	38 000	5.5	世界計×……	690 000	100.0

U.S.Geological Survey , "Mineral Commodity Summaries 2014" による。経済的に採掘可能な可採埋蔵量。×その他とも。

表 5-11　鉛鉱の生産（金属含有量）（単位　千 t ）

	1990	2000	2010	2011	2012	〃 %
中国・・・・・・・・・・	315.0	660.0	1 850.0	2 400.0	2 800.0	54.2
オーストラリア・・	570.0	739.0	625.0	621.0	648.0	12.5
アメリカ合衆国・・	497.0	465.0	369.0	342.0	345.0	6.7
ペルー・・・・・・・・・	210.0	270.6	262.0	230.2	248.7	4.8
メキシコ・・・・・・・	187.0	138.0	192.1	223.7	210.4	4.1
インド・・・・・・・・・	23.2	28.9	97.0	115.0	118.0	2.3
ボリビア・・・・・・・・	19.9	9.5	72.8	100.1	100.0	1.9
ロシア・・・・・・・・・	・・・	13.3	97.0	94.5	95.0	1.8
スウェーデン・・・・	98.3	106.6	68.0	62.0	62.0	1.2
カナダ・・・・・・・・・	241.0	148.8	64.8	59.8	59.4	1.1
ポーランド・・・・・・	61.3	51.2	60.2	56.0	57.6	1.1
南アフリカ共和国	69.4	75.3	50.6	54.5	55.0	1.1
アイルランド・・・・	35.3	57.8	39.1	50.7	51.0	1.0
トルコ・・・・・・・・・	18.4	17.3	23.0	39.0	40.0	0.8
カザフスタン・・・・	・・・	40.0	36.1	34.6	38.5	0.7
マケドニア・・・・・・	・・・	16.2	38.0	36.0	36.0	0.7
イラン・・・・・・・・・	11.0	15.0	35.0	35.0	35.0	0.7
モロッコ・・・・・・・	68.8	81.2	32.5	30.7	30.0	0.6
アルゼンチン・・・・	23.4	14.1	22.6	26.1	25.0	0.5
ギリシャ・・・・・・・	26.2	18.2	18.0	18.0	20.0	0.4
ブラジル・・・・・・・	9.3	8.8	19.7	15.1	16.5	0.3
ホンジュラス・・・・	5.8	4.8	16.9	17.0	15.0	0.3
北朝鮮・・・・・・・・・	80.0	60.0	13.0	13.0	13.0	0.3
ブルガリア・・・・・・	57.0	10.5	12.0	12.0	12.0	0.2
ミャンマー・・・・・・	2.7	1.2	7.0	8.7	8.8	0.2
（参考）旧ソ連・・・	420.0	—	—	—	—	—
世界計×・・・・・・	3 370	3 170	4 150	4 730	5 170	100.0

U.S.Geological Survey, "Minerals Yearbook" による。×その他とも。

表 5-12　鉛鉱の埋蔵量（金属含有量）（2013年）

	千 t	%		千 t	%
オーストラリア	36 000	40.4	アメリカ合衆国	5 000	5.6
中国・・・・・・・・・・	14 000	15.7	インド・・・・・・・・	2 600	2.9
ロシア・・・・・・・・	9 200	10.3	ポーランド・・・・	1 700	1.9
ペルー・・・・・・・・	7 500	8.4			
メキシコ・・・・・・	5 600	6.3	世界計×・・・・	89 000	100.0

U.S.Geological Survey , "Mineral Commodity Summaries 2014" による。経済的に採掘可能な可採埋蔵量。×その他とも。

表 5-13　亜鉛鉱の生産（金属含有量）（単位　千 t ）

	1990	2000	2010	2011	2012	〃 %
中国·············	619.0	1 780.0	3 700.0	4 050.0	4 900.0	36.3
オーストラリア··	940.0	1 420.0	1 479.0	1 515.0	1 514.0	11.2
ペルー···········	598.0	910.3	1 470.5	1 256.4	1 281.0	9.5
インド···········	74.0	144.0	740.0	796.0	758.0	5.6
アメリカ合衆国··	543.0	852.0	748.0	769.0	738.0	5.5
メキシコ········	307.0	392.8	570.0	631.9	660.3	4.9
カナダ··········	1 200.0	1 002.2	649.1	622.6	641.3	4.8
ボリビア·········	104.0	149.1	411.4	427.1	405.0	3.0
カザフスタン····	···	325.0	398.4	405.3	370.5	2.7
アイルランド····	167.0	262.9	342.4	344.0	337.5	2.5
ロシア···········	···	136.0	269.0	275.0	288.0	2.1
トルコ···········	39.1	39.0	196.0	160.0	206.0	1.5
ブラジル·········	158.0	100.3	211.2	197.8	198.0	1.5
ナミビア·········	37.7	39.1	204.2	192.2	194.4	1.4
スウェーデン····	164.0	176.8	198.7	194.4	188.0	1.4
イラン···········	29.0	90.0	80.0	80.0	80.0	0.6
北朝鮮···········	230.0	60.0	70.0	70.0	70.0	0.5
ポーランド······	153.0	156.9	92.0	60.0	60.0	0.4
モンゴル·········	—	—	56.3	52.3	59.6	0.4
モロッコ·········	18.8	103.1	61.9	60.0	58.0	0.4
フィンランド····	51.7	30.5	55.6	64.1	51.5	0.4
アルゼンチン····	38.7	34.9	32.6	34.0	42.0	0.3
ベトナム·········	10.0	16.0	36.0	38.0	38.0	0.3
南アフリカ共和国	74.8	62.7	36.1	36.6	37.0	0.3
スペイン·········	258.0	201.0	17.3	33.2	33.2	0.2
タイ·············	61.5	27.0	25.5	18.3	31.0	0.2
ポルトガル······	—	—	6.4	4.2	30.0	0.2
マケドニア······	···	···	29.0	28.0	28.0	0.2
（参考）旧ソ連···	550.0	—	—	—	—	—
世界計×······	7 150	8 770	12 400	12 600	13 500	100.0

U.S.Geological Survey，"Minerals Yearbook" による。×その他とも。

表 5-14　亜鉛鉱の埋蔵量（金属含有量）（2013年）

	千 t	%		千 t	%
オーストラリア	64 000	25.6	アメリカ合衆国	10 000	4.0
中国··········	43 000	17.2	カザフスタン··	10 000	4.0
ペルー········	24 000	9.6	カナダ········	7 000	2.8
メキシコ······	18 000	7.2	ボリビア······	5 200	2.1
インド········	11 000	4.4	世界計×····	250 000	100.0

U.S.Geological Survey，"Mineral Commodity Summaries 2014" による。経済的に採掘可能な可採埋蔵量。×その他とも。

第 5 章　資源とエネルギー

表 5-15　**すず鉱の生産**（金属含有量）（単位　t）

	1990	2000	2010	2011	2012	〃 %
中国・・・・・・・・・	42 000	99 400	115 000	120 000	110 000	45.3
インドネシア・・・・	30 200	51 629	43 258	42 000	41 000	16.9
ペルー・・・・・・・・・・	5 130	70 901	33 848	28 882	26 105	10.7
ボリビア・・・・・・・・	17 200	12 464	20 190	20 373	19 702	8.1
ブラジル・・・・・・・・	39 100	14 200	10 400	10 725	13 667	5.6
ミャンマー・・・・・・	596	212	4 000	11 000	10 600	4.4
オーストラリア・・	7 380	9 146	6 600	5 012	5 849	2.4
ベトナム・・・・・・・・	850	4 100	5 400	5 400	5 400	2.2
マレーシア・・・・・・	28 500	6 307	2 668	3 340	3 726	1.5
コンゴ民主共和国	2 220	50	8 600	4 800	3 700	1.5
（参考）旧ソ連・・・	15 000	―	―	―	―	―
世界計×・・・・・	**221 000**	**278 000**	**255 000**	**256 000**	**243 000**	100.0

U.S.Geological Survey, “Minerals Yearbook” による。×その他とも。

表 5-16　**すず鉱の埋蔵量**（金属含有量）（2013年）

	千 t	%		千 t	%
中国・・・・・・・・・	1 500	31.9	マレーシア・・・・	250	5.3
インドネシア・・	800	17.0	オーストラリア	240	5.1
ブラジル・・・・・・	700	14.9	タイ・・・・・・・・・	170	3.6
ボリビア・・・・・・	400	8.5			
ロシア・・・・・・・・	350	7.4	世界計×・・・・	**4 700**	100.0

U.S.Geological Survey , “Mineral Commodity Summaries 2014” による。経済的に採掘可能な可採埋蔵量。×その他とも。

表 5-17　**塩の生産**（単位　千 t）

	2011	2012		2011	2012
中国・・・・・・・・・・	67 420	70 000	フランス・・・・・・	5 430	6 100
アメリカ合衆国	45 000	37 200	ウクライナ・・・・	5 938	5 900
インド・・・・・・・・	16 000	17 000	トルコ・・・・・・・・	6 546	5 000
ドイツ・・・・・・・・	17 432	14 800	スペイン・・・・・・	4 504	4 500
カナダ・・・・・・・・	12 756	10 845	ポーランド・・・・	4 282	3 810
オーストラリア	11 744	10 821	イラン・・・・・・・・	3 000	3 300
メキシコ・・・・・・	8 812	10 798	エジプト・・・・・・	2 800	2 900
チリ・・・・・・・・・・	9 966	8 057	ルーマニア・・・・	2 540	2 240
ブラジル・・・・・・	7 000	7 020	イタリア・・・・・・	2 912	2 200
イギリス・・・・・・	6 700	6 700	世界計×・・・・	**272 000**	**261 000**

U.S.Geological Survey, “Minerals Yearbook” による。

表 5-18　ニッケル鉱の生産（金属含有量）（単位　千 t ）

	1990	2000	2010	2011	2012	〃 %
フィリピン‥‥‥	15.8	17.4	190.0	319.4	317.6	15.9
オーストラリア‥	67.0	166.5	170.0	212.0	246.0	12.3
ロシア‥‥‥‥‥2)	280.0	315.0	269.3	267.4	245.3	12.3
インドネシア‥‥	68.3	98.2	235.8	297.0	228.0	11.4
カナダ‥‥‥‥‥	196.0	190.8	160.1	219.0	204.2	10.2
ブラジル‥‥‥‥	24.1	45.3	109.0	131.7	139.2	7.0
ニューカレドニア1)	85.1	126.0	129.8	130.7	131.7	6.6
中国‥‥‥‥‥‥	33.0	50.3	80.0	90.0	93.3	4.7
コロンビア‥‥‥	22.4	58.9	70.2	70.0	84.0	4.2
キューバ‥‥‥‥	40.8	68.1	69.7	72.5	68.2	3.4
世界計×‥‥‥	**974**	**1 290**	**1 650**	**2 050**	**2 000**	100.0

U.S.Geological Survey, "Minerals Yearbook"による。1) フランス領。2) 旧ソ連の数値。×
その他とも。

表 5-19　ニッケル鉱の埋蔵量（金属含有量）（2013年）

	千 t	%		千 t	%
オーストラリア	18 000	24.3	キューバ‥‥‥	5 500	7.4
ニューカレドニア	12 000	16.2	インドネシア‥	3 900	5.3
ブラジル‥‥‥	8 400	11.4	南アフリカ共和国	3 700	5.0
ロシア‥‥‥‥	6 100	8.2	世界計×‥‥	**74 000**	100.0

U.S.Geological Survey , "Mineral Commodity Summaries 2014"による。経済的に採掘可
能な可採埋蔵量。×その他とも。

表 5-20　主なレアメタルの生産・埋蔵量（Ⅰ）（金属含有量）

		生産 (2012年)			埋蔵量 (2013年)	
		（千 t ）	%		（千 t ）	%
マンガン	南アフリカ共和国	3 600	22.8	南アフリカ共和国	150 000	26.3
	オーストラリア・	3 080	19.5	ウクライナ‥‥‥	140 000	24.6
	中国‥‥‥‥‥‥	2 900	18.4	オーストラリア・	97 000	17.0
	ガボン‥‥‥‥‥	1 650	10.4	ブラジル‥‥‥‥	54 000	9.5
	ブラジル‥‥‥‥	1 330	8.4	インド‥‥‥‥‥	49 000	8.6
	世界計×‥‥‥	**15 800**	100.0	世界計×‥‥‥	**570 000**	100.0
クロム 1)	南アフリカ共和国	11 000	43.0	カザフスタン‥‥	230 000	…
	カザフスタン‥‥	4 000	15.6	南アフリカ共和国	200 000	…
	インド‥‥‥‥‥	3 900	15.2	インド‥‥‥‥‥	54 000	…
	トルコ‥‥‥‥‥	2 500	9.8			
	世界計×‥‥‥	**25 600**	100.0	世界計×‥‥‥	…	…

主なレアメタルの生産・埋蔵量（Ⅱ）（金属含有量）

		生産 （2012年）			埋蔵量 （2013年）	
		（ t ）	％		（千 t ）	％
タングステン	中国 ·········	64 000	84.5	中国 ··········	1 900	54.3
	ロシア ·········	3 000	4.0	カナダ ·········	290	8.3
	カナダ ·········	2 194	2.9	ロシア ·········	250	7.1
	ボリビア ·······	1 270	1.7	アメリカ合衆国·	140	4.0
	ベトナム ·······	1 050	1.4	ボリビア ·······	53	1.5
	世界計× ·····	**75 700**	100.0	世界計× ·····	**3 500**	100.0
モリブデン	中国 ·········	104 000	40.2	中国 ··········	4 300	39.1
	アメリカ合衆国·	60 400	23.3	アメリカ合衆国·	2 700	24.5
	チリ ··········	35 090	13.5	チリ ··········	2 300	20.9
	ペルー ·········	16 790	6.5	ペルー ·········	450	4.1
	メキシコ ·······	11 000	4.2	ロシア ·········	250	2.3
	世界計× ·····	**259 000**	100.0	世界計× ·····	**11 000**	100.0
アンチモン	中国 ·········	145 000	83.3	中国 ··········	950	52.8
	カナダ ·········	7 000	4.0	ロシア ·········	350	19.4
	ロシア ·········	6 500	3.7	ボリビア ·······	310	17.2
	ボリビア ·······	4 000	2.3	タジキスタン ···	50	2.8
	南アフリカ共和国	3 800	2.2	南アフリカ共和国	27	1.5
	世界計× ·····	**174 000**	100.0	世界計× ·····	**1 800**	100.0
コバルト	コンゴ民主共和国	51 000	49.5	コンゴ民主共和国	3 400	47.2
	中国 ·········	7 000	6.8	オーストラリア·	1 000	13.9
	カナダ ·········	6 625	6.4	キューバ ·······	500	6.9
	ロシア ·········	6 300	6.1	ザンビア ·······	270	3.8
	オーストラリア·	5 882	5.7	カナダ ·········	260	3.6
	世界計× ·····	**103 000**	100.0	世界計× ·····	**7 200**	100.0
バナジウム	中国 ·········	39 000	52.7	中国 ··········	5 100	36.4
	南アフリカ共和国	19 500	26.4	ロシア ·········	5 000	35.7
	ロシア ·········	15 000	20.3	南アフリカ共和国	3 500	25.0
				アメリカ合衆国·	45	0.3
	世界計× ·····	**74 000**	100.0	世界計× ·····	**14 000**	100.0
レアアース[2]	中国 ·········	100 000	89.3	中国 ··········	55 000	39.3
	オーストラリア·	3 222	2.9	ブラジル ·······	22 000	15.7
	アメリカ合衆国·	3 000	2.7	アメリカ合衆国·	13 000	9.3
	インド ·········	2 900	2.6	インド ·········	3 100	2.2
	世界計× ·····	**112 000**	100.0	世界計× ·····	**140 000**	100.0

生産量はU.S.Geological Survey，“Minerals Yearbook 2012”，埋蔵量は同“Mineral Commodity Summaries 2014”による。埋蔵量は経済的に採掘可能な可採埋蔵量。1）精鉱量。2）酸化物量。×その他とも。

表 5-21　一次エネルギーの生産推移（Ⅰ）（石油換算）（単位　万 t ）

	1990	2000	2010	2011	2012
アジア					
中国・・・・・・・・・・・・	88 083	112 980	226 111	243 156	① 252 528
サウジアラビア・・・	36 844	47 583	53 145	59 268	④ 62 500
インド・・・・・・・・・・	29 181	36 635	52 996	53 922	⑤ 54 455
インドネシア・・・・・	16 850	23 743	37 983	42 256	⑥ 44 025
イラン・・・・・・・・・	18 783	25 365	34 991	35 394	⑨ 30 290
カタール・・・・・・・・	2 769	5 947	17 835	21 123	22 038
アラブ首長国連邦・	11 020	15 640	17 416	18 792	19 435
クウェート・・・・・・・	5 037	11 432	13 468	15 434	17 325
カザフスタン・・・・・	9 098	7 858	15 688	16 027	16 464
イラク・・・・・・・・・	11 034	13 491	12 459	14 042	15 512
マレーシア・・・・・・・	4 882	7 847	9 087	8 942	8 880
オマーン・・・・・・・・	3 830	6 045	7 153	7 368	7 577
タイ・・・・・・・・・・・	2 658	4 395	7 056	6 865	7 573
ベトナム・・・・・・・・	1 828	3 992	6 639	6 808	6 933
トルクメニスタン・	7 301	4 597	4 724	6 524	6 803
パキスタン・・・・・・・	3 418	4 690	6 437	6 511	6 599
アゼルバイジャン・	2 077	1 881	6 551	5 996	5 873
ウズベキスタン・・・	3 865	5 496	5 500	5 717	5 675
韓国・・・・・・・・・・・	2 262	3 444	4 492	4 699	4 622
トルコ・・・・・・・・・・	2 581	2 586	3 223	3 206	3 056
日本・・・・・・・・・・・	7 511	10 562	9 926	5 140	2 832
バングラデシュ・・・	1 076	1 514	2 597	2 618	2 719
フィリピン・・・・・・・	1 722	1 955	2 355	2 402	2 443
ミャンマー・・・・・・・	1 065	1 542	2 255	2 262	2 251
北朝鮮・・・・・・・・・	2 891	1 879	2 083	2 013	2 026
バーレーン・・・・・・・	1 431	1 671	2 012	2 055	1 977
ブルネイ・・・・・・・・	1 564	1 968	1 857	1 869	1 852
モンゴル・・・・・・・・	274	195	1 516	1 984	1 833
イエメン・・・・・・・・	938	2 203	1 937	1 872	1 511
アフリカ					
ナイジェリア・・・・・	14 629	19 725	25 733	26 412	⑩ 27 171
南アフリカ共和国・	11 453	14 562	16 379	16 313	16 608
アルジェリア・・・・・	10 011	14 222	15 052	14 585	14 376
アンゴラ・・・・・・・・	2 865	4 375	9 906	9 225	9 715
リビア・・・・・・・・・	7 317	7 593	10 374	3 265	8 678
エジプト・・・・・・・・	5 487	5 309	8 446	8 361	8 205
エチオピア・・・・・・	2 023	2 783	3 917	4 122	4 304
コンゴ民主共和国・	1 202	1 491	2 042	2 152	2 094
タンザニア・・・・・・	906	1 269	1 868	1 923	1 994
旧スーダン・・・・・・	877	1 998	3 504	3 478	1 712
ケニア・・・・・・・・・	873	1 148	1 590	1 633	1 689
モザンビーク・・・・・	561	726	1 214	1 286	1 580
コンゴ共和国・・・・・	875	1 458	1 739	1 669	1 573
ガボン・・・・・・・・・	1 463	1 514	1 448	1 449	1 408

一次エネルギーの生産推移（Ⅱ）（石油換算）（単位　万 t ）

	1990	2000	2010	2011	2012
ヨーロッパ					
ロシア・・・・・・・・・	129 310	97 798	129 305	131 488	③133 161
ノルウェー・・・・・・・	11 907	22 720	20 346	19 524	19 889
フランス・・・・・・・ 1)	11 187	13 073	13 534	13 587	13 447
ドイツ・・・・・・・・・・	18 611	13 517	12 928	12 290	12 338
イギリス・・・・・・・・	20 800	27 247	14 838	12 966	11 748
ウクライナ・・・・・・	13 579	7 644	7 892	8 567	8 542
ポーランド・・・・・・・	10 387	7 958	6 727	6 835	7 143
オランダ・・・・・・・・	6 054	5 757	6 981	6 435	6 472
スウェーデン・・・・・	2 968	3 052	3 309	3 330	3 618
スペイン・・・・・・・・	3 459	3 156	3 430	3 186	3 334
チェコ・・・・・・・・・	4 092	3 066	3 165	3 210	3 264
イタリア・・・・・・・ 2)	2 531	2 817	2 949	3 109	3 186
ルーマニア・・・・・・・	4 083	2 832	2 747	2 757	2 719
デンマーク・・・・・・・	1 008	2 774	2 335	2 061	1 896
フィンランド・・・・・	1 208	1 489	1 741	1 713	1 724
ベルギー・・・・・・・・	1 310	1 373	1 531	1 785	1 589
オーストリア・・・・・	812	978	1 211	1 158	1 280
北中アメリカ					
アメリカ合衆国・ 3)	165 250	166 728	172 341	178 472	②180 648
カナダ・・・・・・・・・	27 372	37 271	39 555	40 825	⑦ 41 966
メキシコ・・・・・・・・	19 465	22 211	22 219	22 280	21 898
トリニダード・トバゴ	1 263	1 903	4 253	4 042	3 980
南アメリカ					
ブラジル・・・・・・・・	10 414	14 764	24 661	24 920	25 190
ベネズエラ・・・・・・・	14 883	22 112	20 251	20 357	19 929
コロンビア・・・・・・・	4 818	7 233	10 593	12 036	12 453
アルゼンチン・・・・・	4 842	8 289	7 951	7 725	7 517
エクアドル・・・・・・・	1 640	2 242	2 724	2 813	2 864
ペルー・・・・・・・・・・	1 060	936	1 936	2 337	2 335
ボリビア・・・・・・・・	493	761	1 690	1 813	2 008
オセアニア					
オーストラリア・・・	15 752	23 355	30 857	29 673	⑧ 31 739
ニュージーランド・	1 152	1 429	1 688	1 611	1 604
OECD加盟国・・・ 4)	344 142	382 946	386 626	384 547	386 921
OECD非加盟国・・・	537 789	622 067	899 423	937 069	959 194
世界計・・・・・・・・	**881 931**	**1 005 013**	**1 286 049**	**1 321 616**	**1 346 114**

IEA（国際エネルギー機関）"Energy Balances of OECD Countries／Non OECD Countries"
（2014年版）による。この統計での一次エネルギーは，石炭，原油，天然ガス，原子力，
水力，地熱，その他（太陽光，風力など），バイオ燃料と廃棄物（固形バイオ燃料，液体
バイオ燃料，バイオガス，産業廃棄物，都市廃棄物）。なお，「バイオ燃料と廃棄物」の原
資料表記は "Biofuels and waste" である。1) モナコを含む。2) サンマリノを含む。3)
プエルトリコ，グアムなどを含む。4) 経済協力開発機構。いわゆる先進国。

表 5-22　一次エネルギー供給の推移（Ⅰ）（石油換算）（単位　万 t）

	1990	2000	2010	2011	2012
アジア					
中国·············	87 068	116 135	252 645	274 692	① 289 428
インド···········	31 640	45 643	72 253	75 182	③ 78 813
日本·············	43 923	51 900	49 881	46 196	⑤ 45 228
韓国·············	9 291	18 816	24 999	26 047	⑧ 26 344
イラン···········	6 934	12 302	20 750	21 240	21 959
インドネシア·····	9 861	15 563	20 943	20 533	21 359
サウジアラビア···	5 801	9 786	18 540	17 803	20 026
タイ·············	4 194	7 228	11 743	11 913	12 656
トルコ···········	5 272	7 596	10 527	11 221	11 690
（台湾）·········	4 781	8 488	10 961	10 773	10 468
パキスタン·······	4 286	6 407	8 440	8 491	8 576
マレーシア·······	2 216	4 950	7 566	7 911	8 123
カザフスタン·····	7 345	3 568	6 912	7 734	7 485
アラブ首長国連邦·	2 042	3 394	6 176	6 398	6 747
ベトナム·········	1 787	2 874	5 891	6 082	6 485
ウズベキスタン···	4 637	5 076	4 310	4 722	4 828
イラク···········	1 971	2 594	3 756	3 993	4 504
フィリピン·······	2 871	3 999	4 050	4 045	4 255
カタール·········	653	1 092	2 804	3 200	3 792
クウェート·······	911	1 881	3 220	3 252	3 461
バングラデシュ···	1 274	1 825	3 058	3 169	3 317
オマーン·········	422	770	2 232	2 553	2 632
トルクメニスタン·	1 752	1 487	2 267	2 471	2 557
シンガポール·····	1 153	1 867	2 541	2 588	2 505
イスラエル·······	1 147	1 823	2 320	2 316	2 428
ミャンマー·······	1 068	1 284	1 401	1 428	1 527
シリア···········	1 047	1 576	2 166	2 000	1 502
（香港）·········	865	1 355	1 412	1 516	1 463
北朝鮮···········	3 322	1 972	1 890	1 399	1 408
アゼルバイジャン·	2 266	1 130	1 159	1 256	1 369
バーレーン·······	523	794	1 245	1 247	1 260
スリランカ·······	552	833	970	1 033	1 127
ネパール·········	579	811	1 021	1 057	1 010
ヨルダン·········	327	486	710	706	762
レバノン·········	195	491	638	635	718
イエメン·········	251	475	835	692	692
カンボジア·······	…	341	502	533	548
アフリカ					
南アフリカ共和国·	9 096	10 926	14 266	14 189	14 000
ナイジェリア·····	6 642	8 604	11 997	12 693	13 374
エジプト·········	3 233	4 068	7 282	7 634	7 821
アルジェリア·····	2 219	2 700	4 011	4 185	4 633
エチオピア·······	2 105	2 891	4 113	4 342	4 549

一次エネルギー供給の推移（Ⅱ）（石油換算）（単位　万t）

	1990	2000	2010	2011	2012
アフリカ（続き）					
タンザニア······	973	1 346	2 023	2 109	2 216
コンゴ民主共和国·	1 180	1 393	1 987	2 110	2 056
ケニア··········	1 065	1 405	1 981	2 028	2 054
モロッコ········	762	1 103	1 693	1 821	1 880
リビア··········	1 117	1 590	2 056	1 357	1 715
旧スーダン······	1 063	1 331	1 670	1 668	1 666
アンゴラ·········	588	750	1 356	1 383	1 428
コートジボワール·	435	679	1 010	1 161	1 261
モザンビーク····	592	717	990	1 027	1 044
ガーナ··········	529	763	926	959	1 013
チュニジア······	495	731	1 008	948	989
ジンバブエ·······	930	1 000	911	934	958
ザンビア·········	545	625	828	862	908
カメルーン·······	498	631	697	679	699
セネガル········	169	240	393	416	413
ヨーロッパ					
ロシア··········	87 919	61 926	70 355	73 850	④ 75 659
ドイツ··········	35 109	33 640	32 746	31 092	⑥ 31 253
フランス······· 1)	22 401	25 197	26 116	25 159	⑨ 25 233
イギリス·········	20 592	22 296	20 142	18 693	19 223
イタリア······· 2)	14 656	17 152	17 049	16 743	15 880
スペイン·········	9 007	12 186	12 762	12 559	12 497
ウクライナ·······	25 198	13 379	13 243	12 656	12 266
ポーランド·······	10 311	8 912	10 062	10 119	9 785
オランダ·········	6 569	7 322	8 343	7 742	7 858
ベルギー·········	4 829	5 857	6 055	5 932	5 595
スウェーデン····	4 720	4 756	5 090	4 984	5 016
チェコ··········	4 955	4 099	4 450	4 306	4 265
ルーマニア·······	6 225	3 623	3 503	3 579	3 492
フィンランド····	2 838	3 228	3 651	3 483	3 330
オーストリア····	2 483	2 854	3 412	3 315	3 311
ベラルーシ······	4 550	2 457	2 750	2 934	3 050
ノルウェー·······	2 100	2 609	3 237	2 800	2 919
ギリシャ·········	2 144	2 709	2 761	2 675	2 655
スイス··········	2 436	2 500	2 620	2 537	2 561
ハンガリー·······	2 878	2 500	2 568	2 497	2 347
ポルトガル·······	1 678	2 459	2 350	2 283	2 139
ブルガリア·······	2 822	1 869	1 790	1 921	1 835
デンマーク·······	1 736	1 863	1 948	1 799	1 734
スロバキア·······	2 133	1 774	1 783	1 735	1 665
セルビア·········	1 971	1 373	1 554	1 619	1 446
アイルランド····	991	1 367	1 428	1 321	1 325

一次エネルギー供給の推移（Ⅲ）（石油換算）（単位　万 t ）

	1990	2000	2010	2011	2012
ヨーロッパ（続き）					
クロアチア‥‥‥‥	903	779	856	844	792
リトアニア‥‥‥‥	1 606	713	705	731	738
スロベニア‥‥‥‥	571	641	724	728	700
ボスニア・ヘルツェゴビナ	702	435	644	709	667
エストニア‥‥‥‥	978	471	562	563	552
ラトビア‥‥‥‥	785	383	464	426	442
北中アメリカ					
アメリカ合衆国・ 3)	191 505	227 334	221 539	219 115	② 214 062
カナダ‥‥‥‥‥	20 857	25 150	25 131	25 299	⑩ 25 112
メキシコ‥‥‥‥‥	12 250	14 481	17 627	18 360	18 839
トリニダード・トバゴ	599	985	2 006	1 973	1 923
キューバ‥‥‥‥	1 769	1 293	1 151	1 121	1 138
グアテマラ‥‥‥‥	441	704	1 019	1 090	1 107
ドミニカ共和国‥‥	395	692	711	722	755
ホンジュラス‥‥‥	238	299	456	477	508
コスタリカ‥‥‥‥	168	287	465	466	473
エルサルバドル‥‥	247	397	422	429	437
南アメリカ					
ブラジル‥‥‥‥‥	14 021	18 744	26 586	27 003	⑦ 28 172
アルゼンチン‥‥‥	4 607	6 158	7 874	7 993	8 024
ベネズエラ‥‥‥‥	4 359	5 650	7 526	7 058	7 638
チリ‥‥‥‥‥‥	1 401	2 517	3 084	3 367	3 721
コロンビア‥‥‥‥	2 422	2 581	3 120	3 125	3 159
ペルー‥‥‥‥‥	973	1 222	1 921	2 062	2 170
エクアドル‥‥‥‥	633	882	1 340	1 391	1 442
ボリビア‥‥‥‥	261	580	749	785	851
パラグアイ‥‥‥‥	307	385	481	488	500
ウルグアイ‥‥‥‥	225	309	409	443	463
オセアニア					
オーストラリア‥‥	8 638	10 810	12 249	12 288	12 827
ニュージーランド・	1 283	1 708	1 829	1 819	1 896
OECD加盟国‥‥ 4)	452 228	529 173	540 006	530 083	524 970
OECD非加盟国‥‥	405 701	451 533	713 110	746 123	777 117
世界計‥‥‥‥ 5)	**878 025**	**1 007 936**	**1 289 081**	**1 312 895**	**1 337 103**

IEA（国際エネルギー機関）“Energy Balances of OECD Countries／Non OECD Countries”
（2014年版）による。この統計は，国内生産に輸出入と在庫の増減を加味した国内供給である。この統計での一次エネルギーは，石炭，原油，石油製品（輸入したもの），天然ガス，原子力，水力，地熱，その他（太陽光，風力など），バイオ燃料と廃棄物（固形バイオ燃料，液体バイオ燃料，バイオガス，産業廃棄物，都市廃棄物）。なお，「バイオ燃料と廃棄物」の原資料表記は“Biofuels and waste”である。1) モナコを含む。2) サンマリノを含む。3) プエルトリコ，グアムなどを含む。4) 経済協力開発機構。いわゆる先進国。5) 国際航路の船舶燃料を含む。

第 5 章　資源とエネルギー

表 5-23　主要国の一次エネルギー供給の構成（Ⅰ）（2012年）（石油換算）

	日本		中国		韓国	
	万 t	%	万 t	%	万 t	%
石炭・・・・・・・・・・・	11 218	24.8	196 904	68.0	7 708	29.3
石油・・・・・・・・・・・	21 020	46.5	46 419	16.0	9 722	36.9
天然ガス・・・・・・・・	10 529	23.3	12 054	4.2	4 497	17.1
原子力・・・・・・・・・	415	0.9	2 538	0.9	3 918	14.9
水力・・・・・・・・・ 1)	649	1.4	7 420	2.6	34	0.1
地熱など・・・・・・ 2)	378	0.8	2 595	0.9	30	0.1
バイオ燃料と廃棄物 3)	1 019	2.3	21 591	7.5	428	1.6
その他・・・・・・・・ 4)	—	—	-93	-0.0	8	0.0
計・・・・・・・・・・・	45 228	100.0	289 428	100.0	26 344	100.0
1人あたり（t）・	3.55		2.14		5.27	

	（台湾）		インドネシア		タイ	
	万 t	%	万 t	%	万 t	%
石炭・・・・・・・・・・・	3 958	37.8	2 979	13.9	1 744	13.8
石油・・・・・・・・・・・	3 887	37.1	7 718	36.1	4 903	38.7
天然ガス・・・・・・・・	1 324	12.6	3 498	16.4	3 517	27.8
原子力・・・・・・・・・	1 053	10.1	—	—	—	—
水力・・・・・・・・・ 1)	49	0.5	110	0.5	75	0.6
地熱など・・・・・・ 2)	24	0.2	1 619	7.6	6	0.0
バイオ燃料と廃棄物 3)	173	1.7	5 409	25.3	2 340	18.5
その他・・・・・・・・ 4)	—	—	26	0.1	72	0.6
計・・・・・・・・・・・	10 468	100.0	21 359	100.0	12 656	100.0
1人あたり（t）・	4.47		0.87		1.89	

	マレーシア		ベトナム		インド	
	万 t	%	万 t	%	万 t	%
石炭・・・・・・・・・・・	1 580	19.5	1 652	25.5	35 425	44.9
石油・・・・・・・・・・・	2 879	35.4	2 045	31.5	17 718	22.5
天然ガス・・・・・・・・	3 240	39.9	808	12.5	4 893	6.2
原子力・・・・・・・・・	—	—	—	—	857	1.1
水力・・・・・・・・・ 1)	78	1.0	459	7.1	1 082	1.4
地熱など・・・・・・ 2)	0	0.0	1	0.0	308	0.4
バイオ燃料と廃棄物 3)	345	4.2	1 502	23.2	18 489	23.5
その他・・・・・・・・ 4)	1	0.0	19	0.3	41	0.1
計・・・・・・・・・・・	8 123	100.0	6 485	100.0	78 813	100.0
1人あたり（t）・	2.78		0.73		0.64	

主要国の一次エネルギー供給の構成（Ⅱ）（2012年）（石油換算）

	サウジアラビア		トルコ		南アフリカ共和国	
	万 t	%	万 t	%	万 t	%
石炭‥‥‥‥‥‥	—	—	3 503	30.0	9 706	69.3
石油‥‥‥‥‥‥	13 403	66.9	3 219	27.5	2 066	14.8
天然ガス‥‥‥‥	6 622	33.1	3 725	31.9	404	2.9
原子力‥‥‥‥‥	—	—	—	—	341	2.4
水力‥‥‥‥‥ 1)	—	—	498	4.3	17	0.1
地熱など‥‥‥ 2)	0	0.0	351	3.0	9	0.1
バイオ燃料と廃棄物 3)	1	0.0	370	3.2	1 501	10.7
その他‥‥‥‥ 4)	—	—	25	0.2	-43	-0.3
計‥‥‥‥‥‥	20 026	100.0	11 690	100.0	14 000	100.0
1人あたり（t）‥	7.08		1.56		2.68	

	エジプト		ドイツ		フランス5)	
	万 t	%	万 t	%	万 t	%
石炭‥‥‥‥‥‥	45	0.6	8 015	25.6	1 142	4.5
石油‥‥‥‥‥‥	3 581	45.8	10 133	32.4	7 332	29.1
天然ガス‥‥‥‥	3 912	50.0	6 980	22.3	3 821	15.1
原子力‥‥‥‥‥	—	—	2 592	8.3	11 086	43.9
水力‥‥‥‥‥ 1)	115	1.5	182	0.6	505	2.0
地熱など‥‥‥ 2)	13	0.2	729	2.3	193	0.8
バイオ燃料と廃棄物 3)	159	2.0	2 798	9.0	1 537	6.1
その他‥‥‥‥ 4)	-3	-0.0	-178	-0.6	-383	-1.5
計‥‥‥‥‥‥	7 821	100.0	31 253	100.0	25 233	100.0
1人あたり（t）‥	0.97		3.82		3.86	

	イギリス		イタリア6)		スペイン	
	万 t	%	万 t	%	万 t	%
石炭‥‥‥‥‥‥	3 887	20.2	1 630	10.3	1 518	12.1
石油‥‥‥‥‥‥	5 850	30.4	5 554	35.0	5 040	40.3
天然ガス‥‥‥‥	6 633	34.5	6 134	38.6	2 818	22.5
原子力‥‥‥‥‥	1 835	9.5	—	—	1 602	12.8
水力‥‥‥‥‥ 1)	45	0.2	360	2.3	177	1.4
地熱など‥‥‥ 2)	194	1.0	789	5.0	668	5.3
バイオ燃料と廃棄物 3)	675	3.5	1 042	6.6	771	6.2
その他‥‥‥‥ 4)	104	0.5	371	2.3	-96	-0.8
計‥‥‥‥‥‥	19 223	100.0	15 880	100.0	12 497	100.0
1人あたり（t）‥	3.02		2.61		2.71	

第 5 章　資源とエネルギー

主要国の一次エネルギー供給の構成（Ⅲ）（2012年）（石油換算）

	オランダ		ポーランド		ロシア	
	万t	%	万t	%	万t	%
石炭・・・・・・・・・・・	820	10.4	5 087	52.0	13 342	17.6
石油・・・・・・・・・・・	3 092	39.3	2 441	24.9	16 884	22.3
天然ガス・・・・・・・・	3 278	41.7	1 360	13.9	38 701	51.2
原子力・・・・・・・・・	102	1.3	—	—	4 663	6.2
水力・・・・・・・ 1)	1	0.0	18	0.2	1 427	1.9
地熱など・・・・・ 2)	50	0.6	44	0.4	41	0.1
バイオ燃料と廃棄物 3)	367	4.7	862	8.8	743	1.0
その他・・・・・・・ 4)	147	1.9	-24	-0.2	-142	-0.2
計・・・・・・・・・・・	**7 858**	100.0	**9 785**	100.0	**75 659**	100.0
1人あたり（t）・	4.69		2.54		5.27	

	ウクライナ		アメリカ合衆国 7)		カナダ	
	万t	%	万t	%	万t	%
石炭・・・・・・・・・・・	4 272	34.8	42 504	19.9	1 836	7.3
石油・・・・・・・・・・・	1 161	9.5	77 132	36.0	8 246	32.8
天然ガス・・・・・・・・	4 302	35.1	59 553	27.8	8 348	33.2
原子力・・・・・・・・・	2 365	19.3	20 878	9.8	2 472	9.8
水力・・・・・・・ 1)	90	0.7	2 395	1.1	3 272	13.0
地熱など・・・・・ 2)	5	0.0	2 333	1.1	100	0.4
バイオ燃料と廃棄物 3)	170	1.4	8 860	4.1	1 240	4.9
その他・・・・・・・ 4)	-99	-0.8	406	0.2	-404	-1.6
計・・・・・・・・・・・	**12 266**	100.0	**214 062**	100.0	**25 112**	100.0
1人あたり（t）・	2.69		6.81		7.20	

	メキシコ		ブラジル		アルゼンチン	
	万t	%	万t	%	万t	%
石炭・・・・・・・・・・・	936	5.0	1 525	5.4	114	1.4
石油・・・・・・・・・・・	10 201	54.1	11 683	41.5	2 925	36.5
天然ガス・・・・・・・・	5 847	31.0	2 723	9.7	4 167	51.9
原子力・・・・・・・・・	229	1.2	418	1.5	167	2.1
水力・・・・・・・ 1)	274	1.5	3 572	12.7	252	3.1
地熱など・・・・・ 2)	547	2.9	93	0.3	3	0.0
バイオ燃料と廃棄物 3)	842	4.5	7 807	27.7	331	4.1
その他・・・・・・・ 4)	-36	-0.2	352	1.2	65	0.8
計・・・・・・・・・・・	**18 839**	100.0	**28 172**	100.0	**8 024**	100.0
1人あたり（t）・	1.61		1.42		1.95	

主要国の一次エネルギー供給の構成（Ⅳ）（2012年）（石油換算）

	オーストラリア		ニュージーランド		世界計×	
	万 t	%	万 t	%	万 t	%
石炭‥‥‥‥‥	4 689	*36.6*	152	*8.0*	387 851	*29.0*
石油‥‥‥‥‥	4 442	*34.6*	635	*33.5*	420 456	*31.4*
天然ガス‥‥‥	2 977	*23.2*	384	*20.3*	284 356	*21.3*
原子力‥‥‥‥	—	—	—	—	64 212	*4.8*
水力‥‥‥‥ 1)	121	*0.9*	197	*10.4*	31 581	*2.4*
地熱など‥‥ 2)	93	*0.7*	405	*21.4*	14 174	*1.1*
バイオ燃料と廃棄物 3)	506	*3.9*	120	*6.3*	134 327	*10.0*
その他‥‥‥ 4)	—	—	3	*0.2*	145	*0.0*
計‥‥‥‥‥	**12 827**	*100.0*	**1 896**	*100.0*	**1 337 103**	*100.0*
1人あたり（t）‥	5.55		4.27		1.90	

IEA（国際エネルギー機関）"Energy Balances of OECD Countries／Non OECD Countries"
（2014年版）による。この統計は，国内生産に輸出入と在庫の増減を加味した国内供給である。1）揚水式を除く。2）地熱，太陽熱，風力，潮力など。3）固形バイオ燃料，液体バイオ燃料，バイオガス，産業廃棄物，都市廃棄物。なお，原資料の英語表記は"Biofuels and waste"である。4）電力の輸出入と熱の生産。マイナスは流出超（輸出超）を示す。5）モナコを含む。6）サンマリノを含む。7）プエルトリコ，グアムなどを含む。×その他とも。

図 5-3　主要国の一次エネルギー供給構成（2012年）

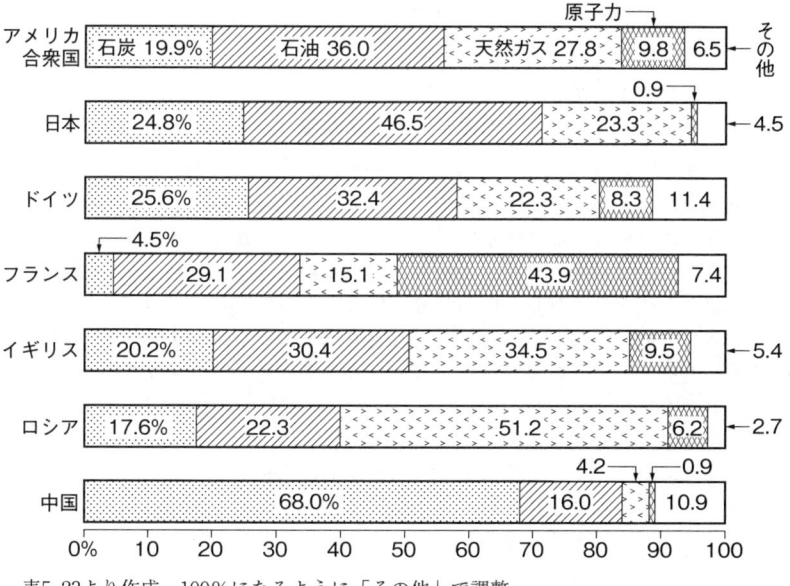

表5-23より作成。100％になるように「その他」で調整。

図 5-4 一次エネルギーの純輸出入 （2012年）（石油換算）

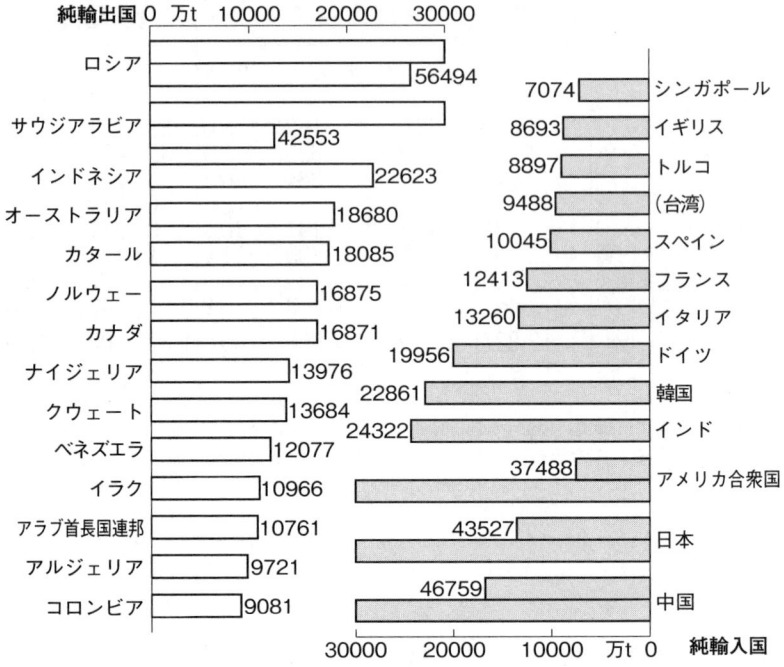

純輸出国 0 万t 10000 20000 30000

純輸出国		純輸入国	
ロシア	56494	シンガポール	7074
サウジアラビア	42553	イギリス	8693
インドネシア	22623	トルコ	8897
オーストラリア	18680	（台湾）	9488
カタール	18085	スペイン	10045
ノルウェー	16875	フランス	12413
カナダ	16871	イタリア	13260
ナイジェリア	13976	ドイツ	19956
クウェート	13684	韓国	22861
ベネズエラ	12077	インド	24322
イラク	10966	アメリカ合衆国	37488
アラブ首長国連邦	10761	日本	43527
アルジェリア	9721	中国	46759
コロンビア	9081		

30000 20000 10000 万t 0 純輸入国

IEA（国際エネルギー機関）"Energy Balances of OECD Countries／Non OECD Countries"（2014年版）による。純輸出＝輸出－輸入。

カナダの原油埋蔵量

　表5-28で明らかなように，カナダの原油埋蔵量は274億キロリットル（2015年1月時点）で，ベネズエラ，サウジアラビアに次いで世界第3位である。カナダの原油埋蔵量には在来型の原油のほかに，重質油を含んだ砂岩である「オイルサンド」と呼ばれる非在来型の原油が含まれており，これがカナダを世界有数の原油資源国に押し上げている。それではカナダの原油埋蔵量のうち，オイルサンドの割合はどの位なのであろうか？カナダ国家エネルギー委員会資料によると，カナダのオイルサンドの埋蔵量は2011年末時点で268億キロリットルであるのに対して，在来型の原油は5.1億キロリットルとなっている（合計すると上記数字と一致する）。原油埋蔵量の実に98％がオイルサンドで，在来型の原油はわずか2％という状況である。なお，カナダにはこれとは別に技術的に回収可能な14億キロリットルのシェールオイル，さらには16.2兆立方メートルのシェールガスも眠っており，カナダは正に非在来型エネルギー資源の宝庫となっている。

表 5-24　主要国の一次エネルギー自給率と 1 人あたり供給

	自給率[1]（％）			1 人あたり供給（石油換算 t ）		
	1990	2000	2012	1990	2000	2012
アジア						
日本・・・・・・・・・・	*17*	*20*	*6*	3.55	4.09	3.55
中国・・・・・・・・・・	*101*	*97*	*87*	0.77	0.92	2.14
韓国・・・・・・・・・・	*24*	*18*	*18*	2.17	4.00	5.27
（台湾）・・・・・・・・	*22*	*14*	*13*	2.34	3.81	4.47
インドネシア・・・	*171*	*153*	*206*	0.55	0.74	0.87
タイ・・・・・・・・・	*63*	*61*	*60*	0.74	1.16	1.89
マレーシア・・・・・	*220*	*159*	*109*	1.22	2.11	2.78
フィリピン・・・・・	*60*	*49*	*57*	0.46	0.51	0.44
ベトナム・・・・・・・	*102*	*139*	*107*	0.27	0.37	0.73
インド・・・・・・・・	*92*	*80*	*69*	0.36	0.44	0.64
トルコ・・・・・・・・	*49*	*34*	*26*	0.96	1.18	1.56
サウジアラビア・	*635*	*486*	*312*	3.58	4.86	7.08
アフリカ						
南アフリカ共和国	*126*	*133*	*119*	2.58	2.48	2.68
エジプト・・・・・・・	*170*	*130*	*105*	0.57	0.62	0.97
ナイジェリア・・・	*220*	*229*	*203*	0.69	0.70	0.79
ヨーロッパ						
ドイツ・・・・・・・・	*53*	*40*	*39*	4.42	4.09	3.82
フランス・・・・・ [2]	*50*	*52*	*53*	3.85	4.15	3.86
イギリス・・・・・・・	*101*	*122*	*61*	3.60	3.79	3.02
イタリア・・・・・ [3]	*17*	*16*	*20*	2.58	3.01	2.61
スペイン・・・・・・・	*38*	*26*	*27*	2.31	3.03	2.71
オランダ・・・・・・・	*92*	*79*	*82*	4.39	4.60	4.69
スウェーデン・・・	*63*	*64*	*72*	5.51	5.36	5.27
ノルウェー・・・・・	*567*	*871*	*681*	4.95	5.81	5.82
ロシア・・・・・・・・	*147*	*158*	*176*	5.93	4.23	5.27
ポーランド・・・・・	*101*	*89*	*73*	2.71	2.33	2.54
南北アメリカ						
アメリカ合衆国 [4]	*86*	*73*	*84*	7.65	8.05	6.81
カナダ・・・・・・・・	*131*	*148*	*167*	7.53	8.20	7.20
メキシコ・・・・・・・	*159*	*153*	*116*	1.41	1.44	1.61
ブラジル・・・・・・・	*74*	*79*	*89*	0.94	1.07	1.42
アルゼンチン・・・	*105*	*135*	*94*	1.41	1.67	1.95
ベネズエラ・・・・・	*341*	*391*	*261*	2.21	2.31	2.55
オセアニア						
オーストラリア・	*182*	*216*	*247*	5.03	5.61	5.55
ニュージーランド	*90*	*84*	*85*	3.80	4.42	4.27
世界・・・・・・・・	…	…	…	1.66	1.65	1.90

IEA（国際エネルギー機関）"Energy Balances of OECD Countries／Non OECD Countries"（2014年版）による。1) 生産÷供給×100。2) モナコを含む。3) サンマリノを含む。4) プエルトリコ，グアムなどを含む。

図 5-5　エネルギー資源の主要生産・埋蔵国

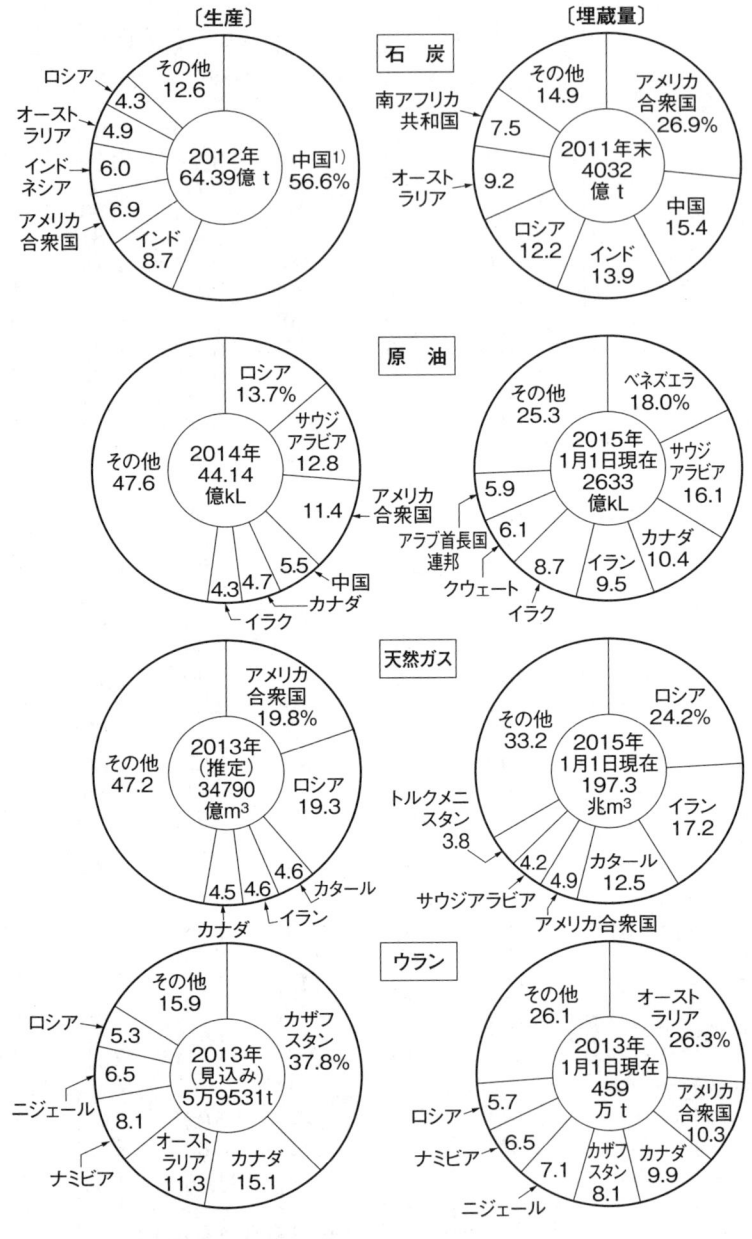

エネルギー関連の各表を参照のこと。1）褐炭，亜炭を含む。

表 5-25　石炭の産出・埋蔵量（単位　万 t ）

	2000	2010	2011	2012	可採埋蔵量[1)]（百万 t ）	可採年数（年）[2)]
アジア[3)]	180 132	429 347	462 407	480 659	144 398	40.9
中国[3)]	129 900	323 500	351 600	364 500	62 200	31.4
インド	31 370	53 269	53 995	55 771	56 100	100.6
インドネシア	6 285	31 919	34 694	38 590	…	…
カザフスタン	7 152	10 365	10 808	11 278	21 500	190.6
ベトナム	1 161	4 394	4 498	4 051	150	3.7
北朝鮮	2 250	2 550	2 550	2 580	300	11.6
モンゴル	83	1 944	2 682	2 374	1 170	49.3
マレーシア	35	240	292	295	4	1.4
パキスタン	317	345	361	283	…	…
トルコ	239	252	253	229	322	140.5
韓国	830	208	208	209	…	…
アフガニスタン	0	73	148	124	66	53.2
北中アメリカ	55 877	47 931	51 437	47 876	112 835	235.7
アメリカ合衆国	52 275	44 402	47 771	44 126	108 501	245.9
カナダ	3 381	3 370	3 462	3 538	3 474	98.2
メキシコ	221	159	204	213	860	404.7
ヨーロッパ	41 480	42 811	43 154	46 759	69 949	149.6
ロシア	15 254	24 558	24 531	27 831	49 088	176.4
ポーランド	10 222	7 617	7 567	7 923	4 178	52.7
ウクライナ	6 160	5 495	6 268	6 552	15 351	234.3
イギリス	3 060	1 782	1 789	1 629	228	14.0
ドイツ	3 738	1 411	1 296	1 156	48	4.2
チェコ	1 486	1 144	1 127	1 144	181	15.8
スペイン	1 132	599	426	391	200	51.2
ノルウェー[4)]	63	194	139	123	…	…
オセアニア	21 786	31 065	29 182	31 961	37 135	116.2
オーストラリア	21 617	30 805	28 949	31 733	37 100	116.9
ニュージーランド	170	260	233	228	33	14.5
アフリカ	23 052	25 925	25 803	26 870	31 600	117.6
南アフリカ共和国	22 420	25 452	25 276	25 858	30 156	116.6
モザンビーク	2	4	62	453	212	46.8
ジンバブエ	440	294	321	336	502	149.5
ボツワナ	94	99	79	147	40	27.2
南アメリカ	5 347	8 845	9 432	9 786	7 282	74.4
コロンビア	3 814	7 953	8 580	8 902	6 746	75.8
ブラジル	681	542	551	662	…	…
世界計[3)]	327 674	585 923	621 415	643 910	403 197	70.7

国連 "UN data"（http://data.un.org/）による。2015年 7 月22日閲覧。埋蔵量は世界エネルギー会議による2011年末現在の数値。無煙炭と瀝青炭。1）技術的，経済的に採掘可能な埋蔵量。2）可採埋蔵量÷2012年の産出量。3）中国の生産量は褐炭，亜炭を含む。可採年数は中国の褐炭，亜炭の可採埋蔵量を含めて算出した。4）石炭鉱業が盛んなスバールバル諸島や，ヤンマイエン島を含む。

第 5 章　資源とエネルギー

表 5-26　石炭の輸出入（単位　万 t）

輸　出	2011	2012	輸　入	2011	2012
インドネシア‥	26 779	30 405	中国‥‥‥‥‥1)	18 210	28 841
オーストラリア	28 454	30 152	日本‥‥‥‥‥	17 542	18 379
ロシア‥‥‥‥‥	12 376	13 027	インド‥‥‥‥	10 285	13 756
アメリカ合衆国	9 125	10 589	韓国‥‥‥‥‥	12 494	12 143
コロンビア‥‥	7 927	8 330	ドイツ‥‥‥‥	4 785	4 903
南アフリカ共和国	6 881	7 601	その他のアジア2)	5 364	4 854
カナダ‥‥‥‥	3 355	3 465	イギリス‥‥‥	3 253	4 482
カザフスタン‥	3 006	3 032	トルコ‥‥‥‥	2 368	2 920
モンゴル‥‥‥	2 125	2 084	ロシア‥‥‥‥	3 034	2 860
ベトナム‥‥‥	1 689	1 443	オランダ‥‥‥	2 446	2 436
オランダ‥‥‥	1 261	1 372	イタリア‥‥‥3)	2 326	2 406
北朝鮮‥‥‥‥	1 118	1 201	マレーシア‥‥	2 115	2 256
中国‥‥‥‥‥1)	1 466	927	スペイン‥‥‥	1 617	2 241
ポーランド‥‥	701	707	タイ‥‥‥‥‥	1 621	1 836
ウクライナ‥‥	699	611	ブラジル‥‥‥	1 801	1 649
チェコ‥‥‥‥	628	505	フランス‥‥‥4)	1 443	1 586
計×‥‥‥‥	**108 782**	**116 998**	計×‥‥‥‥	**106 634**	**122 445**

資料は表5-25に同じ。無煙炭と瀝青炭。1) 褐炭，亜炭を含む。2) 原資料表記による。ほとんどが台湾と考えられる。3) サンマリノを含む。4) モナコを含む。×その他とも。

表 5-27　石炭の消費量と自給率（2012年）（単位　万 t）

	消費量	自給率（%）		消費量	自給率（%）
中国‥‥‥‥‥1)	380 033	95.9	マレーシア‥‥	2 506	11.8
インド‥‥‥‥	70 433	79.2	ベトナム‥‥‥	2 477	163.6
アメリカ合衆国	34 528	127.8	イタリア‥‥‥3)	2 475	0.3
南アフリカ共和国	18 516	139.7	ブラジル‥‥‥	2 362	28.0
日本‥‥‥‥‥	18 379	―	オーストラリア	1 906	1 665.2
ロシア‥‥‥‥	17 609	158.0	タイ‥‥‥‥‥	1 840	―
韓国‥‥‥‥‥	12 362	1.7	フランス‥‥‥4)	1 653	―
インドネシア‥	8 214	469.8	北朝鮮‥‥‥‥	1 461	176.6
カザフスタン‥	7 982	141.3	イスラエル‥‥	1 418	―
ポーランド‥‥	7 549	105.0	オランダ‥‥‥	1 279	―
ウクライナ‥‥	7 134	91.8	(香港)‥‥‥‥	1 172	―
イギリス‥‥‥	6 357	25.6	チリ‥‥‥‥‥	1 087	6.5
ドイツ‥‥‥‥	6 040	19.1	カナダ‥‥‥‥	869	407.3
その他のアジア2)	4 926	―	パキスタン‥‥	654	43.3
トルコ‥‥‥‥	3 146	7.3	チェコ‥‥‥‥	634	180.4
スペイン‥‥‥	2 658	14.7	世界計×‥‥‥	**638 124**	…

資料は表5-25に同じ。無煙炭と瀝青炭。消費は生産＋輸入－輸出で，在庫の増減等を加味している。自給率は消費量に対する生産量の割合。1) 褐炭，亜炭を含む。2) 原資料表記による。ほとんどが台湾と考えられる。3) サンマリノを含む。4) モナコを含む。×その他とも。

図 5-6　原油と天然ガスの価格（各月平均価格）

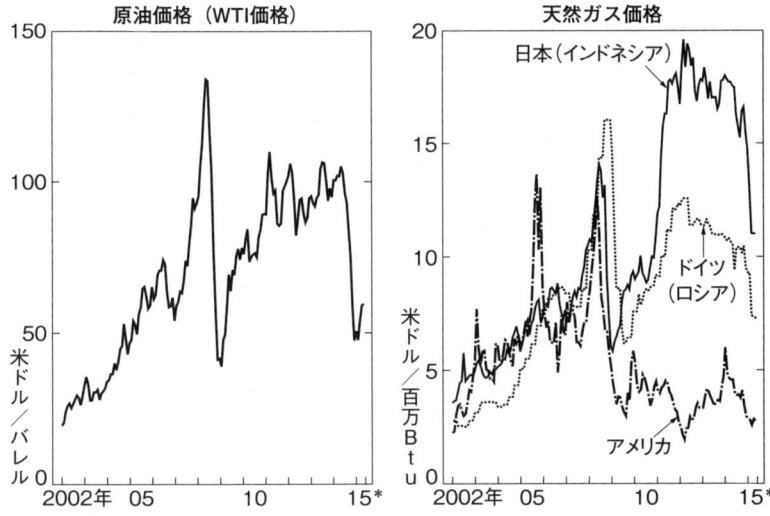

IMF "Primary Commodity Prices"（http://www.imf.org/external/np/res/commod/
index.aspx）による。2015年7月14日閲覧。原油価格のWTIはアメリカのテキサス州
を中心に産出される原油で，世界の原油価格の指標となっている。天然ガス価格のア
メリカは，ヘンリーハブという天然ガス集積地での価格で，アメリカの天然ガス価格
の指標である。ドイツ（ロシア）はドイツに運ばれたロシアの天然ガス，日本（イン
ドネシア）はインドネシアから液化天然ガスとして日本に運ばれたもの。Btu（British
thermal unit）は熱量の単位で，1 Btu＝1055.06J。＊1〜6月。

図 5-7　世界の原油生産とOPECのシェア

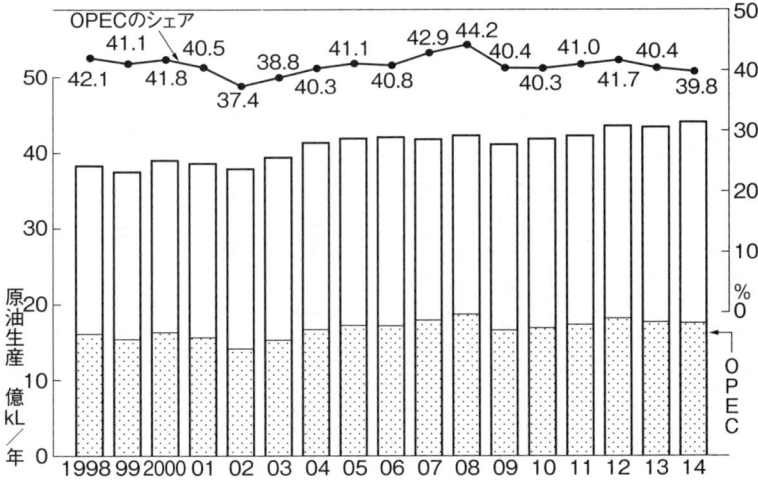

オイル・アンド・ガスジャーナル誌による。表5-28参照。

第5章　資源とエネルギー

表 5-28　原油の産出量と埋蔵量（Ⅰ）（単位　万kL）

	2010	2013	2014	〃%	可採埋蔵量[1]（百万kL）	可採年数[2]（年）
中東‥‥‥‥‥	124 230	133 086	135 268	30.6	127 745	94.4
サウジアラビア‥	48 291	56 137	②56 427	12.8	42 260	74.9
イラク‥‥‥‥‥	13 766	17 869	⑥19 146	4.3	22 930	119.8
イラン‥‥‥‥‥	21 479	15 565	⑦16 250	3.7	25 090	154.4
クウェート‥‥‥	13 336	16 267	⑦16 250	3.7	16 139	99.3
アラブ首長国連邦	13 412	15 739	⑨16 000	3.6	15 550	97.2
オマーン‥‥‥‥	5 014	5 473	5 502	1.2	819	14.9
カタール‥‥‥‥	4 672	4 248	4 091	0.9	4 014	98.1
イエメン‥‥‥‥	1 544	818	859	0.2	477	55.5
旧ソ連・東欧‥‥	77 500	78 260	77 982	17.7	19 082	24.5
ロシア‥‥‥‥‥	59 196	60 490	①60 554	13.7	12 720	21.0
カザフスタン‥‥	9 245	9 413	9 181	2.1	4 770	52.0
アゼルバイジャン	5 722	5 043	4 939	1.1	1 113	22.5
トルクメニスタン	1 254	1 329	* 1 381	0.3	95	6.9
北アメリカ‥‥‥	47 722	62 684	70 907	16.1	33 453	47.2
アメリカ合衆国‥	31 774	43 323	③50 102	11.4	6 028	12.0
カナダ‥‥‥‥‥	15 948	19 360	⑤20 806	4.7	[3] 27 424	131.8
中南アメリカ‥‥	52 731	54 472	55 087	12.5	53 939	97.9
ベネズエラ‥‥‥	12 924	14 428	⑩14 300	3.2	[4] 47 438	331.7
メキシコ‥‥‥‥	14 950	14 642	14 097	3.2	1 560	11.1
ブラジル‥‥‥‥	11 920	11 746	13 029	3.0	2 435	18.7
コロンビア‥‥‥	4 556	5 850	5 687	1.3	389	6.8
エクアドル‥‥‥	2 704	3 053	3 209	0.7	1 404	43.8
アルゼンチン‥‥	3 488	3 134	3 087	0.7	374	12.1
アフリカ‥‥‥‥	51 970	45 726	42 662	9.7	20 114	47.1
ナイジェリア‥‥	12 071	11 334	11 032	2.5	5 894	53.4
アンゴラ‥‥‥‥	10 284	9 976	9 651	2.2	1 433	14.8
アルジェリア‥‥	7 289	6 639	6 500	1.5	1 940	29.8
エジプト‥‥‥‥	3 894	3 906	3 871	0.9	700	18.1
リビア‥‥‥‥‥	8 995	5 229	2 826	0.6	7 690	272.1
旧スーダン‥‥‥	2 757	1 430	* 1 857	0.4	795	42.8
コンゴ共和国‥‥	1 567	1 683	1 683	0.4	254	15.1
ガボン‥‥‥‥‥	1 428	1 457	1 509	0.3	318	21.1
赤道ギニア‥‥‥	1 480	1 567	1 439	0.3	175	12.2
チャド‥‥‥‥‥	696	568	* 594	0.1	239	40.1
アジア‥‥‥‥‥	41 687	41 205	41 129	9.3	7 093	17.2
中国‥‥‥‥‥‥	23 672	24 241	④24 351	5.5	3 919	16.1
インドネシア‥‥	5 484	4 782	4 625	1.0	587	12.7
インド‥‥‥‥‥	4 324	4 428	4 445	1.0	902	20.3
マレーシア‥‥‥	3 320	2 902	3 076	0.7	636	20.7
ベトナム‥‥‥‥	1 834	1 956	1 758	0.4	700	39.8
タイ‥‥‥‥‥‥	1 387	1 393	1 358	0.3	73	5.4
ブルネイ‥‥‥‥	929	720	662	0.1	175	26.4
（参考）日本‥‥‥	87	75	70	0.0	7	10.1

原油の産出量と埋蔵量 （Ⅱ）（単位　万kL）

	2010	2013	2014	〃%	可採埋蔵量[1]（百万kL）	可採年数[2]（年）
西ヨーロッパ‥‥	20 736	15 838	15 925	*3.6*	1 637	10.3
ノルウェー‥‥‥‥	10 847	8 845	9 077	*2.1*	874	9.6
イギリス‥‥‥‥‥	7 266	4 689	4 596	*1.0*	474	10.3
デンマーク‥‥‥	1 428	1 021	958	*0.2*	97	10.1
イタリア‥‥‥‥	557	592	615	*0.1*	87	14.1
オセアニア‥‥‥	2 879	2 333	2 455	*0.6*	228	9.3
オーストラリア‥	2 443	1 962	2 060	*0.5*	190	9.2
世界計‥‥‥‥‥	**419 454**	**433 609**	**441 420**	*100.0*	263 292	59.6
OPEC ‥‥‥‥‥	169 213	176 479	175 684	*39.8*	191 781	109.2

オイル・アンド・ガスジャーナル誌2015年 3 月 9 日号および同2014年12月 1 日号による。
*は推定値。原資料はバレル単位での数値で、 1 バレル＝159リットルで編者算出。円内の数字は国別順位。1) 2015年 1 月 1 日現在の推定確認埋蔵量。2) 埋蔵量÷2014年の産出量。3) オイルサンドを含む。4) オリノコ川流域の重質油が加算されている。

（参考）原油産出量 （重量ベース）（単位　万 t ）

	2011	2012		2011	2012
ロシア‥‥‥‥‥	49 194	49 743	インドネシア‥‥	4 370	4 183
サウジアラビア・	46 409	48 797	アゼルバイジャン	4 345	4 102
アメリカ合衆国[1]	28 255	32 447	カタール‥‥‥‥	3 758	3 977
中国‥‥‥‥‥‥	20 288	20 748	インド‥‥‥‥‥	3 809	3 786
カナダ‥‥‥‥‥	14 930	16 239	エジプト‥‥‥‥	3 270	3 294
クウェート‥‥‥	13 478	15 131	アルゼンチン‥‥	2 986	2 832
ベネズエラ‥‥‥	15 184	14 782	マレーシア‥‥‥	2 739	2 815
イラン‥‥‥‥‥	20 210	14 760	エクアドル‥‥‥	2 612	2 636
イラク‥‥‥‥‥	13 058	14 490	オーストラリア・	1 978	1 979
メキシコ‥‥‥‥	13 210	13 224	ベトナム‥‥‥‥	1 567	1 727
アラブ首長国連邦	12 324	12 781	コンゴ共和国‥‥	1 500	1 388
ナイジェリア‥‥	11 550	11 370	タイ‥‥‥‥‥‥	1 146	1 239
ブラジル‥‥‥‥	10 702	10 509	ガボン‥‥‥‥‥	1 268	1 224
アンゴラ‥‥‥‥	8 090	8 543	トルクメニスタン	1 051	1 094
カザフスタン‥‥	8 006	7 922	デンマーク‥‥[2]	1 094	998
ノルウェー‥‥‥	8 562	7 845	バーレーン‥‥‥	949	865
リビア‥‥‥‥‥	2 356	7 001	シリア‥‥‥‥‥	1 803	825
アルジェリア‥‥	5 454	5 106	イエメン‥‥‥‥	942	740
コロンビア‥‥‥	4 719	4 881	ブルネイ‥‥‥‥	729	728
オマーン‥‥‥‥	4 641	4 829	（参考）日本‥‥	24	24
イギリス‥‥‥‥	4 857	4 205	世界計×‥‥‥	**368 302**	**374 754**

IEA "Energy Statistics of OECD Countries/Non OECD Countries"（2014年版）による。タールサンドからの人造油やシェールオイルなどを含む。天然ガス液などは含まない。また,資料が異なるために上表とは単純比較できない。1)プエルトリコやグアムなどを含む。2) グリーンランドなどを除く。×その他とも。

第 5 章

資源とエネルギー

表5-29　原油の輸出入（単位　万t）

輸　出	2011	2012	輸　入	2011	2012
サウジアラビア	35 115	37 033	アメリカ合衆国 1)	46 814	42 201
ロシア・・・・・・	24 449	23 672	中国・・・・・・・・	25 378	27 103
イラク・・・・・・	10 693	11 933	インド・・・・・・・	17 173	18 480
アラブ首長国連邦	11 380	11 846	日本・・・・・・・・	16 834	17 031
カナダ・・・・・・	10 750	11 609	韓国・・・・・・・・	12 520	12 828
ナイジェリア・・	10 961	11 077	ドイツ・・・・・・・	9 052	9 342
クウェート・・・・	8 936	10 299	イタリア・・・・・2)	7 222	6 883
ベネズエラ・・・・	9 546	9 326	スペイン・・・・・・	5 215	5 881
アンゴラ・・・・・	7 895	8 351	フランス・・・・・3)	6 418	5 657
カザフスタン・・	6 870	6 946	イギリス・・・・・・	4 965	5 376
メキシコ・・・・・	7 036	6 618	オランダ・・・・・・	4 897	4 983
ノルウェー・・・・	7 205	6 526	シンガポール・・	4 870	4 881
リビア・・・・・・	1 442	6 181	タイ・・・・・・・・	4 145	4 468
イラン・・・・・・	11 515	5 865	（台湾）・・・・・・	3 987	4 439
オマーン・・・・・	3 871	4 019	カナダ・・・・・・・	3 325	3 535
アゼルバイジャン	3 727	3 473	ベルギー・・・・・	2 985	3 157
世界計×・・・・	**207 270**	**208 097**	世界計×・・・・	**214 058**	**214 730**

資料および注記は表5-28参考表に同じ。1) プエルトリコやグアムなどを含む。2) サンマリノ，バチカン市国を含む。3) モナコを含む。×その他とも。

表5-30　原油の国内供給量と自給率（2012年）（単位　万t）

	国内供給量	自給率（%）		国内供給量	自給率（%）
アジア・・・・・・1)	124 013	*29.1*	**北アメリカ**・・・・	82 291	*59.2*
中国・・・・・・・・・	46 838	*44.3*	アメリカ合衆国5)	74 029	*43.8*
インド・・・・・・・・	22 347	*16.9*	カナダ・・・・・・・・	8 262	*196.6*
日本・・・・・・・・	17 111	*0.1*	**中東**・・・・・・・・・	37 415	*313.9*
韓国・・・・・・・・	12 737	*0.0*	サウジアラビア	12 257	*398.1*
タイ・・・・・・・・	5 513	*22.5*	イラン・・・・・・・	9 163	*161.1*
シンガポール・・	4 851	—	クウェート・・・・	4 833	*313.1*
（台湾）・・・・・・・	4 484	*0.0*	**中南アメリカ**・・	32 013	*158.0*
ヨーロッパ・・2)	92 801	*84.7*	ブラジル・・・・・・	9 639	*109.0*
ロシア・・・・・・	26 120	*190.4*	メキシコ・・・・・	6 580	*201.0*
ドイツ・・・・・・	9 507	*2.7*	ベネズエラ・・・・	5 456	*270.9*
イタリア・・・・3)	7 364	*7.3*	**アフリカ**・・・・・	10 883	*387.6*
イギリス・・・・・	6 672	*63.0*	**オセアニア**・・6)	3 578	*60.5*
スペイン・・・・・	5 925	*0.2*	世界計・・・・・・	**382 993**	—
フランス・・・・4)	5 679	*1.4*			
オランダ・・・・・	5 073	*2.2*			

資料および注記は表5-28参考表に同じ。国内供給量は生産＋輸入−輸出で，在庫の増減等を加味している。自給率は国内供給量に対する生産量の割合。1) 中東や旧ソ連構成国を除く。2) アジアの旧ソ連構成国を含む。3) サンマリノ，バチカン市国を含む。4) モナコを含む。5) プエルトリコやグアム等を含む。6) オーストラリアとニュージーランド。

表 5-31　石油製品の精製量（単位　万 t ）

	1980	1990	2000	2010	2011	2012
アジア‥‥‥‥ 1)	42 991	51 958	83 930	114 625	116 885	122 276
中国‥‥‥‥‥	7 814	10 670	19 593	40 224	41 527	44 070
インド‥‥‥‥	2 549	5 127	10 255	20 619	21 398	22 978
日本‥‥‥‥‥	20 069	17 696	20 661	17 813	16 903	16 869
韓国‥‥‥‥‥	2 560	4 237	12 200	11 961	12 750	13 101
タイ‥‥‥‥‥	758	1 141	3 588	5 178	5 075	5 373
シンガポール‥‥	3 137	4 040	4 029	4 847	5 174	5 261
（台湾）‥‥‥‥	1 785	2 146	3 688	4 467	4 195	4 604
インドネシア‥‥	1 798	3 702	4 948	4 539	4 630	4 503
マレーシア‥‥‥	555	1 009	2 045	2 051	2 283	2 510
ヨーロッパ‥‥ 2)	120 612	111 352	96 854	98 885	98 272	97 472
ロシア‥‥‥‥‥ 3)	44 850	26 772	17 680	24 462	24 834	25 373
ドイツ‥‥‥‥ 4)	13 651	10 596	11 597	10 490	10 334	10 442
イタリア‥‥‥ 5)	9 799	9 056	9 477	9 122	8 669	8 264
イギリス‥‥‥‥	8 554	8 812	8 634	7 429	7 583	6 992
フランス‥‥‥ 6)	11 572	7 833	8 858	7 341	7 372	6 290
スペイン‥‥‥‥	4 852	5 280	5 983	5 764	5 665	6 135
オランダ‥‥‥‥	5 724	6 791	8 019	5 851	5 737	5 708
ベルギー‥‥‥‥	3 344	2 937	3 809	3 512	3 295	3 486
ポーランド‥‥‥	1 543	1 281	1 848	2 425	2 558	2 659
ギリシャ‥‥‥‥	1 413	1 644	2 223	2 234	1 937	2 389
北アメリカ‥‥	81 636	81 474	91 159	91 282	91 808	88 270
アメリカ合衆国 7)	72 377	73 055	81 788	81 578	82 561	78 983
カナダ‥‥‥‥‥	9 260	8 419	9 371	9 704	9 247	9 287
中東‥‥‥‥‥	13 864	22 467	30 670	35 083	35 634	36 578
サウジアラビア‥	3 276	7 707	8 171	9 381	9 197	9 562
イラン‥‥‥‥‥	3 403	4 088	7 712	8 383	8 595	8 941
クウェート‥‥‥	1 680	1 170	3 576	4 257	4 205	4 567
イラク‥‥‥‥‥	914	1 791	2 450	2 507	2 767	2 874
トルコ‥‥‥‥‥	1 266	2 288	2 375	1 991	2 217	2 314
中南アメリカ‥	26 654	25 676	31 607	31 456	33 155	32 876
ブラジル‥‥‥‥	5 474	6 063	8 469	9 667	9 891	10 438
メキシコ‥‥‥‥	5 043	6 414	6 403	6 601	6 550	6 593
ベネズエラ‥‥‥	4 737	4 883	5 349	5 585	5 747	5 500
アルゼンチン‥‥	2 540	2 230	2 953	2 932	2 919	3 113
アフリカ‥‥‥	7 006	10 260	10 670	11 945	10 708	10 773
エジプト‥‥‥‥	1 383	2 348	2 506	2 886	2 589	2 637
オセアニア‥‥ 8)	3 184	3 552	4 177	3 525	3 708	3 520
オーストラリア‥	2 893	3 076	3 671	3 010	3 171	2 962
世界計‥‥‥‥	295 946	306 739	349 065	386 801	390 170	391 764

IEA "Oil Information"（2014年版）による。1) 中東および旧ソ連構成国を含まず。2) アジア地域の旧ソ連構成国を含む。3) 旧ソ連の数値。4) 旧東ドイツを含む。5) サンマリノ，バチカン市国を含む。6) モナコを含む。7) プエルトリコやグアムなどを含む。8) オーストラリアとニュージーランドのみ。

第5章　資源とエネルギー

表5-32　**石油製品精製量の内訳**（2012年）（単位　万t）

	軽油	自動車ガソリン	重油	ナフサ	航空燃料	LPG・エタン	灯油
アメリカ合衆国[1]	22 210	32 995	2 702	882	6 882	1 988	42
中国‥‥‥‥‥	16 944	8 976	873	4 471	1 379	2 120	759
ロシア‥‥‥‥	6 944	3 823	7 507	1 998	1 286	1 531	—
インド‥‥‥‥	9 149	3 012	1 505	1 735	1 008	769	787
日本‥‥‥‥‥	4 538	3 910	2 450	1 392	1 040	401	1 478
韓国‥‥‥‥‥	4 187	1 531	1 528	2 432	1 648	149	420
ドイツ‥‥‥‥	4 358	1 949	832	810	522	262	0
ブラジル‥‥‥	3 855	1 969	1 445	466	434	476	2
サウジアラビア・	3 138	1 710	2 528	755	305	97	512
カナダ‥‥‥‥	3 155	2 958	730	354	365	155	45
イラン‥‥‥‥	2 888	1 464	2 755	315	116	186	462
イタリア‥‥‥[2]	3 510	1 821	922	312	261	154	67
イギリス‥‥‥	2 471	1 763	716	95	578	251	227
メキシコ‥‥‥	1 885	1 752	1 559	291	259	79	—
フランス‥‥‥[3]	2 495	1 168	824	436	385	147	—
スペイン‥‥‥	2 649	723	654	32	16	170	837
世界計×‥‥‥	**129 404**	**90 825**	**50 003**	**25 491**	**25 243**	**11 309**	**7 292**

IEA "Energy Statistics of OECD/Non-OECD Countries"（2014年版）による。1) プエルトリコやグアムなどを含む。2) サンマリノ，バチカン市国を含む。3) モナコを含む。×その他とも。

表5-33　**石油製品の輸出入**（単位　万t）

輸　出	2011	2012	輸　入	2011	2012
アメリカ合衆国[1]	13 545	14 068	シンガポール‥	10 883	9 782
ロシア‥‥‥‥	10 412	10 696	オランダ‥‥‥	8 538	9 048
オランダ‥‥‥	9 817	10 182	アメリカ合衆国[1]	7 465	6 657
シンガポール‥	9 117	8 165	中国‥‥‥‥‥	5 535	5 302
インド‥‥‥‥	6 293	6 468	日本‥‥‥‥‥	4 782	4 992
サウジアラビア	5 149	6 086	フランス‥‥‥[3]	4 034	4 297
韓国‥‥‥‥‥	5 274	5 672	韓国‥‥‥‥‥	3 131	3 570
クウェート‥‥	3 083	3 255	ドイツ‥‥‥‥	3 298	3 224
中国‥‥‥‥‥	3 069	2 840	メキシコ‥‥‥	3 176	3 162
イタリア‥‥‥[2]	2 564	2 768	インドネシア‥	2 704	3 091
イギリス‥‥‥	2 780	2 708	イギリス‥‥‥	2 281	2 598
ベネズエラ‥‥	3 105	2 493	ブラジル‥‥‥	2 429	2 420
ベルギー‥‥‥	2 054	2 300	ベルギー‥‥‥	2 180	2 072
カナダ‥‥‥‥	1 869	2 299	トルコ‥‥‥‥	1 799	2 020
			(香港)‥‥‥	1 947	1 820
世界計×‥‥‥	**118 117**	**119 809**	世界計×‥‥‥	**110 682**	**111 989**
うちOPEC‥	19 093	18 964			

資料は表5-31に同じ。1) プエルトリコやグアムなどを含む。2) サンマリノ，バチカン市国を含む。3) モナコを含む。×その他とも。

表5-34　天然ガスの生産（単位　億m³）

	1980	1990	2000	2010	2012	2013
ヨーロッパ･･･ 1)	7 046	10 420	10 278	11 418	11 480	11 623
ロシア･･･････････	2) 4 439	6 289	5 728	6 573	6 581	6 710
ノルウェー･････	260	276	533	1 073	1 147	1 087
オランダ･･･････	962	762	728	885	802	862
トルクメニスタン	…	849	472	455	694	761
ウズベキスタン･	…	407	563	600	627	627
イギリス･･･････	375	497	1 154	598	411	385
カザフスタン･･･	…	71	91	283	307	321
北アメリカ････	6 317	6 157	7 260	7 638	8 375	8 440
アメリカ合衆国3)	5 535	5 066	5 443	6 039	6 815	6 892
カナダ･･･････････	781	1 091	1 817	1 599	1 561	1 548
中東･･････････	380	913	2 003	4 671	5 321	5 500
カタール･･････	32	62	245	1 206	1 588	1 611
イラン･･･････	43	226	589	1 439	1 563	1 591
サウジアラビア･	112	239	377	733	811	841
アラブ首長国連邦	75	201	398	496	525	540
オマーン･･･････	4	30	112	307	322	325
アジア･･･････ 4)	612	1 341	2 508	4 306	4 269	4 407
中国･･･････････	143	153	272	948	1 072	1 150
インドネシア･･･	172	483	700	857	771	788
マレーシア･････	24	184	504	605	610	632
タイ･････････	…	64	200	316	335	419
パキスタン････	67	141	236	386	391	366
インド･･･････	15	128	279	512	398	345
バングラデシュ･	13	48	94	199	210	219
中南アメリカ･･･	610	871	1 380	2 135	2 202	2 222
メキシコ･･･････	255	256	317	502	466	458
トリニダード・トバゴ･	29	56	146	428	410	412
アルゼンチン･･･	99	203	410	423	408	386
ベネズエラ･････	146	218	284	249	264	264
ブラジル･･･････	10	38	72	147	192	212
アフリカ･･････	219	670	1 242	2 094	2 115	1 932
アルジェリア･･･	127	457	821	846	853	803
エジプト･･････	19	82	177	568	541	514
ナイジェリア･･･	15	40	125	325	412	344
オセアニア･･･ 5)	99	254	391	532	606	665
オーストラリア･	89	205	328	484	560	617
世界計･･･････	**15 283**	**20 626**	**25 062**	**32 793**	**34 368**	**34 790**

IEA "Natural Gas Information"（2014年版）および同資料による。2013年は推定値。本年版より単位を熱量から体積（立方メートル）に変更。体積あたり天然ガス熱量は産出される地域などによって異なり，昨年版までと単純比較できない。なお，原資料で2013年の熱量での総生産量は134117PJ（ペタジュール）で，平均すると1億m³で3.86PJ。1) アジア地域の旧ソ連構成国を含む。2) 旧ソ連の数値。3) プエルトリコ，グアムなどを含む。4) 中東および旧ソ連構成国を含まず。5) オーストラリアとニュージーランドのみ。

表 5-35　天然ガスの輸出入（単位　億m³）

輸　　出	2012	2013	輸　　入	2012	2013
ロシア‥‥‥‥	1 933	2 107	日本‥‥‥‥‥	1 216	1 228
カタール‥‥‥	1 187	1 207	ドイツ‥‥‥‥	884	949
ノルウェー‥‥	1 098	1 028	アメリカ合衆国 1)	889	816
カナダ‥‥‥‥	883	814	イタリア‥‥‥ 2)	677	620
オランダ‥‥‥	604	673	韓国‥‥‥‥‥	478	532
アルジェリア‥	523	451	中国‥‥‥‥‥	398	520
トルクメニスタン‥	451	451	イギリス‥‥‥	498	490
アメリカ合衆国 1)	458	445	フランス‥‥‥ 3)	477	479
インドネシア‥	370	348	トルコ‥‥‥‥	459	453
マレーシア‥‥	319	345	スペイン‥‥‥	351	350
オーストラリア	262	326	ウクライナ‥‥	324	275
ナイジェリア‥	258	218	オランダ‥‥‥	261	270
トリニダード・トバゴ	198	198	カナダ‥‥‥‥	313	269
ドイツ‥‥‥‥	170	188	ベルギー‥‥‥	229	233
ボリビア‥‥‥	146	177	ベラルーシ‥‥	203	203
世界計×‥‥	**10 443**	**10 516**	世界計×‥‥	**10 327**	**10 384**

資料，注記は表5-34に同じ。2013年は推定値。1) プエルトリコやグアムなどを含む。2) サンマリノ，バチカン市国を含む。3) モナコを含む。×その他とも。

表 5-36　天然ガスの消費量と自給率（2013年）（単位　億m³）

	消費量	自給率(%)		消費量	自給率(%)
ヨーロッパ‥ 1)	11 350	102.4	タイ‥‥‥‥‥	460	91.3
ロシア‥‥‥‥	4 668	143.7	インドネシア‥	447	176.2
ドイツ‥‥‥‥	884	13.3	**中東‥‥‥‥**	4 745	115.9
イギリス‥‥‥	777	49.5	イラン‥‥‥‥	1 552	102.5
イタリア‥‥ 2)	701	11.0	サウジアラビア	841	100.0
ウクライナ‥‥	515	38.9	アラブ首長国連邦	666	81.1
ウズベキスタン	508	123.4	トルコ‥‥‥‥	456	1.2
オランダ‥‥‥	464	185.9	カタール‥‥‥	447	360.4
フランス‥‥ 3)	440	0.8	**中南アメリカ‥**	2 323	95.7
北アメリカ‥‥	8 407	100.4	メキシコ‥‥‥	646	70.9
アメリカ合衆国 4)	7 372	93.5	アルゼンチン‥	505	76.4
カナダ‥‥‥‥	1 035	149.6	**アフリカ‥‥‥**	1 146	168.7
アジア‥‥‥ 5)	6 299	70.0	エジプト‥‥‥	470	109.5
中国‥‥‥‥‥	1 593	72.2	**オセアニア‥** 6)	419	158.5
日本‥‥‥‥‥	1 301	2.3	世界計‥‥‥	**34 689**	…
韓国‥‥‥‥‥	523	0.9			
インド‥‥‥‥	501	68.7			

資料は上表に同じ。推定値。自給率は消費量に対する各国の生産量の割合。1) アジア地域の旧ソ連構成国を含む。2) サンマリノ，バチカン市国を含む。3) モナコを含む。4) プエルトリコやグアムなどを含む。5) 中東および旧ソ連構成国を含まず。6) オーストラリアとニュージーランド。

図 5-8　原油・天然ガスの地域別埋蔵量 （2015年1月1日現在）

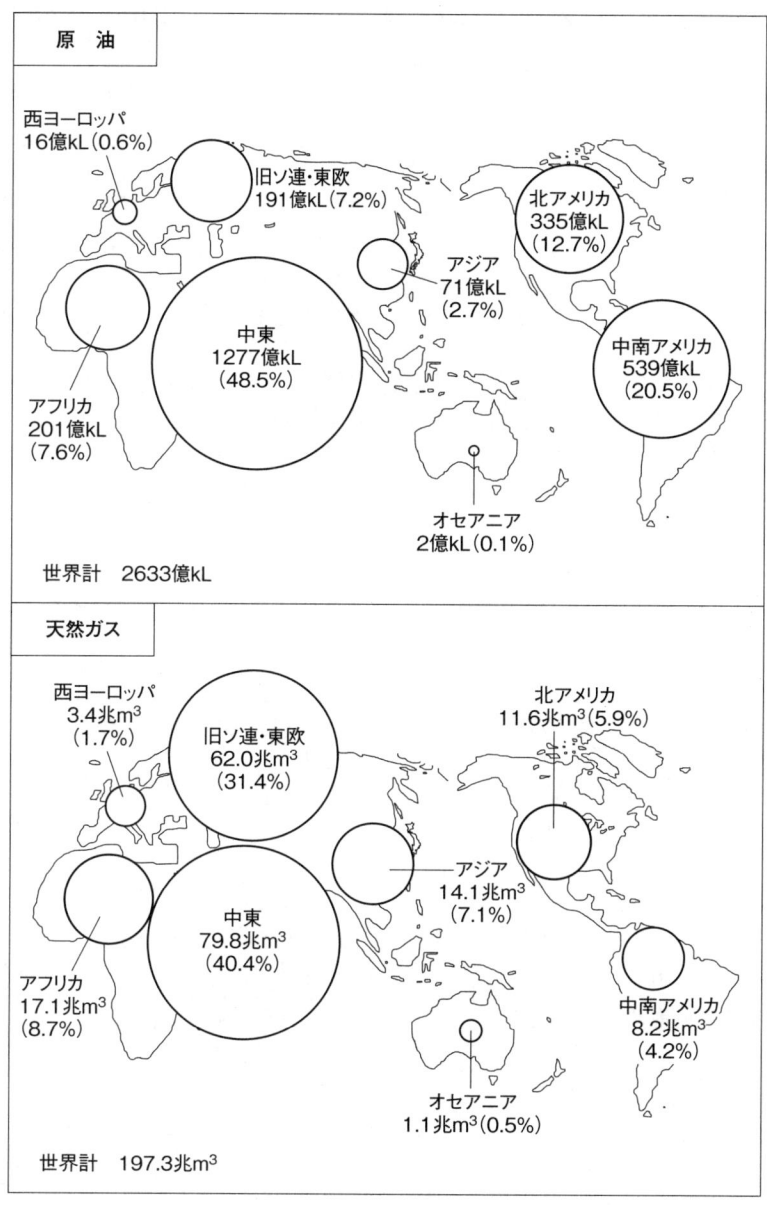

オイル・アンド・ガスジャーナル誌（2014年12月1日号）による。（　）内の数値は
世界全体の埋蔵量に対する割合。

表 5-37　**液体バイオ燃料の生産**（単位　千 t ）

	2011	2012		2011	2012
北アメリカ‥‥	44 634	42 989	ハンガリー‥‥	166	384
アメリカ合衆国1)	43 185	41 489	イギリス‥‥‥	200	367
カナダ‥‥‥‥	1 449	1 500	ポルトガル‥‥	371	309
中南アメリカ‥	23 043	23 474	アジア‥‥‥ 5)	5 277	6 314
ブラジル‥‥‥	19 674	19 903	インドネシア‥	1 401	1 957
アルゼンチン‥	2 766	2 865	中国‥‥‥‥‥	1 797	1 797
キューバ‥‥‥	415	410	タイ‥‥‥‥	943	1 290
ヨーロッパ‥ 2)	12 872	14 041	韓国‥‥‥‥‥	310	332
ドイツ‥‥‥‥	3 948	3 664	インド‥‥‥‥	343	304
フランス‥‥ 3)	2 486	2 880	オセアニア‥ 6)	497	482
オランダ‥‥‥	495	1 177	オーストラリア	491	477
スウェーデン‥	679	812	中東‥‥‥‥‥	20	26
スペイン‥‥‥	1 047	799	アフリカ‥‥‥	6	9
ポーランド‥‥	501	778	世界計‥‥‥	**86 349**	**87 335**
ベルギー‥‥‥	525	566			
イタリア‥‥ 4)	713	423			

IEA "Energy Statistics of OECD Countries/Non OECD Countries"（2014年版）による。
サトウキビなどから製造するバイオエタノールなど。1) プエルトリコやグアムなどを含む。
2) アジア地域の旧ソ連構成国を含む。3) モナコを含む。4) サンマリノ，バチカン市国
を含む。5) 中東，旧ソ連構成国を含まず。6) オーストラリアとニュージーランド。

表 5-38　**天然ガスの可採埋蔵量**（2015年1月1日現在）（単位　十億m³）

中東‥‥‥‥‥	79 777	ナイジェリア‥	5 111	アメリカ合衆国	9 595
イラン‥‥‥‥	34 019	アルジェリア‥	4 504	カナダ‥‥‥‥	2 033
カタール‥‥‥	24 680	モザンビーク‥	2 832	**中南アメリカ‥**	8 235
サウジアラビア	8 317	エジプト‥‥‥	2 186	ベネズエラ‥‥	5 581
アラブ首長国連邦	6 091	リビア‥‥‥‥	1 506	メキシコ‥‥‥	469
イラク‥‥‥‥	3 158	アンゴラ‥‥‥	275	ブラジル‥‥‥	459
クウェート‥‥	1 784	カメルーン‥‥	135	ペルー‥‥‥‥	426
オマーン‥‥‥	705	**アジア‥‥‥‥**	14 081	トリニダード・トバゴ	347
イエメン‥‥‥	479	中国‥‥‥‥‥	4 643	アルゼンチン‥	316
シリア‥‥‥‥	241	インドネシア‥	2 927	ボリビア‥‥‥	281
イスラエル‥‥	199	マレーシア‥‥	2 350	コロンビア‥‥	181
旧ソ連・東欧‥	61 970	インド‥‥‥‥	1 427	**西ヨーロッパ‥**	3 406
ロシア‥‥‥‥	47 805	パキスタン‥‥	699	ノルウェー‥‥	2 049
トルクメニスタン	7 504	ベトナム‥‥‥	699	オランダ‥‥‥	898
カザフスタン‥	2 407	ブルネイ‥‥‥	391	イギリス‥‥‥	241
ウズベキスタン	1 841	ミャンマー‥‥	283	**オセアニア‥‥**	1 054
ウクライナ‥‥	1 104	バングラデシュ	241	オーストラリア	861
アゼルバイジャン	991	タイ‥‥‥‥‥	238	パプアニューギニア	155
ルーマニア‥‥	105	フィリピン‥‥	99	**世界計‥‥‥**	**197 257**
アフリカ‥‥‥	17 107	**北アメリカ‥‥**	11 628		

オイル・アンド・ガスジャーナル誌（2014年12月1日号）による。推定確認埋蔵量。

表5-39 シェールガスの技術的回収可能資源量 （2013年）（単位 兆m³）

中南アメリカ	55.9	**アフリカ**	38.5	ブルガリア	0.5
アルゼンチン	22.7	アルジェリア	20.0	**オセアニア**	12.4
メキシコ	15.4	南アフリカ共和国	11.0	オーストラリア	12.4
ブラジル	6.9	リビア	3.5		
ベネズエラ	4.7	エジプト	2.8	**西ヨーロッパ**	7.2
パラグアイ	2.1	チュニジア	0.7	フランス	3.9
コロンビア	1.6	モロッコ	0.3	デンマーク	0.9
チリ	1.4	（西サハラ）	0.2	オランダ	0.7
ボリビア	1.0	**北アメリカ**	35.0	イギリス	0.7
ウルグアイ	0.1	アメリカ合衆国 1)	18.8	ドイツ	0.5
アジア	38.8	カナダ	16.2	スウェーデン	0.3
中国	31.6			スペイン	0.2
パキスタン	3.0	**旧ソ連・東欧**	17.9	**中東**	0.9
インド	2.7	ロシア	8.1	トルコ	0.7
インドネシア	1.3	ポーランド	4.2	ヨルダン	0.2
タイ	0.1	ウクライナ	3.6	**世界計**	**206.6**
モンゴル	0.1	ルーマニア	1.4		

アメリカエネルギー情報局 "Technically Recoverable Shale Oil and Shale Gas Resources: An Assessment of 137 Shale Formations in 41 Countries Outside the United States" （2013年6月公表）による。各国の地域区分は表5-38に合わせた。アメリカ合衆国以外の国々は未確認埋蔵量。資源量を推計した堆積盆のみで、このほかに資源量を推定できなかった堆積盆が数多く存在する。また、本表での調査対象は41か国で、他にもシェールガスがある国が存在する。技術的回収可能資源量は現在の技術で回収できる量で、回収コストが考慮されていない。このうちコスト面が考慮されたものが可採埋蔵量となる。2011年時点での調査で技術的回収可能資源量の世界計は187.5兆m³（32か国）で、2年間で約10％増加した。1) 確認埋蔵量が2.7兆m³、未確認埋蔵量が16.1兆m³。

表5-40 シェールオイルの技術的回収可能資源量 （2013年）（単位 億kL）

旧ソ連・東欧	128.8	ボリビア	1.0	（西サハラ）	0.3
ロシア	120.5	**北アメリカ**	106.4	モーリタニア	0.2
ポーランド	5.2	アメリカ合衆国	92.4	**オセアニア**	27.8
ウクライナ	1.7	カナダ	14.0	オーストラリア	27.8
リトアニア	0.5	**アジア**	89.7	**西ヨーロッパ**	14.5
ルーマニア	0.5	中国	51.2	フランス	7.5
ブルガリア	0.3	パキスタン	14.5	オランダ	4.6
中南アメリカ	115.7	インドネシア	12.6	イギリス	1.1
アルゼンチン	42.9	インド	6.0	ドイツ	1.1
ベネズエラ	21.3	モンゴル	5.4	スペイン	0.2
メキシコ	20.8	**アフリカ**	60.7	**中東**	7.6
コロンビア	10.8	リビア	41.5	トルコ	7.5
ブラジル	8.4	アルジェリア	9.1	ヨルダン	0.2
パラグアイ	5.9	エジプト	7.3	**世界計**	**548.5**
チリ	3.7	チュニジア	2.4		
ウルグアイ	1.0				

資料、注記は上表に同じ。アメリカ合衆国も未確認埋蔵量のみ。原数値の四捨五入等により地域計の合計が世界計と一致しない。

表 5-41　アメリカ合衆国のガス生産とガス価格（単位　億m³）

	2009	2010	2011	2012	2013	2014
在来型ガス・・・・・・・	5 688	5 403	5 153	4 947	4 724	・・・
コールベットガス・・・・	569	543	504	436	404	・・・
シェールガス・・・・・・・	1 121	1 647	2 407	2 983	3 369	・・・
計・・・・・	**7 378**	**7 593**	**8 064**	**8 365**	**8 497**	**9 032**
シェールガスの割合（%）・	*15.2*	*21.7*	*29.8*	*35.7*	*39.6*	・・・
ガス卸売平均価格						
（千m³あたりドル）・・	229	218	199	167	172	202

アメリカエネルギー情報局Webサイト（http://www.eia.gov/）による。2015年 6 月 5 日閲覧。生産量はガス井等の回収量で，夾雑物等を含む。在来型ガスはガス田や油田からのガス。コールベットガスは石炭層のガス。卸売価格はガス供給会社への販売価格。

表 5-42　ウランの生産と埋蔵量（単位　t ）

	2000	2010	2012	2013（見込み）	可採埋蔵量[1]（千 t）	可採年数[2]（年）
カザフスタン・・・	1 870	17 803	21 240	22 500	373.0	16.6
カナダ・・・・・・・・	10 683	9 775	8 998	9 000	454.5	50.5
オーストラリア・	7 579	5 900	7 009	6 700	1 208.0	180.3
ナミビア・・・・・・・	2 715	4 503	4 653	4 820	296.5	61.5
ニジェール・・・・・	2 914	4 197	4 822	3 859	325.0	84.2
ロシア・・・・・・・・	2 760	3 563	2 862	3 133	261.9	83.6
ウズベキスタン・	2 028	2 874	2 400	2 400	59.4	24.8
アメリカ合衆国・	1 522	1 630	1 667	1 700	472.1	277.7
中国・・・・・・・・・・	700	1 350	1 450	1 450	120.0	82.8
マラウィ・・・・・・・	・・・	681	1 103	1 200	10.4	8.7
ウクライナ・・・・・	1 005	837	1 012	1 075	141.4	131.5
南アフリカ共和国	798	582	467	540	233.7	432.8
インド・・・・・・・・・	207	400	385	400	97.8	244.5
ブラジル・・・・・・・	11	148	326	340	155.1	456.2
チェコ・・・・・・・・	507	254	228	213	51.0	239.4
ルーマニア・・・・・	86	80	80	80	3.1	38.8
パキスタン・・・・・	23	45	45	45	・・・	・・・
イラン・・・・・・・・	・・・	7	15	40	1.0	25.0
ドイツ・・・・・・・・	28	8	50	30	3.0	100.0
フランス・・・・・・・	296	9	3	3	・・・	・・・
ハンガリー・・・・・	10	6	1	3	・・・	・・・
モンゴル・・・・・・・	・・・	・・・	・・・	・・・	108.1	・・・
タンザニア・・・・・	・・・	・・・	・・・	・・・	40.4	・・・
中央アフリカ・・・	・・・	・・・	・・・	・・・	32.0	・・・
世界計×・・・・・	**36 011**	**54 653**	**58 816**	**59 531**	**4 587.2**	**77.1**

OECD，NEA "Uranium"（2014年）および 国連 "UN data"（https://data.un.org/，2015年 7 月23日閲覧）による。1) 2013年 1 月 1 日現在。ウラン 1 kgあたり260米ドル以下で回収可能な可採埋蔵量。2) 可採埋蔵量÷2013年の生産量。×その他とも。

表5-43　原子力発電設備容量（2015年1月1日現在）

	運転中		建設・計画中		合計	
	容量 （千kW）	基数	容量 （千kW）	基数	容量 （千kW）	基数
アメリカ合衆国・	102 677	99	11 860	10	114 537	109
フランス・・・・・・	65 880	58	1 630	1	67 510	59
日本・・・・・・・・・	44 264	48	16 003	12	60 267	60
ロシア・・・・・・・・	25 194	29	27 612	26	52 806	55
韓国・・・・・・・・・・	20 716	23	12 200	9	32 916	32
中国・・・・・・・・・	20 232	22	60 762	56	80 994	78
カナダ・・・・・・・	14 240	19	—	—	14 240	19
ウクライナ・・・・	13 818	15	2 000	2	15 818	17
ドイツ・・・・・・・・	12 702	9	—	—	12 702	9
イギリス・・・・・・	10 862	16	3 260	2	14 122	18
スウェーデン・・・	9 428	10	—	—	9 428	10
スペイン・・・・・・	7 397	7	—	—	7 397	7
ベルギー・・・・・・	6 194	7	—	—	6 194	7
インド・・・・・・・・	5 780	21	11 000	12	16 780	33
（台湾）・・・・・・・	5 228	6	2 700	2	7 928	8
チェコ・・・・・・・・	4 174	6	—	—	4 174	6
スイス・・・・・・・・	3 485	5	—	—	3 485	5
フィンランド・・・	2 860	4	1) 3 920	3	1) 6 780	7
ブルガリア・・・・・	2 000	2	1 000	1	3 000	3
ハンガリー・・・・・	2 000	4	2 400	2	4 400	6
ブラジル・・・・・・	1 992	2	1 405	1	3 397	3
スロバキア・・・・・	1 950	4	942	2	2 892	6
南アフリカ共和国	1 940	2	—	—	1 940	2
ルーマニア・・・・・	1 410	2	1 412	2	2 822	4
メキシコ・・・・・・	1 364	2	—	—	1 364	2
アルゼンチン・・・	1 005	2	1 445	2	2 450	4
イラン・・・・・・・・	1 000	1	2 499	3	3 499	4
パキスタン・・・・・	787	3	2 880	4	3 667	7
スロベニア・・・・・	727	1	—	—	727	1
オランダ・・・・・・	512	1	—	—	512	1
アルメニア・・・・・	408	1	—	—	408	1
トルコ・・・・・・・・	—	—	9 200	8	9 200	8
アラブ首長国連邦	—	—	5 560	4	5 560	4
ベトナム・・・・・・	—	—	4 800	4	4 800	4
インドネシア・・・	—	—	4 000	4	4 000	4
ベラルーシ・・・・・	—	—	2 400	2	2 400	2
バングラデシュ・	—	—	2 000	2	2 000	2
ヨルダン・・・・・・	—	—	2 000	2	2 000	2
エジプト・・・・・・	—	—	1 872	2	1 872	2
リトアニア・・・・・	—	—	1 384	1	1 384	1
世界計×・・・・・	392 226	431	200 810	183	593 036	614

日本原子力産業協会「世界の原子力発電開発の動向」（2015年版）による。1）計画中の1
基が出力不確定で，日本原子力産業協会が仮定して集計。×その他とも。カザフスタン
で計画中の1基が出力不明で，基数のみ足し合わせた。

第
5
章

資源とエネルギー

表 5-44　風力発電設備容量 (2014年) (単位　千kW)

	年間導入量	総数[1]		年間導入量	総数[1]
中国・・・・・・・・・・	23 196	114 609	日本・・・・・・・・・	130	2 789
アメリカ合衆国	4 854	65 879	メキシコ・・・・・・	634	2 551
ドイツ・・・・・・・	5 279	39 165	アイルランド・・	222	2 272
スペイン・・・・・・	28	22 987	オーストリア・・	411	2 095
インド・・・・・・・	2 315	22 465	ギリシャ・・・・・・	114	1 980
イギリス・・・・・・	1 736	12 440	チリ・・・・・・・・	506	836
カナダ・・・・・・・・	1 871	9 694	モロッコ・・・・・・	300	787
フランス・・・・・・	1 042	9 285	(台湾)・・・・・・・・	18	633
イタリア・・・・・・	108	8 663	ニュージーランド	—	623
ブラジル・・・・・・	2 472	5 939	エジプト・・・・・・	60	610
スウェーデン・・	1 050	5 425	韓国・・・・・・・・・	47	609
ポルトガル・・・・	184	4 914	南アフリカ共和国	560	570
デンマーク・・・・	105	4 883	ウルグアイ・・・・	405	464
ポーランド・・・・	444	3 834	アルゼンチン・・	53	271
オーストラリア	567	3 806	パキスタン・・・・	150	256
トルコ・・・・・・・・	804	3 763	チュニジア・・・・	—	245
ルーマニア・・・・	354	2 954	(参考) EU・・・・	11 829	128 790
オランダ・・・・・・	141	2 805	世界計×・・・・	**51 473**	**369 597**

世界風力エネルギー会議 "Global Wind Report 2014" による。EUは28か国。原資料で掲載された国のみ。ヨーロッパは原資料でギリシャより設備容量の総数が少ない国々の個別データを掲載していない。1) 2014年末現在。×その他とも。

表 5-45　太陽光発電設備容量 (2014年) (単位　千kW)

	年間導入量	総数[1]		年間導入量	総数[1]
ドイツ・・・・・・・・	1 900	38 200	ルーマニア・・・・	69	1 219
中国・・・・・・・・・・	10 560	28 199	オランダ・・・・・・	400	1 123
日本・・・・・・・・・・	9 700	23 300	スイス・・・・・・・・	320	1 076
イタリア・・・・・・	385	18 460	ブルガリア・・・・	2	1 022
アメリカ合衆国	6 201	18 280	南アフリカ共和国	800	922
フランス・・・・・・	927	5 660	(台湾)・・・・・・・・	400	776
スペイン・・・・・・	22	5 358	オーストリア・・	140	766
イギリス・・・・・・	2 273	5 104	イスラエル・・・・	250	731
オーストラリア	910	4 136	デンマーク・・・・	39	603
ベルギー・・・・・・	65	3 074	スロバキア・・・・	0	533
インド・・・・・・・	616	2 936	ポルトガル・・・・	110	391
ギリシャ・・・・・・	16	2 595	チリ・・・・・・・・	365	368
韓国・・・・・・・・・	909	2 384	メキシコ・・・・・・	64	176
チェコ・・・・・・・・	2	2 134	マレーシア・・・・	87	160
カナダ・・・・・・・・	500	1 710	スウェーデン・・	36	79
タイ・・・・・・・・・	475	1 299	トルコ・・・・・・・・	40	58

IEA "2014 Snapshot of Global PV Markets" による。太陽光発電システム研究協力実施協定 (PVPS) に基づく統計。1) 2014年末現在。

図 5-9　各国の発電エネルギー源別割合 （2012年）

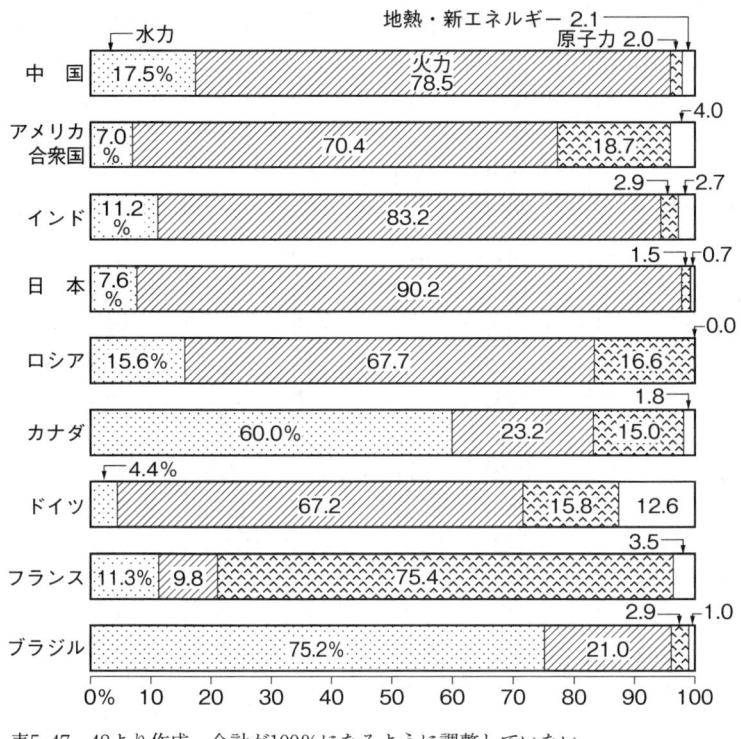

表5-47，48より作成。合計が100％になるように調整していない。

表 5-46　再生可能エネルギーによる発電量 （単位　億kWh）

	2010	2012		2010	2012
中国・・・・・・・・・・	7 817	9 990	スペイン・・・・・・	978	870
アメリカ合衆国 1)	4 407	5 127	フランス・・・・・ 3)	781	834
ブラジル・・・・・・	4 370	4 556	ベネズエラ・・・・	768	820
カナダ・・・・・・・	3 693	4 012	トルコ・・・・・・・	557	652
インド・・・・・・・	1 571	1 761	パラグアイ・・・・	541	602
ロシア・・・・・・・	1 670	1 664	ベトナム・・・・・・	277	535
ノルウェー・・・・	1 180	1 438	オーストリア・・	450	512
ドイツ・・・・・・・	1 043	1 429	コロンビア・・・・	429	496
日本・・・・・・・・・	1 246	1 231	メキシコ・・・・・・	477	442
スウェーデン・・	821	983	イギリス・・・・・・	258	413
イタリア・・・・ 2)	770	922	世界計×・・・・	**42 128**	**47 448**

IEA "Energy Statistics of OECD Countries/Non OECD Countries" (2014年版) による。
表5-47データの内数。日本もIEAの数値で表5-47とは比較できない。水力 (揚水水力を除く)，地熱，太陽光，風力，波力，潮力，バイオ燃料，可燃性廃棄物による発電量。1) プエルトリコ，グアムなどを含む。2) サンマリノ，バチカン市国を含む。3) モナコを含む。

表 5-47　世界の発電量（Ⅰ）（単位　億kWh）

	1980	1990	2000	2010	2011	2012
アジア‥‥‥‥ 1)	11 998	22 236	39 896	79 610	85 608	89 449
中国‥‥‥‥‥‥	3 006	6 212	13 562	42 080	47 158	49 941
インド‥‥‥‥‥	1 204	2 927	5 697	9 794	10 745	11 276
日本‥‥‥‥‥‥	5 775	8 573	10 915	11 569	11 078	10 940
韓国‥‥‥‥‥‥	372	1 054	2 901	4 995	5 233	5 346
（台湾）‥‥‥‥	426	902	1 849	2 470	2 520	2 503
インドネシア‥‥	75	327	933	1 698	1 834	1 959
タイ‥‥‥‥‥‥	144	442	960	1 595	1 560	1 666
マレーシア‥‥‥	100	230	693	1 248	1 293	1 344
ベトナム‥‥‥‥	36	87	266	949	1 051	1 228
パキスタン‥‥‥	150	377	681	944	951	961
フィリピン‥‥‥	180	263	453	677	692	729
バングラデシュ‥	24	77	158	418	442	490
シンガポール‥‥	70	157	317	454	460	469
（香港）‥‥‥‥	126	289	313	384	391	388
北朝鮮‥‥‥‥‥	212	277	194	217	192	192
ヨーロッパ‥‥ 2)	34 980	45 181	45 636	51 348	50 912	51 421
ロシア‥‥‥‥‥	3)12 940	10 822	8 778	10 380	10 548	10 707
ドイツ‥‥‥‥ 4)	4 676	5 500	5 765	6 330	6 131	6 298
フランス‥‥‥ 5)	2 580	4 208	5 407	5 692	5 603	5 643
イギリス‥‥‥‥	2 853	3 197	3 771	3 818	3 675	3 638
イタリア‥‥‥ 6)	1 857	2 166	2 766	3 021	3 026	2 993
スペイン‥‥‥‥	1 105	1 519	2 245	3 015	2 938	2 976
ウクライナ‥‥‥	…	2 988	1 714	1 886	1 949	1 989
スウェーデン‥‥	967	1 465	1 453	1 486	1 504	1 666
ポーランド‥‥‥	1 219	1 363	1 452	1 577	1 635	1 621
ノルウェー‥‥‥	841	1 218	1 430	1 236	1 276	1 478
オランダ‥‥‥‥	648	719	896	1 181	1 130	1 025
カザフスタン‥‥	…	874	513	826	866	912
チェコ‥‥‥‥‥	527	626	735	859	876	876
ベルギー‥‥‥‥	536	709	840	951	902	831
オーストリア‥‥	420	503	613	711	658	726
フィンランド‥‥	407	544	700	807	735	704
スイス‥‥‥‥‥	492	562	675	678	646	699
ギリシャ‥‥‥‥	227	350	538	574	594	610
ルーマニア‥‥‥	675	643	519	610	622	590
ウズベキスタン‥	…	563	469	517	524	525
ブルガリア‥‥‥	348	421	409	467	508	473
ポルトガル‥‥‥	153	285	438	541	525	466
セルビア‥‥‥ 7)	…	409	341	381	386	368
ハンガリー‥‥‥	239	284	352	374	360	346
ベラルーシ‥‥‥	…	395	261	349	322	308
デンマーク‥‥‥	268	260	361	389	352	307
スロバキア‥‥‥	201	261	312	279	287	287
アイルランド‥‥	109	145	240	286	275	276

世界の発電量（Ⅱ）（単位　億kWh）

	1980	1990	2000	2010	2011	2012
アゼルバイジャン	…	232	187	187	203	230
北アメリカ·····	28 007	37 008	46 584	49 812	49 876	49 250
アメリカ合衆国[8)]	24 273	32 186	40 527	43 784	43 496	42 905
カナダ·········	3 734	4 822	6 057	6 028	6 380	6 344
中南アメリカ···	3 797	6 235	10 031	14 056	14 717	15 166
ブラジル·······	1 394	2 228	3 489	5 157	5 318	5 525
メキシコ·······	670	1 158	2 042	2 711	2 958	2 939
アルゼンチン···	397	510	890	1 256	1 299	1 352
ベネズエラ·····	358	593	853	1 184	1 221	1 265
チリ···········	118	184	401	604	657	698
コロンビア·····	204	364	431	594	610	623
パラグアイ·····	8	272	535	541	576	602
ペルー·········	100	138	199	359	392	399
エクアドル·····	34	63	106	196	206	228
キューバ·······	100	150	150	174	178	184
中東···········	1 184	3 020	5 972	11 038	11 456	12 075
サウジアラビア·	205	692	1 262	2 401	2 501	2 717
イラン·········	224	591	1 214	2 330	2 401	2 543
トルコ·········	233	575	1 249	2 112	2 294	2 395
アラブ首長国連邦	63	171	399	977	991	1 009
イスラエル·····	124	209	427	586	597	630
クウェート·····	90	185	323	570	575	627
イラク·········	114	240	319	502	542	617
カタール·······	24	48	91	281	307	348
シリア·········	40	116	252	464	420	312
オマーン·······	8	45	91	198	219	250
バーレーン·····	17	80	139	234	238	248
アフリカ······	1 840	3 179	4 445	6 757	6 981	7 229
南アフリカ共和国	990	1 672	2 107	2 596	2 625	2 579
エジプト·······	189	423	781	1 468	1 574	1 644
アルジェリア···	71	161	254	457	512	574
リビア·········	48	102	155	328	276	340
ナイジェリア···	72	135	147	261	270	287
モロッコ·······	52	96	129	238	251	275
オセアニア··· [9)]	1 187	1 873	2 495	2 970	2 971	2 932
オーストラリア·	961	1 550	2 102	2 522	2 526	2 489
ニュージーランド	226	323	392	449	445	443
世界計·······	**82 992**	**118 732**	**155 057**	**215 592**	**222 522**	**227 522**

IEA "Energy Statistics of OECD Countries/Non OECD Countries"（2014年版）による。総発電量。日本は電気事業連合会「電気事業便覧」による。1）旧ソ連構成国，中東を含まず。2）旧ソ連構成国をすべて含む。3）旧ソ連の数値。4）1990年以前も旧東ドイツを含む。5）モナコを含む。6）サンマリノ，バチカン市国を含む。7）2004年以前はモンテネグロを，1999年以前はコソボを含む。8）プエルトリコやグアムなどを含む。9）オーストラリアとニュージーランドのみ。

表 5-48　発電量の内訳（Ⅰ）（2012年）（単位　億kWh）

	水力	火力	原子力	地熱	風力	太陽光
アジア‥‥‥ 1) 10)	12 671	71 640	3 415	224	1 318	176
中国‥‥‥‥‥	8 721	39 221	974	2	960	64
インド‥‥‥‥	1 258	9 385	329	…	283	21
日本‥‥‥‥‥	836	10) 9 868	159	26	48	10) 2
韓国‥‥‥‥‥	77	3 741	1 503	―	9	11
（台湾）‥‥‥	86	1 998	404	―	13	3
インドネシア‥‥	128	1 737	…	94	0	0
タイ‥‥‥‥‥	88	1 572	…	0	1	5
マレーシア‥‥‥	91	1 253	…	…	…	0
ベトナム‥‥‥	534	694	…	…	1	…
パキスタン‥‥‥	299	617	46	…	…	…
フィリピン‥‥‥	103	523	…	103	1	0
バングラデシュ‥	8	483	…	…	…	…
シンガポール‥‥	…	469	…	…	…	0
（香港）‥‥‥‥	…	388	…	…	0	…
北朝鮮‥‥‥‥	135	57	…	…	…	…
ヨーロッパ‥‥ 2)	8 234	28 450	11 778	115	2 077	717
ロシア‥‥‥‥	1 673	7 254	1 775	5	0	…
ドイツ‥‥‥‥ 4)	278	4 234	995	0	507	264
フランス‥‥‥ 5)	636	553	4 254	―	149	40
イギリス‥‥‥‥	83	2 644	704	―	196	12
イタリア‥‥‥ 6)	439	2 168	―	56	134	189
スペイン‥‥‥	242	1 503	615	―	495	120
ウクライナ‥‥‥	110	971	901	…	3	3
スウェーデン‥‥	791	163	640	―	72	0
ポーランド‥‥‥	25	1 549	―	―	47	0
ノルウェー‥‥‥	1 430	33	―	―	16	…
オランダ‥‥‥‥	1	931	39	―	50	3
カザフスタン‥‥	76	836	…	…	0	…
チェコ‥‥‥‥‥	29	518	303	―	4	21
ベルギー‥‥‥	17	360	403	―	28	21
オーストリア‥‥	477	221	―	0	25	3
フィンランド‥‥	169	297	230	―	5	0
スイス‥‥‥‥‥	403	37	254	―	1	3
ギリシャ‥‥‥‥	46	508	―	―	39	17
ルーマニア‥‥‥	123	326	115	…	26	0
ウズベキスタン‥	112	413	…	…	…	…
ブルガリア‥‥‥	40	255	158	…	12	8
ポルトガル‥‥‥	67	292	―	1	103	4
セルビア‥‥‥ 7)	99	269	…	―	…	…
ハンガリー‥‥‥	2	178	158	―	8	0
ベラルーシ‥‥‥	1	307	…	…	0	…
デンマーク‥‥‥	0	203	―	―	103	1
スロバキア‥‥‥	44	82	155	―	0	4
アイルランド‥‥	10	226	―	―	40	―

発電量の内訳（Ⅱ）（2012年）（単位　億kWh）

	水力	火力	原子力	地熱	風力	太陽光
アゼルバイジャン	18	212	…	…	―	…
北アメリカ‥‥‥	6 789	31 672	8 960	181	1 532	104
アメリカ合衆国[8]	2 983	30 199	8 011	181	1 419	100
カナダ‥‥‥‥‥	3 806	1 473	949	―	113	3
中南アメリカ‥‥	7 547	7 095	312	95	112	2
ブラジル‥‥‥‥	4 153	1 158	160	…	51	…
メキシコ‥‥‥‥	319	2 437	88	58	36	1
アルゼンチン‥‥	297	987	64	…	4	0
ベネズエラ‥‥‥	820	445	…	…	…	…
チリ‥‥‥‥‥‥	202	492	―	―	4	―
コロンビア‥‥‥	476	147	…	…	1	…
パラグアイ‥‥‥	602	0	…	…	…	…
ペルー‥‥‥‥‥	214	185	…	…	0	0
エクアドル‥‥‥	122	106	…	…	0	…
キューバ‥‥‥‥	1	183	…	…	0	0
中東‥‥‥‥‥	801	11 183	18	9	61	4
サウジアラビア・	…	2 717	…	…	…	0
イラン‥‥‥‥‥	124	2 398	18	…	2	…
トルコ‥‥‥‥‥	579	1 749	―	9	59	―
アラブ首長国連邦	…	1 009	…	…	…	…
イスラエル‥‥‥	0	626	―	―	0	4
クウェート‥‥‥	…	627	…	…	…	…
イラク‥‥‥‥‥	54	563	…	…	…	…
カタール‥‥‥‥	…	348	…	…	…	…
シリア‥‥‥‥‥	32	280	…	…	…	…
オマーン‥‥‥‥	…	250	…	…	…	…
バーレーン‥‥‥	…	248	…	…	…	…
アフリカ‥‥‥‥	1 153	5 899	131	16	24	3
南アフリカ共和国	49	2 398	131	…	1	3
エジプト‥‥‥‥	134	1 495	…	…	13	2
アルジェリア‥‥	6	568	…	…	…	…
リビア‥‥‥‥‥	…	340	…	…	…	…
ナイジェリア‥‥	57	230	…	…	…	…
モロッコ‥‥‥‥	18	250	…	…	7	…
チュニジア‥‥‥	1	174	…	…	2	0
オセアニア‥‥[9]	370	2 403	―	62	82	15
オーストラリア・	141	2 273	―	―	61	15
ニュージーランド	229	131	―	62	21	―
世界計‥‥‥[10]	**37 564**	**158 344**	**24 614**	**702**	**5 205**	**1 020**

資料・注記は表5-47に同じ。同表2012年データの内訳。発電源にはこのほか，潮力や波力などがある。10）日本の数値は電気事業便覧によるが，IEAの統計とは火力発電が大きく異なる（詳細不明）ほか，自家用発電設備の統計対象が最大出力100kW以上で，住宅等での小規模太陽光発電を含んでいない。IEAの統計で日本は火力が9203億kWh，太陽光が70億kWhで，アジア計および世界計は日本もIEAの数値を用いて合算している。

第6章　農林水産業

　2014年に予想される世界の穀物生産量は，25億3210万トンで前年をわずかに上回り，先進国が10億9820万トン（前年の1.6％増）を生産して全体の43％を占め，発展途上国は前年より0.7％少ない14億3390万トンとなる。食用穀物は，小麦が7億2490万トンで前年の1.1％増，コメ（精米ベース）が4億9560万トンの同0.4％減である。粗粒穀物は13億1160万トンで前年をかろうじて上回り（0.1％増），そのうちトウモロコシが10億2000万トンである（FAO穀物見通しと食料事情による）。

　FAOによる2014/15年度の穀物利用の予想は，前年度より2％多い24億6460万トンで，先進国が全体の36％にあたる8億9240万トンを消費する。全穀物のうち食用穀物の消費は11億400万トンで，一人あたり平均は年間153キログラムである。その結果，2014/15年度の穀物在庫の予想は6億2800万トンで，穀物在庫率が過去13年間で最も高い25.2％となり，市場への供給不安はほぼないと予想される。

　世界の主要な穀物生産国は，中国，米国，インドであり，2013年の占有率は中国20％，米国16％，インド11％で，3か国の合計が穀物生産全体の46％を占める。小麦の生産地域はアジアを中心にヨーロッパ，南北アメリカと広く分布し，コメは生産量の90％がアジアに集中し，トウモロコシは米国と中国で半分を超える。穀物以外では，大豆が米国，ブラジル，アルゼンチンの3か国で80％を占めている。

　穀物の輸出量は米国が最大で，アルゼンチン，オーストラリア，フランス，ウクライナ，ブラジル，ロシア，カナダ，インドなどが続き，国際市場を支えている。米国は，小麦，トウモロコシの穀物に加えて大豆でも最大の輸出国となっている。穀物輸入の多い国は，日本，エジプト，メキシコ，韓国，中国などで，トウモロコシは日本，小麦はエジプト，大豆は中国が，それぞれ最大の輸入国である（2012年）。

　FAO世界食料農業白書2014年によれば，世界には6億近い農家が存在し，農場の9割以上が家族経営または個人経営を行い，主に家族労働

によって成立している。世界の農業形態の大半を占める家族農家が，農
地面積の7～8割を占有し，食料生産（金額ベース）の8割以上を生み
出す。しかし，農家の7割以上は農地1ヘクタール未満の小規模経営で，
この規模の農家が所有する農地は全農地の8％に過ぎない。一方，50ヘ
クタール以上の農地を所有する大規模経営農家は，全農家数の1％に過
ぎないが，全農地の65％を占めている。

　国連「ミレニアム開発目標報告2015」が公表され，世界の貧困人口が
四半世紀で半減した（223ページ解説欄参照）。しかし，いまだに約8億
人が極度の貧困で飢餓に苦しんでおり，大半が発展途上国の貧困農村で
生活している。食料安全保障において，世界の農家の多数を占める低所
得国の小規模農家の生産性を高めることは極めて重要で，農家の技術革
新や農産物市場販売へのアクセスなどの環境整備が求められる。

　穀物生産量は，2013年までの10年間の伸びが30％を超え，同期間の世
界人口の伸び13％を大きく上回った。また，近年食用魚介類の供給量も
増加を続け，一人あたりの魚介類消費量は2012年で年間19.2キログラム
となり，50年ほどで2倍近い伸びを示している。近年の魚介類消費量の
増加をもたらした要因の大半は，中国の養殖業生産量増加にある。

　このように農業生産，漁業生産とも順調に拡大する一方で，FAOは
生産から流通段階での食料ロスと，最終的に消費されずに廃棄される量
が莫大であり，改善すべきとしている。無駄に失われる量は，世界で生
産される食料の3分の1，年間約13億トンに及ぶという。この問題は，
2015年にG20（主要20か国の農業閣僚会合）でも取り上げられ，FAOは，
2050年までに90億人を超えると予想される世界人口を賄うためには，食
料供給を60％増やす必要があると推定し，持続可能な食料システムの構
築を訴えている。

　またFAOは，浸食，塩害，土壌養分枯渇，酸性化，汚染などによっ
て世界の土壌資源の33％が劣化していることから，資源の保全に向けて
2015年を国際土壌年とした。食料の多くは健全な土壌に依存しており，
今後の食料増産に向けて，長年月を要する土壌の回復よりも，費用が安
く持続可能な土壌の管理による土壌資源の維持を緊急の課題とした。

第6章　農林水産業

表 6-1　農林水産業経済活動人口と農地面積（Ⅰ）（2012年）

	農林水産業 活動人口[1] （千人）	対経済 活動総 人口比 （%）	農地面積[2] （千ha）		国土面積 に占める 農地の割 合（%）	農林水産業 従事者1人 あたり農地 面積（ha）[3]
			耕地・ 樹園地	牧場・ 牧草地		
アジア・・・・・・・・・	1 030 280	49.3	552 121	1 080 591	51.1	1.6
アゼルバイジャン	1 078	22.0	2 128	2 641	55.1	4.4
アフガニスタン・・	5 684	59.2	7 910	30 000	58.1	6.7
アラブ首長国連邦	166	2.8	92	305	4.7	2.4
アルメニア・・・・・・	147	9.5	505	1 178	56.6	11.4
イエメン・・・・・・・	2 210	36.8	1 541	22 000	44.6	10.7
イスラエル・・・・・	49	1.6	386	137	23.7	10.7
イラク・・・・・・・・	413	4.9	3 657	4 000	17.6	18.5
イラン・・・・・・・・	6 628	20.8	19 654	29 477	28.2	7.4
インド・・・・・・・・	271 065	53.5	169 000	10 300	54.5	0.7
インドネシア・・・・	49 963	40.1	45 500	11 000	29.6	1.1
ウズベキスタン・・	2 723	20.3	4 690	22 000	59.7	9.8
オマーン・・・・・・	383	28.0	73	1 400	4.8	3.8
カザフスタン・・・・	1 162	13.3	22 975	185 000	76.3	179.0
カタール・・・・・・・	9	0.7	16	50	5.7	7.3
韓国・・・・・・・・・・	1 142	4.6	1 730	58	17.9	1.6
カンボジア・・・・・	5 226	65.0	4 255	1 500	31.8	1.1
北朝鮮・・・・・・・・	3 014	22.1	2 580	50	21.8	0.9
キプロス・・・・・・・	28	4.8	121	4	13.5	4.5
キルギス・・・・・・・	506	19.9	1 351	9 240	53.0	20.9
クウェート・・・・・	16	1.0	16	136	8.5	9.5
ジョージア・・・・[4]	340	14.2	525	1 940	35.4	7.3
サウジアラビア・・	478	4.5	3 390	170 000[5]	・・・[5]	・・・
シリア・・・・・・・・	1 390	19.1	5 731	8 190	75.2	10.0
シンガポール・・・・	2	0.1	1	—	1.0	0.4
スリランカ・・・・・	4 012	41.9	2 250	440	41.0	0.7
タイ・・・・・・・・・・	18 032	47.0	21 060	800	42.6	1.2
タジキスタン・・・・	885	26.2	1 000	3 875	34.2	5.5
中国・・・・・・・・・・	496 132	59.9	121 720	392 833	53.8	1.0
トルクメニスタン	721	29.0	2 000	31 838	69.3	46.9
トルコ・・・・・・・・	7 809	31.2	23 790	14 617	49.0	4.9
日本・・・・・・・・・・	1 246	2.0	3 936	613	12.0	3.7
ネパール・・・・・・・	11 291	93.0	2 326	1 795	28.0	0.4
パキスタン・・・・・	25 487	38.0	22 040	5 000	34.0	1.1
バングラデシュ・・	32 321	43.4	8 525	600	61.5	0.3
東ティモール・・・・	351	79.2	234	150	25.8	1.1
フィリピン・・・・・	13 571	32.5	10 895	1 500	41.3	0.9
ブータン・・・・・・・	327	92.9	113	407	13.5	1.6
ブルネイ・・・・・・	・・・	・・・	10	3	2.3	・・・
ベトナム・・・・・・・	30 566	62.3	10 200	642	32.8	0.4
マレーシア・・・・・	1 513	11.6	7 465	285	23.4	5.1
ミャンマー・・・・・・	20 726	66.4	12 285	308	18.6	0.6
モンゴル・・・・・・・	212	16.8	651	112 745	72.5	534.9

農林水産業経済活動人口と農地面積（Ⅱ）（2012年）

	農林水産業活動人口[1]（千人）	対経済活動総人口比（%）	農地面積[2]（千ha）耕地・樹園地	農地面積[2]（千ha）牧場・牧草地	国土面積に占める農地の割合（%）	農林水産業従事者1人あたり農地面積(ha)[3]
ヨルダン‥‥‥‥	119	5.8	300	742	11.7	8.8
ラオス‥‥‥‥‥	2 586	74.6	1 619	850	10.4	1.0
レバノン‥‥‥‥	28	1.6	333	400	70.1	26.2
アフリカ‥‥‥‥	227 057	52.4	273 710	904 042	38.8	5.2
アルジェリア‥‥	3 368	20.5	8 465	32 967	17.4	12.3
アンゴラ‥‥‥‥	6 395	68.7	5 190	54 000	47.5	9.3
ウガンダ‥‥‥‥	11 858	73.6	9 150	5 112	59.0	1.2
エジプト‥‥‥‥	6 316	23.8	3 612	―	3.6	0.6
エチオピア‥‥‥	35 147	76.3	16 488	20 000	33.0	1.0
エリトリア‥‥‥	1 798	73.0	692	6 900	64.6	4.2
ガーナ‥‥‥‥‥	6 332	53.9	7 400	8 300	65.8	2.5
カメルーン‥‥‥	3 789	45.2	7 750	2 000	20.5	2.6
ガンビア‥‥‥‥	628	75.4	445	160	53.5	1.0
ギニア‥‥‥‥‥	4 370	78.9	3 700	10 700	58.6	3.3
ギニアビサウ‥‥	487	78.5	550	1 080	45.1	3.3
ケニア‥‥‥‥‥	13 908	69.6	6 130	21 300	47.3	2.0
コートジボワール	2 711	35.8	7 400	13 200	63.9	7.6
コンゴ共和国‥‥	540	30.4	600	10 000	31.0	19.6
コンゴ民主共和国	13 867	56.2	7 810	18 200	11.1	1.9
ザンビア‥‥‥‥	3 434	62.0	3 836	20 000	31.7	6.9
シエラレオネ‥‥	1 323	58.7	1 897	2 200	56.7	3.1
ジンバブエ‥‥‥	3 385	55.0	4 100	12 100	41.5	4.8
スーダン‥‥‥‥	5 963	49.6	21 252	91 450	…	18.9
スワジランド‥‥	138	27.5	190	1 032	70.4	8.9
赤道ギニア‥‥‥	183	63.3	180	104	10.1	1.6
セネガル‥‥‥‥	4 235	69.6	3 415	5 600	45.8	2.1
ソマリア‥‥‥‥	2 649	64.6	1 129	43 000	69.2	16.7
タンザニア‥‥‥	17 851	74.9	16 650	24 000	42.9	2.3
チャド‥‥‥‥‥	3 187	63.3	4 932	45 000	38.9	15.7
中央アフリカ共和国	1 261	61.2	1 880	3 200	8.2	4.0
チュニジア‥‥‥	820	19.9	5 249	4 830	61.6	12.3
トーゴ‥‥‥‥‥	1 401	52.2	2 850	1 000	67.8	2.7
ナイジェリア‥‥	12 465	23.4	41 700	30 300	77.9	5.8
ナミビア‥‥‥‥	258	32.1	809	38 000	47.1	150.4
ニジェール‥‥‥	4 665	82.3	16 000	28 782	35.3	9.6
ブルキナファソ‥	6 961	92.0	6 070	6 000	44.0	1.7
ブルンジ‥‥‥‥	4 335	88.9	1 450	483	69.5	0.4
ベナン‥‥‥‥‥	1 755	42.4	3 150	550	32.2	2.1
ボツワナ‥‥‥‥	319	41.8	287	25 600	44.5	81.2
マダガスカル‥‥	7 860	69.1	4 110	37 295	70.5	5.3
マラウイ‥‥‥‥	5 228	78.1	3 885	1 850	48.4	1.1
マリ‥‥‥‥‥‥	2 916	73.6	7 011	34 640	33.6	14.3

農林水産業経済活動人口と農地面積 (III)（2012年）

	農林水産業経済活動人口[1)]（千人）	対経済活動総人口比（%）	農地面積[2)]（千ha）		国土面積に占める農地の割合（%）	農林水産業従事者1人あたり農地面積（ha）[3)]
			耕地・樹園地	牧場・牧草地		
南アフリカ共和国	1 147	6.0	12 413	83 928	79.0	84.0
モーリタニア‥‥	819	49.8	411	39 250	38.5	48.4
モザンビーク‥‥	9 313	80.0	5 950	44 000	62.5	5.4
モロッコ‥‥‥‥	2 929	24.1	9 403	21 000	68.1	10.4
リビア‥‥‥‥‥	60	2.7	2 055	13 300	8.7	255.9
リベリア‥‥‥‥	940	60.8	710	2 000	24.3	2.9
ルワンダ‥‥‥‥	4 698	89.1	1 432	425	70.5	0.4
レソト‥‥‥‥‥	341	38.3	285	2 000	75.3	6.7
ヨーロッパ‥‥‥	20 352	5.5	289 908	178 118	20.3	23.0
アイスランド‥‥	11	5.7	121	1 751	18.2	170.2
アイルランド‥‥	142	6.1	1 171	3 362	64.5	31.9
アルバニア‥‥‥	592	40.5	696	505	41.8	2.0
イギリス‥‥‥‥	463	1.4	6 258	10 924	70.5	37.1
イタリア‥‥‥‥	772	2.9	9 560	4 169	45.6	17.8
ウクライナ‥‥‥	2 289	9.7	33 412	7 885	68.4	18.0
エストニア‥‥‥	56	8.4	627	329	21.1	17.1
オーストリア‥‥	134	3.1	1 420	1 740	37.7	23.6
オランダ‥‥‥‥	202	2.3	1 047	795	44.4	9.1
ギリシャ‥‥‥‥	581	11.2	3 690	4 470	61.8	14.0
クロアチア‥‥‥	72	3.8	982	346	23.5	18.4
スイス‥‥‥‥‥	138	3.1	428	1 101	37.0	11.1
スウェーデン‥‥	109	2.1	2 608	441	6.8	28.0
スペイン‥‥‥‥	933	4.0	16 960	10 000	53.3	28.9
スロバキア‥‥‥	187	6.7	1 413	515	39.3	10.3
スロベニア‥‥‥	6	0.6	199	281	23.7	80.0
セルビア‥‥‥‥	544	11.7	3 575	1 478	57.2	9.3
チェコ‥‥‥‥‥	312	5.8	3 233	992	53.6	13.5
デンマーク‥‥‥	70	2.4	2 424	200	60.9	37.5
ドイツ‥‥‥‥‥	610	1.4	12 034	4 630	46.7	27.3
ノルウェー‥‥‥	85	3.2	816	176	2.6	11.7
ハンガリー‥‥‥	299	6.9	4 579	759	57.4	17.9
フィンランド‥‥	90	3.3	2 253	32	6.8	25.4
フランス‥‥‥‥	523	1.8	19 293	9 546	52.5	55.1
ブルガリア‥‥‥	106	3.3	3 476	1 647	46.2	48.3
ベラルーシ‥‥‥	394	8.2	5 642	3 154	42.4	22.3
ベルギー‥‥‥‥	57	1.2	826	507	43.7	23.4
ポーランド‥‥‥	2 801	16.2	11 323	3 206	46.5	5.2
ボスニア・ヘルツェゴビナ	38	2.0	1 111	1 048	42.2	56.8
ポルトガル‥‥‥	495	8.8	1 804	1 832	39.4	7.3
モルドバ‥‥‥‥	180	13.6	2 109	351	72.7	13.7
ラトビア‥‥‥‥	99	8.7	1 184	657	28.6	18.6
リトアニア‥‥‥	106	7.3	2 292	550	43.5	26.8
ルーマニア‥‥‥	791	8.3	9 244	4 489	57.6	17.4

農林水産業経済活動人口と農地面積（Ⅳ）（2012年）

	農林水産業活動人口[1]（千人）	対経済活動総人口比（%）	農地面積[2]（千ha）耕地・樹園地	農地面積[2]（千ha）牧場・牧草地	国土面積に占める農地の割合（%）	農林水産業従事者1人あたり農地面積(ha)[3]
ロシア・・・・・・・・・	5 957	7.6	121 350	93 000	12.5	36.0
北中アメリカ・・・・	18 655	6.8	249 040	362 161	26.6	32.8
アメリカ合衆国・・	2 410	1.5	157 708	250 999	41.6	169.6
エルサルバドル・・	581	21.8	930	637	74.5	2.7
カナダ・・・・・・・・・	322	1.6	50 746	14 600	6.5	202.9
キューバ・・・・・・・	563	10.7	3 572	2 834	58.3	11.4
グアテマラ・・・・・・	2 140	37.5	2 479	1 950	40.7	2.1
コスタリカ・・・・・・	318	14.4	585	1 300	36.9	5.9
ジャマイカ・・・・・・	210	16.9	220	229	40.9	2.1
ドミニカ共和国・・	442	9.7	1 300	1 197	51.3	5.6
ニカラグア・・・・・・	345	13.6	1 796	3 275	38.9	14.7
ハイチ・・・・・・・・・	2 299	57.7	1 280	490	63.8	0.8
パナマ・・・・・・・・・	256	14.7	725	1 540	30.0	8.8
ホンジュラス・・・・	664	22.6	1 475	1 760	28.8	4.9
メキシコ・・・・・・・・	7 911	15.1	25 808	80 897	54.3	13.5
南アメリカ・・・・・・	25 307	12.4	147 942	465 499	34.5	24.2
アルゼンチン・・・・	1 387	7.1	40 291	108 500	53.5	107.3
ウルグアイ・・・・・・	184	11.0	1 795	13 464	86.6	82.9
エクアドル・・・・・・	1 270	17.5	2 531	4 976	29.3	5.9
ガイアナ・・・・・・・	52	14.2	448	1 230	7.8	32.3
コロンビア・・・・・・	3 496	14.0	3 453	39 165	37.3	12.2
チリ・・・・・・・・・・・	960	12.8	1 794	14 015	20.9	16.5
パラグアイ・・・・・・	852	24.1	4 500	17 000	52.9	25.2
ブラジル・・・・・・・	10 495	10.2	79 605	196 000	32.4	26.3
ベネズエラ・・・・・	700	4.9	3 400	18 200	23.7	30.9
ペルー・・・・・・・・	3 760	23.4	5 529	18 797	18.9	6.5
ボリビア・・・・・・・・	2 106	40.6	4 515	33 000	34.1	17.8
オセアニア・・・・・・	3 325	17.3	49 828	369 247	48.9	126.0
オーストラリア・・	461	3.8	47 493	357 981	52.4	879.6
ソロモン諸島・・・・	154	67.0	99	8	3.7	0.7
ニュージーランド	187	7.7	651	10 629	42.1	60.3
バヌアツ・・・・・・・	38	28.8	145	42	15.3	4.9
パプアニューギニア	2 201	68.1	1 000	190	2.6	0.5
フィジー・・・・・・・	127	35.2	250	175	23.3	3.3
世界計×・・・・・・	1 324 976	39.1	1 562 548	3 359 659	36.6	3.7

FAOSTAT／Resourcesによる（http://faostat.fao.org/）（2015年5月28日閲覧）。日本の農地は農林水産統計「耕地面積」による。1) 狩猟業を含む。2) 牧場・牧草地で砂漠との区別が不明瞭な国があるなど，国によって定義が異なる場合がある。3) 農林水産業活動人口及び農地面積より編者算出。アイスランドでは1次産業従事者の半数近くが漁業従事者と見られ，農業従事者が主の国と単純には比較できない。そのほかにもノルウェー，エクアドルなど漁業従事者が少なくない国がある。4) 旧称グルジア。5) 上記注2)の理由により不詳としたが，他にも同様の国があるので利用には注意されたい。×その他とも。

第6章 農林水産業

表 6-2　各国の農作物の生産（Ⅰ）（2013年）（単位　千 t ）

	穀物生産量	小麦	米	とうもろこし	大豆	いも類
アジア………	1 345 632	319 890	671 017	305 113	26 744	357 900
アゼルバイジャン	2 858	1 841	5	208	0.006	993
アフガニスタン‥	6 520	5 169	512	312	—	303
アラブ首長国連邦	139	0	—	4	—	10
アルメニア……	544	312	—	21	—	661
イエメン………	863	232	—	75	—	282
イスラエル……	310	152	—	110	—	617
イラク………	6 501	4 178	452	831	0.06	580
イラン………	22 650	14 000	2 900	2 540	186	5 560
インド………	293 940	93 510	159 200	23 290	11 948	53 713
インドネシア‥	89 792		71 280	18 512	780	27 767
ウズベキスタン‥	7 705	6 842	340	360	—	2 205
オマーン………	48	2	—	—	—	10
カザフスタン…‥	18 141	13 941	344	569	203	3 344
カタール………	2	0.05	—	1.2	—	0.03
韓国…………	5 818	27	5 632	80	154	1 057
カンボジア……	10 317	—	9 390	927	122	8 092
北朝鮮………	5 233	75	2 901	2 002	340	2 255
キプロス………	79	35	—	—	—	109
キルギス……	1 728	819	27	568	0.2	1 332
クウェート……	24	2	—	20	—	47
ジョージア…‥ [1]	488	81	—	364	2	297
サウジアラビア‥	973	600	0	80	—	460
シリア…………	4 206	3 182	—	109	0.5	442
シンガポール…‥	—	—	—	—	—	0.02
スリランカ……	4 837	—	4 621	209	13	435
タイ…………	41 533	2	36 063	5 063	190	30 682
タジキスタン…‥	1 170	780	98	196	0.05	1 116
中国…………	552 876	121 926	203 612	218 489	11 951	172 903
（台湾）………	1 737	4	1 594	135	0.9	321
トルクメニスタン	1 614	1 370	130	19	—	280
トルコ………	37 475	22 050	900	5 900	180	3 949
日本…………	11 787	812	10 758	0.2	200	3 950
ネパール……	8 580	1 727	4 505	1 999	29	2 845
パキスタン……	36 450	24 211	6 798	4 944	0.07	4 262
バングラデシュ‥	54 253	1 255	51 500	1 485	62	8 863
東ティモール…‥	188	—	87	101	2	67
フィリピン……	25 817	—	18 439	7 377	0.8	3 146
ブータン………	160	5	79	65	0.07	67
ブルネイ……	2	—	2	—	—	4
ベトナム………	49 232	—	44 039	5 191	168	11 429
マレーシア……	2 715		2 627	88	—	143
ミャンマー……	31 068	188	28 767	1 700	205	1 302
モンゴル………	384	368	—			192

各国の農作物の生産（Ⅱ）（2013年）（単位　千 t ）

	穀物生産量	小麦	米	とうもろこし	大豆	いも類
ヨルダン	103	30	—	14	0	103
ラオス	4 565	—	3 415	1 150	7	1 239
レバノン	179	140	—	3	—	413
アフリカ	182 129	28 286	28 742	70 987	2 245	283 709
アルジェリア	4 914	3 299	0.3	1.2	—	4 928
アンゴラ	1 675	4	38	1 549	10	18 282
ウガンダ	3 509	20	214	2 748	190	8 590
エジプト	22 305	9 460	6 100	5 800	23	5 244
エチオピア	22 707	4 039	184	6 674	49	8 522
エリトリア	265	30	—	20	—	63
ガーナ	2 746	—	570	1 764	—	24 461
ガボン	47	—	1.7	45	4	594
カメルーン	3 089	0.9	194	1 647	14	7 313
ガンビア	228	—	70	33	—	12
ギニア	3 409	—	2 053	672	—	1 499
ギニアビサウ	264	—	210	7	—	123
ケニア	4 307	486	147	3 391	3	4 485
コートジボワール	2 712	—	1 934	661	1.0	8 330
コモロ	37	—	29	8	—	96
コンゴ共和国	32	—	2	14	—	1 337
コンゴ民主共和国	1 794	9	355	1 373	23	17 915
ザンビア	2 900	274	45	2 533	261	1 289
シエラレオネ	1 376	—	1 256	40	—	4 039
ジンバブエ	998	25	0.7	799	90	291
旧スーダン	5 947	265	25	43	—	804
スワジランド	84	0.7	0.1	82	—	71
赤道ギニア	—	—	—	—	—	198
セネガル	1 319	—	423	223	—	205
ソマリア	383	1.0	2	149	—	98
タンザニア	8 867	104	2 195	5 356	6	10 005
チャド	2 561	32	330	390	—	855
中央アフリカ共和国	266	—	43	165	—	1 301
チュニジア	1 328	975	—	—	—	385
トーゴ	1 210	—	165	693	2	1 596
ナイジェリア	26 970	80	4 700	10 400	600	102 050
ナミビア	87	15	—	40	—	363
ニジェール	4 347	6	40	13	—	335
ブルキナファソ	4 870	—	305	1 585	22	266
ブルンジ	255	6	41	162	4	3 338
ベナン	1 692	—	207	1 346	16	6 939
ボツワナ	44	0	—	15	—	100
マダガスカル	3 998	5	3 611	381	0.04	4 703
マラウイ	3 892	2	125	3 640	112	9 350
マリ	5 736	27	2 212	1 503	2	453

各国の農作物の生産（Ⅲ）（2013年）（単位　千t）

	穀物生産量	小麦	米	とうもろこし	大豆	いも類
南アフリカ共和国	14 873	1 879	3	12 486	785	2 308
モーリタニア‥‥	297	3	192	6	―	8
モザンビーク‥‥	2 239	21	351	1 631	―	11 099
モロッコ‥‥‥‥	9 874	6 934	38	118	1.0	1 955
リビア‥‥‥‥‥	306	200	―	3	―	295
リベリア‥‥‥‥	238	―	238	―	3	592
ルワンダ‥‥‥‥	998	70	94	668	25	6 442
レソト‥‥‥‥‥	107	13	―	86	―	125
ヨーロッパ‥‥‥	485 147	225 741	3 895	118 922	6 096	114 378
アイスランド‥‥	―	―	―	―	―	6
アイルランド‥‥	2 403	545	―	―	―	410
アルバニア‥‥‥	661	280	―	343	0.1	190
イギリス‥‥‥‥	20 076	11 921	―	―	―	5 580
イタリア‥‥‥‥	18 084	7 277	1 339	7 900	625	1 344
ウクライナ‥‥‥	63 200	22 793	145	30 950	2 774	22 259
エストニア‥‥‥	973	406	―	―	―	128
オーストリア‥‥	4 858	1 598	―	1 639	83	604
オランダ‥‥‥‥	1 811	1 331	―	247	―	6 801
ギリシャ‥‥‥‥	4 552	1 586	227	2 185	4	834
クロアチア‥‥‥	3 190	999	―	1 874	111	163
スイス‥‥‥‥‥	839	480	―	124	4	341
スウェーデン‥‥	4 985	1 869	―	―	―	806
スペイン‥‥‥‥	25 232	7 603	852	4 926	1.4	2 229
スロバキア‥‥‥	3 415	1 684	―	1 123	40	164
スロベニア‥‥‥	461	138	―	227	0.5	81
セルビア‥‥‥‥	9 180	2 690	―	5 864	385	767
チェコ‥‥‥‥‥	7 518	4 701	―	675	13	537
デンマーク‥‥‥	9 113	4 139	―	76	―	1 592
ドイツ‥‥‥‥‥	47 757	25 019	―	4 387	2	9 670
ノルウェー‥‥‥	904	199	―	―	―	320
ハンガリー‥‥‥	13 621	5 096	10	6 725	82	443
フィンランド‥‥	4 084	888	―	―	―	622
フランス‥‥‥‥	67 518	38 614	82	15 053	110	6 975
ブルガリア‥‥‥	8 364	5 097	55	2 300	0.6	170
ベラルーシ‥‥‥	7 235	2 102	―	1 120	―	5 914
ベルギー‥‥‥‥	3 097	1 804	―	827	―	3 480
ポーランド‥‥‥	28 428	9 470	―	4 042 [2)]	1.5	6 334
ボスニア・ヘルツェゴビナ	1 222	265	―	799	8	371
ポルトガル‥‥‥	1 216	88	168	849	―	512
マケドニア‥‥‥	562	259	28	135	0.2	191
マルタ‥‥‥‥‥	17	15	―	―	―	13
モルドバ‥‥‥‥	2 654	1 009	―	1 419	65	239
ラトビア‥‥‥‥	1 949	1 435	―	―	―	227
リトアニア‥‥‥	4 459	2 862	―	121	―	420

各国の農作物の生産（Ⅳ）（2013年）（単位　千t）

	穀物生産量	小麦	米	とうもろこし	大豆	いも類
ルーマニア‥‥‥‥	20 946	7 296	55	11 348	150	3 290
ルクセンブルク‥	173	91	—	2	—	18
ロシア‥‥‥‥‥	90 375	52 091	935	11 635	1 636	30 199
北中アメリカ‥‥	544 060	98 856	11 490	395 333	94 977	32 835
アメリカ合衆国‥	436 554	57 967	8 613	353 699	89 483	20 970
エルサルバドル‥	1 044	—	36	867	5	95
カナダ‥‥‥‥‥	66 372	37 530	—	14 194	5 198	4 620
キューバ‥‥‥‥	1 099	—	673	426	—	1 580
グアテマラ‥‥‥	1 809	2	32	1 732	38	542
コスタリカ‥‥‥	239	—	225	14	—	278
ジャマイカ‥‥‥	3	—	0.03	3	—	243
ドミニカ共和国‥	873	—	824	45	—	345
トリニダード・トバゴ	6	—	3	4	—	13
ニカラグア‥‥‥	1 012	—	377	546	7	468
ハイチ‥‥‥‥‥	613	—	169	336	—	1 547
パナマ‥‥‥‥‥	424	—	287	132	0.1	76
ベリーズ‥‥‥‥	112	—	21	72	4	2
ホンジュラス‥‥	687	1.0	50	596	2	65
メキシコ‥‥‥‥	33 210	3 357	180	22 664	239	1 891
南アメリカ‥‥‥	186 242	19 833	24 588	127 031	145 878	47 208
アルゼンチン‥‥	51 793	9 188	1 563	32 119	49 306	2 589
ウルグアイ‥‥‥	4 045	1 533	1 359	693	3 200	187
エクアドル‥‥‥	3 103	6	1 516	1 543	87	420
ガイアナ‥‥‥‥	828	—	824	4	—	29
コロンビア‥‥‥	3 898	8	2 049	1 779	85	4 792
スリナム‥‥‥‥	262	—	262	0.05	0.01	9
チリ‥‥‥‥‥‥	4 004	1 475	130	1 519	—	1 173
パラグアイ‥‥‥	6 272	1 430	617	4 120	9 086	2 849
ブラジル‥‥‥‥	100 902	5 738	11 783	80 273	81 724	25 788
ベネズエラ‥‥‥	3 654	0.4	1 005	2 247	39	1 542
ペルー‥‥‥‥‥	5 249	230	3 051	1 670	3	6 347
ボリビア‥‥‥‥	2 230	224	426	1 064	2 347	1 453
オセアニア‥‥‥	36 729	23 303	1 172	726	92	4 151
オーストラリア‥	35 598	22 856	1 161	507	92	1 316
ソロモン諸島‥‥	4	—	4	—	—	191
ニュージーランド	1 098	448	—	202	—	577
バヌアツ‥‥‥‥	1.0	—	—	1.0	—	52
パプアニューギニア	18	—	1.3	12	—	1 701
フィジー‥‥‥‥	6	—	5	1.1	—	192
世界計×‥‥‥‥	2 779 940	715 909	740 903	1 018 112	276 032	840 181

FAOSTAT／Productionによる（http://faostat.fao.org/）。2015年5月28日閲覧。穀物は小麦，大麦，米，とうもろこし，ライ麦，えん麦などの合計で，一部の国は大麦やソルガムなどの雑穀が多い。米はモミ量。1）旧称グルジア。2）2012年。×その他とも。

第6章 農林水産業

表 6-3　主な国の主要食料需給（Ⅰ）（単位　千 t）

	生産と輸出入				主な用途	
	生産量	輸入量	輸出量	国内供給量	食料	飼料
日本（2011年）						
穀物・・・・・・・・・・ 1)	6 664	26 008	306	31 904	13 290	14 768
小麦・・・・・・・・・	746	6 562	282	7 355	6 186	819
米（精米）・・・・・・	5 714	592	20	6 069	5 517	40
とうもろこし・・・	0	15 287	1	14 912	1 399	11 211
いも類・・・・・・・・・ 1)	3 676	1 496	9	5 162	3 864	31
ばれいしょ・・・・・	2 394	762	2	3 154	2 653	3
野菜・・・・・・・・・・・	11 176	2 919	6	14 088	12 899	0
果実・・・・・・・・・・・	2 948	4 428	30	7 345	6 508	―
肉類・・・・・・・・・・ 1)	3 153	3 178	9	6 323	6 212	―
豚肉・・・・・・・・・	1 267	1 393	1	2 660	2 611	―
家きん肉・・・・・ 2)	1 378	1 089	4	2 462	2 425	―
牛肉・・・・・・・・・	500	669	4	1 166	1 141	―
卵・・・・・・・・・・・・・	2 483	48	0	2 531	2 406	―
乳（バターを除く）・	7 474	1 865	7	9 333	9 071	80
魚貝類・・・・・・・・・	4 848	4 635	597	8 882	6 834	2 049
インド（2013年）						
穀物・・・・・・・・・・ 1)	240 926	113	24 547	216 517	185 884	11 419
米（精米）・・・・・・	106 186	5	11 337	94 854	87 006	2 124
小麦・・・・・・・・・	93 510	27	7 168	86 372	75 833	1 870
ミレ・ソルガム3)	16 190	0	302	15 888	14 291	271
とうもろこし・・・	23 290	17	5 119	18 188	7 876	6 990
いも類・・・・・・・・・ 1)	53 713	103	260	53 555	38 553	―
ばれいしょ・・・・・	45 344	24	233	45 135	30 546	―
キャッサバ・・・・・	7 237	79	21	7 295	6 933	―
さとうきび・・・・・・・	341 200	0	0	341 200	11 948	6 824
豆類・・・・・・・・・・・	18 311	3 801	427	21 685	18 030	1 949
野菜・・・・・・・・・・・	121 015	56	2 546	118 525	111 082	―
果実・・・・・・・・・・・	82 632	779	1 143	82 268	70 562	―
肉類・・・・・・・・・・ 1)	6 215	1	1 589	4 627	4 619	―
乳（バターを除く）・	135 600	18	2 175	133 443	105 807	22 757
魚貝類・・・・・・・・・	7 979	50	1 037	6 992	6 310	272
オーストラリア（2011年）						
穀物・・・・・・・・・・ 1)	39 747	440	23 907	13 608	1 987	8 959
小麦・・・・・・・・・	27 410	212	17 815	5 958	1 588	2 455
ばれいしょ・・・・・	1 128	263	54	1 337	1 130	68
野菜・・・・・・・・・・・	1 805	586	155	2 235	2 179	―
果実・・・・・・・・・・・	3 117	947	283	3 782	2 140	―
肉類・・・・・・・・・・ 1)	4 071	247	1 546	2 774	2 755	―
家きん肉・・・・・ 2)	1 054	7	35	1 026	1 026	―
牛肉・・・・・・・・・	2 110	12	1 200	923	923	―
豚肉・・・・・・・・・	343	226	43	526	526	―
乳（バターを除く）・	9 101	849	3 605	6 185	5 228	670
魚貝類・・・・・・・・・	240	658	70	825	579	246

主な国の主要食料需給（Ⅱ）（単位　千 t ）

	生産と輸出入				主な用途	
	生産量	輸入量	輸出量	国内供給量	食料	飼料
イギリス（2011年）						
穀物・・・・・・・・・ 1)	21 485	4 145	4 552	21 135	7 148	9 799
小麦・・・・・・	15 257	2 006	3 001	13 902	6 074	6 244
ばれいしょ・・・・・・	6 310	1 743	453	7 168	6 320	10
野菜・・・・・・・・・・	2 581	4 108	256	6 432	5 896	66
果実・・・・・・・・・・・	425	8 002	365	8 064	7 878	—
肉類・・・・・・・・・ 1)	3 612	2 519	861	5 270	5 168	—
家きん肉・・・・・ 2)	1 559	804	331	2 032	1 931	—
豚肉・・・・・・・・・・	806	1 096	229	1 673	1 673	—
牛肉・・・・・・・・・・	936	430	190	1 176	1 176	—
乳（バターを除く）・	13 849	5 471	2 575	16 744	15 101	1 088
魚貝類・・・・・・・・・	824	1 730	924	1 643	1 188	454
中国（2013年）						
穀物・・・・・・・・・ 1)	485 074	14 786	2 085	483 481	209 038	193 043
米（精米）・・・・・・	135 809	2 244	544	133 507	108 321	12 052
小麦・・・・・・・・・	121 926	5 666	563	125 247	87 783	26 628
とうもろこし・・・	218 489	3 269	251	212 998	9 391	150 000
いも類・・・・・・・・・ 1)	172 903	29 565	654	201 813	95 208	78 401
ばれいしょ・・・・・	95 942	503	377	96 068	57 384	22 165
かんしょ・・・・・・・	70 526	14	120	70 420	33 623	33 270
野菜・・・・・・・・・・	580 702	389	12 804	568 288	489 299	35 582
果実・・・・・・・・・・・	151 838	3 393	6 838	148 393	130 129	—
肉類・・・・・・・・・ 1)	83 462	2 054	901	84 615	84 591	1
豚肉・・・・・・・・・・	52 733	815	279	53 268	53 247	—
家きん肉・・・・・ 2)	18 265	584	564	18 285	18 284	—
牛肉・・・・・・・・・・	6 730	394	35	7 089	7 089	—
卵・・・・・・・・・・・・・	28 760	0	98	28 662	25 999	—
乳（バターを除く）・	40 193	8 207	129	48 271	45 252	1 608
魚貝類・・・・・・・・・	56 229	9 330	7 170	58 388	47 754	8 634
韓国（2011年）						
穀物・・・・・・・・・ 1)	4 235	13 562	201	18 303	7 382	7 914
米（精米）・・・・・・	4 025	529	9	4 823	4 169	—
小麦・・・・・・・・・	44	4 890	94	5 263	2 525	2 700
とうもろこし・・・	74	7 811	86	7 799	622	5 182
いも類・・・・・・・・・ 1)	877	1 677	1	2 552	871	96
野菜・・・・・・・・・・	11 175	1 291	97	12 370	10 803	—
果実・・・・・・・・・・・	2 643	1 338	86	3 895	3 271	—
肉類・・・・・・・・・ 1)	1 809	1 267	43	3 032	3 032	—
豚肉・・・・・・・・・・	837	671	1	1 507	1 507	—
家きん肉・・・・・ 2)	686	137	26	797	797	—
牛肉・・・・・・・・・・	280	449	16	712	712	—
卵・・・・・・・・・・・・・	627	4	0	631	539	—
乳（バターを除く）・	1 873	1 007	11	2 869	1 285	1 458
魚貝類・・・・・・・・・	2 308	1 617	876	3 048	2 830	218

主な国の主要食料需給（Ⅲ）（単位　千t）

	生産と輸出入				主な用途	
	生産量	輸入量	輸出量	国内供給量	食料	飼料
アメリカ合衆国（2011年）						
穀物・・・・・・・・・・ 1)	384 024	8 731	88 520	325 266	33 306	124 808
小麦・・・・・・・・・	54 413	3 945	34 369	31 878	25 041	4 898
とうもろこし・・・	313 949	837	46 456	278 650	3 920	115 739
米（精米）・・・・・	5 595	879	3 482	2 940	2 352	―
ばれいしょ・・・・・・	19 488	3 016	3 036	20 448	17 514	120
野菜・・・・・・・・・・・	34 670	8 371	5 056	37 984	35 612	192
果実・・・・・・・・・・・	27 074	17 604	8 371	36 306	30 590	―
肉類・・・・・・・・・・ 1)	42 453	1 559	7 198	37 087	37 037	44
家きん肉・・・・・ 2)	19 792	85	3 888	16 269	16 199	―
牛肉・・・・・・・・・	11 983	1 017	1 341	11 659	11 665	―
豚肉・・・・・・・・・	10 331	366	1 953	8 738	8 795	―
卵・・・・・・・・・・・・・	5 416	8	180	5 244	4 373	―
乳（バターを除く）・	89 015	3 816	9 068	86 860	80 859	476
魚貝類・・・・・・・・・・	5 541	5 003	2 529	8 015	6 819	886
ブラジル（2013年）						
穀物・・・・・・・・・・ 1)	97 157	10 768	28 923	79 454	23 289	43 263
小麦・・・・・・・・・	5 718	7 630	1 288	12 059	10 620	600
米（精米）・・・・・	7 843	717	814	8 198	6 437	―
とうもろこし・・・	80 538	979	26 780	54 737	5 612	40 487
いも類・・・・・・・・・ 1)	25 520	647	46	26 121	11 173	10 962
キャッサバ・・・・・	21 226	91	38	21 279	7 275	10 684
ばれいしょ・・・・・	3 570	556	3	4 123	3 587	―
さとうきび・・・・・・・	739 267	―	0	739 267	3 300	6 900
豆類・・・・・・・・・・・	2 946	374	35	3 535	3 296	0
野菜・・・・・・・・・・・	11 098	751	258	11 590	10 325	0
果実・・・・・・・・・・・	36 564	706	13 049	24 221	18 671	―
肉類・・・・・・・・・・ 1)	26 011	71	6 529	19 552	19 552	―
家きん肉・・・・・ 2)	12 915	3	3 902	9 016	9 016	―
牛肉・・・・・・・・・	9 675	56	1 868	7 863	7 863	―
豚肉・・・・・・・・・	3 280	2	757	2 525	2 525	―
乳（バターを除く）・	32 653	1 032	143	33 542	29 910	1 898
フランス（2011年）						
穀物・・・・・・・・・・ 1)	63 822	3 803	35 231	36 142	7 972	19 829
小麦・・・・・・・・・	35 994	2 063	22 130	20 131	6 765	7 727
ばれいしょ・・・・・	7 440	1 563	2 666	5 817	3 467	350
野菜・・・・・・・・・・・	6 027	3 772	2 084	7 756	6 589	87
果実・・・・・・・・・・・	9 512	7 604	2 163	14 954	7 000	―
肉類・・・・・・・・・・ 1)	5 832	1 586	1 695	5 724	5 638	―
豚肉・・・・・・・・・	2 218	596	685	2 128	2 128	―
牛肉・・・・・・・・・	1 566	370	325	1 612	1 612	―
家きん肉・・・・・ 2)	1 740	403	605	1 539	1 468	―
乳（バターを除く）・	25 290	3 401	10 368	18 169	15 896	1 864
魚貝類・・・・・・・・・・	651	2 089	561	2 209	2 199	9

主な国の主要食料需給（Ⅳ）（単位　千 t ）

	生産と輸出入				主な用途	
	生産量	輸入量	輸出量	国内供給量	食料	飼料
ドイツ（2011年）						
穀物・・・・・・・・・・・ 1)	41 938	11 397	13 283	40 612	9 239	25 221
小麦・・・・・・・・・・	22 800	5 966	8 613	18 362	7 079	9 242
ライ麦・・・・・・・・	2 521	402	480	2 977	848	1 625
ばれいしょ・・・・・・	11 800	1 340	3 555	9 440	5 861	256
野菜・・・・・・・・・・・	3 594	6 203	1 108	8 750	7 813	89
果実・・・・・・・・・・・	2 571	8 693	2 923	8 419	6 662	—
肉類・・・・・・・・・・・ 1)	8 357	2 640	3 617	7 380	7 288	—
豚肉・・・・・・・・・・	5 616	1 268	2 450	4 433	4 433	—
家きん肉・・・・・ 2)	1 423	794	642	1 575	1 490	—
牛肉・・・・・・・・・・	1 170	437	495	1 113	1 108	—
卵・・・・・・・・・・・・・	782	510	169	1 124	1 057	—
乳（バターを除く）・	30 349	7 721	14 337	23 733	21 171	1 771
魚貝類・・・・・・・・・・	263	2 968	2 004	1 257	1 175	82
ロシア（2011年）						
穀物・・・・・・・・・・・ 1)	91 440	1 359	19 347	73 739	21 437	36 530
小麦・・・・・・・・・・	56 240	450	16 209	40 987	18 757	15 151
ばれいしょ・・・・・・	32 681	1 760	43	34 399	15 986	9 963
野菜・・・・・・・・・・・	16 276	3 719	36	19 958	15 735	3 567
果実・・・・・・・・・・・	2 916	8 225	69	11 070	9 805	—
肉類・・・・・・・・・・・ 1)	7 566	2 126	70	9 621	9 596	—
家きん肉・・・・・ 2)	2 895	434	2	3 328	3 314	—
豚肉・・・・・・・・・・	2 428	939	62	3 304	3 298	—
牛肉・・・・・・・・・・	1 625	716	6	2 335	2 330	—
卵・・・・・・・・・・・・・	2 305	27	13	2 320	2 177	—
乳（バターを除く）・	31 640	2 257	232	33 665	24 950	7 655
魚貝類・・・・・・・・・・	4 371	1 386	2 156	3 602	3 194	408
ナイジェリア（2013年）						
穀物・・・・・・・・・・・ 1)	25 405	6 132	3	31 533	23 843	4 064
ミレ・ソルガム 3)	11 700	14	0	11 714	9 569	921
とうもろこし・・・	10 400	40	0	10 440	5 680	3 120
米（精米）・・・・・・	3 135	2 195	0	5 330	4 901	—
小麦・・・・・・・・・・	80	3 711	3	3 788	3 615	20
いも類・・・・・・・・・・ 1)	102 050	26	12	102 063	43 640	30 398
キャッサバ・・・・・	53 000	15	11	53 004	20 636	26 288
ヤム・・・・・・・・・・	40 500	—	0	40 500	18 225	4 050
かんしょ・・・・・・・	3 450	0	0	3 450	2 415	—
野菜・・・・・・・・・・・	11 924	424	1	12 347	11 034	—
果実・・・・・・・・・・・	10 903	50	1	10 952	9 886	—
魚貝類・・・・・・・・・・	857	2 755	10	3 601	2 810	791

FAO "Food Balance Sheets"（http://faostat.fao.org/）による。2015年7月28日閲覧。食料需要が多い品目を掲載（砂糖，油脂類を除く）。米のモミ→精米換算率は66.7％。1）その他を含む。2）鶏，あひるなど鳥の肉。3）イネ科の雑穀（もろこし，とうきびの類）。

表 6-4　主な国の農産物自給率（2011～13年）（％）

	穀類	小麦	米	とうもろこし	いも類	大豆	肉類
イラン·········	70	81	61	43	104	25	91
インド······· 1)	111	108	112	128	100	107	134
インドネシア· 1)	89	0	101	89	98	30	98
韓国··········	23	1	83	1	34	10	60
北朝鮮······· 1)	84	13	89	95	100	94	99
サウジアラビア·	12	43	0	5	102	0	46
タイ········· 1)	143	0	177	108	440	10	136
中国········· 1)	100	97	102	103	86	16	99
トルコ·········	111	122	79	94	100	7	106
日本··········	21	10	94	0	71	7	50
ネパール····· 1)	93	94	91	94	93	40	102
パキスタン··· 1)	112	99	230	103	111	34	102
バングラデシュ 1)	103	36	113	76	99	60	100
フィリピン··· 1)	83	0	94	95	87	3	91
ベトナム····· 1)	114	0	137	78	310	23	84
マレーシア·····	23	0	60	2	4	0	89
ミャンマー··· 1)	99	48	98	128	100	103	100
エジプト········	55	47	103	49	116	2	90
エチオピア··· 1)	112	82	58	133	101	108	102
ナイジェリア· 1)	81	2	59	100	100	98	100
南アフリカ共和国	85	61	0	101	98	190	89
イギリス········	102	110	0	0	87	0	69
イタリア········	75	61	260	83	54	33	79
ウクライナ·····	153	169	66	154	100	194	95
オランダ········	14	22	0	6	200	0	207
スウェーデン···	110	103	0	0	74	0	68
スペイン········	73	72	128	50	61	0	128
セルビア········	132	138	0	135	98	97	99
チェコ··········	136	135	0	130	81	39	65
デンマーク·····	105	101	0	0	104	0	488
ドイツ··········	103	124	0	87	124	0	113
ハンガリー·····	190	160	17	234	84	103	120
フランス········	177	179	19	177	127	16	102
ベルギー········	41	45	0	48	162	0	224
ポーランド·····	98	99	0	101	93	1	122
ルーマニア·····	128	143	46	120	96	230	84
ロシア··········	124	137	92	109	95	66	79
アメリカ合衆国·	118	171	190	113	93	168	114
カナダ··········	203	505	0	100	124	224	131
メキシコ····· 1)	69	53	15	71	78	6	80
アルゼンチン···	284	272	285	319	113	126	112
ブラジル····· 1)	122	47	96	147	98	215	133
オーストラリア·	292	460	137	79	81	91	147

FAO "Food Balance Sheets"（http://faostat.fao.org/）により編者算出（在庫の増減を含む）。
2015年7月28日閲覧。1) は2013年で，他は2011年。

図 6-1　主な穀物生産国 (2013年)

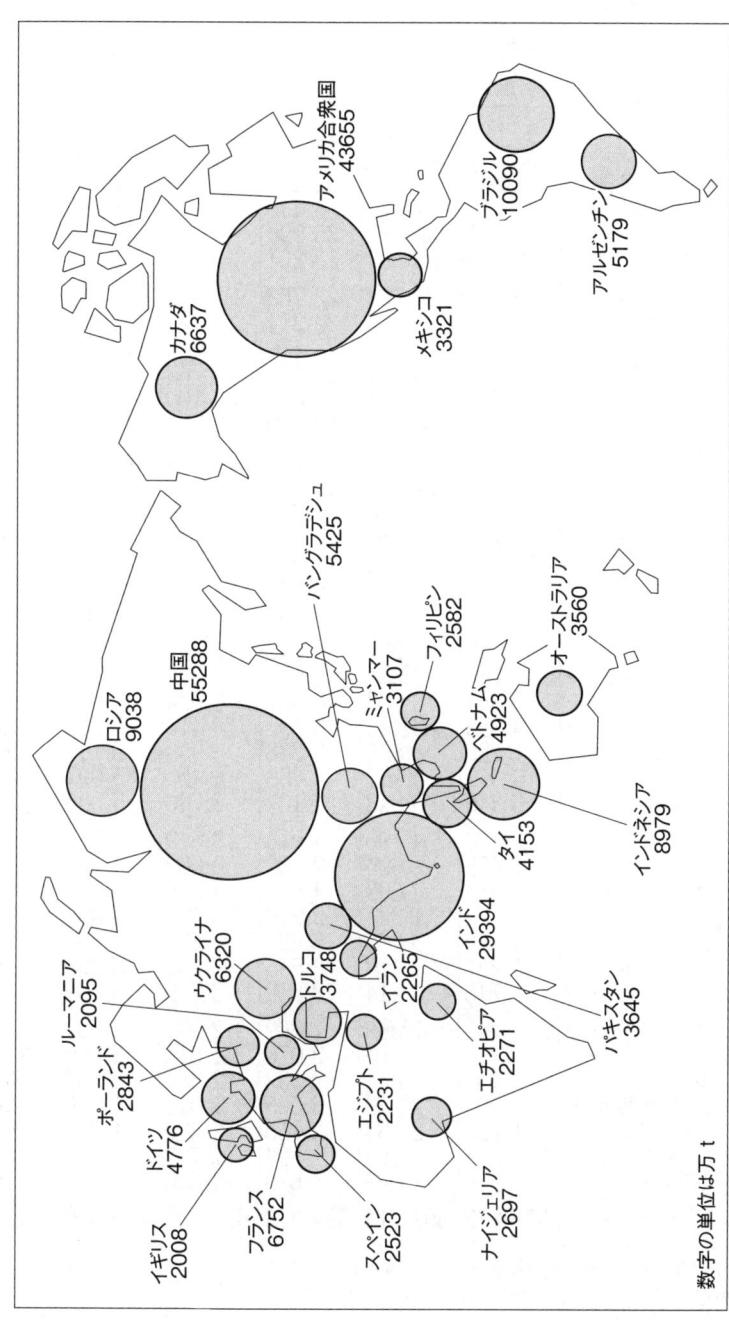

数字の単位は万 t

表6-2により作成。生産量が2000万トン以上の国を掲げた。

第6章　農林水産業

アメリカ合衆国 43655
ブラジル 10090
アルゼンチン 5179
メキシコ 3321
カナダ 6637
バングラデシュ 5425
フィリピン 2582
ミャンマー 3107
オーストラリア 3560
中国 55288
ロシア 9038
ベトナム 4923
インドネシア 8979
タイ 4153
インド 29394
ウクライナ 6320
トルコ 3748
ルーマニア 2095
イラン 2265
パキスタン 3645
ポーランド 2843
エジプト 2231
エチオピア 2271
ドイツ 4776
イギリス 2008
フランス 6752
スペイン 2523
ナイジェリア 2697

表 6-5　小麦の主な生産国（単位　千 t ）

	1989～1991平均[1]	1999～2001平均[1]	2011	2012	2013	収量[2](kg/ha)
中国‥‥‥‥‥‥	94 995	102 463	117 410	120 580	121 926	5 056
インド‥‥‥‥‥	53 031	72 446	86 874	94 880	93 510	3 154
アメリカ合衆国‥	61 204	58 736	54 413	61 677	57 967	3 172
ロシア‥‥‥‥‥	…	37 478	56 240	37 720	52 091	2 229
フランス‥‥‥‥	33 171	35 315	35 994	40 301	38 614	7 254
カナダ‥‥‥‥‥	29 613	24 702	25 261	27 205	37 530	3 594
ドイツ‥‥‥‥‥	15 454	21 358	22 783	22 409	25 019	7 998
パキスタン‥‥‥	14 433	19 320	25 214	23 473	24 211	2 787
オーストラリア‥	13 279	23 721	27 410	29 905	22 856	1 761
ウクライナ‥‥‥	…	15 043	22 324	15 763	22 793	3 471
トルコ‥‥‥‥‥	18 887	19 341	21 800	20 100	22 050	2 837
イラン‥‥‥‥‥	7 605	8 740	12 339	13 800	14 000	1 986
カザフスタン‥‥	…	11 007	22 732	9 841	13 941	1 076
イギリス‥‥‥‥	14 143	14 384	15 257	13 261	11 921	7 381
ポーランド‥‥‥	8 919	8 946	9 339	8 608	9 470	4 430
エジプト‥‥‥‥	3 978	6 388	8 407	8 795	9 460	6 668
アルゼンチン‥‥	10 364	15 684	14 501	8 025	9 188	2 662
スペイン‥‥‥‥	5 236	5 795	6 877	4 650	7 603	3 583
ルーマニア‥‥‥	6 868	5 627	7 132	5 298	7 296	3 479
イタリア‥‥‥‥	8 312	7 207	6 642	7 767	7 277	3 821
モロッコ‥‥‥‥	4 160	2 284	6 018	3 878	6 934	2 164
ウズベキスタン‥	…	3 608	6 527	6 612	6 842	4 739
ブラジル‥‥‥‥	3 855	2 496	5 690	4 418	5 738	2 749
アフガニスタン‥	1 725	1 855	3 388	5 050	5 169	2 025
ブルガリア‥‥‥	5 071	3 167	4 458	4 455	5 097	4 248
ハンガリー‥‥‥	6 249	3 843	4 107	3 740	5 096	4 656
チェコ‥‥‥‥‥	…	4 196	4 913	3 519	4 701	5 668
イラク‥‥‥‥‥	1 055	696	2 809	3 062	4 178	2 307
デンマーク‥‥‥	3 616	4 609	4 831	4 525	4 139	7 284
エチオピア‥‥‥	…	1 327	2 916	3 435	4 039	2 367
メキシコ‥‥‥‥	4 122	3 263	3 628	3 274	3 357	5 293
アルジェリア‥‥	1 257	1 423	2 555	3 432	3 299	1 910
シリア‥‥‥‥‥	1 743	3 514	3 858	3 609	3 182	2 316
リトアニア‥‥‥	…	1 062	1 869	2 999	2 862	4 302
セルビア‥‥‥‥	…	…	2 076	1 911	2 690	4 775
ベラルーシ‥‥‥	…	848	2 132	2 554	2 102	3 062
南アフリカ共和国	1 954	2 222	2 005	1 915	1 879	3 613
スウェーデン‥‥	1 825	2 134	2 253	2 289	1 869	5 776
アゼルバイジャン	…	1 163	1 594	1 797	1 841	2 672
ベルギー‥‥‥‥	…	1 048	1 688	1 835	1 804	8 935
世界計×‥‥‥‥	559 132	587 714	699 373	671 482	715 909	3 268

FAOSTAT／Productionによる（http://faostat.fao.org/）。2015年6月4日閲覧。1) 3年間の平均は編者算出。2) 収穫面積1haあたり収穫量。×その他とも。

表6-6　米の主な生産国（モミ量）（単位　千t）

	1989～1991 平均1)	1999～2001 平均1)	2011	2012	2013	収量2) (kg/ha)
中国・・・・・・・・・・・	184 281	187 992	201 001	204 285	203 612	6 717
インド・・・・・・・・・	111 290	133 954	157 900	157 800	159 200	3 623
インドネシア・・・・	44 864	51 075	65 757	69 056	71 280	5 152
バングラデシュ・・	26 935	36 109	50 627	50 497	51 500	4 376
ベトナム・・・・・・・・	19 281	32 011	42 398	43 662	44 039	5 573
タイ・・・・・・・・・・・	19 398	26 017	36 128	37 469	36 063	2 915
ミャンマー・・・・・・	13 661	21 122	29 010	28 080	28 767	3 836
フィリピン・・・・・・	9 672	12 377	16 684	18 032	18 439	3 885
ブラジル・・・・・・・・	9 313	10 995	13 477	11 550	11 783	5 007
日本・・・・・・・・・・・	12 688	11 551	10 500	10 654	10 758	6 728
カンボジア・・・・・・	2 524	4 055	8 779	9 291	9 390	3 029
アメリカ合衆国・・	7 106	9 255	8 389	9 051	8 613	8 624
パキスタン・・・・・・	4 862	6 920	6 160	5 536	6 798	2 437
エジプト・・・・・・・・	3 098	5 681	5 675	5 911	6 100	9 530
韓国・・・・・・・・・・・	7 705	7 212	6 034	5 934	5 632	6 764
ナイジェリア・・・・	3 010	3 109	4 613	5 433	4 700	1 808
スリランカ・・・・・・	2 330	2 804	3 895	3 846	4 621	3 889
ネパール・・・・・・・・	3 371	4 072	4 460	5 072	4 505	3 171
マダガスカル・・・・	2 381	2 571	4 300	4 551	3 611	2 777
ラオス・・・・・・・・・	1 373	2 213	3 066	3 489	3 415	3 881
ペルー・・・・・・・・・	957	1 958	2 624	3 043	3 051	7 711
北朝鮮・・・・・・・・・	2 687	2 031	2 479	2 861	2 901	5 303
イラン・・・・・・・・・	2 064	2 103	2 747	2 400	2 900	5 088
マレーシア・・・・・・	1 852	2 091	2 576	2 599	2 627	3 817
マリ・・・・・・・・・・・	358	804	1 741	1 915	2 212	3 658
タンザニア・・・・・・	694	793	2 248	1 801	2 195	2 364
ギニア・・・・・・・・・	740	1 089	1 670	1 919	2 053	1 866
コロンビア・・・・・・	1 986	2 193	2 010	1 934	2 049	3 931
コートジボワール	666	622	873	1 562	1 934	5 090
（台湾）・・・・・・・・・	2 317	1 849	1 666	1 700	1 594	5 901
アルゼンチン・・・・	422	1 145	1 748	1 568	1 563	6 719
エクアドル・・・・・・	852	1 264	1 478	1 566	1 516	3 821
ウルグアイ・・・・・・	459	1 189	1 643	1 424	1 359	7 855
イタリア・・・・・・・・	1 257	1 310	1 490	1 583	1 339	6 301
シエラレオネ・・・・	508	249	1 078	1 141	1 256	1 870
オーストラリア・・	839	1 378	723	919	1 161	10 218
ベネズエラ・・・・・・	525	719	816	821	1 005	4 233
ロシア・・・・・・・・・	…	509	1 056	1 052	935	4 947
トルコ・・・・・・・・・	253	350	900	880	900	8 138
スペイン・・・・・・・・	498	849	928	881	852	7 522
世界計×・・・・・・	517 231	603 098	722 719	734 906	740 903	4 486

FAOSTAT／Productionによる（http://faostat.fao.org/）。2015年6月4日閲覧。1）3年間の平均は編者算出。2）収穫面積1haあたり収量。×その他とも。

表6-7　とうもろこしの主な生産国（単位　千t）

	1989 〜1991 平均[1]	1999 〜2001 平均[1]	2011	2012	2013	収量[2] (kg/ha)
アメリカ合衆国‥	194 239	244 259	313 949	273 820	353 699	9 970
中国‥‥‥‥‥	91 507	116 058	192 781	208 130	218 489	6 016
ブラジル‥‥‥	23 854	35 291	55 660	71 073	80 273	5 254
アルゼンチン‥‥	5 995	15 215	23 800	23 800	32 119	6 604
ウクライナ‥‥‥	…	3 075	22 838	20 961	30 950	6 412
インド‥‥‥‥	8 892	12 238	21 760	22 260	23 290	2 452
メキシコ‥‥‥	13 280	18 466	17 635	22 069	22 664	3 194
インドネシア‥‥	6 394	9 409	17 643	19 387	18 512	4 844
フランス‥‥‥	11 874	15 928	15 913	15 614	15 053	8 139
カナダ‥‥‥‥	7 017	8 168	10 689	13 060	14 194	9 588
南アフリカ共和国	10 092	9 050	10 360	11 830	12 486	3 842
ロシア‥‥‥‥	…	1 149	6 962	8 213	11 635	5 011
ルーマニア‥‥‥	8 023	8 317	11 718	5 953	11 348	4 497
ナイジェリア‥‥	5 529	4 726	8 878	8 695	10 400	2 000
イタリア‥‥‥	6 154	10 236	9 753	8 195	7 900	8 699
フィリピン‥‥‥	4 677	4 540	6 971	7 407	7 377	2 878
ハンガリー‥‥‥	6 414	6 664	7 992	4 742	6 725	5 363
エチオピア‥‥‥	…	2 938	6 069	6 158	6 674	3 225
トルコ‥‥‥‥	2 093	2 266	4 200	4 600	5 900	8 939
セルビア‥‥‥	…	…	6 480	3 533	5 864	4 943
エジプト‥‥‥	4 817	6 237	6 876	8 094	5 800	7 733
タンザニア‥‥‥	2 635	2 346	4 341	5 104	5 356	1 300
ベトナム‥‥‥	727	1 974	4 836	4 803	5 191	4 435
タイ‥‥‥‥‥	3 969	4 419	4 973	4 948	5 063	4 418
パキスタン‥‥‥	1 189	1 653	4 338	4 220	4 944	4 231
スペイン‥‥‥	3 201	4 247	4 200	4 262	4 926	11 326
ドイツ‥‥‥‥	1 687	3 362	5 184	5 515	4 387	8 828
パラグアイ‥‥‥	396	804	3 346	3 080	4 120	4 000
ポーランド‥‥‥	291	962	2 392	3 996	4 042	6 584
マラウイ‥‥‥	1 481	2 231	3 699	3 619	3 640	2 171
ケニア‥‥‥‥	2 440	2 424	3 377	3 600	3 391	1 672
ウガンダ‥‥‥	598	1 108	2 551	2 734	2 748	2 748
イラン‥‥‥‥	126	1 113	2 747	2 400	2 540	5 976
ザンビア‥‥‥	1 345	888	3 020	2 853	2 533	2 538
ブルガリア‥‥‥	2 087	1 139	2 209	1 718	2 300	5 476
ベネズエラ‥‥‥	983	1 547	1 817	1 753	2 247	3 648
ギリシャ‥‥‥	2 187	2 104	2 166	2 010	2 185	11 500
世界計×‥‥‥	484 904	605 064	887 665	877 924	1 018 112	5 500

FAOSTAT／Productionによる（http://faostat.fao.org/）。2015年6月4日閲覧。1）3年間の平均は編者算出。2）収穫面積1haあたり。×その他とも。

食用穀物は小麦，らい麦，米およびその他の食用穀物（日本はそばを含む）。

粗粒穀物は大麦，えん麦，とうもろこしおよびその他の雑穀（日本は裸麦を含む）などで主に飼料用となるが，一部の国では食用としても多く消費されている。

表 6-8　大麦の主な生産国（単位　千 t ）

	1989 〜1991 平均1)	1999 〜2001 平均1)	2011	2012	2013	収量2) (kg/ha)
ロシア·········	…	14 739	16 938	13 952	15 389	1 921
ドイツ·········	14 295	12 967	8 734	10 391	10 344	6 587
フランス········	10 160	9 629	8 775	11 347	10 316	6 303
カナダ·········	12 281	12 423	7 756	8 012	10 237	3 860
スペイン········	9 346	8 249	8 287	5 977	10 058	3 632
トルコ·········	6 533	7 733	7 600	7 100	7 900	2 904
ウクライナ·····	…	7 827	9 098	6 936	7 562	2 339
オーストラリア··	4 227	6 689	7 995	8 221	7 472	2 333
イギリス······	7 866	6 578	5 494	5 522	7 092	5 847
アルゼンチン····	422	557	4 086	5 158	4 705	3 910
アメリカ合衆国··	9 367	6 143	3 392	4 796	4 683	3 857
デンマーク·····	4 996	3 874	3 250	4 059	3 950	5 730
イラン·········	3 166	2 036	2 854	3 400	3 200	2 000
ポーランド·····	4 128	3 172	3 326	4 180	2 920	3 574
モロッコ········	2 796	1 032	2 318	1 201	2 723	1 384
カザフスタン····	…	2 057	2 593	1 491	2 539	1 382
世界計×······	170 670	135 167	132 947	133 013	143 960	2 929

FAOSTAT／Productionによる（http://faostat.fao.org/）。2015年 6 月 4 日閲覧。1）3 年間の平均は編者算出。2）収穫面積 1 haあたり。×その他とも。

表 6-9　キャッサバ（いも）の主な生産国（単位　千 t ）

	1989 〜1991 平均1)	1999 〜2001 平均1)	2011	2012	2013	収量2) (kg/ha)
ナイジェリア····	20 817	32 258	46 190	50 950	53 000	13 947
タイ···········	21 557	17 989	21 912	29 848	30 228	21 823
インドネシア····	16 300	16 527	24 044	24 177	23 937	22 460
ブラジル········	24 159	22 259	25 350	23 045	21 484	14 080
コンゴ民主共和国	18 694	15 965	15 024	16 000	16 500	8 049
アンゴラ········	1 613	4 319	14 334	10 636	16 412	14 052
ガーナ··········	3 913	8 306	14 241	14 547	15 990	18 270
モザンビーク····	3 994	5 630	10 094	10 051	10 000	12 821
ベトナム········	2 439	2 432	9 898	9 746	9 758	17 933
カンボジア······	60	173	8 034	7 614	8 000	22 857
インド·········	5 070	6 204	8 076	8 747	7 237	34 959
ウガンダ········	3 406	5 035	4 758	4 925	5 228	12 018
マラウイ········	156	2 354	4 259	4 692	4 814	22 804
タンザニア······	7 383	5 022	4 647	5 462	4 755	5 506
中国···········	3 282	3 824	4 514	4 574	4 600	16 099
世界計×······	155 226	175 774	255 396	266 128	276 762	13 572

資料，脚注は上表参照。

第 6 章

農林水産業

表6-10　ばれいしょの主な生産国（単位　千t）

	1989～1991平均[1]	1999～2001平均[1]	2011	2012	2013	収量[2](kg/ha)
中国・・・・・・・・・・	31 153	62 315	88 291	92 763	95 942	17 088
インド・・・・・・・・	14 944	23 246	42 339	41 483	45 344	22 761
ロシア・・・・・・・・	…	33 429	32 681	29 533	30 199	14 464
ウクライナ・・・・・	…	16 635	24 248	23 250	22 259	15 995
アメリカ合衆国・・	17 995	21 613	19 488	20 991	19 844	46 612
ドイツ・・・・・・・・	14 057	12 547	11 837	10 666	9 670	39 826
バングラデシュ・・	1 131	2 970	8 326	8 205	8 603	19 379
フランス・・・・・・・	5 213	6 386	7 440	6 341	6 975	43 404
オランダ・・・・・・・	6 947	7 891	7 333	6 766	6 801	43 652
ポーランド・・・・・・	33 247	21 179	8 197	9 092	6 334	18 785
ベラルーシ・・・・・	…	7 992	7 148	6 911	5 914	19 362
イギリス・・・・・・・	6 333	6 805	6 310	4 553	5 580	40 144
イラン・・・・・・・・	2 387	3 526	5 578	5 400	5 560	29 263
アルジェリア・・・・	962	1 057	3 862	4 219	4 928	30 288
エジプト・・・・・・・	1 694	1 827	4 338	4 758	4 800	26 966
カナダ・・・・・・・・	2 903	4 352	4 168	4 590	4 620	32 512
ペルー・・・・・・・・	1 433	3 010	4 072	4 475	4 571	14 413
マラウイ・・・・・・・	350	2 243	3 613	4 152	4 536	17 541
トルコ・・・・・・・・	4 320	5 457	4 613	4 795	3 948	31 576
パキスタン・・・・・・	742	1 781	3 492	3 393	3 802	21 802
ブラジル・・・・・・・	2 210	2 772	3 917	3 732	3 554	27 752
ベルギー・・・・・・・	…	1 829	4 129	2 930	3 480	46 149
カザフスタン・・・・	…	1 857	3 076	3 126	3 344	18 152
世界計×・・・・・・	266 988	312 909	375 077	370 595	376 453	19 468

FAOSTAT／Productionによる（http://faostat.fao.org/）。2015年6月4日閲覧。1）3年間の平均は編者算出。2）収穫面積1haあたり収穫量。×その他とも。

農業生産における児童労働

　FAOによれば，世界の家族経営農家では，子供を農作業に従事させることが普通に行われている。子供の労働が容認範囲内であれば，農家に利益をもたらし，子供の知識・経験の習得につながる。しかし，児童労働によって勉学の機会を奪われたり，健康を害するような作業をさせられる児童が，世界には約1億人いるとみられている。

　FAOの児童労働対策は，近年コーヒー，ココア，綿などの輸出品生産で支援が行われてきたが，今後，より小規模な家族経営農家の開発プログラムにも児童労働対策が盛り込まれるように支援される。貧困削減プログラムによる生産力向上策が，児童労働に過度に依存しないように，現地の実情に即した配慮が求められることになる。

表 6-11　大豆の主な生産国（単位　千 t ）

	1989～1991平均1)	1999～2001平均1)	2011	2012	2013	収量2)(kg/ha)
アメリカ合衆国‥	52 944	75 316	84 192	82 055	89 483	2 914
ブラジル‥‥‥‥‥	19 629	34 260	74 815	65 849	81 724	2 928
アルゼンチン‥‥‥	9 354	22 339	48 889	40 100	49 306	2 539
中国‥‥‥‥‥‥	10 314	15 021	14 485	12 800	11 951	1 760
インド‥‥‥‥‥	2 300	6 107	12 214	14 666	11 948	979
パラグアイ‥‥‥	1 604	3 181	8 310	4 345	9 086	2 950
カナダ‥‥‥‥‥	1 314	2 373	4 246	5 086	5 198	2 857
ウルグアイ‥‥‥	31	18	1 830	3 000	3 200	2 667
ウクライナ‥‥‥	…	61	2 264	2 410	2 774	2 053
ボリビア‥‥‥‥	296	1 106	1 861	2 061	2 347	1 896
ロシア‥‥‥‥‥	…	342	1 756	1 806	1 636	1 360
南アフリカ共和国	111	189	710	650	785	1 518
インドネシア‥‥	1 453	1 076	851	843	780	1 416
イタリア‥‥‥‥	1 592	890	565	422	625	3 387
ナイジェリア‥‥	221	425	493	650	600	1 000
セルビア‥‥‥‥	…	…	441	281	385	2 412
北朝鮮‥‥‥‥‥	438	344	350	350	340	1 115
ザンビア‥‥‥‥	25	19	117	203	261	2 091
メキシコ‥‥‥‥	764	119	205	248	239	1 520
ミャンマー‥‥‥	26	97	237	205	205	1 228
カザフスタン‥‥	…	5	133	170	203	1 972
世界計×‥‥‥	106 345	165 774	261 886	240 971	276 032	2 475

FAOSTAT／Productionによる（http://faostat.fao.org/）。2015年 6 月 4 日閲覧。1) 3 年間の平均は編者算出。2) 収穫面積 1 haあたり収穫量。×その他とも。

四半世紀で世界の貧困人口が半減

　2015年 7 月 6 日公表の国連「ミレニアム開発目標」最終報告で，世界の貧困人口（1日1ドル25セント未満で生活）が1990年の19億2600万人から2015年に 8 億3600万人となり，四半世紀で半減させるという目標を達成した。10億人以上の人々が極度の貧困から脱却したことになり，多くの貧困人口を抱える発展途上国の貧困率は，1990年の47％から2015年には14％まで大きく改善された。

　一方，FAOの公表では，飢餓人口が8億人をわずかに下まわったが，いずれにせよ，世界人口が大きく増えるなかでミレニアム目標が達成された。地域別の状況をみると，最も飢餓人口の多いアジア太平洋地域で割合が半減したが，いまだにこの地域には他の地域よりも多い約 5 億の人々が飢餓に苦しんでいる。また，サハラ以南アフリカは，依然として飢餓人口の割合が最も高い地域であり，栄養不足人口割合は23％である。

表6-12　砂糖の生産（単位　千t）

砂糖きび	2012	2013	てん菜	2012	2013
ブラジル‥‥‥‥	721 077	768 090	ロシア‥‥‥‥‥	45 057	39 321
インド‥‥‥‥‥	361 037	341 200	フランス‥‥‥‥	33 688	33 614
中国‥‥‥‥‥‥	123 461	128 201	アメリカ合衆国‥	31 955	29 767
タイ‥‥‥‥‥‥	98 400	100 096	ドイツ‥‥‥‥‥	27 687	22 829
パキスタン‥‥‥	58 397	63 750	トルコ‥‥‥‥‥	15 000	16 483
メキシコ‥‥‥‥	50 946	61 182	ウクライナ‥‥‥	18 439	10 789
コロンビア‥‥‥	33 364	34 876	ポーランド‥‥‥	12 350	10 591
インドネシア‥‥	28 700	33 700	エジプト‥‥‥‥	9 126	10 044
フィリピン‥‥‥	32 000	31 874	中国‥‥‥‥‥‥	11 469	9 260
アメリカ合衆国‥	29 236	27 906	イギリス‥‥‥‥	7 291	8 000
オーストラリア‥	25 957	27 136	オランダ‥‥‥‥	5 728	5 727
グアテマラ‥‥‥	23 653	26 335	ベルギー‥‥‥‥	5 438	4 429
アルゼンチン‥‥	19 766	23 700	ベラルーシ‥‥‥	4 772	4 343
ベトナム‥‥‥‥	19 041	20 131	イラン‥‥‥‥‥	4 150	4 185
南アフリカ共和国	17 278	18 000	チェコ‥‥‥‥‥	3 869	3 744
キューバ‥‥‥‥	14 700	16 100	オーストリア‥‥	3 133	3 466
エジプト‥‥‥‥	15 550	16 100	日本‥‥‥‥‥‥	3 758	3 435
ペルー‥‥‥‥‥	10 369	10 992	セルビア‥‥‥‥	2 328	2 983
ミャンマー‥‥‥	9 700	9 650	スペイン‥‥‥‥	3 482	2 469
ボリビア‥‥‥‥	7 692	8 066	スウェーデン‥‥	2 178	2 326
ベネズエラ‥‥‥	6 690	7 340	デンマーク‥‥‥	2 772	2 300
エルサルバドル‥	6 487	7 163	イタリア‥‥‥‥	2 501	2 159
エクアドル‥‥‥	7 379	7 158	モロッコ‥‥‥‥	1 627	2 142
世界計×‥‥‥	1 838 535	1 911 180	世界計×‥‥‥	269 617	246 522

分みつ糖（粗糖換算）

	2012	2013		2012	2013
ブラジル‥‥‥‥	40 219	39 494	トルコ‥‥‥‥‥	2 279	2 313
インド‥‥‥‥‥	28 830	27 737	コロンビア‥‥‥	2 078	2 127
中国‥‥‥‥‥‥	14 193	14 691	エジプト‥‥‥‥	2 057	2 085
タイ‥‥‥‥‥‥	10 235	10 024	インドネシア‥‥	1 970	2 080
アメリカ合衆国‥	8 147	7 636	ポーランド‥‥‥	2 040	1 933
メキシコ‥‥‥‥	5 048	6 975	アルゼンチン‥‥	2 189	1 797
パキスタン‥‥‥	5 000	4 952	ベトナム‥‥‥‥	1 634	1 765
ロシア‥‥‥‥‥	5 203	4 783	キューバ‥‥‥‥	1 467	1 600
フランス‥‥‥‥	4 288	4 337	イラン‥‥‥‥‥	1 310	1 380
オーストラリア‥	3 683	4 300	ウクライナ‥‥‥	2 330	1 374
ドイツ‥‥‥‥‥	4 596	3 559	イギリス‥‥‥‥	1 124	1 319
グアテマラ‥‥‥	2 464	2 753	ペルー‥‥‥‥‥	1 106	1 174
南アフリカ共和国	2 119	2 561	オランダ‥‥‥‥	1 053	1 030
フィリピン‥‥‥	2 437	2 414	世界計×‥‥‥	179 087	178 918

FAOSTAT／Productionによる（http://faostat.fao.org/）。2015年6月4日閲覧。×その他とも。

図 6-2　農産物生産に占める主産国の割合 （2013年）

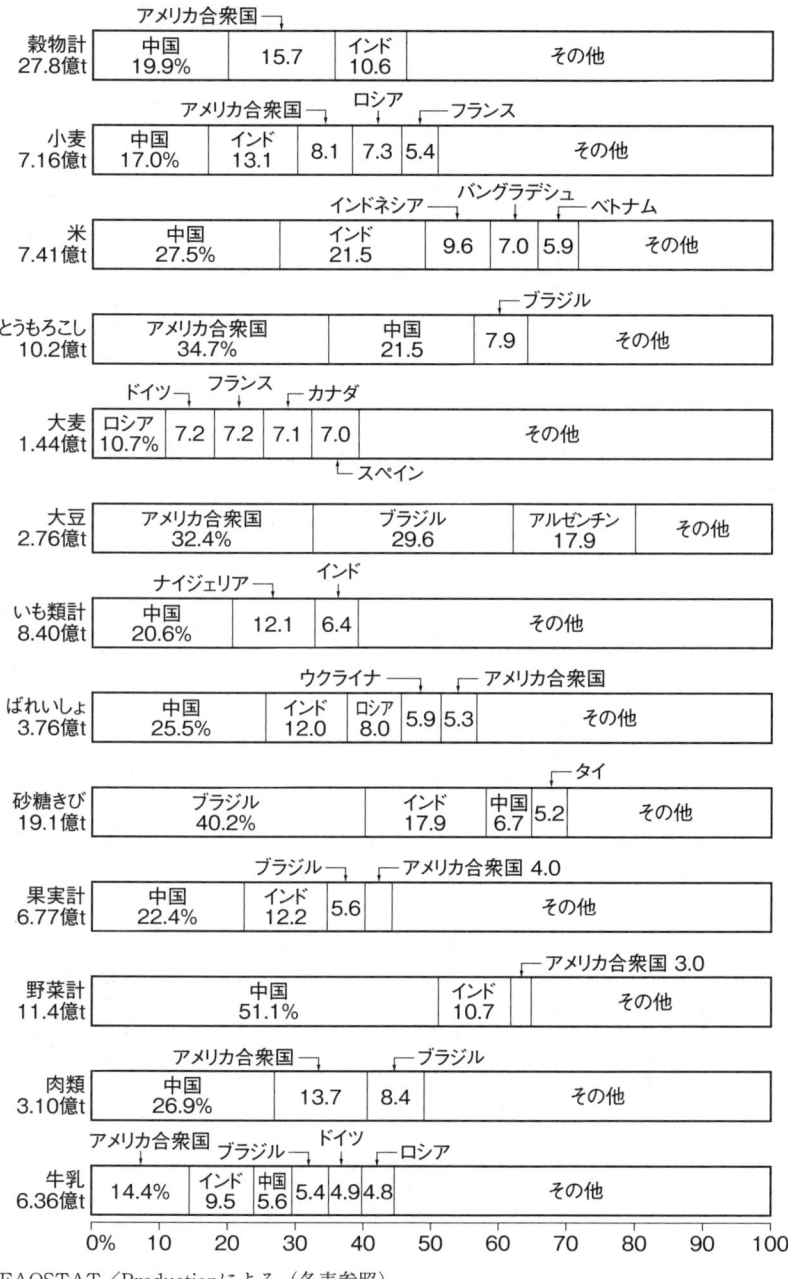

穀物計 27.8億t	アメリカ合衆国		インド	
	中国 19.9%	15.7	10.6	その他

		アメリカ合衆国	ロシア	フランス	
小麦 7.16億t	中国 17.0%	インド 13.1	8.1	7.3	5.4	その他

			インドネシア	バングラデシュ	ベトナム
米 7.41億t	中国 27.5%	インド 21.5	9.6	7.0	5.9	その他

			ブラジル
とうもろこし 10.2億t	アメリカ合衆国 34.7%	中国 21.5	7.9	その他

	ドイツ	フランス	カナダ		
大麦 1.44億t	ロシア 10.7%	7.2	7.2	7.1	7.0	その他
			スペイン		

大豆 2.76億t	アメリカ合衆国 32.4%	ブラジル 29.6	アルゼンチン 17.9	その他

	ナイジェリア	インド	
いも類計 8.40億t	中国 20.6%	12.1	6.4	その他

			ウクライナ	アメリカ合衆国	
ばれいしょ 3.76億t	中国 25.5%	インド 12.0	ロシア 8.0	5.9	5.3	その他

				タイ
砂糖きび 19.1億t	ブラジル 40.2%	インド 17.9	中国 6.7	5.2	その他

		ブラジル	アメリカ合衆国 4.0
果実計 6.77億t	中国 22.4%	インド 12.2	5.6	その他

			アメリカ合衆国 3.0
野菜計 11.4億t	中国 51.1%	インド 10.7		その他

		アメリカ合衆国	ブラジル
肉類 3.10億t	中国 26.9%	13.7	8.4	その他

	アメリカ合衆国	ブラジル	ドイツ	ロシア	
牛乳 6.36億t	14.4%	インド 9.5	中国 5.6	5.4	4.9	4.8	その他

0%　10　20　30　40　50　60　70　80　90　100

FAOSTAT／Productionによる （各表参照）。

表 6-13　**主な野菜の生産国**（Ⅰ）（単位　千 t）

野菜計	2012	2013	キャベツ類	2012	2013
中国‥‥‥‥‥	567 914	580 702	中国‥‥‥‥‥	31 500	31 700
インド‥‥‥‥	114 344	121 015	インド‥‥‥‥	8 412	8 534
アメリカ合衆国‥	36 144	34 280	ロシア‥‥‥‥	3 309	3 329
トルコ‥‥‥‥	27 700	28 281	韓国‥‥‥‥‥	2 119	2 434
イラン‥‥‥‥	23 499	23 652	日本‥‥‥‥‥ 1)	2 364	2 357
エジプト‥‥‥	19 825	19 591	ウクライナ‥‥	1 922	2 083
ロシア‥‥‥‥	15 680	15 485	インドネシア‥	1 450	1 406
ベトナム‥‥‥	14 177	14 976	アメリカ合衆国‥	1 232	1 240
メキシコ‥‥‥	13 474	13 238	ルーマニア‥‥	990	1 159
イタリア‥‥‥	12 961	13 049	アンゴラ‥‥‥	1 051	1 135
スペイン‥‥‥	12 963	12 701	ポーランド‥‥	1 199	1 022
ナイジェリア‥‥	12 890	11 924	ウズベキスタン‥	706	905
ブラジル‥‥‥	11 055	11 458	ベトナム‥‥‥	853	863
日本‥‥‥‥‥	11 413	11 315	エジプト‥‥‥	838	828
韓国‥‥‥‥‥	9 927	10 435	世界計×‥‥‥	**70 284**	**71 437**
インドネシア‥	10 465	10 244	にんじん	2012	2013
ウズベキスタン‥	9 179	10 042			
ウクライナ‥‥	10 017	9 873	中国‥‥‥‥‥	16 456	16 829
アルジェリア‥‥	6 045	6 789	ウズベキスタン‥	1 559	1 642
フィリピン‥‥	6 317	6 368	ロシア‥‥‥‥	1 565	1 605
モロッコ‥‥‥	5 634	5 633	アメリカ合衆国‥	1 346	1 290
フランス‥‥‥	5 283	5 235	ウクライナ‥‥	916	930
ポーランド‥‥	5 656	5 211	ポーランド‥‥	835	743
パキスタン‥‥	5 071	5 060	イギリス‥‥‥	664	696
カザフスタン‥‥	4 712	4 955	日本‥‥‥‥‥	613	601
オランダ‥‥‥	4 744	4 820	ドイツ‥‥‥‥	593	584
ミャンマー‥‥	4 651	4 753	トルコ‥‥‥‥	714	570
バングラデシュ‥	4 123	4 191	フランス‥‥‥	543	565
世界計×‥‥‥	**1 113 768**	**1 135 690**	オランダ‥‥‥	511	555
すいか	2012	2013	世界計×‥‥‥	**36 948**	**37 227**
			きゅうり	2012	2013
中国‥‥‥‥‥	70 713	72 944			
イラン‥‥‥‥	3 800	3 947	中国‥‥‥‥‥	51 887	54 316
トルコ‥‥‥‥	4 044	3 887	トルコ‥‥‥‥	1 742	1 755
ブラジル‥‥‥	2 080	2 164	イラン‥‥‥‥	1 600	1 570
エジプト‥‥‥	1 875	1 895	ロシア‥‥‥‥	1 282	1 068
アメリカ合衆国‥	1 739	1 772	ウクライナ‥‥	1 021	1 044
ウズベキスタン‥	1 418	1 558	スペイン‥‥‥	749	754
アルジェリア‥‥	1 495	1 501	アメリカ合衆国‥	901	748
ロシア‥‥‥‥	1 453	1 420	メキシコ‥‥‥	641	637
ベトナム‥‥‥	1 116	1 163	エジプト‥‥‥	614	631
メキシコ‥‥‥	1 034	953	ウズベキスタン‥	611	607
カザフスタン‥‥	818	939	日本‥‥‥‥‥	587	575
スペイン‥‥‥	871	870	世界計×‥‥‥	**69 298**	**71 366**
世界計×‥‥‥	**106 523**	**109 279**			

主な野菜の生産国 (Ⅱ)（単位　千 t ）

トマト	2012	2013	たまねぎ	2012	2013
中国‥‥‥‥‥	48 057	50 552	中国‥‥‥‥‥	22 200	22 300
インド‥‥‥‥	18 653	18 227	インド‥‥‥‥	16 813	19 299
アメリカ合衆国‥	13 207	12 575	アメリカ合衆国‥	3 277	3 159
トルコ‥‥‥‥	11 350	11 820	イラン‥‥‥‥	2 260	2 382
エジプト‥‥‥	8 625	8 534	ロシア‥‥‥‥	2 081	1 985
イラン‥‥‥‥	6 000	6 174	トルコ‥‥‥‥	1 736	1 905
イタリア‥‥‥	5 132	4 932	エジプト‥‥‥	2 025	1 903
ブラジル‥‥‥	3 874	4 188	パキスタン‥‥‥	1 692	1 661
スペイン‥‥‥	4 046	3 684	ブラジル‥‥‥	1 519	1 539
メキシコ‥‥‥	3 434	3 283	アルジェリア‥‥	1 183	1 344
ロシア‥‥‥‥	2 624	2 644	ナイジェリア‥‥	900	1 320
ウズベキスタン‥	2 125	2 247	オランダ‥‥‥	1 353	1 310
ウクライナ‥‥‥	2 274	2 051	韓国‥‥‥‥‥	1 196	1 294
ポルトガル‥‥‥	1 393	1 742	メキシコ‥‥‥	1 239	1 270
世界計×‥‥‥	**161 327**	**163 964**	世界計×‥‥‥	**82 498**	**85 795**

FAOSTAT／Productionによる（http://faostat.fao.org/）。2015年 6 月 8 日閲覧。1) 日本の農林水産統計のキャベツとはくさいの合計にほぼ一致する。年によってはキャベツのみのときもあり，継続性に欠ける。×その他とも。

表 6-14　主な果実の生産国 （Ⅰ）（単位　千 t ）

果実計	2012	2013	果実計（続き）	2012	2013
中国‥‥‥‥‥	146 417	151 838	南アフリカ共和国	6 300	6 421
インド‥‥‥‥	75 491	82 632	パキスタン‥‥‥	6 026	6 115
ブラジル‥‥‥	38 441	37 774	コスタリカ‥‥‥	5 568	5 694
アメリカ合衆国‥	26 499	26 986	カメルーン‥‥‥	5 447	5 644
スペイン‥‥‥	14 436	17 699	ペルー‥‥‥‥	4 995	5 482
メキシコ‥‥‥	15 959	17 553	ガーナ‥‥‥‥	5 126	5 334
イタリア‥‥‥	13 914	16 371	タンザニア‥‥‥	4 649	4 909
インドネシア‥‥	17 881	16 003	世界計×‥‥‥	**650 684**	**676 670**
フィリピン‥‥‥	16 371	15 887			
トルコ‥‥‥‥	14 944	15 341	オリーブ	2012	2013
イラン‥‥‥‥	11 972	11 807			
タイ‥‥‥‥‥	11 164	11 096	スペイン‥‥‥	3 849	7 876
ナイジェリア‥‥	11 055	10 903	イタリア‥‥‥	3 018	2 941
エジプト‥‥‥	10 683	10 899	ギリシャ‥‥‥	2 081	2 000
ウガンダ‥‥‥	9 826	9 560	トルコ‥‥‥‥	1 820	1 676
コロンビア‥‥‥	8 868	9 533	モロッコ‥‥‥	1 316	1 182
アルゼンチン‥‥	7 607	8 370	チュニジア‥‥‥	963	1 100
フランス‥‥‥	7 801	8 183	シリア‥‥‥‥	1 050	842
エクアドル‥‥‥	8 375	7 357	アルジェリア‥‥	394	579
ベトナム‥‥‥	7 066	7 127	エジプト‥‥‥	563	510
チリ‥‥‥‥‥	6 514	6 806	世界計×‥‥‥	**16 882**	**20 397**

主な果実の生産国（Ⅱ）（単位　千t）

オレンジ類*	2012	2013	ぶどう	2012	2013
中国･･･････････	21 835	22 477	中国･･･････････	10 543	11 550
ブラジル･･････	18 972	18 487	イタリア･･････	5 819	8 010
アメリカ合衆国･	8 733	8 195	アメリカ合衆国･	6 662	7 745
インド･･･････	4 360	6 426	スペイン･･････	5 238	7 480
スペイン･･････	4 828	5 593	フランス･･････	5 385	5 518
メキシコ･････	4 117	4 904	トルコ･･･････	4 276	4 011
エジプト･････	3 672	3 803	チリ･････････	3 200	3 298
トルコ･･･････	2 536	2 723	アルゼンチン･･･	2 244	2 881
イタリア･･････	2 530	2 359	インド･･･････	2 221	2 483
パキスタン････	2 061	2 064	イラン･･･････	2 150	2 046
イラン･･･････	2 110	2 030	南アフリカ共和国	1 839	1 850
南アフリカ共和国	1 763	1 822	オーストラリア･	1 657	1 763
モロッコ･････	1 839	1 423	ブラジル･･････	1 515	1 440
インドネシア･･･	1 612	1 411	エジプト･････	1 379	1 389
アルゼンチン･･･	1 307	1 309	ウズベキスタン･	1 206	1 322
アルジェリア･･･	1 010	1 122	ドイツ･･･････	1 226	1 140
日本･･･････････	899	944	ルーマニア････	746	992
ギリシャ･････	898	902	ギリシャ･････	978	957
シリア･･･････	566	822	ポルトガル････	840	829
ベネズエラ････	639	758	モルドバ･････	506	613
世界計×････	**96 801**	**100 124**	世界計×････	**68 602**	**77 181**

バナナ	2012	2013	リンゴ	2012	2013
インド･･･････	26 509	27 575	中国･･･････････	38 491	39 683
中国･･･････････	11 558	12 075	アメリカ合衆国･	4 110	4 082
フィリピン････	9 226	8 646	トルコ･･･････	2 889	3 128
ブラジル･･････	6 902	6 893	ポーランド････	2 877	3 085
エクアドル････	7 012	5 996	イタリア･･････	1 991	2 217
インドネシア･･･	6 189	5 359	インド･･･････	2 203	1 915
グアテマラ････	3 079	3 188	フランス･･････	1 385	1 737
アンゴラ･････	2 991	3 095	チリ･････････	1 625	1 710
タンザニア････	2 525	2 679	イラン･･･････	1 700	1 693
ブルンジ･････	1 184	2 236	ロシア･･･････	1 403	1 572
コスタリカ････	2 136	2 175	アルゼンチン･･･	947	1 245
メキシコ･････	2 204	2 128	ブラジル･･････	1 340	1 231
コロンビア････	1 963	2 099	ウクライナ････	1 127	1 211
ベトナム･････	1 792	1 893	ウズベキスタン･	855	937
タイ･････････	1 600	1 600	メキシコ･････	375	859
カメルーン････	1 471	1 538	南アフリカ共和国	796	812
ケニア･･･････	1 394	1 398	ドイツ･･･････	972	804
パプアニューギニア	1 180	1 212	北朝鮮･･･････	785	780
エジプト･････	1 130	1 145	日本･･･････････	794	742
ドミニカ共和国･	1 049	972	パキスタン････	556	606
世界計×････	**105 636**	**106 714**	世界計×････	**77 489**	**80 823**

主な果実の生産国（Ⅲ）（単位　千 t）

パイナップル	2012	2013
コスタリカ‥‥‥	2 616	2 685
ブラジル‥‥‥‥	2 547	2 484
フィリピン‥‥‥	2 398	2 458
タイ‥‥‥‥‥‥	2 400	2 209
インドネシア‥‥	1 782	1 837
インド‥‥‥‥‥	1 500	1 571
ナイジェリア‥‥	1 420	1 420
中国‥‥‥‥‥‥	1 287	1 386
メキシコ‥‥‥‥	760	772
コロンビア‥‥‥	485	643
ガーナ‥‥‥‥‥	600	637
ベトナム‥‥‥‥	576	585
ベネズエラ‥‥‥	505	564
世界計×‥‥‥	24 160	24 786

もも	2012	2013
中国‥‥‥‥‥‥	11 430	11 924
イタリア‥‥‥‥	1 332	1 402
スペイン‥‥‥‥	1 171	1 330
アメリカ合衆国‥	1 059	965
ギリシャ‥‥‥‥	760	666
トルコ‥‥‥‥‥	576	638
イラン‥‥‥‥‥	500	515
チリ‥‥‥‥‥‥	325	370
アルゼンチン‥‥	290	292
エジプト‥‥‥‥	285	282
世界計×‥‥‥	20 934	21 639

レモン・ライム	2012	2013
インド‥‥‥‥‥	2 272	2 524
メキシコ‥‥‥‥	2 071	2 139
中国‥‥‥‥‥‥	1 943	1 915
アルゼンチン‥‥	1 456	1 302
ブラジル‥‥‥‥	1 208	1 169
アメリカ合衆国‥	771	827
トルコ‥‥‥‥‥	760	726
スペイン‥‥‥‥	685	715
イラン‥‥‥‥‥	600	585
イタリア‥‥‥‥	346	336
エジプト‥‥‥‥	301	281
世界計×‥‥‥	15 054	15 191

なし	2012	2013
中国‥‥‥‥‥‥	17 073	17 301
アメリカ合衆国‥	772	796
イタリア‥‥‥‥	646	743
アルゼンチン‥‥	825	722
トルコ‥‥‥‥‥	440	462
スペイン‥‥‥‥	407	426
南アフリカ共和国	339	343
インド‥‥‥‥‥	340	340
オランダ‥‥‥‥	199	327
世界計×‥‥‥	24 311	25 204

さくらんぼ	2012	2013
トルコ‥‥‥‥‥	481	494
アメリカ合衆国‥	385	301
イラン‥‥‥‥‥	200	200
イタリア‥‥‥‥	105	131
ウズベキスタン‥	90	100
スペイン‥‥‥‥	97	97
チリ‥‥‥‥‥‥	90	91
世界計×‥‥‥	2 258	2 294

すもも	2012	2013
中国‥‥‥‥‥‥	6 000	6 100
セルビア‥‥‥‥	391	738
ルーマニア‥‥‥	424	512
チリ‥‥‥‥‥‥	300	306
トルコ‥‥‥‥‥	297	305
イラン‥‥‥‥‥	295	305
世界計×‥‥‥	10 708	11 528

なつめやし	2012	2013
エジプト‥‥‥‥	1 470	1 502
イラン‥‥‥‥‥	1 066	1 084
サウジアラビア‥	1 050	1 065
アルジェリア‥‥	789	848
イラク‥‥‥‥‥	655	676
パキスタン‥‥‥	525	527
旧スーダン‥‥‥	434	438
世界計×‥‥‥	7 460	7 628

第6章 農林水産業

FAOSTAT／Productionによる（http://faostat.fao.org/）。2015年6月10日閲覧。＊みかん等を含む。×その他とも。

表 6-15　主な植物油脂原料と植物油脂の生産国（Ⅰ）（単位　千 t ）

なたね	2012	2013	落花生(殻付き)	2012	2013
カナダ・・・・・・・・	15 410	17 935	中国・・・・・・・・・	16 800	16 972
中国・・・・・・・・・	14 007	14 458	インド・・・・・・・	4 695	9 472
インド・・・・・・・	6 600	7 820	ナイジェリア・・・	3 314	3 000
ドイツ・・・・・・・	4 821	5 784	アメリカ合衆国・	3 058	1 893
フランス・・・・・・	5 463	4 370	旧スーダン・・・・	1 032	1 767
オーストラリア・	3 427	4 142	ミャンマー・・・・	1 372	1 375
ポーランド・・・・・	1 866	2 678	インドネシア・・・	1 251	1 340
ウクライナ・・・・	1 204	2 352	アルゼンチン・・・	686	1 026
イギリス・・・・・・	2 557	2 128	タンザニア・・・・	810	785
チェコ・・・・・・・・	1 109	1 443	セネガル・・・・・・	673	710
ロシア・・・・・・・・	1 035	1 393	カメルーン・・・・	634	636
アメリカ合衆国・	1 112	880	ベトナム・・・・・・	471	492
ルーマニア・・・・	158	702	チャド・・・・・・・	371	414
デンマーク・・・・	485	688	ガーナ・・・・・・・	475	409
ベラルーシ・・・・	704	676	ブラジル・・・・・・	334	390
リトアニア・・・・	633	549	マラウイ・・・・・・	368	381
世界計×・・・・・	**64 649**	**72 700**	世界計×・・・・・	**40 800**	**45 654**

ごま	2012	2013	オリーブ油	2012	2013
ミャンマー・・・・・	870	890	スペイン・・・・・・	1 569	1 110
インド・・・・・・・	685	636	イタリア・・・・・・	572	442
中国・・・・・・・・・	639	623	ギリシャ・・・・・・	351	306
旧スーダン・・・・	187	562	チュニジア・・・・	193	192
タンザニア・・・・	456	420	トルコ・・・・・・・	206	188
エチオピア・・・・	181	187	シリア・・・・・・・	194	160
ウガンダ・・・・・・	189	180	モロッコ・・・・・・	120	114
ナイジェリア・・・	・・・	165	ポルトガル・・・・	77	100
ブルキナファソ・	100	137	アルジェリア・・・	48	65
モザンビーク・・・	117	110	アルゼンチン・・・	29	21
世界計×・・・・・	**5 293**	**4 848**	世界計×・・・・・	**3 489**	**2 826**

ひまわりの種子	2012	2013	やし油	2012	2013
ウクライナ・・・・・	8 387	11 050	フィリピン・・・・	1 274	1 209
ロシア・・・・・・・・	7 993	10 534	インドネシア・・・	927	868
アルゼンチン・・・	3 341	3 104	インド・・・・・・・	392	433
中国・・・・・・・・・	2 323	2 423	ベトナム・・・・・・	155	155
ルーマニア・・・・	1 398	2 196	メキシコ・・・・・・	135	129
ブルガリア・・・・	1 388	1 937	スリランカ・・・・	68	55
フランス・・・・・・	1 573	1 582	マレーシア・・・・	52	53
トルコ・・・・・・・	1 370	1 523	パプアニューギニア	38	37
ハンガリー・・・・	1 317	1 470	コートジボワール	29	29
タンザニア・・・・	1 125	1 083	タイ・・・・・・・・・	29	29
世界計×・・・・・	**37 234**	**44 551**	世界計×・・・・・	**3 319**	**3 225**

主な植物油脂原料と植物油脂の生産国（Ⅱ）（単位　千t）

パーム油	2012	2013	なたね油	2012	2013
インドネシア…	26 016	26 896	中国………	5 452	5 603
マレーシア……	18 785	19 217	ドイツ………	3 216	3 139
タイ………	1 780	1 970	カナダ………	3 149	2 826
ナイジェリア…	940	960	インド………	2 047	2 305
コロンビア……	753	945	フランス……	1 988	1 913
パプアニューギニア	530	500	日本………	1 064	1 043
ホンジュラス…	398	425	ポーランド…	832	968
コートジボワール	418	415	イギリス……	732	750
グアテマラ……	310	402	アメリカ合衆国・	576	706
ブラジル………	310	340	メキシコ……	650	579
エクアドル……	325	325	ベルギー……	578	566
コンゴ民主共和国	296	300	ロシア………	393	445
世界計×……	**52 461**	**54 385**	世界計×……	**24 234**	**24 688**

大豆油	2012	2013	ごま油	2012	2013
中国………	10 239	10 590	ミャンマー……	341	329
アメリカ合衆国	8 990	9 169	中国………	225	220
ブラジル……	7 010	7 077	インド………	122	122
アルゼンチン…	6 353	6 433	日本………	45	45
インド………	2 262	1 690	モザンビーク…	45	38
ドイツ………	603	630	旧スーダン……	42	31
スペイン……	583	592	トルコ………	30	30
パラグアイ……	181	570	世界計×……	**1 145**	**1 107**
オランダ……	408	470			

大豆油			落花生油	2012	2013
ボリビア……	361	411			
（台湾）………	418	391	中国………	2 029	1 955
インドネシア…	411	380	インド………	1 602	1 250
世界計×……	**41 999**	**42 659**	ナイジェリア…	300	313
			旧スーダン……	50	281
			ミャンマー……	234	225
			世界計×……	**5 298**	**5 177**

ひまわり油	2012	2013	コーン油	2012	2013
ロシア………	3 589	3 284	アメリカ合衆国・	1 464	1 610
ウクライナ……	3 804	2 303	中国………	251	259
アルゼンチン…	1 542	1 075	ブラジル……	92	94
トルコ………	819	875	日本………	86	85
フランス……	591	579	南アフリカ共和国	80	81
ハンガリー……	374	450	世界計×……	**2 685**	**2 856**
スペイン……	280	430			
ルーマニア……	320	328			
中国………	455	315			
南アフリカ共和国	266	254			
世界計×……	**14 836**	**12 591**			

FAOSTAT／Productionによる（http://faostat.fao.org/）。2015年6月10日閲覧。×その他とも。

表 6-16　し好品農作物の生産国（単位　千 t）

コーヒー豆	2012	2013	茶	2012	2013
ブラジル‥‥‥‥	3 038	2 965	中国‥‥‥‥‥‥	1 790	1 924
ベトナム‥‥‥‥	1 565	1 461	インド‥‥‥‥‥	1 135	1 209
インドネシア‥‥	691	699	ケニア‥‥‥‥‥	369	432
コロンビア‥‥‥	462	653	スリランカ‥‥‥	330	340
インド‥‥‥‥‥	314	318	ベトナム‥‥‥‥	217	214
ホンジュラス‥‥	343	273	トルコ‥‥‥‥‥	225	212
エチオピア‥‥‥	276	270	イラン‥‥‥‥‥	158	160
ペルー‥‥‥‥‥	314	256	インドネシア‥‥	143	148
グアテマラ‥‥‥	273	253	アルゼンチン‥‥	83	105
メキシコ‥‥‥‥	246	232	日本‥‥‥‥‥‥	86	85
ウガンダ‥‥‥‥	186	190	タイ‥‥‥‥‥‥	74	75
中国‥‥‥‥‥‥	92	117	バングラデシュ‥	60	64
コートジボワール	121	104	世界計×‥‥‥	**5 035**	**5 346**
ラオス‥‥‥‥‥	87	89	葉たばこ（未加工のもの）	2012	2013
ニカラグア‥‥‥	87	84			
フィリピン‥‥‥	89	78	中国‥‥‥‥‥‥	3 126	3 149
ベネズエラ‥‥‥	73	77	ブラジル‥‥‥‥	811	851
世界計×‥‥‥	**9 210**	**8 921**	インド‥‥‥‥‥	820	830
カカオ豆	2012	2013	アメリカ合衆国‥	346	346
			インドネシア‥‥	261	260
コートジボワール	1 486	1 449	ジンバブエ‥‥‥	115	150
ガーナ‥‥‥‥‥	879	835	マラウイ‥‥‥‥	73	133
インドネシア‥‥	741	778	アルゼンチン‥‥	115	115
ナイジェリア‥‥	383	367	パキスタン‥‥‥	98	108
カメルーン‥‥‥	269	275	トルコ‥‥‥‥‥	75	90
ブラジル‥‥‥‥	253	256	タンザニア‥‥‥	120	86
エクアドル‥‥‥	133	128	バングラデシュ‥	85	86
メキシコ‥‥‥‥	82	82	北朝鮮‥‥‥‥‥	80	80
ペルー‥‥‥‥‥	62	71	タイ‥‥‥‥‥‥	69	72
ドミニカ共和国‥	72	68	ザンビア‥‥‥‥	62	62
世界計×‥‥‥	**4 646**	**4 586**	世界計×‥‥‥	**7 248**	**7 435**

FAOSTAT／Productionによる（http://faostat.fao.org/）。2015年6月10日閲覧。×その他とも。

植物油脂　植物の種子や果実からとれる油脂で，大豆油，あまに油，ひまわり油，綿実油，なたね油，落花生油，オリーブ油，パーム油，ごま油，やし油（コプラ）などがある。食用油脂はカロリーがきわめて高く，炭水化物やたんぱく質とともに三大栄養素の一つに数えられる。代表的な食用油脂の大豆油に限らず，多くの油脂が食用と工業用のいずれにも使われている。工業用原料としては，硬化油，石けん，塗料，化粧品，インキなどの用途があり，パーム油とコプラは石けんの代表的な原料である。

図 6-3　主な農産物の輸出国（2012年）

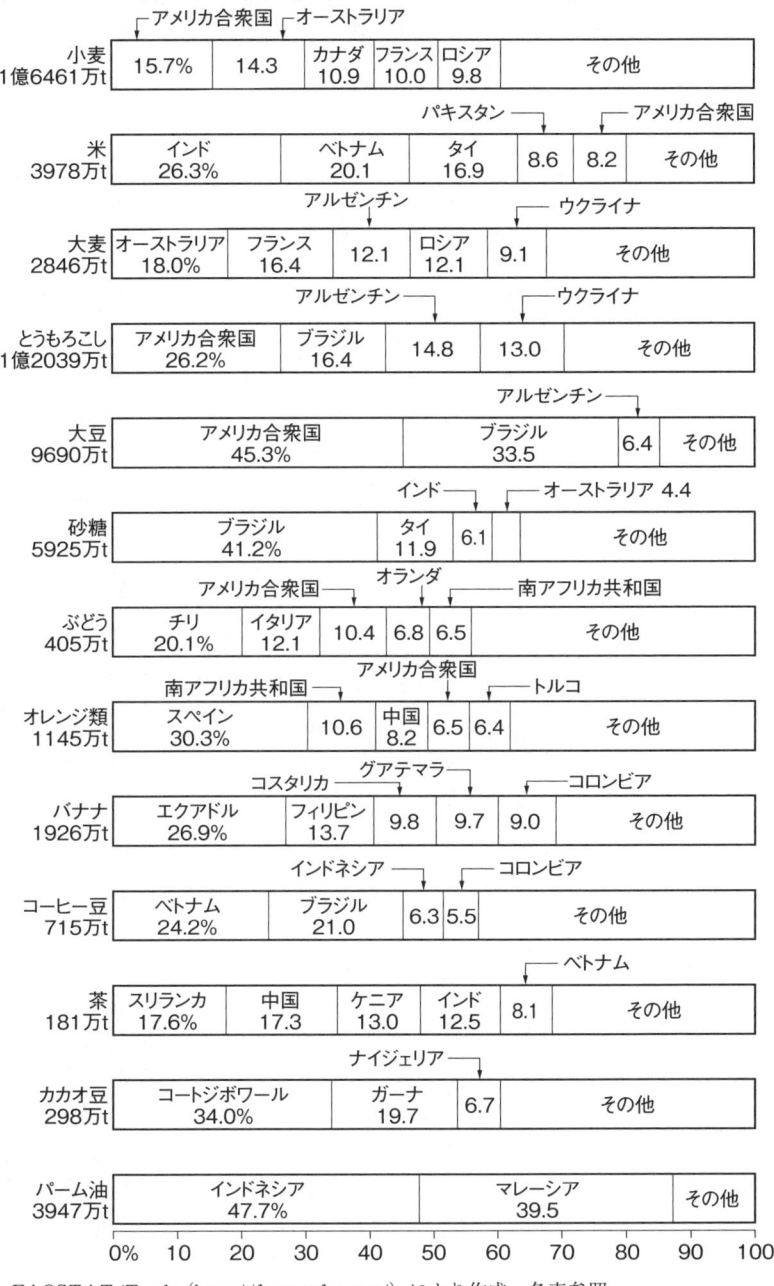

FAOSTAT/Trade（http://faostat.fao.org/）により作成。各表参照。

表 6-17　小麦の輸出入（単位　千t）

輸　出					
	2011	2012		2011	2012
アメリカ合衆国·	32 790	25 769	ルーマニア····	1 569	2 315
オーストラリア·	17 657	23 536	リトアニア····	809	1 680
カナダ·········	16 335	17 867	ウルグアイ····	1 066	1 665
フランス········	20 346	16 469	チェコ········	1 415	1 521
ロシア·········	15 186	16 089	イギリス······	2 287	1 503
アルゼンチン···	8 411	11 461	ラトビア······	469	1 490
ウクライナ····	4 097	8 679	パラグアイ····	651	1 455
カザフスタン···	2 891	7 459	ハンガリー····	1 246	1 325
ドイツ·········	6 169	6 993	ポーランド····	825	1 061
インド·········	500	4 585	デンマーク····	887	653
ブルガリア·····	2 137	2 453	ベルギー······	578	649
ブラジル·······	2 351	2 405	世界計×·····	**148 348**	**164 607**

輸　入					
	2011	2012		2011	2012
エジプト·······	9 800	11 428	バングラデシュ·	3 112	2 090
ブラジル·······	5 740	6 580	アラブ首長国連邦	944	1 985
アルジェリア···	7 455	6 347	イギリス······	902	1 785
インドネシア···	5 605	6 250	イスラエル····	1 550	1 722
イタリア·······	7 321	6 109	南アフリカ共和国	1 850	1 698
日本··········	6 214	5 970	ペルー·······	1 684	1 697
韓国···········	4 671	5 655	エチオピア····	1 654	1 639
スペイン·······	4 356	5 468	チュニジア····	1 578	1 632
イラン·········	71	5 445	リビア········	832	1 623
メキシコ·······	4 048	4 642	コロンビア····	1 535	1 500
モロッコ·······	3 662	4 094	ベネズエラ····	1 610	1 495
ナイジェリア···	4 040	4 067	ポルトガル····	1 256	1 390
イエメン·······	2 687	4 042	アゼルバイジャン	1 167	1 366
ベルギー·······	3 378	3 995	(台湾)·········	1 361	1 362
トルコ·········	4 755	3 719	スリランカ····	1 326	1 119
オランダ·······	3 906	3 690	タンザニア····	1 072	1 116
中国··········	1 249	3 689	ケニア·······	1 468	1 038
ドイツ·········	4 411	3 535	マレーシア····	1 142	1 029
フィリピン·····	2 767	2 996	ヨルダン·····	1 094	932
タイ···········	1 426	2 582	チリ·········	656	911
アメリカ合衆国·	1 999	2 470	ジョージア····	624	898
イラク·········	2 889	2 425	ギリシャ·····	939	889
ベトナム·······	2 421	2 407	キューバ······	806	797
サウジアラビア·	2 067	2 246	世界計×·····	**148 574**	**163 491**

FAOSTAT／Tradeによる（http://faostat.fao.org/）。2015年6月10日閲覧。×その他とも。

表 6-18 **米の輸出入**（単位　千 t ）

輸　出						
	2011	2012			2011	2012
インド・・・・・・・・・	5 004	10 470	イタリア・・・・・・・		722	736
ベトナム・・・・・・・・	7 112	8 015	アルゼンチン・・・		729	612
タイ・・・・・・・・・・	10 671	6 704	ミャンマー・・・・・		867	455
パキスタン・・・・・	3 413	3 423	オーストラリア・		278	450
アメリカ合衆国・	3 166	3 247	アラブ首長国連邦		426	315
ブラジル・・・・・・・	1 292	1 099	ロシア・・・・・・・・		132	305
ウルグアイ・・・・・	912	1 027	世界計×・・・・・		**37 614**	**39 779**
輸　入						
	2011	2012			2011	2012
中国・・・・・・・・・・	575	2 334	日本・・・・・・・・・・		742	627
ナイジェリア・・・	2 187	2 296	アメリカ合衆国・		597	621
インドネシア・・・	2 745	1 802	メキシコ・・・・・・		667	604
コートジボワール	1 312	1 686	カメルーン・・・・・		495	551
イラク・・・・・・・・	1 122	1 384	ケニア・・・・・・・・・		358	483
南アフリカ共和国	909	1 294	フランス・・・・・・・		496	478
サウジアラビア・	1 109	1 217	キューバ・・・・・・・		561	470
セネガル・・・・・・	808	1 041	モザンビーク・・・		349	466
イラン・・・・・・・・	1 126	1 026	イエメン・・・・・・・		328	445
フィリピン・・・・・	706	1 008	マリ・・・・・・・・・・		103	421
マレーシア・・・・・	1 031	1 005	ネパール・・・・・・・		161	406
ベナン・・・・・・・・・	982	971	ガーナ・・・・・・・・		543	400
アラブ首長国連邦	1 325	877	ブルキナファソ・		309	396
ブラジル・・・・・・・	581	694	ベルギー・・・・・・		430	388
イギリス・・・・・・	604	634	世界計×・・・・・		**35 337**	**37 684**

FAOSTAT／Tradeによる（http://faostat.fao.org/）。2015年 6 月10日閲覧。×その他とも。

表 6-19 **大麦の輸出入**（Ⅰ）（単位　千 t ）

輸　出						
	2011	2012			2011	2012
オーストラリア・	4 485	5 111	デンマーク・・・・・		935	1 042
フランス・・・・・・・	4 284	4 657	ルーマニア・・・・・		764	688
アルゼンチン・・・	2 149	3 448	イギリス・・・・・・・		799	590
ロシア・・・・・・・・	2 067	3 430	スウェーデン・・・		288	494
ウクライナ・・・・・	2 145	2 582	チェコ・・・・・・・・		328	362
カナダ・・・・・・・・・	1 055	1 546	ベルギー・・・・・・		168	342
ドイツ・・・・・・・・	2 256	1 535	世界計×・・・・・		**25 358**	**28 464**

大麦の輸出入（Ⅱ）（単位　千 t ）

	輸	入			
	2011	2012		2011	2012
サウジアラビア・	6 352	8 317	イタリア・・・・・・	915	498
中国・・・・・・・・・・	1 776	2 528	アルジェリア・・・	385	402
ベルギー・・・・・・・	1 701	1 775	チュニジア・・・・・	237	363
イラン・・・・・・・・・	812	1 570	イスラエル・・・・・	320	285
オランダ・・・・・・	1 658	1 547	スペイン・・・・・・	999	276
ドイツ・・・・・・・・	1 343	1 409	コロンビア・・・・・	261	272
日本・・・・・・・・・・	1 313	1 319	ブラジル・・・・・・	320	230
ヨルダン・・・・・・	463	748	ポルトガル・・・・・	336	225
モロッコ・・・・・・	300	551	クウェート・・・・・	83	221
アラブ首長国連邦	152	521	アイルランド・・・	122	198
ロシア・・・・・・・・	379	521	ポーランド・・・・・	225	197
アメリカ合衆国・	189	515	世界計×・・・・・	**24 532**	**27 640**

FAOSTAT／Tradeによる（http://faostat.fao.org/）。2015年 6 月10日閲覧。×その他とも。

表 6-20　とうもろこしの輸出入（Ⅰ）（単位　千 t ）

	輸	出			
	2011	2012		2011	2012
アメリカ合衆国・	45 888	31 530	ルーマニア・・・・・	2 311	2 274
ブラジル・・・・・・	9 487	19 802	ロシア・・・・・・・・	722	2 197
アルゼンチン・・・	15 806	17 855	セルビア・・・・・・・	1 631	2 155
ウクライナ・・・・・	7 806	15 631	ドイツ・・・・・・・・	764	1 072
フランス・・・・・・	6 247	6 294	ポーランド・・・・・	306	1 048
ハンガリー・・・・・	3 644	4 362	南アフリカ共和国	2 563	1 023
インド・・・・・・・・	3 952	4 272	ブルガリア・・・・・	939	825
パラグアイ・・・・・	1 576	2 477	世界計×・・・・・	**109 944**	**120 387**

	輸	入			
	2011	2012		2011	2012
日本・・・・・・・・・・	15 285	14 895	アルジェリア・・・	3 153	3 041
メキシコ・・・・・・・	9 476	9 515	マレーシア・・・・・	2 863	3 031
韓国・・・・・・・・・・	7 759	8 220	イタリア・・・・・・	2 703	2 654
スペイン・・・・・・	4 824	6 095	ベネズエラ・・・・・	1 178	2 273
エジプト・・・・・・	7 048	6 062	ドイツ・・・・・・・・	1 902	2 215
中国・・・・・・・・・・	1 753	5 207	モロッコ・・・・・・	1 545	2 026
イラン・・・・・・・・	3 645	4 676	サウジアラビア・	1 649	1 913
（台湾）・・・・・・・・	4 148	4 362	ペルー・・・・・・・・	1 908	1 847
オランダ・・・・・・	3 483	4 031	アメリカ合衆国・	641	1 805
コロンビア・・・・・	3 224	3 451	（次ページへ続く）		

（次ページへ続く）

とうもろこしの輸出入 （Ⅱ）（単位　千t）

輸　入（続き）					
	2011	2012		2011	2012
ベルギー・・・・・・・	1 242	1 766	チュニジア・・・・・	850	855
インドネシア・・・	3 208	1 693	ブラジル・・・・・・・	656	830
ポルトガル・・・・・	1 602	1 682	キューバ・・・・・・・	713	826
ベトナム・・・・・・・	878	1 538	トルコ・・・・・・・・・	381	807
イギリス・・・・・・・	963	1 282	シリア・・・・・・・・・	1 495	706
イスラエル・・・・・	1 122	1 229	ルーマニア・・・・・	374	699
ドミニカ共和国・	1 029	1 065	グアテマラ・・・・・	710	693
チリ・・・・・・・・・・	668	876	世界計×・・・・・	108 311	117 648

FAOSTAT／Tradeによる（http://faostat.fao.org/）。2015年6月10日閲覧。×その他とも。

表 6-21　大豆の輸出入 （単位　千t）

輸　出					
	2011	2012		2011	2012
アメリカ合衆国・	34 311	43 859	ウルグアイ・・・・・	1 701	2 564
ブラジル・・・・・・・	32 986	32 468	オランダ・・・・・・・	738	1 614
アルゼンチン・・・	10 820	6 158	ウクライナ・・・・・	1 096	1 481
カナダ・・・・・・・・・	2 651	3 605	中国・・・・・・・・・・	208	320
パラグアイ・・・・・	5 094	3 162	世界計×・・・・・	90 978	96 898

輸　入					
	2011	2012		2011	2012
中国・・・・・・・・・・	52 453	58 383	ロシア・・・・・・・・・	891	694
メキシコ・・・・・・・	3 340	3 477	フランス・・・・・・・	672	648
ドイツ・・・・・・・・・	3 190	3 447	ポルトガル・・・・・	642	611
スペイン・・・・・・・	3 177	3 313	マレーシア・・・・・	637	589
オランダ・・・・・・・	3 049	2 823	ベトナム・・・・・・・	909	580
日本・・・・・・・・・・	2 831	2 727	サウジアラビア・	614	564
（台湾）・・・・・・・	2 346	2 349	アメリカ合衆国・	369	509
タイ・・・・・・・・・・	1 994	2 120	チュニジア・・・・・	463	412
インドネシア・・・	2 089	1 921	ベルギー・・・・・・・	574	406
エジプト・・・・・・・	1 712	1 815	ノルウェー・・・・・	420	398
イタリア・・・・・・・	1 241	1 207	イスラエル・・・・・	423	364
トルコ・・・・・・・・・	1 298	1 195	イラン・・・・・・・・・	838	356
韓国・・・・・・・・・・	1 148	1 140	コロンビア・・・・・	276	285
イギリス・・・・・・・	772	803	世界計×・・・・・	91 301	96 029

FAOSTAT／Tradeによる（http://faostat.fao.org/）。2015年6月10日閲覧。×その他とも。

第6章　農林水産業

表 6-22　砂糖の輸出入（単位　千 t ）

輸　出					
	2011	2012		2011	2012
ブラジル‥‥‥	25 812	24 441	ベルギー‥‥‥‥	627	796
タイ‥‥‥‥‥	6 729	7 037	ポーランド‥‥‥	329	622
インド‥‥‥‥	2 879	3 638	ベラルーシ‥‥‥	426	490
オーストラリア‥	1 950	2 620	アラブ首長国連邦	576	483
フランス‥‥‥	2 520	2 364	スロバキア‥‥‥	182	457
グアテマラ‥‥	1 290	1 517	サウジアラビア‥	380	407
ドイツ‥‥‥‥	1 085	1 095	韓国‥‥‥‥‥‥	391	391
メキシコ‥‥‥	1 508	1 068	モーリシャス‥‥	438	390
キューバ‥‥‥	639	816	チェコ‥‥‥‥‥	210	387
コロンビア‥‥	906	806	世界計×‥‥‥	**58 867**	**59 253**

輸　入					
	2011	2012		2011	2012
中国‥‥‥‥‥	2 950	3 775	イラン‥‥‥‥‥	1 051	1 069
アメリカ合衆国・	3 573	3 128	イラク‥‥‥‥‥	786	1 011
インドネシア‥‥	2 520	2 826	モロッコ‥‥‥‥	860	1 003
アラブ首長国連邦	1 987	2 050	サウジアラビア‥	1 281	911
マレーシア‥‥‥	1 799	1 789	エジプト‥‥‥‥	1 258	903
韓国‥‥‥‥‥	1 649	1 774	ベルギー‥‥‥‥	741	803
イタリア‥‥‥	1 717	1 757	インド‥‥‥‥‥	75	749
アルジェリア‥‥	1 569	1 676	ドイツ‥‥‥‥‥	658	723
バングラデシュ・	1 521	1 595	イエメン‥‥‥‥	704	695
日本‥‥‥‥‥	1 538	1 437	スリランカ‥‥‥	692	605
ナイジェリア‥‥	1 478	1 196	ロシア‥‥‥‥‥	2 393	597
カナダ‥‥‥‥	1 181	1 128	ウズベキスタン・	577	587
スペイン‥‥‥	1 420	1 126	（台湾）‥‥‥‥	539	562
イギリス‥‥‥	1 345	1 119	世界計×‥‥‥	**57 965**	**54 820**

FAOSTAT／Tradeによる（http://faostat.fao.org/）。2015年 6 月10日閲覧。分蜜糖，精製糖，サトウキビ，テン菜などの合計。×その他とも。

表 6-23　その他の農作物の輸出（ I ）（単位　千 t ）

ぶどう	2011	2012	ぶどう （続き）	2011	2012
チリ‥‥‥‥‥	853	813	ペルー‥‥‥‥‥	120	149
イタリア‥‥‥	498	491	スペイン‥‥‥‥	141	129
アメリカ合衆国・	416	422	中国‥‥‥‥‥‥	106	122
オランダ‥‥‥	263	276	ウズベキスタン・	112	119
南アフリカ共和国	248	264	（香港）‥‥‥‥	110	117
トルコ‥‥‥‥	240	210	エジプト‥‥‥‥	62	116
メキシコ‥‥‥	138	168	世界計×‥‥‥	**3 929**	**4 051**

その他の農作物の輸出（Ⅱ）（単位　千 t ）

オレンジ類[1]	2011	2012	バナナ	2011	2012
スペイン………	3 117	3 473	エクアドル……	5 778	5 183
南アフリカ共和国	1 083	1 219	フィリピン……	2 047	2 646
中国…………	793	943	コスタリカ……	1 914	1 882
アメリカ合衆国・	807	739	グアテマラ……	1 457	1 866
トルコ………	837	734	コロンビア……	1 828	1 733
エジプト………	1 058	619	ベルギー……	1 272	1 231
モロッコ………	520	477	ホンジュラス…	489	583
ギリシャ………	469	405	アメリカ合衆国・	516	516
パキスタン……	332	368	コートジボワール	239	339
オランダ………	279	295	メキシコ……	180	309
イタリア………	248	217	ドミニカ共和国・	304	303
アルゼンチン…	242	183	ドイツ………	367	276
オーストラリア・	140	168	フランス……	253	265
チリ…………	109	126	パナマ………	264	247
タンザニア……	10	111	カメルーン……	237	232
世界計×……	11 475	11 451	世界計×……	18 720	19 263

リンゴ	2011	2012	なたね （からし菜の種含む）	2011	2012
中国…………	1 035	976	カナダ………	7 891	8 339
ポーランド……	532	958	オーストラリア・	1 552	2 677
イタリア………	976	933	フランス……	1 665	1 504
アメリカ合衆国・	833	870	ウクライナ……	1 011	1 298
チリ…………	801	762	イギリス……	658	1 057
フランス………	727	626	オランダ……	180	594
南アフリカ共和国	333	389	スロバキア……	321	580
ニュージーランド	297	284	ハンガリー……	590	579
オランダ………	341	284	ベルギー……	357	527
ベルギー………	269	181	リトアニア……	219	420
モルドバ………	196	147	チェコ………	170	366
スペイン………	144	142	ラトビア……	171	321
ドイツ………	103	136	ポーランド……	133	256
世界計×……	8 263	8 271	世界計×……	17 124	19 792

レモン・ライム	2011	2012	なたね油	2011	2012
メキシコ………	470	625	カナダ………	2 528	2 692
スペイン………	481	565	ドイツ………	476	803
トルコ………	487	367	オランダ……	558	400
アルゼンチン…	255	270	チェコ………	156	331
南アフリカ共和国	165	166	アメリカ合衆国・	225	322
オランダ………	121	142	ベルギー……	341	298
アメリカ合衆国・	111	114	フランス……	611	292
ブラジル………	66	73	アラブ首長国連邦	243	280
チリ…………	46	40	イギリス……	192	213
世界計×……	2 527	2 711	世界計×……	6 143	6 693

その他の農作物の輸出（Ⅲ）（単位　千t）

大豆油	2011	2012	コーヒー豆	2011	2012
アルゼンチン・・・	4 417	3 778	ベトナム・・・・・・・	1 256	1 732
ブラジル・・・・・・・	1 741	1 757	ブラジル・・・・・・・	1 791	1 504
アメリカ合衆国・	1 000	951	インドネシア・・・	346	447
スペイン・・・・・・・	348	588	コロンビア・・・・・	434	396
ドイツ・・・・・・・・	339	428	ドイツ・・・・・・・・	349	371
オランダ・・・・・・	347	400	ホンジュラス・・・	253	317
ボリビア・・・・・・	237	257	ペルー・・・・・・・・	294	265
ロシア・・・・・・・・	129	150	グアテマラ・・・・・	262	227
マレーシア・・・・・	137	139	インド・・・・・・・・	231	217
パラグアイ・・・・・	232	123	エチオピア・・・・・	159	204
エジプト・・・・・・・	150	112	ベルギー・・・・・・・	205	192
世界計×・・・・・	**10 200**	**9 827**	ウガンダ・・・・・・・	186	169

パーム油	2011	2012
インドネシア・・・	16 337	18 845
マレーシア・・・・・	15 784	15 609
オランダ・・・・・・	1 288	1 342
パプアニューギニア	572	525
タイ・・・・・・・・・	382	293
コートジボワール	254	278
エクアドル・・・・・	250	276
グアテマラ・・・・・	219	268
ホンジュラス・・・	175	268
ドイツ・・・・・・・・	236	250
コスタリカ・・・・・	168	182
コロンビア・・・・・	159	174
世界計×・・・・・	**37 062**	**39 471**

コーヒー豆（続き）

	2011	2012
メキシコ・・・・・・	112	161
ニカラグア・・・・・	87	120
コスタリカ・・・・	76	87
コートジボワール	32	82
世界計×・・・・・	**6 728**	**7 147**

茶	2011	2012
スリランカ・・・・・	321	318
中国・・・・・・・・・・	323	313
ケニア・・・・・・・・	307	234
インド・・・・・・・・	323	225
ベトナム・・・・・・・	134	147
アルゼンチン・・・	87	78
インドネシア・・・	75	70
ウガンダ・・・・・・・	56	55
マラウイ・・・・・・・	46	35
世界計×・・・・・	**1 983**	**1 806**

葉たばこ（未加工のもの）	2011	2012
ブラジル・・・・・・	534	625
インド・・・・・・・・・	188	234
中国・・・・・・・・・・	224	211
アメリカ合衆国・	187	165
マラウイ・・・・・・	160	141
ジンバブエ・・・・・	134	132
タンザニア・・・・・	74	108
アルゼンチン・・・	81	89
ベルギー・・・・・・・	79	86
イタリア・・・・・・・	61	77
トルコ・・・・・・・・	68	76
モザンビーク・・・	53	56
世界計×・・・・・	**2 464**	**2 642**

カカオ豆	2011	2012
コートジボワール	1 073	1 012
ガーナ・・・・・・・・	697	586
ナイジェリア・・・	219	200
オランダ・・・・・・	208	182
カメルーン・・・・・	190	174
インドネシア・・・	210	164
エクアドル・・・・・	158	147
ベルギー・・・・・・・	81	117
ドミニカ共和国・	51	59
エストニア・・・・・	55	53
世界計×・・・・・	**3 308**	**2 979**

FAOSTAT／Tradeによる（http://faostat.fao.org/）。2015年6月10日閲覧。1）みかん，なつみかん類を含む。×その他とも。

図 6-4　主な国の農業生産活動の比較 （2012年）

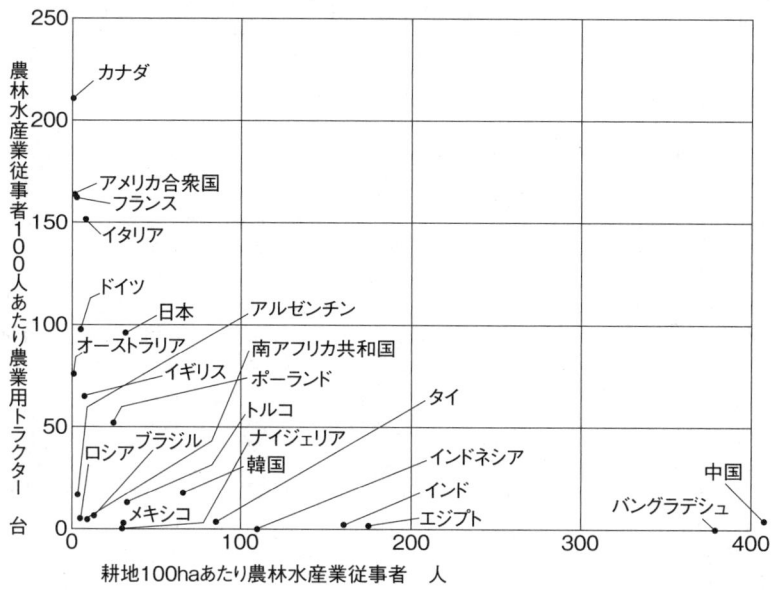

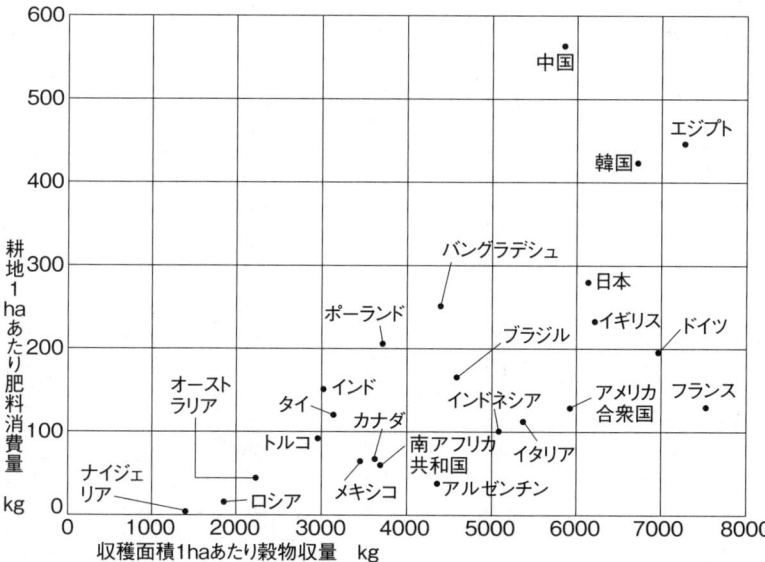

FAOSTAT／Productionおよび同Resources（http://faostat.fao.org/）により作成。2015年 6 月17日閲覧。耕地には樹園地を含む。農業用トラクターは主に2002〜09年の数値（イギリスは1989年で，オーストラリアは農業用トラクター1974年・農林水産業従事者は1980年）。

第 6 章　農林水産業

表 6-24　肥料の消費量（Ⅰ）（2012年度／耕地・樹園地は2012年）

	消費量（千 t）				耕地1ha あたり 消費量 （kg）
	窒素 N	リン酸 P_2O_5	カリ K_2O	合計	
アジア………	77 317	29 160	13 250	119 727	216.8
イスラエル……	64	12	32	108	278.6
イラク………	142	49	3	194	53.0
イラン………	311	132	23	466	23.7
インド………	16 847	6 731	1 987	25 565	151.3
インドネシア…	2 947	681	950	4 578	100.6
ウズベキスタン・	730	120	35	885	188.8
カザフスタン…	24	17	1	42	1.8
韓国…………	303	213	216	732	423.2
サウジアラビア・	438	685	4	1 127	332.4
シリア………	110	29	1	139	24.3
スリランカ……	164	63	23	249	110.9
タイ…………	1 598	500	439	2 537	120.5
中国…………	44 976	16 589	7 031	68 596	563.6
トルコ………	1 474	613	97	2 184	91.8
日本……… 1)	433	408	260	1 100	279.6
パキスタン……	2 847	669	20	3 536	160.4
バングラデシュ・	1 131	578	430	2 139	250.9
フィリピン……	447	101	81	629	57.8
ベトナム………	917	482	502	1 901	186.4
マレーシア……	558	224	734	1 515	203.0
ミャンマー……	132	22	17	170	13.8
アフリカ……	3 279	1 394	523	5 197	19.0
アルジェリア…	75	54	35	163	19.3
エジプト……	1 206	373	32	1 611	446.1
エチオピア……	180	185	0	365	22.1
ケニア………	114	103	32	248	40.5
ザンビア………	40	17	12	69	17.9
ジンバブエ……	66	41	9	116	28.4
チュニジア……	87	64	6	158	30.1
ナイジェリア…	115	28	24	167	4.0
南アフリカ共和国	430	190	124	744	59.9
モロッコ………	170	25	32	227	24.1
リビア………	45	7	1	53	25.9
ヨーロッパ…	14 096	3 706	4 140	21 942	75.7
アイルランド…	280	77	95	452	386.4
イギリス……	995	194	267	1 456	232.7
イタリア………	685	208	181	1 074	112.3
ウクライナ……	928	220	194	1 343	40.2
オーストリア…	86	23	32	141	98.9
オランダ………	278	15	21	314	299.5
ギリシャ………	140	90	25	256	69.3
クロアチア……	126	98	49	272	276.6

肥料の消費量（Ⅱ）（2012年度／耕地・樹園地は2012年）

	消費量（千t）				耕地1haあたり消費量（kg）
	窒素 N	リン酸 P$_2$O$_5$	カリ K$_2$O	合計	
スウェーデン・・・	148	10	22	180	69.0
スペイン・・・・・・	843	377	321	1 541	90.9
スロバキア・・・・	107	21	15	143	101.0
セルビア・・・・・・	354	129	92	575	160.7
チェコ・・・・・・・・	236	44	54	334	103.3
デンマーク・・・・	176	33	62	272	112.2
ドイツ・・・・・・・	1 649	284	421	2 354	195.6
ノルウェー・・・・	94	19	39	152	186.6
ハンガリー・・・・	303	62	63	427	93.3
フィンランド・・・	192	73	159	424	188.2
フランス・・・・・・	1 915	253	337	2 504	129.8
ブルガリア・・・・	318	69	17	404	116.2
ベラルーシ・・・・	557	221	720	1 498	265.6
ポーランド・・・・	1 491	393	446	2 331	205.8
ポルトガル・・・・	102	37	31	170	94.3
ルーマニア・・・・	290	113	35	438	47.4
ロシア・・・・・・・	1 180	422	276	1 877	15.5
北中アメリカ・・・	16 422	5 004	5 002	26 428	106.1
アメリカ合衆国・	12 091	3 985	4 259	20 336	128.9
カナダ・・・・・・・	2 340	725	350	3 414	67.3
キューバ・・・・・・	77	34	50	161	44.9
グアテマラ・・・・	178	50	15	243	98.2
コスタリカ・・・・	86	22	65	173	295.3
ホンジュラス・・・	74	5	6	85	57.5
メキシコ・・・・・・	1 356	107	203	1 666	64.6
南アメリカ・・・・	7 196	5 804	5 310	18 311	123.8
アルゼンチン・・・	973	515	38	1 526	37.9
ウルグアイ・・・・	146	160	32	338	188.4
エクアドル・・・・	167	33	84	284	112.1
コロンビア・・・・	619	294	266	1 179	341.4
チリ・・・・・・・・・	343	122	14	479	267.1
パラグアイ・・・・	96	151	120	368	81.7
ブラジル・・・・・・	4 251	4 343	4 601	13 195	165.8
ベネズエラ・・・・	283	69	100	452	133.1
ペルー・・・・・・・	280	104	49	433	78.3
オセアニア・・・・	1 423	1 330	259	3 012	60.4
オーストラリア・	1 099	810	197	2 106	44.3
ニュージーランド	301	518	42	862	1 322.9
世界計・・・・・・	**119 734**	**46 397**	**28 484**	**194 616**	124.6

第6章 農林水産業

FAOSTAT／Resources（http://faostat.fao.org/）による。2015年6月9日閲覧。肥料年度は当年7月〜翌年6月の年度。地域計にはその他を含む。自給肥料を含まず。耕地は樹園地及び一時休閑地を含む。1）日本の耕地・樹園地は農林水産省「耕地面積調べ」。

表 6-25　綿花の生産と輸出入（単位　千 t ）

生産					
	2012	2013		2012	2013
中国	6 836	6 299	マリ	143	127
インド	5 817	6 052	タンザニア	75	118
アメリカ合衆国	3 770	2 842	ベナン	84	107
パキスタン	2 215	2 171	エジプト	109	106
ブラジル	1 640	1 128	シリア	99	99
ウズベキスタン	1 126	1 094	ジンバブエ	105	95
オーストラリア	973	898	カメルーン	69	78
トルコ	858	833	ナイジェリア	112	75
ブルキナファソ	206	280	イラン	52	67
ギリシャ	251	280	スペイン	60	57
トルクメニスタン	198	198	モザンビーク	60	55
カザフスタン	131	191	ザンビア	86	45
アルゼンチン	234	190	マラウイ	65	42
メキシコ	231	172	ペルー	40	38
ミャンマー	134	135	チャド	41	36
コートジボワール	112	134	エチオピア	21	30
タジキスタン	135	128	世界計×	26 532	24 544

輸出			輸入		
	2011	2012		2011	2012
アメリカ合衆国	2 774	2 760	中国	3 363	5 135
インド	1 871	1 918	トルコ	604	614
オーストラリア	797	1 212	インドネシア	547	611
ブラジル	758	1 053	バングラデシュ	560	482
ウズベキスタン	240	344	ベトナム	327	418
ギリシャ	135	308	タイ	319	306
マレーシア	106	235	韓国	234	270
パキスタン	142	222	マレーシア	122	250
ブルキナファソ	159	184	パキスタン	249	243
ジンバブエ	89	132	インド	41	229
コートジボワール	70	116	メキシコ	264	220
ザンビア	35	95	（台湾）	180	187
タンザニア	30	93	ロシア	90	84
アルゼンチン	91	78	日本	81	61
ベナン	52	77	（香港）	33	58
カメルーン	56	76	イタリア	60	55
メキシコ	50	64	ペルー	67	49
タジキスタン	40	62	ドイツ	56	45
世界計×	8 189	9 672	世界計×	7 859	9 776

FAOSTAT／Productionおよび同Trade（http://faostat3.fao.org/home/E）による。2015
年6月8日閲覧。中国には台湾，香港，マカオを含まない。×その他とも。

表 6-26　羊毛の生産と輸出入（洗上羊毛量）（単位　千 t ）

生産					
	2012	2013		2012	2013
中国・・・・・・・・・	262.3	282.7	ウルグアイ・・・・	21.6	21.6
オーストラリア・	217.3	216.3	ウズベキスタン・	18.6	19.4
ニュージーランド	99.0	99.0	インドネシア・・・	18.5	18.5
イギリス・・・・・・	40.8	40.8	アルジェリア・・・	16.2	16.2
イラン・・・・・・・	36.9	36.9	スペイン・・・・・・	13.8	13.8
モロッコ・・・・・・	33.6	33.6	シリア・・・・・・・	12.2	12.0
旧スーダン・・・ 1)	33.6	33.6	ルーマニア・・・・	11.2	11.2
ロシア・・・・・・・	33.2	32.8	イラク・・・・・・・	10.2	10.2
トルコ・・・・・・・	30.7	30.7	アゼルバイジャン	9.9	10.1
インド・・・・・・・	27.7	27.9	モンゴル・・・・・・	9.9	9.9
アルゼンチン・・・	27.0	27.0	アフガニスタン・	10.0	9.5
パキスタン・・・・・	25.8	26.2	アイルランド・・・	8.7	8.7
南アフリカ共和国	23.9	23.9	フランス・・・・・・	8.4	8.4
トルクメニスタン	22.8	22.8	アメリカ合衆国・	8.4	8.4
カザフスタン・・・	23.1	22.6	世界計・・・・・・	1 256.2	1 276.1

輸出			輸入		
	2011	2012		2011	2012
オーストラリア・	197.7	208.7	中国・・・・・・・・・	212.5	205.2
ニュージーランド	77.4	109.3	インド・・・・・・・	62.8	55.6
南アフリカ共和国	26.0	26.2	イギリス・・・・・・	36.4	30.0
イギリス・・・・・・	28.1	23.6	イタリア・・・・・・	35.0	24.5
ドイツ・・・・・・・	25.2	20.4	ドイツ・・・・・・・	26.2	23.4
中国・・・・・・・・・	16.1	12.9	ベルギー・・・・・・	18.3	17.8
トルコ・・・・・・・	11.2	11.0	チェコ・・・・・・・	17.5	16.0
スペイン・・・・・・	9.7	10.2	トルコ・・・・・・・	16.3	13.3
ウルグアイ・・・・	10.5	9.9	ロシア・・・・・・・	9.3	12.1
ルーマニア・・・・	8.3	9.6	日本・・・・・・・・・	8.6	8.7
ベルギー・・・・・・	8.1	7.1	ウルグアイ・・・・	12.3	8.1
アルゼンチン・・・	9.1	6.6	ポーランド・・・・	7.9	7.4
トルクメニスタン	5.1	6.5	韓国・・・・・・・・・	7.9	6.8
イタリア・・・・・・	6.2	6.4	リトアニア・・・・	8.1	5.8
モンゴル・・・・・・	8.3	5.9	ベラルーシ・・・・	6.1	5.7
フランス・・・・・・	6.6	5.1	（台湾）・・・・・・・	7.9	5.2
シリア・・・・・・・	5.4	4.6	デンマーク・・・・	6.0	4.7
サウジアラビア・	5.2	4.3	ポルトガル・・・・	4.9	4.6
ブラジル・・・・・・	3.3	4.2	マレーシア・・・・	3.9	4.1
世界計×・・・・・	537.7	550.4	世界計×・・・・・	553.4	498.1

前表資料による。脂付き羊毛を60％で洗上換算した。輸出入は脂付きを洗上換算し，洗上羊毛と足し合わせた。トップ（原毛を糸にするまでの中間製品）は含まず。中国には台湾，香港，マカオを含まず。1) 2011年７月にスーダンから南スーダンが独立。×その他とも。

表 6-27　絹の生産と輸出入 （生糸ベース）（単位　t）

生産	2012	2013	輸出入	2011	2012
中国············	126 000	126 000	**輸出**		
インド··········	23 060	23 679	中国············	7 122	7 674
ベトナム········	7 517	6 300	アメリカ合衆国·	459	540
トルクメニスタン·	4 500	4 500	イタリア········	362	306
ルーマニア·····	2 100	2 100	北朝鮮··········	59	245
タイ···········	1 600	1 600	ドイツ·········	89	129
ウズベキスタン·	1 200	1 200	世界計×······	8 608	9 158
イラン·········	900	900	**輸入**		
ブラジル········	400	400	インド··········	5 597	5 235
北朝鮮·········	400	400	ルーマニア·····	1 989	947
日本···········	280	280	ベトナム········	635	792
タジキスタン···	200	200	イタリア········	711	692
インドネシア···	120	120	日本············	563	607
世界計×·····	168 511	167 913	世界計×·····	11 474	10 504

FAOSTAT／Productionおよび同Trade（http://faostat3.fao.org/home/E）による。2015年6月8日閲覧。絹の貿易には生糸のほか，繭や糸くずでのものもあるが，本書では生糸の貿易量のみを掲載した。中国には台湾，香港，マカオを含まない。×その他とも。

表 6-28　麻類の生産 （単位　千t）

ジュート（黄麻）	2012	2013	亜麻	2012	2013
インド·········	1 912.0	1 944.0	フランス········	84.7	83.1
バングラデシュ·	1 452.0	1 391.0	ベルギー········	64.4	67.3
中国··········	39.4	35.5	ベラルーシ·····	51.6	44.9
ウズベキスタン·	20.0	21.0	ロシア·········	46.1	39.0
ネパール········	14.4	15.5	中国············	38.1	24.1
旧スーダン··· 1)	3.2	3.2	世界計×·····	331.1	303.1
ジンバブエ·····	2.5	2.5	**サイザル麻**		
エジプト········	2.4	2.5		2012	2013
ミャンマー·····	2.3	2.4			
タイ···········	2.2	2.3			
ベトナム········	3.2	1.2	ブラジル········	89.1	150.6
ブラジル········	1.0	0.5	タンザニア·····	25.7	34.9
カンボジア·····	0.3	0.3	ケニア·········	27.9	28.0
ブータン········	0.3	0.3	マダガスカル···	19.0	19.0
ペルー·········	0.3	0.3	中国············	16.2	16.5
カメルーン·····	0.09	0.1	メキシコ········	11.1	12.0
エルサルバドル·	0.05	0.05	世界計×·····	207.5	281.6
世界計×·····	3 455.7	3 422.7			

FAOSTAT／Production（http://faostat3.fao.org/home/E）による。2015年6月閲覧。国により過去にさかのぼって数値が改訂されている。中国には台湾，香港，マカオを含まず。1）スーダンおよび南スーダン。×その他とも。

表 6-29　各国の畜産業（Ⅰ）（2013年）

	家畜頭数				肉類[1]生産量（千t）	牛乳生産量（千t）
	牛（千頭）	豚（千頭）	羊（千頭）	鶏（百万羽）		
アジア						
アゼルバイジャン	2 442	7	7 979	25	298	1 780
アフガニスタン・	5 235	—	13 141	12	322	1 496
アラブ首長国連邦	109	—	1 420	22	136	40
アルメニア・・・・	661	145	646	4	83	604
イエメン・・・・・	1 722	—	9 551	63	384	224
イスラエル・・・・	465	177	540	40	695	1 391
イラク・・・・・・・	2 780	—	8 250	39	201	238
イラン・・・・・・・	8 670	—	50 220	927	2 508	6 850
インド・・・・・・・	189 000	10 130	63 800	709	6 215	60 600
インドネシア・・	16 607	8 246	14 560	1 793	3 317	982
ウズベキスタン・	10 141	95	14 162	46	1 001	7 822
オマーン・・・・・・	350	—	408	5	72	72
カザフスタン・・・	5 851	922	15 198	33	871	4 891
韓国・・・・・・・・・	3 342	9 912	3	151	2 036	2 093
カンボジア・・・・	2 900	2 150	—	13	198	23
北朝鮮・・・・・・・	576	2 265	168	15	343	98
キルギス・・・・・	1 404	52	4 681	4	195	1 374
クウェート・・・・	36	—	477	33	83	62
サウジアラビア・	510	—	11 500	182	803	2 085
ジョージア・・・[2]	1 129	204	688	6	48	608
シリア・・・・・・・	1 113	—	18 019	27	359	1 528
シンガポール・・・	0.2	272	—	4	117	—
スリランカ・・・・	1 140	80	8	18	139	254
タイ・・・・・・・・	5 148	7 924	42	259	2 634	1 095
（台湾）・・・・・・・	143	6 300	0.2	92	1 538	360
タジキスタン・・・	2 044	0.7	2 959	5	88	754
中国・・・・・・・・・	113 500	475 922	175 000	4 742	83 462	35 310
トルクメニスタン	2 270	29	14 000	16	324	2 200
トルコ・・・・・・・	13 917	3	27 425	254	2 995	16 655
日本・・・・・・・・・	4 065	9 685	13	306	3 276	7 508
ネパール・・・・・・	7 274	1 160	810	48	347	492
パキスタン・・・・	38 299	—	28 755	413	3 040	13 897
バングラデシュ・	24 000	—	1 900	245	644	838
東ティモール・・・	160	360	46	0.8	33	—
フィリピン・・・・	2 498	11 843	30	163	3 128	20
ブータン・・・・・	349	15	10	0.6	7	39
ベトナム・・・・・・	5 157	26 261	—	232	4 265	456
マレーシア・・・・	752	1 817	130	268	1 624	79
ミャンマー・・・・	14 350	10 530	862	190	2 126	1 380
モンゴル・・・・・・	2 909	52	20 066	0.5	251	381
ヨルダン・・・・・・	69	—	2 479	27	242	237
ラオス・・・・・・・	1 700	2 800	—	30	139	7

第6章　農林水産業

各国の畜産業（Ⅱ）（2013年）

	家畜頭数				肉類[1)]生産量（千t）	牛乳生産量（千t）
	牛（千頭）	豚（千頭）	羊（千頭）	鶏（百万羽）		
アフリカ						
アルジェリア･･･	1 909	5	26 573	130	740	2 494
アンゴラ･･･････	4 791	2 603	1 065	27	261	187
ウガンダ･･･････	13 020	2 498	1 968	38	458	1 208
エジプト･･･････	4 950	11	5 450	127	2 068	3 165
エチオピア･････	54 000	33	26 500	51	679	4 000
エリトリア･････	2 080	—	2 300	1	41	109
ガーナ････････	1 590	638	4 156	64	255	41
ガボン･･･････	38	225	210	3	38	3
カメルーン････	5 805	1 750	4 005	49	334	185
ガンビア･･････	436	5	110	1	8	9
ギニア･･････	5 000	104	1 600	16	87	117
ギニアビサウ･･･	670	460	470	2	26	18
ケニア･･･････	18 139	433	16 601	33	641	3 750
コートジボワール	1 586	363	1 725	58	272	31
コンゴ共和国･･･	337	95	122	3	58	1
コンゴ民主共和国	750	1 050	910	21	261	10
ザンビア･･････	4 027	1 099	240	38	327	89
シエラレオネ･･･	578	55	758	12	44	30
ジブチ･･････	298	—	470	—	11	9
ジンバブエ････	5 150	650	375	36	249	410
旧スーダン･･･[3)]	41 917	—	52 500	46	1 078	5 400
スワジランド･･･	635	35	36	4	27	43
赤道ギニア････	5	7	40	0.4	0.6	—
セネガル･･････	3 430	386	6 081	49	196	202
ソマリア･････	4 870	4	12 300	4	195	482
タンザニア････	24 532	500	7 656	36	489	1 922
チャド･･･････	7 800	33	3 200	6	154	199
中央アフリカ共和国	4 300	1 000	400	7	170	83
チュニジア････	646	6	6 856	81	331	1 134
トーゴ･･･････	435	1 000	2 200	25	68	13
ナイジェリア･･･	20 000	8 080	39 000	165	1 464	570
ナミビア･･････	2 370	73	2 930	5	77	120
ニジェール････	10 200	43	10 400	18	299	506
ブルキナファソ	8 913	2 345	9 008	41	198	139
ブルンジ･･････	778	388	353	3	24	41
ベナン･･･････	2 116	414	860	15	77	33
ボツワナ･･････	2 500	14	290	6	88	116
マダガスカル･･･	10 030	1 500	839	27	324	575
マラウイ･･････	1 242	2 754	256	17	184	109
マリ･････････	10 013	78	13 736	37	390	260
南アフリカ共和国	14 000	1 600	25 000	200	2 798	3 400
モーリタニア･･･	1 850	—	9 100	5	108	126

各国の畜産業（Ⅲ）（2013年）

	家畜頭数				肉類[1)]生産量（千t）	牛乳生産量（千t）
	牛（千頭）	豚（千頭）	羊（千頭）	鶏（百万羽）		
モザンビーク···	1 690	1 800	250	19	205	70
モロッコ······	3 173	8	19 956	185	1 124	2 300
リビア········	199	—	7 200	35	184	140
リベリア·······	42	292	275	8	33	0.8
ルワンダ·······	1 132	1 011	799	5	73	188
レソト········	665	81	1 230	0.5	30	39
ヨーロッパ						
アイスランド···	68	26	464	0.2	33	123
アイルランド···	6 903	1 552	5 111	15	942	5 584
アルバニア·····	468	112	1 851	6	99	993
イギリス·······	9 844	4 885	32 856	152	3 642	13 941
イタリア·······	6 092	8 662	7 016	136	4 053	10 397
ウクライナ·····	4 646	7 577	1 073	195	2 392	11 189
エストニア·····	261	359	82	2	80	772
オーストリア···	1 956	2 983	365	16	904	3 393
オランダ·······	3 999	12 212	1 034	98	2 665	12 207
ギリシャ·······	679	1 077	9 520	34	430	805
クロアチア·····	442	1 110	620	9	172	697
スイス·········	1 563	1 488	410	10	468	4 003
スウェーデン···	1 497	1 399	577	9	502	2 910
スペイン·······	5 697	25 495	16 119	138	5 424	6 559
スロバキア·····	471	631	410	11	150	959
スロベニア·····	460	296	114	3	121	599
セルビア·······	913	3 144	1 616	23	449	1 496
チェコ·········	1 353	1 587	221	23	504	2 849
デンマーク·····	1 615	12 076	151	14	1 895	5 105
ドイツ·········	12 587	27 690	1 893	161	8 201	31 122
ノルウェー·····	850	848	2 224	4	355	1 578
ハンガリー·····	760	2 989	1 185	30	811	1 758
フィンランド···	912	1 300	136	7	391	2 328
フランス·······	19 096	13 488	7 234	168	5 560	23 714
ブルガリア·····	526	531	1 362	14	210	1 149
ベラルーシ·····	4 367	4 243	60	39	1 172	6 626
ベルギー·······	2 455	6 593	114	36	1 775	3 474
ポーランド·····	5 860	11 162	249	124	3 810	12 718
ボスニア・ヘルツェゴビナ	447	530	1 020	25	72	688
ポルトガル·····	1 471	2 014	2 074	43	790	1 850
マケドニア·····	238	167	732	2	21	381
モルドバ·······	191	410	695	26	118	486
ラトビア·······	393	355	84	4	81	912
リトアニア·····	729	808	83	9	219	1 720
ルーマニア·····	2 009	5 234	8 834	80	905	4 385
ロシア·········	19 930	18 816	22 061	448	8 544	30 286

各国の畜産業（Ⅳ）（2013年）

	家畜頭数				肉類[1]生産量（千t）	牛乳生産量（千t）
	牛（千頭）	豚（千頭）	羊（千頭）	鶏（百万羽）		
北中アメリカ						
アメリカ合衆国・	89 300	64 775	5 335	1 917	42 642	91 271
エルサルバドル・	893	445	5	16	140	485
カナダ・・・・・・・・	12 215	12 879	892	167	4 334	8 394
キューバ・・・・・・	4 092	1 607	2 035	32	307	589
グアテマラ・・・・・	3 367	2 769	616	36	343	496
コスタリカ・・・・・	1 300	434	3	23	254	1 066
ジャマイカ・・・・・	170	210	2	14	120	13
ドミニカ共和国・	3 000	528	248	170	453	669
ニカラグア・・・・・	3 740	494	6	21	255	768
ハイチ・・・・・・・・	1 465	1 001	155	6	105	65
パナマ・・・・・・・・	1 727	342	—	20	265	206
（プエルトリコ）[4]	380	50	6	15	81	385
ベリーズ・・・・・・	113	22	13	2	19	5
ホンジュラス・・・	2 774	487	16	45	228	695
メキシコ・・・・・・・	32 402	16 202	8 497	524	6 122	10 966
南アメリカ						
アルゼンチン・・・	51 095	2 440	14 575	107	5 210	11 796
ウルグアイ・・・・・	11 500	279	7 500	20	612	2 120
エクアドル・・・・・	5 134	1 219	739	145	839	6 262
ガイアナ・・・・・・	113	13	132	25	33	45
コロンビア・・・・・	23 141	5 341	1 261	165	2 384	6 457
スリナム・・・・・・・	46	31	5	4	12	6
チリ・・・・・・・・・・	3 305	2 793	3 402	48	1 454	2 676
パラグアイ・・・・・	13 376	1 300	417	25	600	518
ブラジル・・・・・・・	211 764	36 744	17 291	1 249	26 011	34 255
ベネズエラ・・・・・	14 500	3 900	595	122	2 322	2 640
ペルー・・・・・・・・	5 556	3 132	12 434	138	1 603	1 808
ボリビア・・・・・・・	8 847	2 864	9 288	200	716	530
オセアニア						
オーストラリア・	29 291	2 098	75 548	99	4 489	9 522
サモア・・・・・・・・・	30	201	—	0.6	6	1
ニュージーランド	10 182	298	30 787	15	1 255	18 883
バヌアツ・・・・・・・	173	94	—	0.8	8	4
パプアニューギニア・・・・・・・	93	2 000	7	4	464	0.2
フィジー・・・・・・・	312	147	6	5	29	61
世界計×・・・・・	1 467 549	977 274	1 162 876	20 887	310 380	635 576

FAOSTAT／Production（http://faostat3.fao.org/home/E）による。2015年6月8日閲覧。中国には台湾，香港，マカオを含まず。1）牛肉，水牛肉，馬肉，羊肉，山羊肉，豚肉，家きん（鶏，あひるなど）肉などの合計。2）2015年4月，国名表記がグルジアから変更になった。3）スーダンおよび南スーダン。4）アメリカ合衆国の自治領。×その他とも。

表 6-30　世界の家畜頭数（Ⅰ）（単位　千頭）

牛	2012	2013	水牛	2012	2013
ブラジル‥‥‥‥	211 279	211 764	インド‥‥‥‥‥	108 702	109 400
インド‥‥‥‥‥	190 904	189 000	パキスタン‥‥‥	32 687	33 680
中国‥‥‥‥‥‥	113 974	113 500	中国‥‥‥‥‥‥	23 344	23 250
アメリカ合衆国・	90 769	89 300	ネパール‥‥‥‥	5 133	5 242
エチオピア‥‥‥	53 990	54 000	エジプト‥‥‥‥	4 165	4 200
アルゼンチン‥‥	49 866	51 095	ミャンマー‥‥‥	3 200	3 250
旧スーダン‥‥ 1)	41 917	41 917	フィリピン‥‥‥	2 964	2 913
パキスタン‥‥‥	36 908	38 299	ベトナム‥‥‥‥	2 628	2 560
メキシコ‥‥‥‥	31 925	32 402	インドネシア‥‥	1 438	1 484
オーストラリア・	28 418	29 291	バングラデシュ・	1 443	1 465
タンザニア‥‥‥	22 800	24 532	ブラジル‥‥‥‥	1 262	1 332
バングラデシュ・	23 195	24 000	タイ‥‥‥‥‥‥	1 542	1 289
コロンビア‥‥‥	23 494	23 141	ラオス‥‥‥‥‥	1 188	1 180
ナイジェリア‥‥	19 207	20 000	カンボジア‥‥‥	680	676
ロシア‥‥‥‥‥	20 134	19 930	世界計×‥‥‥‥	**192 291**	**193 821**
フランス‥‥‥‥	19 006	19 096	豚	2012	2013
ケニア‥‥‥‥‥	19 130	18 139			
インドネシア‥‥	15 981	16 607	中国‥‥‥‥‥‥	467 669	475 922
ベネズエラ‥‥‥	14 528	14 500	アメリカ合衆国・	66 413	64 775
ミャンマー‥‥‥	14 200	14 350	ブラジル‥‥‥‥	38 796	36 744
南アフリカ共和国	13 888	14 000	ドイツ‥‥‥‥‥	28 132	27 690
トルコ‥‥‥‥‥	12 386	13 917	ベトナム‥‥‥‥	26 494	26 261
パラグアイ‥‥‥	13 291	13 376	スペイン‥‥‥‥	25 250	25 495
ウガンダ‥‥‥‥	12 841	13 020	ロシア‥‥‥‥‥	17 258	18 816
ドイツ‥‥‥‥‥	12 477	12 587	メキシコ‥‥‥‥	15 858	16 202
カナダ‥‥‥‥‥	12 305	12 215	フランス‥‥‥‥	13 760	13 488
ウルグアイ‥‥‥	11 410	11 500	カナダ‥‥‥‥‥	12 668	12 879
ニジェール‥‥‥	10 126	10 200	オランダ‥‥‥‥	12 234	12 212
ニュージーランド	10 180	10 182	デンマーク‥‥‥	12 331	12 076
ウズベキスタン・	9 643	10 141	フィリピン‥‥‥	11 863	11 843
マダガスカル‥‥	10 031	10 030	ポーランド‥‥‥	11 581	11 162
マリ‥‥‥‥‥‥	9 721	10 013	ミャンマー‥‥‥	10 500	10 530
イギリス‥‥‥‥	9 900	9 844	インド‥‥‥‥‥	10 294	10 130
ブルキナファソ・	8 738	8 913	韓国‥‥‥‥‥‥	9 916	9 912
ボリビア‥‥‥‥	8 621	8 847	日本‥‥‥‥‥‥	9 735	9 685
イラン‥‥‥‥‥	8 650	8 670	イタリア‥‥‥‥	9 351	8 662
チャド‥‥‥‥‥	7 800	7 800	インドネシア‥‥	7 900	8 246
ネパール‥‥‥‥	7 245	7 274	ナイジェリア‥‥	6 534	8 080
アイルランド‥‥	6 754	6 903	タイ‥‥‥‥‥‥	7 824	7 924
イタリア‥‥‥‥	6 252	6 092	ウクライナ‥‥‥	7 373	7 577
ポーランド‥‥‥	5 777	5 860	ベルギー‥‥‥‥	6 634	6 593
カザフスタン‥‥	5 690	5 851	（台湾）‥‥‥‥	6 266	6 300
カメルーン‥‥‥	5 528	5 805	コロンビア‥‥‥	5 527	5 341
スペイン‥‥‥‥	5 813	5 697			
世界計×‥‥‥‥	**1 459 942**	**1 467 549**	世界計×‥‥‥‥	**972 223**	**977 274**

第6章

農林水産業

世界の家畜頭数（Ⅱ）（単位　千頭）

馬	2012	2013	羊	2012	2013
アメリカ合衆国·	10 250	10 350	中国· · · · · · · · · ·	183 265	175 000
メキシコ· · · · · · ·	6 356	6 356	オーストラリア·	74 722	75 548
中国· · · · · · · · · ·	6 709	6 335	インド· · · · · · · ·	65 069	63 800
ブラジル· · · · · · ·	5 363	5 312	旧スーダン· · · 1)	52 500	52 500
アルゼンチン· · ·	3 650	3 620	イラン· · · · · · · ·	50 215	50 220
モンゴル· · · · · · ·	2 330	2 619	ナイジェリア· · ·	39 335	39 000
エチオピア· · · · ·	1 907	2 000	イギリス· · · · · · ·	32 215	32 856
カザフスタン· · ·	1 686	1 785	ニュージーランド	31 263	30 787
コロンビア· · · · ·	1 746	1 553	パキスタン· · · · ·	28 418	28 755
ロシア· · · · · · · · ·	1 362	1 378	トルコ· · · · · · · ·	25 032	27 425
旧スーダン· · · 1)	786	787	アルジェリア· · ·	25 194	26 573
ペルー· · · · · · · · ·	742	743	エチオピア· · · · ·	25 489	26 500
キューバ· · · · · · ·	682	724	南アフリカ共和国	24 391	25 000
インド· · · · · · · · ·	625	628	ロシア· · · · · · · ·	20 767	22 061
ルーマニア· · · · ·	596	575	モンゴル· · · · · ·	18 141	20 066
世界計×· · · · ·	**59 787**	**59 769**	モロッコ· · · · · · ·	19 006	19 956
			シリア· · · · · · · ·	18 063	18 019
山羊	2012	2013	ブラジル· · · · · · ·	16 789	17 291
			ケニア· · · · · · · ·	15 503	16 601
中国· · · · · · · · · ·	183 031	182 700	スペイン· · · · · · ·	16 339	16 119
インド· · · · · · · · ·	135 173	134 000	カザフスタン· · ·	15 137	15 198
パキスタン· · · · ·	63 146	64 858	アルゼンチン· · ·	14 300	14 575
ナイジェリア· · ·	68 975	58 250	インドネシア· · ·	13 420	14 560
バングラデシュ·	55 000	55 600	ウズベキスタン·	13 406	14 162
旧スーダン· · · 1)	44 000	44 000	トルクメニスタン	14 000	14 000
エチオピア· · · · ·	24 061	25 000	マリ· · · · · · · · · ·	13 081	13 736
ケニア· · · · · · · ·	29 409	24 637	アフガニスタン·	13 820	13 141
イラン· · · · · · · · ·	22 094	22 100	ペルー· · · · · · · ·	12 184	12 434
モンゴル· · · · · · ·	17 559	19 228	ソマリア· · · · · · ·	12 300	12 300
マリ· · · · · · · · · ·	18 216	19 127	サウジアラビア·	11 000	11 500
インドネシア· · ·	17 906	18 576	ニジェール· · · · ·	10 370	10 400
タンザニア· · · · ·	15 600	16 011	イエメン· · · · · · ·	9 419	9 551
ウガンダ· · · · · · ·	14 012	14 500	ギリシャ· · · · · · ·	9 587	9 520
ニジェール· · · · ·	13 761	13 800	ボリビア· · · · · · ·	9 079	9 288
ブルキナファソ·	13 094	13 487	モーリタニア· · ·	9 000	9 100
ソマリア· · · · · · ·	11 500	11 550	ブルキナファソ·	8 745	9 008
ネパール· · · · · · ·	9 513	9 786	ルーマニア· · · · ·	8 533	8 834
イエメン· · · · · · ·	9 159	9 255	メキシコ· · · · · · ·	8 406	8 497
ブラジル· · · · · · ·	8 646	8 779	イラク· · · · · · · · ·	8 200	8 250
メキシコ· · · · · · ·	8 744	8 665	アゼルバイジャン	7 925	7 979
トルコ· · · · · · · · ·	7 278	8 357	タンザニア· · · · ·	7 000	7 656
アフガニスタン·	7 311	7 037	ウルグアイ· · · · ·	8 225	7 500
チャド· · · · · · · · ·	6 780	6 800	フランス· · · · · · ·	7 462	7 234
モロッコ· · · · · · ·	5 602	6 236	リビア· · · · · · · · ·	7 150	7 200
世界計×· · · · ·	**980 229**	**975 803**	世界計×· · · · ·	**1 156 853**	**1 162 876**

世界の家畜頭数（Ⅲ）（単位　百万羽）

鶏	2012	2013	鶏（つづき）	2012	2013
中国・・・・・・・・・	4 818	4 742	ウクライナ・・・・・	181	195
アメリカ合衆国・	1 930	1 917	ミャンマー・・・・・	180	190
インドネシア・・・	1 658	1 793	モロッコ・・・・・・	180	185
ブラジル・・・・・・	1 245	1 249	サウジアラビア・	179	182
イラン・・・・・・・・	925	927	ドミニカ共和国・	173	170
インド・・・・・・・・	693	709	フランス・・・・・・	165	168
メキシコ・・・・・・	517	524	カナダ・・・・・・・	166	167
ロシア・・・・・・・・	428	448	コロンビア・・・・・	160	165
パキスタン・・・・・	380	413	ナイジェリア・・・	159	165
日本・・・・・・・・・	178	306	フィリピン・・・・・	164	163
マレーシア・・・・・	251	268	ドイツ・・・・・・・・	121	161
タイ・・・・・・・・・	247	259	イギリス・・・・・・	149	152
トルコ・・・・・・・・	238	254	韓国・・・・・・・・	147	151
バングラデシュ・	243	245	エクアドル・・・・	140	145
ベトナム・・・・・・	224	232	スペイン・・・・・	138	138
ボリビア・・・・・・	195	200	ペルー・・・・・・・	138	138
南アフリカ共和国	200	200	世界計×・・・・・	**20 412**	**20 887**

表6-29の資料に同じ。中国には台湾，香港，マカオを含まず。1）スーダンおよび南スーダン。2011年7月にスーダンから南スーダンが独立した。×その他とも。

表6-31　畜産物の生産（Ⅰ）（単位　千t）

肉類計	2012	2013	肉類計（つづき）	2012	2013
中国・・・・・・・・・	81 623	83 462	南アフリカ共和国	2 776	2 798
アメリカ合衆国・	42 491	42 642	オランダ・・・・・・	2 686	2 665
ブラジル・・・・・・	24 829	26 011	タイ・・・・・・・・・	2 571	2 634
ロシア・・・・・・・・	8 090	8 544	イラン・・・・・・・・	2 502	2 508
ドイツ・・・・・・・・	8 193	8 201	ウクライナ・・・・・	2 212	2 392
インド・・・・・・・・	6 150	6 215	コロンビア・・・・・	2 223	2 384
メキシコ・・・・・・	6 079	6 122	ベネズエラ・・・・・	2 232	2 322
フランス・・・・・・	5 724	5 560	ミャンマー・・・・・	2 120	2 126
スペイン・・・・・・	5 502	5 424	エジプト・・・・・・	2 031	2 068
アルゼンチン・・・	5 020	5 210	韓国・・・・・・・・	1 969	2 036
オーストラリア・	4 160	4 489	デンマーク・・・・・	1 993	1 895
カナダ・・・・・・・・	4 483	4 334	ベルギー・・・・・	1 788	1 775
ベトナム・・・・・・	4 212	4 265	マレーシア・・・・・	1 589	1 624
イタリア・・・・・・	4 250	4 053	ペルー・・・・・・・	1 560	1 603
ポーランド・・・・・	3 805	3 810	(台湾)・・・・・・・・	1 519	1 538
イギリス・・・・・・	3 604	3 642	ナイジェリア・・・	1 197	1 464
インドネシア・・・	3 155	3 317	チリ・・・・・・・・	1 475	1 454
日本・・・・・・・・・	3 268	3 276	ニュージーランド	1 303	1 255
フィリピン・・・・・	3 036	3 128	ベラルーシ・・・・・	1 092	1 172
パキスタン・・・・・	2 905	3 040	モロッコ・・・・・・	1 061	1 124
トルコ・・・・・・・・	2 862	2 995	世界計×・・・・・	**304 851**	**310 380**

畜産物の生産（Ⅱ）（単位　千t）

牛肉	2012	2013
アメリカ合衆国·	11 792	11 698
ブラジル·······	9 307	9 675
中国·········	6 292	6 394
アルゼンチン···	2 594	2 822
オーストラリア·	2 129	2 318
メキシコ······	1 821	1 807
ロシア·······	1 642	1 633
フランス······	1 497	1 400
ドイツ·······	1 146	1 106
カナダ·······	1 205	1 056
インド·······	976	967
トルコ·······	799	869
南アフリカ共和国	844	851
コロンビア·····	854	848
イギリス······	885	847
イタリア······	958	842
パキスタン·····	787	813
ウズベキスタン·	762	813
スペイン······	591	581
ニュージーランド	603	564
世界計×·····	**63 177**	**63 984**

羊肉	2012	2013
中国·········	2 045	2 081
オーストラリア·	554	660
ニュージーランド	448	450
旧スーダン··· 1)	325	325
トルコ·······	272	295
イギリス······	275	289
アルジェリア···	261	280
インド·······	242	238
ナイジェリア···	123	176
ロシア·······	173	173
世界計×·····	**8 335**	**8 589**

山羊肉	2012	2013
中国·········	1 965	2 000
インド·······	513	509
パキスタン·····	291	297
ナイジェリア···	217	296
バングラデシュ·	200	204
旧スーダン··· 1)	156	156
イラン·······	143	143
世界計×·····	**5 220**	**5 372**

豚肉	2012	2013
中国·········	51 300	52 733
アメリカ合衆国·	10 555	10 510
ドイツ·······	5 474	5 494
スペイン······	3 466	3 431
ブラジル······	3 330	3 280
ベトナム······	3 160	3 218
ロシア·······	2 559	2 816
フランス······	2 162	2 121
カナダ·······	1 998	1 977
ポーランド·····	1 849	1 745
フィリピン·····	1 653	1 681
イタリア······	1 651	1 625
デンマーク····	1 669	1 589
日本·········	1 297	1 309
メキシコ······	1 239	1 284
オランダ······	1 332	1 282
ベルギー······	1 110	1 131
韓国·········	982	1 007
タイ·········	949	967
（台湾）·······	878	887
イギリス······	825	833
ウクライナ····	701	748
世界計×·····	**111 398**	**113 035**

鶏肉	2012	2013
アメリカ合衆国·	17 035	17 397
中国·········	12 623	12 785
ブラジル······	11 535	12 387
ロシア·······	3 299	3 463
メキシコ······	2 792	2 808
インド·······	2 278	2 328
イラン·······	1 950	1 956
インドネシア···	1 734	1 838
アルゼンチン···	1 903	1 780
トルコ·······	1 724	1 758
ポーランド·····	1 411	1 517
南アフリカ共和国	1 489	1 497
日本·········	1 445	1 450
イギリス······	1 379	1 443
タイ·········	1 319	1 379
ベネズエラ····	1 215	1 276
コロンビア·····	1 112	1 276
マレーシア·····	1 210	1 246
世界計×·····	**93 432**	**96 121**

畜産物の生産（Ⅲ）（単位　千 t）

牛乳	2012	2013	鶏卵	2012	2013
アメリカ合衆国·	90 865	91 271	中国·········	24 320	24 446
インド········	59 805	60 600	アメリカ合衆国·	5 225	5 636
中国·········	37 436	35 310	インド········	3 655	3 835
ブラジル······	32 304	34 255	日本·········	2 507	2 522
ドイツ········	30 507	31 122	メキシコ······	2 318	2 516
ロシア········	31 501	30 286	ロシア········	2 334	2 284
フランス······	23 998	23 714	ブラジル······	2 084	2 172
ニュージーランド	19 129	18 883	インドネシア···	1 140	1 224
トルコ········	15 978	16 655	ウクライナ····	1 093	1 121
イギリス······	13 843	13 941	トルコ········	932	1 031
パキスタン·····	13 393	13 897	フランス······	854	944
ポーランド····	12 668	12 718	ドイツ········	832	893
オランダ······	11 675	12 207	イタリア······	765	775
アルゼンチン···	11 239	11 796	スペイン······	719	743
ウクライナ····	11 080	11 189	オランダ······	672	703
メキシコ······	10 881	10 966	イギリス······	643	672
イタリア······	10 580	10 397	タイ·········	659	668
オーストラリア·	9 480	9 522	コロンビア····	636	668
カナダ········	8 564	8 394	イラン········	625	665
ウズベキスタン·	7 255	7 822	マレーシア····	643	664
日本·········	7 630	7 508	ナイジェリア···	640	650
イラン········	6 800	6 850	世界計×·····	**66 294**	**68 262**
ベラルーシ····	6 753	6 626			
世界計×·····	**630 184**	**635 576**	チーズ	2012	2013

バター	2012	2013	チーズ	2012	2013
			アメリカ合衆国·	5 298	5 398
			ドイツ········	2 208	2 219
インド········	3 611	3 798	フランス······	1 892	1 900
アメリカ合衆国·	848	849	イタリア······	1 276	1 227
パキスタン····	690	…	オランダ······	764	793
ニュージーランド	492	509	ポーランド····	719	744
ドイツ········	448	440	ロシア········	621	658
フランス······	416	398	エジプト······	638	639
ロシア········	216	222	アルゼンチン···	564	558
イラン········	200	202	カナダ········	407	407
トルコ········	198	201	イギリス······	390	380
ポーランド····	172	171	オーストラリア·	340	338
アイルランド···	145	152	デンマーク····	303	323
イギリス······	145	145	イラン········	290	292
オランダ······	133	133	ニュージーランド	275	275
エジプト······	124	124	中国·········	266	262
世界計×·····	**9 756**	**9 315**	世界計×·····	**21 068**	**21 279**

FAOSTAT／Productionによる（http://faostat3.fao.org/home/E）。2015年 6 月 8 日閲覧。牛肉には水牛肉を含まず。中国には台湾，香港，マカオを含まず。1) スーダンおよび南スーダン。2011年 7 月にスーダンから南スーダンが独立した。×その他とも。

表 6-32　主な肉類の輸出入国（単位　千 t ）

輸出	2011	2012	輸入	2011	2012
肉類計（世界計）*	42 224	42 786	肉類計（世界計）*	39 256	39 917
アメリカ合衆国・	7 275	7 364	日本・・・・・・・・	2 989	2 983
ブラジル・・・・・・	6 010	6 246	ドイツ・・・・・・・	2 486	2 454
ドイツ・・・・・・・	3 371	3 328	ロシア・・・・・・・	2 007	2 341
オランダ・	3 016	2 816	イギリス・・・・・・	2 330	2 340
オーストラリア・	1 508	1 714	（香港）・・・・・・・	2 240	1 823
デンマーク・・・・・	1 846	1 661	イタリア・・・・・・	1 715	1 612
カナダ・・・・・・・・	1 674	1 630	オランダ・・・・・・	1 596	1 607
スペイン・・・・・・	1 575	1 578	メキシコ・・・・・・	1 504	1 594
ベルギー・・・・・・	1 535	1 537	アメリカ合衆国・	1 475	1 553
フランス・・・・・・	1 607	1 488	フランス・・・・・・	1 477	1 524
ポーランド・・・・	1 289	1 478	中国・・・・・・・・・	1 068	1 279
インド・・・・・・・・	1 008	1 055	サウジアラビア・	990	1 027
牛肉（世界計）・・	6 760	6 793	牛肉（世界計）・・	6 648	6 647
オーストラリア・	907	1 000	アメリカ合衆国・	656	715
ブラジル・・・・・・	820	945	ロシア・・・・・・・・	604	658
アメリカ合衆国・	884	777	日本・・・・・・・・・	517	514
オランダ・・・・・・	403	415	オランダ・・・・・・	350	369
ニュージーランド	285	356	イタリア・・・・・・	429	365
ドイツ・・・・・・・	382	340	ドイツ・・・・・・・	324	309
アイルランド・・・	337	286	フランス・・・・・・	288	301
ポーランド・・・・	265	273	韓国・・・・・・・・・	308	264
豚肉（世界計）*	14 218	14 022	豚肉（世界計）*	13 305	13 358
アメリカ合衆国・	2 162	2 217	日本・・・・・・・・・	1 196	1 206
ドイツ・・・・・・・・	2 226	2 165	ドイツ・・・・・・・	1 181	1 157
デンマーク・・・・・	1 595	1 388	イタリア・・・・・・	1 069	999
スペイン・・・・・・	1 214	1 224	イギリス・・・・・・	976	944
カナダ・・・・・・・・	1 088	1 131	ロシア・・・・・・・	800	911
オランダ・・・・・・	1 073	958	ポーランド・・・・・	642	633
ベルギー・・・・・・	814	793	メキシコ・・・・・・	509	601
ブラジル・・・・・・	611	670	中国・・・・・・・・・	533	555
羊肉（世界計）・・	822	971	羊肉（世界計）・・	852	897
ニュージーランド	272	349	中国・・・・・・・・・	83	124
オーストラリア・	235	312	フランス・・・・・・	108	106
鶏肉（世界計）・・	12 438	12 622	鶏肉（世界計）・・	11 418	11 560
アメリカ合衆国・	3 445	3 597	（香港）・・・・・・・	1 177	850
ブラジル・・・・・・	3 570	3 560	サウジアラビア・	737	743
オランダ・・・・・・・	996	916	メキシコ・・・・・・	564	604
（香港）・・・・・・・・	761	571	ベトナム・・・・・・	802	516
ベルギー・・・・・・	408	442	ロシア・・・・・・・	384	498
フランス・・・・・・	426	380	中国・・・・・・・・・	385	473

FAOSTAT／Tradeによる（http://faostat3.fao.org/home/E）。2015年 6 月 8 日閲覧。牛肉には水牛肉を含まず。*調製品や加工品を含む。中国には台湾, 香港, マカオを含む。

表6-33　木材の伐採（Ⅰ）（2013年）

	森林面積 (2012年) (千ha)	対国土面 積比 (%)	木材 伐採高 (千m³)	用材	薪炭材	うち 針葉樹 (千m³)
アジア‥‥‥‥‥	595 898	18.6	1 125 550	382 122	743 428	161 620
アフガニスタン‥	1 350	2.1	3 486	1 760	1 726	1 517
インド‥‥‥‥‥	68 724	20.9	357 226	49 517	307 709	15 402
インドネシア‥‥	93 062	48.7	115 232	62 606	52 627	206
韓国‥‥‥‥‥‥	6 209	62.0	6 339	3 858	2 481	3 419
カンボジア‥‥‥	9 839	54.3	8 202	172	8 030	7
北朝鮮‥‥‥‥‥	5 413	44.9	7 576	1 500	6 076	4 967
スリランカ‥‥‥	1 831	27.9	5 599	611	4 988	23
タイ‥‥‥‥‥‥	19 002	37.0	33 581	14 600	18 981	—
中国‥‥‥‥‥‥	212 387	22.2	345 955	167 214	178 741	100 810
トルコ‥‥‥‥‥	11 572	14.8	20 858	16 762	4 096	12 559
日本‥‥‥‥‥‥	24 997	66.1	21 134	21 057	77	18 214
ネパール‥‥‥‥	3 636	24.7	13 604	1 260	12 344	58
パキスタン‥‥‥	1 601	2.0	32 650	2 990	29 660	1 732
バングラデシュ‥	1 437	9.7	27 098	282	26 816	—
フィリピン‥‥‥	7 775	25.9	16 201	4 159	12 042	—
ブータン‥‥‥‥	3 271	85.2	5 132	128	5 004	33
ベトナム‥‥‥‥	14 085	42.6	26 800	6 800	20 000	350
マレーシア‥‥‥	20 282	61.3	21 246	18 582	2 664	180
ミャンマー‥‥‥	31 154	46.0	42 833	4 547	38 286	—
ラオス‥‥‥‥‥	15 595	65.9	6 766	855	5 911	—
アフリカ‥‥‥‥	667 620	22.0	719 765	70 410	649 355	29 385
アルジェリア‥‥	1 474	0.6	8 527	139	8 388	5 842
アンゴラ‥‥‥‥	58 230	46.7	5 442	1 151	4 291	—
ウガンダ‥‥‥‥	2 812	11.6	45 933	4 333	41 600	564
エジプト‥‥‥‥	71	0.1	17 914	268	17 646	—
エチオピア‥‥‥	12 014	10.9	108 281	2 935	105 346	7 382
エリトリア‥‥‥	1 523	13.0	1 023	22	1 001	—
ガーナ‥‥‥‥‥	4 709	19.7	43 035	1 587	41 448	—
ガボン‥‥‥‥‥	22 000	82.2	2 779	1 709	1 070	—
カメルーン‥‥‥	19 476	41.0	12 570	2 400	10 170	—
ギニア‥‥‥‥‥	6 472	26.3	12 768	651	12 117	—
ギニアビサウ‥‥	2 002	55.4	2 845	132	2 713	—
ケニア‥‥‥‥‥	3 445	5.9	27 432	1 032	26 400	3 201
コートジボワール	10 402	32.3	10 553	1 469	9 084	—
コンゴ共和国‥‥	22 387	65.5	3 777	2 376	1 401	—
コンゴ民主共和国	153 512	65.5	84 689	4 611	80 078	—
ザンビア‥‥‥‥	49 135	65.3	10 843	1 325	9 518	170
シエラレオネ‥‥	2 687	37.2	5 827	124	5 703	—
ジンバブエ‥‥‥	14 970	38.3	9 582	635	8 947	609
スーダン‥‥‥‥	…	…	15 535	952	14 583	—
スワジランド‥‥	572	32.9	1 439	330	1 109	260
セネガル‥‥‥‥	8 393	42.7	6 308	804	5 504	—
ソマリア‥‥‥‥	6 593	10.3	14 067	110	13 957	—

第6章　農林水産業

木材の伐採（Ⅱ）（2013年）

	森林面積 (2012年) (千ha)	対国土面積比（%）	木材 伐採高 (千m³)	用材	薪炭材	うち 針葉樹 (千m³)
タンザニア······	32 621	34.4	26 097	2 527	23 570	794
チャド··········	11 367	8.9	8 180	761	7 419	—
中央アフリカ共和国	22 545	36.2	2 650	650	2 000	—
チュニジア······	1 039	6.3	3 914	304	3 610	919
トーゴ··········	267	4.7	4 590	166	4 424	—
ナイジェリア····	8 222	8.9	73 832	9 418	64 414	—
ニジェール·····	1 179	0.9	11 240	701	10 539	—
ブルキナファソ··	5 529	20.2	14 502	1 171	13 331	—
ブルンジ········	168	6.1	6 368	625	5 743	138
ベナン··········	4 461	38.9	6 880	471	6 409	—
マダガスカル····	12 439	21.2	13 608	281	13 327	197
マラウイ········	3 171	26.8	6 993	1 400	5 593	158
マリ············	12 332	9.9	5 994	489	5 505	—
南アフリカ共和国	9 241	7.6	29 906	17 906	12 000	7 819
南スーダン······	···	···	4 383	—	4 383	—
モーリタニア····	232	0.2	1 965	3	1 962	—
モザンビーク····	38 599	48.3	18 251	1 527	16 724	10
モロッコ········	5 151	11.5	7 139	419	6 720	1 213
リベリア········	4 269	38.3	8 289	518	7 771	—
ルワンダ········	455	17.3	6 212	1 212	5 000	98
レソト··········	44	1.5	2 116	—	2 116	—
ヨーロッパ······	1 006 534	43.7	694 403	549 594	144 809	452 543
アイルランド····	757	10.8	2 760	2 550	209	2 666
イギリス········	2 895	11.9	10 821	9 243	1 578	10 358
イタリア········	9 305	30.9	7 744	2 356	5 388	2 091
ウクライナ······	9 757	16.2	18 022	8 102	9 920	13 127
エストニア······	2 196	48.6	7 488	5 526	1 962	4 365
オーストリア····	3 897	46.5	17 390	12 433	4 957	14 419
オランダ········	365	8.8	1 108	818	290	642
ギリシャ········	3 963	30.0	1 743	948	795	915
クロアチア······	1 927	34.0	5 437	4 037	1 400	1 025
スイス··········	1 249	30.3	4 779	2 969	1 810	3 095
スウェーデン····	28 203	63.0	68 900	63 000	5 900	62 096
スペイン········	18 525	36.6	15 353	12 323	3 030	5 385
スロバキア······	1 933	39.4	8 063	7 373	690	4 053
スロベニア······	1 257	62.0	3 415	2 288	1 127	1 896
セルビア········	2 808	31.8	7 678	1 321	6 357	322
チェコ··········	2 661	33.7	15 331	13 149	2 182	13 229
デンマーク······	548	12.7	2 379	1 264	1 115	1 896
ドイツ··········	11 076	31.0	53 207	42 052	11 155	38 892
ノルウェー······	10 218	26.5	11 598	9 019	2 579	9 751
ハンガリー······	2 047	22.0	6 027	3 169	2 858	1 016
フィンランド····	22 157	65.5	56 992	49 331	7 660	44 991
フランス········	16 050	29.2	51 671	24 451	27 220	19 204

木材の伐採 (Ⅲ) (2013年)

	森林面積 (2012年) (千ha)	対国土面積比 (%)	木材伐採高 (千m³)	用材	薪炭材	うち針葉樹 (千m³)
ブルガリア‥‥‥	4 037	*36.4*	6 672	3 453	3 219	2 599
ベラルーシ‥‥‥	8 708	*41.9*	18 522	10 889	7 633	12 395
ベルギー‥‥‥‥	680	*22.3*	5 128	4 235	893	3 293
ポーランド‥‥‥	9 392	*30.0*	38 939	33 795	5 144	28 418
ボスニア・ 　ヘルツェゴビナ	2 185	*42.7*	4 023	2 688	1 335	1 944
ポルトガル‥‥‥	3 464	*37.6*	10 641	10 041	600	2 575
ラトビア‥‥‥‥	3 377	*52.4*	12 242	10 984	1 258	6 259
リトアニア‥‥‥	2 176	*33.3*	7 053	4 622	2 431	3 561
ルーマニア‥‥‥	6 646	*27.9*	15 195	10 091	5 103	5 902
ロシア‥‥‥‥‥	809 210	*47.3*	194 461	180 379	14 082	129 761
北中アメリカ‥‥	705 431	*30.7*	578 213	450 195	128 018	363 164
アメリカ合衆国‥	304 788	*31.0*	334 019	293 583	40 436	208 446
エルサルバドル‥	278	*13.2*	4 891	682	4 209	19
カナダ‥‥‥‥‥	310 134	*31.1*	148 183	146 741	1 442	121 815
キューバ‥‥‥‥	2 939	*26.7*	1 702	561	1 141	140
グアテマラ‥‥‥	3 545	*32.6*	19 799	666	19 133	12 063
コスタリカ‥‥‥	2 651	*51.9*	4 644	1 304	3 340	—
ニカラグア‥‥‥	2 974	*22.8*	6 259	118	6 141	730
ハイチ‥‥‥‥‥	99	*3.6*	2 309	239	2 070	266
ホンジュラス‥‥	4 952	*44.0*	8 944	482	8 462	3 261
メキシコ‥‥‥‥	64 492	*32.8*	44 198	5 353	38 845	16 396
南アメリカ‥‥‥	857 188	*48.1*	403 054	225 524	177 529	91 650
アルゼンチン‥‥	28 920	*10.4*	16 496	12 518	3 978	7 489
ウルグアイ‥‥‥	1 834	*10.4*	10 237	7 854	2 383	724
エクアドル‥‥‥	9 470	*36.9*	7 069	2 091	4 978	1 539
ガイアナ‥‥‥‥	15 205	*70.7*	1 360	520	840	—
コロンビア‥‥‥	60 297	*52.8*	12 145	3 841	8 304	3 528
チリ‥‥‥‥‥‥	16 306	*21.6*	57 191	41 069	16 122	31 397
パラグアイ‥‥‥	17 225	*42.3*	10 949	4 044	6 905	—
ブラジル‥‥‥‥	515 133	*60.5*	269 411	149 446	119 965	46 023
ベネズエラ‥‥‥	45 700	*50.1*	5 417	1 256	4 161	938
ペルー‥‥‥‥‥	67 692	*52.7*	8 802	1 494	7 308	11
ボリビア‥‥‥‥	56 581	*51.5*	3 318	913	2 405	—
オセアニア‥‥‥	189 240	*22.1*	70 157	59 525	10 632	43 868
オーストラリア‥	147 452	*19.0*	27 592	22 847	4 745	13 564
ソロモン諸島‥‥	2 202	*76.2*	2 316	2 185	131	—
ニュージーランド	8 252	*30.8*	29 974	29 974	—	29 952
パプアニューギニア	28 442	*61.5*	9 550	4 017	5 533	36
世界計‥‥‥‥‥	**4 021 911**	*29.9*	**3 591 142**	1 737 370	1 853 772	1 142 229

FAOSTAT／Forestry（http://faostat3.fao.org/home/E）による。2015年6月10日閲覧。森林面積の対国土面積比は，国土面積（内水面面積を含む）に対する森林面積の割合。中国には台湾，香港，マカオを含まず。

表 6-34　木材の貿易（2013年）

丸太

輸　出	千m³	%	輸　入	千m³	%
世界計‥‥‥‥‥	136 766	100.0	世界計‥‥‥‥‥	133 261	100.0
ヨーロッパ‥‥‥	76 031	55.6	アジア‥‥‥‥‥	65 546	49.2
オセアニア‥‥‥	24 270	17.7	ヨーロッパ‥‥‥	60 279	45.2
北中アメリカ‥‥	24 187	17.7	北中アメリカ‥‥	6 187	4.6
アジア‥‥‥‥‥	7 159	5.2	アフリカ‥‥‥‥	1 138	0.9
アフリカ‥‥‥‥	4 371	3.2	南アメリカ‥‥‥	82	0.1
南アメリカ‥‥‥	749	0.5	オセアニア‥‥‥	29	0.0
（以下国別順位）			（以下国別順位）		
ロシア‥‥‥‥‥	19 166	14.0	中国‥‥‥‥‥‥	44 935	33.7
アメリカ合衆国‥	16 839	12.3	オーストリア‥‥	9 146	6.9
ニュージーランド	16 546	12.1	ドイツ‥‥‥‥‥	8 710	6.5
カナダ‥‥‥‥‥	7 005	5.1	スウェーデン‥‥	8 039	6.0
フランス‥‥‥‥	5 463	4.0	フィンランド‥‥	6 771	5.1
ウクライナ‥‥‥	4 518	3.3	インド‥‥‥‥‥	6 502	4.9
チェコ‥‥‥‥‥	4 464	3.3	ベルギー‥‥‥‥	4 865	3.7
ラトビア‥‥‥‥	4 031	2.9	カナダ‥‥‥‥‥	4 799	3.6
マレーシア‥‥‥	3 766	2.8	日本‥‥‥‥‥‥	4 556	3.4
ドイツ‥‥‥‥‥	3 345	2.4	韓国‥‥‥‥‥‥	4 118	3.1

製材

輸　出	千m³	%	輸　入	千m³	%
世界計‥‥‥‥‥	124 491	100.0	世界計‥‥‥‥‥	121 754	100.0
ヨーロッパ‥‥‥	73 939	59.4	アジア‥‥‥‥‥	51 611	42.4
北中アメリカ‥‥	34 689	27.9	ヨーロッパ‥‥‥	34 590	28.4
アジア‥‥‥‥‥	7 496	6.0	北中アメリカ‥‥	24 091	19.8
南アメリカ‥‥‥	4 334	3.5	アフリカ‥‥‥‥	10 355	8.5
オセアニア‥‥‥	2 365	1.9	オセアニア‥‥‥	884	0.7
アフリカ‥‥‥‥	1 668	1.3	南アメリカ‥‥‥	223	0.2
（以下国別順位）			（以下国別順位）		
カナダ‥‥‥‥‥	28 019	22.5	中国‥‥‥‥‥‥	24 016	19.7
ロシア‥‥‥‥‥	21 320	17.1	アメリカ合衆国‥	20 049	16.5
スウェーデン‥‥	11 637	9.3	日本‥‥‥‥‥‥	7 497	6.2
フィンランド‥‥	7 154	5.7	イギリス‥‥‥‥	5 537	4.5
ドイツ‥‥‥‥‥	6 745	5.4	エジプト‥‥‥‥	4 835	4.0
アメリカ合衆国‥	6 556	5.3	イタリア‥‥‥‥	4 654	3.8
オーストリア‥‥	5 056	4.1	ドイツ‥‥‥‥‥	4 355	3.6
ルーマニア‥‥‥	3 334	2.7	フランス‥‥‥‥	2 491	2.0
ラトビア‥‥‥‥	2 515	2.0	オランダ‥‥‥‥	2 477	2.0
チリ‥‥‥‥‥‥	2 491	2.0	ウズベキスタン‥	2 424	2.0

FAOSTAT／Forestry（http://faostat3.fao.org/home/E）による。2015年6月10日閲覧。
中国には台湾，香港，マカオを含まない。

表 6-35　各国の漁業生産量（Ⅰ）（単位　千 t）

	2000	2010	2012	2013		海面	内水面
アジア							
中国・・・・・・・・・・	*14 824	15 661	16 425	①	16 558	14 248	2 310
インドネシア・・・・	4 124	5 379	5 823	②	6 120	5 707	413
インド・・・・・・・・	3 726	4 689	4 872	⑤	4 645	3 419	1 226
ミャンマー・・・・・・	1 093	3 063	3 579	⑦	3 787	2 484	1 303
日本・・・・・・・・・・	5 194	4 164	*3 750	⑧	*3 742	*3 711	*31
ベトナム・・・・・・・	1 630	2 414	2 705	⑨	2 804	2 608	*195
フィリピン・・・・・・	1 899	2 616	2 327	⑩	2 335	2 134	201
タイ・・・・・・・・・	2 997	1 811	1 720	⑬	1 844	1 630	214
韓国・・・・・・・・・・	1 838	1 747	1 680	⑮	1 606	1 599	7.2
バングラデシュ・・・	1 004	1 727	1 536	⑯	1 550	589	961
マレーシア・・・・・・	1 293	1 437	1 481	⑰	1 493	1 487	5.8
（台湾）・・・・・・・・	1 094	852	908		926	925	0.1
カンボジア・・・・・・	284	490	*567		*639	*111	*528
イラン・・・・・・・・・	384	444	542		560	474	86
スリランカ・・・・・・	297	390	476		498	431	67
パキスタン・・・・・・	614	453	469		475	352	123
トルコ・・・・・・・・・	503	486	432		374	339	35
北朝鮮・・・・・・・・・	*213	*200	*212		*215	*210	*5.2
イエメン・・・・・・・・	*115	164	231		*210	*210	—
オマーン・・・・・・・・	120	164	192		206	206	—
（香港）・・・・・・・・	*157	*168	*155		*170	*170	—
モルディブ・・・・・・	119	122	120		130	130	—
南アメリカ							
ペルー・・・・・・・・・・	10 659	4 306	4 853	③	5 876	5 849	27
チリ・・・・・・・・・・・	4 548	3 048	3 009	⑪	2 289	2 289	—
アルゼンチン・・・・	922	812	738		870	858	12
ブラジル・・・・・・・・	667	785	843		765	527	239
エクアドル・・・・・・	596	400	513		519	519	0.2
ベネズエラ・・・・・・	359	*218	213		*200	*163	*37
北中アメリカ							
アメリカ合衆国・・・	4 760	4 435	5 138	④	5 242	5 216	26
メキシコ・・・・・・・・	1 350	1 528	1 582	⑭	1 637	1 519	119
カナダ・・・・・・・・・・	1 033	980	833		867	838	28
（グリーンランド）1)	160	209	223		275	275	—
パナマ・・・・・・・・・	227	181	177		199	199	0.6
ヨーロッパ							
ロシア・・・・・・・・・	4 027	4 076	4 338	⑥	4 351	4 089	262
ノルウェー・・・・・・・	2 892	2 839	2 292	⑫	2 229	2 228	0.5
アイスランド・・・・	2 000	1 082	1 377	⑱	1 384	1 384	0.2
スペイン・・・・・・・・	1 070	973	932	⑳	1 035	1 029	*6.0
デンマーク・・・・・・	1 534	828	503		668	668	0.1
イギリス・・・・・・・・	754	613	631		632	630	2.3
フランス・・・・・・・・	694	469	499		563	562	1.5
（フェロー諸島）・ 1)	454	394	360		487	487	—

各国の漁業生産量（II）（単位　千t）

	2000	2010	2012	2013	海面	内水面
オランダ・・・・・・・・	496	434	347	327	326	*1.9
アイルランド・・・・・	312	348	305	276	276	0.1
ドイツ・・・・・・・・・	204	243	208	230	219	11
ポーランド・・・・・・・	218	190	198	214	195	19
ウクライナ・・・・・・・	392	210	154	204	176	28
ポルトガル・・・・・・・	192	224	199	196	196	0.0
スウェーデン・・・・・	339	212	152	178	177	1.3
イタリア・・・・・・・・	304	236	202	178	174	*3.8
フィンランド・・・・・	156	156	162	168	144	24
ラトビア・・・・・・・・	136	165	94	116	116	0.3
アフリカ						
モロッコ・・・・・・・・	915	1 144	1 167	⑲ 1 259	1 244	15
ナイジェリア・・・・・	441	617	669	721	382	339
ナミビア・・・・・・・・	591	382	469	486	483	*2.8
セネガル・・・・・・・・	436	410	462	471	438	*33
南アフリカ共和国・	664	640	719	425	424	*0.9
ウガンダ・・・・・・・・	219	414	408	419	―	419
タンザニア・・・・・・・	327	347	375	382	67	315
エジプト・・・・・・・・	384	385	354	357	107	250
ガーナ・・・・・・・・・	452	370	375	298	208	*90
モーリタニア・・・・・	*114	276	438	293	278	*15
アンゴラ・・・・・・・・	239	*280	*277	*275	*265	*10
コンゴ民主共和国・	*245	*224	218	227	4	224
モザンビーク・・・・・	41	163	213	222	137	85
シエラレオネ・・・・・	75	*200	*204	*200	*186	*14
ケニア・・・・・・・・・	215	141	159	163	9	154
カメルーン・・・・・・・	112	*116	*137	*153	*78	*75
ギニア・・・・・・・・・	92	114	132	*127	*105	*22
チャド・・・・・・・・・	83	91	100	120	―	120
マラウイ・・・・・・・・	*50	98	125	112	―	112
チュニジア・・・・・・・	96	98	110	111	110	1.0
マダガスカル・・・・・	121	130	*118	105	81	23
アルジェリア・・・・・	113	94	106	100	100	―
マリ・・・・・・・・・・	110	*100	*71	*99	―	*99
オセアニア						
ニュージーランド・	553	437	442	444	443	1.1
パプアニューギニア	110	226	257	214	200	*14
オーストラリア・・・	204	176	161	159	158	1.1
キリバス・・・・・・・・	35	45	83	93	93	―
世界計×・・・・・・・	**94 749**	**90 218**	**92 430**	**93 861**	**82 171**	**11 690**

FAO FishStatJ "Capture production 1950-2013" により作成。2015年5月閲覧。貝類，海藻類を含み，水生ほ乳類（鯨類，アシカなど），ワニ類を除く。養殖業は含まず。円内の数字は世界順位。国により数値が改訂されている。中国には台湾，香港，マカオを含まず。*FAOによる推計。1) デンマーク領。×その他とも。

図 6-5　各国の漁業・養殖業生産量の割合（2013年）

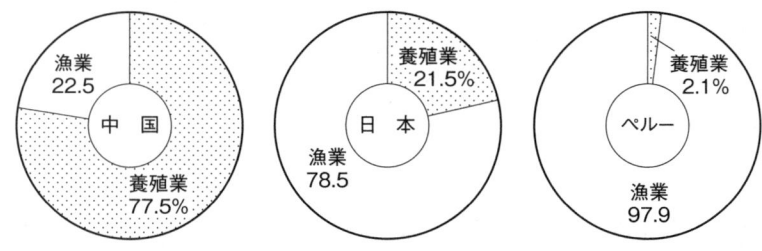

表6-35，36の資料により作成。

表 6-36　各国の養殖業生産量（単位　千t）

	2000	2010	2012	2013	海面	内水面
中国・・・・・・・・・・・	*28 460	47 830	53 943	57 113	29 015	28 098
インドネシア・・・・	994	6 278	9 600	13 147	10 684	2 463
インド・・・・・・・・・・	1 943	3 790	4 214	4 554	399	4 156
ベトナム・・・・・・・・	514	*2 707	*3 320	3 294	905	2 389
フィリピン・・・・・・	1 101	2 546	2 542	2 373	2 055	319
バングラデシュ・・	657	1 309	1 726	1 860	162	1 698
韓国・・・・・・・・・・・・	668	1 377	1 509	1 533	1 515	18
ノルウェー・・・・・・	491	1 020	1 321	1 248	1 248	0.1
エジプト・・・・・・・・	340	*920	*1 018	1 098	―	1 098
タイ・・・・・・・・・・・	738	1 286	1 272	1 057	567	490
チリ・・・・・・・・・・・	425	*713	1 076	1 046	1 001	44
日本・・・・・・・・・・・	1 292	1 151	1 074	1 027	996	31
ミャンマー・・・・・・	99	853	888	931	61	870
マレーシア・・・・・・	168	581	635	531	397	133
北朝鮮・・・・・・・・・	*468	*508	*508	*508	*505	*3.8
ブラジル・・・・・・・・	172	479	481	474	85	389
アメリカ合衆国・・	457	497	420	441	187	254
（台湾）・・・・・・・・・	256	315	348	348	196	152
エクアドル・・・・・・	61	273	322	332	304	28
イラン・・・・・・・・・・	41	220	297	325	13	313
ナイジェリア・・・・	26	201	254	279	―	279
トルコ・・・・・・・・・・	79	168	213	234	111	123
スペイン・・・・・・・・	309	252	264	224	207	16
フランス・・・・・・・・	267	*225	*205	*202	*164	*39
イギリス・・・・・・・・	152	201	*203	*195	*183	*11
カナダ・・・・・・・・・・	128	162	173	172	164	8.3
世界計×・・・・・・	**41 725**	**78 113**	**90 280**	**97 202**	**52 433**	**44 769**

FAO FishStatJ “Aquaculture production : quantities 1950-2013” により作成。2015 年
5 月閲覧。魚介類と海藻類の合計。中国には台湾，香港，マカオを含まず。*FAOによる
推計。×その他とも。

表 6-37　水産物の輸出入（単位　百万ドル）

輸　出			輸　入		
	2010	2011		2010	2011
中国・・・・・・・・・・・	13 475	17 229	日本・・・・・・・・・・・	15 176	17 728
ノルウェー・・・・・・・	8 853	9 484	アメリカ合衆国・・・	15 641	17 633
タイ・・・・・・・・・・・	7 166	8 160	中国・・・・・・・・・・・	6 343	7 798
ベトナム・・・・・・・・	5 123	6 260	スペイン・・・・・・・・	6 544	7 342
アメリカ合衆国・・・	4 775	5 901	フランス・・・・・・・・	6 010	6 629
チリ・・・・・・・・・・・	3 511	4 631	イタリア・・・・・・・・	5 404	6 250
デンマーク・・・・・・	4 208	4 507	ドイツ・・・・・・・・・	4 763	5 565
スペイン・・・・・・・・	3 348	4 225	イギリス・・・・・・・・	3 748	4 296
カナダ・・・・・・・・・	3 875	4 225	韓国・・・・・・・・・・・	3 227	3 976
オランダ・・・・・・・・	3 231	3 579	スウェーデン・・・・・	3 298	3 637
インド・・・・・・・・・	2 567	3 551	（香港）・・・・・・・・・	3 068	3 544
インドネシア・・・・	2 718	3 361	デンマーク・・・・・・	3 122	3 350
ロシア・・・・・・・・・	2 855	3 296	オランダ・・・・・・・・	2 810	3 305
ペルー・・・・・・・・・	2 547	3 164	タイ・・・・・・・・・・・	2 196	2 788
ドイツ・・・・・・・・・	2 502	2 926	ロシア・・・・・・・・・	2 388	2 735
スウェーデン・・・・	2 671	2 865	カナダ・・・・・・・・・	2 294	2 689
イギリス・・・・・・・・	2 433	2 803	ベルギー・・・・・・・・	2 019	2 314
エクアドル・・・・・・	1 791	2 497	ナイジェリア・・・・	991	2 041
（台湾）・・・・・・・・・	1 942	2 266	ポルトガル・・・・・・	1 798	2 030
アイスランド・・・・	1 849	2 217	ポーランド・・・・・・	1 535	1 622
韓国・・・・・・・・・・・	1 711	2 173	オーストラリア・・・	1 275	1 506
日本・・・・・・・・・・・	2 014	1 939	ノルウェー・・・・・・	1 104	1 365
フランス・・・・・・・・	1 639	1 753	ブラジル・・・・・・・・	1 064	1 272
ポーランド・・・・・・	1 411	1 594	シンガポール・・・・・	969	1 160
アルゼンチン・・・・	1 338	1 472	（台湾）・・・・・・・・・	965	1 093
モロッコ・・・・・・・・	1 518	1 462	マレーシア・・・・・・	790	999
ベルギー・・・・・・・・	1 141	1 299	スイス・・・・・・・・・	670	773
ニュージーランド・	1 079	1 213	ベトナム・・・・・・・・	530	726
メキシコ・・・・・・・・	774	1 123	ギリシャ・・・・・・・・	664	719
ポルトガル・・・・・・	918	1 088	メキシコ・・・・・・・・	540	642
オーストラリア・・・	952	1 009	ウクライナ・・・・・・	460	611
マレーシア・・・・・・	828	916	オーストリア・・・・	457	545
（フェロー諸島）[1]	774	853	エジプト・・・・・・・・	500	531
ギリシャ・・・・・・・・	725	848	サウジアラビア・・・	386	490
イタリア・・・・・・・・	715	796	フィンランド・・・・	400	468
ナミビア・・・・・・・・	783	773	アラブ首長国連邦・	377	* 440
フィリピン・・・・・・	679	709	インドネシア・・・・	325	410
世界計×・・・・・・	111 461	130 453	世界計×・・・・・・	112 706	131 683

FAO FishStatJ "Fisheries commodities production and trade 1976-2011" による。
2015年6月閲覧。輸出はf.o.b.（本船渡し）価格，輸入はc.i.f.（保険料・運賃込）価格。た
だし，オーストラリア，カナダ，ポーランド，ベネズエラはともにf.o.b.価格。輸出には再
輸出（2011年は世界計で743百万ドル）は含まず。国により数値が改訂されている。中国
には台湾，香港，マカオを含まず。*FAOによる推計。1) デンマーク領。×その他とも。

第7章　工業・小売業

　1985年のプラザ合意後の日本では，円高に対応するために安価な労働力を求めてASEANや中国などへ生産拠点を展開した。同地域では政府が法整備やインフラ整備などを進めたこともあって，その後はほかの先進国からの直接投資も増加して，工業生産が拡大していった。

　これらの新興国では先進国メーカーの受託生産が盛んであるが，新興国の独自メーカーは国際競争力に乏しい。しかし，韓国は独自メーカーが国際競争力を高めている。韓国の製造業は財閥系メーカーを中心に発展し，半導体ではDRAMなどメモリ部門で政府の強力な支援を背景に成長して，先行する日本メーカーとの価格競争を勝ち抜いた。1997年のアジア通貨危機では大手メーカーの破たんが相次いだが，政府やIMF主導で外国資本の導入が進んだほか，財閥系を含めメーカーの大規模な事業再編が行われて，メーカーの規模が拡大した。その結果，国内市場の寡占化が進む弊害もあったが，海外市場に進出するための経営体力の強化につながった。また，電子機器では特定の製品に開発を集中することや，中国に製造拠点を積極的に移転して国際競争力を高めた。素材産業も盛んで，汎用プラスチック生産では日本を大きく上回る（表7-29）が，製品の核となる素材や部品は日本メーカー品の活用が目立つ。また，韓国の製造業は海外市場への依存度が高いほか，特定の企業の業績やスマートフォンなど特定の製品の動向に左右されやすい傾向にある。

　中国は市場経済導入以降，安価な労働力を背景に先進国メーカーの製造拠点が集結して，世界の工場としての地位を高めてきた。近年は国民の購買力が増して自動車など内需が中心の製品も生産が増加している。2014年の世界生産シェアは粗鋼が50.1％，自動車が26.4％，パソコンが98.1％，スマートフォンが79.6％に達しており，世界の工業生産の多くを中国が占めている。一方，労働コストが上昇して，先進国メーカーの一部は製造拠点を中国から他の新興国などに移管している。また，近年の経済成長の鈍化に伴って，「新常態（ニューノーマル）」への移行が求

められる中で，政府はこれまでの労働集約型の生産を行う「製造大国」
から産業を高度化した「製造強国」への転換を2025年までに図ることを
目指している。研究開発投資が積極的に行なわれており，これに伴って
中国の特許出願件数が大きく伸びている（表11-10〜12）。ハイテク製品
のうちスマートフォンはすでに中国メーカーが世界市場で存在感を高め
ており，韓国メーカーが苦戦する要因となっている。

　欧米先進国が製造業の対GDP比を低下させる中で，ドイツは比較的
高いGDP比を維持している。ドイツでは多くのメーカーが低賃金の労
働力を求めて拠点を国外に移転させるなど，国内製造はコスト競争力に
乏しい。このため，先端技術による競争力確保を目指した振興策が採ら
れているが，その中には2011年より始まった「インダストリー4.0」（下

新たな産業革命と標準化

　あらゆるモノをインターネットにつなぐIoT（Internet of things）は，
相互に情報通信することで新たなサービスを行うものである。ドイツで
は，個々の機械が通信しあって生産を最適化することが可能になるとし
て，蒸気の利用や電力の利用，オートメーション化に次ぐ第4の産業革命
（インダストリー4.0）と位置づけている。就業者の減少が予測されるドイ
ツでは生産の効率化が重要で，官民一体となってインダストリー4.0を進
めている。ドイツの製造業を支えるミッテルシュタンド（中堅企業など）
が参画できるように，国が仕様の標準化を主導することでIoTの導入を容
易にして，これらの国際競争力向上を図っている。また，ドイツの仕様が
世界標準となることを目指して，中国との連携を深めている。

　アメリカではGE（ゼネラル・エレクトリック社）が中心となって巨額
の投資を行い，IoTのための新たな産業用の基本ソフトを開発した。すべ
ての企業が利用可能で，機械に取り付けられたセンサーから機械の効率的
な運用の提案や故障の事前予測などを行っている。航空業界や発電所など
でアメリカだけでなく日本や中国などの企業が参加しており，同社の基本
ソフトを使う企業がさらに広がって標準化することを目指している。

　このほかにも，家電分野を中心にIoTの標準化を進めるグループなど，
標準化を目指す動きが活発である。標準化した仕様を持つことは，パソコ
ンのOSのように競争上極めて有利に働くと考えられる。しかし日本では，
個々の企業ではIoTを活用した取り組みで先行しているものも少なくない
が，独自に標準化を進める動きには至っていない。

欄参照）が含まれる。また，アメリカは製造業の対GDP比が高くない
ものの，近年製造業が見直されている。経済格差の解消を目指すオバマ
政権は中間層支援を重視しており，製造業の雇用復活を進めている。ま
た，シェールガス等の影響でアメリカのエネルギー価格は他の工業国と
比べて著しく安価で，アメリカ製造業の拡大を後押ししている。

図 7-1 **主要国の工業付加価値額**（名目値）

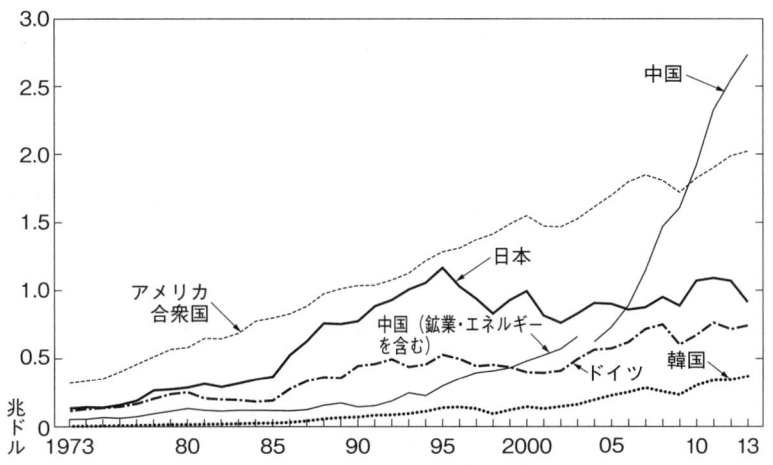

国連 "National Accounts Main Aggregates Database"（http://unstats.un.org/unsd/
snaama/）による。2015年7月15日閲覧。

表 7-1 **工業付加価値額の地域別シェア**（2005年基準価格）（％）

	2005	2010	2012	2013	2014
アジア・オセアニア‥	35.2	41.9	42.6	43.6	44.6
東アジア工業国‥‥1)	17.8	18.3	17.2	17.3	17.3
中国‥‥‥‥‥‥	10.0	15.0	16.6	17.5	18.4
北アメリカ‥‥‥‥	24.8	21.1	21.2	21.0	20.9
中南アメリカ‥‥‥‥	6.4	6.2	6.1	6.0	5.5
ヨーロッパ‥‥‥‥	32.1	29.2	28.5	27.9	27.5
EU‥‥‥‥‥‥2)	26.3	23.2	22.5	21.9	21.5
アフリカ‥‥‥‥‥	1.5	1.5	1.5	1.6	1.6

UNIDO "International Yearbook of Industrial Statistics 2015"による。2012年は暫定値。
2013，2014年は推定値。1) 日本，韓国，（台湾），（香港），（マカオ），シンガポール，マ
レーシア。2) UNIDOが工業国に分類した国々で，ブルガリア，クロアチア，キプロス，
ギリシャ，ラトビア，ポーランド，ルーマニアを含まず。

図 7-2 主要国の工業生産指数 (2010年平均 = 100)

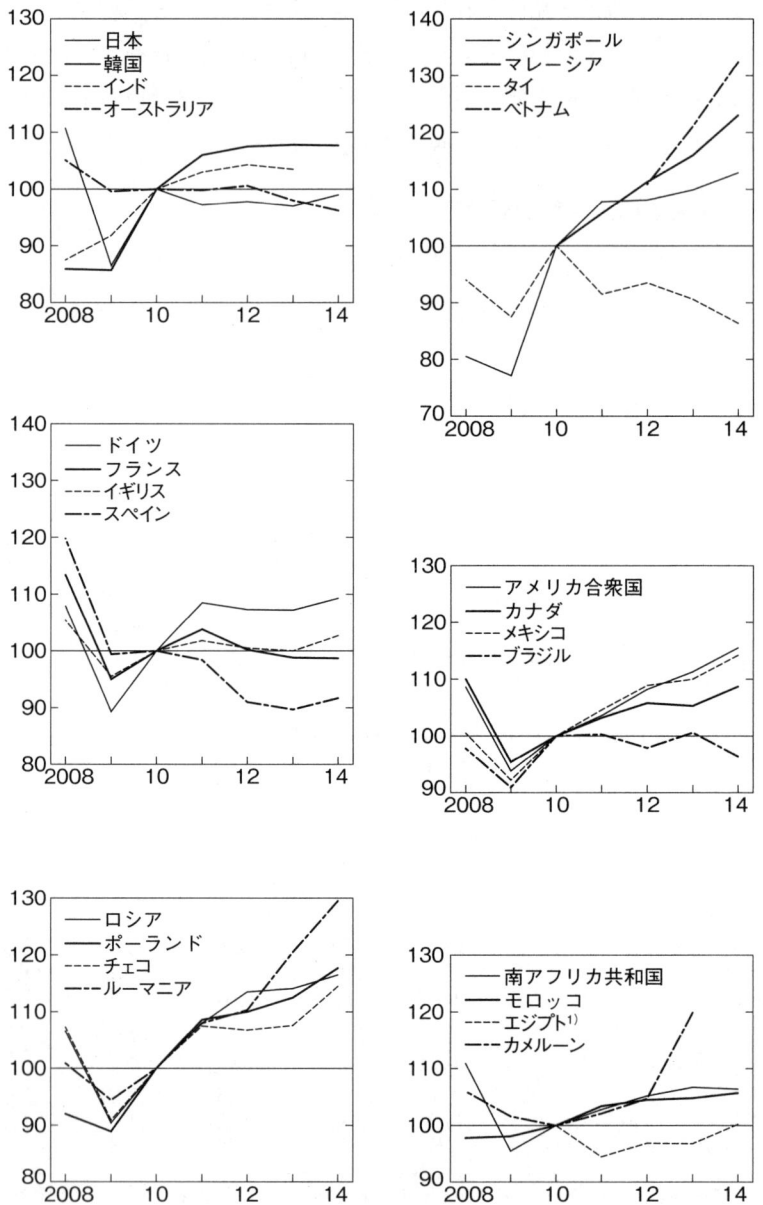

国連 "Monthly Bulletin of Statistics Online" (http://unstats.un.org/unsd/mbs/) によ
る。2015年7月14日閲覧。1) 採石業などを含む。

表7-2　各国の工業付加価値額（I）（2005年基準価格）

	対GDP比 （%）		成長率 （%）		指数 （2005＝100）		1人あた り付加 価値額[1] （2013） （米ドル）
	2005	2013[1]	2005 ～10	2010 ～13	2010	2013[1]	
インド・・・・・・・・・・	14.1	13.9	9.3	2.4	159	172	162
韓国・・・・・・・・・・・・	25.5	29.5	5.7	3.9	137	154	7 181
（台湾）・・・・・・・・・・	26.6	23.8	0.8	-1.4	114	109	4 517
中国・・・・・・・・・・・・	32.5	32.6	11.1	8.3	169	216	1 143
日本・・・・・・・・・・・・	19.8	20.9	0.3	-0.1	110	110	7 821
パキスタン・・・・・・・	17.5	17.2	4.0	2.7	122	132	139
バングラデシュ・・・	15.9	18.9	8.1	9.4	148	194	118
（香港）・・・・・・・・・・	2.8	1.9	-3.2	-0.1	89	89	631
ASEAN ・・・・・・・・	27.3	25.9	3.8	4.3	126	142	582
インドネシア・・・	27.4	24.9	3.8	5.8	121	144	451
シンガポール・・・	26.5	26.4	4.7	2.9	141	155	9 700
タイ・・・・・・・・・・	34.7	34.0	3.6	1.4	125	128	1 168
フィリピン・・・・・	24.1	22.4	2.9	5.6	119	140	353
ベトナム・・・・・・・	18.8	23.4	9.0	8.3	156	199	236
マレーシア・・・・・	27.5	24.6	1.4	4.4	114	129	1 717
ミャンマー・・・・・	12.8	19.2	19.9	6.8	250	312	89
アラブ首長国連邦・	10.6	10.5	0.9	5.7	106	127	2 613
イスラエル・・・・・・・	13.7	13.2	4.4	2.8	127	137	3 232
イラン・・・・・・・・・・・	10.5	10.4	6.5	-3.7	141	124	325
カタール・・・・・・・・・	9.9	7.9	12.6	8.4	178	227	4 595
クウェート・・・・・・・	7.3	6.3	0.0	2.3	99	103	1 786
サウジアラビア・・・	9.5	11.3	8.5	7.1	152	188	2 046
トルコ・・・・・・・・・・	17.1	17.8	2.5	4.8	121	140	1 548
バーレーン・・・・・・・	13.4	14.3	6.1	4.7	136	156	2 502
ヨルダン・・・・・・・・	16.0	15.7	5.7	2.7	133	144	399
アルジェリア・・・・・	5.4	5.7	3.7	2.5	119	128	183
エジプト・・・・・・・・	15.9	15.5	6.4	1.0	135	139	242
エチオピア・・・・・・・	4.9	4.6	9.4	10.1	157	209	13
ガーナ・・・・・・・・・・	8.7	6.9	2.0	8.8	113	148	53
カメルーン・・・・・・・	17.3	15.5	1.0	4.8	105	120	154
ケニア・・・・・・・・・・	10.5	10.1	4.2	3.5	124	137	61
コンゴ民主共和国・	19.3	18.5	3.7	8.7	121	156	53
ジンバブエ・・・・・・・	15.1	13.8	-4.4	5.4	84	99	61
チュニジア・・・・・・・	15.8	16.5	4.6	3.5	127	141	653
ナイジェリア・・・・・	2.8	4.2	8.7	17.2	151	247	45
南アフリカ共和国・	16.5	15.1	1.1	2.0	109	116	894
モロッコ・・・・・・・・	14.6	12.6	2.5	2.4	114	123	324
リビア・・・・・・・・・・	5.3	3.8	2.9	-6.6	116	64	240
EU・・・・・・・・・・・ [2]	14.7	14.4	-1.1	0.6	101	104	4 164
アイルランド・・・	17.6	15.0	-4.0	0.8	85	87	…
イギリス・・・・・・・	10.7	9.5	-2.1	-0.2	93	93	3 671
イタリア・・・・・・・	16.0	14.9	-2.7	-1.9	93	89	4 152
オーストリア・・・	17.3	19.3	1.1	3.4	111	124	7 681

各国の工業付加価値額（Ⅱ）（2005年基準価格）

	対GDP比 (%)		成長率 (%)		指数 (2005＝100)		1人あたり付加価値額[1] (2013) (米ドル)
	2005	2013[1]	2005～10	2010～13	2010	2013[1]	
オランダ‥‥‥‥	12.0	11.9	0.1	0.3	104	106	4 813
ギリシャ‥‥‥‥	8.5	7.8	-1.4	-7.0	95	76	1 396
スウェーデン‥‥	16.9	15.6	-1.5	-0.5	106	105	6 897
スペイン‥‥‥‥	13.7	12.1	-2.9	-0.3	91	90	2 961
スロバキア‥‥‥	21.4	20.9	2.8	3.0	119	130	3 126
スロベニア‥‥‥	21.0	20.0	-0.3	-1.1	104	101	3 659
チェコ‥‥‥‥‥	23.0	29.2	4.6	2.4	134	144	4 040
デンマーク‥‥‥	11.4	11.9	-2.6	4.3	92	105	5 508
ドイツ‥‥‥‥‥	19.9	20.5	-1.0	2.4	106	115	7 656
ハンガリー‥‥‥	19.0	21.4	0.3	1.2	108	112	2 366
フィンランド‥‥	19.5	16.3	-2.3	-4.5	99	88	6 168
フランス‥‥‥‥	11.3	10.2	-1.6	-0.5	96	95	3 568
ブルガリア‥‥‥	13.8	16.0	4.8	1.9	128	137	754
ベルギー‥‥‥‥	14.8	12.3	-2.0	-1.4	94	90	4 532
ポーランド‥‥‥	16.3	21.4	9.4	4.0	158	179	2 324
ポルトガル‥‥‥	12.6	13.0	-0.9	0.1	99	100	2 280
リトアニア‥‥‥	18.7	20.3	0.2	6.3	108	130	2 103
ルーマニア‥‥‥	15.6	15.3	2.8	0.7	117	120	855
ルクセンブルク‥	7.9	4.7	-7.5	-2.9	74	66	3 719
クロアチア‥‥‥	14.5	13.0	-1.0	-2.6	96	89	1 350
ウクライナ‥‥‥	17.3	16.7	-0.7	0.5	106	109	359
スイス‥‥‥‥‥	17.6	18.3	2.0	2.0	114	121	10 147
ノルウェー‥‥‥	8.0	7.9	0.5	1.6	103	108	5 211
ベラルーシ‥‥‥	28.4	31.2	8.3	4.0	152	169	1 551
ロシア‥‥‥‥‥	15.7	13.9	-0.4	3.5	104	115	968
アメリカ合衆国‥‥	12.7	12.1	-1.7	2.9	97	105	5 465
カナダ‥‥‥‥‥	14.0	10.9	-4.3	1.6	84	88	4 092
ドミニカ共和国‥‥	21.1	16.4	2.4	2.4	115	124	854
メキシコ‥‥‥‥	16.5	15.7	-0.2	3.4	104	115	1 341
アルゼンチン‥‥‥	19.3	19.1	5.2	2.6	134	147	1 525
エクアドル‥‥‥	12.4	11.2	3.3	2.8	115	125	409
コロンビア‥‥‥	14.1	11.3	2.0	0.6	112	115	493
チリ‥‥‥‥‥‥	13.4	11.6	0.9	3.7	107	119	1 129
ブラジル‥‥‥‥	15.5	13.0	1.4	-0.1	110	111	757
ベネズエラ‥‥‥	15.1	12.6	0.2	3.1	103	112	807
ペルー‥‥‥‥‥	16.0	14.9	5.4	4.8	133	155	605
オーストラリア‥‥	10.3	8.2	0.2	-0.4	101	99	3 051
ニュージーランド‥	14.5	12.4	-2.4	2.2	91	98	3 575
世界平均‥‥‥‥	15.8	16.2	1.4	2.8	113	123	1 262

UNIDO "International Yearbook of Industrial Statistics 2015" による。1) 推定値。2) EU28か国。

表 7-3　主要国における製造業の構成（Ⅰ）

新分類	日本（2010年）			韓国（2011年）		
	事業所数	雇用者数（千人）	付加価値額†（十億円）	事業所数	雇用者数（千人）	付加価値額†（兆ウォン）
食料品工業‥ 1)	34 496	1 202	11 616	4 545	173	25.8
繊維工業‥‥ 2)	11)15 853	11)274	11)1 391	6 043	164	16.3
化学工業‥‥ 3)	4 821	333	10 536	2 902	140	50.2
一次金属‥‥ 4)	6 864	303	4 998	2 688	133	34.8
金属製品‥‥ 5)	29 799	590	5 482	8 779	244	27.1
電子機器‥‥ 6)	10 185	738	10 451	5 550	447	121.0
電気機器‥‥ 7)	9 937	402	4 954	3 919	154	19.1
一般機械‥‥ 8)	28 526	875	9 830	8 719	291	35.9
自動車‥‥‥ 9)	9 172	807	11 849	3 685	283	50.7
船舶・航空‥10)	12)2 211	12)119	12)1 806	1 510	156	28.9
製造業計×‥	223 430	7 263	90 411	13)63 221	13)2 639	13)480.2

新分類	マレーシア（2012年）			シンガポール（2012年）		
	事業所数	雇用者数（千人）	付加価値額†（億リンギ）	事業所数	従業者数（千人）	付加価値額†（百万シンガポールドル）
食料品工業‥ 1)	6 268	257	259.9	14)858	14)27.7	14)2 341
繊維工業‥‥ 2)	9 983	81	28.4	545	3.9	147
化学工業‥‥ 3)	1 181	86	212.0	354	23.9	17 863
一次金属‥‥ 4)	1 065	66	79.3	34	2.6	215
金属製品‥‥ 5)	4 200	112	69.8	1 356	43.8	2 758
電子機器‥‥ 6)	640	371	416.4	327	92.6	17 909
電気機器‥‥ 7)	690	77	48.2	15)258	15)7.8	15)755
一般機械‥‥ 8)	1 189	73	54.8	16)1 440	16)60.2	16)6 181
自動車‥‥‥ 9)	541	82	78.8	75	2.8	206
船舶・航空‥10)	320	39	39.7	17)1 156	17)84.0	17)6 045
製造業計×‥	39 321	1 962	2 042.3	13)9 577	13)424.6	13)60 534

新分類	タイ（2011年）			フィリピン19)（2010年）		
	事業所数	雇用者数（千人）	付加価値額†（億バーツ）	事業所数	雇用者数（千人）	付加価値額#（億フィリピンペソ）
食料品工業‥ 1)	113 765	800	4 143	20)963	20)171	20)2 099
繊維工業‥‥ 2)	131 353	11)630	11)1 194	11)545	11)112	11)217
化学工業‥‥ 3)	3 605	170	1 172	21)306	21)38	21)737
一次金属‥‥ 4)	1 862	95	975	183	21	435
金属製品‥‥ 5)	32 567	263	1 023	22)320	22)41	22)191
電子機器‥‥ 6)	939	298	2 398	20)237	20)195	20)1 825
電気機器‥‥ 7)	18)1 567	18)136	18)888	23)120	23)22	23)351
一般機械‥‥ 8)	1 783	96	611	20)123	20)15	20)89
自動車‥‥‥ 9)	3 035	244	2 824	140	51	591
船舶・航空‥10)	12)737	12)17)42	12)17)304	20)34	20)30	20)526
製造業計×‥	424 196	4 006	20 751	24)4 663	24)871	24)10 021

第7章　工業・小売業

主要国における製造業の構成（Ⅱ）

新分類	ベトナム（2012年）			インドネシア（2011年）		
	企業数	雇用者数(千人)	付加価値額#(兆ドン)	事業所数	雇用者数(千人)	付加価値額#(兆ルピア)
食料品工業‥‥1)	7 976	569	201.9	25)6 568	25)1 065	25)262.5
繊維工業‥‥‥2)	5 991	1 124	62.1	11)4 473	11)1 039	11)79.5
化学工業‥‥‥3)	2 713	141	51.6	1 121	230	139.3
一次金属‥‥‥4)	1 049	73	40.8	267	65	38.2
金属製品‥‥‥5)	9 109	256	44.0	26)942	26)152	26)30.5
電子機器‥‥‥6)	739	290	72.3	297	164	24.8
電気機器‥‥‥7)	1 133	146	28.0	303	108	37.3
一般機械‥‥‥8)	1 263	61	11.8	315	49	16.8
自動車‥‥‥‥9)	379	88	27.5	303	111	103.7
船舶・航空‥‥10)	593	109	42.4	27)265	27)74	27)58.7
製造業計×‥‥	13)55 921	13)4 913	13)842.8	13)23 370	13)4 629	13)1 018.2

新分類	インド28)（2011年）			トルコ（2009年）		
	事業所数	雇用者数(千人)	付加価値額#(億ルピー)	企業数	雇用者数(千人)	付加価値額(百万トルコリラ)
食料品工業‥‥1)	40 326	2 206	9 175	40 101	20)319	20)9 844
繊維工業‥‥‥2)	27 957	2 369	5 932	69 305	596	12 874
化学工業‥‥‥3)	16 116	1 221	16 527	3 592	83	20)6 229
一次金属‥‥‥4)	11 644	1 084	16 462	2 293	29)22	29)801
金属製品‥‥‥5)	15 618	664	3 413	50 154	179	20)4 735
電子機器‥‥‥6)	2 670	243	2 019	613	20)19	20)553
電気機器‥‥‥7)	7 346	516	3 854	7 175	95	5 848
一般機械‥‥‥8)	11 520	688	6 127	12 780	121	4 209
自動車‥‥‥‥9)	5 306	791	6 245	4 560	121	6 571
船舶・航空‥‥10)	2 413	288	2 283	1 067	36	20)1 301
製造業計×‥‥	203 408	12 810	91 437	320 815	2 264	84 735

新分類	アメリカ合衆国30)（2010年）			カナダ35)（2012年）		
	事業所数	雇用者数(千人)	付加価値額†(2008年)(億米ドル)	事業所数	雇用者数(千人)	付加価値額†(億カナダドル)
食料品工業‥‥1)	20)27 966	20)1 500	3 214	20)7 534	20)230	20)323.1
繊維工業‥‥‥2)	11)40 809	11)739	11)345	20)9 437	20)89	20)73.7
化学工業‥‥‥3)	18 259	864	3 555	4 926	98	181.8
一次金属‥‥‥4)	6 092	428	1 013	941	68	159.7
金属製品‥‥‥5)	62 279	1 379	1 865	26)14 294	26)231	26)238.1
電子機器‥‥‥6)	13 993	31)892	2 357	20)3 382	20)76	20)94.1
電気機器‥‥‥7)	7 016	390	708	36)1 244	36)36	36)41.8
一般機械‥‥‥8)	32)18 093	32)973	1 708	20)3 415	20)138	20)186.1
自動車‥‥‥‥9)	33)35 972	33)426	1 140	33)725	33)55	33)109.7
船舶・航空‥‥10)	34)3 320	34)471	1 245	37)552	37)7	37)6.3
製造業計×‥‥	13)532 970	13)12 507	13)22 711	75 776	1 522	2 044.5

主要国における製造業の構成（Ⅲ）

新分類	メキシコ（2011年）			ブラジル[39]（2012年）		
	事業所数	雇用者数(千人)	出荷額[38]#(億ペソ)	事業所数	雇用者数(千人)	付加価値額*(億レアル)
食料品工業‥1)	143 724	638	10 622	[40]26 562	[40] 1 746	[40]1 865.3
繊維工業‥‥2)	1 246	186	1 153	[11]34 228	[11] 956	[11] 377.3
化学工業‥‥3)	604	115	6 331	7 138	488	907.3
一次金属‥‥4)	313	54	4 158	2 824	237	437.9
金属製品‥‥5)	52 593	172	1 625	20 124	533	348.6
電子機器‥‥6)	385	187	934	2 483	175	227.1
電気機器‥‥7)	427	142	1 949	[36] 3 301	[36] 258	[36] 243.1
一般機械‥‥8)	468	75	973	9 127	432	466.3
自動車‥‥9)	877	403	11 346	4 466	545	851.6
船舶・航空‥10)	89	21	272	797	[12] 112	[12] 141.1
製造業計×‥	204 638	2 500	49 896	[13]187 792	[13] 7 969	[13]8 447.9

新分類	イギリス[41]（2012年）			フランス（2011年）		
	企業数	雇用者数(千人)	付加価値額*(億ポンド)	企業数	雇用者数(千人)	付加価値額*(億ユーロ)
食料品工業‥1)	7 818	[20] 383	[42] 237.6	[47]59 197	[47][48] 573	[47][48] 331.7
繊維工業‥‥2)	[43] 4 015	[44] 83	[43] 23.2	12 868	87	42.4
化学工業‥‥3)	2 982	[20] 92	151.3	3 166	229	245.4
一次金属‥‥4)	[29] 496	[45] 49	[29] 6.1	967	[49] 87	[49] 61.9
金属製品‥‥5)	24 052	287	141.3	20 256	[22][26] 311	[22][26] 170.8
電子機器‥‥6)	[46] 5 618	…	[46] 75.3	2 776	[20] 134	[20] 101.1
電気機器‥‥7)	2 974	…	49.1	2 439	120	78.1
一般機械‥‥8)	7 954	[44] 197	127.9	5 355	182	132.0
自動車‥‥9)	2 618	[44] 127	105.4	1 939	224	134.5
船舶・航空‥10)	1 879	…	97.6	992	[49] 124	[49] 105.3
製造業計×‥	124 599	2 446	1 457.8	206 998	2 972	1 952.9

新分類	ドイツ（2012年）			イタリア（2011年）		
	企業数	雇用者数(千人)	付加価値額*(億ユーロ)	企業数	雇用者数(千人)	付加価値額*(億ユーロ)
食料品工業‥1)	31 139	851	361.4	58 077	339	227.6
繊維工業‥‥2)	[50] 6 044	[50] 111	[50] 56.4	48 771	307	140.1
化学工業‥‥3)	3 731	454	506.9	5 075	169	176.9
一次金属‥‥4)	2 838	264	191.2	3 939	122	88.6
金属製品‥‥5)	41 994	824	462.0	71 971	454	248.0
電子機器‥‥6)	7 686	314	228.9	5 759	105	70.8
電気機器‥‥7)	6 128	504	368.9	9 162	157	103.0
一般機械‥‥8)	16 216	1 067	785.9	24 684	425	298.1
自動車‥‥9)	2 679	811	766.5	2 403	166	99.0
船舶・航空‥10)	[20] 786	[20] 113	[20] 99.2	[12][17]2 643	[12][17] 74	[12][17]48.5
製造業計×‥	203 664	6 995	4 818.5	425 481	3 359	2 080.9

主要国における製造業の構成 (IV)

新分類	スペイン (2011年) 企業数	雇用者数(千人)	付加価値額*(億ユーロ)	ポーランド (2011年) 企業数	雇用者数(千人)	付加価値額*(億ズウォティ)
食料品工業‥1)	27 768	352	208.8	13 731	402	404.1
繊維工業‥‥2)	15 558	87	31.3	18 261	136	60.3
化学工業‥‥3)	3 886	119	114.2	2 210	95	185.4
一次金属‥‥4)	45) 1 065	45) 50	45) 31.3	1 217	49) 61	49) 65.4
金属製品‥‥5)	37 536	243	108.0	29 958	252	232.6
電子機器‥‥6)	2 599	29	15.3	2 812	59	62.7
電気機器‥‥7)	2 438	68	37.9	2 101	93	105.8
一般機械‥‥8)	5 782	100	58.5	4 823	120	124.8
自動車‥‥‥9)	1 858	139	84.6	1 398	153	209.0
船舶・航空‥10)	20) 754	20) 44	20) 34.1	1 409	43	50.7
製造業計×‥	182 162	1 825	1 038.7	179 138	2 188	2 229.8

新分類	エジプト51) (2010年) 事業所数	従業者数(千人)	付加価値額#(億エジプトポンド)	オーストラリア (2012年) 企業数(2010年)	従業者数(千人)	付加価値額†(億豪ドル)
食料品工業‥1)	4 920	241	185.8	12 946	242	253.7
繊維工業‥‥2)	11) 1 025	11) 234	11) 63.4	8 146	53) 43	53) 28.3
化学工業‥‥3)	416	98	168.9	3 034	46	89.4
一次金属‥‥4)	115	60	60.9	1 500	58	76.5
金属製品‥‥5)	429	36	18.7	15 592	116	108.9
電子機器‥‥6)	44	14	7.6	3 052 }		
電気機器‥‥7)	184	46	15) 38.6	2 368 }	112 }	120.9
一般機械‥‥8)	129	24	12.1	7 591 }		
自動車‥‥‥9)	74	23	22.3	3 660 }	88 }	92.9
船舶・航空‥10)	52) 27	52) 9	52) 5.7	4 394 }		
製造業計×‥	9 400	1 030	1 133.0	128 940	936	1 021.8

旧分類	中国57) (2011年) 企業数	雇用者数(2010年)(千人)	出荷額38)#(十億元)	イラン58) (2011年) 事業所数	雇用者数(千人)	付加価値額#(兆リアル)
食料品工業‥1)	32 930	6 971	7 634	2 745	194	62.4
繊維工業‥‥2)	36 087	11 202	4 734	59) 1 256	59) 86	59) 16.4
化学工業‥‥3)	30 264	6 907	8 106	937	117	142.7
一次金属‥‥4)	17 630	6 080	10 849	638	122	100.1
金属製品‥‥‥	20 386	4 129	2 791	1 175	75	19.3
一般機械‥8)54)	26) 34 823	26) 8 537	26) 6 613	1 003	80	21.0
事務用機械‥55)	1 265	1 770	2 065	36	5	1.8
電気機械‥‥56)	16 832	4 613	3 840	468	52	18.2
ラジオ・テレビ‥	10 433	6 043	4 332	71	7	1.8
自動車‥‥‥‥	10 262	3 615	4 776	676	148	81.4
製造業計×24)	13)301 329	13)83 915	13)72 854	14 968	1 236	624.3

主要国における製造業の構成（Ⅴ）

旧分類	ロシア（2012年）			南アフリカ共和国（2011年）		
	企業数	雇用者数 （千人）	付加価値額† （億ルー ブル）	事業所数	雇用者数 （千人）	付加価値額† （2010年） （億ランド）
食料品工業‥ 1)	27 022	1 254	12 934	7 083	204.7	727
繊維工業‥‥ 2)	12 813	285	59)60) 891	4 427	88.0	39
化学工業‥‥ 3)	6 699	401	8 249	7 784	21) 66.9	21)63) 411
一次金属‥‥ 4)	2 105	511	8 951	3 281	112.1	243
金属製品‥‥‥	22 884	484	2 189	7 464	62) 61.9	177
一般機械‥ 8)54)	23 348	819	4 534	7 246	94.9	209
事務用機械‥55)	1 259	20	218	1 665	6.3	…
電気機械‥‥56)	9 055	315	20) 1 793	1 820	38.5	76
ラジオ・テレビ	…	…	…	428	6.6	24
自動車‥‥‥‥	1 972	367	61) 2 616	6 311	96.0	209
製造業計×24)	207 584	7 623	78 903	72 316	1 158.3	3 325

UNIDO "International Yearbook of Industrial Statistics" による。付加価値額は生産額から原材料費や減価償却額等を除いたもの。*は要素費用表示ベース。#は生産者価格ベース。†は定義不明。分類項目のうち新分類はISIC Rev.4，旧分類はISIC Rev.3を元にしている。1) 飲料，たばこを含む。2) 衣類を含む。3) 医薬品を含む。石油製品，ゴム製品，プラスチック製品を除く。4) 鉄鋼業や非鉄金属。鋳造業を含む。5) 武器を含む。6) 電子部品，コンピュータ，通信機器，民生用電子機器（テレビ等）など。光学機器を含む。7) 発電機等や電池，電線，白物家電等。8) 特殊産業機械を含む。9) 二輪自動車を含まず。10) 二輪自動車や自転車，鉄道，宇宙船などを含む。11) 毛皮製品を除く。12) 軍用の飛行機を除く。13) 利用できるデータのみの合計。14) でん粉等を除く。15) 電池等を除く。16) 冶金用を除く。17) 鉄道を除く。18) 光ケーブルを除く。19) 従業者20人以上の事業所。20) 一部の業種を除く。21) 化学繊維を除く。22) 温水ボイラー以外の蒸気ボイラーを除く。23) 光ケーブル，配線器具類を除く。24) 出版業を含む。25) ビール類を除く。26) 武器を除く。27) 鉄道，航空，軍用機を除く。28) 公式登録のある，工員20人以上または動力機械がある工員10人以上の事業所。29) 鋳造業のみで鉄鋼業や非鉄金属製造などを除く。30) 雇用者1人以上の事業所。31) 磁気メディア，光学メディアを除く。32) 食品加工機械を除く。33) 部品製造を除く。34) 造船，航空，二輪自動車のみ。35) 収益が3万カナダドル未満で雇用者のいない非法人企業を除く。36) 光ファイバーやその他の電線類を除く。37) 造船業のみ。38) 原資料で付加価値額が掲載されておらず，出荷額を掲載した。39) 従業者5人以上の場所の単位。40) 動物用エサを除く。41) 付加価値税および源泉所得税登録企業。42) 果実，野菜加工を除く。43) ニット，クローセ編み以外の衣類，毛皮を除く。44) 2011年。45) 非鉄金属を除く。46) 磁気メディア，光学メディア，光学機器，写真機類を除く。47) 植物油，動物油を除く。48) たばこを除く。49) 2010年。50) ニット，クローセ編み衣類，毛皮を除く。51) 雇用者10人以上の事業所。52) 航空機を除く。53) 皮革製品を含む。54) 白物家電を含む。55) コンピュータを含む。56) 白物家電等は一般機械に含む。57) 収益が2000万元以上の企業。58) 従業者10人以上の事業所。59) 毛皮加工品を除く。60) ニット，クローセ編み製品や，敷物など衣服や布物以外の繊維製品を除く。61) 完成車のみで車体や部品製造を除く。62) 容器やボイラーなど金属製品の構造物のみ。63) 核燃料製造業を含む。×その他とも。

表7-4　付加価値額の業種別シェア（2005年基準価格）（2013年）（％）

食料品・飲料[1]	繊維[2]	衣類・毛皮	皮革製品・履物
アメリカ‥‥21.0	中国‥‥‥43.7	中国‥‥‥43.8	中国‥‥‥45.0
中国‥‥‥18.4	アメリカ‥‥7.6	イタリア‥‥7.2	イタリア‥‥9.4
日本‥‥‥7.1	インド‥‥4.5	アメリカ‥‥5.8	アルゼンチン3.6
ドイツ‥‥‥4.1	トルコ‥‥‥4.1	トルコ‥‥‥3.6	インドネシア3.5
メキシコ‥‥4.0	イタリア‥‥3.9	韓国‥‥‥3.6	ブラジル‥‥2.9
イギリス‥‥3.6	日本‥‥‥3.9	インド‥‥‥2.2	ベトナム‥‥2.6

木製品[3]	紙・紙製品	出版・印刷	石炭・石油製品[4]
中国‥‥‥24.2	中国‥‥‥24.6	アメリカ‥‥14.9	アメリカ‥‥22.9
アメリカ‥‥18.2	アメリカ‥‥20.7	日本‥‥‥13.4	中国‥‥‥14.9
ドイツ‥‥‥6.6	日本‥‥‥8.7	イギリス‥‥9.3	ロシア‥‥‥10.0
日本‥‥‥5.7	ドイツ‥‥‥5.7	ドイツ‥‥‥9.0	インド‥‥‥7.1
カナダ‥‥4.6	メキシコ‥‥2.9	中国‥‥‥6.0	ブラジル‥‥6.1
イタリア‥‥2.7	カナダ‥‥2.7	フランス‥‥4.1	スペイン‥‥2.7

化学・化学製品	ゴム・プラ製品[5]	窯業	鉄・非鉄金属[6]
アメリカ‥‥23.2	アメリカ‥‥20.0	中国‥‥‥32.0	中国‥‥‥45.4
中国‥‥‥21.5	中国‥‥‥17.4	アメリカ‥‥12.0	日本‥‥‥9.0
日本‥‥‥8.8	日本‥‥‥12.6	日本‥‥‥7.6	アメリカ‥‥7.9
ドイツ‥‥‥5.8	ドイツ‥‥‥8.4	ドイツ‥‥‥4.6	インド‥‥‥4.3
フランス‥‥3.1	韓国‥‥‥3.5	メキシコ‥‥2.8	ドイツ‥‥‥4.0
メキシコ‥‥2.4	イタリア‥‥3.1	イタリア‥‥2.5	ロシア‥‥‥3.4

金属製品	一般機械	事務用機械[7]	電気機械
アメリカ‥‥21.2	中国‥‥‥25.3	アメリカ‥‥34.1	中国‥‥‥30.4
中国‥‥‥19.4	アメリカ‥‥17.0	中国‥‥‥27.7	アメリカ‥‥14.8
ドイツ‥‥‥10.5	ドイツ‥‥‥12.5	日本‥‥‥8.5	日本‥‥‥13.1
日本‥‥‥9.0	日本‥‥‥9.8	（台湾）‥‥‥4.2	ドイツ‥‥‥11.7
イタリア‥‥4.5	イタリア‥‥4.1	韓国‥‥‥3.8	韓国‥‥‥2.5
イギリス‥‥3.4	韓国‥‥‥3.5	シンガポール3.3	フランス‥‥2.4

テレビ・通信機器[8]	精密機械[9]	自動車	造船・航空[10]
アメリカ‥‥22.2	アメリカ‥‥42.0	日本‥‥‥16.8	アメリカ‥‥30.0
中国‥‥‥19.2	ドイツ‥‥‥10.6	アメリカ‥‥16.2	中国‥‥‥14.1
韓国‥‥‥15.3	中国‥‥‥8.9	中国‥‥‥15.4	イギリス‥‥9.5
（台湾）‥‥‥12.7	日本‥‥‥7.0	ドイツ‥‥‥13.3	ドイツ‥‥‥6.7
日本‥‥‥11.2	スイス‥‥4.0	メキシコ‥‥5.0	韓国‥‥‥5.8
インドネシア2.1	イギリス‥‥4.0	韓国‥‥‥4.7	フランス‥‥5.6

UNIDO "International Yearbook of Industrial Statistics 2015" による。1) たばこを除く。2) 衣類を除く。3) 家具を除く。4) 核燃料を含む。5) ゴム製品・プラスチック製品。6) 金属製品製造業を除く。7) コンピュータなど。8) ラジオを含む。9) 医療機器・光学機器・時計など。10) 二輪車や鉄道，宇宙船等を含む。

表 7-5　銑鉄の生産（単位　千 t ）

	1980	1990	2000	2010	2012	2013
中国‥‥‥‥‥‥	38 020	62 370	131 015	595 601	670 102	708 970
日本‥‥‥‥‥‥	87 041	80 229	81 071	82 283	81 405	83 849
インド‥‥‥‥‥	8 509	12 000	21 321	39 560	47 987	51 359
ロシア‥‥‥‥‥	…	1) 45 990	44 536	47 934	50 529	50 111
韓国‥‥‥‥‥‥	5 577	15 339	24 937	35 065	41 734	41 045
アメリカ合衆国‥	62 344	49 668	47 878	26 843	32 062	30 308
ウクライナ‥‥‥	…	1) 35 162	25 697	27 349	28 500	29 094
ドイツ‥‥‥‥‥	2) 33 873	2) 31 403	30 845	28 560	27 048	27 176
ブラジル‥‥‥‥	12 685	21 141	27 723	30 955	26 900	26 200
（台湾）‥‥‥‥	1 685	5 491	9 618	9 358	11 785	13 319
フランス‥‥‥‥	19 159	14 096	13 916	10 137	9 532	10 276
イギリス‥‥‥‥	6 412	12 319	10 890	7 233	7 183	9 471
トルコ‥‥‥‥‥	2 140	5 368	5 333	7 679	8 613	9 180
イタリア‥‥‥‥	12 219	11 852	11 220	8 555	9 424	6 933
オーストリア‥‥	3 485	3 452	4 318	5 621	5 751	6 152
カナダ‥‥‥‥‥	10 893	7 346	8 904	7 666	7 654	6 100
オランダ‥‥‥‥	4 328	4 960	4 970	5 799	5 917	5 681
南アフリカ共和国	7 134	6 257	6 292	5 429	4 599	4 960
メキシコ‥‥‥‥	3 639	3 665	4 856	4 707	4 611	4 911
ベルギー‥‥‥‥	9 905	9 416	8 471	4 688	4 073	4 343
チェコ‥‥‥‥‥	…	1) 5 082	4 621	3 987	3 935	4 040
ポーランド‥‥‥	11 510	8 352	6 492	3 638	3 952	4 011
スペイン‥‥‥‥	6 379	5 441	4 059	3 572	3 081	3 949
（参考）旧ソ連‥	107 282	110 166	—	—	—	—
（再掲）EU‥‥‥	…	100 942	95 197	94 503	91 161	92 552
世界計×‥‥‥	507 200	530 821	576 158	1 035 120	1 124 263	1 168 397

世界鉄鋼協会 "Steel Statistical Yearbook" および日本鉄鋼連盟「鉄鋼統計要覧」による。
EUは27か国で2000年以前は15か国。1）1992年。2）旧西ドイツ。×その他とも。

表 7-6　世界の鉄鋼メーカー別粗鋼生産量（2014年）（単位　千 t ）

アルセロール・ミタル（ル）	98 088	タタ・スチール（印）‥‥	26 202
新日鐵住金（日）‥‥‥‥‥	49 300	山東鋼鉄集団（中）‥‥‥	23 336
河北鋼鉄集団（中）‥‥‥‥	47 094	ニューコア（米）‥‥‥‥	21 411
宝鋼集団（中）‥‥‥‥‥‥	43 347	現代製鉄（韓）‥‥‥‥‥	20 576
POSCO（韓）‥‥‥‥‥‥	41 428	USスチール（米）‥‥‥	19 732
江蘇沙鋼集団（中）‥‥‥‥	35 332	ジェルダウ（伯）‥‥‥‥	19 001
鞍山鋼鉄集団（中）‥‥‥‥	34 348	馬鞍山鋼鉄（中）‥‥‥‥	18 903
武漢鋼鉄集団（中）‥‥‥‥	33 053	天津渤海鋼鉄集団（中）‥	18 488
JFEスチール（日）‥‥‥‥	31 406	ティッセンクルップ（独）	16 271
中国首都鋼鉄集団（中）‥‥	30 777	本渓鋼鉄集団（中）‥‥‥	16 261

世界鉄鋼協会Webサイト（http://www.worldsteel.org/）による。2015年7月20日閲覧。ル＝
ルクセンブルク。伯＝ブラジル。資本が50％以上の子会社は全生産量、30～50％は資本比
率に応じて生産量に加えている。30％未満は生産量には加えていない。

表7-7　**粗鋼の生産**（単位　千t）

	1980	1990	2000	2010	2013	2014
中国‥‥‥‥‥	37 121	66 350	128 500	638 743	821 990	822 698
日本‥‥‥‥‥	111 395	110 339	106 444	109 599	110 595	110 666
アメリカ合衆国	101 455	89 726	101 824	80 495	86 878	88 174
インド‥‥‥‥	9 514	14 963	26 924	68 976	81 299	86 530
ロシア‥‥‥‥	…	1) 67 029	59 136	66 942	68 856	71 461
韓国‥‥‥‥‥	8 558	23 125	43 107	58 914	66 061	71 036
ドイツ‥‥‥‥	2) 43 838	38 434	46 376	43 830	42 645	42 943
トルコ‥‥‥‥	2 536	9 443	14 325	29 143	34 654	34 035
ブラジル‥‥‥	15 337	20 567	27 865	32 948	34 163	33 897
ウクライナ‥‥	…	1) 41 759	31 767	33 432	32 771	27 170
イタリア‥‥‥	26 501	25 467	26 759	25 750	24 080	23 714
（台湾）‥‥‥‥	3 365	9 748	16 896	19 755	22 282	23 121
メキシコ‥‥‥	7 156	8 734	15 631	16 870	18 208	18 995
イラン‥‥‥‥	550	1 425	6 600	11 995	15 422	16 331
フランス‥‥‥	23 176	19 016	20 954	15 414	15 685	16 143
スペイン‥‥‥	12 842	12 936	15 874	16 343	14 252	14 249
カナダ‥‥‥‥	15 901	12 281	16 595	13 009	12 415	12 730
イギリス‥‥‥	11 277	17 841	15 155	9 709	11 858	12 120
ポーランド‥‥	19 485	13 633	10 498	7 993	7 950	8 558
オーストリア‥	4 623	4 291	5 707	7 206	7 953	7 876
ベルギー‥‥‥	12 321	11 453	11 636	7 973	7 093	7 331
オランダ‥‥‥	5 272	5 412	5 666	6 651	6 713	6 964
南アフリカ共和国	9 067	8 619	8 481	7 617	7 254	6 550
エジプト‥‥‥	968	2 247	2 838	6 676	6 754	6 485
サウジアラビア	50	1 790	2 981	5 015	5 471	6 291
アルゼンチン‥	2 721	3 636	4 474	5 138	5 186	5 488
ベトナム‥‥‥	60	102	306	4 314	5 474	…
チェコ‥‥‥‥	…	1) 7 286	6 216	5 180	5 171	5 360
スロバキア‥‥	…	1) 3 798	3 733	4 583	4 511	4 705
マレーシア‥‥	210	1 100	3 650	5 694	4 693	…
オーストラリア	7 589	6 676	7 129	7 296	4 688	4 607
スウェーデン‥	4 237	4 455	5 227	4 846	4 404	4 539
タイ‥‥‥‥‥	450	685	2 100	4 145	3 579	4 095
フィンランド‥	2 509	2 860	4 096	4 029	3 517	3 807
カザフスタン‥	…	1) 5 675	4 769	4 220	3 275	3 681
カタール‥‥‥	463	564	729	1 970	2 236	3 019
ルーマニア‥‥	13 175	9 761	4 672	3 721	2 985	…
インドネシア‥	543	2 892	2 848	3 664	2 644	…
（参考）旧ソ連‥	147 941	154 436	—	—	—	—
（再掲）EU‥‥	153 811	148 406	163 358	172 816	166 208	169 301
世界計×‥‥	**716 401**	**770 429**	**850 156**	**1 432 761**	**1 649 303**	3) **1 643 508**

世界鉄鋼協会Webサイト（http://www.worldsteel.org/）による。2015年7月27日閲覧。
2014年は一部に推計値が含まれる。EUは2000年以前は15か国，2010，13年は27か国，14
年は28か国。1）1992年。2）旧西ドイツ。3）主要65か国の合計でマレーシアやベトナム
などを含まず。この65か国で2014年は全生産量の98％を占める。×その他とも。

図 7-3　主要国の粗鋼生産

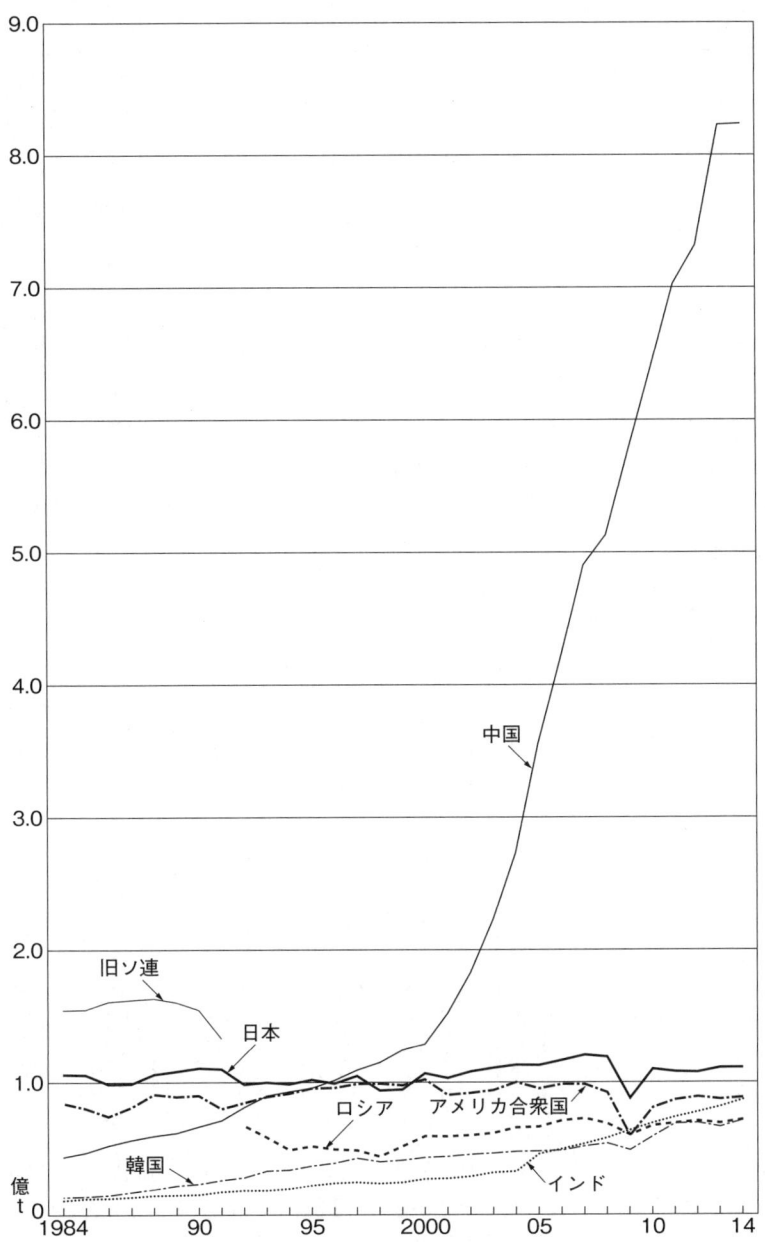

表7-7より作成。

表 7-8　鋼材および半鋼材の輸出入（単位　千 t ）

輸　出	2012	2013	輸　入	2012	2013
中国・・・・・・・・・	54 793	61 543	アメリカ合衆国	30 886	29 812
日本・・・・・・・・・	41 458	42 502	ドイツ・・・・・・・	22 729	21 881
韓国・・・・・・・・・	30 227	28 927	韓国・・・・・・・・・	20 402	19 033
ウクライナ・・・・	24 142	24 720	タイ・・・・・・・・・	15 183	15 866
ドイツ・・・・・・・	25 818	24 161	イタリア・・・・・・	13 899	15 626
ロシア・・・・・・・	26 678	23 641	中国・・・・・・・・・	14 154	14 774
トルコ・・・・・・・	18 574	17 305	トルコ・・・・・・・	11 499	14 462
イタリア・・・・・・	17 926	16 640	フランス・・・・・・	13 163	13 154
フランス・・・・・・	14 579	14 164	インドネシア・・	12 032	12 297
ベルギー・・・・・・	14 456	13 875	ベルギー・・・・・・	10 557	10 109
アメリカ合衆国	13 560	12 508	ベトナム・・・・・・	7 779	9 951
（台湾）・・・・・・・	10 539	11 559	カナダ・・・・・・・	9 618	8 895
インド・・・・・・・	8 232	10 078	メキシコ・・・・・・	9 266	8 117
スペイン・・・・・・	9 416	9 134	ポーランド・・・・	7 845	7 993
オランダ・・・・・・	9 734	8 761	（台湾）・・・・・・・	7 521	7 764
イギリス・・・・・・	6 410	8 374	スペイン・・・・・・	7 329	7 401
世界計×・・・・	**413 901**	**409 109**	世界計×・・・・	**400 010**	**398 085**

世界鉄鋼協会 "Steel Statistical Yearbook 2014" による。×その他とも。

表 7-9　**粗鋼消費量**（見掛消費）（単位　千 t ，1人当たりはkg）

	1990	2000	2010	2012	2013	1人当たり消費（2013）
中国・・・・・・・・・	68 279	138 086	612 060	687 580	771 729	567.7
アメリカ合衆国・	103 052	133 353	92 400	108 300	106 300	333.8
インド・・・・・・・・	21 700	30 200	69 082	78 045	81 431	63.9
日本・・・・・・・・・	99 032	79 600	67 400	68 800	70 900	561.2
韓国・・・・・・・・・	21 478	40 000	54 573	56 322	53 919	1 105.5
ロシア・・・・・・・	1)59 057	29 412	41 444	48 519	49 743	348.9
ドイツ・・・・・・・	2)35 550	42 091	40 479	40 829	41 500	507.3
トルコ・・・・・・・	6 593	13 370	25 131	30 286	33 305	442.0
ブラジル・・・・・・	11 048	17 500	29 004	27 979	29 361	146.8
メキシコ・・・・・・	8 804	19 800	20 648	24 604	23 199	197.5
イタリア・・・・・・	28 404	32 483	27 212	22 684	23 044	377.2
（台湾）・・・・・・・	15 350	25 300	21 350	21 332	22 190	952.1
タイ・・・・・・・・・	6 783	7 428	16 378	19 047	20 470	291.4
イラン・・・・・・・	5 177	10 296	21 720	20 199	18 592	243.3
カナダ・・・・・・・	11 222	19 800	15 656	17 305	15 661	447.5
（参考）旧ソ連・・	152 577	—	—	—	—	—
（再掲）EU・・・・	133 957	161 722	159 810	152 004	153 286	304.0
世界計×・・・・	**773 442**	**842 896**	**1 408 871**	**1 548 251**	**1 648 127**	235.9

世界鉄鋼協会 "Steel Statistical Yearbook" による。粗鋼換算による生産＋輸入－輸出。
EUは27か国で，2000年以前は15か国。1）1992年。2）旧西ドイツ。×その他とも。

表7-10　銅，アルミニウムの生産（単位　千t）

銅（精製銅）	1980	1990	2000	2010	2011	2012
中国・・・・・・・・・・・	295	560	1 371	4 670	5 260	5 910
チリ・・・・・・・・・・・	* 811	* 1 190	* 2 668	* 3 244	* 3 092	* 2 902
日本・・・・・・・・・・・	1 014	1 010	1 442	1 549	1 328	1 492
アメリカ合衆国・・	1 730	2 020	1 800	1 090	1 030	1 000
ロシア・・・・・・・・・	…	…	840	874	924	875
ドイツ・・・・・・・ 1)	374	476	709	704	709	686
インド・・・・・・・・・	26	* 42	243	664	673	680
韓国・・・・・・・・・・・	79	186	* 468	559	594	589
ポーランド・・・・・・	*2) 357	*2) 346	518	547	571	564
ザンビア・・・・・・・・	608	* 438	* 277	* 530	* 516	* 530
オーストラリア・・	166	274	* 487	* 424	* 477	* 461
コンゴ民主共和国	…	…	…	* 265	* 366	* 460
ベルギー・・・・・・ 3)	374	332	423	381	394	394
メキシコ・・・・・・・・	86	153	411	262	405	377
スペイン・・・・・・・・	154	166	316	347	354	354
カザフスタン・・・・	…	…	* 395	* 323	* 338	338
ペルー・・・・・・・・・	* 230	* 228	* 452	* 394	* 368	* 311
（参考）旧ソ連・・・	855	1 230	—	—	—	—
世界計×・・・・・・	8 869	10 800	14 900	19 100	19 700	20 100

アルミニウム（一次のみ）	1980 4)	1990	2000	2010	2012	2013
中国・・・・・・・・・・・	360	850	2 800	16 200	20 300	22 100
ロシア・・・・・・・・・	…	…	3 245	3 947	3 924	3 724
カナダ・・・・・・・・・	1 068	1 570	2 373	2 963	2 781	2 967
アメリカ合衆国・・	4 654	4 050	3 668	1 726	2 070	1 946
アラブ首長国連邦	25	174	470	1 400	1 820	1 864
オーストラリア・・	303	1 230	1 769	1 928	1 864	1 778
インド・・・・・・・・・	185	4) 433	4) 644	1 607	1 700	1 703
ブラジル・・・・・・・	261	931	1 277	1 536	1 436	1 304
ノルウェー・・・・・・	653	845	1 026	1 109	1 145	1 100
バーレーン・・・・・	126	213	509	851	890	913
南アフリカ共和国	87	159	673	807	665	822
アイスランド・・・・	73	5) 87	5) 224	806	820	800
カタール・・・・・・・	…	…	…	126	604	600
モザンビーク・・・・	…	…	54	557	564	570
ドイツ・・・・・・・ 1)	731	740	644	402	410	492
アルゼンチン・・・・	133	166	262	417	413	425
オマーン・・・・・・・	…	…	…	367	360	354
（参考）旧ソ連・・・	1 760	3 520	—	—	—	—
世界計×・・・・・・	15 383	19 300	24 300	41 200	45 800	47 600

アメリカ地質調査所 "Minerals Yearbook" による。推定値や暫定値を含む。銅は二次銅（再生銅）を含む。*一次銅のみ。1) 1990年以前は旧西ドイツ。2) おそらく二次銅を含む。3) コンゴ民主共和国で生産された電気銅の再処理品を含む。4) インゴット。5) インゴットとビレット。×その他とも。

第7章 工業・小売業

表 7-11　その他の主な金属の生産（単位　千 t）

鉛	2011	2012	亜鉛	2011	2012
中国･･････････	4 600	4 700	中国･･････････	5 210	4 830
アメリカ合衆国	1 250	1 220	韓国･･･････ ＊	829	875
インド･･････	426	432	インド･･････	795	800
ドイツ･････	429	430	カナダ････ ＊	662	649
メキシコ･･･ 1)	318	405	日本･････	545	571
イギリス････	294	294	オーストラリア	513	504
カナダ･･････	282	278	スペイン････	489	490
日本･･･････	249	252	メキシコ･･ ＊	322	322
韓国･･･････	257	250	カザフスタン･･	320	320
オーストラリア	213	184	ペルー･･･ ＊	314	319
イタリア････	149	149	フィンランド ＊	307	315
ブラジル････ #	139	140	ブラジル･･ ＊	285	285
スペイン･･･ #	172	125	ロシア･･････	267	270
ベルギー･･･ #	121	121	アメリカ合衆国	248	261
ポーランド･･	100	100	オランダ･ ＊	261	257
フランス･･･ #	88	88	ベルギー･･ ＊	282	250
カザフスタン･	111	88	ドイツ･･･	170	169
ロシア･･････	87	87	フランス･･ ＊	164	161
アルゼンチン･	85	81	ノルウェー･ ＊	153	153
イラン･････	75	75	ポーランド･･	156	150
マレーシア･･ #	70	70	イラン･････	132	148
ブルガリア･･	72	66	ナミビア･･ ＊	146	145
世界計×･･･	**10 100**	**10 200**	世界計×･･･	**13 200**	**12 800**

ニッケル2)（含有量）	2011	2012	スズ	2011	2012
中国･･････････	438	546	中国･･････ ＊	156.0	148.0
ロシア･･････	267	255	インドネシア ＊	43.0	42.0
日本･･･････	157	170	マレーシア･ ＊	40.3	37.8
カナダ･････	142	140	ペルー････ ＊	32.3	24.8
オーストラリア	110	129	タイ･･････ ＊	20.0	20.0
ノルウェー･ 3)	92	92	ボリビア･･ ＊	14.3	14.5
ブラジル････	37	53	ブラジル･･	9.6	12.2
コロンビア･ 4)	38	47	アメリカ合衆国 #	11.0	11.2
フィンランド･	51	46	ベルギー･･ #	5.0	5.0
ニューカレドニア 4)	40	45	ベトナム･･ ＊	3.0	3.0
イギリス･･ 3)	37	34	日本･･････ ＊	0.9	1.0
南アフリカ共和国	38	32	ロシア･･･	0.8	0.7
キューバ･･ 5)	29	29	オーストラリア	0.4	0.4
世界計×･･･	**1 620**	**1 760**	世界計×･･･	**337.0**	**321.0**

アメリカ地質調査所 "Minerals Yearbook" による。推定値や暫定値が一部含まれる。二次（再生）金属を含む。＊一次（新製）金属のみ。#二次金属のみ。1) アンチモン鉛を含む。2)金属ニッケルのほか, ニッケル酸化物やフェロニッケルなどに含まれるニッケル含有量。3) 金属ニッケル。4) フェロニッケル。5) ニッケル酸化物。×その他とも。

表7-12　世界の造船竣工量（100総トン以上の鋼船）（単位　千総トン）

	1980	1990	2000	2010	2013	2014
中国	1) 30	404	1 484	36 437	25 903	22 707
韓国	522	3 441	12 218	31 698	24 504	22 595
日本	6 094	6 663	12 001	20 218	14 588	13 421
フィリピン	2	3	144	1 161	1 331	1 878
（台湾）	240	515	602	580	483	600
ドイツ	2) 376	2) 874	975	932	350	519
ベトナム	…	3) 3	1	583	552	378
ルーマニア	170	175	135	613	504	326
イタリア	248	392	537	634	172	312
アメリカ合衆国	555	23	73	238	192	293
ブラジル	729	255	8	47	170	212
インドネシア	1	19	50	182	124	198
トルコ	21	29	64	364	194	184
ポーランド	362	141	626	167	119	136
オランダ	122	190	296	138	66	108
フィンランド	200	256	223	225	65	105
シンガポール	31	47	16	119	71	97
インド	20	77	42	109	252	96
マレーシア	4	25	7	89	97	76
スペイン	395	367	460	288	102	69
ノルウェー	208	91	109	21	46	63
ロシア	…	3) 143	67	180	118	53
クロアチア	…	3) 384	342	387	89	41
カナダ	84	3	29	4	2	21
アラブ首長国連邦	…	4) 0	2	32	32	19
ウクライナ	…	3) 140	5	64	52	19
世界計×	13 101	15 885	31 696	96 433	70 480	64 618

IHS Maritime & Trade "World Fleet Statistics" および同 "World Shipbuilding Statistics" による。1) 1981年。2) 旧西ドイツ。3) 1992年。4) 1994年。×その他とも。

表7-13　二輪自動車の生産（単位　千台）

	2012	2013		2012	2013
中国 1)	23 630	22 892	日本	595	563
インド 2)	15 744	16 880	マレーシア	543	…
インドネシア	7 080	7 780	イタリア	330	…
タイ	2 606	2 219	ドイツ	102	…
ブラジル	1 690	1 673	オーストリア	77	…
（台湾）	1 076	…	フランス	57	…
パキスタン 1)	824	795	スペイン	44	…
フィリピン	588	729	イギリス	21	…

日本自動車工業会「世界自動車統計年報」(2015年) による。掲載国以外でも生産国があるとみられる。1) 三輪車を含む。2) 4月から翌年3月末までの値。

表 7-14　世界の自動車生産（単位　千台）

	1980	1990	2000	2010	乗用車	トラック・バス
アジア・・・・・・・・・	...	...	18 187	41 938	32 943	8 994
中国・・・・・・・・・・	217	470	2 069	18 265	13 897	4 368
日本・・・・・・・・・・	11 043	13 487	10 141	9 629	8 310	1 319
韓国・・・・・・・・・・	123	1 322	3 115	4 272	3 866	406
インド・・・・・・・・	113	364	801	3 557	2 832	726
タイ・・・・・・・・・	*　72	*　305	412	1 645	554	1 090
インドネシア・・・・	*　175	*　271	293	703	497	206
トルコ・・・・・・・・	...	209	431	1 095	603	491
イラン・・・・・・・・	...	*　50	278	1 599	1 367	232
マレーシア・・・・・・	*　101	*　205	283	568	523	45
（台湾）・・・・・・・	*　133	*　342	373	303	251	52
ウズベキスタン・・	...	...	32	157	130	26
ヨーロッパ・・・・・	...	...	19 727	18 546	16 509	2 037
EU・・・・・・・・ 1)	11 685	15 010	17 106	17 079	15 260	1 819
ドイツ・・・・・ 2)	3 879	4 977	5 527	5 906	5 552	354
スペイン・・・・・	1 182	2 053	3 033	2 388	1 914	474
フランス・・・・・	3 378	3 769	3 348	2 229	1 924	305
イギリス・・・・・	1 313	1 566	1 814	1 393	1 270	123
チェコ・・・・・・	...	...	455	1 076	1 070	7
スロバキア・・・・	...	...	182	562	562	—
イタリア・・・・・	1 610	2 121	1 738	838	573	265
ポーランド・・・・	418	335	505	869	785	84
ベルギー・・・・・	225	386	1 033	555	529	26
ルーマニア・・・・	132	111	78	351	324	27
ハンガリー・・・・	16	10	137	211	209	3
ポルトガル・・・・	*　104	*　138	247	159	115	44
ロシア・・・・・・・・	...	...	1 206	1 403	1 208	195
（参考）旧ソ連・・・	2 195	1 974	—	—	—	—
北中アメリカ・・・・	...	...	17 697	12 173	5 084	7 089
アメリカ合衆国・・	8 010	9 785	12 800	7 763	2 731	5 031
メキシコ・・・・・・・	490	821	1 936	2 342	1 386	956
カナダ・・・・・・・・	1 324	1 947	2 962	2 068	967	1 101
その他の地域・・・・	...	...	2 763	4 953	3 706	1 248
ブラジル・・・・・・・	1 165	914	1 682	3)3 382	3)2 585	3)797
アルゼンチン・・・・	282	100	340	717	508	208
南アフリカ共和国	376	335	357	472	295	177
モロッコ・・・・・・・	*　20	*　22	19	42	36	7
オーストラリア・・	365	384	347	244	205	39
世界計・・・・・・・	38 565	48 554	58 374	77 610	58 242	19 368

2000年以降は国際自動車工業連合会（http://www.oica.net，2015年 7 月27日閲覧），1990年以前は日本自動車工業会「世界自動車統計年報」(2015年) および同資料による。一部の国のデータは推計値。完成車の生産台数で，日本など一部でノックダウン車両（部品やモジュールで輸出し，現地で組み立てるもの）を含む。フランスでも1997年までこれらを含むほか，他の国でも年次によりノックダウンの扱いが異なる可能性がある。一部の国では他国との重複分があるが，2000年以降は国別データをそのまま掲載する一方で，世界↗

2013	乗用車	トラック・バス	2014	乗用車	トラック・バス	
47 014	37 991	9 023	48 648	40 110	8 539	**アジア**
22 117	18 084	4 033	23 723	19 920	3 803	中国
9 630	8 189	1 441	9 775	8 277	1 497	日本
4 521	4 123	399	4 525	4 124	401	韓国
4) 3 898	4) 3 156	743	4) 3 840	4) 3 158	682	インド
2 457	1 071	1 386	1 880	743	1 137	タイ
1 206	925	282	1 299	1 011	287	インドネシア
1 126	634	492	1 170	733	437	トルコ
744	631	113	1 091	926	165	イラン
601	544	58	597	547	49	マレーシア
339	291	48	379	333	47	（台湾）
247	247	—	246	246	—	ウズベキスタン
5) 18 510	16 640	5) 1 869	5) 18 926	16 959	5) 1 967	**ヨーロッパ**
5) 16 241	14 662	5) 1 579	5) 16 977	15 230	5) 1 747	EU1)
6) 5 718	5 440	6) 278	6) 5 908	5 604	6) 304	ドイツ2)
2 163	1 755	409	2 403	1 898	505	スペイン
6) 1 740	1 458	6) 282	6) 1 817	1 495	6) 322	フランス
1 598	1 510	88	1 599	1 528	71	イギリス
1 133	1 128	4	1 251	1 247	5	チェコ
975	975	—	993	993	—	スロバキア
658	388	270	698	401	297	イタリア
590	475	115	594	473	121	ポーランド
504	466	38	517	482	35	ベルギー
411	411	0	391	391	—	ルーマニア
222	220	2	227	225	2	ハンガリー
154	110	44	162	118	44	ポルトガル
2 184	1 920	265	1 887	1 684	203	ロシア
—	—	—	—	—	—	（参考）旧ソ連
16 501	7 106	9 395	17 420	7 082	10 338	**北中アメリカ**
11 066	4 369	6 698	11 661	4 253	7 408	アメリカ合衆国
3 055	1 772	1 283	3 365	1 916	1 450	メキシコ
2 380	965	1 415	2 394	914	1 480	カナダ
5 483	3 901	1 581	4 753	3 374	1 379	**その他の地域**
3 712	2 723	989	3 146	2 315	831	ブラジル
791	507	284	617	364	254	アルゼンチン
546	265	281	566	277	289	南アフリカ共和国
167	147	21	232	210	22	モロッコ
216	171	45	180	146	35	オーストラリア
5) 87 507	65 638	5) 21 869	5) 89 747	67 525	5) 22 222	世界計

↘計や地域計ではダブルカウント分を除いている。1990年以前の世界計はアメリカ自動車工業連盟による。乗用車とトラック・バスの分類は，国により異なる場合がある。一部の国のデータは推定値。*原資料でノックダウンの組立とされ，生産に計上されていない。1) 1990年以前はEC 7 か国，2000年はEU15か国，2010年以降は27か国の計。2) 1990年以前は旧西ドイツ。3) 第一四半期のみノックダウン車両を含まず。4) 一部の欧州メーカーを除く。5) 一部の国で重トラック・バスを除く。6) 重トラック・バスを除く。

第7章

工業・小売業

図 7-4   主要国の自動車生産

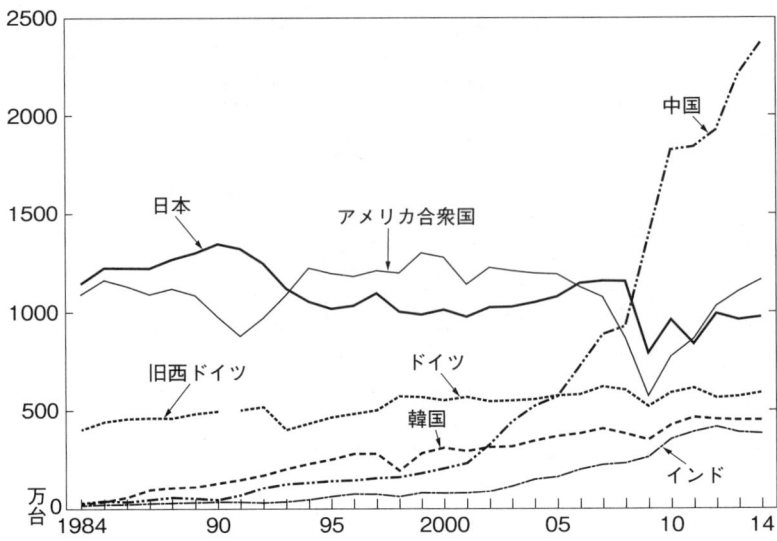

資料は表7-14に同じ。ノックダウン車両の扱いなど，国や年次によってデータの取り
方が異なる場合がある。ドイツは2011年以降，重トラック，バスを含まず。

表 7-15   主要国の自動車輸出台数 （単位   千台）

	2000	2010	2012	2013	乗用車	トラック・バス
日本············	4 455	4 841	4 804	4 675	4 066	609
ドイツ··········	3 723	4 481 1)	4 321 1)	4 405	4 198 1)	207
フランス········	3 619	4 786	4 404	4 373	3 842	530
韓国············	1 676	2 772	3 171	3 089	2 948	141
メキシコ········	1 433	1 860 1)	2 356 1)	2 423	1 403 1)	1 020
アメリカ合衆国··	1 477	1 502	1 941	2 091	1 624	467
スペイン········	2 504	2 080	1 729	1 880	1 494	386
イギリス········	1 159	1 047	1 275	1 249	1 201	48
中国············	39	567	1 016	949	553	395
インド··········	…	518	639	671	594	77
ブラジル········	369	767	472	591	398	194
イタリア········	912	441	407	393	170	224
スウェーデン····	222 2)	330 2)	376 2)	370	370	…

日本自動車工業会「世界自動車統計年報」(2015年版) および同「自動車統計月報」による。
原資料で一部の国の数値が接続しない。また，国によっては車種の分類が異なる場合があ
る。本表の掲載国は原資料に記載があるもののうち輸出台数が多い国々の統計で，これら
以外にもカナダ (原資料で2003年以降データが無い) など輸出国がある。1) 大型トラック，
バスを除く。2) 乗用車のみ。

表7-16　**自動車販売台数**（単位　千台）

	2005	2010	2013	2014	乗用車	トラック・バス
中国‥‥‥‥‥‥	5 758	18 062	21 984	23 492	19 701	3 791
アメリカ合衆国‥	17 444	11 772	15 883	16 842	7 688	9 154
日本‥‥‥‥‥‥	5 852	4 956	5 376	5 563	4 700	863
ブラジル‥‥‥‥	1 715	3 515	3 767	3 498	2 504	994
ドイツ‥‥‥‥‥	3 615	3 198	3 258	3 357	3 037	320
インド‥‥‥‥‥	1 440	3 040	3 241	3 177	2 571	606
イギリス‥‥‥‥	2 828	2 294	2 596	2 843	2 476	367
ロシア‥‥‥‥‥	1 807	2 107	2 999	2 546	2 287	259
フランス‥‥‥‥	2 598	2 709	2 207	2 211	1 796	415
カナダ‥‥‥‥‥	1 630	1 583	1 781	1 889	756	1 134
韓国‥‥‥‥‥‥	1 145	1 511	1 544	1 662	1 360	302
イタリア‥‥‥‥	2 495	2 164	1 421	1 493	1 360	132
イラン‥‥‥‥‥	858	1 643	805	1 288	1 107	181
インドネシア‥‥	534	765	1 230	1 208	879	329
メキシコ‥‥‥‥	1 169	848	1 101	1 176	745	431
オーストラリア‥	988	1 036	1 136	1 113	532	582
スペイン‥‥‥‥	1 959	1 114	823	987	855	132
タイ‥‥‥‥‥‥	693	800	1 331	882	411	470
サウジアラビア‥	566	600	740	828	633	196
トルコ‥‥‥‥‥	715	761	893	807	587	220
マレーシア‥‥‥	551	605	656	666	588	78
合計×‥‥‥‥	**65 935**	**75 005**	**85 642**	**88 240**	**64 976**	**23 264**

国際自動車工業連合会Webサイト（http://www.oica.net/）による。2015年7月27日閲覧。
一部に推計値を含む。×その他とも。

表7-17　**自動車会社の世界生産台数**（2013年）（単位　千台）

	生産台数	乗用車		生産台数	乗用車
トヨタ（日）‥‥‥	10 325	8 565	マツダ（日）‥‥‥	1 264	1 175
ゼネラルモーターズ（米）	9 629	6 733	東風汽車（中）‥‥	1 239	642
フォルクスワーゲン（独）	9 379	9 260	三菱自動車（日）‥	1 229	1 091
現代自動車（韓）‥	7 233	6 909	長安汽車（中）‥‥	1 110	874
フォード（米）‥‥	6 077	3 317	タタ（印）‥‥‥‥	1 063	651
日産（日）‥‥‥‥	4 951	4 091	吉利汽車（中）‥1)	970	970
フィアット（伊）‥	4 682	2 163	北京汽車（中）‥‥	919	243
ホンダ（日）‥‥‥	4 298	4 263	富士重工（日）‥‥	809	809
スズキ（日）‥‥‥	2 842	2 453	長城汽車（中）‥‥	758	630
PSA（仏）‥‥‥‥	2 834	2 446	第一汽車（中）‥2)	718	448
ルノー（仏）‥‥‥	2 705	2 348	マヒンドラ（印）3)	585	408
BMW（独）‥‥‥‥	2 006	2 006	華晨汽車（中）‥‥	583	279
上海汽車（中）‥‥	1 992	1 685	いすゞ（日）‥‥‥	533	—
ダイムラーAG（独）	1 782	1 632	安徽江淮汽車（中）4)	518	206

資料は上表に同じ。1) GEELY。2) FAW。3) マヒンドラ&マヒンドラ。4) JAC。

第7章

工業・小売業

表 7-18　**工作機械の需給**（単位　百万ドル）

	生産 (2013)	生産 (2014)	うち 切削型	輸出 (2014)	輸入 (2014)	国内消費 (2014)
中国・・・・・・・・・・	24 700	23 800	14 042	3 300	11 200	31 700
ドイツ・・・・・・・・	15 269	12 957	9 200	8 983	2 784	6 758
日本・・・・・・・・・・	11 334	12 832	10 650	8 397	716	5 150
韓国・・・・・・・・・・	5 150	5 631	4 167	2 236	1 496	4 891
イタリア・・・・・・	5 476	5 075	2 588	3 829	1 021	2 267
アメリカ合衆国・・	4 956	4 900	3 675	2 086	5 242	8 056
（台湾）・・・・・・・	4 537	4 700	3 854	3 753	740	1 687
スイス・・・・・・・・	3 243	3 112	2 614	2 613	583	1 082
オーストリア・・・・	1 217	1 101	562	855	417	664
スペイン・・・・・・・	1 285	1 083	650	953	405	535
イギリス・・・・・・・	1 007	932	718	738	893	1 087
トルコ・・・・・・・・	719	722	195	484	989	1 227
フランス・・・・・・・	797	699	426	598	876	977
インド・・・・・・・・	576	645	536	40	811	1 417
チェコ・・・・・・・・	697	626	513	669	508	464
カナダ・・・・・・・・	685	571	・・・	238	902	1 235
オランダ・・・・・・・	429	381	・・・	478	401	304
ブラジル・・・・・・・	418	280	227	167	901	1 015
ベルギー・・・・・・・	318	254	・・・	944	912	221
ロシア・・・・・・・・	211	234	・・・	73	1 869	2 030
フィンランド・・・・	192	170	・・・	152	97	116
メキシコ・・・・・・・	141	144	・・・	90	1 655	1 709
計×・・・・・・・・	**83 883**	**81 313**	・・・	・・・	・・・	**75 508**

Gardner Business Media, Inc. "2015 World Machine-Tool Output and Consumption Survey"による。2014年は推定値。工作機械は日本では切削型のみを指すが，世界的には成形型（プレスなど）を含めるのが一般的。切削型の数値は，原資料に掲載の生産額に対する切削型割合から算出。×その他とも。原資料に掲載された27か国の合計。

表 7-19　**世界のサービスロボット販売台数**（単位　台）

業務用 ロボット	2012	2013	家庭用 ロボット	2012	2013
外用ロボット・・・・	5 343	5 921	家事ロボット	1 961 339	2 700 235
搾乳機・・・・・・・・	4 750	5 056	掃除機・・・・	1 891 471	2 607 148
建設・解体・・・・・	472	650	芝刈り機・・	54 194	71 600
物流ロボット・・・	1 376	1 889	プール掃除	15 000	18 000
無人搬送車・・ 1)	1 353	1 789	接客等・・・・	474	687
医療用ロボット・・	1 314	1 286	娯楽ロボット	1 083 098	1 210 633
手術・治療補助	1 059	1 034	おもちゃ・・	708 673	834 812
防衛用ロボット・・	10 327	9 520	教育・研究	373 263	373 645
無人飛行機・・・・	9 594	8 466	高齢者用・・ 2)	159	708
計×・・・・・・・・・	**20 214**	**21 036**	計×・・・・・・	**3 044 596**	**3 911 576**

日本ロボット工業会資料による。サービスロボットは産業用ロボットを除く。1) 製造用，非製造用（室内用）の合計。2) 身体障害者用を含む。×その他とも。

表 7-20 産業用ロボットの稼動台数（各年末現在）（単位　台）

	2010	2013		2010	2013
日本・・・・・・・・・	307 698	304 001	マレーシア・・・・	3 677	5 169
アメリカ合衆国	149 836	182 249	トルコ・・・・・・・・	2 166	5 056
ドイツ・・・・・・・・	148 256	167 579	デンマーク・・・・	4 234	4 760
韓国・・・・・・・・・	101 080	156 110	フィンランド・・	4 611	4 268
中国・・・・・・・・・	52 290	132 784	インドネシア・・	1 285	4 052
イタリア・・・・・	62 378	59 078	ハンガリー・・・・	1 406	3 829
（台湾）・・・・・・・	26 896	37 252	スロバキア・・・・	1 870	3 572
フランス・・・・・・	34 495	32 301	南アフリカ共和国・	2 074	3 150
スペイン・・・・・・	28 868	28 091	ポルトガル・・・・	2 280	2 666
タイ・・・・・・・・・	9 635	20 337	ロシア・・・・・・・	1 058	2 376
カナダ・・・・・・・	15 760	20 117	スロベニア・・・・	1 032	1 606
イギリス・・・・・・	13 519	15 591	ベトナム・・・・・・	728	1 597
メキシコ・・・・・・	7 578	13 451	アルゼンチン・・	722	1 380
スウェーデン・・	9 387	10 164	ルーマニア・・・・	317	1 110
インド・・・・・・・・	4 855	9 677	ノルウェー・・・・	1 012	1 005
ブラジル・・・・・・	5 721	8 564	イスラエル・・・・	647	839
チェコ・・・・・・・・	4 462	8 097	（香港）・・・・・・・・	231	800
オーストラリア	6 679	8 016	ニュージーランド・	387	770
ベルギー・・・・・・	6 251	7 998	フィリピン・・・・	485	761
オランダ・・・・・	5 438	7 403	アイルランド・・	411	606
オーストリア・・	5 749	7 009	イラン・・・・・・・	588	590
シンガポール・・	3 685	6 279	ギリシャ・・・・・・	286	344
スイス・・・・・・・	4 417	5 270	ブルガリア・・・・	83	162
ポーランド・・・・	3 321	5 262	世界計×・・・・	1 059 162	1 332 218

日本ロボット工業会資料による。×その他とも。

表 7-21 半導体メーカーの売上高（単位　百万ドル）

	2013	2014	2014 (%)	13/14伸び率 (%)
インテル（米）・・・・・・・・・・・・・・・・	48 589	52 331	15.4	7.7
サムスン電子（韓）・・・・・・・・・・・・・	30 636	34 742	10.2	13.4
クアルコム（米）・・・・・・・・・・・・・・	17 211	19 291	5.7	12.1
マイクロン・テクノロジー（米）・・・	11 918	16 278	4.8	36.6
SKハイニックス（韓）・・・・・・・・・・・	12 625	15 997	4.7	26.7
テキサス・インスツルメンツ（米）・	10 591	11 538	3.4	8.9
東芝（日）・・・・・・・・・・・・・・・・・・・	11 277	10 665	3.1	-5.4
ブロードコム（米）・・・・・・・・・・・・・	8 199	8 428	2.5	2.8
STマイクロエレクトロニクス（伊・仏）[1]	8 082	7 376	2.2	-8.7
ルネサス・エレクトロニクス（日）・	7 979	7 276	2.1	-8.8
その他・・・・・・・・・・・・・・・・・・・・・・	148 321	156 409	46.0	5.5
計・・・・・・・・・・・・・・・・・・・・・・・・・	315 428	340 331	100.0	7.9

ガートナーによる2015年4月公表値（http://www.gartner.com/newsroom/id/3023317）。
1）イタリア，フランス。

表 7-22 **世界の半導体市場**（単位　百万ドル）

	1990	2000	2005	2010	2013	2014
日本・・・・・・・・・	19 563	46 749	44 082	46 561	34 795	34 830
南北アメリカ・・・・	14 445	64 071	40 736	53 675	61 496	69 324
ヨーロッパ・・・・・・	9 599	42 309	39 275	38 054	34 883	37 459
アジア・太平洋地域	6 912	51 264	103 391	160 025	174 410	194 230
世界計・・・・・・・	**50 519**	**204 394**	**227 484**	**298 315**	**305 584**	**335 843**

世界半導体市場統計（WSTS）資料による。WSTSに加盟する各半導体メーカーの地域別出荷額の合計。WSTSは，世界の主要半導体メーカーの大多数が加盟している。

表 7-23 **携帯電話販売台数**（単位　千台）

		2013	2014	2014 (%)	13/14伸び率（%）
携帯電話	サムスン電子（韓）・・・・・・・	444 472	392 546	*20.9*	*-11.7*
	アップル（米）・・・・・・・・・・	150 786	191 426	*10.2*	*27.0*
	マイクロソフト（米）・・・ 1)	250 835	185 660	*9.9*	*-26.0*
	レノボ（中）・・・・・・・・・ 2)	66 463	84 029	*4.5*	*26.4*
	LGエレクトロニクス（韓）・	69 094	76 096	*4.0*	*10.1*
	ファーウェイ（中）・・・・・ 3)	53 296	70 499	*3.8*	*32.3*
	TCL通訊（中）・・・・・・・・	49 538	64 026	*3.4*	*29.2*
	Xiaomi（シャオミ）(中) 4)	13 423	56 529	*3.0*	*321.1*
	ZTE（中）・・・・・・・・・・・ 5)	59 903	53 910	*2.9*	*-10.0*
	ソニー（日）・・・・・・・・・・・	37 596	37 791	*2.0*	*0.5*
	マイクロマックス（印）・・・	25 431	37 094	*2.0*	*45.9*
	その他・・・・・・・・・・・・・・	587 764	629 360	*33.5*	*7.1*
	計・・・・・・・・・・・・・・・	**1 808 600**	**1 878 968**	*100.0*	*3.9*
うちスマートフォン	サムスン電子（韓）・・・・・・・	299 795	307 597	*24.7*	*2.6*
	アップル（米）・・・・・・・・・・	150 786	191 426	*15.4*	*27.0*
	レノボ（中）・・・・・・・・・ 2)	57 424	81 416	*6.5*	*41.8*
	ファーウェイ（中）・・・・・ 3)	46 609	68 081	*5.5*	*46.1*
	LGエレクトロニクス（韓）・	46 432	57 661	*4.6*	*24.2*
	その他・・・・・・・・・・・・・・	368 675	538 710	*43.3*	*46.1*
	計・・・・・・・・・・・・・・・	**969 721**	**1 244 890**	*100.0*	*28.4*
	（参考）OS別販売台数				
	アンドロイド・・・・・・・・・	761 288	1 004 675	*80.7*	*32.0*
	iOS・・・・・・・・・・・・・・・	150 786	191 426	*15.4*	*27.0*
	ウィンドウズ・・・・・・・・・	30 714	35 133	*2.8*	*14.4*
	ブラックベリー・・・・・・・・	18 606	7 911	*0.6*	*-57.5*
	その他のOS・・・・・・・・・・	8 327	5 745	*0.5*	*-31.0*

ガートナーによる2015年3月公表値（http://www.gartner.com/newsroom/id/2996817）。
1）2014年にノキアを買収。2）モトローラを含む。聯想集団。3）Huawei。華為技術。4）小米科技。5）中興通訊。

表 7-24　主要電子機器の世界生産状況（Ⅰ）（単位　千台）

		1995	2000	2005	2010	2013	2014 （推定）
カラーテレビ	アジア ･･････	67 864	79 620	114 376	160 690	144 727	150 479
	日本 ･･････	7 060	2 150	6 044	13 500	600	650
	中国 ･･････	19 800	31 990	65 910	99 990	104 613	111 473
	韓国 ･･････	13 340	10 820	6 742	5 650	4 797	4 811
	（台湾）････	1 810	750	965	510	160	150
	シンガポール	2 970	1 310	40	400	0	0
	マレーシア ･	10 950	13 510	12 540	13 100	10 152	10 796
	タイ ･･････	7 800	10 220	12 625	7 420	6 949	6 847
	インドネシア	3 384	4 360	4 930	7 320	6 935	5 847
	フィリピン ･	750	1 210	180	200	60	30
	北アメリカ ･･･	22 990	23 920	18 785	26 040	27 880	27 726
	南アメリカ ･･･	6 034	3 400	4 040	8 520	10 967	10 982
	ヨーロッパ ･ 1)	22 950	25 270	25 610	53 030	45 627	44 880
	世界計 ･････	**119 838**	**132 210**	**162 811**	**248 280**	**229 200**	**234 066**
	うち日系企業･	47 906	56 490	59 609	71 350	43 120	40 336
うち薄型テレビ	アジア ･･････	…	…	17 086	130 590	138 105	147 206
	日本 ･･････	…	…	6 044	13 500	600	650
	中国 ･･････	…	…	6 840	84 290	102 638	110 573
	韓国 ･･････	…	…	2 090	5 150	4 797	4 611
	（台湾）････	…	…	965	510	160	150
	シンガポール	…	…	0	400	0	0
	マレーシア ･	…	…	510	12 100	10 152	10 796
	タイ ･･････	…	…	515	6 720	6 865	6 802
	インドネシア	…	…	122	3 820	5 060	5 142
	北アメリカ ･･･	…	…	2 975	25 140	27 660	27 576
	南アメリカ ･･･	…	…	10	7 620	10 782	10 839
	ヨーロッパ ･ 1)	…	…	6 015	51 230	45 227	44 630
	世界計 ･････	…	…	**26 086**	**214 580**	**221 773**	**230 251**
	（液晶テレビ）	…	…	…	(197 200)	(212 327)	(223 981)
	（プラズマテレビ）	…	…	…	(17 380)	(9 447)	(6 270)
	うち日系企業･	…	…	12 871	65 830	41 908	39 680
パソコン	アジア ･･････	22 155	79 577	186 423	324 970	294 543	290 740
	日本 ･･････	6 050	9 888	4 012	5 350	4 462	4 188
	中国 ･･････	1 230	24 669	163 245	318 420	288 392	285 074
	韓国 ･･････	1 600	7 370	4 155	1 200	1 689	1 478
	（台湾）････	7 157	32 660	9 546	0	0	0
	シンガポール	5 800	2 250	1 166	0	0	0
	マレーシア ･	318	2 260	3 509	0	0	0
	北アメリカ ･･･	17 760	30 130	2 500	0	0	0
	南アメリカ ･･･	0	1 320	250	0	0	0
	ヨーロッパ ･･･	14 490	17 180	5 160	0	0	0
	世界計 ･････	**54 405**	**128 207**	**194 333**	**324 970**	**294 543**	**290 740**
	（ノートパソコン）	(8 452)	(23 785)	(58 900)	(196 910)	(175 319)	(172 323)
	うち日系企業･	7 670	13 698	7 894	6 790	5 819	5 373

第7章

工業・小売業

主要電子機器の世界生産状況（Ⅱ）（単位　千台）

		1995	2000	2005	2010	2013	2014 (推定)
録画再生機	アジア ………	49 255	58 460	97 160	95 920	66 788	58 432
	日本 ………	10 020	6 530	1 740	2 460	825	417
	中国 ………	6 370	18 250	82 670	57 300	38 733	33 546
	韓国 ………	9 125	4 850	1 560	2 010	2 600	2 490
	マレーシア・	9 720	14 990	5 570	8 400	7 315	6 575
	タイ ………	5 000	4 420	2 400	11 800	6 850	5 717
	インドネシア	4 920	8 880	2 840	11 750	8 000	7 467
	北アメリカ …	240	2 070	0	0	0	0
	南アメリカ …	1 873	1 490	300	400	450	400
	ヨーロッパ …	8 950	12 650	7 010	2 800	3 615	3 273
	世界計 ………	60 318	74 670	104 470	99 120	70 853	62 104
	（DVDプレーヤー）	—	}(16 460)	(89 620)	(68 450)	}(43 985)	}(36 637)
	（DVDレコーダー）	—		(14 850)	(7 650)		
	（BDプレーヤー）	—	—	…	(16 220)	(22 318)	(21 517)
	（BDレコーダー）	—	—	…	(6 800)	(4 550)	(3 950)
	うち日系企業・	39 420	51 280	42 420	37 240	24 563	20 893
携帯電話	アジア ………	19 200	169 050	616 300	1 095 200	1 561 262	1 687 628
	日本 ………	10 340	55 350	47 100	24 600	10 002	7 463
	中国 ………	3 200	41 000	314 370	656 600	1 156 597	1 325 397
	韓国 ………	5 420	57 500	169 600	194 200	106 868	88 725
	（台湾） ………	0	3 500	45 600	31 700	34 113	34 639
	シンガポール	0	5 500	16 000	2 400	1 063	459
	マレーシア・	240	4 800	22 360	4 400	8 168	6 723
	ベトナム …	…	…	…	20 000	104 318	138 670
	インド …	…	…	500	161 300	140 133	85 552
	北アメリカ …	14 190	52 000	28 000	53 400	12 081	6 290
	南アメリカ …	0	18 700	39 500	44 000	33 805	30 551
	ヨーロッパ …	19 430	183 400	107 900	83 500	7 023	3 001
	世界計 ………	52 820	423 150	791 700	1 276 100	1 614 170	1 727 470
	うち日系企業・	15 910	86 150	73 370	40 000	64 611	54 734
うちスマートフォン	アジア ………	…	…	…	219 400	976 842	1 204 722
	日本 ………	…	…	…	2 000	5 661	4 299
	中国 ………	…	…	…	149 000	767 452	973 137
	韓国 ………	…	…	…	36 300	76 375	70 460
	（台湾） ………	…	…	…	26 000	32 001	33 335
	シンガポール	…	…	…	800	563	257
	マレーシア・	…	…	…	—	3 982	3 506
	ベトナム …	…	…	…	…	79 195	106 400
	インド …	…	…	…	5 300	11 613	13 328
	北アメリカ …	…	…	…	39 100	10 610	5 809
	南アメリカ …	…	…	…	8 600	12 180	12 071
	ヨーロッパ …	…	…	…	27 300	1 372	576
	世界計 ………	…	…	…	294 400	1 001 003	1 223 178
	うち日系企業・	…	…	…	2 300	52 635	45 234

主要電子機器の世界生産状況 (Ⅲ)（単位　千台）

		2000	2005	2010	2012	2013	2014（推定）
タブレットデバイス	アジア ······	…	…	18 000	117 787	170 394	186 767
	日本 ······	…	…	0	913	850	750
	中国 ······	…	…	16 000	103 819	130 183	135 867
	韓国 ······	…	…	2 000	12 350	38 750	49 650
	（台湾）·····	…	…	0	705	611	500
	北アメリカ ···	…	…	0	0	0	0
	南アメリカ ···	…	…	0	0	0	0
	ヨーロッパ ···	…	…	0	0	0	0
	世界計 ·····	…	…	**18 000**	**117 787**	**170 394**	**186 767**
	うち日系企業·		…	0	913	850	750
デジタルカメラ	アジア ······	15 280	87 050	136 620	120 281	81 707	57 846
	日本 ······	11 170	29 950	23 130	18 327	10 748	7 021
	中国 ······	450	46 040	92 230	84 274	55 361	38 758
	韓国 ······	790	2 500	470	68	169	301
	（台湾）·····	1 900	0	1 800	3 856	4 292	2 300
	マレーシア ·	500	3 100	3 030	1 651	533	205
	タイ ······	0	1 060	5 350	9 195	7 836	6 438
	インドネシア	470	3 500	7 270	2 286	2 443	2 500
	フィリピン ·	0	300	240	374	326	323
	ベトナム ···	0	600	3 100	250	0	0
	北アメリカ ···	0	0	0	0	0	0
	南アメリカ ···	0	0	0	0	0	0
	ヨーロッパ ···	0	0	0	0	0	0
	世界計 ·····	**15 280**	**87 050**	**136 620**	**120 281**	**81 707**	**57 846**
	うち日系企業·	12 880	57 450	77 980	67 181	48 575	34 875
カーナビゲーション	アジア ······	2 390	5 470	6 494	7 316	8 230	8 608
	日本 ······	2 390	5 250	4 444	4 307	4 224	4 221
	中国 ······	0	120	1 440	1 561	1 852	1 919
	韓国 ······	0	100	290	387	465	401
	マレーシア ·	0	0	60	833	989	1 256
	タイ ······	0	0	260	0	700	811
	北アメリカ ···	60	250	200	159	483	574
	南アメリカ ···	0	0	0	0	0	0
	ヨーロッパ ···	810	1 970	2 030	2 092	2 736	2 350
	世界計 ·····	**3 260**	**7 690**	**8 724**	**9 567**	**11 448**	**11 532**
	うち日系企業·	2 390	5 380	5 774	6 635	7 650	8 012

電子情報技術産業協会「主要電子機器の世界生産状況」による。個々の数値はそれぞれの調査時点でのもの。調査地域はアジア，北アメリカ（メキシコを含む），南アメリカ，ヨーロッパ（東欧を含む）。各地域の事業所に対する対象機器への部品納入ベースから推定した，完成品ベースの実績値。薄型テレビは10インチ以上の液晶テレビとプラズマテレビ。録画再生機はハードディスク複合機を含む。2005年のBDはDVDに含む。カーナビゲーションはポータブル型を除く。タブレットデバイスはタッチパネルが6インチ以上のもので，2010年は5インチ以上。1) トルコを含む。

表 7-25　電子情報産業の世界生産額（単位　十億円）

	2013（実績）			2014（見込み）		
	日系企業	日本国内生産	世界計	日系企業	日本国内生産	世界計
電子工業						
電子機器‥‥‥‥‥	19 103	4 528	124 757	20 178	4 533	136 718
AV機器 ‥‥‥‥	6 118	816	18 887	6 551	727	21 383
薄型テレビ‥‥‥	3 023	77	12 759	3 567	72	15 469
映像記録再生機器	275	‥‥	526	271	‥‥	523
撮像機器‥‥ 1)	1 060	309	1 210	955	239	1 099
カーAVC機器 2)	1 175	417	2 349	1 193	404	2 331
通信機器‥‥‥‥	3 693	1 340	46 443	3 802	1 307	52 056
無線通信装置‥	2 694	887	37 027	2 813	913	41 699
携帯電話‥‥	1 719	300	29 361	1 736	249	33 105
有線通信装置‥	999	453	9 416	989	394	10 357
コンピュータ・ 3)	6 962	1 203	46 510	7 297	1 242	49 480
サーバ						
ストレージ‥	493	356	6 696	480	350	7 270
パソコン‥‥ 4)	2 740	551	19 309	2 764	589	19 712
情報端末‥‥‥	3 728	296	20 505	4 053	303	22 498
液晶モニタ‥	76	59	2 676	81	68	2 719
プリンタ‥‥	2 015	75	3 082	2 146	78	3 229
スキャナ・ 5)	85	9	139	90	9	152
タブレット端末6)	285	‥‥	6 286	325	‥‥	7 501
その他の電子機器	2 330	1 163	12 917	2 529	1 258	13 798
電子計測器‥‥	495	318	3 741	536	335	4 103
医用電子機器‥	421	296	2 998	448	310	3 148
電子応用装置等	1 414	549	6 179	1 545	613	6 547
電子部品等‥‥‥‥	13 751	6 970	62 918	14 778	7 306	70 926
電子部品‥‥‥‥	7 482	2 312	19 619	8 153	2 356	21 523
ディスプレイ						
デバイス‥‥‥	1 790	1 588	13 657	1 945	1 772	15 121
半導体‥‥‥‥‥	4 479	3 071	29 642	4 680	3 178	34 281
電子工業計‥‥‥	**32 854**	**11 498**	**187 675**	**34 956**	**11 839**	**207 643**
ITソリューション・サービス						
SI開発‥‥‥‥ 7)	2 771	‥‥	21 027	2 875	‥‥	22 744
アウトソーシング 8)	2 077	‥‥	19 644	2 142	‥‥	21 268
ソフトウェア‥‥	767	‥‥	29 411	791	‥‥	32 343
ITソリューション・サービス計‥	**5 615**	‥‥	**70 082**	**5 808**	‥‥	**76 355**
電子情報産業計‥	**38 469**	‥‥	**257 757**	**40 764**	‥‥	**283 998**

電子情報技術産業協会「電子情報産業の世界生産見通し」（2014年12月）による。1）デジタルスチルカメラ，ビデオ一体型カメラ。2）カーナビゲーション，カーステレオ等。3）モニタや記憶装置，プリンタ等を含む。4）サーバ用PCを除く。5）イメージスキャナ，OCR。6）携帯ゲーム機を含む。7）コンサルティングやシステムインテグレーション。8）その他のサービスを含む。

表 7-26　世界のエチレン生産能力（2015年1月1日現在）（単位　千 t）

アメリカ合衆国28 426	ロシア・・・・・・・・ 3 490	ハンガリー・・・・・・・660
中国・・・・・・・ 1) 13 878	インド・・・・・・・・ 3 420	ウクライナ・・・・・・630
サウジアラビア・13 155	フランス・・・・・・・ 3 050	スウェーデン・・・・625
日本・・・・・・・・ 6 645	カタール・・・・・・・ 2 520	インドネシア・・・・600
ドイツ・・・・・・・ 5 757	ベルギー・・・・・・ 2 230	ベネズエラ・・・・・600
韓国・・・・・・・ 2) 5 630	イギリス・・・・・ 1 995	トルコ・・・・・・・・588
カナダ・・・・・・・ 5 236	マレーシア・・・・ 1 723	南アフリカ共和国・585
イラン・・・・・・・ 4 734	クウェート・・・・ 1 650	ノルウェー・・・・・550
（台湾）・・・・・・ 4 540	イタリア・・・・・ 1 420	チェコ・・・・・・・・544
オランダ・・・・・・ 4 037	メキシコ・・・・・ 1 384	オーストラリア・・527
シンガポール・・・ 3 980	スペイン・・・・・ 1 280	オーストリア・・・・500
アラブ首長国連邦 3 550	ルーマニア・・・・・844	ブルガリア・・・・・・400
タイ・・・・・・・・ 3 532	アルゼンチン・・・・839	リビア・・・・・・・・350
ブラジル・・・・・・ 3 500	ポーランド・・・・・・700	世界計×・・・ **143 763**

メーカー別

ダウ・ケミカル（米）・・・・ 10 529	シェブロン・フィリップス（米）5 352
SABIC（サウジアラビア）10 274	ライオンデル・バゼル（蘭）5 200
エクソン・モービル（米）・・ 8 449	イラン国営石油化学（イラン）4 734
中国石油化工集団（中）・・・・ 7 275	イネオス（英）・・・・・・・・・・・ 3 946
ロイヤル・ダッチ・シェル（英・蘭）6 147	トタールAS（仏）・・・・・・・・ 3 149

オイルアンドガスジャーナル誌（2015年7月6日号）による。1）経済産業省「世界の石油化学製品の今後の需給動向」では2013年末現在で19395千 t と大きく異なる。2）同じく2013年末現在で8380千 t と大きく異なる。×その他とも。

表 7-27　世界の主要製薬会社売上高と研究開発（2013年）（単位　百万ドル）

	総売上高	医薬品売上高	研究開発費	従業者数（千人）
ノバルティス（スイス）・・・・・・・・・	57 920	53 856	9 852	135.7
ファイザー（米）・・・・・・・・・・・・・・	51 584	47 878	6 678	77.7
サノフィ（仏）・・・・・・・・・・・・・・・・	43 748	41 113	6 333	112.1
ロシュ（スイス）・・・・・・・・・・・・・・	50 469	39 167	10 001	85.1
メルク（米）・・・・・・・・・・・・・・・・・・	44 033	37 437	7 503	76.0
グラクソ・スミスクライン（英）・・・・	41 467	33 352	6 138	99.5
ジョンソン＆ジョンソン（米）・・・・	71 312	28 125	8 183	128.1
アストラゼネカ（英）・・・・・・・・・・・	25 711	25 711	4 821	51.6
イーライリリー（米）・・・・・・・・・・・	23 113	20 962	5 531	37.9
テバ（イスラエル）・・・・・・・・・・・・	20 314	20 314	1 427	44.9
アムジェン（米）・・・・・・・・・・・・・・	18 676	18 192	4 083	20.0
ベーリンガーインゲルハイム（独）・	18 674	17 253	3 642	47.5
アッヴィ（米）・・・・・・・・・・・・・ 1)	18 790	…	2 855	25.0
武田薬品工業（日）・・・・・・・・・・・・	17 336	…	3 518	31.2

日本製薬工業協会「DATA BOOK 2015」による。総売上高，研究開発費で通貨単位がドルでないものは，編者が2013年のIMF為替年央レートで換算。1）アボットから分社化。

表 7-28　基礎石油化学製品の生産（単位　千 t）

	エチレン			プロピレン		
	2010	2012	2013	2010	2012	2013
アジア ‥‥‥ 1)2)	43 237	44 332	47 708	34 147	37 211	40 753
中国‥‥‥‥‥	14 450	14 386	15 468	12 352	14 347	15 687
韓国‥‥‥‥‥	7 396	7 937	8 327	5 702	6 118	6 136
日本‥‥‥‥‥	7 018	6 145	6 696	5 986	5 239	5 647
インド‥‥‥‥	3 052	3 744	3 985	2 670	3 495	4 150
（台湾）‥‥‥‥	3 929	3 478	3 925	2 976	2 696	3 047
タイ‥‥‥‥‥	2 880	4 093	3 876	1 697	2 226	2 411
北アメリカ‥‥‥	28 310	28 850	29 572	17 331	14 425	14 681
アメリカ合衆国	23 900	24 300	25 029	16 590	13 684	13 940
カナダ‥‥‥‥	4 410	4 550	4 543	741	741	741
中東‥‥‥‥‥	19 467	24 181	24 825	6 020	7 143	7 421
サウジアラビア	12 501	13 538	14 265	…	4 801	5 216
ヨーロッパ‥‥‥1)	22 853	20 489	20 270	16 326	14 888	14 943
西ヨーロッパ‥‥	20 793	18 874	18 519	14 602	13 614	13 630
中南アメリカ‥‥	5 441	5 555	5 831	4 261	4 354	4 134
ブラジル‥‥‥	3 120	3 170	3 300	2 250	2 150	2 384
CIS ‥‥‥‥‥	2 777	2 546	3 067	1 738	1 301	1 583
アフリカ‥‥‥‥	1 500	1 098	917	1 086	1 095	1 087
オセアニア‥‥‥3)	430	430	405	270	200	200
世界計‥‥‥‥	**124 015**	**127 481**	**132 595**	**81 179**	**80 617**	**84 803**

	ベンゼン		トルエン		キシレン	
	2010	2013	2010	2013	2010	2013
アジア ‥‥‥ 1)2)	19 890	22 588	8 522	10 291	22 028	23 925
中国‥‥‥‥‥	5 390	7 084	3 421	4 780	6 757	8 249
韓国‥‥‥‥‥	4 381	4 899	2 143	2 290	3 685	3 126
日本‥‥‥‥‥	4 764	4 694	1 393	1 683	5 935	6 662
（台湾）‥‥‥‥	1 708	1 726	167	76	2 731	2 478
タイ‥‥‥‥‥	1 230	1 416	806	829	2 080	2 435
北アメリカ‥‥‥	6 194	6 500	6 313	6 881	6 974	8 480
アメリカ合衆国	5 568	5 713	5 463	5 981	6 484	7 960
カナダ‥‥‥‥	626	787	850	900	490	520
中東‥‥‥‥‥	2 624	2 976	1 190	2 070	4 000	3 300
ヨーロッパ‥‥‥1)	8 542	8 058	2 645	2 372	3 075	3 723
西ヨーロッパ‥‥	7 884	7 254	1 972	1 927	2 600	3 158
中南アメリカ‥‥	1 001	1 218	1 184	1 185	1 286	1 299
CIS ‥‥‥‥‥	1 366	1 451	275	348	651	680
アフリカ‥‥‥‥	130	140	5	5	120	60
オセアニア‥‥‥3)	0	0	54	20	10	10
世界計‥‥‥‥	**39 747**	**42 931**	**20 188**	**23 172**	**38 145**	**41 477**

経済産業省「世界の石油化学製品の今後の需給動向」による。地域は原資料に従った。トルコは2010年は西ヨーロッパに，2012年以降は中東に含む。中国には香港を含む。1) CIS所属国を含まず。2) 中東を含まず。3) 2012年以降ニュージーランドを含まず。

表 7-29　汎用プラスチックの生産（単位　千 t ）

	汎用プラスチック計			ポリエチレン		
	2010	2012	2013	2010	2012	2013
アジア‥‥‥ [1)2)]	76 335	80 862	87 724	26 306	26 305	28 314
中国‥‥‥‥	35 098	39 047	43 184	10 428	10 171	10 927
韓国‥‥‥‥	10 298	10 496	10 874	4 074	4 191	4 414
日本‥‥‥‥	8 062	6 935	6 992	2 900	2 579	2 600
インド‥‥‥	7 069	7 422	8 379	2 693	2 320	2 485
（台湾）‥‥‥	4 726	4 347	4 807	1 234	969	1 149
タイ‥‥‥‥	4 751	5 831	6 025	2 263	3 114	3 132
北アメリカ‥‥	33 014	32 985	33 588	17 037	16 980	17 341
アメリカ合衆国	29 436	29 295	30 138	13 636	13 540	14 120
カナダ‥‥‥	3 578	3 690	3 450	3 401	3 440	3 221
中東‥‥‥‥	17 245	21 416	22 639	10 961	14 075	15 027
サウジアラビア	…	12 770	13 680	…	7 941	8 641
ヨーロッパ‥‥ [1)]	33 210	29 493	29 576	13 638	12 095	12 336
西ヨーロッパ‥	29 523	26 291	25 854	12 061	10 867	10 730
中南アメリカ‥‥	9 088	9 874	10 248	4 030	4 295	4 363
ブラジル‥‥‥	4 887	5 452	5 391	2 347	2 549	2 597
CIS‥‥‥‥	3 473	3 485	3 842	1 774	1 657	2 060
アフリカ‥‥‥	2 426	2 178	2 297	1 225	945	816
オセアニア‥‥ [3)]	774	730	715	367	350	375
世界計‥‥‥‥	**175 565**	**181 024**	**190 628**	**75 338**	**76 702**	**80 632**

	ポリプロピレン		ポリスチレン		ポリ塩化ビニル	
	2010	2013	2010	2013	2010	2013
アジア‥‥‥ [1)2)]	23 078	28 015	7 927	8 979	19 024	22 417
中国‥‥‥‥	9 085	12 181	4 349	5 306	11 236	14 770
韓国‥‥‥‥	3 806	4 038	1 014	1 052	1 404	1 370
日本‥‥‥‥	2 709	2 248	703	658	1 749	1 487
インド‥‥‥	2 900	4 180	260	308	1 216	1 406
（台湾）‥‥‥	1 215	1 209	845	828	1 432	1 621
北アメリカ‥‥	7 460	7 022	2 159	2 164	6 358	7 061
アメリカ合衆国	7 460	7 022	2 159	2 164	6 181	6 832
中東‥‥‥‥	5 368	6 402	272	304	644	906
サウジアラビア	…	4 462	…	178	…	399
ヨーロッパ‥‥ [1)]	9 848	9 455	3 713	2 106	6 011	5 679
西ヨーロッパ‥	8 653	8 286	3 415	1 878	5 394	4 960
中南アメリカ‥‥	2 521	3 022	872	956	1 665	1 907
ブラジル‥‥‥	1 440	1 621	409	493	691	680
CIS‥‥‥‥	799	718	305	448	595	616
アフリカ‥‥‥	806	935	4	160	391	386
オセアニア‥‥ [3)]	257	200	0	0	150	140
世界計‥‥‥‥	**50 137**	**55 768**	**15 252**	**15 116**	**34 838**	**39 112**

資料・脚注は表7-28に同じ。汎用プラスチック計は，ポリエチレン，ポリプロピレン，ポリスチレン，ポリ塩化ビニルの4大汎用プラスチックの合計。

表 7-30　化学肥料の生産（2012年度）（単位　千 t ）

窒素肥料	中国‥‥‥‥ 49 466 インド‥‥‥ 12 159 アメリカ合衆国 8 382 ロシア‥‥‥‥ 7 705 インドネシア‥ 3 782 カナダ‥‥‥‥ 3 178 ウクライナ‥‥ 2 745 エジプト‥‥‥ 2 332 パキスタン‥‥ 2 228 カタール‥‥‥ 2 095 サウジアラビア 1 908	ポーランド‥‥ 1 876 オランダ‥‥‥ 1 593 ドイツ‥‥‥‥ 1 306 ベルギー‥‥‥ 1 092 ブラジル‥‥‥ 1 029 フランス‥‥‥ 1 020 トルコ‥‥‥‥ 907 ウズベキスタン 900 オマーン‥‥‥ 840 リトアニア‥‥ 834 ベラルーシ‥‥ 833	ルーマニア‥‥‥ 757 イタリア‥‥‥‥ 754 スペイン‥‥‥‥ 749 アルゼンチン‥‥ 735 イラン‥‥‥‥‥ 638 日本‥‥‥‥‥‥ 603 ベネズエラ‥‥‥ 600 モロッコ‥‥‥‥ 564 ノルウェー‥‥‥ 510 ベトナム‥‥‥‥ 507 世界計×‥122 137
リン酸肥料	中国‥‥‥‥ 19 559 アメリカ合衆国13 750 インド‥‥‥‥ 3 755 ブラジル‥‥‥ 2 182 ロシア‥‥‥‥ 2 155 モロッコ‥‥‥ 2 091 サウジアラビア 798 インドネシア‥ 622 チュニジア‥‥ 533	オーストラリア 509 エジプト‥‥‥ 473 トルコ‥‥‥‥ 467 ポーランド‥‥ 466 ノルウェー‥‥ 444 パキスタン‥‥ 420 リトアニア‥‥ 366 ベルギー‥‥‥ 364 イスラエル‥‥ 336	ヨルダン‥‥‥‥ 283 韓国‥‥‥‥‥‥ 272 スペイン‥‥‥‥ 270 イタリア‥‥‥‥ 268 カナダ‥‥‥‥‥ 250 フランス‥‥‥‥ 248 日本‥‥‥‥‥‥ 241 ニュージーランド 230 世界計×‥ 53 839
カリ肥料	カナダ‥‥‥‥ 9 000 ロシア‥‥‥‥ 6 013 ベラルーシ‥‥ 4 828 中国‥‥‥‥‥ 3 180 ドイツ‥‥‥‥ 2 727	イスラエル‥‥ 1 900 ヨルダン‥‥‥ 1 149 チリ‥‥‥‥‥ 900 アメリカ合衆国 743 スペイン‥‥‥ 679	イギリス‥‥‥‥ 430 ブラジル‥‥‥‥ 318 イタリア‥‥‥‥ 72 セルビア‥‥‥‥ 36 世界計×‥ 31 991

FAOSTAT（http://faostat.fao.org/）による。2015年 7 月 7 日閲覧。肥料年度は当年 7 月から始まり，翌年 6 月に終わる年度。窒素肥料はN含有量，リン酸肥料はP_2O_5含有量，カリ肥料はK_2O含有量。×その他とも。

（参考）リン鉱石，カリの産出量と埋蔵量（2014年）

リン鉱石	産出量 （千 t ）	埋蔵量 （百万 t ）	カリ	産出量 （千 t ）	埋蔵量[3] （百万 t ）
中国‥‥‥‥ [1]	100 000	3 700	カナダ‥‥‥‥	9 800	1 100
モロッコ‥‥ [2]	30 000	50 000	ロシア‥‥‥‥	6 200	600
アメリカ合衆国	27 100	1 100	中国‥‥‥‥‥	4 400	210
ロシア‥‥‥‥	10 000	1 300	ベラルーシ‥‥	4 300	750
ブラジル‥‥‥	6 750	270	ドイツ‥‥‥‥	3 000	150
エジプト‥‥‥	6 000	715	イスラエル‥‥ [4]	2 500	40
ヨルダン‥‥‥	6 000	1 300	チリ‥‥‥‥‥	1 100	150
チュニジア‥‥	5 000	100	ヨルダン‥‥‥ [4]	1 100	40
世界計×‥‥	220 000	67 000	世界計×‥‥	35 000	3 500

アメリカ地質調査所 "Mineral Commodity Summaries" による。推定値を含む。1) 主要鉱山のみ。2) 西サハラを含む。3) K_2O当量で産出量と直接比較できない。4) 死海での埋蔵量をイスラエルとヨルダンで等量として集計した。×その他とも。

表 7-31　化学繊維の生産（単位　千 t ）

	2012			2013		
	再生・半合成繊維	合成繊維	計	再生・半合成繊維	合成繊維	計
アジア‥‥‥‥	3 803.9	46 702.9	50 506.8	4 344.9	49 495.6	53 840.5
中国‥‥‥‥‥	2 665.8	34 431.7	37 097.5	3 144.8	36 845.7	39 990.5
インド‥‥‥‥	391.8	3 604.5	3 996.3	446.4	3 737.0	4 183.4
（台湾）‥‥‥	98.4	1 966.2	2 064.6	119.0	1 953.7	2 072.7
インドネシア‥‥	437.0	1 217.9	1 654.9	494.0	1 306.7	1 800.7
韓国‥‥‥‥‥	…	1 619.9	1 619.9	…	1 563.4	1 563.4
タイ‥‥‥‥‥	150.0	737.2	887.2	80.0	791.7	871.7
トルコ‥‥‥‥	…	787.2	787.2	…	810.8	810.8
日本‥‥‥‥‥	60.9	609.3	670.2	60.7	596.2	656.9
パキスタン‥‥‥	…	512.8	512.8	…	588.5	588.5
ベトナム‥‥‥	…	341.1	341.1	…	394.9	394.9
マレーシア‥‥‥	…	385.5	385.5	…	383.5	383.5
イラン‥‥‥‥	…	235.8	235.8	…	249.6	249.6
バングラデシュ‥‥	…	170.2	170.2	…	180.9	180.9
サウジアラビア‥‥	…	33.4	33.4	…	41.1	41.1
イスラエル‥‥‥	…	32.3	32.3	…	34.0	34.0
北中アメリカ‥‥‥	25.3	2 242.7	2 268.0	26.4	2 332.1	2 358.5
アメリカ合衆国‥‥	25.3	1 897.6	1 922.9	26.4	1 986.9	2 013.3
メキシコ‥‥‥‥	…	214.4	214.4	…	211.9	211.9
カナダ‥‥‥‥	…	99.7	99.7	…	99.1	99.1
エルサルバドル‥‥	…	17.4	17.4	…	18.1	18.1
西ヨーロッパ‥‥‥	406.4	1 141.5	1 547.9	402.1	1 067.0	1 469.1
東ヨーロッパ‥‥‥	23.4	485.6	509.0	17.7	468.5	486.2
CIS ‥‥‥‥‥	0.4	323.3	323.7	…	304.8	304.8
ルーマニア‥‥‥	…	45.2	45.2	…	51.0	51.0
チェコ‥‥‥‥	11.6	34.0	45.6	11.4	35.6	47.0
スロベニア‥‥‥	…	33.2	33.2	…	34.4	34.4
スロバキア‥‥‥	…	20.4	20.4	…	25.2	25.2
南アメリカ‥‥‥	21.5	432.2	453.7	9.7	453.6	463.3
ブラジル‥‥‥‥	19.5	302.2	321.7	7.7	319.7	327.4
アルゼンチン‥‥‥	2.0	49.1	51.1	2.0	51.2	53.2
ペルー‥‥‥‥	…	39.4	39.4	…	41.1	41.1
コロンビア‥‥‥	…	37.2	37.2	…	36.6	36.6
アフリカ‥‥‥‥	…	130.1	130.1	…	143.0	143.0
エジプト‥‥‥‥	…	86.3	86.3	…	91.7	91.7
南アフリカ共和国	…	17.0	17.0	…	23.0	23.0
オセアニア‥‥ 1)	…	4.1	4.1	…	4.0	4.0
世界計‥‥‥‥	4 280.5	51 139.1	55 419.6	4 800.8	53 963.8	58 764.6

日本化学繊維協会の資料による（原資料は“Fiber Organon, June 2014”）。再生・半合成繊維はレーヨン・アセテートのこと（原資料ではセルロース繊維）で，リョーセルを含まず。合成繊維にはオレフィン繊維（ポリプロピレン，ポリエチレン）を含まず。西ヨーロッパの各国のデータは原資料に記載が無い。1）オーストラリアのみ。

第7章

工業・小売業

表7-32　硫酸の生産（単位　千t）

	2011	2012		2011	2012
中国‥‥‥‥‥	74 168	76 367	ベルギー‥‥‥	2 350	2 500
アメリカ合衆国·	30 140	29 170	サウジアラビア·	550	2 200
ロシア‥‥‥‥	10 704	11 027	南アフリカ共和国	2 480	2 115
モロッコ‥‥‥	12 420	10 900	ポーランド‥‥	2 300	2 100
インド‥‥‥‥	9 600	9 950	フィンランド‥‥	1 737	1 994
ブラジル‥‥‥	6 674	6 720	スペイン‥‥‥	1 760	1 810
日本‥‥‥‥‥	6 362	6 674	イスラエル‥‥	1 790	1 773
オーストラリア·	5 000	5 750	ペルー‥‥‥‥	1 670	1 745
チリ‥‥‥‥‥	5 300	5 500	カザフスタン‥‥	1 680	1 680
メキシコ‥‥‥	4 700	4 800	インドネシア‥‥	1 540	1 610
韓国‥‥‥‥‥	4 500	4 525	ヨルダン‥‥‥	1 500	1 418
カナダ‥‥‥‥	3 966	4 002	ウクライナ‥‥	1 536	1 376
チュニジア‥‥	2 350	3 270	ザンビア‥‥‥	965	1 250
ドイツ‥‥‥‥	3 060	3 015	世界計×‥‥‥	**222 181**	**227 154**

硫酸協会資料による。原資料は国際肥料工業協会。×その他とも。

表7-33　セメントの生産（単位　百万t）

	1980	1990	2000	2010	2012	2013
中国‥‥‥‥‥	79.9	210.0	597.0	1 822.0	2 210.0	2 416.0
インド‥‥‥‥	17.7	49.0	95.0	220.0	270.0	280.0
アメリカ合衆国[1]	69.6	71.4 [2]	89.5 [2]	67.2 [2]	74.9 [2]	77.4 [2]
イラン‥‥‥‥	8.0	13.0	23.9	61.0	70.0	72.0
トルコ‥‥‥‥	12.9	24.5	35.8	62.7	63.9	71.3
ブラジル‥‥‥	27.2	25.8	39.2	59.1	69.3	70.0
ロシア‥‥‥‥	‥‥	‥‥	32.4	50.4	61.7	66.4
ベトナム‥‥‥	0.6	2.5	13.3	55.8	55.5	58.0
日本‥‥‥‥‥	88.0	84.4	81.1	51.5	54.7	57.4
サウジアラビア·	2.9	12.0	18.1	47.5	56.2	57.0
インドネシア‥‥	5.8	13.8	27.8	39.5	51.0	56.0
エジプト‥‥‥	3.0	14.1	24.1	44.6	55.2	50.0
韓国‥‥‥‥‥	15.6	33.6	51.3	47.4	47.1	47.3
タイ‥‥‥‥‥	5.3	18.1	25.5	36.5	41.0	42.0
メキシコ‥‥‥	16.2	23.8	33.2	34.5	36.2	34.6
ドイツ‥‥‥‥[3]	34.2	37.7	35.4	29.2	32.0	31.3
パキスタン‥‥	3.7	7.5	9.9	30.0	30.3	31.0
イタリア‥‥‥	41.8	40.0	38.9	34.4	26.2	22.0
マレーシア‥‥	2.3	5.9	11.4	19.8	21.7	21.5
（参考）旧ソ連·	125.0	137.0	—	—	—	—
世界計×‥‥‥	**883.1**	**1 160.0**	**1 660.0**	**3 290.0**	**3 820.0**	**4 070.0**

アメリカ地質調査所 "Minerals Yearbook" による。データには推定値や暫定値が含まれる。1）プエルトリコを含む。2）ポルトランドセメントとメイソンリーセメントのみ。3）旧西ドイツ。×その他とも。

表7-34　パルプ，紙・板紙の生産と消費（単位　千t）

パルプ生産	2012	2013	紙・板紙生産	2012	2013
アメリカ合衆国・	50 328	49 412	中国・・・・・・・・・	101 522	104 691
カナダ・・・・・・・・	17 153	17 254	アメリカ合衆国・	74 346	73 752
中国・・・・・・・・・	18 008	17 104	日本・・・・・・・・・	26 071	26 241
ブラジル・・・・・・	14 054	15 015	ドイツ・・・・・・・・	22 603	22 393
スウェーデン・・・	12 037	11 721	韓国・・・・・・・・・	11 332	11 802
フィンランド・・・	10 237	10 375	カナダ・・・・・・・・	10 748	11 127
日本・・・・・・・・・	8 642	8 773	スウェーデン・・・	11 417	10 782
ロシア・・・・・・・・	7 470	7 075	インド・・・・・・・・	10 337	10 595
インドネシア・・・	6 710	6 795	フィンランド・・・	10 694	10 592
チリ・・・・・・・・・	5 155	5 250	インドネシア・・・	10 311	10 574
インド・・・・・・・・	4 095	4 125	ブラジル・・・・・・	10 260	10 444
ドイツ・・・・・・・・	2 636	2 610	イタリア・・・・・・	8 664	8 645
ポルトガル・・・・・	2 461	2 479	フランス・・・・・・	8 100	8 043
スペイン・・・・・・	1 981	1 977	ロシア・・・・・・・・	7 801	7 727
フランス・・・・・・	1 817	1 701	スペイン・・・・・・	6 177	6 181
オーストリア・・・	1 725	1 556	メキシコ・・・・・・	4 858	4 839
ニュージーランド	1 507	1 494	オーストリア・・・	5 004	4 837
オーストラリア・	1 436	1 360	タイ・・・・・・・・・	4 451	4 566
南アフリカ共和国	1 615	1 344	イギリス・・・・・・	4 480	4 561
ウルグアイ・・・・・	1 078	1 154	ポーランド・・・・・	3 868	4 064
タイ・・・・・・・・・	1 108	1 148	（台湾）・・・・・・・・	4 122	4 047
ポーランド・・・・・	1 085	1 079	トルコ・・・・・・・・	2 931	3 092
ノルウェー・・・・・	1 087	926	オーストラリア・	3 166	3 018
アルゼンチン・・・	911	907	オランダ・・・・・・	2 761	2 792
スロバキア・・・・・	598	610	南アフリカ共和国	2 431	2 319
韓国・・・・・・・・・	562	554	ポルトガル・・・・・	2 163	2 210
ベトナム・・・・・・	628	540	ベルギー・・・・・・	2 007	1 982
世界計×・・・・・	**181 509**	**179 357**	世界計×・・・・・	**399 339**	**402 605**

紙・板紙消費	2012	2013	紙・板紙消費（続き）	2012	2013
中国・・・・・・・・・	99 393	101 357	カナダ・・・・・・・・	5 978	5 852
アメリカ合衆国・	71 787	71 809	トルコ・・・・・・・・	5 327	5 565
日本・・・・・・・・・	27 774	27 311	ポーランド・・・・・	4 779	4 963
ドイツ・・・・・・・・	19 701	19 525	タイ・・・・・・・・・	4 454	4 721
インド・・・・・・・・	11 902	12 360	（台湾）・・・・・・・・	4 056	4 000
ブラジル・・・・・・	10 068	10 187	オーストラリア・	3 719	3 363
イギリス・・・・・・	9 824	9 779	ベルギー・・・・・・	3 403	3 268
イタリア・・・・・・	9 927	9 668	ベトナム・・・・・・	2 920	3 157
韓国・・・・・・・・・	9 192	9 551	マレーシア・・・・・	3 090	3 140
フランス・・・・・・	9 282	8 940	オランダ・・・・・・	3 117	3 117
メキシコ・・・・・・	7 542	7 541	南アフリカ共和国	2 536	2 448
インドネシア・・・	6 969	7 182	アルゼンチン・・・	2 447	2 428
ロシア・・・・・・・・	6 825	6 824	エジプト・・・・・・	2 355	2 316
スペイン・・・・・・	5 999	5 903	世界計×・・・・・	**400 738**	**403 636**

日本製紙連合会資料による。原資料はRISI。消費量は見かけ消費量。×その他とも。

表7-35　天然ゴム，合成ゴムの生産と消費（単位　千t）

天然ゴム生産	2013	2014	合成ゴム生産	2013	2014
タイ・・・・・・・・・	4 170	4 099	中国・・・・・・・・・	4 090	5 314
インドネシア・・・	3 237	3 142	アメリカ合衆国・	2 234	2 312
ベトナム・・・・・・	949	954	日本・・・・・・・・・	1 673	1 599
中国・・・・・・・・・	865	857	韓国・・・・・・・・・	1 493	1 518
インド・・・・・・・	796	705	ロシア・・・・・・・	1 482	1 328
マレーシア・・・・	827	655	ドイツ・・・・・・・	875	874
コートジボワール	289	317	（台湾）・・・・・・	654	683
ブラジル・・・・・・	187	185	フランス・・・・・・	601	571
ミャンマー・・・・	147	148	ブラジル・・・・・・	352	329
フィリピン・・・・	111	115	タイ・・・・・・・・・	139	228
スリランカ・・・・	131	103	イタリア・・・・・・	187	193
カンボジア・・・・	85	97	ポーランド・・・・	172	174
グアテマラ・・・・	94	96	メキシコ・・・・・・	178	174
リベリア・・・・・・	69	70	チェコ・・・・・・・	149	157
ナイジェリア・・・	57	58	マレーシア・・・・	101	146
カメルーン・・・・	55	56	イギリス・・・・・・	199	143
ガボン・・・・・・・	20	20	オランダ・・・・・・	135	137
バングラデシュ・	19	20	インド・・・・・・・	111	134
ガーナ・・・・・・・	17	17	カナダ・・・・・・・	141	118
ギニア・・・・・・・	16	17	ベルギー・・・・・	121	114
世界計×・・・・・	**12 217**	**11 809**	世界計×・・・・・	**15 471**	**16 715**

天然ゴム消費	2013	2014	合成ゴム消費	2013	2014
中国・・・・・・・・・	4 210	4 510	中国・・・・・・・・・	5 442	6 646
インド・・・・・・・	962	1 012	アメリカ合衆国・	1 698	1 855
アメリカ合衆国・	913	932	日本・・・・・・・・・	954	956
日本・・・・・・・・・	710	709	ドイツ・・・・・・・	579	585
タイ・・・・・・・・・	521	538	ロシア・・・・・・・	685	574
インドネシア・・・	509	525	インド・・・・・・・	472	521
マレーシア・・・・	434	447	ブラジル・・・・・・	526	498
ブラジル・・・・・・	409	413	タイ・・・・・・・・・	444	477
韓国・・・・・・・・・	396	402	マレーシア・・・・	331	378
ドイツ・・・・・・・	247	225	（台湾）・・・・・・	345	350
スペイン・・・・・・	142	166	インドネシア・・・	304	311
ベトナム・・・・・・	154	157	韓国・・・・・・・・・	295	281
トルコ・・・・・・・	135	149	フランス・・・・・・	257	251
カナダ・・・・・・・	126	127	トルコ・・・・・・・	233	243
ポーランド・・・・	102	114	ポーランド・・・・	178	208
（台湾）・・・・・・	103	109	メキシコ・・・・・・	195	206
フランス・・・・・・	123	107	スペイン・・・・・・	234	204
イタリア・・・・・・	96	104	カナダ・・・・・・・	194	190
メキシコ・・・・・・	86	90	イタリア・・・・・・	171	162
世界計×・・・・・	**11 386**	**11 855**	世界計×・・・・・	**15 433**	**16 769**

IRSG（国際ゴム研究会）"Rubber Statistical Bulletin"による。×その他とも。

表 7-36　ビールの生産量（単位　千kL）

	2012	2013		2012	2013
アジア‥‥‥ 1)	63 075	65 527	**中南アメリカ**‥‥	32 709	32 972
中国‥‥‥‥‥	44 349	46 544	ブラジル‥‥‥‥	13 735	13 460
日本‥‥‥‥‥ 2)	5 591	5 532	メキシコ‥‥‥‥	8 250	8 250
ベトナム‥‥‥	2 980	3 130	コロンビア‥‥‥	2 255	2 330
タイ‥‥‥‥‥	2 370	2 310	ベネズエラ‥‥‥	2 147	2 242
韓国‥‥‥‥‥	2 031	2 092	アルゼンチン‥‥	1 670	1 860
インド‥‥‥‥	1 950	1 990	**北アメリカ**‥‥ 3)	24 963	24 347
ヨーロッパ‥‥	54 830	53 326	アメリカ合衆国‥	23 007	22 430
ドイツ‥‥‥‥	9 462	9 437	カナダ‥‥‥‥‥	1 956	1 917
ロシア‥‥‥‥	9 740	8 912	**アフリカ**‥‥‥	12 506	13 251
イギリス‥‥‥	4 204	4 196	南アフリカ共和国	3 150	3 150
ポーランド‥‥	3 929	3 956	ナイジェリア‥‥	2 400	2 650
スペイン‥‥‥	3 303	3 270	**オセアニア**‥‥	2 159	2 174
ウクライナ‥‥	3 005	2 760	**中東**‥‥‥‥‥	1 441	1 344
オランダ‥‥‥	2 427	2 400			
チェコ‥‥‥‥	1 862	1 860	**世界計×**‥‥‥	**191 683**	**192 939**
フランス‥‥‥	1 973	1 850			
ベルギー‥‥‥	1 875	1 807			

キリン株式会社資料による。地域は原資料による区分。1）中東を除く。2）ビール，発泡酒，新ジャンルの合計。3）アメリカ合衆国とカナダの合計。×その他とも。

表 7-37　ワインの生産（単位　千t）

	2012	2013		2012	2013
ヨーロッパ‥‥	15 871	15 619	チリ‥‥‥‥‥	1 087	1 832
フランス‥‥‥	4 210	4 293	アルゼンチン‥‥	1 166	1 498
イタリア‥‥‥	4 270	4 107	ブラジル‥‥‥‥	297	273
スペイン‥‥‥	3 150	3 200	ペルー‥‥‥‥‥	65	70
ドイツ‥‥‥‥	901	841	ウルグアイ‥‥‥	67	67
ポルトガル‥‥	562	631	**北中アメリカ**‥‥	3 095	3 294
ロシア‥‥‥‥	623	573	アメリカ合衆国‥	2 987	3 217
ギリシャ‥‥‥	275	312	**アジア**‥‥‥‥	2 011	2 053
ハンガリー‥‥	224	262	中国‥‥‥‥‥	1 650	1 700
オーストリア‥	215	239	ジョージア‥‥‥	113	99
セルビア‥‥‥	218	231	日本‥‥‥‥‥	80	80
ウクライナ‥‥	180	168	**オセアニア**‥‥	1 349	1 479
ブルガリア‥‥	134	131	オーストラリア‥	1 155	1 231
モルドバ‥‥‥	148	120	ニュージーランド	194	248
ルーマニア‥‥	331	106	**アフリカ**‥‥‥	1 183	1 226
スイス‥‥‥‥	100	84	南アフリカ共和国	1 055	1 097
マケドニア‥‥	78	78			
南アメリカ‥‥	2 690	3 750	**世界計×**‥‥‥	**26 200**	**27 422**

FAOSTAT（http://faostat.fao.org/）による。2015年7月28日閲覧。×その他とも。

表 7-38　世界の小売売上高（単位　億ドル）

	2007	2010	2011	2012	1人あたり（ドル）	2007〜12実質成長率（％）
インド・・・・・・・・	2 902	3 641	3 997	3 891	317	12.7
インドネシア・・・	909	1 152	1 320	1 373	561	16.0
韓国・・・・・・・・・・	1 752	1 661	1 861	1 870	3 739	11.7
サウジアラビア・	510	674	755	844	2 940	23.0
タイ・・・・・・・・・・	562	701	764	789	1 162	9.7
（台湾）・・・・・・・・	777	828	922	941	4 049	4.5
中国・・・・・・・・・・	7 231	11 302	13 555	15 671	1 163	50.9
トルコ・・・・・・・・	1 596	1 512	1 450	1 491	1 996	-14.7
日本・・・・・・・・・・	9 557	12 036	13 237	13 395	10 500	-5.0
フィリピン・・・・・	486	542	590	620	636	-5.0
ベトナム・・・・・・・	336	497	556	631	703	29.1
（香港）・・・・・・・・・	317	405	478	532	7 408	41.7
マレーシア・・・・・	273	323	349	351	1 215	3.5
エジプト・・・・・・・	428	584	554	565	691	-21.2
南アフリカ共和国	630	766	832	804	1 575	8.5
イギリス・・・・・・	5 746	4 658	4 980	4 983	7 911	-5.5
イタリア・・・・・・・	4 035	3 926	4 131	3 737	6 141	-10.6
ウクライナ・・・・・	558	471	516	557	1 226	-12.9
オーストリア・・・	694	691	733	674	7 983	-6.0
オランダ・・・・・・・	1 200	1 199	1 259	1 146	6 852	-5.8
ギリシャ・・・・・・・	755	630	577	476	4 197	-41.3
スイス・・・・・・・・・	766	944	1 102	1 030	12 945	3.9
スウェーデン・・・	735	762	854	815	8 593	4.5
スペイン・・・・・・・	3 000	2 709	2 796	2 485	5 379	-19.5
デンマーク・・・・・	502	474	500	463	8 297	-11.8
ドイツ・・・・・・・・	5 466	5 477	5 855	5 391	6 587	-1.9
ノルウェー・・・・・	560	601	673	657	13 176	6.4
フィンランド・・・	449	464	506	475	8 800	2.2
フランス・・・・・・・	5 110	5 136	5 537	5 158	8 128	0.4
ベルギー・・・・・・・	935	984	1 064	986	8 929	0.2
ポーランド・・・・・	947	961	1 013	900	2 355	-1.9
ポルトガル・・・・・	551	561	579	512	4 814	-8.4
ロシア・・・・・・・・・	3 244	3 936	4 640	4 727	3 304	18.4
アメリカ合衆国・	25 976	25 959	26 741	27 441	8 739	-4.8
カナダ・・・・・・・・・	2 757	3 062	3 229	3 227	9 264	0.5
メキシコ・・・・・・・	1 895	1 818	2 000	1 922	1 655	3.1
アルゼンチン・・・	611	851	1 033	1 177	2 862	83.8
コロンビア・・・・・	558	692	758	820	1 724	5.7
チリ・・・・・・・・・・	346	444	510	533	3 061	24.8
ブラジル・・・・・・・	2 048	3 166	3 694	3 339	1 723	29.1
ベネズエラ・・・・・	498	939	747	1 000	3 345	15.4
オーストラリア・	1 578	1 988	2 282	2 306	10 154	3.7
ニュージーランド	304	309	353	370	8 277	-2.7

EUROMONITOR INTERNATIONAL "World Retail Data and Statistics 2014"による。

表 7-39　小売売上高の内訳 (2012年)

	売上高（億ドル）			1 人あたり売上高（ドル）		
	食料品店	非食料品店	非店舗	食料品店	非食料品店	非店舗
インド・・・・・・・・・	2 691.8	1 167.3	32.2	219.2	95.1	2.6
インドネシア・・・	947.3	405.8	20.0	387.0	165.8	8.2
韓国・・・・・・・・・・	581.9	921.3	366.3	1 163.8	1 842.5	732.6
サウジアラビア・	312.2	523.5	8.3	1 087.5	1 823.8	29.0
タイ・・・・・・・・・	508.7	247.7	32.5	749.5	364.9	47.9
（台湾）・・・・・・・	380.6	485.9	74.0	1 638.8	2 092.0	318.5
中国・・・・・・・・・・	6 036.6	8 809.4	824.8	448.1	654.0	61.2
トルコ・・・・・・・・	761.2	652.0	78.0	1 018.6	872.5	104.4
日本・・・・・・・・・・	4 226.5	7 726.3	1 442.5	3 313.0	6 056.3	1 130.8
フィリピン・・・・・	379.5	228.8	11.5	389.2	234.7	11.8
ベトナム・・・・・・	430.4	197.6	2.6	479.7	220.2	2.9
（香港）・・・・・・・・	97.4	416.6	18.3	1 355.4	5 798.1	254.1
マレーシア・・・・	111.1	213.9	26.2	384.5	740.0	90.6
エジプト・・・・・・・	276.2	283.9	4.6	337.8	347.2	5.6
南アフリカ共和国	441.0	342.5	21.0	863.4	670.5	41.1
イギリス・・・・・・・	2 410.9	1 995.8	576.5	3 827.5	3 168.4	915.3
イタリア・・・・・・・	1 546.8	2 093.8	96.4	2 541.9	3 440.9	158.5
ウクライナ・・・・・	276.2	263.4	17.8	607.7	579.4	39.1
オーストリア・・・	250.6	381.0	42.4	2 968.4	4 512.4	502.3
オランダ・・・・・・・	505.5	579.1	61.7	3 021.7	3 461.4	368.8
ギリシャ・・・・・・・	252.3	216.4	7.4	2 224.1	1 907.7	65.5
スイス・・・・・・・・・	520.5	448.5	60.4	6 545.1	5 640.3	759.8
スウェーデン・・・	398.3	375.3	41.3	4 200.1	3 957.6	435.3
スペイン・・・・・・・	1 192.1	1 171.2	121.6	2 580.5	2 535.2	263.2
デンマーク・・・・・	246.3	182.2	34.5	4 413.3	3 264.9	618.6
ドイツ・・・・・・・・・	2 360.6	2 587.5	442.7	2 884.3	3 161.6	541.0
ノルウェー・・・・・	306.8	307.0	43.2	6 153.9	6 156.4	866.2
フィンランド・・・	208.0	223.7	43.6	3 851.0	4 142.2	806.4
フランス・・・・・・・	2 631.4	2 192.0	334.9	4 146.5	3 454.0	527.8
ベルギー・・・・・・・	491.7	456.0	38.1	4 453.5	4 129.9	345.2
ポーランド・・・・・	485.5	364.7	49.9	1 270.5	954.3	130.5
ポルトガル・・・・・	254.4	243.0	14.6	2 392.4	2 284.6	137.2
ロシア・・・・・・・・・	2 487.4	2 057.3	181.7	1 738.8	1 438.1	127.0
アメリカ合衆国・	9 725.5	14 687.6	3 028.2	3 097.3	4 677.6	964.4
カナダ・・・・・・・・・	1 322.5	1 814.1	90.4	3 796.4	5 207.7	259.6
メキシコ・・・・・・・	932.5	878.5	110.8	802.9	756.4	95.4
アルゼンチン・・・	618.2	494.6	63.9	1 503.5	1 202.7	155.4
コロンビア・・・・・	352.0	440.0	27.6	740.2	925.2	58.1
チリ・・・・・・・・・・	265.7	247.9	19.8	1 524.9	1 422.7	113.8
ブラジル・・・・・・・	1 012.0	2 058.9	267.9	522.4	1 062.7	138.3
ベネズエラ・・・・・	596.7	373.4	29.8	1 996.2	1 249.1	99.6
オーストラリア・	1 141.3	1 079.0	85.5	5 025.9	4 751.4	376.6
ニュージーランド	196.9	160.4	12.3	4 408.9	3 591.5	276.2

資料は表7-38に同じ。表7-38の小売売上高の内数。

表 7-40　業態別小売店売上高（2012年）（単位　百万ドル）

	食料品店					雑貨店
	ハイパーマーケット1)	スーパーマーケット	ディスカウント	小規模食料品店	食品・飲料・たばこ専門店	
インド・・・・・・・・・	2 591	1 892	…	212 714	42 182	2 048
インドネシア・・・	3 263	5 326	…	32 356	1 031	3 530
韓国・・・・・・・・・・	26 465	9 704	…	14 525	5 792	29 200
サウジアラビア・	5 465	8 063	…	11 661	5 378	1 883
タイ・・・・・・・・・	8 044	4 254	…	12 872	19 951	3 463
（台湾）・・・・・・	4 153	4 425	…	14 856	5 943	10 946
中国・・・・・・・・・	91 104	280 026	795	91 534	33 161	158 114
トルコ・・・・・・・・	4 652	21 989	9 815	28 363	9 465	1 831
日本・・・・・・・・・	…	194 624	…	166 273	39 456	213 695
フィリピン・・・・・	1 761	7 316	25	2 163	2 023	3 854
ベトナム・・・・・・	460	1 248	…	12 396	198	151
（香港）・・・・・・	…	4 730	…	1 947	2 901	4 757
エジプト・・・・・・	392	4 675	…	5 829	12 449	1 245
南アフリカ共和国	2 190	18 420	292	11 960	8 344	6 510
イギリス・・・・・・	106 733	53 411	10 995	51 460	15 491	41 999
イタリア・・・・・・	26 539	55 151	13 389	34 246	23 989	3 986
ウクライナ・・・・	3 437	10 616	…	6 875	681	198
オーストリア・・	2 585	11 513	6 479	1 934	2 254	607
オランダ・・・・・・	1 590	31 470	6 063	4 039	5 748	6 359
ギリシャ・・・・・・	715	10 966	1 562	2 226	4 037	1 061
スイス・・・・・・・	6 066	25 547	5 930	5 322	9 114	5 549
スウェーデン・・・	8 781	16 902	1 669	6 611	5 365	2 885
スペイン・・・・・・	18 923	59 514	8 889	5 043	24 211	13 784
デンマーク・・・・	5 370	7 269	7 077	3 403	1 440	1 126
ドイツ・・・・・・・	41 794	61 153	80 818	24 131	25 292	12 248
ノルウェー・・・・	2 531	9 462	13 680	1 837	2 981	1 106
フィンランド・・・	6 422	6 134	936	5 592	1 653	3 706
フランス・・・・・・	110 790	69 935	22 263	22 524	34 949	10 509
ベルギー・・・・・・	3 359	21 467	4 889	11 592	6 779	1 694
ポーランド・・・・	8 855	8 007	9 636	17 779	2 409	882
ポルトガル・・・・	4 433	12 302	2 516	1 976	3 503	2 007
ロシア・・・・・・・	28 713	96 344	…	86 551	5 607	1 526
アメリカ合衆国・	292 027	341 030	23 107	237 758	73 049	403 830
カナダ・・・・・・・	20 708	38 460	16 679	23 920	22 740	43 425
メキシコ・・・・・・	17 662	10 550	22 760	34 563	3 833	26 209
アルゼンチン・・・	8 435	14 521	1 636	19 838	7 974	791
コロンビア・・・・	7 495	6 340	389	11 359	9 392	1 543
チリ・・・・・・・・	6 540	7 888	718	3 390	4 168	6 348
ブラジル・・・・・・	21 605	25 121	3 535	34 411	10 174	9 925
ベネズエラ・・・・	2 279	19 616	2 184	20 184	15 115	3 133
オーストラリア・	…	73 923	3 007	9 569	23 279	19 186
ニュージーランド	…	11 874	…	2 890	4 084	2 220

資料は表7-39に同じ。表7-39の食料品店，非食料品店売上高の内数。1) 売場面積2500平

非食料品店						
デパート	健康・美容販売店	衣服・靴販売店	家具・家庭用品販売店	耐久消費財販売店	レジャー・個人用品販売店	
2 048	7 990	46 974	11 321	13 178	34 660	インド
3 486	4 470	10 777	5 779	4 980	4 141	インドネシア
25 713	12 362	22 130	4 055	17 380	6 168	韓国
794	7 032	8 637	9 908	11 834	11 752	サウジアラビア
3 357	4 002	1 540	2 256	3 601	6 074	タイ
8 894	5 696	5 143	8 096	6 731	8 987	(台湾)
157 891	129 011	77 330	154 212	135 664	107 410	中国
1 816	7 069	16 604	15 390	17 419	6 831	トルコ
74 007	168 515	90 240	57 727	88 770	79 768	日本
3 639	3 578	2 275	4 003	3 338	2 229	フィリピン
141	2 895	1 091	4 720	5 564	2 884	ベトナム
4 552	4 915	7 738	2 195	5 686	16 016	(香港)
341	3 318	2 904	1 356	11 612	7 771	エジプト
3 536	4 310	10 866	5 893	1 243	3 145	南アフリカ共和国
25 037	21 771	45 290	30 263	24 760	27 909	イギリス
1 350	41 440	47 963	53 562	12 420	26 746	イタリア
…	4 055	5 647	4 504	2 765	1 911	ウクライナ
298	6 735	6 724	11 790	4 618	5 135	オーストリア
3 490	12 676	9 168	13 390	5 541	8 314	オランダ
967	4 829	4 273	5 448	1 650	3 002	ギリシャ
4 845	8 214	9 671	6 589	4 384	6 949	スイス
1 076	6 515	6 544	10 455	4 076	5 219	スウェーデン
11 548	22 444	22 622	19 859	6 566	28 297	スペイン
678	3 178	4 273	5 075	1 823	2 418	デンマーク
8 066	78 983	38 785	64 204	25 669	35 857	ドイツ
131	3 226	6 270	10 640	3 495	5 618	ノルウェー
1 961	3 484	2 317	7 353	1 770	2 072	フィンランド
5 443	59 402	33 862	49 735	21 498	38 807	フランス
726	9 350	10 322	9 369	5 493	7 390	ベルギー
127	9 602	5 579	7 425	4 713	6 506	ポーランド
535	5 268	3 226	5 481	1 919	5 017	ポルトガル
1 185	22 215	17 029	33 410	24 909	19 900	ロシア
126 667	273 359	200 304	302 062	99 004	154 407	アメリカ合衆国
9 462	36 087	28 195	45 778	13 020	13 841	カナダ
7 595	13 557	7 431	12 925	5 177	6 212	メキシコ
750	13 075	14 493	12 024	5 527	2 612	アルゼンチン
1 265	3 496	5 474	19 654	6 121	3 451	コロンビア
6 348	3 336	2 773	7 839	1 901	2 438	チリ
2 683	40 980	47 879	35 602	33 097	36 019	ブラジル
3 018	8 583	7 870	4 963	6 868	5 540	ベネズエラ
5 243	20 021	13 219	25 928	13 335	15 578	オーストラリア
793	1 920	2 416	2 757	2 875	3 506	ニュージーランド

方メートル以上の大規模店舗で，売り場面積の35％以上が非食料品売り場のもの。

第7章

工業・小売業

表 7-41　小売店舗数（2012年）

	食料品			非食料品店		
	店舗数 （千店）	百万人 あたり （店）	1店舗あ たり売上 （千ドル）	店舗数 （千店）	百万人 あたり （店）	1店舗あ たり売上 （千ドル）
インド‥‥‥‥‥	12 366	10 069	21.8	1 953	1 590	59.8
インドネシア‥‥	2 583	10 552	36.7	248	1 015	163.4
韓国‥‥‥‥‥‥	200	3 993	291.5	317	6 333	290.9
サウジアラビア・	40	1 387	783.9	54	1 891	964.7
タイ‥‥‥‥‥‥	794	11 700	64.1	121	1 784	204.5
（台湾）‥‥‥‥	134	5 789	283.1	136	5 836	358.5
中国‥‥‥‥‥‥	3 774	2 802	160.0	2 155	1 600	408.8
トルコ‥‥‥‥‥	353	4 721	215.8	260	3 484	250.5
日本‥‥‥‥‥‥	321	2 516	1 316.9	540	4 230	1 431.9
フィリピン‥‥‥	789	8 090	48.1	111	1 137	206.4
ベトナム‥‥‥‥	631	7 035	68.2	142	1 584	139.1
（香港）‥‥‥‥	21	2 891	468.9	37	5 148	1 126.2
エジプト‥‥‥‥	1 140	13 949	24.2	383	4 680	74.2
南アフリカ共和国	72	1 417	609.3	67	1 311	511.3
イギリス‥‥‥‥	94	1 491	2 566.7	181	2 869	1 104.3
イタリア‥‥‥‥	269	4 418	575.4	628	10 319	333.5
ウクライナ‥‥‥	88	1 934	314.3	109	2 397	241.8
オーストリア‥‥	10	1 234	2 406.1	27	3 139	1 437.3
オランダ‥‥‥‥	33	1 963	1 539.5	73	4 354	795.1
ギリシャ‥‥‥‥	68	6 004	370.4	63	5 576	342.1
スイス‥‥‥‥‥	17	2 142	3 055.1	32	3 971	1 420.4
スウェーデン‥‥	13	1 346	3 120.9	33	3 489	1 134.4
スペイン‥‥‥‥	145	3 129	824.6	364	7 875	321.9
デンマーク‥‥‥	9	1 614	2 733.8	14	2 584	1 263.6
ドイツ‥‥‥‥‥	109	1 336	2 159.4	186	2 271	1 392.0
ノルウェー‥‥‥	9	1 705	3 608.9	23	4 673	1 317.5
フィンランド‥‥	6	1 056	3 645.3	18	3 419	1 211.5
フランス‥‥‥‥	126	1 984	2 090.3	205	3 223	1 071.7
ベルギー‥‥‥‥	24	2 155	2 066.8	46	4 209	981.2
ポーランド‥‥‥	141	3 687	344.5	156	4 080	233.9
ポルトガル‥‥‥	36	3 393	705.1	78	7 341	311.2
ロシア‥‥‥‥‥	316	2 212	786.2	527	3 686	390.2
アメリカ合衆国・	291	928	3 338.4	602	1 919	2 438.1
カナダ‥‥‥‥‥	62	1 786	2 125.2	101	2 889	1 802.4
メキシコ‥‥‥‥	703	6 056	132.6	550	4 737	159.7
アルゼンチン‥‥	358	8 709	172.6	109	2 639	455.7
コロンビア‥‥‥	279	5 863	126.3	180	3 789	244.2
チリ‥‥‥‥‥‥	140	8 021	190.1	70	4 040	352.1
ブラジル‥‥‥‥	490	2 528	206.6	975	5 033	211.1
ベネズエラ‥‥‥	76	2 532	788.5	63	2 122	588.7
オーストラリア・	29	1 272	3 951.8	55	2 418	1 964.8
ニュージーランド	11	2 424	1 818.5	15	3 420	1 050.1

資料は表7-38に同じ。

表 7-42　非店舗小売の売上高（2012年）（単位　百万ドル）

	自動販売機	ホームショッピング[1]	インターネット販売	直販	計
イスラエル‥‥‥	120.2	247.7	522.8	60.0	950.7
インド‥‥‥‥‥	…	211.4	1 590.8	1 415.4	3 217.7
インドネシア‥‥	…	2.3	78.1	1 916.9	1 997.3
韓国‥‥‥‥‥‥	270.3	6 669.6	23 760.9	5 931.1	36 632.0
シンガポール‥‥	69.8	41.9	674.4	376.4	1 162.5
タイ‥‥‥‥‥‥	198.6	289.8	619.3	2 139.2	3 247.0
（台湾）‥‥‥‥	68.6	2 030.8	3 270.5	2 027.8	7 397.6
中国‥‥‥‥‥‥	891.5	4 612.1	64 378.1	12 600.1	82 481.9
トルコ‥‥‥‥‥	2.2	…	3 191.2	4 605.1	7 798.5
日本‥‥‥‥‥‥	34 803.6	36 351.1	52 037.9	21 061.9	144 254.5
フィリピン‥‥‥	2.4	4.9	318.1	822.8	1 148.1
（香港）‥‥‥‥	44.2	36.1	954.3	791.0	1 825.5
マレーシア‥‥‥	92.0	…	298.3	2 227.7	2 618.0
南アフリカ共和国	175.8	504.0	397.7	1 019.5	2 097.0
アイルランド‥‥	118.6	166.2	2 151.3	79.2	2 515.3
イギリス‥‥‥‥	562.9	7 398.2	47 878.6	1 812.6	57 652.2
イタリア‥‥‥‥	517.9	1 507.6	4 809.1	2 809.6	9 644.2
ウクライナ‥‥‥	16.9	254.8	696.3	810.6	1 778.6
オーストリア‥‥	550.1	903.6	2 567.1	220.5	4 241.3
オランダ‥‥‥‥	528.1	655.6	4 833.9	152.6	6 170.2
スイス‥‥‥‥‥	608.9	1 155.9	3 937.7	339.9	6 042.3
スウェーデン‥‥	145.7	226.5	3 622.4	133.7	4 128.2
スペイン‥‥‥‥	8 282.5	719.6	2 358.0	799.8	12 160.0
チェコ‥‥‥‥‥	86.7	131.7	1 906.4	291.1	2 415.9
デンマーク‥‥‥	86.1	228.8	3 055.6	81.7	3 452.2
ドイツ‥‥‥‥‥	2 483.9	11 716.0	26 962.9	3 111.6	44 274.4
ノルウェー‥‥‥	29.7	419.9	3 673.6	195.4	4 318.6
ハンガリー‥‥‥	43.2	86.1	694.2	203.2	1 026.7
フィンランド‥‥	46.6	136.6	3 981.9	190.4	4 355.5
フランス‥‥‥‥	840.2	4 157.5	25 543.8	2 951.1	33 492.5
ベルギー‥‥‥‥	327.6	247.5	2 941.8	294.9	3 811.7
ポーランド‥‥‥	98.4	137.0	3 990.8	759.9	4 986.1
ポルトガル‥‥‥	347.9	278.8	560.6	271.5	1 458.9
ロシア‥‥‥‥‥	477.2	3 616.9	10 420.5	3 658.9	18 173.5
アメリカ合衆国‥	4 598.4	98 119.9	177 397.3	22 706.9	302 822.6
カナダ‥‥‥‥‥	547.8	2 032.6	5 285.7	1 176.8	9 042.9
メキシコ‥‥‥‥	217.6	354.0	2 700.3	7 811.9	11 083.8
アルゼンチン‥‥	13.1	290.1	2 753.2	3 332.2	6 388.5
コロンビア‥‥‥	3.8	29.5	482.7	2 248.1	2 764.1
チリ‥‥‥‥‥‥	22.5	54.9	1 172.1	733.8	1 983.4
ブラジル‥‥‥‥	187.3	1 620.7	11 109.9	13 869.1	26 787.0
ベネズエラ‥‥‥	44.6	57.9	732.8	2 141.7	2 976.9
オーストラリア‥	1 063.6	1 293.3	4 685.1	1 509.1	8 551.0
ニュージーランド	118.0	122.2	734.5	258.5	1 233.2

資料は表7-39に同じ。表7-39の非店舗売上高の内数。1) カタログ，テレビ通販等。

第8章　貿易と国際収支

　2013年の世界貿易額（ドル建て輸出）は，前年比2.1％増の18兆4608
億ドルとなった。エネルギーなどの一次産品価格が2年連続して下落し
たことや，先進国の輸入がほぼ横ばいだったことなどから小幅な伸びに
とどまった。世界貿易を先進国と先進国以外に分けてみると，先進国の
輸出が前年比1.4％増であったのに対して，先進国以外は同2.8％増とな
り，この結果，先進国以外の輸出額が初めて先進国を上回った。先進国
のなかでは，世界貿易の32％を占めるEUが域内貿易の回復により，輸
出が前年比3.4％増，輸入が同1.5％増となった。世界最大の輸入国であ
るアメリカは，輸出が前年比2.2％増，輸入が同0.3％減となった。アメ
リカの輸入が減少した大きな要因は，自国のシェールオイルの増産によ
り，原油の輸入が減っているためである。一方，先進国以外では，中国
が引き続き相対的に高い伸び（輸出が前年比7.9％増，輸入が同7.3％増）
を記録し，世界貿易の拡大に大きく寄与した。なお，中国は輸出と輸入
を合計した貿易総額で13年に初めて4兆ドルを突破し，アメリカを抜い
て世界一になった。そのほかでは，資源価格の下落を反映して，ベネズ
エラ（前年比10.9％減），カザフスタン（同7.5％減），サウジアラビア（同
3.2％減）などの資源国の輸出が振るわなかった。2014年の世界貿易は，
原油価格の下落や中国景気の減速などの影響により小幅な伸びにとどま
っており，輸出が前年比1.9％増の18兆8075億ドル，輸入が同1.1％増の
18兆6072億ドルで推移している（以上，数値は国連統計月報オンライン，
15年7月10日時点）。

　前進の兆しをみせていた世界貿易機関（WTO）の多角的通商交渉（ド
ーハ・ラウンド）が，またもや迷走している。ドーハ・ラウンドは，
WTOに加盟する161か国・地域（2015年6月末現在）が参加し，モノや
サービスの貿易自由化を促進するための共通ルールを決める通商交渉で
ある。2001年11月のドーハ閣僚会議で交渉が始まり，当初は8分野（農
業，鉱工業品，サービス，WTOルール，貿易円滑化，開発，環境，知

的所有権）での一括合意を目指していた。しかし交渉分野によって，先進国と途上国，農産物の輸出国と輸入国などで利害対立が生まれ，交渉は中断と再開を繰り返してきた。そして11年12月の閣僚会議は，8分野での一括合意を断念し，これ以降は部分合意など可能な成果を積み上げる方式を試みることで一致した。この結果を踏まえ13年12月に開かれた閣僚会議では，通関手続きの簡素化など「貿易円滑化」，途上国の農業補助金の特例措置など「農業の一部」，および後発途上国の「開発支援」の3分野で合意し，ドーハ・ラウンドで初の具体的な成果を得た。だが，貿易円滑化協定の採択についてはインドの反対により14年7月末の期限を守ることができず，交渉はこう着状態に陥っている。

　遅々として進まないWTOの多国間交渉をしり目に，先進国や新興国の多くは，特定の国や地域間だけで関税の引き下げなどを取り決める自由貿易協定（FTA）や経済連携協定（EPA）を重視するようになっている。2014年7月25日現在，世界で発効したFTAは264件（関税同盟を含む。ジェトロ調べ）に上り，この内183件が2000年以降に発効している。このようにFTAに傾斜する国が増えているのは，WTOの多国間交渉と異なり，FTAは交渉相手を限定できる上に，比較的短期間で合意できるからである。また近年は，アメリカ・EU包括的貿易投資協定（TTIP）や環太平洋経済連携協定（TPP，364ページ解説参照）の様な，地域横断型のメガFTAの締結を目指す動きが目立っている。日本，アメリカ，EUなどの貿易大国がFTAを重視する姿勢を強めていることから，今後ますます，FTAが各国の通商政策の柱となっていくとみられている。

　国際収支は一定期間中の一国の対外経済取引を集計した勘定である（各項目の説明は表8-75の脚注参照）。一般に毎年安定して経常収支の黒字を計上している国は，金融収支も黒字であることが多く，シンガポール，オーストリア，オランダ，スウェーデン，ドイツ，ノルウェー，ロシアなどがこれに該当する。対照的にアメリカは，世界最大の経常収支と金融収支の赤字国となっている。2013年の経常収支の黒字国をみると，ドイツが3年連続して世界一となり，以下，中国，サウジアラビア，スイス，オランダ，韓国の順となった。

表 8-1　地域別の貿易（単位　百万ドル）

	2010	2011	2012	2013	対前年増加率（％）
輸出					
先進国‥‥‥‥1)	7 995 822	9 292 738	9 070 965	9 199 000	*1.4*
先進国以外‥‥2)	7 103 556	8 732 600	9 005 303	9 261 793	*2.8*
世界計‥‥‥‥	**15 099 378**	**18 025 338**	**18 076 268**	**18 460 793**	*2.1*
EU‥‥‥‥3)	5 064 143	5 930 500	5 682 074	5 872 787	*3.4*
EU（域外）・4)	1 791 433	2 161 865	2 162 563	2 305 992	*6.6*
NAFTA‥‥5)	1 964 109	2 281 991	2 371 432	2 417 554	*1.9*
ASEAN‥‥6)	1 049 842	1 232 032	1 252 188	1 271 460	*1.5*
メルコスール7)	345 606	448 894	431 021	430 181	*-0.2*
BRICs‥‥‥8)	2 404 187	2 974 593	3 113 730	3 294 504	*5.8*
輸入					
先進国‥‥‥‥1)	8 627 277	10 094 767	9 855 094	9 864 938	*0.1*
先進国以外‥‥2)	6 524 816	7 979 827	8 266 812	8 540 617	*3.3*
世界計‥‥‥‥	**15 152 093**	**18 074 594**	**18 121 906**	**18 405 555**	*1.6*
EU‥‥‥‥3)	5 190 907	6 070 956	5 705 753	5 789 683	*1.5*
EU（域外）・4)	2 029 009	2 405 295	2 311 903	2 234 492	*-3.3*
NAFTA‥‥5)	2 662 781	3 067 992	3 169 689	3 172 187	*0.1*
ASEAN‥‥6)	955 146	1 150 848	1 226 287	1 242 876	*1.4*
メルコスール7)	292 060	372 551	362 527	388 174	*7.1*
BRICs‥‥‥8)	2 167 584	2 749 908	2 849 996	2 975 553	*4.4*

UN "Monthly Bulletin of Statistics, Online"（2015年7月10日閲覧）による。輸出額はf.o.b.（本船渡し）価格，輸入額はc.i.f.（保険料・運賃込み）価格。原資料において14年1月より，世界計や経済組織の数値が過去にさかのぼって再輸出を含む数値に修正された。1) アメリカ合衆国，カナダ，EU25か国（キプロス，ブルガリア，ルーマニアは除く），ノルウェー，スイス，アイスランド，アンドラ，日本，オーストラリア，ニュージーランド（以上のほかにジブラルタルやバミューダなどの地域が含まれる）。2) 単純に世界計から先進国を引いたもの。編者算出。3) 欧州連合。28か国。ドイツ，フランス，イタリア，オランダ，ベルギー，ルクセンブルク，イギリス，アイルランド，デンマーク，ギリシャ，スペイン，ポルトガル，オーストリア，スウェーデン，フィンランド，ポーランド，ハンガリー，チェコ，スロバキア，スロベニア，エストニア，ラトビア，リトアニア，マルタ，キプロス，ブルガリア，ルーマニア，クロアチア。4) EU域内貿易を除いたもの。5) 北米自由貿易協定。参加国はアメリカ合衆国，カナダ，メキシコの3か国。6) 東南アジア諸国連合。加盟国は，シンガポール，インドネシア，タイ，マレーシア，フィリピン，ブルネイ，ベトナム，ミャンマー，ラオス，カンボジアの10か国。7) MERCOSUR（南米南部共同市場）。加盟国は，ブラジル，アルゼンチン，ウルグアイ，パラグアイ（以上，1995年結成4か国），ベネズエラ（2012年加盟）の5か国（各国の批准待ちのボリビアは含まない）。8) 経済成長著しいブラジル，ロシア，インド，中国の頭文字をとった造語。経済組織ではないが参考値として掲載した。数値は単純に4か国を合計したもの。編者算出。

図 8-1　輸出と輸入のランキング（2014年）

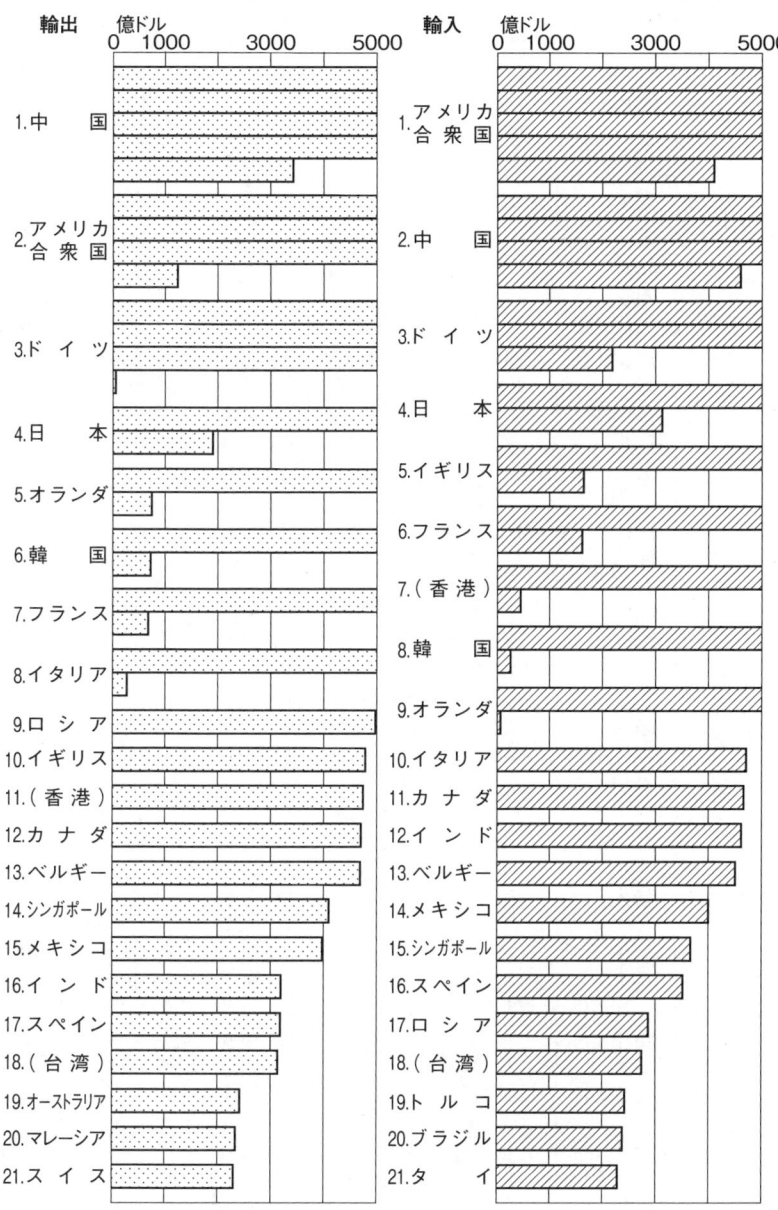

表8-2より作成。2014年のみ。

表 8-2 **各国の貿易額の推移**（Ⅰ／アジア）（単位 百万ドル）

		2010	2011	2012	2013	2014
日本	輸出····	769 772	822 564	798 621	714 613	690 202
	輸入····	692 435	854 098	885 610	832 424	811 882
	入出超··	77 337	-31 534	-86 989	-117 811	-121 681
アゼルバイジャン	輸出····	21 360	26 571	23 908	23 975	21 829
	輸入····	6 601	9 756	9 653	10 713	9 188
	入出超··	14 760	16 815	14 255	13 263	12 641
アルメニア	輸出····	1 011	1 316	1 428	1 479	1 519
	輸入····	3 783	4 196	4 267	4 386	4 402
	入出超··	-2 771	-2 881	-2 839	-2 907	-2 882
イスラエル	輸出····	58 392	67 648	63 191	66 607	…
	輸入····	61 209	75 830	75 392	74 861	…
	入出超··	-2 817	-8 182	-12 201	-8 254	…
イラク	輸出····	52 483	83 300	94 400	89 550	…
	輸入····	43 915	49 000	57 000	61 000	…
	入出超··	8 567	34 300	37 400	28 550	…
イラン	輸出····	101 316	130 500	95 500	82 000	…
	輸入····	65 404	61 760	56 500	49 000	…
	入出超··	35 912	68 740	39 000	33 000	…
インド	輸出····	226 334	302 892	296 827	314 809	319 759
	輸入····	350 192	464 507	489 689	465 529	461 442
	入出超··	-123 858	-161 615	-192 863	-150 720	-141 683
インドネシア	輸出····	158 074	200 587	188 516	182 659	176 341
	輸入····	135 323	176 881	190 992	186 351	178 182
	入出超··	22 751	23 706	-2 476	-3 692	-1 841
ウズベキスタン	輸出····	11 587	13 254	…	15 087	…
	輸入····	8 386	9 953	…	13 799	…
	入出超··	3 201	3 301	…	1 288	…
オマーン	輸出····	36 601	47 092	53 174	56 429	…
	輸入····	19 775	23 620	29 447	34 333	…
	入出超··	16 827	23 472	23 727	22 096	…
カザフスタン	輸出····	57 244	83 316	88 575	81 912	78 238
	輸入····	24 024	30 000	35 307	45 966	41 213
	入出超··	33 220	53 316	53 268	35 945	37 025
カタール	輸出····	74 800	114 448	132 985	136 855	…
	輸入····	23 240	22 333	25 223	27 038	…
	入出超··	51 560	92 115	107 761	109 817	…
韓国	輸出····	466 384	555 216	547 879	559 632	572 665
	輸入····	425 212	524 413	519 585	515 585	525 514
	入出超··	41 172	30 803	28 294	44 047	47 151
カンボジア	輸出····	5 143	6 950	8 200	9 100	…
	輸入····	6 791	9 300	11 000	13 000	…
	入出超··	-1 648	-2 350	-2 800	-3 900	…

各国の貿易額の推移（Ⅱ／アジア）（単位　百万ドル）

		2010	2011	2012	2013	2014
キプロス	輸出····	1 507	1 960	1 829	2 075	1 917
	輸入····	8 647	8 723	7 381	6 388	6 814
	入出超··	-7 139	-6 763	-5 552	-4 313	-4 896
クウェート	輸出····	66 619	102 078	118 912	115 105	···
	輸入····	22 691	25 144	27 259	29 313	···
	入出超··	43 927	76 934	91 653	85 792	···
サウジアラビア	輸出····	251 147	364 699	388 400	375 934	···
	輸入····	106 864	131 587	155 592	163 902	···
	入出超··	144 283	233 112	232 808	212 032	···
シリア	輸出····	14 000	10 700	4 000	3 000	···
	輸入····	16 950	16 400	7 800	5 800	···
	入出超··	-2 950	-5 700	-3 800	-2 800	···
シンガポール	輸出····	351 867	409 503	408 393	410 250	409 769
	輸入····	310 791	365 770	379 723	373 016	366 247
	入出超··	41 076	43 733	28 670	37 234	43 522
スリランカ	輸出····	8 307	10 553	9 784	10 397	···
	輸入····	13 512	20 268	19 102	17 973	···
	入出超··	-5 205	-9 715	-9 318	-7 576	···
タイ	輸出····	193 366	220 221	227 883	224 863	225 239
	輸入····	185 121	229 137	251 464	249 652	228 200
	入出超··	8 245	-8 916	-23 581	-24 789	-2 961
（台湾）	輸出····	274 601	308 257	301 181	305 441	313 696
	輸入····	251 236	281 438	270 473	269 897	274 026
	入出超··	23 364	26 820	30 708	35 544	39 670
中国	輸出····	1 578 270	1 899 180	2 048 940	2 210 250	2 342 290
	輸入····	1 396 200	1 742 850	1 817 780	1 950 380	1 960 290
	入出超··	182 070	156 330	231 160	259 870	382 000
トルコ	輸出····	113 883	134 907	152 462	151 803	157 630
	輸入····	185 544	240 842	236 545	251 661	242 182
	入出超··	-71 661	-105 935	-84 083	-99 858	-84 552
ネパール	輸出····	950	917	960	926	···
	輸入····	5 495	5 762	6 499	6 428	···
	入出超··	-4 545	-4 845	-5 539	-5 502	···
バーレーン	輸出····	15 400	19 650	20 500	17 500	···
	輸入····	9 800	12 730	14 900	13 000	···
	入出超··	5 600	6 920	5 600	4 500	···
パキスタン	輸出····	21 410	25 383	22 807	25 121	24 706
	輸入····	37 783	43 955	42 920	44 647	45 772
	入出超··	-16 373	-18 572	-20 114	-19 526	-21 066
バングラデシュ	輸出····	14 195	19 807	25 113	27 033	···
	輸入····	26 071	33 978	34 133	33 576	···
	入出超··	-11 877	-14 171	-9 020	-6 543	···

各国の貿易額の推移（Ⅲ／アジア，アフリカ）（単位　百万ドル）

		2010	2011	2012	2013	2014
フィリピン	輸出・・・・	51 541	48 316	52 071	53 885	61 927
	輸入・・・・	58 533	64 097	65 845	65 048	67 546
	入出超・・	-6 992	-15 781	-13 773	-11 163	-5 619
ブータン	輸出・・・・	641	678	535	544	…
	輸入・・・・	854	1 052	992	911	…
	入出超・・	-213	-374	-457	-367	…
ベトナム	輸出・・・・	71 658	94 518	115 458	132 478	149 565
	輸入・・・・	83 779	104 041	115 101	131 260	148 770
	入出超・・	-12 121	-9 523	357	1 218	795
（香港）	輸出・・・・	390 143	428 732	442 799	458 959	473 659
	輸入・・・・	433 111	483 633	504 405	523 558	544 112
	入出超・・	-42 968	-54 901	-61 606	-64 599	-70 453
マレーシア	輸出・・・・	198 612	228 086	227 538	228 331	234 139
	輸入・・・・	164 622	187 473	196 393	205 898	208 874
	入出超・・	33 990	40 613	31 145	22 434	25 265
ミャンマー	輸出・・・・	8 661	9 238	8 877	11 233	9 183
	輸入・・・・	4 760	9 019	9 151	12 043	16 226
	入出超・・	3 901	219	-274	-810	-7 043
モンゴル	輸出・・・・	2 899	4 780	4 385	4 273	5 775
	輸入・・・・	3 278	6 527	6 739	6 355	5 237
	入出超・・	-379	-1 747	-2 354	-2 082	538
ヨルダン	輸出・・・・	7 023	7 964	7 926	7 896	8 376
	輸入・・・・	15 085	18 463	20 691	21 701	22 952
	入出超・・	-8 062	-10 499	-12 765	-13 804	-14 576
ラオス	輸出・・・・	1 746	2 190	2 271	2 264	…
	輸入・・・・	2 060	2 404	3 055	3 020	…
	入出超・・	-314	-215	-784	-756	…
レバノン	輸出・・・・	5 021	4 267	4 485	4 059	…
	輸入・・・・	18 460	20 165	21 287	21 236	…
	入出超・・	-13 439	-15 898	-16 802	-17 176	…
アルジェリア	輸出・・・・	57 786	73 661	72 857	65 555	61 413
	輸入・・・・	40 228	47 279	50 352	54 965	58 367
	入出超・・	17 558	26 383	22 505	10 590	3 046
アンゴラ[1]	輸出・・・・	46 437	65 801	70 088	67 438	58 915
	輸入・・・・	16 574	17 330	22 340	22 670	28 086
	入出超・・	29 864	48 471	47 748	44 768	30 829
ウガンダ	輸出・・・・	3 115	2 399	2 861	2 847	2 667
	輸入・・・・	4 709	4 565	5 230	4 927	5 086
	入出超・・	-1 594	-2 166	-2 369	-2 080	-2 419
エジプト	輸出・・・・	26 438	30 528	29 409	28 493	24 736
	輸入・・・・	52 923	58 903	65 774	59 662	61 010
	入出超・・	-26 485	-28 376	-36 365	-31 169	-36 275

各国の貿易額の推移 (Ⅳ／アフリカ) (単位　百万ドル)

		2010	2011	2012	2013	2014
エチオピア	輸出····	2 270	3 671	4 062	···	···
	輸入····	8 535	9 016	12 641	···	···
	入出超··	-6 265	-5 345	-8 579	···	···
ガーナ	輸出····	7 960	12 784	11 976	13 691	···
	輸入····	11 038	15 967	17 965	17 759	···
	入出超··	-3 077	-3 183	-5 989	-4 067	···
ガボン	輸出····	8 691	9 768	7 704	9 514	···
	輸入····	2 984	3 666	3 630	3 886	···
	入出超··	5 706	6 102	4 075	5 628	···
カメルーン	輸出····	3 896	4 597	4 500	4 204	···
	輸入····	4 847	6 498	7 101	7 006	···
	入出超··	-952	-1 901	-2 602	-2 802	···
ケニア	輸出····	5 149	5 756	6 127	5 856	···
	輸入····	12 074	14 783	16 288	16 358	···
	入出超··	-6 925	-9 027	-10 162	-10 503	···
コートジボワール	輸出····	10 285	10 928	10 861	13 748	···
	輸入····	7 863	6 714	9 774	12 898	···
	入出超··	2 423	4 214	1 087	849	···
コンゴ共和国	輸出····	8 200	11 500	11 000	9 800	···
	輸入····	2 987	5 200	5 200	5 500	···
	入出超··	5 213	6 300	5 800	4 300	···
ザンビア	輸出····	7 207	9 009	8 550	10 596	···
	輸入····	5 319	7 173	8 000	10 165	···
	入出超··	1 888	1 837	550	431	···
赤道ギニア	輸出····	9 964	13 532	15 467	13 981	···
	輸入····	5 680	6 014	5 987	6 990	···
	入出超··	4 285	7 518	9 480	6 990	···
セネガル	輸出····	2 059	2 432	2 382	2 440	···
	輸入····	4 442	5 390	5 883	6 067	···
	入出超··	-2 383	-2 958	-3 501	-3 627	···
タンザニア	輸出····	3 522	4 392	5 075	5 043	···
	輸入····	7 708	10 702	11 266	12 235	···
	入出超··	-4 186	-6 310	-6 191	-7 191	···
チュニジア	輸出····	16 427	17 847	17 008	17 061	16 756
	輸入····	22 218	23 958	24 447	24 317	24 828
	入出超··	-5 791	-6 111	-7 439	-7 256	-8 072
ナイジェリア	輸出····	84 000	114 500	114 000	···	···
	輸入····	44 235	64 410	35 703	···	···
	入出超··	39 765	50 090	78 297	···	···
ナミビア	輸出····	5 290	5 362	5 481	5 740	···
	輸入····	6 506	6 620	7 356	7 568	···
	入出超··	-1 216	-1 258	-1 876	-1 828	···

各国の貿易額の推移（V／アフリカ，ヨーロッパ）（単位　百万ドル）

		2010	2011	2012	2013	2014
ボツワナ	輸出····	4 692	5 893	5 971	7 765	···
	輸入····	5 666	7 300	8 114	7 007	···
	入出超··	-975	-1 407	-2 143	758	···
マダガスカル	輸出····	1 082	1 249	1 236	1 947	···
	輸入····	2 546	2 628	2 486	3 198	···
	入出超··	-1 464	-1 379	-1 250	-1 250	···
南アフリカ共和国[1]	輸出····	81 827	96 931	87 385	83 540	91 191
	輸入····	80 132	99 714	101 415	101 263	99 924
	入出超··	1 695	-2 783	-14 030	-17 723	-8 733
モーリシャス	輸出····	2 262	2 565	2 649	2 872	3 083
	輸入····	4 387	5 149	5 355	5 399	5 610
	入出超··	-2 125	-2 584	-2 706	-2 527	-2 527
モザンビーク	輸出····	3 000	3 604	4 100	4 300	···
	輸入····	4 600	6 306	6 800	8 600	···
	入出超··	-1 600	-2 702	-2 700	-4 300	···
モロッコ	輸出····	17 765	21 524	21 291	21 847	23 678
	輸入····	35 385	44 294	43 290	44 934	45 823
	入出超··	-17 620	-22 770	-21 999	-23 088	-22 144
リビア	輸出····	46 016	18 015	58 954	43 989	···
	輸入····	10 506	7 999	22 996	27 012	···
	入出超··	35 510	10 016	35 959	16 977	···
アイスランド	輸出····	4 604	5 344	5 064	4 990	4 980
	輸入····	3 920	4 833	4 772	4 787	5 240
	入出超··	685	510	292	204	-261
アイルランド	輸出····	118 951	127 012	117 770	115 334	118 619
	輸入····	60 686	67 167	63 228	65 997	70 769
	入出超··	58 265	59 845	54 542	49 336	47 850
イギリス	輸出····	410 006	478 460	476 284	476 991	477 934
	輸入····	562 493	638 940	648 671	645 516	663 718
	入出超··	-152 487	-160 480	-172 387	-168 525	-185 785
イタリア	輸出····	446 852	523 283	501 534	517 628	528 034
	輸入····	486 968	558 813	489 096	477 292	470 381
	入出超··	-40 116	-35 530	12 438	40 336	57 653
ウクライナ	輸出····	51 405	68 394	68 810	63 312	54 103
	輸入····	60 742	82 608	84 658	76 946	54 293
	入出超··	-9 337	-14 214	-15 848	-13 634	-190
エストニア	輸出····	11 607	16 724	16 083	16 291	15 931
	輸入····	12 282	17 757	17 797	18 142	17 992
	入出超··	-675	-1 033	-1 714	-1 851	-2 061
オーストリア	輸出····	144 889	169 519	158 821	166 546	169 189
	輸入····	150 601	182 340	169 657	172 596	171 389
	入出超··	-5 712	-12 821	-10 836	-6 050	-2 200

各国の貿易額の推移（Ⅵ／ヨーロッパ）（単位　百万ドル）

		2010	2011	2012	2013	2014
オランダ	輸出····	492 742	569 513	554 699	567 674	574 206
	輸入····	440 024	507 759	501 163	507 478	507 005
	入出超··	52 718	61 754	53 536	60 196	67 201
ギリシャ	輸出····	27 991	33 836	35 485	36 269	35 813
	輸入····	67 328	67 468	63 380	62 084	63 282
	入出超··	-39 337	-33 633	-27 895	-25 815	-27 469
クロアチア	輸出····	11 806	13 375	12 347	11 928	13 686
	輸入····	20 051	22 708	20 762	20 961	22 523
	入出超··	-8 244	-9 333	-8 415	-9 033	-8 837
スイス	輸出····	185 790	223 225	213 982	217 079	229 401
	輸入····	166 924	196 790	188 618	191 705	196 057
	入出超··	18 866	26 435	25 364	25 374	33 344
スウェーデン	輸出····	158 090	187 243	172 725	167 620	162 587
	輸入····	148 474	174 730	164 113	159 665	159 533
	入出超··	9 616	12 513	8 612	7 955	3 054
スペイン	輸出····	246 274	298 458	286 219	310 996	318 860
	輸入····	315 548	362 835	325 836	333 932	351 452
	入出超··	-69 274	-64 377	-39 618	-22 936	-32 592
スロバキア	輸出····	64 012	79 011	79 882	85 244	85 923
	輸入····	66 110	81 505	79 077	83 632	82 042
	入出超··	-2 098	-2 494	805	1 612	3 882
スロベニア	輸出····	24 717	29 242	27 080	28 629	30 672
	輸入····	26 305	31 405	28 392	29 380	30 189
	入出超··	-1 588	-2 163	-1 312	-751	483
セルビア	輸出····	9 766	11 779	11 348	14 609	14 813
	輸入····	16 686	19 862	18 927	20 551	20 437
	入出超··	-6 920	-8 082	-7 579	-5 942	-5 624
チェコ	輸出····	133 020	162 897	157 167	162 302	173 853
	輸入····	126 600	152 122	141 515	144 320	152 170
	入出超··	6 420	10 775	15 652	17 983	21 683
デンマーク	輸出····	95 758	111 900	106 125	111 351	110 491
	輸入····	83 170	96 431	92 295	98 374	99 127
	入出超··	12 589	15 469	13 830	12 977	11 365
ドイツ	輸出····	1 261 577	1 476 955	1 408 370	1 451 631	1 505 467
	輸入····	1 056 170	1 256 168	1 164 626	1 192 751	1 217 951
	入出超··	205 408	220 787	243 744	258 880	287 516
ノルウェー	輸出····	130 669	160 305	161 026	153 188	142 301
	輸入····	77 326	90 787	87 316	89 988	88 053
	入出超··	53 344	69 518	73 710	63 201	54 247
ハンガリー	輸出····	94 759	110 897	103 047	108 426	112 438
	輸入····	87 612	100 989	94 282	99 091	103 942
	入出超··	7 147	9 908	8 765	9 335	8 496

各国の貿易額の推移（Ⅶ／ヨーロッパ）（単位　百万ドル）

		2010	2011	2012	2013	2014
フィン ランド	輸出····	69 492	79 126	73 114	74 433	74 112
	輸入····	68 773	84 235	76 558	77 579	76 464
	入出超··	719	-5 108	-3 444	-3 146	-2 351
フランス	輸出····	516 955	585 313	558 510	568 077	567 237
	輸入····	608 652	712 895	666 788	671 555	661 217
	入出超··	-91 697	-127 582	-108 278	-103 478	-93 980
ブル ガリア	輸出····	20 571	28 222	26 670	29 492	30 930
	輸入····	25 473	32 579	32 712	34 350	34 730
	入出超··	-4 902	-4 357	-6 042	-4 858	-3 799
ベラ ルーシ	輸出····	25 284	41 419	46 060	37 232	36 392
	輸入····	34 884	45 771	46 404	42 999	40 788
	入出超··	-9 601	-4 352	-345	-5 766	-4 396
ベルギー	輸出····	407 055	475 981	446 637	467 831	469 254
	輸入····	391 333	466 833	439 492	451 921	449 838
	入出超··	15 721	9 148	7 145	15 910	19 416
ポー ランド	輸出····	159 829	187 151	183 523	202 107	216 666
	輸入····	178 149	206 844	196 198	205 174	219 859
	入出超··	-18 320	-19 693	-12 675	-3 067	-3 193
ポルト ガル	輸出····	48 738	59 608	58 255	62 841	64 058
	輸入····	75 576	82 481	72 306	75 066	77 745
	入出超··	-26 838	-22 872	-14 051	-12 225	-13 687
マケド ニア	輸出····	3 351	4 455	4 002	4 267	4 875
	輸入····	5 474	7 007	6 511	6 600	7 228
	入出超··	-2 123	-2 552	-2 509	-2 333	-2 353
マルタ	輸出····	3 721	5 284	5 697	5 182	4 836
	輸入····	5 735	7 415	7 923	7 479	8 122
	入出超··	-2 014	-2 131	-2 226	-2 297	-3 286
モルドバ	輸出····	1 542	2 217	2 162	2 399	2 340
	輸入····	3 855	5 191	5 213	5 493	5 317
	入出超··	-2 314	-2 975	-3 051	-3 094	-2 978
ラトビア	輸出····	8 850	11 995	12 683	13 317	13 585
	輸入····	11 143	15 442	16 078	16 781	16 766
	入出超··	-2 292	-3 446	-3 395	-3 464	-3 181
リト アニア	輸出····	20 726	28 077	29 625	32 604	32 396
	輸入····	23 385	31 811	31 988	34 814	35 218
	入出超··	-2 658	-3 733	-2 363	-2 210	-2 822
ルーマ ニア	輸出····	49 357	62 659	57 904	65 881	69 891
	輸入····	61 885	76 251	70 260	73 452	77 882
	入出超··	-12 528	-13 592	-12 355	-7 571	-7 991
ルクセン ブルク	輸出····	14 293	16 798	13 989	14 086	15 069
	輸入····	21 738	26 312	24 180	23 912	23 545
	入出超··	-7 444	-9 515	-10 190	-9 826	-8 476

各国の貿易額の推移 （Ⅷ／ヨーロッパ，北中・南アメリカ）（単位　百万ドル）

		2010	2011	2012	2013	2014
ロシア	輸出・・・・	397 668	516 481	525 383	527 266	497 909
	輸入・・・・	229 655	305 605	314 150	314 967	286 669
	入出超・・	168 013	210 877	211 233	212 299	211 240
アメリカ合衆国	輸出・・・・	1 278 490	1 480 290	1 545 710	1 579 050	1 623 410
	輸入・・・・	1 969 180	2 265 890	2 336 520	2 329 060	2 409 380
	入出超・・	-690 690	-785 600	-790 810	-750 010	-785 970
エルサルバドル	輸出・・・・	4 472	4 979	5 340	5 491	5 273
	輸入・・・・	8 548	10 118	10 270	10 772	10 513
	入出超・・	-4 077	-5 139	-4 929	-5 281	-5 240
カナダ1)	輸出・・・・	387 481	452 132	454 833	458 397	469 980
	輸入・・・・	392 119	451 246	462 423	461 925	465 908
	入出超・・	-4 638	886	-7 590	-3 528	4 072
グアテマラ	輸出・・・・	5 907	7 201	7 139	6 975	7 366
	輸入・・・・	12 051	14 518	14 873	14 368	14 921
	入出超・・	-6 145	-7 317	-7 734	-7 392	-7 555
コスタリカ	輸出・・・・	9 343	10 238	11 151	11 542	11 217
	輸入・・・・	13 557	16 218	17 513	17 923	17 229
	入出超・・	-4 214	-5 980	-6 362	-6 381	-6 012
ジャマイカ	輸出・・・・	1 331	1 603	1 709	1 574	…
	輸入・・・・	5 201	6 489	6 485	6 200	…
	入出超・・	-3 870	-4 886	-4 776	-4 626	…
ドミニカ共和国1)	輸出・・・・	2 711	3 678	4 129	4 474	4 677
	輸入・・・・	12 885	14 522	14 939	13 876	13 838
	入出超・・	-10 174	-10 845	-10 810	-9 401	-9 162
トリニダード・トバゴ	輸出・・・・	10 188	14 842	13 100	12 700	…
	輸入・・・・	6 483	9 976	9 400	8 799	…
	入出超・・	3 705	4 866	3 700	3 902	…
ニカラグア	輸出・・・・	1 845	2 294	2 644	2 408	…
	輸入・・・・	4 229	5 180	5 847	5 647	…
	入出超・・	-2 384	-2 886	-3 204	-3 239	…
パナマ	輸出・・・・	832	785	…	…	…
	輸入・・・・	9 145	11 342	…	…	…
	入出超・・	-8 313	-10 556	…	…	…
ホンジュラス	輸出・・・・	2 712	3 892	4 427	3 923	4 063
	輸入・・・・	7 079	8 953	9 464	9 169	9 311
	入出超・・	-4 367	-5 060	-5 037	-5 246	-5 247
メキシコ1)	輸出・・・・	298 138	349 569	370 889	380 107	397 658
	輸入・・・・	301 482	350 856	370 746	381 202	399 977
	入出超・・	-3 344	-1 287	143	-1 095	-2 319
アルゼンチン	輸出・・・・	64 722	84 269	75 219	83 026	71 936
	輸入・・・・	48 048	74 319	68 505	74 002	65 249
	入出超・・	16 674	9 950	6 713	9 024	6 687

各国の貿易額の推移（Ⅸ／南アメリカ，オセアニア）（単位　百万ドル）

		2010	2011	2012	2013	2014
ウルグアイ	輸出····	6 707	7 997	8 601	8 844	9 475
	輸入····	8 619	10 623	10 642	10 990	10 901
	入出超··	-1 912	-2 626	-2 041	-2 146	-1 425
エクアドル	輸出····	17 415	22 345	23 765	24 848	25 732
	輸入····	20 591	24 286	25 304	27 146	27 740
	入出超··	-3 176	-1 941	-1 539	-2 298	-2 007
コロンビア	輸出····	39 710	56 507	59 573	58 657	54 788
	輸入····	40 683	54 675	58 633	59 397	64 060
	入出超··	-973	1 832	941	-740	-9 272
チリ	輸出····	68 996	80 027	79 712	77 877	74 547
	輸入····	57 928	73 545	79 080	80 443	72 433
	入出超··	11 068	6 482	632	-2 566	2 113
パラグアイ	輸出····	6 517	7 776	7 282	9 432	9 655
	輸入····	10 040	12 317	11 502	12 142	12 169
	入出超··	-3 524	-4 540	-4 220	-2 710	-2 513
ブラジル	輸出····	201 915	256 040	242 580	242 179	225 102
	輸入····	191 537	236 946	228 377	244 677	237 531
	入出超··	10 378	19 094	14 203	-2 498	-12 429
ベネズエラ	輸出····	65 745	92 811	97 340	86 700	…
	輸入····	33 815	38 346	43 501	46 363	…
	入出超··	31 930	54 465	53 840	40 337	…
ペルー[1]	輸出····	35 565	46 118	45 600	41 484	…
	輸入····	28 818	37 112	41 089	42 199	…
	入出超··	6 747	9 005	4 510	-715	…
ボリビア	輸出····	6 179	8 107	10 312	11 189	12 266
	輸入····	5 590	7 927	8 578	9 338	10 421
	入出超··	589	179	1 733	1 851	1 845
オーストラリア	輸出····	212 337	271 733	256 675	252 981	241 235
	輸入····	193 201	234 357	250 560	232 595	227 634
	入出超··	19 136	37 376	6 115	20 385	13 601
ニュージーランド	輸出····	32 285	37 484	37 383	41 074	41 624
	輸入····	31 819	37 346	37 818	40 354	42 518
	入出超··	466	138	-435	720	-894
パプアニューギニア	輸出····	5 742	6 908	6 328	…	…
	輸入····	3 950	4 887	5 500	…	…
	入出超··	1 792	2 021	828	…	…
フィジー	輸出····	842	1 070	1 224	1 108	1 373
	輸入····	1 817	2 182	2 254	2 827	3 250
	入出超··	-975	-1 112	-1 030	-1 718	-1 878

UN, Monthly Bulletin of Statistics, Online（2015年7月10日閲覧）による。ただし，台湾は内閣府「海外経済データ」による。輸出はf.o.b.（本船渡し）価格，輸入はc.i.f.（保険料・運賃込）価格。1）輸入はf.o.b.価格。

図 8-2　主な国の入出超額の推移

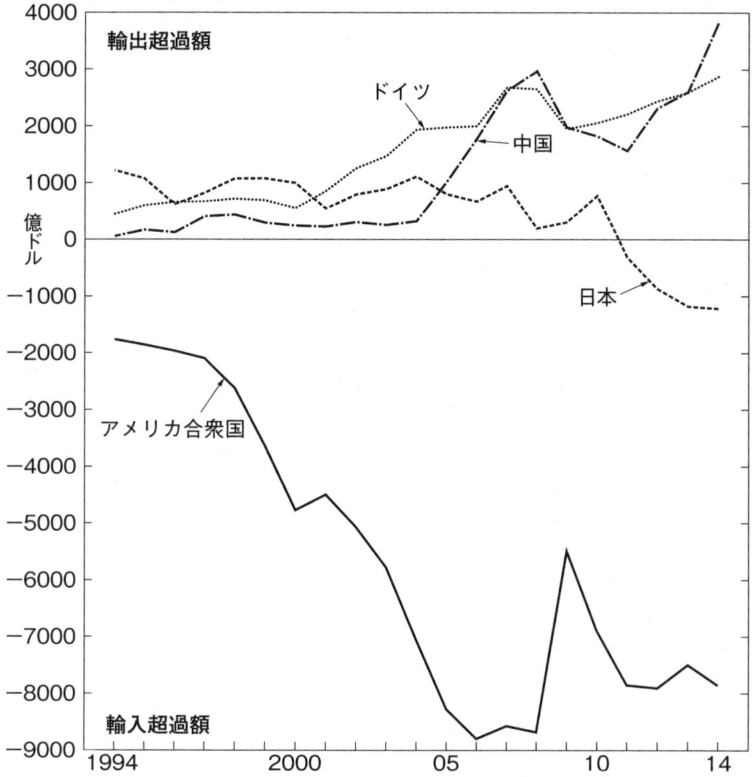

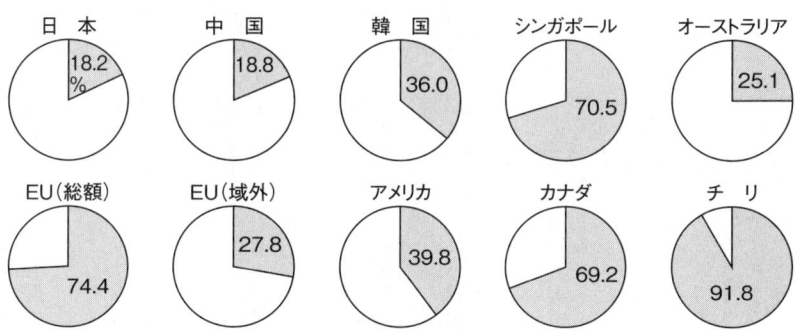

UN "Monthly Bulletin of Statistics, Online"（2015年 7 月10日閲覧）による。

図 8-3　主要国・地域のFTAカバー率 （2013年）

ジェトロ「ジェトロ世界貿易投資報告」（2014年版）による。FTA（自由貿易協定）カバー率は，貿易総額に占めるFTA発効済み国（14年 6 月末時点）との貿易の割合。

表 8-3　**1人あたり貿易額，貿易依存度，輸出比率**（2013年）（Ⅰ）

	1人あたり貿易額 （ドル）		貿易依存度 （％）		輸出 比率 （％）
	輸出	輸入	輸出	輸入	
アジア					
日本・・・・・・・・・・・・・・	5 614	6 539	14.6	17.0	46.2
イスラエル・・・・・・・・	8 613	9 681	22.8	25.7	47.1
イラン・・・・・・・・・・・・	1 059	633	16.6	9.9	62.6
インド・・・・・・・・・・・・	251	372	16.2	24.0	40.3
インドネシア・・・・・・	731	746	21.0	21.5	49.5
カザフスタン・・・・・・	4 982	2 796	36.5	20.5	64.1
カタール・・・・・・・・・・	63 096	12 466	67.6	13.4	83.5
韓国・・・・・・・・・・・・・・	11 360	10 466	42.9	39.5	52.0
カンボジア・・・・・・・・	601	859	59.7	85.2	41.2
サウジアラビア・・・・	13 040	5 685	50.2	21.9	69.6
シンガポール・・・・・・	75 804	68 924	138.7	126.1	52.4
スリランカ・・・・・・・・	489	845	15.5	26.7	36.6
タイ・・・・・・・・・・・・・・	3 356	3 726	53.5	59.4	47.4
（台湾）・・・・・・・・・・・	13 068	11 547	59.7	52.8	53.1
中国・・・・・・・・・・・・・・	1 595	1 408	24.1	21.2	53.1
トルコ・・・・・・・・・・・・	2 026	3 358	18.5	30.6	37.6
パキスタン・・・・・・・・	138	245	11.1	19.8	36.0
バングラデシュ・・・・・	173	214	17.6	21.9	44.6
フィリピン・・・・・・・・	548	661	19.8	23.9	45.3
ベトナム・・・・・・・・・・	1 445	1 432	77.4	76.7	50.2
（香港）・・・・・・・・・・・	63 709	72 676	167.5	191.1	46.7
マレーシア・・・・・・・・	7 684	6 929	73.1	65.9	52.6
ミャンマー・・・・・・・・	211	226	17.8	19.1	48.3
モンゴル・・・・・・・・・・	1 505	2 238	37.1	55.2	40.2
アフリカ					
アルジェリア・・・・・・	1 672	1 402	31.4	26.3	54.4
アンゴラ・・・・・・・・・・	3 141	1 056	55.4	18.6	74.8
エジプト・・・・・・・・・・	347	727	11.2	23.4	32.3
ガーナ・・・・・・・・・・・・	529	686	28.6	37.1	43.5
ケニア・・・・・・・・・・・・	132	369	10.8	30.0	26.4
コートジボワール・・・	677	635	48.1	45.1	51.6
タンザニア・・・・・・・・	102	248	11.3	27.4	29.2
チュニジア・・・・・・・・	1 551	2 211	36.4	51.9	41.2
南アフリカ共和国・・・	1 583	1 919	22.8	27.7	45.2
モロッコ・・・・・・・・・・	662	1 361	21.0	43.3	32.7
ヨーロッパ					
アイルランド・・・・・・	24 926	14 263	49.7	28.4	63.6
イギリス・・・・・・・・・・	7 555	10 224	17.8	24.1	42.5
イタリア・・・・・・・・・・	8 487	7 826	24.1	22.2	52.0
ウクライナ・・・・・・・・	1 400	1 701	33.6	40.9	45.1
オーストリア・・・・・・	19 605	20 317	38.9	40.3	49.1
オランダ・・・・・・・・・・	33 873	30 281	66.5	59.5	52.8

1人あたり貿易額，貿易依存度，輸出比率 (2013年)(Ⅱ)

	1人あたり貿易額 (ドル)		貿易依存度 (%)		輸出 比率 (%)
	輸出	輸入	輸出	輸入	
ギリシャ・・・・・・・・・・	3 259	5 579	15.0	25.6	36.9
スイス・・・・・・・・・・	26 873	23 732	31.7	28.0	53.1
スウェーデン・・・・・・・	17 513	16 682	28.9	27.5	51.2
スペイン・・・・・・・・・・	6 627	7 116	22.3	24.0	48.2
スロバキア・・・・・・・・・	15 641	15 345	87.2	85.6	50.5
スロベニア・・・・・・・・・	13 817	14 180	59.7	61.2	49.4
チェコ・・・・・・・・・・	15 166	13 485	77.7	69.1	52.9
デンマーク・・・・・・・・	19 817	17 507	33.1	29.2	53.1
ドイツ・・・・・・・・・・	17 547	14 418	38.9	32.0	54.9
ノルウェー・・・・・・・・	30 376	17 844	29.3	17.2	63.0
ハンガリー・・・・・・・・	10 892	9 954	81.3	74.3	52.2
フィンランド・・・・・・	13 718	14 298	27.8	29.0	49.0
フランス・・・・・・・・・・	8 836	10 446	20.2	23.9	45.8
ブルガリア・・・・・・・・	4 083	4 756	54.1	63.0	46.2
ベルギー・・・・・・・・・・	42 132	40 699	89.1	86.1	50.9
ポーランド・・・・・・・・	5 288	5 369	38.4	39.0	49.6
ポルトガル・・・・・・・・	5 924	7 076	27.6	33.0	45.6
ルーマニア・・・・・・・・	3 036	3 385	34.3	38.2	47.3
ロシア・・・・・・・・・・	3 691	2 205	25.1	15.0	62.6
北中アメリカ					
アメリカ合衆国・・・・	4 934	7 277	9.4	13.9	40.4
カナダ・・・・・・・・・・・	13 029	13 130	24.9	25.1	49.8
グアテマラ・・・・・・・・	451	929	13.0	26.7	32.7
コスタリカ・・・・・・・・	2 369	3 679	23.3	36.1	39.2
メキシコ・・・・・・・・・・	3 107	3 116	30.2	30.3	49.9
南アメリカ					
アルゼンチン・・・・・・	2 003	1 786	13.6	12.1	52.9
ウルグアイ・・・・・・・・	2 596	3 226	15.9	19.7	44.6
エクアドル・・・・・・・・	1 579	1 725	26.3	28.7	47.8
コロンビア・・・・・・・・	1 214	1 229	15.5	15.7	49.7
チリ・・・・・・・・・・・	4 420	4 565	28.1	29.0	49.2
ブラジル・・・・・・・・・・	1 209	1 221	10.8	10.9	49.7
ベネズエラ・・・・・・・・	2 852	1 525	23.3	12.5	65.2
ペルー・・・・・・・・・・	1 366	1 389	20.7	21.1	49.6
ボリビア・・・・・・・・・・	1 049	875	36.6	30.5	54.5
オセアニア					
オーストラリア・・・・	10 838	9 964	16.5	15.2	52.1
ニュージーランド・・・	9 115	8 956	21.7	21.3	50.4

貿易額は国連 "Monthly Bulletin of Statistics, Online"，人口は "World Population Prospects, 2012 Revision"，GDPは "National Accounts Estimates of Main Aggregates" により作成。ただし，台湾は台湾中央銀行資料などによる。貿易依存度はGDPに対する輸出額および輸入額の割合。輸出比率は輸出入額合計に対する輸出の割合。

図 8-4　主な貿易国の 1 人あたり貿易額と貿易依存度 (2013年)

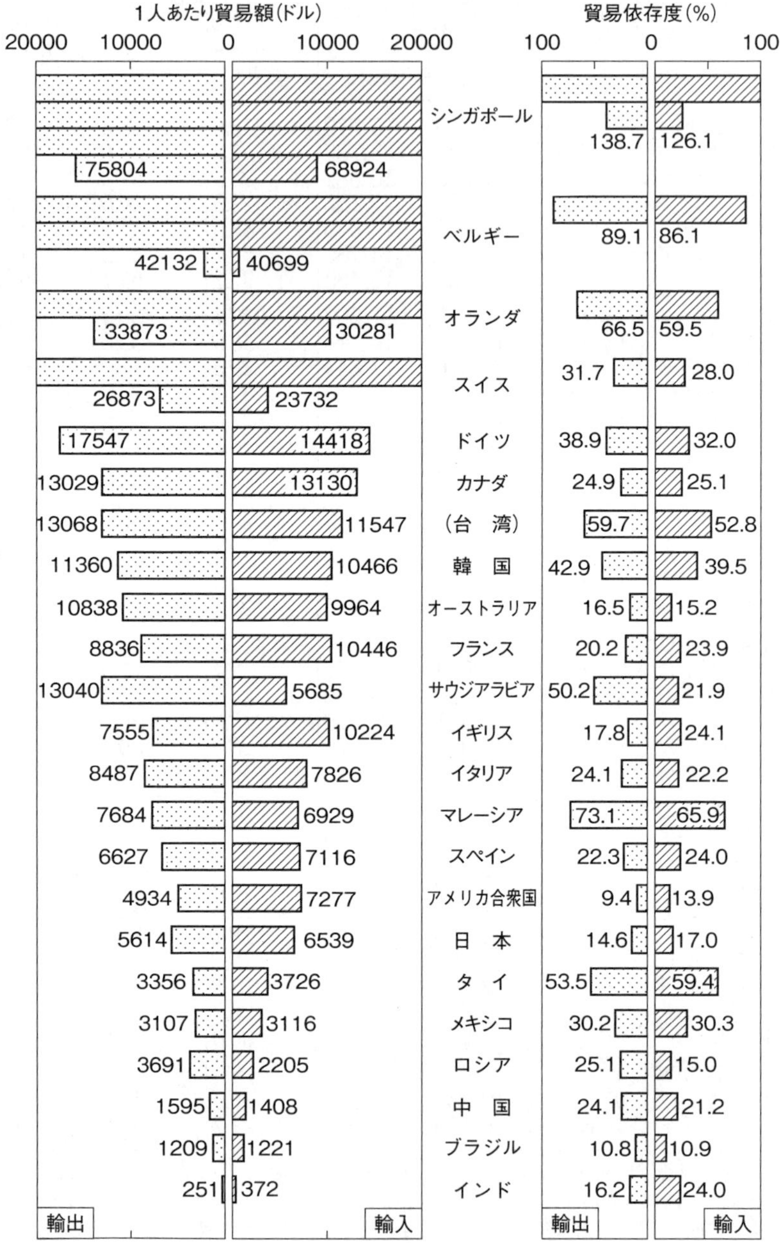

	1人あたり貿易額(ドル)			貿易依存度(%)	
国・地域	輸出	輸入		輸出	輸入
シンガポール	75804	68924		138.7	126.1
ベルギー	42132	40699		89.1	86.1
オランダ	33873	30281		66.5	59.5
スイス	26873	23732		31.7	28.0
ドイツ	17547	14418		38.9	32.0
カナダ	13029	13130		24.9	25.1
(台　湾)	13068	11547		59.7	52.8
韓　国	11360	10466		42.9	39.5
オーストラリア	10838	9964		16.5	15.2
フランス	8836	10446		20.2	23.9
サウジアラビア	13040	5685		50.2	21.9
イギリス	7555	10224		17.8	24.1
イタリア	8487	7826		24.1	22.2
マレーシア	7684	6929		73.1	65.9
スペイン	6627	7116		22.3	24.0
アメリカ合衆国	4934	7277		9.4	13.9
日　本	5614	6539		14.6	17.0
タ　イ	3356	3726		53.5	59.4
メキシコ	3107	3116		30.2	30.3
ロシア	3691	2205		25.1	15.0
中　国	1595	1408		24.1	21.2
ブラジル	1209	1221		10.8	10.9
インド	251	372		16.2	24.0

表8-2, 3により2013年の香港を除く貿易総額上位23か国・地域について作成。

表 8-4　主要国の相手先別貿易（Ⅰ）（2013年）

		輸出			輸入	
		百万ドル	%		百万ドル	%
日本	アメリカ合衆国·	134 398	*18.8*	中国·········	180 785	*21.7*
	中国·········	129 052	*18.1*	アメリカ合衆国·	71 939	*8.6*
	韓国·········	56 503	*7.9*	オーストラリア·	50 970	*6.1*
	（台湾）·······	41 617	*5.8*	サウジアラビア·	49 874	*6.0*
	（香港）·······	37 348	*5.2*	アラブ首長国連邦	42 508	*5.1*
	計×········	**714 613**	*100.0*	計×········	**832 343**	*100.0*
	EU·······	71 746	*10.0*	EU·······	78 403	*9.4*
中国	（香港）·······	384 877	*17.4*	韓国·········	182 882	*9.4*
	アメリカ合衆国·	369 007	*16.7*	日本·········	162 219	*8.3*
	日本·········	149 912	*6.8*	（台湾）·······	156 512	*8.0*
	韓国·········	91 174	*4.1*	アメリカ合衆国·	146 979	*7.5*
	ドイツ·······	67 349	*3.0*	ドイツ·······	94 131	*4.8*
	オランダ······	60 318	*2.7*	オーストラリア·	91 558	*4.7*
	計×········	**2 210 586**	*100.0*	計×········	**1 946 846**	*100.0*
	EU·······	339 274	*15.3*	EU·······	219 726	*11.3*
韓国	中国·········	145 869	*26.1*	中国·········	83 053	*16.1*
	アメリカ合衆国·	62 327	*11.1*	日本·········	60 029	*11.6*
	日本·········	34 662	*6.2*	アメリカ合衆国·	41 766	*8.1*
	（香港）·······	27 756	*5.0*	サウジアラビア·	37 665	*7.3*
	シンガポール···	22 289	*4.0*	カタール·····	25 874	*5.0*
	計×········	**559 625**	*100.0*	計×········	**515 585**	*100.0*
	EU·······	49 058	*8.8*	EU·······	56 234	*10.9*
（香港）	中国·········	251 449	*54.8*	中国·········	250 625	*47.8*
	アメリカ合衆国·	42 786	*9.3*	日本·········	36 975	*7.1*
	日本·········	17 451	*3.8*	（台湾）·······	33 784	*6.4*
	インド·······	10 745	*2.3*	シンガポール···	31 824	*6.1*
	（台湾）·······	9 985	*2.2*	アメリカ合衆国·	28 547	*5.4*
	計×········	**459 219**	*100.0*	計×········	**524 108**	*100.0*
	EU·······	43 165	*9.4*	EU·······	40 693	*7.8*
シンガポール	マレーシア····	50 107	*12.2*	中国·········	43 685	*11.7*
	中国·········	48 537	*11.8*	マレーシア····	40 833	*10.9*
	（香港）·······	46 168	*11.2*	アメリカ合衆国·	38 872	*10.4*
	インドネシア···	40 711	*9.9*	（台湾）·······	28 992	*7.8*
	アメリカ合衆国·	24 063	*5.8*	韓国·········	24 045	*6.4*
	計×········	**412 160**	*100.0*	計×········	**373 081**	*100.0*
	EU·······	32 400	*7.9*	EU·······	46 105	*12.4*

IMF "Direction of Trade Statistics"（2014年版）による。相手先別に数字を積み上げた統計なので表8-2の数値と若干異なる。二国間（例えば日中間）の輸出入の数値に大きな開きがあるのは，主に第三国経由の貿易があるためである。EUは28か国。×その他とも。

主要国の相手先別貿易（Ⅱ）（2013年）

		輸出			輸入	
		百万ドル	%		百万ドル	%
タイ	中国·············	26 806	11.9	日本··········	40 979	16.4
	アメリカ合衆国·	22 644	10.1	中国··········	37 595	15.1
	日本··········	21 879	9.7	アラブ首長国連邦	17 366	7.0
	（香港）·········	12 982	5.8	アメリカ合衆国·	14 662	5.9
	マレーシア·····	12 803	5.7	マレーシア·····	13 238	5.3
	計×·········	**224 864**	100.0	計×·········	**249 652**	100.0
	EU·········	21 843	9.7	EU·········	21 873	8.8
マレーシア	シンガポール···	31 912	14.0	中国··········	33 740	16.4
	中国··········	30 711	13.4	シンガポール···	25 504	12.4
	日本··········	25 328	11.1	日本··········	17 899	8.7
	アメリカ合衆国·	18 474	8.1	アメリカ合衆国·	16 186	7.9
	タイ··········	12 674	5.5	タイ··········	12 281	6.0
	計×·········	**228 392**	100.0	計×·········	**206 118**	100.0
	EU·········	20 749	9.1	EU·········	22 380	10.9
インドネシア	日本··········	27 086	14.8	中国··········	29 849	16.0
	中国··········	22 601	12.4	シンガポール···	25 582	13.7
	シンガポール···	16 686	9.1	日本··········	19 285	10.3
	アメリカ合衆国·	15 741	8.6	マレーシア·····	13 323	7.1
	インド·········	13 031	7.1	韓国··········	11 593	6.2
	計×·········	**182 551**	100.0	計×·········	**186 628**	100.0
	EU·········	16 807	9.2	EU·········	13 720	7.4
ベトナム	アメリカ合衆国·	23 869	18.8	中国··········	36 954	28.6
	日本··········	13 651	10.8	韓国··········	20 698	16.0
	中国··········	13 259	10.5	日本··········	11 612	9.0
	韓国··········	6 631	5.2	（台湾）·········	9 424	7.3
	マレーシア·····	4 926	3.9	タイ··········	6 311	4.9
	計×·········	**126 649**	100.0	計×·········	**129 004**	100.0
	EU·········	24 330	19.2	EU·········	9 452	7.3
フィリピン	日本··········	11 423	21.2	中国··········	8 837	13.0
	アメリカ合衆国·	7 832	14.5	アメリカ合衆国·	7 358	10.8
	中国··········	6 583	12.2	日本··········	5 739	8.4
	（香港）·········	4 418	8.2	（台湾）·········	5 367	7.9
	シンガポール···	4 014	7.4	韓国··········	5 280	7.8
	計×·········	**53 978**	100.0	計×·········	**68 014**	100.0
	EU·········	6 175	11.4	EU·········	6 880	10.1

資料・脚注は表（Ⅰ）に同じ。×その他とも。

主要国の相手先別貿易 （Ⅲ）（2013年）

		輸出			輸入	
		百万ドル	%		百万ドル	%
インド	アメリカ合衆国·	38 711	12.3	中国·	51 456	11.0
	アラブ首長国連邦	31 957	10.1	サウジアラビア·	36 083	7.7
	中国·	14 517	4.6	アラブ首長国連邦	33 214	7.1
	シンガポール·	13 479	4.3	スイス·	25 797	5.5
	（香港）·	13 024	4.1	アメリカ合衆国·	23 480	5.0
	計×·	**315 127**	100.0	計×·	**467 950**	100.0
	EU·	51 847	16.5	EU·	51 092	10.9
トルコ	ドイツ·	13 703	9.0	ロシア·	25 064	10.0
	イラク·	11 949	7.9	中国·	24 686	9.8
	イギリス·	8 785	5.8	ドイツ·	24 182	9.6
	ロシア·	6 964	4.6	イタリア·	12 887	5.1
	イタリア·	6 719	4.4	アメリカ合衆国·	12 599	5.0
	計×·	**151 802**	100.0	計×·	**251 661**	100.0
	EU·	63 047	41.5	EU·	92 463	36.7
南ア共和国	中国·	11 777	13.3	中国·	16 573	15.8
	アメリカ合衆国·	7 239	8.2	ドイツ·	11 178	10.7
	日本·	5 679	6.4	サウジアラビア·	8 289	7.9
	ドイツ·	4 525	5.1	アメリカ合衆国·	6 832	6.5
	イギリス·	3 417	3.9	インド·	5 543	5.3
	計×·	**88 462**	100.0	計×·	**104 766**	100.0
	EU·	18 145	20.5	EU·	30 597	29.2
ドイツ	フランス·	133 082	9.7	オランダ·	166 325	14.2
	イギリス·	100 446	7.4	フランス·	90 168	7.7
	オランダ·	94 235	6.9	ベルギー·	75 261	6.4
	アメリカ合衆国·	87 890	6.4	中国·	75 001	6.4
	オーストリア·	74 651	5.5	イタリア·	63 025	5.4
	中国·	73 366	5.4	イギリス·	57 614	4.9
	計×·	**1 366 434**	100.0	計×·	**1 174 222**	100.0
	EU·	827 458	60.6	EU·	768 570	65.5
フランス	ドイツ·	94 194	16.6	ドイツ·	130 533	19.6
	ベルギー·	44 581	7.8	ベルギー·	75 906	11.4
	イタリア·	40 818	7.2	イタリア·	50 550	7.6
	イギリス·	39 938	7.0	オランダ·	49 723	7.5
	スペイン·	38 975	6.9	スペイン·	45 221	6.8
	アメリカ合衆国·	33 142	5.8	イギリス·	32 893	4.9
	計×·	**567 968**	100.0	計×·	**664 839**	100.0
	EU·	342 918	60.4	EU·	461 492	69.4

資料・脚注は（Ⅰ）に同じ。×その他とも。

主要国の相手先別貿易（Ⅳ）（2013年）

		輸出			輸入	
		百万ドル	%		百万ドル	%
イギリス	スイス‥‥‥‥ 1)	68 629	13.8	ドイツ‥‥‥‥‥	86 666	13.9
	ドイツ‥‥‥‥	44 502	9.0	オランダ‥‥‥‥	53 081	8.5
	アメリカ合衆国‥	43 742	8.8	中国‥‥‥‥‥‥	53 019	8.5
	オランダ‥‥‥	37 276	7.5	フランス‥‥‥‥	37 315	6.0
	フランス‥‥‥	31 496	6.3	アメリカ合衆国‥	34 625	5.6
	アイルランド‥‥	28 335	5.7	ベルギー‥‥‥‥	31 107	5.0
	計×‥‥‥‥‥	**496 034**	*100.0*	計×‥‥‥‥‥	**622 034**	*100.0*
	EU‥‥‥‥	227 473	45.9	EU‥‥‥‥	334 420	53.8
イタリア	ドイツ‥‥‥‥	64 281	12.6	ドイツ‥‥‥‥‥	70 310	15.5
	フランス‥‥‥	56 062	11.0	フランス‥‥‥‥	40 289	8.9
	アメリカ合衆国‥	34 207	6.7	中国‥‥‥‥‥‥	30 501	6.7
	スイス‥‥‥‥	26 236	5.1	オランダ‥‥‥‥	27 477	6.1
	イギリス‥‥‥	26 018	5.1	スペイン‥‥‥‥	21 477	4.7
	スペイン‥‥‥	22 809	4.5	ベルギー‥‥‥‥	19 976	4.4
	計×‥‥‥‥‥	**509 643**	*100.0*	計×‥‥‥‥‥	**452 500**	*100.0*
	EU‥‥‥‥	277 099	54.4	EU‥‥‥‥	262 763	58.1
オランダ	ドイツ‥‥‥‥	169 247	25.7	ドイツ‥‥‥‥‥	84 804	14.5
	ベルギー‥‥‥	86 110	13.1	中国‥‥‥‥‥‥	70 716	12.1
	フランス‥‥‥	57 372	8.7	ベルギー‥‥‥‥	49 750	8.5
	イギリス‥‥‥	56 161	8.5	イギリス‥‥‥‥	38 538	6.6
	イタリア‥‥‥	29 786	4.5	ロシア‥‥‥‥‥	38 271	6.5
	計×‥‥‥‥‥	**659 517**	*100.0*	計×‥‥‥‥‥	**585 894**	*100.0*
	EU‥‥‥‥	505 171	76.6	EU‥‥‥‥	272 469	46.5
ベルギー	ドイツ‥‥‥‥	79 236	17.5	オランダ‥‥‥‥	92 277	20.7
	フランス‥‥‥	73 398	16.2	ドイツ‥‥‥‥‥	60 745	13.6
	オランダ‥‥‥	57 708	12.7	フランス‥‥‥‥	47 536	10.6
	イギリス‥‥‥	35 240	7.8	アメリカ合衆国‥	30 328	6.8
	アメリカ合衆国‥	20 925	4.6	イギリス‥‥‥‥	23 733	5.3
	計×‥‥‥‥‥	**453 018**	*100.0*	計×‥‥‥‥‥	**446 589**	*100.0*
	EU‥‥‥‥	328 723	72.6	EU‥‥‥‥	298 703	66.9
ポーランド	ドイツ‥‥‥‥	50 507	26.0	ドイツ‥‥‥‥‥	53 727	27.5
	イギリス‥‥‥	13 131	6.8	ロシア‥‥‥‥‥	20 619	10.6
	チェコ‥‥‥‥	12 475	6.4	オランダ‥‥‥‥	11 687	6.0
	フランス‥‥‥	11 286	5.8	中国‥‥‥‥‥‥	11 072	5.7
	ロシア‥‥‥‥	10 222	5.3	イタリア‥‥‥‥	10 389	5.3
	計×‥‥‥‥‥	**194 363**	*100.0*	計×‥‥‥‥‥	**195 179**	*100.0*
	EU‥‥‥‥	150 945	77.7	EU‥‥‥‥	140 688	72.1

資料・脚注は（Ⅰ）に同じ。1) 2013年に金の輸出が急増した。×その他とも。

主要国の相手先別貿易（V）（2013年）

		輸出 百万ドル	%		輸入 百万ドル	%
ロシア	オランダ……	70 126	13.3	中国………	53 173	16.9
	イタリア……	39 323	7.5	ドイツ……	37 917	12.0
	ドイツ………	37 027	7.0	アメリカ合衆国…	16 718	5.3
	中国………	35 625	6.8	ウクライナ……	15 791	5.0
	トルコ……	25 476	4.8	イタリア……	14 563	4.6
	計×………	**527 266**	100.0	計×………	**314 967**	100.0
	EU……	283 567	53.8	EU……	134 166	42.6
アメリカ合衆国	カナダ……	301 610	19.1	中国………	440 448	19.4
	メキシコ……	226 079	14.3	カナダ……	332 553	14.7
	中国………	121 736	7.7	メキシコ……	280 529	12.4
	日本………	65 206	4.1	日本………	138 573	6.1
	ドイツ……	47 362	3.0	ドイツ……	114 345	5.0
	イギリス……	47 353	3.0	韓国………	62 386	2.8
	ブラジル……	44 119	2.8	イギリス……	52 817	2.3
	計×………	**1 579 574**	100.0	計×………	**2 268 319**	100.0
	EU……	264 292	16.7	EU……	387 723	17.1
カナダ	アメリカ合衆国	347 723	75.9	アメリカ合衆国	240 687	52.1
	中国………	19 893	4.3	中国………	51 161	11.1
	イギリス……	13 612	3.0	メキシコ……	25 941	5.6
	日本………	10 323	2.3	ドイツ……	14 951	3.2
	メキシコ……	5 231	1.1	日本………	13 339	2.9
	計×………	**458 321**	100.0	計×………	**461 904**	100.0
	EU……	32 279	7.0	EU……	51 615	11.2
メキシコ	アメリカ合衆国	299 439	78.8	アメリカ合衆国	187 262	49.1
	カナダ……	10 453	2.8	中国………	61 321	16.1
	スペイン……	7 138	1.9	日本………	17 076	4.5
	中国………	6 470	1.7	韓国………	13 507	3.5
	ブラジル……	5 386	1.4	ドイツ……	13 461	3.5
	計×………	**380 027**	100.0	計×………	**381 210**	100.0
	EU……	19 374	5.1	EU……	41 622	10.9
ブラジル	中国………	46 026	19.0	中国………	37 302	15.6
	アメリカ合衆国	24 861	10.3	アメリカ合衆国	36 275	15.1
	アルゼンチン…	19 615	8.1	アルゼンチン…	16 463	6.9
	オランダ……	17 283	7.2	ドイツ……	15 181	6.3
	日本………	7 964	3.3	ナイジェリア…	9 648	4.0
	計×………	**241 690**	100.0	計×………	**239 609**	100.0
	EU……	47 752	19.8	EU……	50 756	21.2

資料・脚注は（I）に同じ。×その他とも。

主要国の相手先別貿易（Ⅵ）（2013年）

		輸出			輸入	
		百万ドル	%		百万ドル	%
チリ	中国‥‥‥‥‥	19 090	24.9	アメリカ合衆国‥	16 077	20.3
	アメリカ合衆国‥	9 787	12.8	中国‥‥‥‥‥	15 632	19.7
	日本‥‥‥‥‥	7 577	9.9	ブラジル‥‥‥	5 109	6.5
	ブラジル‥‥‥	4 427	5.8	アルゼンチン‥‥	3 933	5.0
	韓国‥‥‥‥‥	4 207	5.5	ドイツ‥‥‥‥	3 201	4.0
	計×‥‥‥‥‥	**76 684**	100.0	計×‥‥‥‥‥	**79 178**	100.0
	EU‥‥‥‥	11 202	14.6	EU‥‥‥‥	13 005	16.4
アルゼンチン	ブラジル‥‥‥	15 828	21.3	ブラジル‥‥‥	19 288	26.1
	中国‥‥‥‥‥	5 497	7.4	中国‥‥‥‥‥	11 362	15.4
	アメリカ合衆国‥	3 885	5.2	アメリカ合衆国‥	8 118	11.0
	チリ‥‥‥‥‥	3 759	5.1	ドイツ‥‥‥‥	3 919	5.3
	ベネズエラ‥‥	2 108	2.8	メキシコ‥‥‥	2 163	2.9
	計×‥‥‥‥‥	**74 297**	100.0	計×‥‥‥‥‥	**74 003**	100.0
	EU‥‥‥‥	9 632	13.0	EU‥‥‥‥	13 599	18.4
オーストラリア	中国‥‥‥‥‥	91 437	36.1	中国‥‥‥‥‥	45 454	19.5
	日本‥‥‥‥‥	45 514	18.0	アメリカ合衆国‥	24 302	10.4
	韓国‥‥‥‥‥	18 632	7.3	日本‥‥‥‥‥	18 255	7.8
	インド‥‥‥‥	9 236	3.6	シンガポール‥‥	12 643	5.4
	アメリカ合衆国‥	8 913	3.5	ドイツ‥‥‥‥	11 020	4.7
	計×‥‥‥‥‥	**253 547**	100.0	計×‥‥‥‥‥	**232 783**	100.0
	EU‥‥‥‥	12 354	4.9	EU‥‥‥‥	40 998	17.6
ニュージーランド	中国‥‥‥‥‥	8 214	20.8	中国‥‥‥‥‥	6 931	17.5
	オーストラリア‥	7 528	19.0	オーストラリア‥	5 274	13.3
	アメリカ合衆国‥	3 351	8.5	アメリカ合衆国‥	3 734	9.4
	日本‥‥‥‥‥	2 351	5.9	日本‥‥‥‥‥	2 538	6.4
	韓国‥‥‥‥‥	1 348	3.4	ドイツ‥‥‥‥	1 831	4.6
	計×‥‥‥‥‥	**39 581**	100.0	計×‥‥‥‥‥	**39 655**	100.0
	EU‥‥‥‥	3 676	9.3	EU‥‥‥‥	6 653	16.8
EU 1)		（億ドル）			（億ドル）	
	アメリカ合衆国‥	3 170	5.4	中国‥‥‥‥‥	3 660	6.3
	スイス‥‥‥‥	2 209	3.8	ロシア‥‥‥‥	2 555	4.4
	中国‥‥‥‥‥	1 650	2.8	アメリカ合衆国‥	2 239	3.9
	ロシア‥‥‥‥	1 454	2.5	スイス‥‥‥‥	1 208	2.1
	トルコ‥‥‥‥	1 013	1.7	ノルウェー‥‥	1 101	1.9
	日本‥‥‥‥‥	609	1.0	日本‥‥‥‥‥	694	1.2
	ノルウェー‥‥	601	1.0	トルコ‥‥‥‥	662	1.1
	計×‥‥‥‥‥	**58 396**	100.0	計×‥‥‥‥‥	**57 820**	100.0
	EU‥‥‥‥	37 473	64.2	EU‥‥‥‥	36 603	63.3

資料・脚注は（Ⅰ）に同じ。1）相手先はEU加盟国以外（域外）を掲載した。

図 8-5　主要国の貿易相手先 (2013年) (表8-4より作成)

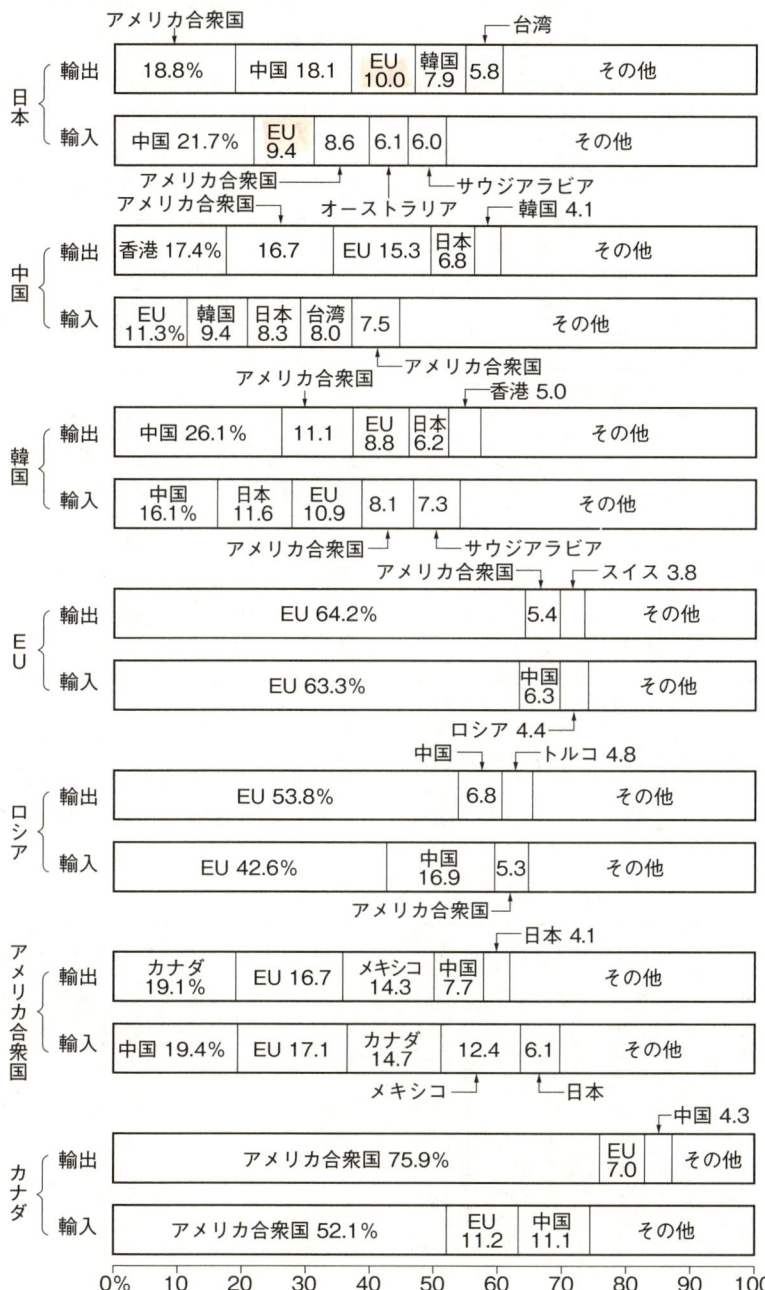

表 8-5　日本 （2013年）

輸出（百万ドル）	輸入（百万ドル）
機械類‥247 035	機械類‥160 125
自動車‥146 818	原油‥‥145 721
鉄鋼‥‥38 868	液化天然ガス72 348
精密機械37 623	衣類‥‥33 632
有機化合物26 119	石油製品28 396
プラスチック23 110	石炭‥‥24 136
石油製品16 150	精密機械22 080
船舶‥‥15 384	医薬品‥21 831
金属製品11 876	自動車‥20 903
ゴム製品10 622	鉄鉱石‥17 391
計×・715 097	計×・833 166

表 8-6　イスラエル （2013年）

輸出（百万ドル）	輸入（百万ドル）
ダイヤモンド19 013	機械類‥14 234
機械類‥13 941	原油‥‥9 062
医薬品‥6 096	ダイヤモンド9 004
精密機械‥3 344	自動車‥‥4 905
航空機‥‥1 977	石油製品・3 794
有機化合物1 803	プラスチック1 910
化学肥料‥1 729	医薬品‥‥1 880
プラスチック1 563	有機化合物 1 796
野菜・果実1 469	鉄鋼‥‥‥1 693
金属製品・1 297	精密機械・1 679
計×‥66 781	計×‥71 995

表 8-7　インド （2013年）

輸出（百万ドル）	輸入（百万ドル）
石油製品69 052	原油‥‥148 047
ダイヤモンド28 922	機械類‥61 578
機械類‥25 313	金(非貨幣用)37 719
繊維品‥18 907	ダイヤモンド22 535
衣類‥‥16 843	石炭‥‥15 779
医薬品‥13 174	有機化合物15 724
自動車‥12 871	プラスチック8 885
鉄鋼‥‥12 725	鉄鋼‥‥‥8 365
有機化合物12 171	液化天然ガス‥8 311
貴金属製品10 721	銅鉱‥‥‥7 443
計×・336 611	計×・466 046

表 8-8　インドネシア （2013年）

輸出（百万ドル）	輸入（百万ドル）
石炭‥‥24 515	機械類‥45 644
機械類‥16 459	石油製品28 686
パーム油15 839	原油‥‥13 586
液化天然ガス12 929	鉄鋼‥‥11 006
原油‥‥10 205	自動車‥‥7 650
衣類‥‥‥7 692	有機化合物 6 722
天然ゴム・6 911	プラスチック6 627
天然ガス・5 190	繊維品‥‥5 788
繊維品‥‥4 632	金属製品・3 685
自動車‥‥4 567	液化石油ガス・3 073
計×・182 552	計×・186 629

表 8-9　カザフスタン （2013年）

輸出（百万ドル）	輸入（百万ドル）
原油‥‥55 221	機械類‥11 395
石油製品・3 226	自動車‥‥4 284
鉄鋼‥‥‥3 152	鉄鋼‥‥‥4 209
銅‥‥‥‥2 835	原油‥‥‥2 840
放射性元素2 344	石油製品‥1 766
天然ガス・1 957	金属製品‥1 718
鉄鉱石‥‥1 562	医薬品‥‥1 618
液化石油ガス1 262	鉄道車両・1 194
小麦‥‥‥1 235	野菜・果実1 094
機械類‥‥756	プラスチック1 053
計×‥82 510	計×‥48 872

表 8-10　カタール （2013年）

輸出（百万ドル）	輸入（百万ドル）
液化天然ガス87 538	機械類‥‥6 965
原油‥‥24 878	自動車‥‥3 478
石油製品・7 544	航空機‥‥1 451
プラスチック4 632	鉄鋼‥‥‥1 077
硫黄‥‥‥‥270	金属製品・1 058
	船舶‥‥‥‥740
	精密機械‥‥655
	鉄鉱石‥‥‥594
	家具‥‥‥‥521
	衣類‥‥‥‥482
計×・136 855	計×・27 034

表 8-11 韓国 (2013年)

輸出(百万ドル)	輸入(百万ドル)
機械類·195 324	機械類·119 677
自動車··72 327	原油····99 333
石油製品53 794	石油製品31 703
船舶····35 870	液化天然ガス30 645
精密機械34 664	鉄鋼····19 196
プラスチック28 347	精密機械16 561
鉄鋼··26 665	有機化合物14 277
有機化合物24 543	石炭····13 074
繊維品··12 043	自動車··10 239
金属製品10 805	プラスチック8 881
計×·559 619	計×·515 573

表 8-12 サウジアラビア (2013年)

輸出(百万ドル)	輸入(百万ドル)
原油···293 995	機械類··43 958
石油製品20 085	自動車··23 366
プラスチック16 559	鉄鋼····10 024
有機化合物13 210	金属製品·5 401
液化石油ガス 6 289	医薬品··5 191
機械類···3 199	金(非貨幣用)4 473
船舶····2 240	精密機械·3 851
無機化合物 1 711	銅·······3 210
液化天然ガス1 560	衣類·····3 200
鉄鋼·····1 188	肉類·····2 892
計×·375 397	計×·163 713

表 8-13 シンガポール (2013年)

輸出(百万ドル)	輸入(百万ドル)
機械類·176 858	機械類·142 897
石油製品71 124	石油製品74 796
有機化合物17 110	原油····35 539
精密機械15 016	精密機械11 682
プラスチック13 430	有機化合物·7 228
医薬品···7 874	鉄鋼·····6 176
航空機··6 578	プラスチック5 794
印刷物··4 599	天然ガス·5 757
自動車···4 342	航空機··5 721
金属製品·3 891	金属製品·5 373
計×·410 250	計×·373 016

表 8-14 スリランカ (2013年)

輸出(百万ドル)	輸入(百万ドル)
衣類····4 517	石油製品·2 529
茶······1 529	機械類···2 515
ゴム製品··692	繊維品···1 959
香辛料····335	原油·····1 344
機械類···313	自動車··1 063
ダイヤモンド313	鉄鋼······563
魚介類···245	セメント··521
繊維品···236	プラスチック495
野菜·果実·204	金属製品··452
貴石·半貴石106	医薬品····348
計×··10 005	計×··17 931

表 8-15 タイ (2013年)

輸出(百万ドル)	輸入(百万ドル)
機械類··66 864	機械類··67 771
自動車··25 952	原油···38 917
石油製品12 805	鉄鋼···15 110
プラスチック10 253	金(非貨幣用)14 982
天然ゴム·8 234	自動車··11 115
ゴム製品·7 431	金属製品·7 556
有機化合物6 980	精密機械·6 099
魚介類···6 927	プラスチック5 827
金属製品·6 009	有機化合物 4 813
野菜·果実4 428	航空機···4 691
計×·228 527	計×·250 708

表 8-16 中国 (2013年)

輸出(百万ドル)	輸入(百万ドル)
機械類·941 031	機械類·610 509
衣類···177 435	原油···219 660
繊維品·106 578	鉄鉱石·106 175
金属製品78 334	精密機械104 013
精密機械76 690	自動車··73 989
自動車··64 769	プラスチック67 853
家具····59 488	有機化合物65 544
鉄鋼····54 689	石油製品41 208
はきもの50 761	大豆····38 009
有機化合物36 419	銅······34 993
計× 2 209 007	計× 1 949 992

表 8-17　トルコ（2013年）

輸出（百万ドル）	輸入（百万ドル）
機械類‥22 490	機械類‥48 090
自動車‥16 529	自動車‥16 494
衣類‥‥15 393	石油製品16 116
繊維品‥12 149	金(非貨幣用)15 127
鉄鋼‥‥11 551	プラスチック12 758
野菜・果実6 874	鉄鋼‥‥12 193
金属製品‥6 234	鉄くず‥7 511
石油製品‥6 174	繊維品‥‥6 789
プラスチック・3 708	有機化合物4 766
貴金属製品3 418	医薬品‥‥4 489
計×‥151 803	計×‥251 661

表 8-18　パキスタン（2013年）

輸出（百万ドル）	輸入（百万ドル）
繊維品‥‥9 341	石油製品・9 333
衣類‥‥‥4 549	機械類‥‥5 757
米‥‥‥‥2 111	原油‥‥‥5 473
野菜・果実 752	有機化合物1 888
セメント‥ 530	パーム油・1 843
革類‥‥‥ 529	プラスチック・1 482
石油製品‥ 526	鉄鋼‥‥‥1 477
砂糖‥‥‥ 492	繊維品‥‥1 245
貴金属製品 426	自動車‥‥1 221
有機化合物 396	船舶‥‥‥ 981
計×‥25 121	計×‥43 775

表 8-19　バングラデシュ（2011年）

輸出（百万ドル）	輸入（百万ドル）
衣類‥‥19 239	機械類‥‥6 659
繊維品‥‥1 898	繊維品‥‥6 610
魚介類‥‥ 641	石油製品‥2 780
はきもの‥ 346	綿花‥‥‥2 394
革類‥‥‥ 323	パーム油・2 372
ジュート‥ 276	化学肥料‥1 983
石油製品‥ 254	鉄鋼‥‥‥1 734
野菜・果実 150	船舶‥‥‥1 318
機械類‥‥ 112	プラスチック1 255
自動車‥‥ 105	砂糖‥‥‥1 157
計×‥24 314	計×‥41 222

表 8-20　フィリピン（2013年）

輸出（百万ドル）	輸入（百万ドル）
機械類‥27 018	機械類‥21 696
建築用木工品2 996	原油‥‥‥6 617
精密機械‥2 004	石油製品‥5 309
野菜・果実1 858	自動車‥‥3 609
衣類‥‥‥1 558	航空機‥‥2 449
自動車‥‥1 446	プラスチック1 618
魚介類‥‥1 230	鉄鋼‥‥‥1 556
ニッケル鉱‥1 003	医薬品‥‥1 122
原油‥‥‥ 976	銅鉱‥‥‥ 941
やし油‥‥ 951	繊維品‥‥ 907
計×‥53 978	計×‥65 097

表 8-21　ベトナム（2013年）

輸出（百万ドル）	輸入（百万ドル）
機械類‥40 568	機械類‥46 245
衣類‥‥17 148	繊維品‥‥10 633
はきもの・8 722	石油製品‥7 866
原油‥‥‥7 375	鉄鋼‥‥‥7 632
魚介類‥‥6 666	プラスチック7 085
繊維品‥‥4 612	金属製品‥3 353
家具‥‥‥4 032	医薬品‥‥2 321
米‥‥‥‥2 926	有機化合物2 246
野菜・果実2 875	植物性油かす1 996
コーヒー豆2 551	自動車‥‥1 850
計×・132 033	計×・132 033

表 8-22　（香港）（2013年）

輸出（百万ドル）	輸入（百万ドル）
機械類・289 300	機械類・301 214
金(非貨幣用)76 229	金(非貨幣用)97 860
精密機械25 832	精密機械27 624
衣類‥‥21 922	ダイヤモンド20 056
ダイヤモンド14 777	衣類‥‥16 448
プラスチック11 490	石油製品14 758
繊維品‥10 714	貴金属製品12 484
貴金属製品・7 312	プラスチック11 293
旅行用具・バッグ5 592	繊維品‥10 411
はきもの・4 689	肉類‥‥‥6 549
計×・535 187	計×・621 417

表8-23　マレーシア（2013年）

輸出（百万ドル）	輸入（百万ドル）
機械類‥83 864	機械類‥74 391
石油製品20 105	石油製品22 521
液化天然ガス18 891	鉄鋼‥‥‥7 510
パーム油12 289	原油‥‥‥7 153
原油‥‥10 221	自動車‥‥7 033
精密機械‥6 451	精密機械‥5 463
有機化合物4 798	銅‥‥‥‥5 432
プラスチック4 795	航空機‥‥5 390
衣類‥‥‥4 581	プラスチック5 286
銅‥‥‥‥3 282	有機化合物4 124
計×‥228 316	計×‥205 814

表8-24　モンゴル（2013年）

輸出（百万ドル）	輸入（百万ドル）
石炭‥‥‥1 122	石油製品‥1 497
銅鉱‥‥‥949	機械類‥‥1 395
鉄鉱石‥‥654	自動車‥‥828
原油‥‥‥515	鉄鋼‥‥‥289
金（非貨幣用）310	金属製品‥245
羊毛・獣毛255	航空機‥‥145
亜鉛鉱‥‥119	電力‥‥‥113
ほたる石‥‥83	ゴム製品‥112
	セメント‥‥98
	医薬品‥‥77
計×‥4 269	計×‥6 358

表8-25　アルジェリア（2013年）

輸出（百万ドル）	輸入（百万ドル）
原油‥‥30 380	機械類‥12 525
天然ガス13 581	自動車‥‥7 574
石油製品‥8 837	石油製品‥4 126
液化天然ガス7 040	鉄鋼‥‥‥4 112
液化石油ガス5 055	医薬品‥‥2 364
	小麦‥‥‥2 123
	プラスチック1 867
	金属製品‥1 464
	酪農品‥‥1 262
	野菜・果実1 067
計×‥65 998	計×‥54 910

表8-26　エジプト（2013年）

輸出（百万ドル）	輸入（百万ドル）
原油‥‥‥3 060	機械類‥10 527
石油製品‥2 739	石油製品‥5 561
野菜・果実2 403	鉄鋼‥‥‥3 851
繊維品‥‥1 489	自動車‥‥3 256
機械類‥‥1 398	プラスチック2 992
衣類‥‥‥1 365	繊維品‥‥2 390
液化天然ガス1 274	金属製品‥2 065
化学肥料‥1 186	医薬品‥‥2 048
プラスチック1 144	原油‥‥‥2 029
鉄鋼‥‥‥975	とうもろこし1 985
計×‥28 779	計×‥66 666

表8-27　エチオピア（2013年）

輸出（百万ドル）	輸入（百万ドル）
野菜・果実882	機械類‥‥3 367
コーヒー豆771	石油製品‥1 745
装飾用切花等527	自動車‥‥1 499
ごま‥‥‥495	鉄鋼‥‥‥883
生きた動物341	プラスチック592
石油製品‥‥260	医薬品‥‥567
金（非貨幣用）157	小麦‥‥‥528
革製品‥‥103	金属製品‥495
肉類‥‥‥74	パーム油‥375
繊維品‥‥47	化学肥料‥349
計×‥4 077	計×‥14 899

表8-28　ガーナ（2013年）

輸出（百万ドル）	輸入（百万ドル）
金（非貨幣用）5 386	機械類‥‥2 886
原油‥‥‥3 015	自動車‥‥2 139
カカオ豆‥1 381	鉄鋼‥‥‥626
野菜・果実482	金属製品‥504
木材‥‥‥252	米‥‥‥‥421
機械類‥‥193	プラスチック389
合板類‥‥191	原油‥‥‥309
マンガン鉱135	セメント‥303
パーム核‥117	魚介類‥‥291
石油製品‥103	肉類‥‥‥270
計×‥12 644	計×‥12 787

表 8-29　ケニア（2013年）

輸出（百万ドル）		輸入（百万ドル）	
茶‥‥‥‥	1 218	石油製品・	3 294
装飾用切花等	480	機械類‥‥	3 117
野菜・果実	418	自動車‥‥	1 219
衣類‥‥‥	283	鉄鋼‥‥‥	936
石油製品‥	211	プラスチック	641
コーヒー豆	190	パーム油‥	519
鉄鋼‥‥‥	180	原油‥‥‥	477
機械類‥‥	132	医薬品‥‥	466
無機化合物	128	金属製品‥	392
製造たばこ	123	繊維品‥‥	352
計×‥‥	**5 537**	計×‥	**16 394**

表 8-30　コートジボワール（2012年）

輸出（百万ドル）		輸入（百万ドル）	
カカオ豆・	2 325	原油‥‥‥	2 753
石油製品・	1 904	機械類‥‥	1 201
原油‥‥‥	1 256	米‥‥‥‥	685
天然ゴム・	809	自動車‥‥	506
金（非貨幣用）	641	船舶‥‥‥	401
野菜・果実	540	魚介類‥‥	337
ココアペースト	437	医薬品‥‥	294
パーム油・	272	プラスチック	283
綿花‥‥‥	223	鉄鋼‥‥‥	239
ココアバター	210	小麦‥‥‥	218
計×‥	**10 861**	計×‥	**9 770**

表 8-31　ザンビア（2013年）

輸出（百万ドル）		輸入（百万ドル）	
銅‥‥‥‥	6 877	機械類‥‥	2 483
無機化合物	506	銅鉱‥‥‥	1 389
機械類‥‥	329	石油製品‥	974
セメント‥	210	自動車‥‥	840
金属製品‥	206	金属製品‥	579
アルコール飲料	196	化学肥料‥	381
葉たばこ‥	180	無機化合物	381
金（非貨幣用）	163	鉄鋼‥‥‥	324
とうもろこし	155	プラスチック	226
電力‥‥‥	132	ゴム製品‥	200
計×‥	**10 594**	計×‥	**10 162**

表 8-32　タンザニア（2013年）

輸出（百万ドル）		輸入（百万ドル）	
金（非貨幣用）	1 550	石油製品・	4 722
野菜・果実	316	機械類‥‥	1 508
貴金属鉱‥	302	自動車‥‥	1 109
コーヒー豆	162	鉄鋼‥‥‥	795
機械類‥‥	149	プラスチック	419
魚介類‥‥	130	医薬品‥‥	314
ごま‥‥‥	125	小麦‥‥‥	307
繊維品‥‥	103	金属製品‥	288
葉たばこ‥	97	ゴム製品‥	213
砂糖‥‥‥	95	パーム油‥	193
計×‥‥	**4 413**	計×‥	**12 525**

表 8-33　チュニジア（2013年）

輸出（百万ドル）		輸入（百万ドル）	
機械類‥‥	4 574	機械類‥‥	5 300
衣類‥‥‥	2 802	石油製品・	2 044
原油‥‥‥	1 748	繊維品‥‥	1 710
石油製品‥	803	自動車‥‥	1 697
化学肥料‥	600	石油ガス‥	1 029
オリーブ油	518	原油‥‥‥	957
無機化合物	476	プラスチック	941
はきもの‥	470	鉄鋼‥‥‥	788
繊維品‥‥	413	医薬品‥‥	665
野菜・果実	407	金属製品‥	577
計×‥	**17 060**	計×‥	**24 266**

表 8-34　ボツワナ（2013年）

輸出（百万ドル）		輸入（百万ドル）	
ダイヤモンド	6 198	ダイヤモンド	2 024
ニッケル鉱	419	石油製品・	1 020
機械類‥‥	130	機械類‥‥	881
銅鉱‥‥‥	128	自動車‥‥	538
肉類‥‥‥	118	電力‥‥‥	240
自動車‥‥	64	金属製品‥	178
金（非貨幣用）	56	鉄鋼‥‥‥	139
無機化合物	36	医薬品‥‥	138
鉄くず‥‥	36	野菜・果実	120
		ゴム製品‥	112
計×‥‥	**7 573**	計×‥	**7 433**

表 8-35　南アフリカ共和国（2013年）

輸出（百万ドル）	輸入f（百万ドル）
機械類‥‥9 065	機械類‥25 735
鉄鉱石‥‥8 428	原油‥‥14 722
白金族‥‥8 416	自動車‥‥8 793
自動車‥‥8 174	石油製品‥6 722
金(非貨幣用)6 813	医薬品‥‥2 387
鉄鋼‥‥‥6 213	精密機械‥2 200
石炭‥‥‥5 943	鉄鋼‥‥‥2 094
石油製品‥3 647	プラスチック2 021
野菜・果実3 481	金属製品‥1 937
ダイヤモンド2 098	衣類‥‥‥1 901
計×‥95 225	計×‥103 461

表 8-36　モロッコ（2013年）

輸出（百万ドル）	輸入（百万ドル）
機械類‥‥3 500	機械類‥‥7 862
衣類‥‥‥3 155	石油製品‥4 753
化学肥料‥1 924	原油‥‥‥4 321
野菜・果実1 733	自動車‥‥3 399
魚介類‥‥1 673	繊維品‥‥2 479
自動車‥‥1 642	液化石油ガス1 811
石油製品‥1 585	鉄鋼‥‥‥1 588
無機化合物 1 448	プラスチック1 438
天然肥料‥1 082	金属製品‥1 084
航空機‥‥ 422	小麦‥‥‥ 978
計×‥21 965	計×‥45 186

表 8-37　イギリス（2013年）

輸出（百万ドル）	輸入（百万ドル）
機械類‥103 199	機械類‥136 613
金(非貨幣用)80 230	自動車‥‥64 888
自動車‥‥48 968	原油‥‥‥40 092
医薬品‥‥32 868	医薬品‥‥28 671
原油‥‥‥29 794	石油製品28 387
石油製品26 587	衣類‥‥‥26 390
精密機械‥16 418	精密機械16 199
有機化合物10 806	金(非貨幣用)15 467
アルコール飲料10 215	野菜・果実14 067
鉄鋼‥‥‥9 472	金属製品12 860
計×‥548 042	計×‥657 223

表 8-38　イタリア（2013年）

輸出（百万ドル）	輸入（百万ドル）
機械類‥134 447	機械類‥‥72 322
自動車‥‥34 971	原油‥‥‥46 460
医薬品‥‥24 922	自動車‥‥31 978
衣類‥‥‥23 729	医薬品‥‥24 888
石油製品21 645	天然ガス24 814
鉄鋼‥‥‥21 401	鉄鋼‥‥‥18 196
金属製品20 719	プラスチック16 533
プラスチック14 421	衣類‥‥‥15 809
繊維品‥‥13 464	有機化合物15 090
精密機械12 621	石油製品14 338
計×‥518 103	計×‥479 342

表 8-39　ウクライナ（2013年）

輸出（百万ドル）	輸入（百万ドル）
鉄鋼‥‥‥16 136	機械類‥‥12 949
機械類‥‥6 982	天然ガス11 538
とうもろこし3 833	石油製品‥6 604
鉄鉱石‥‥3 739	自動車‥‥5 003
ひまわり油3 281	医薬品‥‥3 176
鉄道車両‥2 460	プラスチック2 902
小麦‥‥‥1 892	鉄鋼‥‥‥2 394
なたね‥‥1 211	石炭‥‥‥2 179
化学肥料‥1 166	野菜・果実1 729
石炭‥‥‥1 145	金属製品‥1 702
計×‥63 320	計×‥76 986

表 8-40　オーストリア（2013年）

輸出（百万ドル）	輸入（百万ドル）
機械類‥‥46 287	機械類‥‥37 467
自動車‥‥14 674	自動車‥‥16 798
医薬品‥‥9 974	金属製品‥6 964
鉄鋼‥‥‥8 808	原油‥‥‥6 534
金属製品‥8 360	石油製品‥6 359
プラスチック4 989	衣類‥‥‥5 905
精密機械‥3 977	プラスチック5 204
紙類‥‥‥3 542	鉄鋼‥‥‥4 611
石油製品‥2 619	天然ガス‥4 232
衣類‥‥‥2 409	
計×‥166 271	計×‥173 358

表 8-41　オランダ（2013年）

輸出（百万ドル）	輸入（百万ドル）
機械類・122 578	機械類・112 641
石油製品79 098	石油製品55 777
有機化合物25 257	原油・・・・52 164
医薬品・・23 643	自動車・・23 267
天然ガス23 271	有機化合物20 047
プラスチック20 788	医薬品・・17 585
自動車・・18 569	精密機械13 695
野菜・果実18 457	野菜・果実11 948
精密機械14 769	鉄鋼・・・・11 099
鉄鋼・・・・12 045	衣類・・・・10 829
計×・571 247	計×・506 162

表 8-42　ギリシャ（2013年）

輸出（百万ドル）	輸入（百万ドル）
石油製品13 909	原油・・・・16 052
野菜・果実 2 468	機械類・・・5 906
機械類・・・2 221	石油製品・4 525
医薬品・・・1 396	医薬品・・・3 650
アルミニウム1 394	衣類・・・・・1 723
衣類・・・・・ 967	船舶・・・・・1 615
プラスチック929	天然ガス・1 549
鉄鋼・・・・・ 785	自動車・・・1 492
魚介類・・・・ 747	肉類・・・・・1 490
オリーブ油 710	プラスチック1 474
計×・・36 262	計×・・61 148

表 8-43　スイス（2013年）

輸出（百万ドル）	輸入（百万ドル）
医薬品・・62 383	機械類・・34 358
機械類・・38 216	医薬品・・23 874
精密機械32 611	自動車・・14 353
うち時計・23 555	有機化合物12 603
有機化合物13 073	精密機械・9 170
貴金属製品9 355	貴金属製品8 901
金属製品・4 777	石油製品・7 452
白金族・・・3 715	金属製品・6 131
金(非貨幣用) 3 458	衣類・・・・・5 904
電力・・・・・2 528	プラスチック4 355
計×・229 157	計×・200 934

表 8-44　スウェーデン（2013年）

輸出（百万ドル）	輸入（百万ドル）
機械類・・43 682	機械類・・39 199
自動車・・16 741	自動車・・14 957
石油製品11 608	原油・・・・12 752
紙類・・・・・9 828	石油製品・7 884
医薬品・・・8 617	鉄鋼・・・・・4 910
鉄鋼・・・・・6 951	医薬品・・・4 576
金属製品・4 649	衣類・・・・・4 452
プラスチック4 339	魚介類・・・4 449
精密機械・3 817	金属製品・4 298
魚介類・・・3 569	プラスチック3 872
計×・167 493	計×・160 589

表 8-45　スペイン（2013年）

輸出（百万ドル）	輸入（百万ドル）
自動車・・48 352	機械類・・49 421
機械類・・42 363	原油・・・・45 308
野菜・果実18 798	自動車・・31 834
石油製品18 559	医薬品・・15 020
医薬品・・13 752	衣類・・・・14 969
衣類・・・・11 455	石油製品14 493
鉄鋼・・・・10 734	有機化合物10 389
プラスチック9 170	鉄鋼・・・・・8 588
金属製品・9 016	プラスチック7 789
航空機・・・6 907	天然ガス・6 800
計×・310 964	計×・332 267

表 8-46　チェコ（2013年）

輸出（百万ドル）	輸入（百万ドル）
機械類・・57 238	機械類・・46 638
自動車・・28 720	自動車・・11 898
金属製品・8 459	鉄鋼・・・・・6 754
鉄鋼・・・・・5 371	金属製品・5 802
ゴム製品・3 673	原油・・・・・5 414
プラスチック3 438	プラスチック5 409
家具・・・・・3 006	医薬品・・・3 913
精密機械・2 733	天然ガス・3 843
繊維品・・・2 542	精密機械・2 834
がん具・・・2 369	石油製品・2 709
計×・161 524	計×・142 526

表 8-47　デンマーク（2013年）

輸出（百万ドル）	輸入（百万ドル）
機械類‥23 198	機械類‥20 734
医薬品‥‥6 645	石油製品‥6 934
肉類‥‥‥5 451	自動車‥‥5 939
石油製品‥5 037	衣類‥‥‥4 426
原油‥‥‥4 915	医薬品‥‥4 008
衣類‥‥‥4 014	原油‥‥‥3 581
金属製品‥3 799	金属製品‥3 181
魚介類‥‥3 281	鉄鋼‥‥‥2 839
精密機械‥2 897	プラスチック2 759
酪農品‥‥2 708	精密機械‥2 325
計×‥110 416	計×‥97 590

表 8-48　ドイツ（2013年）

輸出（百万ドル）	輸入（百万ドル）
機械類‥393 437	機械類‥259 964
自動車‥236 975	自動車‥‥92 032
医薬品‥75 108	原油‥‥74 284
精密機械56 199	天然ガス50 229
金属製品46 039	医薬品‥‥46 664
航空機‥‥43 816	石油製品38 529
プラスチック42 465	衣類‥‥‥36 747
鉄鋼‥‥‥32 792	有機化合物31 401
有機化合物29 367	精密機械30 553
石油製品21 143	鉄鋼‥‥‥30 447
計×1 458 647	計×1 194 483

表 8-49　ノルウェー（2013年）

輸出（百万ドル）	輸入（百万ドル）
原油‥‥‥48 749	機械類‥‥21 245
天然ガス40 877	自動車‥‥9 344
機械類‥‥10 858	石油製品‥4 172
魚介類‥‥10 182	金属製品‥4 030
石油製品‥8 459	衣類‥‥‥2 800
アルミニウム3 766	船舶‥‥‥2 727
液化石油ガス3 242	精密機械‥2 306
精密機械‥2 095	鉄鋼‥‥‥2 227
金属製品‥1 850	家具‥‥‥2 079
鉄鋼‥‥‥1 511	医薬品‥‥1 922
計×‥154 391	計×‥89 816

表 8-50　ハンガリー（2013年）

輸出（百万ドル）	輸入（百万ドル）
機械類‥43 056	機械類‥35 588
自動車‥‥13 168	自動車‥‥7 224
医薬品‥‥4 695	原油‥‥‥4 489
精密機械‥3 782	天然ガス‥3 687
プラスチック2 541	医薬品‥‥3 511
石油製品‥2 396	金属製品‥3 070
ゴム製品‥2 368	鉄鋼‥‥‥2 755
金属製品‥2 368	プラスチック2 525
有機化合物1 763	石油製品‥2 369
肉類‥‥‥1 460	電力‥‥‥1 476
計×‥107 730	計×‥98 662

表 8-51　フィンランド（2013年）

輸出（百万ドル）	輸入（百万ドル）
機械類‥17 496	機械類‥14 633
紙類‥‥‥9 328	原油‥‥‥9 342
石油製品‥8 927	石油製品‥5 223
鉄鋼‥‥‥5 115	自動車‥‥4 563
プラスチック2 480	医薬品‥‥2 424
精密機械‥2 142	鉄鋼‥‥‥2 063
パルプ・古紙2 093	衣類‥‥‥1 995
木材‥‥‥2 045	プラスチック1 872
自動車‥‥1 715	金属製品‥1 773
有機化合物1 564	有機化合物1 663
計×‥74 445	計×‥77 587

表 8-52　フランス（2013年）

輸出（百万ドル）	輸入（百万ドル）
機械類‥111 534	機械類‥131 279
航空機‥‥56 423	自動車‥‥56 519
自動車‥‥44 820	原油‥‥‥45 628
医薬品‥‥37 731	石油製品36 218
鉄鋼‥‥‥16 099	医薬品‥‥29 696
アルコール飲料15 860	航空機‥‥29 517
石油製品15 549	衣類‥‥‥23 390
精密機械15 388	天然ガス18 374
プラスチック14 573	精密機械16 922
金属製品11 205	プラスチック16 699
計×‥566 879	計×‥668 658

表 8-53　ベルギー（2013年）

輸出（百万ドル）	輸入（百万ドル）
医薬品‥53 471	機械類‥56 608
機械類‥52 899	自動車‥47 978
石油製品50 959	医薬品‥44 909
自動車‥48 399	石油製品39 198
有機化合物36 702	有機化合物33 858
プラスチック29 819	原油‥‥28 484
ダイヤモンド20 841	ダイヤモンド20 879
鉄鋼‥‥17 713	天然ガス17 139
野菜・果実10 524	プラスチック15 924
天然ガス10 063	鉄鋼‥‥11 196
計×・511 492	計×・488 442

表 8-54　ポーランド（2013年）

輸出（百万ドル）	輸入（百万ドル）
機械類‥47 680	機械類‥47 776
自動車‥21 851	原油‥‥18 049
家具‥‥9 731	自動車‥15 429
金属製品・9 630	プラスチック9 162
船舶‥‥5 445	鉄鋼‥‥8 769
石油製品・5 294	金属製品・7 096
肉類‥‥5 210	医薬品‥5 918
プラスチック5 072	船舶‥‥4 446
鉄鋼‥‥5 012	繊維品‥4 184
ゴム製品・4 748	衣類‥‥4 162
計×・203 848	計×・205 614

表 8-55　ポルトガル（2013年）

輸出（百万ドル）	輸入（百万ドル）
機械類‥・9 198	機械類‥11 159
自動車‥・6 256	原油‥‥9 355
石油製品・6 064	自動車‥・6 009
衣類‥‥3 452	医薬品‥・2 750
金属製品・2 640	プラスチック2 517
はきもの・2 362	石油製品・2 308
繊維品‥・2 139	鉄鋼‥‥2 257
プラスチック2 081	衣類‥‥2 255
紙類‥‥1 870	繊維品‥2 132
鉄鋼‥‥1 613	魚介類‥・1 895
計×‥62 746	計×‥75 572

表 8-56　ルーマニア（2013年）

輸出（百万ドル）	輸入（百万ドル）
機械類‥16 137	機械類‥19 607
自動車‥・9 178	自動車‥・4 882
衣類‥‥3 441	原油‥‥4 190
石油製品・2 989	医薬品‥・3 540
鉄鋼‥‥2 409	繊維品‥・3 317
ゴム製品・2 349	金属製品・3 069
家具‥‥2 104	鉄鋼‥‥3 053
はきもの・1 701	プラスチック2 561
金属製品・1 693	石油製品・1 959
船舶‥‥1 390	精密機械・1 148
計×‥65 881	計×‥73 452

表 8-57　ロシア（2013年）

輸出（百万ドル）	輸入（百万ドル）
原油‥・173 670	機械類‥92 358
石油製品110 314	自動車‥39 576
天然ガス67 232	医薬品‥14 958
鉄鋼‥‥21 017	野菜・果実10 880
機械類‥13 887	金属製品10 655
石炭‥‥12 421	衣類‥‥9 014
化学肥料・9 119	プラスチック8 455
アルミニウム6 945	鉄鋼‥‥8 434
金(非貨幣用)5 575	精密機械・7 489
液化天然ガス5 511	肉類‥‥6 718
計×・527 266	計×・314 945

表 8-58　アメリカ合衆国（2013年）

輸出（百万ドル）	輸入（百万ドル）
機械類・387 684	機械類・621 869
自動車・129 132	原油‥279 134
石油製品119 114	自動車・248 628
精密機械66 865	石油製品91 506
プラスチック47 999	衣類‥‥91 029
有機化合物44 687	医薬品‥67 346
医薬品‥43 745	精密機械60 336
金(非貨幣用)33 535	有機化合物53 261
金属製品29 752	金属製品47 021
野菜・果実24 192	家具‥‥41 218
計×1 578 001	計×2 328 329

表8-59　カナダ（2013年）

輸出（百万ドル）	輸入f（百万ドル）
原油‥‥79 345	機械類‥112 027
自動車‥58 433	自動車‥69 488
機械類‥45 863	原油‥‥26 246
石油製品19 896	石油製品18 158
金(非貨幣用)16 347	金属製品13 089
航空機‥10 469	医薬品‥12 733
天然ガス10 102	精密機械11 653
プラスチック9 094	鉄鋼‥‥11 643
木材‥‥8 459	金(非貨幣用)10 033
アルミニウム7 095	衣類‥‥9 949
計×‥456 395	計×‥461 800

表8-60　グアテマラ（2013年）

輸出（百万ドル）	輸入（百万ドル）
衣類‥‥1 318	石油製品・2 914
野菜・果実1 238	機械類‥‥2 880
砂糖‥‥942	繊維品‥‥1 015
コーヒー豆716	自動車‥‥999
貴金属鉱‥449	プラスチック710
原油‥‥277	医薬品‥‥591
パーム油‥270	鉄鋼‥‥‥578
繊維品‥‥259	金属製品‥434
医薬品‥‥242	紙類‥‥‥409
天然ゴム‥239	化学肥料‥319
計×‥10 065	計×‥17 504

表8-61　コスタリカ（2013年）

輸出（百万ドル）	輸入（百万ドル）
機械類‥‥3 280	機械類‥‥5 231
野菜・果実2 198	石油製品‥2 172
うちバナナ‥780	自動車‥‥1 205
精密機械‥1 214	プラスチック686
調製食料品355	医薬品‥‥598
コーヒー豆308	金属製品‥559
ゴム製品‥249	鉄鋼‥‥‥553
医薬品‥‥239	精密機械‥479
プラスチック172	紙類‥‥‥432
魚介類‥‥155	衣類‥‥‥308
計×‥11 472	計×‥18 124

表8-62　メキシコ（2013年）

輸出（百万ドル）	輸入（百万ドル）
機械類・132 313	機械類・146 230
自動車‥76 718	自動車‥33 185
原油‥‥42 723	石油製品26 348
精密機械11 806	プラスチック14 360
野菜・果実9 955	金属製品12 730
金属製品・7 636	精密機械11 904
家具‥‥‥6 472	鉄鋼‥‥10 462
金(非貨幣用)5 919	有機化合物9 805
石油製品・5 749	繊維品‥‥6 180
鉄鋼‥‥‥5 389	ゴム製品・5 575
計×・379 961	計×・381 210

表8-63　アルゼンチン（2013年）

輸出（百万ドル）	輸入（百万ドル）
植物性油かす10 798	機械類‥19 085
自動車‥10 066	自動車‥14 102
とうもろこし5 848	石油製品・5 067
大豆‥‥‥4 089	液化天然ガス3 590
大豆油‥‥4 089	有機化合物2 936
野菜・果実2 989	医薬品‥‥2 322
機械類‥‥2 287	プラスチック2 295
肉類‥‥‥2 008	鉄鋼‥‥‥1 513
金(非貨幣用)1 848	天然ガス‥1 433
原油‥‥‥1 737	金属製品‥1 429
計×‥76 634	計×‥73 655

表8-64　ウルグアイ（2013年）

輸出（百万ドル）	輸入（百万ドル）
大豆‥‥‥1 875	機械類‥‥2 310
肉類‥‥‥1 534	原油‥‥‥1 564
酪農品‥‥874	自動車‥‥1 196
米‥‥‥‥508	石油製品‥‥501
木材‥‥‥361	プラスチック465
自動車‥‥284	化学肥料‥329
小麦‥‥‥283	衣類‥‥‥266
革類‥‥‥267	医薬品‥‥263
羊毛・獣毛255	有機化合物263
魚介類‥‥142	金属製品‥251
計×‥‥9 066	計×‥11 642

表 8-65　エクアドル（2013年）

輸出（百万ドル）	輸入（百万ドル）
原油‥‥13 412	機械類‥‥6 193
魚介類‥‥3 433	石油製品‥5 558
野菜・果実2 776	自動車‥‥2 176
うちバナナ 2 332	鉄鋼‥‥‥1 336
装飾用切花等838	医薬品‥‥1 078
石油製品‥‥695	プラスチック922
金(非貨幣用)468	液化石油ガス658
カカオ豆‥433	金属製品‥‥572
機械類*‥‥375	精密機械‥‥497
パーム油‥208	繊維品‥‥‥468
計×‥24 958	計×‥27 064

表 8-66　コロンビア（2013年）

輸出（百万ドル）	輸入（百万ドル）
原油‥‥27 644	機械類‥‥14 075
石炭‥‥‥6 688	石油製品‥6 380
石油製品‥4 383	自動車‥‥5 323
金(非貨幣用)2 256	医薬品‥‥2 465
コーヒー豆1 923	鉄鋼‥‥‥2 380
プラスチック1 371	有機化合物2 378
装飾用切花等1 341	航空機‥‥2 317
機械類‥‥‥952	プラスチック1 987
野菜・果実895	繊維品‥‥1 461
自動車‥‥861	精密機械‥1 359
計×‥58 822	計×‥59 381

表 8-67　チリ（2013年）

輸出（百万ドル）	輸入（百万ドル）
銅‥‥‥22 910	機械類‥‥18 017
銅鉱‥‥17 026	自動車‥‥9 704
野菜・果実6 288	石油製品‥7 267
魚介類‥‥4 460	原油‥‥‥6 633
パルプ・古紙2 806	衣類‥‥‥2 855
ワイン‥‥1 975	プラスチック1 844
無機化合物1 660	金属製品‥1 829
金(非貨幣用)1 384	鉄鋼‥‥‥1 639
鉄鉱石‥‥1 379	ゴム製品‥1 539
機械類‥‥1 337	航空機‥‥1 409
計×‥76 684	計×‥79 173

表 8-68　パラグアイ（2013年）

輸出（百万ドル）	輸入（百万ドル）
大豆‥‥‥2 509	機械類‥‥3 552
電力‥‥‥2 237	石油製品‥1 661
肉類‥‥‥1 059	自動車‥‥1 061
植物性油かす924	化学肥料‥‥544
大豆油‥‥468	鉄鋼‥‥‥‥315
とうもろこし464	プラスチック274
米‥‥‥‥165	ゴム製品‥‥256
革類‥‥‥155	遊技場用遊具253
小麦‥‥‥146	金属製品‥‥225
砂糖‥‥‥‥75	医薬品‥‥‥193
計×‥9 432	計×‥12 142

表 8-69　ブラジル（2013年）

輸出（百万ドル）	輸入ᶠ（百万ドル）
鉄鉱石‥32 492	機械類‥‥64 793
大豆‥‥22 810	自動車‥‥22 231
機械類‥18 165	石油製品18 417
肉類‥‥16 300	原油‥‥16 320
自動車‥13 575	有機化合物10 201
原油‥‥12 957	化学肥料‥8 857
砂糖‥‥11 842	医薬品‥‥8 224
鉄鋼‥‥‥9 025	プラスチック7 311
船舶‥‥‥7 934	精密機械‥5 893
植物性油かす6 788	金属製品‥5 118
計×‥242 178	計×‥239 621

表 8-70　ベネズエラ（2013年）

輸出（百万ドル）	輸入（百万ドル）
原油‥‥74 851	機械類‥‥11 886
石油製品11 020	医薬品‥‥3 485
有機化合物657	鉄鋼‥‥‥2 031
鉄鋼‥‥‥307	金属製品‥1 833
鉄鉱石‥‥262	肉類‥‥‥1 394
化学肥料‥155	プラスチック1 171
無機化合物127	有機化合物1 171
船舶‥‥‥103	精密機械‥1 080
アルミニウム59	酪農品‥‥1 033
	自動車‥‥‥872
計×‥87 961	計×‥44 952

表 8-71　ペルー (2013年)

輸出（百万ドル）	輸入（百万ドル）
金(非貨幣用) 8 028	機械類‥10 510
銅鉱‥‥‥7 626	自動車‥‥4 874
石油製品‥3 314	原油‥‥‥3 355
銅‥‥‥‥2 592	石油製品‥3 209
野菜・果実2 263	プラスチック1 888
衣類‥‥‥1 392	鉄鋼‥‥‥1 777
魚粉‥‥‥1 382	金属製品1 201
液化天然ガス1 372	繊維品‥‥ 965
鉛鉱‥‥‥1 145	医薬品‥‥ 767
亜鉛鉱‥‥1 038	衣類‥‥‥ 716
計×‥41 872	計×‥43 357

表 8-72　ボリビア (2013年)

輸出（百万ドル）	輸入（百万ドル）
天然ガス・6 113	機械類‥‥2 452
銀鉱‥‥‥ 840	石油製品‥1 964
亜鉛鉱‥‥ 757	自動車‥‥1 194
植物性油かす643	鉄鋼‥‥‥ 597
金(非貨幣用)・ 538	プラスチック 348
原油‥‥‥ 511	金属製品‥ 305
すず‥‥‥ 337	航空機‥‥ 261
大豆油‥‥ 278	医薬品‥‥ 170
大豆‥‥‥ 264	ゴム製品‥ 146
野菜・果実 224	繊維品‥‥ 142
計×‥12 207	計×‥10 388

表 8-73　オーストラリア (2013年)

輸出（百万ドル）	輸入f（百万ドル）
鉄鉱石‥67 209	機械類‥57 167
石炭‥‥38 619	自動車‥28 610
液化天然ガス14 188	原油‥‥19 494
金(非貨幣用)13 405	石油製品18 419
原油‥‥‥8 675	医薬品‥‥9 810
機械類‥‥8 529	金属製品‥7 413
肉類‥‥‥8 367	精密機械‥6 346
小麦‥‥‥5 876	衣類‥‥‥6 257
アルミナ‥5 186	金(非貨幣用)4 627
銅鉱‥‥‥4 969	鉄鋼‥‥‥3 439
計×‥252 155	計×‥232 481

表 8-74　ニュージーランド (2013年)

輸出（百万ドル）	輸入（百万ドル）
酪農品‥11 053	機械類‥‥8 218
肉類‥‥‥4 499	自動車‥‥4 575
木材‥‥‥2 688	原油‥‥‥4 400
機械類‥‥2 134	石油製品‥2 251
野菜・果実1 816	衣類‥‥‥1 187
原油‥‥‥1 176	プラスチック991
魚介類‥‥1 165	精密機械‥ 987
ワイン‥‥1 030	金属製品‥ 948
アルミニウム693	医薬品‥‥ 933
精密機械‥ 586	航空機‥‥ 698
計×‥39 444	計×‥39 619

United Nations "Commodity Trade Statistics Database" より作成。商品の分類は標準国際貿易分類（SITC）Rev.3を採用した。輸出額はf.o.b.（本船渡し）価格，輸入額はc.i.f.（保険料・運賃込）価格。ただし，f 印が付いた輸入はf.o.b.価格。本表は商品別に数字を積み上げた統計であるので，表8-2の数値とは必ずしも一致しない。石炭にはコークス，れん炭を含む。繊維品には衣類を含まない。有機化合物は炭素化合物の総称（炭酸塩や青酸化合物のような一部の簡単なものを除く）。機械類は一般機械と電気機械の合計で，自動車や航空機などの輸送用機械および精密機械を含まない（*印が付いた機械類は輸送用機械を含む）。自動車は部品，二輪自動車およびその他の道路走行車両を含む。×その他とも。

図 8-6　途上国の輸出品目割合（2013年）

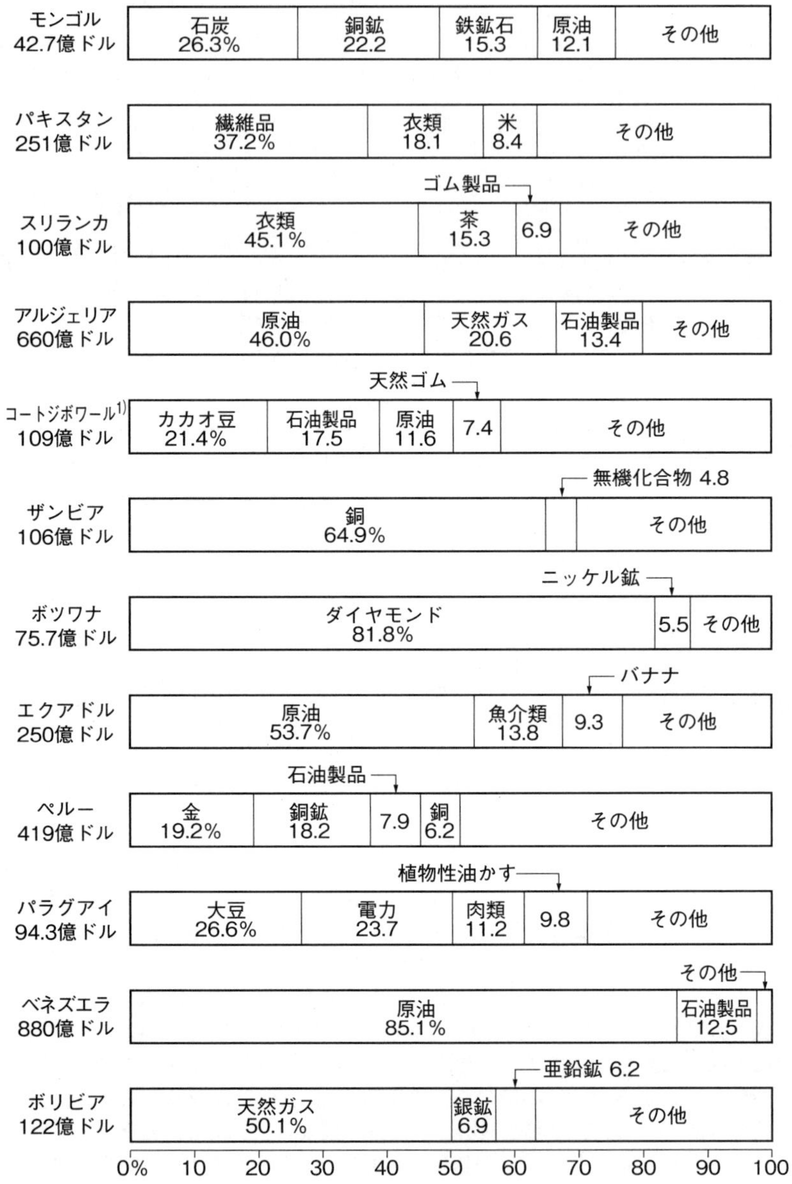

モンゴル 42.7億ドル	石炭 26.3%／銅鉱 22.2／鉄鉱石 15.3／原油 12.1／その他
パキスタン 251億ドル	繊維品 37.2%／衣類 18.1／米 8.4／その他
スリランカ 100億ドル	衣類 45.1%／茶 15.3／ゴム製品 6.9／その他
アルジェリア 660億ドル	原油 46.0%／天然ガス 20.6／石油製品 13.4／その他
コートジボワール[1] 109億ドル	カカオ豆 21.4%／石油製品 17.5／原油 11.6／天然ゴム 7.4／その他
ザンビア 106億ドル	銅 64.9%／無機化合物 4.8／その他
ボツワナ 75.7億ドル	ダイヤモンド 81.8%／ニッケル鉱 5.5／その他
エクアドル 250億ドル	原油 53.7%／魚介類 13.8／バナナ 9.3／その他
ペルー 419億ドル	金 19.2%／銅鉱 18.2／石油製品 7.9／銅 6.2／その他
パラグアイ 94.3億ドル	大豆 26.6%／電力 23.7／肉類 11.2／植物性油かす 9.8／その他
ベネズエラ 880億ドル	原油 85.1%／石油製品 12.5／その他
ボリビア 122億ドル	天然ガス 50.1%／銀鉱 6.9／亜鉛鉱 6.2／その他

国連 "Commodity Trade Statistics Database" より作成。途上国のなかでも比較的,
特定の品目の割合が高い国を取り上げた。1) 2012年。

図 8-7　主要国の国際収支

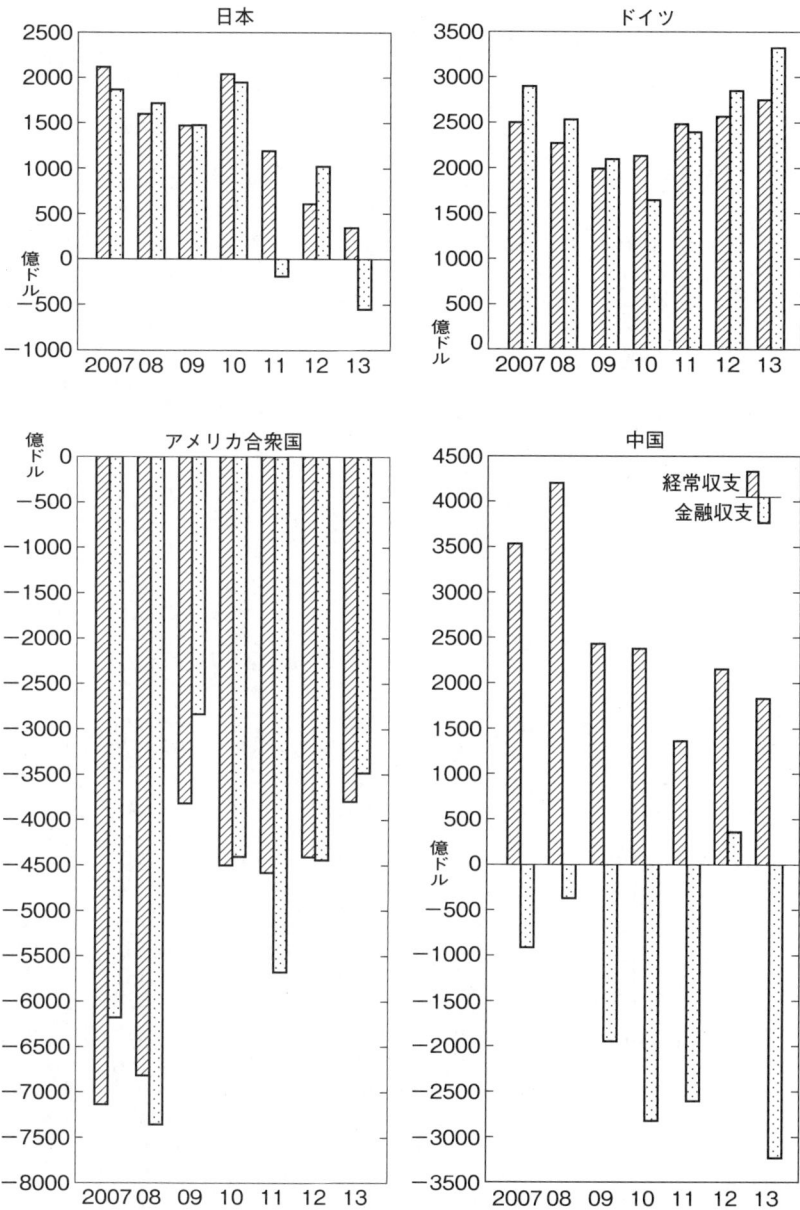

IMF, "International Financial Statistics Yearbook 2014" による。

表 8-75　各国の国際収支（Ⅰ）（単位　百万ドル）

		経常収支	貿易・サービス収支	貿易収支	サービス収支	第一次所得収支
日本	2010····	203 900	74 900	108 500	-33 700	141 400
	2011····	119 100	-42 900	-4 500	-38 500	175 800
	2012····	60 900	-104 000	-53 500	-50 500	179 200
	2013····	34 100	-125 100	-89 600	-35 500	169 300
インド	2010····	-54 516	-91 024	-93 353	2 330	-15 602
	2011····	-62 518	-106 687	-120 174	13 487	-16 043
	2012····	-91 471	-136 063	-151 929	15 865	-20 843
	2013····	-49 226	-92 257	-114 651	22 393	-21 783
インドネシア	2009····	10 629	21 191	32 287	-11 096	-15 140
	2010····	5 144	21 304	31 003	-9 699	-20 790
	2011····	1 685	24 150	33 825	-9 675	-26 676
	2012····	-24 074	-2 156	8 676	-10 832	-25 947
カタール	2010····	…	…	…	…	…
	2011····	51 978	77 900	87 373	-9 473	-13 271
	2012····	62 031	88 214	102 198	-13 984	-12 125
	2013····	62 587	89 157	105 462	-16 305	-11 325
韓国	2010····	28 850	33 677	47 915	-14 238	490
	2011····	18 656	16 811	29 090	-12 279	6 561
	2012····	50 835	44 192	49 406	-5 214	12 117
	2013····	79 884	72 641	80 569	-7 927	11 425
サウジアラビア	2010····	66 751	87 628	153 712	-66 084	7 044
	2011····	158 545	178 247	244 775	-66 528	9 684
	2012····	164 764	184 213	246 570	-62 357	10 989
	2013····	134 330	159 433	224 335	-64 902	10 766
シンガポール	2010····	55 943	62 459	62 840	-381	-1 345
	2011····	62 594	72 373	69 545	2 828	-3 931
	2012····	50 150	64 357	63 416	941	-6 812
	2013····	54 555	68 568	67 792	776	-7 182
タイ	2010····	9 946	18 964	29 667	-10 703	-15 065
	2011····	8 916	6 428	16 991	-10 563	-8 346
	2012····	-1 431	2 600	6 031	-3 431	-16 247
	2013····	-2 678	10 114	6 436	3 678	-23 284
中国	2010····	237 810	223 024	245 539	-22 515	-25 899
	2011····	136 097	181 904	236 050	-54 146	-70 318
	2012····	215 392	231 845	212 915	18 930	-19 887
	2013····	182 807	235 380	351 766	-116 387	-43 839
トルコ	2010····	-45 420	-39 729	-56 324	16 595	-7 214
	2011····	-75 082	-68 985	-89 037	20 052	-7 855
	2012····	-48 497	-42 769	-65 235	22 466	-7 161
	2013····	-65 061	-56 892	-79 816	22 924	-9 349

第二次 所得収支	資本移転 等収支	金融 収支	外貨 準備	誤差 脱漏		
-12 400	-5 000	195 600	43 900	40 500	2010	日本
-13 800	500	-18 800	176 600	38 300	2011	
-14 300	-1 000	102 200	-38 300	4 100	2012	
-10 100	-7 700	-55 300	38 800	-42 900	2013	
52 110	50	-69 597	14 127	-1 004	2010	インド
60 212	68	-59 326	-4 139	-1 015	2011	
65 435	-597	-85 646	-4 023	2 400	2012	
64 815	962	-59 174	10 929	19	2013	
4 578	96	-4 757	12 506	-2 976	2009	インド ネシア
4 630	50	-28 592	30 284	-3 501	2010	
4 211	33	-13 534	11 856	-3 397	2011	
4 029	38	-24 906	215	-655	2012	
…	…	…	…	…	2010	カタール
-12 651	-3 605	58 979	-14 344	-3 738	2011	
-14 058	-6 110	38 289	16 080	-1 553	2012	
-15 245	-4 781	49 716	9 064	975	2013	
-5 317	-63	-3 781	27 048	-5 520	2010	韓国
-4 716	-112	10 363	14 024	5 843	2011	
-5 474	-42	38 398	13 154	758	2012	
-4 182	-28	62 403	14 456	-2 997	2013	
-27 921	…	-2 657	35 255	-34 153	2010	サウジ アラビア
-29 386	…	14 413	96 057	-48 075	2011	
-30 438	-271	6 369	115 773	-42 350	2012	
-35 869	-335	61 000	69 127	-3 868	2013	
-5 171	…	18 277	42 353	4 687	2010	シンガ ポール
-5 849	…	46 211	17 243	860	2011	
-7 395	…	23 125	26 222	-803	2012	
-6 831	…	37 427	18 097	969	2013	
6 047	245	-24 892	31 246	-3 837	2010	タイ
10 835	-40	7 478	1 191	-208	2011	
12 216	232	-13 700	5 236	-7 265	2012	
10 492	285	-239	-5 130	-2 976	2013	
40 686	4 631	-282 234	471 659	-53 016	2010	中国
24 511	5 446	-260 024	387 799	-13 768	2011	
3 434	4 272	36 038	96 555	-87 071	2012	
-8 734	3 052	-323 151	431 382	-77 628	2013	
1 523	-51	-59 511	12 810	931	2010	トルコ
1 758	-25	-66 986	-1 812	9 129	2011	
1 433	-52	-70 311	20 811	1 058	2012	
1 180	-92	-73 674	9 924	2 253	2013	

各国の国際収支（Ⅱ）（単位　百万ドル）

		経常収支	貿易・サービス収支	貿易収支	サービス収支	第一次所得収支
バングラデシュ	2010····	1 168	-9 064	-6 889	-2 175	-1 496
	2011····	381	-11 264	-8 370	-2 894	-1 571
	2012····	3 216	-9 453	-6 510	-2 943	-2 013
	2013····	2 366	-9 816	-6 373	-3 443	-2 257
フィリピン	2010····	7 179	-11 094	-16 859	5 765	677
	2011····	5 643	-13 866	-20 428	6 562	942
	2012····	6 950	-12 747	-18 926	6 179	197
	2013····	9 423	-11 704	-18 525	6 821	-254
ベトナム	2010····	-4 276	-7 597	-5 136	-2 461	-4 564
	2011····	236	-3 430	-450	-2 980	-5 019
	2012····	9 062	6 965	9 885	-2 920	-6 115
	2013····	9 471	7 330	8 730	-1 400	-7 336
（香港）	2010····	16 012	13 435	3 292	10 143	4 840
	2011····	13 809	9 563	-7 482	17 045	6 788
	2012····	4 147	2 973	-18 913	21 886	3 796
	2013····	5 097	2 333	-26 207	28 540	5 435
マレーシア	2010····	26 998	41 851	42 301	-450	-8 083
	2011····	33 508	47 520	49 549	-2 029	-7 128
	2012····	18 638	36 184	40 719	-4 536	-11 642
	2013····	11 732	27 724	32 494	-4 770	-11 170
ミャンマー	2008····	1 247	2 679	2 940	-261	-1 740
	2009····	986	2 320	2 588	-268	-1 767
	2010····	1 574	3 058	3 477	-420	-1 722
	2011····	-1 424	-210	208	-418	-1 603
ナイジェリア	2009····	13 868	8 909	25 388	-16 479	-14 403
	2010····	14 459	13 190	31 509	-18 320	-19 512
	2011····	12 554	13 530	34 716	-21 186	-22 784
	2012····	20 353	20 684	42 318	-21 634	-22 238
南アフリカ共和国	2010····	-7 023	2 480	6 971	-4 491	-7 224
	2011····	-9 479	1 779	6 658	-4 879	-9 286
	2012····	-20 017	-7 314	-4 756	-2 557	-8 902
	2013····	-20 507	-9 942	-7 670	-2 271	-7 370
イギリス	2010····	-75 200	-64 200	-152 400	88 200	20 600
	2011····	-32 800	-47 000	-160 600	113 600	49 400
	2012····	-94 300	-59 200	-171 700	112 500	400
	2013····	-111 100	-50 300	-168 600	118 200	-18 400
イタリア	2010····	-70 093	-38 089	-24 374	-13 716	-10 578
	2011····	-65 800	-31 814	-20 145	-11 669	-11 975
	2012····	-5 529	22 734	24 708	-1 975	-8 636
	2013····	21 273	53 449	48 092	5 357	-12 944

第二次 所得収支	資本移転 等収支	金融 収支	外貨 準備	誤差 脱漏		
11 728	622	1 425	-81	-401	2010	バングラ
13 216	520	980	-850	-639	2011	デシュ
14 683	548	-1 982	4 753	-935	2012	
14 439	434	-2 659	5 492	-244	2013	
17 596	89	-13 775	15 243	-3 515	2010	フィリ
18 567	160	-5 318	11 401	281	2011	ピン
19 500	95	-6 747	9 236	-4 555	2012	
21 381	116	635	5 085	-3 818	2013	
7 885	…	-6 201	-1 803	-3 690	2010	ベトナム
8 685	…	-6 390	1 118	-5 475	2011	
8 212	…	-8 275	11 847	-5 477	2012	
9 477	…	151	557	-8 763	2013	
-2 263	-571	3 251	7 616	-4 574	2010	(香港)
-2 542	-260	3 130	11 153	734	2011	
-2 622	-185	-15 817	24 360	4 581	2012	
-2 671	-206	-2 449	7 464	124	2013	
-6 770	-34	5 962	-37	-21 039	2010	マレー
-6 884	-44	-7 727	31 156	-10 035	2011	シア
-5 904	53	7 509	1 343	-9 838	2012	
-4 822	-15	4 570	4 341	-2 807	2013	
308	…	-993	879	-1 362	2008	ミャン
433	…	-1 539	1 200	-1 325	2009	マー
239	…	-1 117	559	-2 133	2010	
389	…	-1 707	1 271	988	2011	
19 362	—	-1 996	-10 515	-26 378	2009	ナイジ
20 782	—	7 920	-9 730	-16 269	2010	ェリア
21 809	—	5 098	306	-7 150	2011	
21 906	—	1 284	11 147	-7 923	2012	
-2 278	31	-11 304	3 796	-516	2010	南アフリカ
-1 972	33	-9 258	4 709	4 897	2011	共和国
-3 801	29	-21 327	1 198	-142	2012	
-3 195	25	-8 348	499	12 634	2013	
-31 700	5 700	-73 700	10 000	5 800	2010	イギリス
-35 100	5 200	-20 200	10 900	18 300	2011	
-35 400	6 700	-114 300	11 600	-15 000	2012	
-42 400	8 300	-112 400	6 900	-2 800	2013	
-21 426	52	-112 824	1 338	-41 445	2010	イタリア
-22 011	1 244	-95 536	1 169	-29 812	2011	
-19 626	5 062	-18 968	1 881	-16 619	2012	
-19 233	-101	30 646	1 999	11 473	2013	

各国の国際収支（Ⅲ）（単位　百万ドル）

		経常収支	貿易・サービス収支	貿易収支	サービス収支	第一次所得収支
オーストリア	2010····	13 149	13 475	14	13 461	2 093
	2011····	6 610	8 418	-5 532	13 949	945
	2012····	9 479	8 975	-4 196	13 171	3 212
	2013····	11 246	15 406	-114	15 520	-995
オランダ	2010····	57 760	63 916	53 159	10 756	8 274
	2011····	75 399	72 048	58 548	13 500	19 413
	2012····	73 596	66 418	55 502	10 916	23 329
	2013····	83 070	85 281	66 659	18 622	17 098
ギリシャ	2010····	-30 274	-20 259	-37 552	17 293	-10 133
	2011····	-28 583	-17 339	-37 884	20 545	-11 981
	2012····	-6 172	-5 996	-25 281	19 285	-2 048
	2013····	1 767	-437	-22 904	22 467	-3 728
スイス	2010····	75 894	54 422	31 394	23 028	33 406
	2011····	39 486	46 218	25 170	21 048	6 413
	2012····	53 914	53 635	35 982	17 652	13 022
	2013····	97 574	73 676	57 375	16 302	36 174
スウェーデン	2010····	29 402	26 067	19 140	6 927	9 729
	2011····	32 841	28 534	20 243	8 291	11 959
	2012····	31 358	27 807	20 516	7 291	13 093
	2013····	34 541	28 628	21 712	6 916	15 322
スペイン	2010····	-62 498	-26 961	-63 278	36 317	-26 339
	2011····	-53 955	-11 036	-59 276	48 240	-33 894
	2012····	-16 295	12 227	-33 496	45 723	-23 058
	2013····	10 668	38 713	-15 055	53 768	-20 290
チェコ	2010····	-7 602	6 733	2 138	4 596	-13 716
	2011····	-6 114	8 430	4 218	4 212	-13 781
	2012····	-2 551	10 788	6 942	3 846	-12 230
	2013····	-2 853	12 311	9 010	3 301	-14 873
デンマーク	2010····	18 183	18 026	9 125	8 901	5 760
	2011····	19 875	17 995	10 143	7 851	7 794
	2012····	18 750	16 322	8 502	7 820	8 390
	2013····	24 148	19 332	8 607	10 725	11 477
ドイツ	2010····	212 200	189 800	209 300	-19 500	73 500
	2011····	247 200	196 700	223 000	-26 300	97 400
	2012····	255 400	205 800	234 000	-28 200	98 200
	2013····	274 000	227 300	257 800	-30 500	102 500
ノルウェー	2010····	50 258	50 461	54 081	-3 620	4 858
	2011····	66 454	66 947	73 763	-6 816	5 237
	2012····	72 609	67 495	76 944	-9 449	10 679
	2013····	54 916	53 209	64 791	-11 582	8 137

第二次所得収支	資本移転等収支	金融収支	外貨準備	誤差脱漏		
-2 419	277	3 434	1 435	-8 557	2010	オーストリア
-2 752	-542	3 586	1 005	-1 478	2011	
-2 709	-550	8 286	1 244	602	2012	
-3 165	-575	6 764	536	-3 372	2013	
-14 429	-4 217	40 994	493	-12 056	2010	オランダ
-16 062	-1 377	67 224	3 265	-3 533	2011	
-16 152	-12 625	58 557	2 767	353	2012	
-19 309	-315	75 442	-128	-7 441	2013	
118	2 776	-14 120	-201	-559	2010	ギリシャ
737	3 660	-11 577	-44	36	2011	
1 872	3 010	-1 511	11	-494	2012	
5 933	4 032	11 197	142	-1 058	2013	
-11 935	-4 437	-24 731	125 383	29 194	2010	スイス
-13 145	-9 461	-26 888	54 666	-2 246	2011	
-12 743	-2 045	-86 205	184 518	46 443	2012	
-12 277	-2 068	114 999	13 990	33 484	2013	
-6 394	-662	37 447	-1 176	7 531	2010	スウェーデン
-7 652	-900	45 358	647	14 064	2011	
-9 542	-860	10 913	548	-19 037	2012	
-9 409	-945	6 496	14 910	-12 190	2013	
-9 198	8 350	-58 641	1 051	-3 443	2010	スペイン
-9 025	7 551	-55 839	13 632	4 197	2011	
-5 464	8 467	-3 477	2 929	7 280	2012	
-7 755	10 423	32 942	618	12 468	2013	
-619	1 686	-9 054	2 076	-1 061	2010	チェコ
-763	799	-3 558	-1 000	757	2011	
-1 109	2 665	-3 800	4 187	272	2012	
-291	3 825	-9 554	9 805	-722	2013	
-5 603	83	-5 327	4 280	-19 313	2010	デンマーク
-5 914	1 090	7 887	10 554	-2 524	2011	
-5 961	91	17 346	1 852	357	2012	
-6 661	110	24 328	-701	-631	2013	
-51 100	-700	164 200	2 100	-45 100	2010	ドイツ
-47 000	900	239 000	3 900	-5 200	2011	
-48 700	—	284 700	1 700	31 000	2012	
-55 700	2 400	332 100	1 200	56 800	2013	
-5 061	-164	36 853	3 543	-9 698	2010	ノルウェー
-5 731	-298	65 633	-3 032	-3 554	2011	
-5 565	-256	51 060	1 370	-19 924	2012	
-6 430	-243	46 076	3 337	-5 260	2013	

各国の国際収支 (Ⅳ)（単位 百万ドル）

		経常収支	貿易・サービス収支	貿易収支	サービス収支	第一次所得収支
ハンガリー	2010・・・・	261	7 041	3 725	3 316	-7 245
	2011・・・・	676	8 786	3 235	5 551	-8 831
	2012・・・・	909	8 725	1 824	6 901	-8 269
	2013・・・・	3 904	10 374	3 806	6 568	-7 883
フィンランド	2010・・・・	5 944	6 026	10 390	-4 364	2 116
	2011・・・・	-1 689	730	3 491	-2 762	-226
	2012・・・・	-3 125	-1 039	3 597	-4 636	-362
	2013・・・・	-2 466	1 031	4 800	-3 769	-693
フランス	2010・・・・	-33 700	-43 100	-63 300	20 200	51 400
	2011・・・・	-49 200	-62 600	-93 500	30 900	62 300
	2012・・・・	-41 300	-38 600	-70 300	31 700	52 200
	2013・・・・	-40 200	-32 200	-56 500	24 300	52 000
ベルギー	2010・・・・	8 468	5 581	-5 603	11 183	10 803
	2011・・・・	-5 463	-5 099	-14 429	9 329	8 879
	2012・・・・	-9 353	-3 810	-13 728	9 918	4 074
	2013・・・・	-7 925	1 321	-8 014	9 335	1 795
ポーランド	2010・・・・	-24 030	-8 712	-11 798	3 086	-19 080
	2011・・・・	-25 770	-8 374	-14 036	5 662	-23 555
	2012・・・・	-18 263	-732	-6 694	5 962	-22 670
	2013・・・・	-6 636	10 014	3 282	6 732	-21 713
ポルトガル	2010・・・・	-24 215	-16 636	-25 266	8 630	-10 437
	2011・・・・	-16 792	-9 067	-19 667	10 599	-11 902
	2012・・・・	-4 359	-256	-11 570	11 314	-8 913
	2013・・・・	1 160	3 767	-9 646	13 413	-7 864
ロシア	2010・・・・	67 452	120 875	146 995	-26 120	-47 105
	2011・・・・	97 274	163 398	196 854	-33 456	-60 400
	2012・・・・	71 282	145 076	191 663	-46 587	-67 661
	2013・・・・	32 761	121 693	180 314	-58 622	-79 761
アメリカ合衆国	2010・・・・	-449 500	-499 300	-649 700	150 400	177 600
	2011・・・・	-457 700	-556 800	-743 600	186 700	232 700
	2012・・・・	-440 400	-534 600	-740 800	206 200	223 900
	2013・・・・	-379 300	-474 800	-703 300	228 500	228 700
カナダ	2010・・・・	-56 626	-30 624	-9 367	-21 258	-22 806
	2011・・・・	-49 083	-22 302	585	-22 886	-23 243
	2012・・・・	-62 256	-36 236	-12 028	-24 208	-22 473
	2013・・・・	-58 975	-30 971	-7 061	-23 911	-25 174
メキシコ	2010・・・・	-3 899	-13 500	-2 943	-10 557	-11 922
	2011・・・・	-12 569	-16 056	-1 263	-14 793	-19 473
	2012・・・・	-15 058	-14 335	227	-14 563	-23 282
	2013・・・・	-25 856	-12 963	-736	-12 227	-34 693

第二次 所得収支	資本移転 等収支	金融 収支	外貨 準備	誤差 脱漏		
466	2 287	-2 632	4 162	-1 018	2010	ハン
722	3 170	-4 528	5 550	-2 824	2011	ガリー
453	3 319	5 527	-4 310	1 920	2012	
1 412	4 505	1 107	1 644	1 040	2013	
-2 198	234	7 231	-2 173	-1 121	2010	フィン
-2 193	264	-11 925	435	-10 066	2011	ランド
-1 723	265	-22 792	640	-19 293	2012	
-2 804	282	51	1 051	3 286	2013	
-42 000	100	-42 800	7 800	-1 400	2010	フランス
-48 900	—	-68 800	-8 400	-27 900	2011	
-54 900	700	-32 000	5 500	14 100	2012	
-60 000	2 400	-17 200	-2 000	18 600	2013	
-7 916	-1 340	7 473	173	518	2010	ベルギー
-9 243	-1 001	-9 139	142	-2 532	2011	
-9 617	2 678	-6 282	450	842	2012	
-11 041	-179	-7 948	-110	45	2013	
3 762	8 620	-41 004	15 106	-10 488	2010	ポー
6 159	10 017	-31 954	6 113	-10 088	2011	ランド
5 139	10 957	-22 574	11 186	-4 082	2012	
5 063	11 971	-2 793	945	-7 183	2013	
2 858	2 591	-21 864	1 271	1 031	2010	ポルト
4 176	2 936	6 721	-1 718	686	2011	ガル
4 809	4 949	10 269	219	-694	2012	
5 257	4 526	9 902	564	230	2013	
-6 318	-41	21 526	36 750	-9 135	2010	ロシア
-5 725	130	76 115	12 638	-8 651	2011	
-6 133	-5 218	25 675	30 020	-10 370	2012	
-9 171	-415	42 514	-22 078	-11 910	2013	
-127 800	-200	-439 900	1 800	11 600	2010	アメリカ
-133 600	-1 200	-567 600	16 000	-92 700	2011	合衆国
-129 800	7 000	-443 800	4 500	-5 900	2012	
-133 300	-400	-348 100	-3 100	28 500	2013	
-3 196	-121	-58 803	3 815	1 759	2010	カナダ
-3 538	-11	-64 044	7 916	-7 035	2011	
-3 547	-141	-65 674	1 729	-1 549	2012	
-2 830	-52	-61 201	4 751	2 577	2013	
21 524	—	-44 324	20 712	-19 727	2010	メキシコ
22 961	—	-50 529	28 235	-9 738	2011	
22 559	—	-51 264	17 517	-18 690	2012	
21 801	—	-59 604	17 778	-15 971	2013	

各国の国際収支（V）（単位　百万ドル）

		経常収支	貿易・サービス収支	貿易収支	サービス収支	第一次所得収支
アルゼンチン	2010····	1 360	13 106	14 286	-1 180	-11 342
	2011····	-2 271	10 678	12 870	-2 191	-12 402
	2012····	48	12 006	15 335	-3 330	-11 503
	2013····	-4 330	7 052	12 076	-5 023	-10 709
コロンビア	2010····	-8 929	-1 353	2 240	-3 592	-12 024
	2011····	-9 854	1 353	6 035	-4 682	-16 042
	2012····	-11 834	-759	4 683	-5 442	-15 655
	2013····	-12 722	-2 638	2 691	-5 329	-14 656
チリ	2010····	3 581	13 857	15 737	-1 880	-14 686
	2011····	-3 070	7 987	11 040	-3 053	-13 921
	2012····	-9 083	231	2 508	-2 276	-11 505
	2013····	-9 486	-791	2 117	-2 908	-11 103
ブラジル	2010····	-47 273	-10 688	20 147	-30 835	-39 486
	2011····	-52 480	-8 145	29 807	-37 952	-47 319
	2012····	-54 246	-21 645	19 431	-41 075	-35 448
	2013····	-81 075	-44 663	2 553	-47 216	-39 778
ベネズエラ	2009····	2 258	6 462	16 434	-9 972	-3 534
	2010····	8 810	16 009	27 234	-11 225	-6 304
	2011····	24 387	32 301	46 026	-13 725	-7 124
	2012····	11 016	22 042	38 031	-15 989	-10 048
ペルー	2009····	-723	4 775	6 153	-1 379	-8 385
	2010····	-3 782	4 404	7 175	-2 771	-11 212
	2011····	-3 341	7 169	10 005	-2 835	-13 710
	2012····	-6 842	2 563	5 559	-2 997	-12 701
オーストラリア	2010····	-43 891	6 186	11 336	-5 150	-48 440
	2011····	-41 208	12 237	22 481	-10 243	-51 165
	2012····	-64 224	-23 815	-12 184	-11 631	-38 078
	2013····	-43 822	-6 699	4 278	-10 977	-35 102
ニュージーランド	2010····	-3 367	3 338	1 989	1 349	-6 733
	2011····	-4 821	3 337	2 230	1 107	-7 978
	2012····	-6 963	1 111	94	1 017	-7 653
	2013····	-6 090	2 083	1 159	924	-7 746

国際通貨基金（IMF）"International Financial Statistics Yearbook 2014"による。本表はIMFの国際収支マニュアル第6版による統計である。前年版より第6版に改正された。**貿易・サービス収支**は，モノの輸出と輸入のバランスを示す**貿易収支**と，サービス取引（輸送，旅行，知的財産権等使用料など）の受取・支払を計上する**サービス収支**の合計である。**第一次所得収支**は，雇用者報酬と投資収益で構成される。雇用者報酬とは非居住者労働者に対する賃金，給与等の報酬の支払と，居住者が海外で得た報酬の受取の差額である。投資収益は居住者（非居住者）が所有する対外（内）金融資産から生じる所得（利子，配当金など）の収支。**第二次所得収支**は資本移転（後述）以外のすべての移転を計上する↗

第二次所得収支	資本移転等収支	金融収支	外貨準備	誤差脱漏		
-405	89	-9 831	4 212	-553	2010	アルゼン
-547	62	4 527	-6 095	-4 181	2011	チン
-455	48	726	-3 308	-2 730	2012	
-673	32	7 394	-11 830	-1 633	2013	
4 448	—	-11 757	3 117	289	2010	コロン
4 834	—	-12 968	3 737	623	2011	ビア
4 579	—	-17 294	5 321	-138	2012	
4 572	—	-19 158	6 941	504	2013	
4 410	6 241	5 943	3 023	-856	2010	
2 865	12	-17 828	14 192	-578	2011	チリ
2 191	12	-9 040	-366	-335	2012	
2 408	11	-11 280	312	-1 493	2013	
2 902	1 119	-98 793	49 080	-3 559	2010	
2 984	1 573	-110 816	58 635	-1 274	2011	ブラジル
2 846	-1 877	-74 639	18 899	384	2012	
3 366	1 193	-72 954	-5 924	1 003	2013	
-670	—	9 840	-10 807	-3 225	2009	ベネズ
-895	-211	13 585	-7 939	-2 955	2010	エラ
-790	—	24 755	-4 013	-3 645	2011	
-978	—	8 679	-846	-3 183	2012	
2 887	-78	-4 114	1 938	-1 411	2009	
3 026	-115	-13 391	10 989	1 476	2010	ペルー
3 200	-109	-9 145	4 717	-1 011	2011	
3 296	-106	-20 147	15 186	1 968	2012	
-1 636	-285	-43 264	430	1 343	2010	オースト
-2 280	-364	-44 458	4 546	1 660	2011	ラリア
-2 331	-411	-67 516	2 536	-347	2012	
-2 021	-457	-49 932	5 507	-147	2013	
28	3 342	-3 202	847	-2 330	2010	ニュージ
-180	10 117	-93	414	-4 975	2011	ーランド
-422	-409	-4 714	514	3 173	2012	
-426	-71	2 103	-843	7 421	2013	

↘項目である。食料，医療品など消費財に関する無償資金協力，国際機関分担金等，労働者送金がこれに該当する。以上，貿易・サービス収支，第一次所得収支，第二次所得収支の合計が**経常収支**である。**資本移転等収支**は，資本移転（資本形成のための無償資金援助や対価の受領を伴わない固定資産の所有権移転など）および非生産非金融資産の取得・処分に関する取引を計上したものである。**金融収支**は，金融資産にかかる居住者と非居住者間で行われた債権・債務の移動を伴う取引の収支状況を示す。直接投資，証券投資，金融派生商品，その他投資から構成される。資産・負債の増減に着目し，資産・負債の増加をプラス，減少をマイナスとする。

表 8-76　**外貨準備高**（Ⅰ）（各年末）（単位　百万ドル）

	2000	2010	2012	2013	2014
アジア					
日本‥‥‥‥‥	356 021	1 062 816	1 228 471	1 238 543	1 232 258
アラブ首長国連邦	13 541	32 786	47 036	68 202	78 424
イスラエル‥‥	23 282	70 908	75 907	81 785	86 101
イラク‥‥‥‥	…	50 367	68 785	76 185	…
インド‥‥‥‥	38 427	276 243	271 551	277 460	304 365
インドネシア‥	28 643	93 035	108 966	96 499	108 962
オマーン‥‥‥	2 393	13 024	14 399	15 950	16 324
カザフスタン‥	1 678	25 340	22 331	19 376	21 836
カタール‥‥‥	1 158	30 642	32 543	41 623	42 754
韓国‥‥‥‥‥	96 151	291 515	323 353	341 831	358 956
クウェート‥‥	7 199	21 374	29 022	29 489	32 243
サウジアラビア・	…	445 281	657 023	725 851	732 447
シンガポール‥	80 132	225 504	259 094	272 863	256 644
タイ‥‥‥‥‥	32 123	167 703	173 591	161 592	151 502
（台湾）‥‥‥‥	107 360	382 739	403 901	417 545	419 671
中国‥‥‥‥‥	168 857	2 867 905	3 332 943	3 841 374	3 860 886
トルコ‥‥‥‥	22 659	80 915	100 565	111 827	107 770
パキスタン‥‥	1 609	14 458	10 353	5 268	11 912
バングラデシュ・	1 491	10 588	12 054	17 588	21 807
フィリピン‥‥	13 420	55 631	73 812	76 024	72 375
（香港）‥‥‥‥	107 545	268 652	317 254	311 132	328 439
マレーシア‥‥	28 383	104 947	137 846	133 507	114 630
ミャンマー‥‥	233	5 729	6 976	…	…
レバノン‥‥‥	6 365	32 011	37 682	37 245	40 015
アフリカ					
アルジェリア‥	12 279	162 915	191 597	195 013	179 900
アンゴラ‥‥‥	1 199	19 749	33 414	32 780	27 290
エジプト‥‥‥	13 228	33 742	11 759	13 740	12 118
ケニア‥‥‥‥	898	4 320	5 711	6 599	7 911
コートジボワール	674	3 624	3 928	4 243	4 478
チュニジア‥‥	1 821	9 471	8 369	7 300	7 245
ナイジェリア‥	9 943	34 957	46 443	45 464	36 704
ボツワナ‥‥‥	6 318	7 885	7 628	7 726	8 323
南アフリカ共和国	6 352	38 391	44 213	45 080	44 471
モロッコ‥‥‥	4 856	22 651	16 394	18 442	19 591
リビア‥‥‥‥	12 672	99 894	118 609	115 400	89 283
ヨーロッパ					
イギリス‥‥‥	39 489	68 882	89 132	92 942	96 204
イタリア*‥‥‥	29 162	51 933	54 739	55 024	51 686
ウクライナ‥‥	1 373	33 376	22 717	18 848	6 660
オーストリア*‥	14 871	10 075	12 716	12 959	14 601
オランダ*‥‥‥	10 980	19 532	23 109	23 653	20 305
ギリシャ*‥‥‥	13 618	1 503	1 463	1 614	2 060
クロアチア‥‥	3 524	14 133	14 807	17 767	15 424

外貨準備高（Ⅱ）（各年末）（単位　百万ドル）

	2000	2010	2012	2013	2014
ヨーロッパ(続き)					
スイス・・・・・・・・	35 820	225 283	477 458	497 760	507 159
スウェーデン・・・	15 135	42 784	45 737	60 713	57 909
スペイン*・・・・・	31 756	19 634	36 010	35 917	39 952
チェコ・・・・・・・・	13 040	41 930	44 285	55 816	54 101
デンマーク・・・・	15 206	73 618	86 252	86 215	72 920
ドイツ*・・・・・・・	61 976	68 188	73 288	73 235	67 784
ノルウェー・・・・・	27 652	52 798	51 856	58 283	64 801
ハンガリー・・・・・	11 195	44 855	44 511	46 394	41 905
フィンランド*・	8 049	7 412	8 538	9 454	8 854
フランス*・・・・・	41 474	60 021	58 443	55 069	53 518
ブルガリア・・・・・	3 213	15 490	18 440	18 405	18 642
ベルギー*・・・・・	10 372	16 894	18 993	18 532	16 997
ポーランド・・・・・	26 712	89 000	103 575	102 415	96 630
ポルトガル*・・・	9 798	4 315	2 857	3 440	5 492
ルーマニア・・・・・	2 624	43 541	41 342	44 991	39 334
ロシア・・・・・・・・	24 828	444 953	488 233	471 397	341 340
ユーロ圏・・・・1)2)	260 547	318 945	351 189	349 642	345 179
北中アメリカ					
アメリカ合衆国・	68 530	135 487	153 200	147 629	132 308
カナダ・・・・・・・・	31 979	57 004	68 371	71 827	74 589
グアテマラ・・・・・	1 756	5 649	6 337	7 015	7 075
コスタリカ・・・・・	1 317	4 628	6 856	7 330	7 212
メキシコ・・・・・・・	35 520	120 278	160 628	175 646	191 123
南アメリカ					
アルゼンチン・・・	25 147	49 829	40 028	28 250	29 118
ウルグアイ・・・・・	2 528	7 645	13 591	16 272	17 545
コロンビア・・・・・	8 931	27 778	36 462	42 777	46 426
チリ・・・・・・・・・・	15 038	27 816	41 637	41 084	40 438
パラグアイ・・・・・	765	4 138	4 571	5 570	6 682
ブラジル・・・・・・	32 574	287 114	369 682	356 331	361 074
ベネズエラ・・・・・	13 555	13 771	10 533	6 674	…
ペルー・・・・・・・・	8 425	42 708	62 361	64 483	61 241
ボリビア・・・・・・・	969	8 194	11 733	12 856	13 551
オセアニア					
オーストラリア・	18 236	38 798	45 004	49 884	50 945
ニュージーランド	3 330	16 723	17 582	16 318	15 862
世界計・・・・・3)	2 070 293	9 701 003	11 461 229	12 182 589	12 036 524

IMF "International Financial Statistics" による（原資料ではSDR表示だが，本表では各年末時点の米ドルに換算した）。外貨準備高とは，一国の通貨当局が，国際収支不均衡是正のための直接的ファイナンスや為替市場介入による間接的な調整等を目的として保有する準備資産のこと。金，SDR，IMFリザーブ・ポジションおよび外貨から成る。1) ユーロ参加国は369ページ参照。2) 欧州中央銀行（ECB）を含む。3) IMF加盟国の合計。ちなみに，2015年6月末現在の加盟国は188か国・地域。*ユーロ参加国。

表 8-77　通貨の名称と為替相場（Ⅰ）（1米ドルあたり各国通貨）

	通貨単位名称	各年平均		
		2010	2011	2012
アジア				
日本・・・・・・・・・・・・	円　（yen）	87.78	79.81	79.79
アラブ首長国連邦・	ディルハム　（dirhams）	3.6725	3.6725	3.6725
イスラエル・・・・・・	新シェケル　（new sheqalim）	3.7390	3.5781	3.8559
イラン・・・・・・・・・・	リアル　（rials）	10 254	10 616	12 176
インド・・・・・・・・・・	ルピー　（rupees）	45.726	46.670	53.437
インドネシア・・・・	ルピア　（rupiah）	9 090.4	8 770.4	9 386.6
カザフスタン・・・・・	テンゲ　（tenge）	147.36	146.62	149.11
韓国・・・・・・・・・・・・	ウォン　（won）	1 156.1	1 108.3	1 126.5
カンボジア・・・・・・・	リエル　（riels）	4 184.9	4 058.5	4 033.0
サウジアラビア・・・	リヤル　（riyals）	3.7500	3.7500	3.7500
シンガポール・・・・・	ドル　（dollars）	1.3635	1.2578	1.2497
スリランカ・・・・・・・	ルピー　（rupees）	113.064	110.565	127.603
タイ・・・・・・・・・・・・	バーツ　（baht）	31.686	30.492	31.083
（台湾）・・・・・・・・・・	元　（dollars）　1)	31.647	29.469	29.616
中国・・・・・・・・・・・・	元　（yuan）　2)	6.7703	6.4615	6.3123
トルコ・・・・・・・・・・	リラ　（liras）	1.5028	1.6750	1.7960
ネパール・・・・・・・・	ルピー　（rupees）	73.156	74.020	85.197
パキスタン・・・・・・・	ルピー　（rupees）	85.194	86.343	93.395
バングラデシュ・・・	タカ　（taka）	69.649	74.152	81.863
フィリピン・・・・・・・	ペソ　（pesos）	45.110	43.313	42.229
ベトナム・・・・・・・・	ドン　（dong）	18 613	20 510	20 828
（香港）・・・・・・・・・・	ドル　（dollars）	7.769	7.784	7.756
マレーシア・・・・・・・	リンギ　（ringgit）	3.2211	3.0600	3.0888
ミャンマー・・・・・・・	チャット　（kyats）	5.63	5.44	*640.65
モンゴル・・・・・・・・・	トグログ　（togrogs）	1 357.1	1 265.5	1 357.6
ラオス・・・・・・・・・・	キープ　（kip）	8 258.8	8 030.1	8 007.8
アフリカ				
アルジェリア・・・・・	ディナール　（dinars）	74.386	72.938	77.536
アンゴラ・・・・・・・・・	クワンザ　（kwanzas）	91.906	93.935	95.468
エジプト・・・・・・・・・	ポンド　（pounds）	―		
ガーナ・・・・・・・・・・	セディ　（cedis）	1.4310	1.5119	1.7958
ガボン・・・・・・・・・・	フラン　（CFA　francs）	495.28	471.87	510.53
ケニア・・・・・・・・・・	シリング　（shillings）	79.233	88.811	84.530
コートジボワール・	フラン　（CFA　francs）	495.28	471.87	510.53
セイシェル・・・・・・・	ルピー　（rupees）	12.068	12.381	13.704
タンザニア・・・・・・・	シリング　（shillings）	1 409.3	1 572.1	1 583.0
チュニジア・・・・・・・	ディナール　（dinars）	1.4314	1.4078	1.5619
ナイジェリア・・・・・	ナイラ　（naira）	150.298	154.740	157.499
南アフリカ共和国・	ランド　（rand）	7.3212	7.2611	8.2100
モロッコ・・・・・・・・	ディルハム　（dirhams）	8.417	8.090	8.628
ヨーロッパ				
アイスランド・・・・・	クローナ　（kronur）	122.24	115.95	125.08

		各年末				
2013	2014	2010	2011	2012	2013	2014
97.60	105.94	81.45	77.72	86.55	105.30	120.64
3.6725	3.6725	3.6725	3.6725	3.6725	3.6725	3.6725
3.6108	3.5779	3.5490	3.8210	3.7330	3.4710	3.8890
18 414	25 942	10 353	11 165	12 260	24 774	27 138
58.598	61.029	44.810	53.260	54.777	61.897	63.332
10 461.2	11 865.2	8 991.0	9 068.0	9 670.0	12 189.0	12 440.0
152.13	179.19	147.50	148.40	150.74	154.06	182.35
1 094.9	1 053.0	1 134.8	1 151.8	1 070.6	1 055.4	1 099.3
4 027.3	4 037.5	4 051.0	4 039.0	3 995.0	3 995.0	4 075.0
3.7500	3.7500	3.7500	3.7500	3.7500	3.7500	3.7500
1.2513	1.2671	1.2875	1.3007	1.2235	1.2653	1.3213
129.069	130.565	110.953	113.901	127.161	130.753	131.049
30.726	32.480	30.151	31.691	30.632	32.814	32.963
29.771	30.370	30.368	30.290	29.136	29.950	31.718
6.1958	6.1434	6.6229	6.3009	6.2896	6.1024	6.1190
1.9038	2.1886	1.5413	1.8935	1.7819	2.1362	2.3210
93.582	98.498	71.950	85.510	87.770	98.970	101.420
101.629	101.100	85.711	89.968	97.136	105.678	100.459
78.103	77.642	70.750	81.853	79.850	77.750	77.949
42.446	44.395	43.885	43.928	41.192	44.414	44.617
20 933	21 148	18 932	20 828	20 828	21 036	21 246
7.756	7.754	7.775	7.766	7.751	7.754	7.756
3.1509	3.2729	3.0835	3.1770	3.0583	3.2815	3.4950
933.57	984.3	5.58	5.62	*855.00	988.00	1 031.50
1 523.9	1 817.9	1 256.5	1 396.4	1 392.1	1 654.1	1 885.6
…	8 049.0	8 058.8	8 023.2	7 987.5	…	8 097.8
79.368	80.579	74.944	76.056	78.103	78.152	87.904
96.518	98.303	92.643	95.272	95.826	97.562	102.863
		5.7926	6.0169	6.3057	6.9430	7.1431
—	…	1.4738	1.5505	1.8800	2.2000	3.2001
1.9541						
494.04	494.42	490.91	506.96	497.16	475.64	540.28
86.123	87.922	80.752	85.068	86.001	86.310	90.502
494.04	494.42	490.91	506.96	497.16	475.64	540.28
12.058	12.747	12.148	13.724	13.002	12.076	14.039
1 600.4	1 657.4	1 455.2	1 571.7	1 571.6	1 578.6	1 723.2
1.6247	1.6977	1.4379	1.4993	1.5506	1.6467	1.8612
157.312	…	150.662	158.267	155.270	155.200	169.680
9.6551	10.8527	6.6316	8.1429	8.5012	10.4899	11.5810
8.406	8.406	8.357	8.577	8.434	8.151	9.043
122.18	116.77	115.05	122.71	128.99	115.55	126.90

通貨の名称と為替相場 (Ⅱ) (1米ドルあたり各国通貨)

	通貨単位名称	各年平均		
		2010	2011	2012
ヨーロッパ (続き)				
イギリス………	ポンド (pounds)	0.6468	0.6236	0.6308
ウクライナ……	フリヴニャ (hryvnias)	7.9356	7.9676	7.9910
クロアチア……	クーナ (kuna)	5.498	5.344	5.850
スイス………	フラン (francs)	1.0429	0.8880	0.9377
スウェーデン…	クローナ (kronor)	7.2075	6.4935	6.7750
チェコ………	コルナ (koruny)	19.098	17.696	19.578
デンマーク……	クローネ (kroner)	5.624	5.369	5.792
ノルウェー……	クローネ (kroner)	6.044	5.605	5.818
ハンガリー……	フォリント (forint)	207.94	201.06	225.10
ブルガリア……	レフ (leva)	1.4774	1.4065	1.5221
ポーランド……	ズロチ (zlotys)	3.0153	2.9628	3.2565
リトアニア……	リタス (litai)	2.6063	2.4811	2.6863
ルーマニア……	レイ (lei)	3.178	3.049	3.468
ロシア………	ルーブル (rubles)	30.368	29.382	30.840
ユーロ圏……3)	ユーロ (euros)	0.7550	0.7194	0.7783
北中アメリカ				
アメリカ合衆国・4)	ドル (dollars)	1.3269	1.3914	1.2856
カナダ………	ドル (dollars)	1.0302	0.9895	0.9992
グアテマラ……	ケツァル (quetzales)	8.0578	7.7854	7.8336
コスタリカ……	コロン (colones)	525.83	505.66	502.90
ドミニカ共和国…	ペソ (pesos)	37.307	38.232	39.336
メキシコ………	ペソ (pesos)	12.636	12.423	13.169
南アメリカ				
アルゼンチン…	ペソ (pesos)	3.8963	4.1101	4.5369
ウルグアイ……	ペソ (pesos)	20.059	19.314	20.311
コロンビア……	ペソ (pesos)	1 898.6	1 848.1	1 796.9
チリ…………	ペソ (pesos)	510.25	483.67	486.47
パラグアイ……	グアラニ (guaranies)	4 735.5	4 191.4	4 424.9
ブラジル………	レアル (reais)	1.7592	1.6728	1.9531
ベネズエラ……	ボリバル (bolivares)	2.582	4.289	4.289
ペルー………	新ソル (new soles)	2.8251	2.7541	2.6376
ボリビア………	ボリビアノ (bolivianos)	7.017	6.937	6.910
オセアニア				
オーストラリア…	ドル (dollars)	1.0902	0.9695	0.9658
ニュージーランド・	ドル (dollars)	1.3878	1.2658	1.2343
フィジー………	ドル (dollars)	1.9183	1.7932	1.7899

IMF "International Financial Statistics Yearbook 2014", 同月報およびリブロ「世界の国情報」による。ただし, 台湾は台湾中央銀行資料による。通貨の英語表記は, 上記IMF資料に従い複数形を採用し, 日本語表記は上記のリブロ社資料などによった。なお, デノミネーションが行われた場合には, 過去にさかのぼり新通貨に換算されている。1) 新台湾元。2) yuan renminbi, 人民元。3) EUの統一通貨ユーロを導入した19か国で形成する単↗

		各年末				
2013	2014	2010	2011	2012	2013	2014
0.6392	0.6070	0.6388	0.6468	0.6337	0.6072	0.6407
7.9930	11.8867	7.9617	7.9898	7.9930	7.9930	15.7686
5.705	5.748	5.568	5.820	5.727	5.549	6.302
0.9269	0.9161	0.9396	0.9409	0.9166	0.8915	0.9891
6.5140	6.8608	6.7097	6.8877	6.5045	6.4238	7.7366
19.571	20.758	18.751	19.940	19.055	19.894	22.834
5.616	5.613	5.613	5.746	5.659	5.413	6.121
5.875	6.302	5.860	5.990	5.570	6.080	7.430
223.70	232.60	208.65	240.68	220.93	215.67	259.13
1.4736	1.4742	1.4728	1.5116	1.4836	1.4190	1.6084
3.1606	3.1546	2.9641	3.4174	3.0996	3.0120	3.5072
2.6010	2.6003	2.6099	2.6694	2.6060	2.5098	2.8387
3.328	3.349	3.205	3.339	3.358	3.255	3.687
31.837	38.378	30.477	32.196	30.373	32.729	56.258
0.7532	0.7537	0.7484	0.7729	0.7579	0.7251	0.8237
1.3282	1.3288	1.3362	1.2939	1.3194	1.3791	1.2141
1.0298	1.1061	1.0009	1.0210	0.9952	1.0640	1.1599
7.8568	7.7323	8.0160	7.8066	7.8949	7.8521	7.5955
499.77	538.32	512.97	511.84	508.20	501.41	539.42
41.808	43.556	37.927	38.792	40.365	42.790	44.387
12.772	13.293	12.357	13.990	13.010	13.077	14.718
5.4594	8.0753	3.9560	4.2840	4.8980	6.5010	8.5100
20.482	23.246	20.094	19.898	19.399	21.389	24.333
1 868.8	2 001.8	1 989.9	1 942.7	1 771.5	1 922.6	2 392.5
495.27	570.35	468.37	521.46	478.60	523.76	607.38
4 320.7	4 462.2	4 573.8	4 439.9	4 288.8	4 524.0	4 626.3
2.1569	2.3534	1.6858	1.8588	2.0483	2.3420	2.6556
6.048	6.284	2.594	4.289	4.289	6.284	6.284
2.7019	2.8391	2.8085	2.6960	2.5500	2.7950	2.9850
6.910	6.910	6.990	6.910	6.910	6.910	6.910
1.0358	1.1094	0.9840	0.9846	0.9611	1.1280	1.2192
1.2194	1.2055	1.2977	1.2965	1.2191	1.2192	1.2773
1.8414	1.8873	1.8195	1.8205	1.7873	1.8979	1.9877

↘一通貨圏。参加国はアイルランド，イタリア，エストニア，オーストリア，オランダ，キプロス，ギリシャ，スペイン，スロバキア，スロベニア，ドイツ，フィンランド，フランス，ベルギー，ポルトガル，マルタ，ラトビア，リトアニア（2015年1月より），ルクセンブルク。4）1ユーロあたり。*前年と接続性を欠く。

図 8-8　DAC加盟国のODA（政府開発援助）の推移

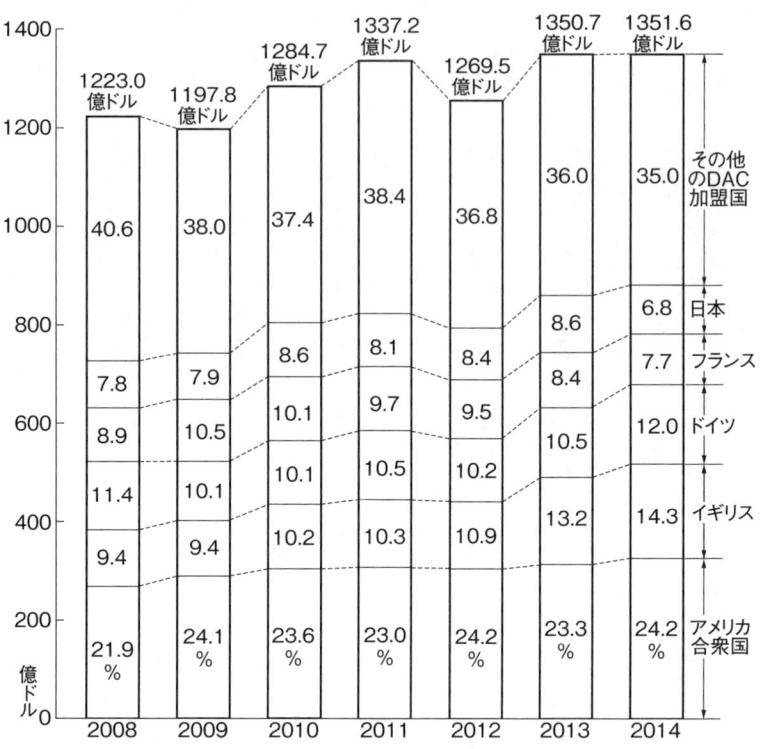

経済協力開発機構（OECD）資料による。支出純額ベース。

TPP合意に大きく前進

　日本やアメリカなど太平洋を囲む12の国々で作ろうとしている貿易・投資の自由化のルールである環太平洋経済連携協定（TPP）が，大筋合意に向けて大きく動き出した。アメリカ上院本会議は2015年6月24日，オバマ大統領に通商一括交渉権（TPA＝Trade Promotion Authority）を与える法案を賛成多数で可決，これを受けてTPPに参加する12か国は本格的に交渉できるようになった。これまでTPP参加国は通商交渉に強い権限を持つアメリカ議会の干渉を警戒して，大統領がTPAを取得していないアメリカと思い切った交渉ができなかった。しかし，大統領が一括交渉権を得たことで，交渉参加国は温存していた最終カードを切れるようになったのである。何よりTPA法案の可決は，アメリカ政府と議会が一体となってTPPをまとめるという意志の表れであり，交渉妥結の機は熟したといえる。

表 8-78　DAC加盟国の政府開発援助（ODA）の実績（単位　百万ドル）

	2012	2013	2014	〃（%）	GNI比（%）	順位
アメリカ合衆国 …	30 687	31 497	32 729	24.2	0.19	18
イギリス ………	13 891	17 871	19 387	14.3	0.71	5
ドイツ …………	12 939	14 228	16 249	12.0	0.41	10
フランス ………	12 028	11 339	10 371	7.7	0.36	12
日本 ……………	10 605	11 582	9 188	6.8	0.19	18
スウェーデン ……	5 240	5 827	6 223	4.6	1.10	1
オランダ ………	5 523	5 435	5 572	4.1	0.64	6
ノルウェー ……	4 753	5 581	5 024	3.7	0.99	3
オーストラリア …	5 403	4 846	4 203	3.1	0.27	13
カナダ …………	5 650	4 947	4 196	3.1	0.24	16
スイス …………	3 056	3 200	3 548	2.6	0.49	8
イタリア ………	2 737	3 430	3 342	2.5	0.16	21
デンマーク ……	2 693	2 927	2 996	2.2	0.85	4
ベルギー ………	2 315	2 300	2 385	1.8	0.45	9
スペイン ………	2 037	2 375	1 893	1.4	0.14	22
韓国 ……………	1 597	1 755	1 851	1.4	0.13	23
フィンランド ……	1 320	1 435	1 635	1.2	0.60	7
オーストリア ……	1 106	1 171	1 144	0.8	0.26	15
アイルランド ……	808	846	809	0.6	0.38	11
ニュージーランド ·	449	457	502	0.4	0.27	13
ポーランド ……	421	472	437	0.3	0.08	27
ルクセンブルク …	399	429	427	0.3	1.07	2
ポルトガル ……	581	488	419	0.3	0.19	18
ギリシャ ………	327	239	248	0.2	0.11	25
チェコ …………	220	211	209	0.2	0.11	25
スロバキア ……	80	86	81	0.1	0.08	27
スロベニア ……	58	62	62	0.0	0.13	23
アイスランド ……	26	35	35	0.0	0.21	17
DAC加盟国計 …	**126 949**	**135 072**	**135 164**	100.0	0.29	—

経済協力開発機構（OECD）資料による。支出純額ベース。卒業国向けは含まない。GNI（国民総所得）比は2014年。DAC（開発援助委員会）は，OECDの下部組織で，主として援助の量的拡大，質的向上について援助供与国間の意見調整を行う。加盟国は上記28か国と欧州連合。

政府開発援助（ODA）の対GNI比　一国の経済規模に対して，どれくらいの割合で援助負担をしているのかを示す指標が，ODAの対GNI（国民総所得）比である。国連では「GNIの0.7％」という量的目標を掲げている。2014年実績でこの目標を達成した国は，DAC（開発援助委員会）加盟28か国のなかで，スウェーデン，ルクセンブルク，ノルウェー，デンマーク，イギリスの5か国のみであった。なお，世界最大の援助国のアメリカは，日本と同様に0.19％で18位となっている。

表 8-79　経済協力資金の受取額（単位　百万ドル）

	総額			うちODA		
	2011	2012	2013	2011	2012	2013
アジア						
アフガニスタン	6 994	6 743	5 343	6 885	6 726	5 266
イラク ·········	2 582	2 259	1 836	1 908	1 301	1 541
インド ·········	20 178	20 182	11 314	3 228	1 668	2 436
インドネシア ··	10 698	8 111	7 196	419	68	53
カザフスタン ··	3 181	892	3 226	216	130	91
カンボジア ····	932	1 117	1 200	791	807	805
スリランカ ····	969	1 178	1 202	608	488	423
タイ ··········	10 580	6 696	8 262	-154	-135	-24
中国 ··········	48 934	19 371	51 838	-703	-194	-651
トルコ ·········	27 810	17 083	16 807	3 189	3 033	2 741
パキスタン ····	4 218	2 730	1 499	3 508	2 019	2 174
バングラデシュ	2 006	3 132	2 756	1 490	2 152	2 669
フィリピン ····	2 991	5 365	1 607	-181	5	190
ベトナム ······	8 360	9 533	13 752	3 596	4 116	4 085
マレーシア ····	7 428	10 252	8 669	32	15	-120
ミャンマー ····	871	829	4 700	374	504	3 935
モンゴル ······	455	1 159	1 216	351	449	428
アフリカ						
アンゴラ ······	3 178	257	5 054	194	242	288
ウガンダ ······	1 657	1 795	1 831	1 578	1 655	1 693
エジプト ······	4 168	5 698	8 310	415	1 807	5 506
エチオピア ····	3 556	3 332	3 804	3 539	3 261	3 826
ガーナ ·········	2 760	2 500	3 414	1 810	1 808	1 331
ケニア ·········	3 314	2 749	4 359	2 482	2 654	3 236
コンゴ民主共和国	3 387	4 283	69	5 534	2 859	2 572
タンザニア ····	2 449	2 856	3 640	2 446	2 832	3 430
ナイジェリア ··	4 330	6 351	4 659	1 769	1 916	2 530
南アフリカ共和国	7 880	5 340	-2 774	1 403	1 067	1 293
モザンビーク ··	2 670	2 173	3 078	2 085	2 097	2 314
モロッコ ······	5 226	4 394	7 988	1 456	1 480	1 966
中南アメリカ						
コロンビア ····	3 340	6 344	6 064	1 018	765	852
チリ ··········	8 326	11 978	6 617	164	125	79
ブラジル ······	37 406	36 339	36 541	816	1 288	1 150
ペルー ·········	2 764	2 491	844	605	393	368
メキシコ ······	14 652	21 277	23 483	971	418	561
ベネズエラ ····	3 366	6 096	4 768	45	48	35

OECD "Geographical Distribution of Financial Flows to Developing Countries"（2015年版）による。経済協力資金総額には，ODA（政府開発援助），その他の政府資金，民間資金等が含まれる。受取額は純額ベースで，マイナスは返済額が受取額を上回っていることを示す。

第9章 財政・金融・物価

　世界経済はアメリカ合衆国（以下，米国）経済の回復を中心に緩やかに回復してきた。しかし，2008年のリーマンショックからの立ち直りと景気減速のたびに打ち出されてきた財政出動，金融緩和策により，各国とも多かれ少なかれ財政・金融上のひずみを生みだしている。欧州，日本をはじめ多くの国が財政問題を抱えており，2015年前半にはギリシャの債務危機が再燃し，ユーロ離脱の可能性が浮上した。財政悪化が深刻化すれば，金融機関の不良債権が膨らみ，信用収縮によって企業活動，国民生活に多大な影響を及ぼす。一方，財政改善が必要とはいえ，緊縮財政策ばかりでは回復途上にある景気を冷やしかねない。

　米国はリーマンショックによる金融危機への対応から2009年度に財政赤字が急激に悪化した。2010年度以降減少に転じたものの，4年続けて1兆ドルを超える赤字を記録した。その後，景気の回復による税収の増加と歳出削減で，財政赤字の拡大に歯止めがかかり，2013年度には5年ぶりに1兆ドルを下回った。さらに，2014年度の財政赤字は約4800億ドルと5000ドルを下回るまでに縮小した。景気回復を受けてFRB（米連邦準備制度理事会）は，2014年に国債買い入れなどの量的緩和を終了させ，2015年には金利の引き上げを検討している。金利の引き上げにより，米国内の景気が減速するだけでなく，新興・開発途上国から資金が流出し，世界金融が混乱するのではないかと懸念されている。

　欧州債務危機は，EU（欧州連合），IMF（国際通貨基金）による支援のほか，ECB（欧州中央銀行）による金融緩和策などにより，落ち着きを取り戻していた。しかし，2015年1月にギリシャでチプラス政権が誕生すると，債務危機が再燃した。チプラス政権が求める債務の減免や支援条件の緩和がEUとの支援交渉を難航させ，ギリシャは銀行の営業禁止と預金引き出し制限，IMFへの支払い延滞などで国民生活が混乱した。ユーロ圏首脳の間では，財政改革案を巡る国民投票で国民に反対投票を訴えたチプラス政権に対する不信感が高まり，状況しだいではギリ

シャのユーロ圏離脱の可能性もあった。結局，同年7月にEUが提示する財政改革案をギリシャ議会が成立させたことで支援が再開となり，危機は回避された。しかし，付加価値税の増税や年金削減などの厳しい財政改革をギリシャが実行できるのかは不透明で，債務危機とユーロ離脱の問題が再浮上してくる可能性は残されたままである。

　原油価格の急落が世界経済の懸念材料の一つになっている。2014年の半ばまで1バレル＝100ドル前後だったWTI原油価格が，2015年1月には一時1バレル＝50ドルを割り込んだ。この背景には米国で開発が行われているシェールオイルの増産や，エネルギー需要の中心である中国をはじめ新興国経済の減速がある。また，2014年11月にOPEC（石油輸出国機構）が減産見送りを決定したことで，需給が緩む懸念が拡大したことも原油価格下落につながった。原油安は，エネルギー業界の収益を悪化させ，輸出国では収入源をもたらし，資金繰りを圧迫する。国によっては財政が悪化し，経済が減速する。対して，輸入国側からみれば，輸入代金の減少によってコストの削減につながり，購買力が増す。ただ，日本，ユーロ圏では消費者物価上昇が抑えられ，ユーロ圏においてはデフレ懸念がささやかれるようになった。

　AIIB（アジアインフラ投資銀行）はアジア地域のインフラ整備を支援するために設立された国際金融機関である。2015年6月，創設メンバー57か国のうち50か国が設立協定に署名した。アジアのインフラ需要は2010年から2020年の間で8兆ドルにのぼるとされ，メンバーにはイギリス，ドイツなど欧州各国も名を連ねているが，米国，日本は不参加となっている。資本金は1千億ドルで，中国の北京に本部を置く。最大の出資国は中国の約30％で重要な案件について否決できる議決権を持つ。アジアにある国際金融機関としてはすでに日米を中心としたADB（アジア開発銀行）があり，貧困の減少などのためにインフラ投資も支援してきたが，融資の機動性に欠けているとの指摘がある。国際金融機関としては，ロシア，中国，インド，ブラジル，南アフリカ共和国が共同出資する新開発銀行（BRICS銀行）もあり，2015年7月には中国の上海で開業式典が行われた。

ユーロ

　2015年1月，財政緊縮策反対のチプラス政権誕生から財政再建策の賛否を問う国民投票，銀行の営業停止などで揺れたギリシャ債務危機の再燃は，同年7月，同国とEU（欧州連合）などとの交渉合意によってひとまず収束した。ギリシャはEUなどからの金融支援を受ける代わりに，付加価値税の増税や年金削減などの厳しい財政改革を約束した。交渉次第ではギリシャのユーロ離脱の可能性もあっただけに，今後はギリシャが財政改革を実行するかどうかが注目される。

　欧州に共通通貨「ユーロ」が出現したのは1999年1月1日。この時はEU参加15か国のうち11か国がユーロを導入した。導入当初のユーロは，まだ市民にとって身近な存在ではなく，企業間の取引と金融市場での帳簿上の決済通貨としての役割に過ぎなかった。市中にユーロ紙幣と硬貨が流通するようになったのは2002年1月1日のことである。紙幣には共通のデザインが用いられ，硬貨の片面は共通のデザインが，もう一方の面は各国独自のデザインがほどこされている。2001年にはギリシャがユーロを導入した。また，2007年にスロベニア，2008年にはキプロスとマルタ，2009年にはスロバキア，2011年にはエストニアが参加した。2014年にはラトビア，2015年にはリトアニアがユーロを導入し，これでユーロ圏は19か国に拡大した。ユーロ導入のためには，物価上昇率，財政，長期金利，為替安定の四点で求められる基準を満たす必要がある。物価上昇率では，インフレ率が最も低い3か国の平均から1.5ポイント以内に収まっていること，財政では年間の財政赤字がGDPの3％以内，政府債務残高はGDPの60％以内であること，長期金利では，イン
フレ率が最も低い3か国の平均金利
水準の2ポイント内に収まっている
ことである。為替安定に関しては，
EMS（欧州通貨制度）のERMII（為
替相場メカニズム）への参加が義務
づけられており，ユーロに対する自
国通貨の標準変動幅を一定の範囲内
に収めなければならない。ユーロ圏
の金融政策は，ECB（欧州中央銀行，
フランクフルト）が策定した金融政
策に従い，各国の中央銀行からなる
ESCB（欧州中央銀行制度）を通じ，
単一の金融政策として実施される
（右図はユーロ参加19か国で，2015
年7月現在）。

表 9-1　各国中央政府の歳出の推移（I）

	通貨単位	2010	2011	2012	対GDP比 （%）1)
アジア					
アフガニスタン‥	百万アフガニー	597 471	803 061	694 336	*63.9*
アラブ首長国連邦	百万ディルハム	…	58 176	63 848	*4.7*
イスラエル‥‥‥	百万新シェケル	339 547	360 156	386 316	*38.9*
インド‥‥‥‥‥	十億ルピー	…	…	16 360	*16.2*
インドネシア‥‥	十億ルピア	1 041 850	1 294 313	1 489 640	*18.1*
オマーン* ‥‥‥	百万リアル	7 974	10 791	13 582	*45.6*
韓国‥‥‥‥‥‥	十億ウォン	…	…	367 990	*26.7*
クウェート* ‥‥	百万ディナール	15 010	17 736	17 358	*35.6*
シンガポール‥‥	百万ドル	46 759	50 783	47 845	*13.5*
タイ‥‥‥‥‥‥	十億バーツ	2 118	2 428	2 644	*21.6*
中国‥‥‥‥‥‥	十億元	5 145	5 922	…	*12.5*
トルコ‥‥‥‥‥	百万リラ　　2)	402 896	445 116	500 103	*35.3*
日本‥‥‥‥‥‥	十億円	95 312	100 715	97 087	*20.4*
パキスタン* ‥‥	十億ルピー	2 921	3 440	4 187	*20.8*
バングラデシュ‥	百万タカ	874 269	1 056 492	…	*11.5*
フィリピン* ‥‥	十億ペソ	1 520	…	…	*16.9*
（香港）‥‥‥‥	百万ドル	322 328	386 819		*20.0*
マレーシア* ‥‥	百万リンギ	200 729	227 512	250 515	*26.6*
モンゴル‥‥‥‥	十億トグログ	2 744	4 270	5 720	*40.8*
アフリカ					
アンゴラ‥‥‥‥	十億クワンザ	2 631	3 564	3 696	*33.6*
ウガンダ* ‥‥‥	十億シリング	6 786	8 809	9 024	*14.1*
エジプト‥‥‥‥	百万ポンド	396 692	440 249	516 422	*32.8*
ケニア* ‥‥‥‥	百万シリング	688 786	776 948	925 297	*22.1*
コートジボワール*	十億フラン	2 179	1 944	2 711	*21.5*
スワジランド* ‥	百万エマランゲーニ	9 935	8 789	10 418	*33.7*
チュニジア‥‥‥	百万ディナール	19 222	23 799	26 271	*37.3*
ナイジェリア* ‥	十億ナイラ	4 195	4 712	4 605	*6.3*
南アフリカ共和国	百万ランド	882 943	990 468	1 072 158	*32.9*
モーリシャス‥‥	百万ルピー	77 168	78 506	83 574	*24.3*
モロッコ‥‥‥‥	百万ディルハム	231 959	266 327	287 705	*34.8*
ヨーロッパ					
アイルランド‥‥	百万ユーロ	99 609	72 392	65 841	*38.1*
イギリス‥‥‥‥	百万ポンド	683 383	681 115	703 959	*42.5*
イタリア‥‥‥‥	百万ユーロ	651 710	650 890	654 920	*40.2*
ウクライナ‥‥‥	百万フリブニャ	449 839	505 959	585 390	*40.1*
エストニア‥‥‥	百万ユーロ	4 961	5 153	5 808	*32.9*
オーストリア‥‥	百万ユーロ	114 041	115 714	121 432	*38.3*
オランダ‥‥‥‥	百万ユーロ	268 891	268 325	271 605	*42.4*
ギリシャ‥‥‥‥	百万ユーロ	111 056	106 739	101 897	*52.5*
スイス‥‥‥‥‥	百万フラン	100 402	102 198	…	*16.5*
スウェーデン‥‥	十億クローナ	1 112	1 126	1 155	*31.4*
スペイン‥‥‥‥	百万ユーロ	330 680	307 913	344 444	*32.6*
スロバキア‥‥‥	百万ユーロ	23 508	23 821	24 207	*33.5*
スロベニア‥‥‥	百万ユーロ	15 691	16 238	15 714	*43.6*

各国中央政府の歳出の推移（Ⅱ）

	通貨単位	2010	2011	2012	対GDP比(％)1)
チェコ・・・・・・・・・	十億コルナ	1 349	1 360	1 349	33.3
デンマーク・・・・・・	十億クローネ	740	763	806	43.3
ドイツ・・・・・・・・	十億ユーロ	797	774	778	28.3
ノルウェー・・・・・・	十億クローネ	908	964	1 011	34.1
ハンガリー・・・・・・	十億フォリント	11 743	12 622	12 542	43.9
フィンランド・・・・	百万ユーロ	71 775	74 440	77 786	39.1
フランス・・・・・・・・	十億ユーロ	967	957	982	46.9
ブルガリア・・・・・・	百万レフ	24 371	25 172	26 334	32.9
ベルギー・・・・・・・・	百万ユーロ	156 127	165 425	174 028	44.8
ポーランド・・・・・・	十億ズロチ	535	551	563	34.8
ポルトガル・・・・・・	百万ユーロ	80 339	76 223	71 865	42.4
ルーマニア・・・・・・	百万レイ 3)	197 285	200 678	202 775	34.0
ルクセンブルク・・	百万ユーロ	16 179	16 853	17 839	40.7
ロシア・・・・・・・・・	十億ルーブル	13 229	16 072	17 342	27.9
北中アメリカ					
アメリカ合衆国・・	十億ドル	3 874	3 904	3 881	24.0
エルサルバドル・・	百万米ドル 4)	4 673	5 406	5 101	21.4
カナダ・・・・・・・・・	十億ドル	313	319	319	17.4
グアテマラ* ・・・・	百万ケツァル	48 281	53 049	54 883	13.9
コスタリカ・・・・・・	十億コロン	5 361	5 774	6 486	28.4
ジャマイカ・・・・・・	百万ドル	438 748	455 134	472 040	35.9
ドミニカ共和国・・	百万ペソ	281 789	309 782	・・・	14.6
ニカラグア* ・・・・	百万コルドバ	28 045	32 823	37 767	15.1
南アメリカ					
アルゼンチン・・・・	百万ペソ	5) 83 491	・・・	・・・5)	15.6
ウルグアイ・・・・・・	百万ペソ	237 738	269 761	318 026	31.3
コロンビア・・・・・・	十億ペソ	138 215	149 957	166 847	25.1
チリ・・・・・・・・・・	十億ペソ	24 350	25 973	28 032	21.6
パラグアイ・・・・・・	十億グアラニー	15 284	18 511	23 120	21.2
ブラジル・・・・・・・・	十億レアル	1 006	1 090	1 171	26.7
ベネズエラ・・・・・・	百万ボリバル 6)	7) 79 316	・・・	・・・7)	26.1
ペルー・・・・・・・・・	百万新ソル	74 281	83 402	91 086	17.9
ボリビア・・・・・・・・	百万ボリビアーノ 8)	25 518	・・・	・・・8)	24.8
オセアニア					
オーストラリア・・	百万ドル	356 088	373 745	398 543	26.2
ニュージーランド	百万ドル	95 172	113 546	98 767	45.8

IMF,“Government Finance Statistics Yearbook”（2013年版ほか），国連，Undata（http://www.data.un.org/）“National Accounts Estimates of Main Aggregates” 2015年7月8日閲覧 。日本は財務省資料による一般会計歳出決算額，GDPは内閣府資料。通貨単位は各国通貨。中国には香港，マカオを含まず。*印は予算勘定。1) 表中に掲載した中央政府歳出の最新年次での対GDP比率。2) 2005年1月のデノミ（1リラ=1 000 000リラ）時の単位。3) 2005年7月のデノミ（1レイ=10 000レイ）時の単位。4) 2001年1月から米ドルと自国通貨コロン（1米ドル=8.75コロン）の二重通貨制度を実施。5) 2004年度。6) 2008年1月のデノミ（1ボリバル＝1000ボリバル）時の単位。7) 2005年度。8) 2007年度。

表 9-2　各国中央政府歳出の使途別構成（Ⅰ）（％）

	年次	公務・公益事業	防衛	経済産業	うち農林水産業
アジア					
アフガニスタン …	2012	29.07	40.54	16.71	…
アラブ首長国連邦·	〃	30.59	9.60	28.19	…
イスラエル ………	〃	17.89	15.58	6.01	…
インド …………	〃	55.68	11.81	21.47	6.29
インドネシア……	〃	66.99	6.06	10.45	…
カタール* ………	2010	42.76	4.79	24.66	…
韓国……………	〃	27.01	11.28	18.92	5.13
キプロス………	2012	30.36	4.24	6.91	1.67
クウェート* ……	〃	20.70	9.77	22.46	0.00
シンガポール……	〃	13.38	24.85	7.19	0.28
タイ ……………	〃	22.60	6.33	19.86	4.88
中国……………	2011	74.67	9.87	11.48	1.18
トルコ…………	2012	24.14	4.26	10.91	3.31
日本* …………	2015	52.45	5.18	2.84	1.52
ネパール* ………	2013	32.95	6.62	23.62	9.06
バングラデシュ…	2011	39.57	10.43	11.38	…
フィリピン* ……	2010	50.46	4.83	17.42	5.87
（香港）…………	2011	25.07	0.00	10.35	0.14
マレーシア* ……	2012	44.40	5.89	15.86	2.51
アフリカ					
アンゴラ* ………	2012	33.23	11.94	12.83	1.13
ウガンダ* ………	〃	28.96	12.98	28.00	3.44
エジプト…………	〃	34.43	5.08	5.22	…
コートジボワール*	〃	42.01	4.82	7.25	4.19
チュニジア………	〃	18.44	4.05	22.53	4.16
ナイジェリア* …	〃	25.31	7.26	11.38	2.10
ナミビア* ………	2011	24.99	9.61	20.68	6.62
南アフリカ共和国*	2012	60.94	3.89	9.35	…
ヨーロッパ					
アイルランド……	2012	18.59	1.02	7.74	1.30
イギリス………	〃	17.45	5.22	5.43	0.33
イタリア………	〃	29.45	3.31	3.66	0.23
エストニア………	〃	19.73	5.58	10.23	2.09
オーストリア……	〃	14.79	1.74	9.58	…
オランダ………	〃	21.55	2.78	8.03	0.35
ギリシャ………	〃	31.66	4.52	5.11	0.21
スイス…………	2011	18.85	4.47	13.40	3.59
スウェーデン……	2012	27.98	4.41	9.31	0.55
スペイン………	〃	30.43	2.87	16.12	0.23
スロバキア………	〃	14.83	2.80	7.08	3.74
スロベニア………	〃	15.32	2.42	10.01	2.39
セルビア…………	〃	18.79	3.67	11.52	2.20
チェコ…………	〃	14.03	2.51	12.99	3.32
デンマーク……	〃	45.16	3.35	4.82	0.39

住宅・住居環境	保健	教育	社会保障・福祉	その他	
					アジア
0.72	3.26	6.51	2.34	0.85	アフガニスタン
0.40	4.72	12.60	12.05	1.85	アラブ首長国連邦
0.76	12.84	16.27	27.57	3.08	イスラエル
7.38	1.94	3.57	0.00	-1.85	インド
2.62	1.50	10.41	0.50	1.47	インドネシア
1.32	4.96	11.12	0.70	9.69	カタール*
1.19	1.20	15.24	22.77	2.39	韓国
6.30	7.17	14.69	28.53	1.80	キプロス
3.44	7.16	10.53	23.21	2.73	クウェート*
7.56	9.88	21.33	13.24	2.57	シンガポール
6.30	9.12	17.44	17.29	1.06	タイ
0.02	0.12	1.76	1.60	0.48	中国
1.10	11.63	11.66	34.45	1.85	トルコ
0.16	0.60	5.36	32.47	0.94	日本*
3.58	7.40	19.31	3.69	2.83	ネパール*
6.72	6.76	17.03	5.90	2.21	バングラデシュ
0.36	2.63	15.77	6.82	1.71	フィリピン*
6.14	12.54	17.52	19.75	8.63	（香港）
4.61	7.45	21.79	0.00	0.00	マレーシア*
					アフリカ
4.41	5.77	9.79	18.71	3.32	アンゴラ*
2.59	7.96	13.63	5.26	0.62	ウガンダ*
2.23	4.36	10.92	34.17	3.59	エジプト
12.23	6.01	24.22	1.75	1.71	コートジボワール*
3.21	4.46	15.27	28.79	3.25	チュニジア
0.59	5.27	8.60	2.14	39.45	ナイジェリア*
4.25	9.81	24.66	5.03	0.97	ナミビア*
5.04	3.29	4.72	11.96	0.81	南アフリカ共和国*
					ヨーロッパ
0.84	17.72	12.81	39.04	2.24	アイルランド
5.08	17.69	11.30	35.65	2.18	イギリス
0.73	4.89	8.17	48.54	1.25	イタリア
0.07	14.06	9.36	35.95	5.02	エストニア
0.41	15.67	8.91	47.69	1.21	オーストリア
0.22	19.27	10.83	36.21	1.11	オランダ
0.18	10.96	7.69	39.03	0.85	ギリシャ
0.01	0.35	3.37	58.17	1.38	スイス
0.26	3.98	5.61	46.92	1.53	スウェーデン
0.04	1.17	0.50	48.03	0.84	スペイン
0.77	21.75	9.62	40.29	2.86	スロバキア
0.48	15.04	11.56	41.90	3.27	スロベニア
0.38	14.45	8.35	41.70	1.14	セルビア
2.12	17.53	9.39	37.96	3.47	チェコ
0.35	0.38	9.90	33.67	2.37	デンマーク

第9章 財政・金融・物価

各国中央政府歳出の使途別構成（Ⅱ）（%）

	年次	公務・公益事業	防衛	経済産業	うち農林水産業
ドイツ* …………	2012	29.06	7.81	9.34	…
ノルウェー………	〃	24.45	3.98	8.72	1.65
ハンガリー………	〃	24.93	1.84	12.86	1.16
フィンランド……	〃	17.24	4.00	8.49	2.29
フランス* ………	〃	33.88	8.72	11.02	0.68
ブルガリア………	〃	29.62	3.48	12.99	3.77
ベルギー…………	〃	33.94	2.11	8.37	…
ポーランド………	〃	20.09	3.55	8.51	1.60
ポルトガル………	〃	25.40	2.63	4.08	0.51
ルーマニア………	〃	17.66	2.09	27.45	…
ルクセンブルク* ・	〃	21.87	1.20	11.18	…
ロシア…………	〃	30.11	11.00	7.66	1.00
北中アメリカ					
アメリカ合衆国…	2010	11.71	18.85	6.02	…
エルサルバドル…	2011	39.35	2.93	7.00	1.00
カナダ…………	2007	26.86	6.29	6.23	1.84
グアテマラ* ……	2012	33.66	2.39	14.77	2.78
コスタリカ* ……	〃	28.30	0.00	13.22	7.76
ジャマイカ* ……	〃	55.20	2.88	8.88	2.33
トリニダード・トバゴ	2010	39.03	2.00	11.70	1.60
メキシコ…………	2000	41.08	3.04	8.11	2.71
南アメリカ					
アルゼンチン……	2004	37.05	3.04	7.17	0.38
ウルグアイ* ……	2006	46.99	5.15	6.39	1.57
チリ……………	2012	15.08	5.15	12.88	1.26
ブラジル…………	1998	31.63	3.49	4.84	2.50
ペルー…………	2003	…	…	…	2.25
ベネズエラ………	2005	46.53	5.04	5.93	0.76
ボリビア…………	2007	25.84	6.03	17.88	1.38
オセアニア					
オーストラリア…	2012	24.46	5.95	7.93	0.76
ニュージーランド・	〃	23.86	2.07	10.31	…

IMF, "Government Finance Statistics Yearbook"（2013年版ほか）による。日本は財務省，財政統計によるが，目的別歳出予算より防衛は防衛関係費，経済産業は産業経済費，住宅・住居環境は住宅対策費，保健は保健衛生費，教育は教育文化費，社会保障・福祉は社会保障関係費から住宅対策費と保健衛生費を除いたもの，これら以外の歳出（その他の項目を除く）を公務・公益事業として，編者算出。各項目の国際比較については，入手可能なデータの範囲が国別で異なったり，地方政府が行う項目があることなどから，厳密な比較はできないことに注意が必要である。中国には香港，マカオを含まず。原資料の2003年版で歳出項目の見直しがあり，公務・公益事業には債務の利子支払い等を含む。防衛は，軍隊の維持のために国防省その他の政府機関が行うすべての歳出で，軍需品・機器の購入，建設工事，徴兵，訓練などの費用が含まれる。さらに，軍需援助など防衛支出に密接に関連する項目も含まれる。住宅・住居環境は，所得補償制度としての住宅向け支出，住宅↗

住宅・住居環境	保健	教育	社会保障・福祉	その他	
0.71	1.37	1.74	48.45	1.52	ドイツ*
0.15	15.24	5.40	40.20	1.86	ノルウェー
0.91	11.27	7.38	37.27	3.54	ハンガリー
0.53	10.93	9.00	48.16	1.65	フィンランド
1.08	0.91	20.51	21.60	2.28	フランス*
0.25	11.99	4.10	36.09	1.48	ブルガリア
0.00	16.99	3.12	35.10	0.37	ベルギー
0.56	12.10	10.68	43.65	0.86	ポーランド
0.19	13.17	11.41	42.17	0.95	ポルトガル
0.76	8.37	3.12	36.62	3.93	ルーマニア
2.00	1.85	14.68	42.00	5.22	ルクセンブルク*
0.29	7.88	3.27	38.67	1.12	ロシア
					北中アメリカ
3.12	24.40	3.52	32.24	0.14	アメリカ合衆国
3.13	16.22	13.05	16.95	1.37	エルサルバドル
1.07	9.34	2.02	45.37	2.82	カナダ
11.40	7.64	21.26	11.24	-2.36	グアテマラ*
0.36	5.49	36.24	13.77	2.62	コスタリカ*
2.01	8.50	19.18	1.70	1.65	ジャマイカ*
7.55	7.71	14.71	14.52	2.78	トリニダード・トバゴ
6.92	4.95	24.73	20.12	-8.95	メキシコ
					南アメリカ
1.83	5.30	5.19	39.94	0.48	アルゼンチン
2.01	8.59	14.29	32.14	-15.56	ウルグアイ*
1.43	17.36	18.76	28.19	1.15	チリ
0.64	6.21	6.14	47.26	-0.21	ブラジル
0.40	12.63	6.70	40.24	…	ペルー
8.95	7.44	17.15	7.69	1.27	ベネズエラ
0.32	9.45	23.81	15.67	1.00	ボリビア
					オセアニア
0.99	15.58	10.82	32.14	2.13	オーストラリア
0.37	22.59	25.55	13.24	2.01	ニュージーランド

↘供給，スラム改善活動の提供及び支援のための支出，地域開発支出，衛生サービス支出などとなっている。保健は，病院，歯科センター，大規模な医療部門を含む診療所，健康・医療保険制度，家族計画，予防医療に関する支出が含まれる。教育は，就学前，初等・中等学校，大学，職業学校，専門学校その他の訓練機関等の設置，管理運営，監督，支援のための支出である。また，教育制度全体の一般的管理，規制，通学手段，学校給食，学校での医療・歯科治療サービスなどの補助サービスに関する支出も含まれる。社会保障・福祉は，病人および一時的障害者に対する所得補償支出，高齢者・恒久的障害者・失業者向けの給付支出，家族・母子・児童の各手当のための支出，高齢者，障害者，児童保護等の福祉サービス費なども含まれる。その他は，以上の項目には含まれない支出で，調整項目を含むため，マイナスとなっている国もある。*印は予算勘定。

表 9-3　各国中央政府の歳入構成（I）（%）

| | 年次 | 税収 | 所得・利潤等課税 | | |
				うち個人	法人
アジア					
アフガニスタン‥‥	2012	11.53	3.72	1.43	2.01
イスラエル‥‥‥‥	〃	66.01	27.92	16.31	7.92
インド‥‥‥‥‥‥	〃	85.81	44.84	15.12	29.72
インドネシア‥‥‥	〃	73.28	34.76	5.09	29.66
韓国‥‥‥‥‥‥‥	〃	52.64	24.49	12.49	12.01
カンボジア* ‥‥‥	〃	71.19	13.82	3.24	10.58
キプロス‥‥‥‥‥	〃	65.24	26.50	10.22	16.09
シンガポール‥‥‥	〃	77.71	34.72	11.97	22.75
タイ‥‥‥‥‥‥‥	〃	80.62	36.23	7.91	28.31
中国‥‥‥‥‥‥‥	2011	91.76	24.90	6.62	18.28
トルコ‥‥‥‥‥‥	2012	58.67	17.59	11.71	5.88
日本‥‥‥‥‥‥‥	〃	88.06	45.96	23.70	22.26
ネパール* ‥‥‥‥	2013	76.92	18.74	4.25	10.68
パキスタン* ‥‥‥	〃	74.82	27.85	27.32	0.00
バングラデシュ‥‥	2011	80.95	22.36	9.56	12.79
フィリピン* ‥‥‥	2010	90.54	40.50	13.83	23.18
（香港）‥‥‥‥‥	2011	59.79	38.73	12.46	26.27
マレーシア* ‥‥‥	2012	72.94	52.04	11.05	40.99
アフリカ					
アルジェリア* ‥‥	2011	91.99	60.20	6.49	52.87
アンゴラ* ‥‥‥‥	2012	46.84	31.92	2.69	29.23
エジプト‥‥‥‥‥	〃	59.45	26.15	6.22	19.94
エチオピア* ‥‥‥	2011	61.24	16.03	2.20	10.34
ケニア* ‥‥‥‥‥	2012	88.55	40.89	21.73	19.16
ガーナ* ‥‥‥‥‥	2011	68.74	24.68	11.54	13.13
コートジボワール*	2012	84.62	21.39	9.19	9.81
チュニジア‥‥‥‥	〃	65.45	26.69	14.04	12.65
南アフリカ共和国‥	〃	89.80	49.38	29.87	19.50
モロッコ‥‥‥‥‥	〃	68.59	26.19	11.42	14.76
ヨーロッパ					
アイルランド‥‥‥	2012	72.15	37.82	30.20	7.60
イギリス‥‥‥‥‥	〃	68.24	31.82	24.52	7.30
イタリア‥‥‥‥‥	〃	60.02	32.76	27.14	5.47
エストニア‥‥‥‥	〃	49.43	8.94	4.59	4.35
オーストリア‥‥‥	〃	50.86	23.72	19.07	4.47
オランダ‥‥‥‥‥	〃	50.51	23.53	18.44	5.09
ギリシャ‥‥‥‥‥	〃	51.98	19.02	16.15	2.60
スイス‥‥‥‥‥‥	2011	57.11	22.67	9.17	7.87
スウェーデン‥‥‥	2012	66.70	9.77	0.58	9.19
スペイン‥‥‥‥‥	〃	29.70	20.07	11.75	8.32
スロバキア‥‥‥‥	〃	41.96	10.30	2.23	8.07
スロベニア‥‥‥‥	〃	43.75	10.42	6.41	3.99
セルビア‥‥‥‥‥	〃	56.38	7.60	3.70	3.89

財貨・ サービス の 国内課税	貿易・ 国際 取引課税	その他税	社会保障 保険料	税外収入	
					アジア
3.08	4.22	0.51	0.45	88.02	アフガニスタン
32.71	0.76	4.62	17.23	16.76	イスラエル
25.99	14.87	0.11	0.24	13.95	インド
32.33	3.71	2.48	0.00	26.72	インドネシア
21.51	2.50	4.14	23.48	23.88	韓国
40.89	16.43	0.05	0.00	28.81	カンボジア＊
34.46	0.37	3.91	23.40	11.37	キプロス
23.72	0.00	19.27	0.00	22.29	シンガポール
38.84	4.97	0.58	3.62	15.77	タイ
61.36	4.72	0.78	0.00	8.24	中国
37.08	1.09	2.91	27.29	14.04	トルコ
35.71	1.65	4.74	1.00	10.93	日本
38.69	17.43	2.06	0.00	23.08	ネパール＊
35.91	7.40	3.66	0.00	25.18	パキスタン＊
30.95	24.56	3.08	0.00	19.05	バングラデシュ
28.58	21.46	0.00	0.00	9.46	フィリピン＊
8.08	0.36	12.62	0.00	40.21	（香港）
14.65	2.04	4.21	0.00	27.06	マレーシア＊
					アフリカ
26.24	3.79	1.76	0.00	8.01	アルジェリア＊
8.98	3.41	2.53	2.41	50.76	アンゴラ＊
24.25	4.24	4.81	0.00	40.55	エジプト
15.56	29.66	-0.01	0.00	38.76	エチオピア＊
34.32	10.01	3.33	0.09	11.37	ケニア＊
27.44	16.63	-0.01	0.61	30.65	ガーナ＊
23.64	39.18	0.41	0.00	15.38	コートジボワール＊
29.10	5.87	3.79	25.46	9.09	チュニジア
34.18	4.08	2.16	2.25	7.95	南アフリカ共和国
33.52	3.17	5.71	15.42	15.99	モロッコ
					ヨーロッパ
31.24	0.07	3.02	17.50	10.35	アイルランド
30.17	0.00	6.25	20.59	11.16	イギリス
21.97	0.00	5.29	35.53	4.45	イタリア
40.48	0.00	0.01	34.98	15.60	エストニア
22.30	0.00	4.84	42.21	6.94	オーストリア
25.85	0.00	1.13	39.08	10.40	オランダ
28.93	0.00	4.03	31.62	16.40	ギリシャ
25.99	5.74	2.71	38.75	4.14	スイス
39.54	0.00	17.39	22.93	10.37	スウェーデン
9.56	0.00	0.07	52.92	17.37	スペイン
30.51	0.00	1.15	42.85	15.19	スロバキア
32.99	0.12	0.22	39.83	16.43	スロベニア
45.91	2.85	0.02	35.54	8.08	セルビア

第 9 章　財政・金融・物価

各国中央政府の歳入構成（II）（%）

	年次	税収	所得・利潤等課税		
				うち個人	法人
チェコ・・・・・・・・・・	2012	43.40	14.50	7.39	7.11
デンマーク・・・・・・・	〃	84.69	39.68	32.76	6.91
ドイツ・・・・・・・・・	〃	40.52	16.25	13.89	2.35
ノルウェー・・・・・・・	〃	55.30	31.80	10.56	21.04
ハンガリー・・・・・・・	〃	55.33	15.94	12.82	3.12
フィンランド・・・・・	〃	52.60	14.79	10.74	3.97
フランス・・・・・・・・	〃	50.45	24.64	19.40	5.19
ブルガリア・・・・・・・	〃	59.01	14.62	9.12	5.43
ベルギー・・・・・・・・	〃	60.11	35.21	27.88	7.27
ポーランド・・・・・・・	〃	51.11	13.41	8.15	5.26
ポルトガル・・・・・・・	〃	57.20	22.16	15.08	7.07
ラトビア・・・・・・・・	〃	44.66	8.71	3.63	5.08
リトアニア・・・・・・・	〃	45.26	9.03	4.59	4.45
ルーマニア・・・・・・・	〃	58.88	18.39	11.20	7.19
ルクセンブルク・・・	〃	62.95	30.05	20.81	9.23
ロシア・・・・・・・・・	〃	49.30	1.90	…	…
北中アメリカ					
アメリカ合衆国・・・	2012	61.43	56.51	43.44	13.07
エルサルバドル・・・	〃	70.37	23.03	10.41	11.28
カナダ・・・・・・・・・	〃	67.64	52.38	…	…
グアテマラ* ・・・・・	〃	93.63	29.43	3.23	26.20
コスタリカ・・・・・・・	〃	55.93	15.07	5.52	9.55
ジャマイカ・・・・・・・	〃	84.63	32.98	3.63	26.04
ドミニカ共和国・・・	2011	85.42	20.49	5.75	7.88
南アメリカ					
アルゼンチン・・・・・	2004	78.05	18.89	5.68	13.21
ウルグアイ・・・・・・・	2012	62.80	18.37	10.15	8.23
コロンビア・・・・・・・	〃	52.01	19.73	19.73	0.00
チリ・・・・・・・・・・	〃	85.90	30.36	…	…
パラグアイ・・・・・・・	〃	55.70	11.61	0.00	11.61
ブラジル・・・・・・・・	〃	59.23	26.51	7.70	13.79
ペルー・・・・・・・・・	〃	76.59	33.96	8.61	25.35
ボリビア・・・・・・・・	2007	65.21	9.64	0.00	9.64
オセアニア					
オーストラリア・・・	2012	89.96	65.33	43.52	21.46
ニュージーランド・	〃	63.34	36.31	25.70	10.62

資料は前表に同じ。中国には香港，マカオを含まず。各項目の国際比較については，入手可能なデータの範囲が国別に異なるため，厳密な比較はできない。所得・利潤等課税には，キャピタルゲイン（土地・証券などの売却によって生じる利益）に対する課税を含む。財貨・サービスの国内課税とは，一般売上税，取引税，付加価値税，選択的サービス税，財貨または資産の使用に対する課税，財政上の専売益金の合計。貿易・国際取引課税とは，輸出入関税，輸出入品取扱協会の益金，政府の移転収入，政府の為替差益および為替取↗

財貨・サービスの国内課税	貿易・国際取引課税	その他税	社会保障保険料	税外収入	
28.00	0.00	0.90	43.10	13.50	チェコ
35.78	0.00	9.23	3.21	12.10	デンマーク
24.18	0.00	0.09	54.85	4.63	ドイツ
22.14	0.22	1.14	19.43	25.27	ノルウェー
36.24	0.00	3.15	31.62	13.05	ハンガリー
36.36	0.00	1.45	33.69	13.71	フィンランド
22.02	-0.01	3.80	43.57	5.98	フランス
44.27	0.11	0.01	21.87	19.12	ブルガリア
23.75	0.00	1.15	35.51	4.38	ベルギー
36.50	0.39	0.81	38.88	10.02	ポーランド
32.75	0.00	2.29	30.77	12.03	ポルトガル
35.35	0.47	0.13	27.56	27.78	ラトビア
35.87	0.00	0.36	38.14	16.59	リトアニア
39.85	0.38	0.26	28.16	12.96	ルーマニア
29.57	0.00	3.33	30.24	6.82	ルクセンブルク
20.92	26.49	-0.01	21.01	29.69	ロシア
					北中アメリカ
3.14	1.24	0.54	34.91	3.66	アメリカ合衆国
42.55	4.37	0.42	11.16	18.46	エルサルバドル
14.02	1.24	0.00	23.08	9.28	カナダ
56.70	5.56	1.94	2.79	3.58	グアテマラ*
32.15	4.87	3.84	35.58	8.49	コスタリカ
35.09	7.05	9.51	2.77	12.60	ジャマイカ
52.78	7.23	4.92	1.68	12.90	ドミニカ共和国
					南アメリカ
29.19	15.80	14.17	16.56	5.39	アルゼンチン
39.54	3.74	1.15	32.29	4.91	ウルグアイ
21.22	2.61	8.45	20.07	27.92	コロンビア
43.28	1.09	11.17	6.27	7.83	チリ
37.14	6.57	0.38	19.38	24.92	パラグアイ
25.14	2.72	4.86	25.31	15.46	ブラジル
34.96	1.39	6.28	9.37	14.04	ペルー
43.06	3.34	9.17	7.02	27.77	ボリビア
					オセアニア
22.46	2.01	0.16	0.00	10.04	オーストラリア
24.74	2.14	0.15	2.88	33.77	ニュージーランド

＼引税の合計。その他税とは，雇用に伴う雇用主への課税，資産税および他の項目に分類できない税額の合計で，調整項目をも含んでいるため，マイナスとなっている国もある。社会保障保険料とは，雇用主・被雇用者・自営業者および失業者による保険料の納付によるもの。税外収入とは，支払いが一律に義務的ではない無返済の政府収入で，罰金，行政手数料，政府保有資産から生じる事業所得のほか，贈与を含む。なお，税収と社会保障保険料，税外収入の合計が100％となるよう調整せず。*印は予算勘定。

第 9 章　財政・金融・物価

表 9-4　各国中央政府総債務の推移（Ⅰ）

	通貨単位	2010	2011	2012	対GDP比 （%）1)
アジア					
インド・・・・・・・・・	十億ルピー	…	…	50 254	*49.7*
インドネシア・・・・	十億ルピア	1 796 080	1 947 373	2 156 890	*26.2*
カザフスタン*・・	十億テンゲ	2 222	2 742	3 627	*12.0*
韓国・・・・・・・・・・	十億ウォン	…	…	466 730	*33.9*
キプロス・・・・・・・	百万ユーロ	17 889	20 305	23 208	*119.6*
ジョージア・・・・・・	百万ラリ	7 634	7 902	8 512	*32.5*
シンガポール・・・・	百万ドル	331 721	368 182	397 638	*111.9*
タイ*・・・・・・・・・	十億バーツ	2 908	3 181	3 515	*28.8*
中国*・・・・・・・・・	十億元	2) 1 041	…	…	2) *11.4*
トルコ・・・・・・・・・	百万リラ　3)	564 108	609 114	639 607	*45.1*
日本・・・・・・・・・・	十億円	636 312	669 867	705 007	*148.6*
ネパール*・・・・・・	百万ルピー	403 903	…	…	*33.9*
バーレーン*・・・・	百万ディナール	2 930	3 888	…	*35.6*
フィリピン・・・・・・	十億ペソ	4) 3 321	…	…	4) *64.8*
マレーシア*・・・・	百万リンギ	407 101	456 128	501 617	*53.3*
モルディブ・・・・・	百万ルフィア	18 183	23 212	…	*66.8*
モンゴル*・・・・・・	十億トグログ	3 497	3 576	7 042	*50.3*
ヨルダン*・・・・・・	百万ディナール	11 515	12 666	14 678	*66.8*
アフリカ					
ウガンダ*・・・・・・	十億シリング	11 281	16 684	19 735	*30.9*
エジプト・・・・・・・	百万ポンド	5) 826 064	…	…	5) *79.3*
スワジランド*・・	百万エマランゲーニ	4 138	4 380	5 168	*16.7*
チュニジア・・・・・・	百万ディナール	25 640	28 780	31 420	*44.6*
ナイジェリア*・・	十億ナイラ	5 242	6 520	7 564	*10.4*
ナミビア*・・・・・・	百万ドル	26 544	32 020	…	*35.4*
南アフリカ共和国	百万ランド	6) 519 559	…	…	6) *21.9*
ボツワナ*・・・・・・	百万プラ	18 790	21 296	21 093	*19.2*
モーリシャス・・・・	百万ルピー	113 289	117 447	128 016	*37.2*
モロッコ・・・・・・・	百万ディルハム	399 864	456 190	493 677	*59.7*
ヨーロッパ					
アイスランド・・・・	十億クローネ	1 713	1 922	1 998	*112.6*
アイルランド・・・・	百万ユーロ	138 047	167 273	208 097	*120.5*
イギリス・・・・・・・	十億ポンド	1 265	1 530	1 608	*97.2*
イタリア・・・・・・・	十億ユーロ	1 860	1 785	2 054	*126.2*
ウクライナ・・・・・・	百万フリブニャ	323 475	357 273	473 417	*32.4*
エストニア・・・・・・	百万ユーロ	1 309	1 077	1 827	*10.4*
オーストリア・・・・	百万ユーロ	212 321	225 709	248 886	*78.5*
オランダ・・・・・・・	百万ユーロ	364 123	397 262	434 909	*67.9*
ギリシャ・・・・・・・	百万ユーロ	287 130	225 825	317 635	*163.6*
クロアチア*・・・・	百万クーナ	5) 110 260	…	…	5) *33.3*
スイス・・・・・・・・・	百万フラン	143 492	149 380	…	*24.2*
スウェーデン・・・・	十億クローナ	1 279	1 327	1 295	*35.2*
スペイン・・・・・・・	百万ユーロ	506 837	584 698	695 508	*65.9*
スロバキア・・・・・・	百万ユーロ	30 609	31 459	38 607	*53.5*

各国中央政府総債務の推移（Ⅱ）

	通貨単位	2010	2011	2012	対GDP比 （％）1)
セルビア* ………	十億ディナール	1 115	1 323	1 682	46.9
チェコ………	十億コルナ	1 327	1 463	1 650	40.8
デンマーク……	百万クローネ	741 810	879 470	881 700	47.3
ドイツ………	十億ユーロ	1 384	1 439	1 518	55.2
ノルウェー………	十億クローネ	910	566	607	20.5
ハンガリー……	十億フォリント	21 843	22 620	24 045	84.2
フィンランド……	百万ユーロ	86 920	91 947	103 265	51.9
フランス………	十億ユーロ	1 728	1 866	2 109	100.9
ブルガリア……	百万レフ	10 534	11 632	14 027	17.5
ベルギー………	百万ユーロ	315 408	336 556	347 238	89.4
ポーランド……	十億ズロチ	5) 646	…	… 5)	47.4
ポルトガル……	百万ユーロ	164 461	157 912	207 090	122.1
マルタ………	百万ユーロ	5 112	5 539	5 941	82.8
モルドバ………	百万レイ	18 922	19 524	21 462	24.3
ラトビア………	百万ラッツ 7)	6 353	6 014	6 323	40.7
リトアニア……	百万リタス 8)	41 024	46 309	56 222	48.9
ルクセンブルク‥	百万ユーロ	6 894	7 177	8 779	20.0
ロシア………	十億ルーブル	4 213	5 195	5 824	9.4
北中アメリカ					
アメリカ合衆国‥	十億ドル	12 802	13 988	15 239	94.3
エルサルバドル*	百万米ドル 9)	10 252	10 660	11 991	50.4
カナダ………	十億ドル	855	924	974	53.2
グアテマラ* ……	百万ケツァル	81 341	89 646	95 962	24.3
コスタリカ* ……	十億コロン	7 317	8 188	9 698	42.5
ジャマイカ……	十億ドル	6) 1 201	…	… 6)	120.5
南アメリカ					
ウルグアイ……	百万ペソ	357 354	420 116	451 921	44.5
コロンビア……	十億ペソ	393 939	388 826	434 212	65.3
チリ* ………	十億ペソ	9 535	13 520	15 518	12.0
ブラジル………	十億レアル	1 968	2 187	…	52.8
ペルー………	百万新ソル	98 702	98 017	97 658	19.2
ボリビア………	百万ボリビアーノ	10) 57 753	…	… 10)	56.1
オセアニア					
オーストラリア‥	百万ドル	379 184	430 179	602 526	39.5
ニュージーランド	百万ドル	100 097	133 431	146 029	67.7

IMF,"Government Finance Statistics Yearbook"（2013年版ほか）, Undata,"National Accounts Estimates of Main Aggregates" 2015年7月8日閲覧。日本は国債残高（決算）。通貨単位は各国通貨。中国には香港，マカオを含まず。*印は予算勘定。1) 表中に掲載した中央政府総債務の最新年次の対GDP比率。資料の相違，中央政府と一般政府とした統計範囲の相違などにより，国によっては表9-6と数値が異なる。2) 1999年度。3) 2005年1月のデノミ（1リラ=1 000 000リラ）時の単位。4) 2004年度。5) 2009年度。6) 2008年度。7) 2014年にユーロ導入。8) 2015年にユーロ導入。9) 2001年1月から米ドルと自国通貨コロン（1米ドル=8.75コロン）の二重通貨制度を実施。10) 2007年度。

表 9-5　OECD諸国の財政収支（対GDP比，%）

	2009	2010	2011	2012	2013	2014
日本･･････････	-8.8	-8.3	-8.8	-8.7	-8.5	-7.7
韓国･･････････	-1.3	1.0	1.0	1.0	1.3	1.6
アメリカ合衆国･	-12.8	-12.2	-10.7	-9.0	-5.7	-5.0
カナダ･･･････	-4.5	-4.9	-3.7	-3.1	-2.7	-1.6
オーストラリア･	-4.1	-4.7	-3.4	-2.6	-1.4	-2.2
ニュージーランド	-2.9	-6.8	-3.5	-1.6	0.3	1.4
アイルランド･･･	-13.9	-32.6	-12.8	-8.1	-5.8	-4.1
イギリス･･････	-11.0	-9.6	-7.6	-8.3	-5.5	-5.3
イタリア･･････	-5.3	-4.2	-3.5	-3.0	-2.9	-3.0
オーストリア･･･	-5.3	-4.5	-2.6	-2.2	-1.3	-2.4
オランダ･･････	-5.5	-5.1	-4.4	-4.0	-2.3	-2.3
ギリシャ･････	-15.3	-11.1	-10.2	-8.7	-12.3	-3.6
スイス･･･････	0.8	0.3	0.8	0.3	0.1	0.2
スウェーデン･･･	-0.7	0.0	-0.1	-0.9	-1.4	-1.9
スペイン･･････	-11.0	-9.4	-9.4	-10.3	-6.8	-5.8
チェコ･･･････	-5.5	-4.4	-2.7	-3.9	-1.2	-2.0
デンマーク････	-2.8	-2.7	-2.1	-3.7	-1.1	1.2
ドイツ･･･････	-3.0	-4.1	-0.9	0.1	0.1	0.6
ノルウェー････	10.3	11.0	13.4	13.8	11.3	9.1
ハンガリー････	-4.6	-4.5	-5.5	-2.3	-2.4	-2.5
フィンランド･･･	-2.5	-2.6	-1.0	-2.1	-2.5	-3.2
フランス･･････	-7.2	-6.8	-5.1	-4.8	-4.1	-4.0
ベルギー･････	-5.5	-4.0	-4.1	-4.1	-2.9	-3.2
ポーランド････	…	-7.6	-4.9	-3.7	-4.0	-3.2
ポルトガル････	-9.8	-11.2	-7.4	-5.6	-4.8	-4.5
ルクセンブルク･	-0.5	-0.5	0.4	0.1	0.9	0.6

OECD, "Economic Outlook 97 database" による。国, 地方, 社会保障基金を含む一般政府。

図 9-1　主な国の財政収支の対GDP比（一般政府）

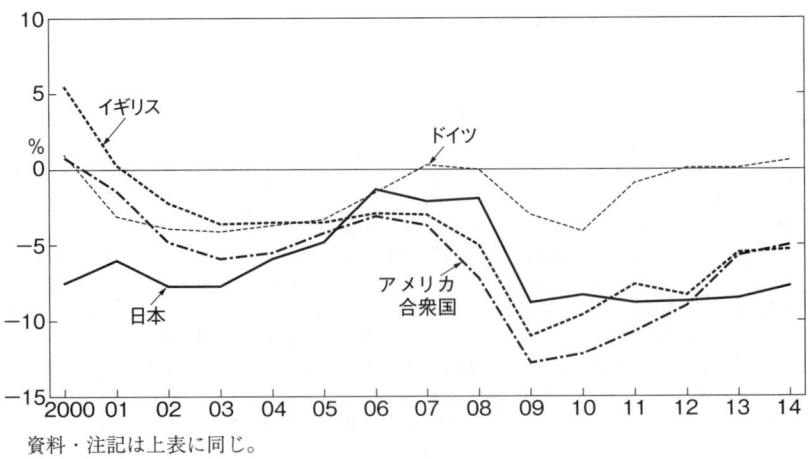

資料・注記は上表に同じ。

表 9-6　OECD諸国の債務残高 (対GDP比，%)

	2009	2010	2011	2012	2013	2014
日本･･････････	188.7	193.2	209.4	215.4	220.3	226.0
韓国･･････････	31.0	31.8	33.3	34.8	34.8	34.5
アメリカ合衆国･	92.5	101.8	107.7	110.5	109.2	110.1
カナダ････････	87.4	89.5	93.1	95.9	92.3	94.8
オーストラリア･	26.7	30.0	34.1	37.3	38.3	42.5
ニュージーランド	33.6	37.3	40.8	41.8	40.8	39.2
アイルランド･･･	67.7	83.7	97.8	120.8	128.9	116.5
イギリス･･････	75.7	87.3	101.1	105.1	100.8	111.3
イタリア･･････	127.3	126.0	119.4	138.1	144.8	158.5
オーストリア･･･	85.4	90.8	92.0	96.7	95.1	96.3
オランダ･･････	63.7	67.7	71.6	77.9	77.0	81.8
ギリシャ･･････	135.2	128.7	111.2	166.2	182.0	184.1
スイス･･････････	46.5	44.9	45.1	45.8	45.6	45.3
スウェーデン･･･	47.6	44.4	44.8	44.6	44.8	52.1
スペイン･･････	61.9	66.7	77.4	91.0	102.0	115.8
デンマーク････	49.5	53.8	60.6	60.2	57.3	60.4
ドイツ･･････････	75.6	84.2	83.6	86.3	81.6	82.3
ノルウェー････	48.1	48.4	33.8	34.5	35.0	32.6
フィンランド･･･	49.5	55.9	57.1	63.0	65.1	71.4
フランス･･････	93.4	97.1	101.0	111.8	111.4	120.4
ベルギー････････	109.0	107.4	110.2	120.3	117.6	129.8
ポーランド････	…	61.0	61.6	61.2	62.3	65.8
ポルトガル････	96.1	104.1	108.0	137.0	141.8	150.4
ルクセンブルク･	19.0	26.4	26.0	29.6	29.7	31.3

OECD資料による。国，地方，社会保障基金を含む一般政府。

図 9-2　付加価値税率の国際比較 (2015年 1 月現在)

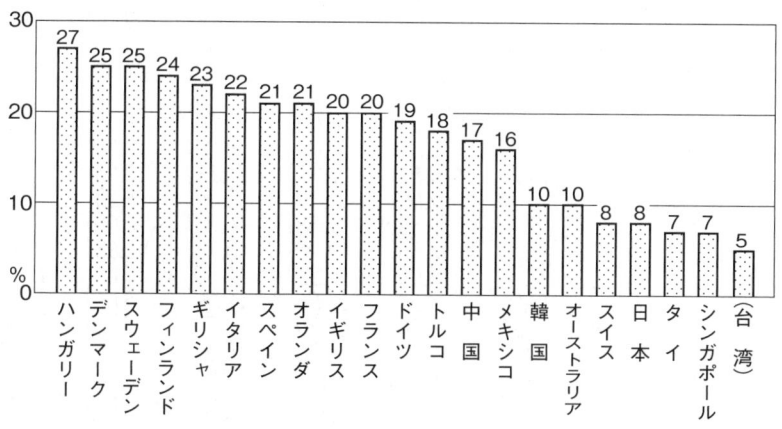

財務省資料による。日本は2015年 4 月現在。アメリカ合衆国は州，郡，市により
小売売上税がある（例，ニューヨーク州およびニューヨーク市の合計8.875％）。

表 9-7 各国の公定歩合，政策金利 （Ｉ）（各年，年末）（年利，％）

	2001	2005	2010	2013	2014	2015 (3月末)
アジア						
日本・・・・・・・・・	0.10	0.10	0.30	0.30	0.30	0.30
イスラエル# ・・・	5.66	4.50	2.00	1.00	0.25	0.10
イラク# ・・・・・・・1)	6.00	7.00	6.00	6.00	6.00	6.00
インド#・・・・・・・	6.50	6.00	6.00	8.75	9.00	*8.75
インドネシア# ・	17.62	12.75	6.50	7.50	7.75	7.50
オマーン・・・・・・	7.50	7.50	7.50	7.50	7.50	*7.50
カタール# ・・・・・2)	1.70	4.50	5.50	4.50	4.50	4.50
韓国# ・・・・・・・・	4.00	3.75	2.50	2.50	2.00	1.75
サウジアラビア# ・	2.25	4.25	0.25	0.25	0.25	0.25
シンガポール# ・	1.79	3.19	0.20	0.21	・・・	・・・
スリランカ・・・・	23.00	15.00	15.00	15.00	15.00	・・・
タイ# ・・・・・・・・	2.25	4.00	2.00	2.25	2.00	1.75
（台湾）# ・・・・	2.13	2.25	1.63	1.88	1.88	1.88
中国# ・・・・・・・・	5.85	5.58	5.81	6.00	5.60	5.35
トルコ# ・・・・・・・	59.00	13.50	1.63	3.50	7.50	7.25
ネパール# ・・・・・	6.50	6.00	7.00	8.00	8.00	8.00
パキスタン・・・・	10.00	9.00	14.00	10.00	9.50	8.00
バングラデシュ・	6.00	5.00	5.00	5.00	5.00	*5.00
フィリピン・・・・	8.30	5.70	4.00	3.51	3.72	*4.09
ベトナム# ・・・・・	4.80	5.00	9.00	7.00	6.50	6.50
（香港）・・・・・・・・	3.25	5.75	0.50	0.50	0.50	0.50
マレーシア# ・・・1)	2.70	3.00	2.75	3.00	3.25	3.25
ミャンマー・・・・・	10.00	10.00	12.00	10.00	10.00	**10.00
モンゴル# ・・・・・3)	・・・	8.40	11.00	10.50	12.00	13.00
レバノン・・・・・・・	20.00	12.00	10.00	10.00	10.00	*10.00
アフリカ						
アルジェリア・・・	6.00	4.00	4.00	4.00	4.00	4.00
アンゴラ・・・・・・	150.00	57.92	29.17	19.19	9.92	10.00
エジプト・・・・・・	11.00	10.00	8.50	8.75	9.75	9.25
ウガンダ・・・・・・	8.88	14.36	11.97	15.50	15.00	*15.00
ガーナ# ・・・・・・2)	24.50	15.50	13.50	16.00	21.00	21.00
カーボヴェルデ・	11.50	8.50	7.50	8.75	6.75	6.50
ケニア# ・・・・・・4)	・・・	10.00	6.00	8.50	8.50	8.50
カメルーン・・・・	6.50	5.50	4.00	3.25	2.95	2.95
ザンビア・・・・・・	40.10	14.81	7.17	12.13	17.23	*15.94
スワジランド・・・	9.50	7.00	5.50	5.00	5.25	*5.25
タンザニア・・・・	8.70	19.33	7.58	16.00	16.00	・・・
チャド・・・・・・・・	6.50	5.50	4.00	3.25	2.95	2.95
ナイジェリア・・・	20.50	13.00	6.25	12.00	13.00	**13.00
ブルンジ・・・・・・	14.00	14.50	11.25	12.50	8.00	**10.12
ボツワナ・・・・・・	14.25	14.50	9.50	7.50	7.50	6.50
南アフリカ共和国# ・	9.50	7.00	5.50	5.00	5.75	5.75
モザンビーク・・・	9.95	9.95	9.95	9.95	9.95	9.95
モロッコ・・・・・・	4.71	3.25	3.25	3.00	2.92	**2.50
リビア・・・・・・・・	5.00	4.00	3.00	3.00	3.00	・・・
レソト・・・・・・・・	13.00	13.00	9.52	9.18	10.25	10.25

各国の公定歩合, 政策金利（Ⅱ）（各年, 年末）（年利, %）

	2001	2005	2010	2013	2014	2015 (3月末)
ヨーロッパ						
アイスランド･･･	12.00	12.00	5.50	7.00	6.25	6.25
イギリス# ････	4.00	4.50	0.50	0.50	0.50	0.50
スイス# ･･･････	2.25	1.50	0.75	0.25	0.25	-0.25
スウェーデン# 2)	4.50	1.50	0.50	0.75	0.00	-0.25
デンマーク# ･･･	3.25	2.25	0.75	0.00	0.00	0.00
ノルウェー# ･･･	8.50	4.25	2.00	1.50	1.25	1.25
ハンガリー･････	9.75	6.00	5.75	3.00	2.10	*2.10
ブルガリア# ･･･	･･･	2.05	0.18	0.02	0.02	0.01
ベラルーシ# ･･･	66.00	11.00	10.50	23.50	20.00	25.00
ユーロエリア# ･	3.25	2.25	1.00	0.25	0.05	0.05
ルーマニア････	35.00	9.59	6.67	4.81	3.31	2.25
ロシア# ･･････	･･･	･･･ 5)	5.25	5.50	17.00	14.00
北中アメリカ						
アメリカ合衆国#	1.75	4.25	0～0.25	0～0.25	0～0.25	0～0.25
カナダ# ･･････	2.25	3.25	1.00	1.25	1.25	1.00
グアテマラ# ･･･	･･･	4.25	4.50	5.00	4.00	3.50
コスタリカ# ･･･	･･･	･･･	･･･	3.75	5.25	4.50
ドミニカ共和国# 1)	7.00	10.00	5.00	6.25	6.25	5.75
ホンジュラス# ･	･･･	7.00	4.50	7.00	7.00	6.50
メキシコ# ･････	･･･ 6)	8.25	4.50	3.50	3.00	3.00
南アメリカ						
ウルグアイ# ･･･	･･･ 6)	7.75	6.50	9.25	9.25	9.25
エクアドル･････	17.48	9.96	8.68	8.17	8.19	7.31
コロンビア# ･･･	8.50	6.00	3.00	3.25	4.50	4.50
チリ# ･･･････	6.50	4.50	3.12	4.50	3.00	3.00
パラグアイ･････	20.00	20.00	20.00	20.00	20.00	*20.00
ブラジル# ･････	19.00	18.00	10.75	10.00	11.75	12.75
ベネズエラ･････	37.00	28.50	29.50	29.50	29.50	*29.50
ペルー# ･･････ 7)	2.50	3.25	3.00	4.00	3.50	3.25
ボリビア･･････	8.50	5.25	3.00	4.50	3.30	*3.30
オセアニア						
オーストラリア#	4.28	5.50	4.75	2.50	2.50	2.25
ニュージーランド#	4.75	7.25	3.00	2.50	3.50	3.50
パプア・ニューギニア#	12.00	6.00	7.00	6.25	6.25	6.25

第9章 財政・金融・物価

IMF, "International Financial Statistics"（2013年および2014年の年計号, 2015年6月号, 同資料で, Central Bank Discount RatesあるいはCentral Bank Policy Ratesと記されているもの。#印はCentral Bank Policy Rates), ほか, 内閣府「月刊海外経済データ」（2015年6月号）, 日本銀行,「金融経済統計月報（2015年6月19日）」（同年6月29日閲覧）による。日本は基準割引率および基準貸付利率（従来「公定歩合」と掲載）。中国は政策金利, 貸出基準金利（1年物）, 香港, マカオを含まず。ユーロエリアは主要リファイナンシング・オペレート。アメリカ合衆国はFF（フェデラルファンド）誘導目標金利。1）2004年。2）2002年。3）2007年。4）2006年。5）2011年。6）2008年。7）2003年。＊2月末。＊＊1月末。

表 9-8 **国際商品価格指数と主な国際商品の価格** （年平均）

	国際商品価格指数（2010年＝100）						金 $\left(\dfrac{\text{ドル}}{\text{トロイオンス}}\right)$
	全商品 (100.0)	食料 (16.7)	飲料 (1.8)	農産原料 (7.7)	金属 (10.7)	エネルギー (63.1)	
2001	…	…	…	…	…	…	271.1
2002	38.2	54.9	46.3	75.8	26.8	32.1	310.0
2003	42.7	58.8	48.5	76.3	30.0	37.5	363.5
2004	52.7	67.0	48.1	79.4	40.4	49.1	409.2
2005	65.7	66.6	56.7	79.9	49.4	68.0	444.8
2006	79.3	73.4	61.5	86.9	77.2	81.2	604.3
2007	88.6	84.3	70.0	91.3	90.6	89.7	696.7
2008	113.2	104.9	86.3	90.6	83.5	125.6	871.7
2009	79.3	89.4	87.6	75.1	67.5	79.4	973.0
2010	100.0	100.0	100.0	100.0	100.0	100.0	1 224.7
2011	126.3	119.9	116.6	122.7	113.5	131.8	1 569.2
2012	122.3	117.0	95.0	107.1	94.4	132.7	1 669.5
2013	120.4	118.3	83.7	108.9	90.4	130.4	1 411.5
2014	112.8	113.4	101.0	110.9	81.1	120.6	1 265.6

	綿花 $\left(\dfrac{\text{セント}}{\text{ポンド}}\right)$	アルミニウム $\left(\dfrac{\text{ドル}}{\text{t}}\right)$	とうもろこし $\left(\dfrac{\text{ドル}}{\text{t}}\right)$	原油 $\left(\dfrac{\text{ドル}}{\text{バーレル}}\right)$	大豆 $\left(\dfrac{\text{ドル}}{\text{t}}\right)$	砂糖 $\left(\dfrac{\text{セント}}{\text{ポンド}}\right)$	小麦 $\left(\dfrac{\text{ドル}}{\text{t}}\right)$
2001	48.0	1 446.7	89.6	25.9	168.8	8.2	126.8
2002	46.3	1 351.1	99.3	26.1	188.8	6.2	148.5
2003	63.4	1 432.8	105.2	31.1	233.2	6.9	146.1
2004	62.0	1 718.5	111.8	41.4	276.7	7.5	156.9
2005	55.2	1 900.5	98.4	56.4	223.1	10.1	152.4
2006	58.1	2 573.1	121.6	66.1	217.5	14.8	191.7
2007	63.3	2 639.9	163.3	72.3	317.3	10.0	255.2
2008	71.4	2 577.9	223.2	99.6	453.3	12.5	325.9
2009	62.8	1 669.2	165.5	61.7	378.5	18.2	223.4
2010	103.5	2 173.0	186.0	79.4	384.9	20.9	223.7
2011	154.6	2 400.6	291.8	95.0	484.2	26.2	316.2
2012	89.2	2 022.8	298.4	94.1	537.8	21.4	313.3
2013	90.4	1 846.7	259.0	97.9	517.2	17.7	312.2
2014	…	1 867.4	…	…	457.8	17.1	284.9

IMF, "I.F.S."（2013・14年の年計号，2015年6月号）による。食料はバナナ，穀物類，肉類，植物性油・たんぱく質，魚介類，オレンジ，砂糖。飲料はココア豆，コーヒー，茶。農産原料は綿花，原皮，ゴム，木材，羊毛。金属はアルミニウム，銅，鉄鉱石，鉛，ニッケル，すず，ウラン，亜鉛。エネルギーは石炭，天然ガス，原油。（ ）内は全商品に対する比率。金はロンドン，綿花はリバプールインデックス，アルミニウムはロンドン金属取引所，とうもろこし，小麦はアメリカ産，メキシコ湾岸アメリカ港，原油はW.T.I.（West Texas Intermediate），大豆はアメリカ産，ロッテルダム先物取引，砂糖は自由市場，ニューヨーク先物取引。

表 9-9　主な国の消費者物価指数の対前年変動率（Ⅰ）（%）

	2000	2010	2012	2013	2014	2015 （3月）
アジア						
日本・・・・・・・・・	-0.7	3.0	0.0	0.4	2.7	2.3
アゼルバイジャン	1.8	5.7	1.0	2.4	1.4	…
アフガニスタン・	…	0.9	7.2	7.6	4.6	-0.7
イエメン・・・・・・	4.6	11.2	9.9	11.0	…	…
イスラエル・・・・	1.1	2.7	1.7	1.5	0.5	-1.0
イラン・・・・・・・・	14.5	10.1	27.4	39.3	17.2	16.2
インド・・・・・・・・	4.0	12.0	9.3	10.9	6.4	6.3
インドネシア・・・	3.7	5.1	4.3	6.4	6.4	6.4
オマーン・・・・・・1)	-0.8	3.2	2.9	1.2	1.0	0.7
カザフスタン・・・	13.2	7.1	5.1	5.8	6.7	5.2
カタール・・・・・・	1.7	-2.4	1.9	3.1	3.1	1.4
韓国・・・・・・・・・	2.3	3.0	2.2	1.3	1.3	0.4
カンボジア・・・・・	-0.8	4.0	2.9	2.9	3.9	1.1
キプロス・・・・・・	4.1	2.4	2.4	-0.4	-1.4	-1.9
キルギス・・・・・・	18.7	8.0	2.7	6.6	7.5	8.5
クウェート・・・・・	2.5	4.5	3.2	2.7	2.5	3.3
サウジアラビア・	-1.1	5.3	2.9	3.5	2.7	2.0
ジョージア・・・・	4.1	7.1	-0.9	-0.5	3.1	2.5
シリア・・・・・・・・	-3.8	4.4	36.7	…	…	…
シンガポール・・・	1.4	2.8	4.5	2.4	1.0	-0.3
スリランカ・・・・・	6.2	6.2	7.5	6.9	3.3	0.1
タイ・・・・・・・・・	1.6	3.3	3.0	2.2	1.9	-0.6
（台湾）・・・・・・・・	1.3	1.0	1.9	0.8	1.2	-0.6
タジキスタン・・・1)	38.6	6.4	5.8	5.0	6.1	*6.7
中国・・・・・・・・・	0.3	3.3	2.7	2.6	2.0	1.4
トルコ・・・・・・・・	54.9	8.6	8.9	7.5	8.9	7.6
ネパール・・・・・・	2.5	9.3	9.5	9.0	8.4	*7.0
バーレーン・・・・	-0.7	2.0	2.8	3.2	2.8	2.2
パキスタン・・・・	4.4	13.9	9.7	7.7	7.2	2.5
バングラデシュ・	2.2	8.1	6.2	7.5	7.0	*6.1
東ティモール・・・2)	7.2	6.8	11.8	11.2	0.4	0.5
フィリピン・・・・	4.0	3.8	3.2	3.0	4.1	2.4
ブータン・・・・・・	4.0	7.0	10.9	7.0	8.2	6.3
ベトナム・・・・・・	-1.7	8.9	9.1	6.6	4.1	0.9
（香港）・・・・・・・・	-3.7	2.3	4.1	4.4	4.4	4.6
（マカオ）・・・・・・	-1.6	2.8	6.1	5.5	6.0	5.1
マレーシア・・・・・	1.5	1.7	1.7	2.1	3.1	0.9
ミャンマー・・・・・	-0.1	7.7	1.5	5.5	5.5	**7.4
モルディブ・・・・・	-1.2	6.6	12.1	2.3	2.1	0.9
モンゴル・・・・・・	11.6	10.1	15.0	8.6	13.0	8.8
ヨルダン・・・・・・	0.7	5.0	4.8	5.5	2.8	-1.3
ラオス・・・・・・・・	25.1	6.0	4.3	6.4	4.1	**2.0
アフリカ						
アルジェリア・・・	0.3	3.9	8.9	3.3	2.9	5.5
アンゴラ・・・・・・	325.0	14.5	10.3	8.8	7.3	7.9

主な国の消費者物価指数の対前年変動率（Ⅱ）（%）

	2000	2010	2012	2013	2014	2015 （3月）
ウガンダ‥‥‥‥	3.4	4.0	14.0	5.5	4.3	1.9
エジプト‥‥‥‥	2.7	11.3	7.1	9.4	10.1	11.5
エチオピア‥‥‥	0.7	8.1	22.8	8.1	7.4	8.6
ガーナ‥‥‥‥‥	25.2	10.7	9.2	11.6	15.5	16.7
カーボヴェルデ‥	-2.5	2.1	2.5	1.5	-0.2	-0.2
ガボン‥‥‥‥‥	0.5	1.5	2.7	0.5	4.7	…
カメルーン‥‥‥	1.2	1.3	2.9	1.9	1.9	…
ガンビア‥‥‥‥	0.8	5.0	4.3	5.7	5.9	**7.0
ギニア‥‥‥‥‥	…	15.5	15.2	11.9	9.7	*8.5
ギニアビサウ‥‥	8.6	2.5	2.1	1.2	-1.5	0.9
ケニア‥‥‥‥‥	10.0	4.0	9.4	5.7	6.9	6.3
コートジボワール	2.5	1.7	1.3	2.6	0.5	1.8
コモロ‥‥‥‥‥ 1)	5.6	3.4	1.8	2.3	…	…
コンゴ共和国‥‥	-0.9	5.0	3.9	6.0	0.1	…
コンゴ民主共和国	513.9	7.1	9.7	1.6	…	…
サントメ・ 　プリンシペ‥‥	9.6	12.9	10.4	7.1	6.4	6.5
ザンビア‥‥‥‥	26.0	8.5	6.6	7.0	7.8	7.2
シエラレオネ‥‥	-0.8	16.6	12.9	10.3	7.3	*7.6
ジブチ‥‥‥‥‥ 1)	1.7	4.0	3.7	2.4	2.9	2.6
ジンバブエ‥‥‥	55.9	3)24 411.0	…	…	…	…
スーダン‥‥‥‥	…	…	37.4	30.0	36.9	…
スワジランド‥‥	12.2	4.5	8.9	5.6	…	…
セーシェル‥‥‥	6.3	-2.4	7.1	4.3	1.4	5.8
赤道ギニア‥‥‥	4.8	7.8	6.1	6.4	…	…
セネガル‥‥‥‥	0.7	1.3	1.4	0.7	-1.1	-1.3
タンザニア‥‥‥	5.9	6.2	16.0	7.9	6.1	4.3
チャド‥‥‥‥‥	3.8	-2.1	14.0	0.1	1.7	6.4
中央アフリカ共和国	3.2	1.5	5.8	1.5	…	…
チュニジア‥‥‥	3.0	4.4	5.1	5.8	4.9	5.8
トーゴ‥‥‥‥‥	1.9	1.8	2.6	1.8	0.2	0.9
ナイジェリア‥‥	6.9	13.7	12.2	8.5	8.1	8.5
ナミビア‥‥‥‥ 2)	7.2	4.5	6.7	5.6	5.4	**4.5
ニジェール‥‥‥	2.9	0.8	0.5	2.3	-0.8	0.7
ブルキナファソ‥	-0.3	-0.8	3.8	0.5	-0.2	-0.7
ブルンジ‥‥‥‥	24.3	6.4	18.0	8.0	4.4	*1.2
ベナン‥‥‥‥‥	4.2	2.3	6.8	1.0	-1.1	-0.4
ボツワナ‥‥‥‥	8.6	6.9	7.5	5.9	4.4	2.8
マダガスカル‥‥	11.9	9.2	6.4	5.8	6.1	*6.7
マラウイ‥‥‥‥	29.6	7.4	21.3	27.3	24.4	18.2
マリ‥‥‥‥‥‥	-0.7	1.1	5.4	-0.6	0.9	0.8
南アフリカ共和国	5.3	4.3	5.7	5.4	6.4	4.0
南スーダン‥‥‥	…	1.2	33.6	-4.5	-3.8	15.1
モーリシャス‥‥	4.2	2.9	3.9	3.5	3.2	2.2
モーリタニア‥‥	3.3	6.3	4.9	4.1	3.5	*5.2
モザンビーク‥‥	12.7	12.7	2.7	4.3	2.6	3.1

主な国の消費者物価指数の対前年変動率（Ⅲ）（％）

	2000	2010	2012	2013	2014	2015 (3月)
モロッコ‥‥‥‥	1.9	1.0	1.3	1.9	0.4	1.6
リビア‥‥‥‥‥	-2.9	2.8	6.1	2.6	…	…
リベリア‥‥‥ 4)	14.2	7.3	6.8	7.6	…	…
ルワンダ‥‥‥	3.9	2.3	6.3	8.0	1.3	-1.3
レソト‥‥‥‥	6.1	3.6	6.1	4.9	5.3	2.0
ヨーロッパ						
アイスランド‥‥	5.1	5.4	5.2	3.9	2.0	1.5
アイルランド‥‥	5.6	-0.9	1.7	0.5	0.2	-0.6
アルバニア‥‥‥	0.1	3.6	2.0	1.9	1.6	2.2
イギリス‥‥‥‥	0.8	3.3	2.8	2.6	1.5	-0.1
イタリア‥‥‥‥	2.5	1.5	3.0	1.2	0.2	-0.1
ウクライナ‥‥‥	28.2	9.4	0.6	-0.3	12.2	45.9
エストニア‥‥‥	4.0	3.0	3.9	2.8	-0.1	-0.6
オーストリア‥‥	2.4	1.8	2.5	2.0	1.6	1.0
オランダ‥‥‥‥	2.3	1.3	2.5	2.5	1.0	0.4
ギリシャ‥‥‥‥	3.2	4.7	1.5	-0.9	-1.3	-2.1
クロアチア‥‥‥	4.6	1.0	3.4	2.2	-0.2	0.1
スイス‥‥‥‥‥	1.5	0.7	-0.7	-0.2	0.0	-0.9
スウェーデン‥‥	1.0	1.2	0.9	0.0	-0.2	0.2
スペイン‥‥‥‥	3.4	1.8	2.4	1.4	-0.1	-0.7
スロバキア‥‥‥	12.0	1.0	3.6	1.4	-0.1	-0.3
スロベニア‥‥‥	8.9	1.8	2.6	1.8	0.2	-0.3
セルビア‥‥‥‥	71.1	6.1	7.3	7.7	2.1	1.8
チェコ‥‥‥‥‥	3.9	1.4	3.3	1.4	0.3	0.2
デンマーク‥‥‥	2.9	2.3	2.4	0.8	0.6	0.6
ドイツ‥‥‥‥‥	1.5	1.1	2.0	1.5	0.9	0.3
ノルウェー‥‥‥	3.1	2.4	0.7	2.1	2.0	2.0
ハンガリー‥‥‥	9.8	4.9	5.7	1.7	-0.2	-0.6
フィンランド‥‥	3.4	1.2	2.8	1.5	1.0	-0.1
フランス‥‥‥‥	1.7	1.5	2.0	0.9	0.5	-0.1
ブルガリア‥‥‥	10.3	2.4	3.0	0.9	-1.4	0.1
ベラルーシ‥‥‥	168.6	7.7	59.2	18.3	18.1	16.2
ベルギー‥‥‥‥	2.5	2.2	2.8	1.1	0.3	-0.4
ポーランド‥‥‥	10.1	2.7	3.6	1.0	0.1	-1.2
ポルトガル‥‥‥	2.8	1.4	2.8	0.3	-0.3	0.3
マケドニア‥‥‥	6.6	1.5	3.3	2.8	-0.3	-0.3
マルタ‥‥‥‥‥	2.4	1.5	2.4	1.4	0.3	0.6
ユーロエリア‥‥	2.2	1.6	2.5	1.4	0.4	-0.1
ラトビア‥‥‥‥	2.6	-1.1	2.2	0.0	0.6	0.4
リトアニア‥‥‥	1.0	1.3	3.1	1.1	0.1	-1.4
ルーマニア‥‥‥	45.7	6.1	3.3	4.0	1.1	0.8
ルクセンブルク‥	3.1	2.3	2.7	1.7	0.6	0.2
ロシア‥‥‥‥‥	20.8	6.9	5.1	6.8	7.8	16.9
北中アメリカ						
アメリカ合衆国‥	3.4	1.6	2.1	1.5	1.6	-0.1
エルサルバドル‥	2.3	0.9	1.7	0.8	1.1	-0.8

第9章

財政・金融・物価

主な国の消費者物価指数の対前年変動率 (IV) (%)

	2000	2010	2012	2013	2014	2015 (3月)
カナダ・・・・・・・・	2.7	1.8	1.5	0.9	1.9	1.2
グアテマラ・・・・・	6.0	3.9	3.8	4.3	3.4	2.4
グレナダ・・・・・・・	2.2	3.4	2.4	0.0	-0.9	…
コスタリカ・・・・	11.0	5.7	4.5	5.2	4.5	3.0
ジャマイカ・・・・・	8.2	12.6	6.9	9.3	8.3	4.0
ドミニカ・・・・・・	0.9	3.2	1.4	0.0	0.8	…
ドミニカ共和国・	7.7	6.3	3.7	4.8	3.0	0.6
トリニダード・トバゴ・・・・・・	3.6	10.5	9.3	5.2	5.7	*6.1
ニカラグア・・・・・	9.9	5.5	7.2	7.1	6.0	5.9
ハイチ・・・・・・・・・	13.7	5.7	6.3	5.9	4.6	6.4
パナマ・・・・・・・・	1.5	3.5	5.7	4.0	2.6	0.1
バハマ・・・・・・・・	1.6	1.3	2.0	0.4	1.2	**2.1
バルバドス・・・・・	2.4	5.8	4.5	1.8	1.9	…
ベリーズ・・・・・・・	0.6	5.6	1.3	0.7	0.9	-1.0
ホンジュラス・・・	11.0	4.7	5.2	5.2	6.1	3.7
メキシコ・・・・・・・	9.5	4.2	4.1	3.8	4.0	2.8
南アメリカ						
アルゼンチン・・・	-0.9	10.8	10.0	10.6	…	16.6
ウルグアイ・・・・・	4.8	6.7	8.1	8.6	8.9	7.6
エクアドル・・・・・	96.1	3.6	5.1	2.7	3.6	3.8
ガイアナ・・・・・・・	6.1	2.1	2.4	1.8	…	…
コロンビア・・・・・	9.2	2.3	3.2	2.0	2.9	4.6
スリナム・・・・・・・	59.4	6.9	5.0	2.0	3.3	2.7
チリ・・・・・・・・・・	3.8	1.4	3.0	1.8	4.4	4.2
パラグアイ・・・・・	9.0	4.7	3.7	2.7	5.0	2.6
ブラジル・・・・・・・	7.0	5.0	5.4	6.2	6.3	8.1
ベネズエラ・・・・・	16.2	28.2	21.1	40.6	62.2	…
ペルー・・・・・・・・	3.8	1.5	3.7	2.8	3.2	3.0
ボリビア・・・・・・・	4.6	2.5	4.6	5.7	5.8	4.8
オセアニア						
オーストラリア・	4.5	2.8	1.8	2.4	2.5	…
サモア・・・・・・・・・	1.0	0.8	2.0	0.6	-0.4	0.4
ソロモン諸島・・・	7.9	1.1	5.9	5.4	5.2	…
トンガ・・・・・・・・・	6.3	3.6	1.2	0.7	2.5	*-1.2
ニュージーランド	3.0	2.3	0.9	1.3	0.8	…
バヌアツ・・・・・・・	2.5	2.8	1.4	1.4	0.8	…
パプア・ニューギニア・	15.6	6.0	4.5	5.0	…	…
フィジー・・・・・・・	1.1	5.5	3.4	2.9	0.5	2.4

IMF, "International Financial Statistics" (2012～2014年の年計号, 2015年6月号), 台湾は内閣府「月刊海外経済データ」(2015年5月号など) による。2015年は3月の対前年同月変動率。中国には香港, マカオを含まず。1) 2001年。2) 2003年。3) 2007年。4) 2002年。* 2月の対前年同月変動率。** 1月の対前年同月変動率。

図 9-3　各国の対外債務残高と対GNI比（2013年）

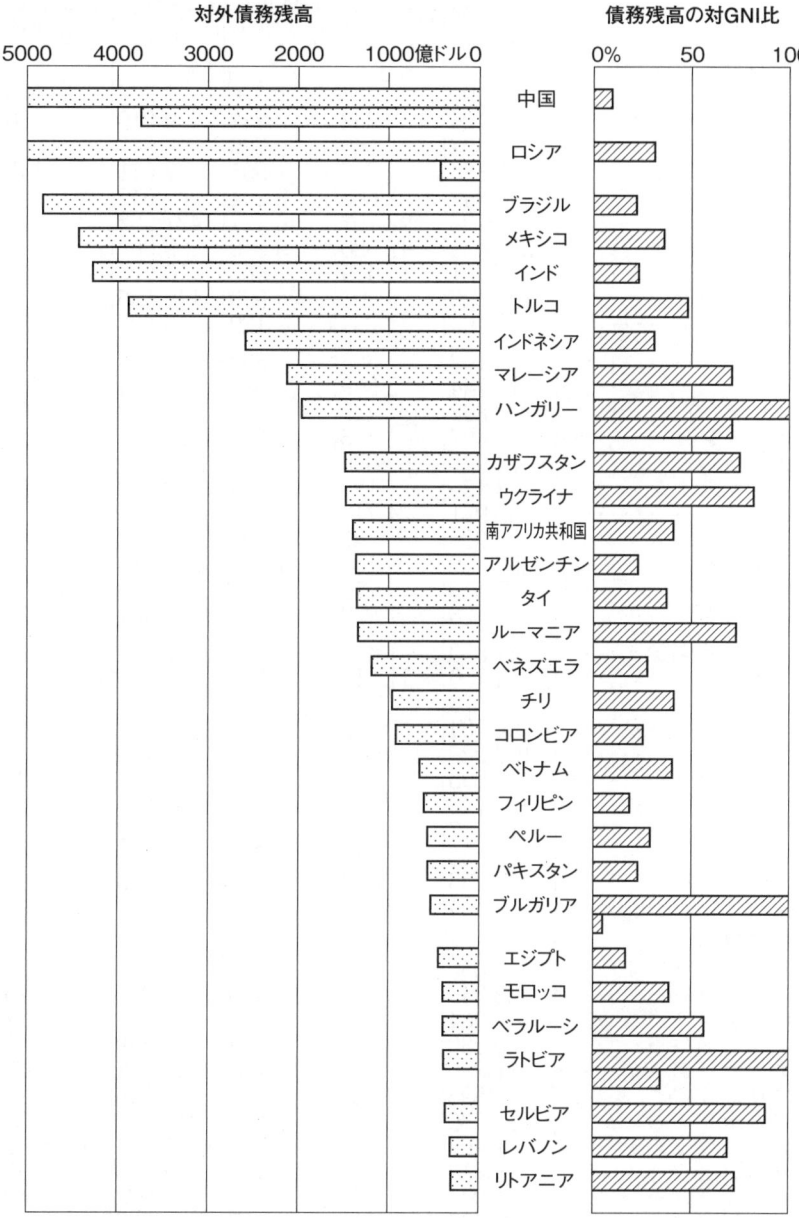

世界銀行資料による。対外債務残高は年末現在。ロシア，チリ，ラトビア，リトアニアは
2011年。ハンガリーの債務残高の対GNI比は2012年。

第9章　財政・金融・物価

表 9-10　対外債務総額の構成（Ⅰ）（2013年末現在）（単位　百万ドル）

	長期債務	短期債務	IMFクレジット	対外債務合計	長期債務延滞利息
アジア					
アフガニスタン‥‥‥	2 097	104	376	2 577	85
アゼルバイジャン‥‥	8 125	852	242	9 219	0
アルメニア‥‥‥‥‥	6 807	1 150	720	8 677	0
イエメン‥‥‥‥‥‥	6 884	282	505	7 671	147
イラン‥‥‥‥‥‥‥	3 842	1 600	2 204	7 647	0
インド‥‥‥‥‥‥‥	328 728	92 707	6 127	427 562	0
インドネシア‥‥‥‥	208 639	47 380	3 050	259 069	0
ウズベキスタン‥‥‥	9 781	419	405	10 605	0
カザフスタン‥‥‥‥	138 526	9 401	529	148 456	0
カンボジア‥‥‥‥‥	5 064	1 234	129	6 427	152
キルギス‥‥‥‥‥‥	6 163	308	333	6 804	1
ジョージア‥‥‥‥‥	10 744	2 369	580	13 694	361
シリア‥‥‥‥‥‥‥	3 898	425	430	4 753	401
スリランカ‥‥‥‥‥	22 497	6	2 665	25 168	6
タイ‥‥‥‥‥‥‥‥	73 927	59 958	1 494	135 379	0
タジキスタン‥‥‥‥	3 126	125	287	3 538	17
中国‥‥‥‥‥‥‥‥	238 981	624 718	10 764	874 463	0
トルクメニスタン‥‥	329	66	108	502	1
トルコ‥‥‥‥‥‥‥	257 486	129 107	1 650	388 243	0
ネパール‥‥‥‥‥‥	3 572	72	189	3 833	0
パキスタン‥‥‥‥‥	49 426	1 922	5 113	56 461	0
バングラデシュ‥‥‥	24 850	1 458	1 496	27 804	2
フィリピン‥‥‥‥‥	48 106	11 212	1 290	60 609	0
ブータン‥‥‥‥‥‥	1 470	0	9	1 480	0
ベトナム‥‥‥‥‥‥	54 404	10 572	485	65 461	0
マレーシア‥‥‥‥‥	107 226	103 830	2 073	213 129	0
ミャンマー‥‥‥‥‥	6 095	902	370	7 367	902
モルディブ‥‥‥‥‥	748	50	22	821	6
モンゴル‥‥‥‥‥‥	17 217	1 563	140	18 921	4
ヨルダン‥‥‥‥‥‥	11 356	11 314	1 300	23 970	1
ラオス‥‥‥‥‥‥‥	7 733	804	78	8 615	0
レバノン‥‥‥‥‥‥	26 124	4 525	298	30 947	0
アフリカ					
アルジェリア‥‥‥‥	2 058	1 328	1 845	5 231	0
アンゴラ‥‥‥‥‥‥	22 349	176	1 479	24 004	70
ウガンダ‥‥‥‥‥‥	4 064	27	270	4 361	27
エジプト‥‥‥‥‥‥	40 230	2 816	1 384	44 430	0
エチオピア‥‥‥‥‥	11 886	186	485	12 557	28
エリトリア‥‥‥‥‥	896	26	23	946	16
ガーナ‥‥‥‥‥‥‥	11 039	3 570	1 223	15 832	231
カーボヴェルデ‥‥‥	1 467	2	16	1 484	2
ガボン‥‥‥‥‥‥‥	3 817	273	226	4 316	0
カメルーン‥‥‥‥‥	4 041	444	437	4 922	62
ガンビア‥‥‥‥‥‥	415	12	96	523	2
ギニア‥‥‥‥‥‥‥	846	108	243	1 198	39

対外債務総額の構成（Ⅱ）（2013年末現在）（単位　百万ドル）

	長期債務	短期債務	IMFクレジット	対外債務合計	長期債務延滞利息
ギニアビサウ‥‥‥‥	212	33	32	277	33
ケニア‥‥‥‥‥‥	9 647	2 353	1 471	13 471	111
コートジボワール‥‥	9 666	204	1 418	11 288	0
コモロ‥‥‥‥‥‥	112	2	33	146	2
コンゴ共和国‥‥‥‥	3 075	228	148	3 452	69
コンゴ民主共和国‥‥	4 373	446	1 262	6 082	71
サントメプリンシペ‥	183	14	17	214	8
ザンビア‥‥‥‥‥	4 154	332	1 110	5 596	173
シエラレオネ‥‥‥‥	900	214	281	1 395	0
ジブチ‥‥‥‥‥‥	673	102	58	833	1
ジンバブエ‥‥‥‥‥	4 952	2 722	519	8 193	1 234
旧スーダン‥‥‥‥‥	16 395	5 382	639	22 416	5 147
スワジランド‥‥‥‥	317	73	74	464	42
セーシェル‥‥‥‥‥	485	2 173	56	2 714	13
セネガル‥‥‥‥‥	4 785	0	438	5 223	0
ソマリア‥‥‥‥‥	1 977	834	243	3 054	834
タンザニア‥‥‥‥‥	10 624	1 647	753	13 024	1 108
チャド‥‥‥‥‥‥	2 123	8	85	2 216	8
中央アフリカ共和国‥	307	86	181	574	80
チュニジア‥‥‥‥‥	18 976	6 279	572	25 827	0
トーゴ‥‥‥‥‥‥	563	87	253	903	3
ナイジェリア‥‥‥‥	11 211	1	2 580	13 792	1
ニジェール‥‥‥‥‥	2 319	164	173	2 656	117
ブルキナファソ‥‥‥	2 260	0	304	2 564	0
ブルンジ‥‥‥‥‥	397	31	254	683	0
ベナン‥‥‥‥‥‥	1 593	549	225	2 367	54
ボツワナ‥‥‥‥‥	1 896	446	88	2 430	0
マダガスカル‥‥‥‥	2 247	345	256	2 849	52
マラウイ‥‥‥‥‥	1 244	19	295	1 558	0
マリ‥‥‥‥‥‥‥	3 078	68	277	3 423	29
南アフリカ共和国‥‥	109 846	27 249	2 750	139 845	0
モーリシャス‥‥‥‥	7 912	2 858	149	10 919	0
モーリタニア‥‥‥‥	3 142	202	226	3 570	76
モザンビーク‥‥‥‥	6 229	311	351	6 890	36
モロッコ‥‥‥‥‥	33 046	5 351	865	39 261	0
リベリア‥‥‥‥‥	240	11	290	542	11
ルワンダ‥‥‥‥‥	1 553	8	130	1 690	0
レソト‥‥‥‥‥‥	755	0	130	885	0
ヨーロッパ					
アルバニア‥‥‥‥‥	6 048	1 632	97	7 776	0
ウクライナ‥‥‥‥‥	105 699	34 823	7 190	147 712	48
コソボ‥‥‥‥‥‥	1 293	675	231	2 199	0
セルビア‥‥‥‥‥	34 180	571	1 647	36 397	279
ハンガリー‥‥‥‥‥	172 268	22 945	1 526	196 739	0
ブルガリア‥‥‥‥‥	38 614	13 440	941	52 995	0
ベラルーシ‥‥‥‥‥	23 586	13 590	1 932	39 108	4

対外債務総額の構成（Ⅲ）（2013年末現在）（単位　百万ドル）

	長期債務	短期債務	IMFク レジット	対外債務 合計	長期債務 延滞利息
ボスニア・ ヘルツェゴビナ‥‥	8 920	1 309	848	11 078	0
マケドニア‥‥‥‥‥	4 928	1 602	404	6 934	129
モルドバ‥‥‥‥‥‥	3 579	2 262	773	6 613	56
モンテネグロ‥‥‥‥	2 449	467	40	2 956	0
ラトビア‥‥‥‥‥ 1)	24 551	12 011	1 693	38 255	0
リトアニア‥‥‥‥ 1)	24 540	5 238	211	29 988	0
ルーマニア‥‥‥‥‥	98 649	25 807	9 540	133 996	1
ロシア‥‥‥‥‥‥ 1)	464 333	69 936	8 708	542 977	52
北中アメリカ					
エルサルバドル‥‥‥	11 266	1 853	252	13 372	0
グアテマラ‥‥‥‥‥	15 800	714	309	16 823	0
グレナダ‥‥‥‥‥‥	490	51	45	586	47
コスタリカ‥‥‥‥‥	14 715	2 486	241	17 443	0
ジャマイカ‥‥‥‥‥	11 027	1 523	1 239	13 790	58
ドミニカ‥‥‥‥‥‥	264	6	24	293	2
ドミニカ共和国‥‥‥	20 761	1 753	1 317	23 831	0
ニカラグア‥‥‥‥‥	7 598	1 658	345	9 601	528
ハイチ‥‥‥‥‥‥‥	1 092	0	178	1 271	0
パナマ‥‥‥‥‥‥‥	16 168	0	303	16 471	0
ベリーズ‥‥‥‥‥‥	1 214	7	28	1 249	7
ホンジュラス‥‥‥‥	6 116	512	203	6 831	4
メキシコ‥‥‥‥‥‥	330 844	107 778	4 391	443 012	0
南アメリカ					
アルゼンチン‥‥‥‥	110 995	22 166	3 111	136 272	6 607
ウルグアイ‥‥‥‥ 1)	13 349	550	450	14 350	0
エクアドル‥‥‥‥‥	19 182	653	444	20 280	43
ガイアナ‥‥‥‥‥‥	1 116	1 027	160	2 303	111
コロンビア‥‥‥‥‥	78 878	11 963	1 137	91 978	0
チリ‥‥‥‥‥‥‥ 1)	77 826	17 164	1 254	96 245	0
パラグアイ‥‥‥‥‥	11 251	2 032	147	13 430	0
ブラジル‥‥‥‥‥‥	444 517	33 507	4 446	482 470	27
ベネズエラ‥‥‥‥‥	90 742	24 100	3 917	118 758	1
ペルー‥‥‥‥‥‥‥	49 272	6 450	939	56 661	0
ボリビア‥‥‥‥‥‥	6 929	713	253	7 895	0
オセアニア					
サモア‥‥‥‥‥‥‥	412	0	35	447	0
ソロモン諸島‥‥‥‥	166	3	35	204	0
トンガ‥‥‥‥‥‥‥	189	0	10	199	0
バヌアツ‥‥‥‥‥‥	84	23	25	132	0
パプアニューギニア‥	21 231	309	193	21 733	0
フィジー‥‥‥‥‥‥	655	40	103	798	1

世界銀行「International Debt Statistics」（2013および2015）による。世界銀行による開発途上国に関する対外債務統計。長期債務とは当初の償還期間が 1 年を超えるもの。1) 2011年末現在。

表 9-11 資金の流入，対外債務比率（Ⅰ）（2013年）

	資金の純流入額（百万ドル）	対外債務比率（%）対財・サービス輸出	対GNI	デットサービスレシオ（%）	外貨準備比率（%）
アジア					
アフガニスタン····	7	[1] 63.9	12.3	[1] 0.3	250.0
アゼルバイジャン··	-295	25.0	13.3	6.8	156.2
アルメニア········	1 354	213.7	79.4	49.9	25.9
イエメン·········	237	80.0	22.1	2.8	68.9
イラン···········	321	7.1	2.1	0.4	···
インド···········	37 024	89.3	23.0	8.6	64.7
インドネシア······	21 647	124.8	30.8	19.4	37.2
ウズベキスタン····	1 833	···	18.1	···	···
カザフスタン······	17 724	163.1	74.6	34.0	12.9
カンボジア········	789	63.7	44.4	1.5	70.3
キルギス··········	719	217.3	98.4	12.4	30.8
シリア············	-19	[2] 26.4	[3] 20.0	[2] 3.1	[2] 369.8
スリランカ········	2 369	165.3	38.5	11.9	26.3
タイ·············	10 572	46.4	37.2	4.4	119.2
タジキスタン·····	-107	[1] 216.2	41.8	[1] 25.5	13.0
中国·············	138 533	34.3	9.5	1.5	439.1
トルクメニスタン··	-9	···	1.3	···	···
トルコ············	58 750	180.6	47.9	28.7	28.6
ネパール··········	43	153.3	19.7	8.7	138.1
パキスタン········	- 2 449	184.7	22.8	26.3	9.1
バングラデシュ····	1 938	87.7	19.5	5.2	63.2
フィリピン········	4 566	81.3	18.6	7.8	124.9
ブータン··········	153	215.5	83.6	10.9	67.0
ベトナム··········	7 729	45.8	40.2	3.5	39.6
マレーシア········	21 734	77.8	70.7	3.5	62.6
ミャンマー········	167	[4] 97.7	···	[4] 6.5	[1] 84.2
モンゴル··········	3 574	376.1	176.0	27.9	11.1
ヨルダン··········	5 265	159.1	71.9	6.7	55.2
ラオス············	2 171	[1] 251.8	81.4	[1] 8.0	8.4
レバノン··········	1 947	[1] 97.7	68.9	[1] 14.2	118.7
アフリカ					
アルジェリア······	-314	7.3	2.5	0.7	3 722.1
アンゴラ··········	3 840	34.1	22.0	6.9	136.6
ウガンダ··········	584	83.5	21.0	1.6	76.5
エジプト··········	4 643	[1] 81.9	16.7	[1] 6.6	30.6
エチオピア········	2 043	[1] 174.3	26.8	[1] 7.2	[5] 34.0
エリトリア········	-50	[6] 308.5	27.7	[6] 4.3	[4] 10.9
ガーナ············	3 079	96.0	33.8	5.6	33.2
カーボヴェルデ····	213	173.3	80.9	4.6	32.0
ガボン············	1 388	[3] 69.1	25.0	[3] 3.4	[1] 81.9
カメルーン········	1 096	[1] 49.5	17.1	[1] 3.2	[1] 90.1
ガンビア··········	10	[1] 149.2	59.0	[1] 7.1	40.3
ギニア············	100	[1] 51.8	20.8	[1] 7.0	[4] 3.3
ギニアビサウ······	-1	[1] 178.8	32.3	[1] 4.4	67.1

資金の流入，対外債務比率（Ⅱ）（2013年）

	資金の純流入額（百万ドル）	対外債務比率（％）		デットサービスレシオ（％）	外貨準備比率（％）
		対財・サービス輸出	対GNI		
ケニア・・・・・・・・・・	1 977	123.6	30.8	5.7	49.0
コートジボワール・・	2 487	4) 88.9	37.9	4) 5.2	37.6
コモロ・・・・・・・・・・	4	1) 358.9	22.3	1) 17.0	118.5
コンゴ共和国・・・・・・	601	3) 125.6	30.4	3) 2.3	1) 196.1
コンゴ民主共和国・・	530	1) 63.2	21.9	1) 3.2	27.6
サントメプリンシペ	10	586.0	69.6	16.3	29.8
ザンビア・・・・・・・・・	180	1) 54.4	25.9	1) 2.2	48.0
シエラレオネ・・・・・・	285	1) 83.3	31.1	1) 1.5	38.2
ジブチ・・・・・・・・・・	26	1) 165.6	3) 62.5	1) 8.8	51.0
ジンバブエ・・・・・・・	-574	…	69.5	…	5.8
旧スーダン・・・・・・・	70	268.2	47.9	3.5	0.9
スワジランド・・・・・・	5	20.0	13.1	1.3	164.5
セネガル・・・・・・・・・	261	1) 113.4	34.9	1) 7.4	43.1
ソマリア・・・・・・・・・	0	…	…	…	…
タンザニア・・・・・・・	1 520	150.4	39.7	1.8	35.9
チャド・・・・・・・・・・	53	…	17.2	…	1) 53.3
中央アフリカ共和国	13	…	37.4	…	1) 28.6
チュニジア・・・・・・・	-73	114.7	55.5	11.8	28.2
トーゴ・・・・・・・・・・	182	4) 30.3	24.4	4) 0.7	56.1
ナイジェリア・・・・・・	3 742	14.0	2.8	0.5	1) 461.3
ニジェール・・・・・・・	232	4) 156.1	36.3	4) 2.4	43.9
ブルキナファソ・・・・	14	1) 72.3	23.2	1) 2.0	24.5
ブルンジ・・・・・・・・・	17	1) 279.3	23.5	1) 8.8	48.1
ベナン・・・・・・・・・・	284	4) 105.8	28.7	4) 4.0	29.4
ボツワナ・・・・・・・・・	-59	1) 38.3	16.6	1) 0.8	317.9
マダガスカル・・・・・・	122	4) 140.9	27.3	4) 2.1	27.2
マラウイ・・・・・・・・・	231	1) 94.2	43.6	1) 2.0	26.5
マリ・・・・・・・・・・・	321	1) 87.0	33.3	1) 1.5	38.1
南アフリカ共和国・・	3 297	120.7	40.7	8.3	32.1
モーリシャス・・・・・・	609	135.1	91.4	42.0	30.6
モーリタニア・・・・・・	206	1) 115.0	91.7	1) 4.9	1) 28.3
モザンビーク・・・・・・	1 978	126.6	45.0	2.6	45.6
モロッコ・・・・・・・・・	4 690	118.7	38.7	15.3	46.9
リベリア・・・・・・・・・	54	4) 33.2	30.9	4) 0.2	91.1
ルワンダ・・・・・・・・・	427	138.9	23.0	3.5	63.3
レソト・・・・・・・・・・	27	1) 51.9	30.9	1) 2.3	119.2
ヨーロッパ					
アルバニア・・・・・・・	455	191.2	60.1	10.1	34.9
ウクライナ・・・・・・・	2 626	165.4	81.6	42.4	12.7
コソボ・・・・・・・・・・	105	144.7	30.9	3.7	50.1
セルビア・・・・・・・・・	1 452	187.8	88.1	43.6	40.7
ハンガリー・・・・・・・	8 929	149.4	1) 170.8	97.4	23.6
ブルガリア・・・・・・・	1 552	138.3	104.9	13.0	34.6
ベラルーシ・・・・・・・	3 043	87.5	56.7	10.4	12.6

資金の流入，対外債務比率（Ⅲ）（2013年）

	資金の純流入額（百万ドル）	対外債務比率（％）		デットサービスレシオ（％）	外貨準備比率（％）
		対財・サービス輸出	対GNI		
ボスニア・ヘルツェゴビナ‥	64	176.7	60.9	17.9	43.9
マケドニア‥‥‥‥‥	41	141.7	69.5	18.8	35.8
モルドバ‥‥‥‥‥	497	155.8	75.0	15.9	42.6
ラトビア‥‥‥‥ 4)	-667	220.3	134.4	47.0	15.7
リトアニア‥‥‥ 4)	799	89.4	72.6	20.1	26.4
ルーマニア‥‥‥‥	-4 247	174.2	72.9	39.7	33.4
ロシア‥‥‥‥‥ 4)	36 626	88.5	31.1	10.5	83.6
北中アメリカ					
エルサルバドル‥‥‥	607	206.6	57.1	17.1	18.5
グアテマラ‥‥‥‥‥	2 770	127.8	32.0	9.5	41.6
コスタリカ‥‥‥‥‥	3 257	128.8	35.9	22.3	42.0
ジャマイカ‥‥‥‥‥	1 685	308.3	100.6	26.9	13.2
ドミニカ共和国‥‥‥	1 718	141.4	41.2	16.8	19.6
ニカラグア‥‥‥‥‥	649	191.2	87.7	12.6	20.8
ハイチ‥‥‥‥‥‥	150	79.0	14.9	0.6	136.6
パナマ‥‥‥‥‥‥	2 014	55.8	38.9	5.6	17.3
ベリーズ‥‥‥‥‥	59	117.5	80.5	12.7	32.2
ホンジュラス‥‥‥‥	1 768	106.2	39.6	14.4	43.7
メキシコ‥‥‥‥‥	79 603	107.9	35.9	10.3	39.6
南アメリカ					
アルゼンチン‥‥‥‥	-4 028	138.4	22.7	13.7	20.7
エクアドル‥‥‥‥‥	3 327 1)	63.7	22.9 1)	9.8	16.4
ガイアナ‥‥‥‥‥	607	144.5	74.9	4.9	34.0
コロンビア‥‥‥‥‥	17 297	133.2	25.3	14.5	46.5
チリ‥‥‥‥‥ 4)	15 428	94.8	41.0	15.2	43.6
パラグアイ‥‥‥‥‥	613	93.2	47.2	12.9	41.4
ブラジル‥‥‥‥‥	43 127	165.6	21.9	28.6	73.8
ベネズエラ‥‥‥‥‥	-5 953 1)	117.1	27.5 1)	22.2	5.1
ペルー‥‥‥‥‥	-1 425	115.1	29.0	13.8	113.7
ボリビア‥‥‥‥‥	979 1)	56.0	27.5 1)	5.0	161.9
オセアニア					
サモア‥‥‥‥‥‥	25 1)	168.6	67.2 1)	5.3	38.2
ソロモン諸島‥‥‥‥	-32 1)	34.3	21.2 1)	4.5	241.0
トンガ‥‥‥‥‥‥	-2 1)	176.8	41.6 1)	5.7	78.1
バヌアツ‥‥‥‥‥	-233 1)	89.2	16.7 1)	2.1 4)	86.1
パプアニューギニア	-1 365 1)	337.4	148.4 1)	7.0	12.8
フィジー‥‥‥‥‥	66	33.9	20.7	1.9	118.0

資料は前表に同じ。資金の純流入額は，公的債務（IMF含む）および民間債務（長短含む）の実行額より元本返済額を控除したもの。デットサービスレシオは，債務元利支払額の財・サービス輸出額に対する割合。外貨準備比率は，外貨準備額の対外債務総額に対する割合。本書前年版まで掲載してきた短期債務比率が原資料から削除されたことから変更した。1) 2012年。2) 2010年。3) 2005年。4) 2011年。5) 2009年。6) 2000年。

398

第 10 章　運輸と郵便

　経済のグローバル化の進展により，人や物の流れが世界規模で増大している。また，中国など著しい経済成長が続く国々では，人々の生活水準が上がり，観光需要が急増している。こうした貨物や旅客の輸送需要を輸送の拠点（ハブ）となって取り込み，経済を活性化させるため，各国は道路や空港，鉄道，港湾など輸送インフラを整えて輸送サービスを向上させ，激しい国際競争を繰り広げている。

　自動車の保有台数は先進国では飽和状態に近く，近年は大幅な伸びはみられない。一方，中国やインド，ロシア，ブラジルなどでは，自動車保有台数が急増している。中国の自動車保有台数は，1990年代以降急速に増えていき，2007年にイタリアを，08年にドイツを，10年には日本を抜いてアメリカ合衆国に次ぐ世界第二位の自動車保有国となった。2012年に1億台を突破した中国の自動車保有台数は今後も急増していくとみられ，新興国を中心に，自動車台数の増大は続くとみられている。

　自動車の普及とともに，各国で道路網の拡大が続いている。道路延長をみると，2011年から12年までの間に日本では2253キロメートル延びたが，インドでは17万5052キロメートル，中国では13万1121キロメートル延びた。東南アジアのメコン地域各国を結ぶ，経済回廊と呼ばれる幹線道路の整備が進むベトナムでは，2007年から12年までの5年間で道路が5万6468キロメートル延びた。

　鉄道は，自動車に比べて環境への負荷が小さいという利点がある。近年，世界的に都市化が進み，都市部の慢性的な交通渋滞や大気汚染が各国で大きな問題となっている。このため，都市化が進む中国やタイなどの国々では，地下鉄の整備が急速に進んでいる。その他，各国で，地下鉄など都市部の鉄道建設計画が進んでいる。

　高速鉄道の整備は，これまでは，日本とヨーロッパが中心であった。しかし，2000年代後半ごろからは，中国などを中心にして進んでいる。現在，アメリカ合衆国やインド，ブラジル，タイ，ベトナムなど，世界

各地で高速鉄道の建設計画が進んでいる。

　世界の海上貨物輸送量は，1990年には43億トンだったが，2013年には初めて100億トンを超えて102億トンとなった。今後も海上貨物量は増加していき，2014年に105億トン，15年には110億トンになるとみられている。海上貨物量のうち最も大きな割合を占めるのは石油（石油製品を含む）である。2013年，海上貨物量に占める石油の割合は27.4％だった。一方，近年，コンテナ貨物が急速に輸送量を伸ばしている。コンテナ貨物の輸送量は，2000年の6.1億トンから13年には15.3億トンとなり，海上貨物輸送量全体の15.1％を占めた。

　コンテナ船の長所は，コンテナに積まれた貨物をトラックや鉄道などへ容易に積み替えることができることである。海上輸送貨物は石油や鉱物資源などを除き，1960年代ごろからコンテナ化が進んだ。効率的な輸送をするためにコンテナ船は大型化していき，1990年代に入ると，パナマ運河を通航することができる最大の大きさであるパナマックス型を超える船舶が増えていった。各国は大型船が入港できるように港湾の大規模化を進め，国際競争力を高めている。2014年の速報値では，コンテナ取扱量が世界で最も多い港は上海で，次いでシンガポール，深圳，香港など，上位10港はすべてアジア地域の港である。

　世界の定期航空輸送量は，1990年から2013年の間に，旅客数は11億6464万人から31億293万人へと2.7倍に，旅客人キロは1兆8943億人キロから5兆7822億人キロへと3.1倍に増えた。2013年の旅客数を地域別にみると，アジア太平洋地域が32.5％を占めて最も多く，次いでヨーロッパと北アメリカがともに26.3％を占めた。近年，中国など新興国の旅行需要が急速に拡大している。また，今後，2014年後半以降の原油安に伴う燃料費の下落が運賃の低下に反映されていくとみられ，航空旅客輸送量はさらに増大していくとみられている。

　航空輸送では，過剰なサービスを廃止するなどしてコストを削減し，運賃の低価格化を進めているLCC (Low Cost Carrier)と呼ばれる格安航空会社が，急速に輸送量と輸送網を伸ばしている。各国の空港ではLCC専用のターミナルを整備するなどして，利用客の拡大を図っている。

第10章

運輸と郵便

図 10-1　各国の鉄道運送量（2012年）

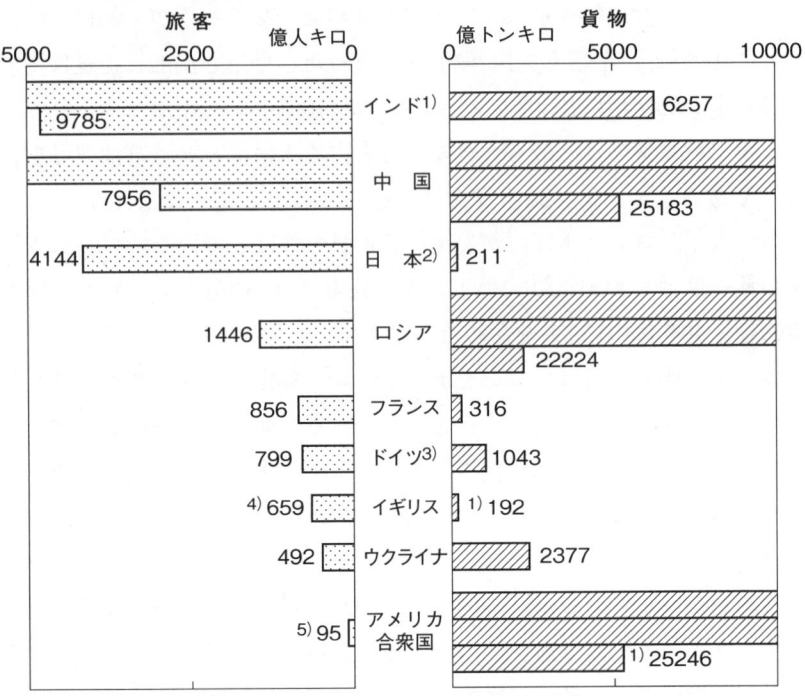

UIC（国際鉄道連合）の資料（2015年6月2日閲覧）により作成。UICに加盟する鉄道の合計。ただし、日本は国内すべての鉄道の合計。表10-2の脚注も参照のこと。1）2011年。2）2013年度。3）2013年。4）一部に2013年以前のデータを含む。5）2009年。

表 10-1　主な国の鉄道営業キロ数（2013年）

	千km		千km		千km
アメリカ合衆国	1) 228.2	ドイツ‥‥‥‥	33.4	アルゼンチン*	7) 25.0
ロシア‥‥‥‥	2) 84.2	フランス‥‥‥	3) 30.0	ウクライナ‥‥	2) 21.6
中国‥‥‥‥‥	2) 66.3	ブラジル*‥‥	4) 29.8	南アフリカ	
インド‥‥‥‥	3) 64.5	日本*‥‥‥‥	5) 27.6	共和国*‥‥	3) 20.5
カナダ*‥‥‥	3) 52.0	メキシコ*‥‥	6) 26.7	ポーランド‥‥	19.0

UIC（国際鉄道連合）の資料（2015年6月2日閲覧）により作成。アメリカ合衆国はアメリカ鉄道協会とアムトラックの合計、ロシアはロシア連邦鉄道、中国は中国鉄道、インドはインド鉄道、フランスはフランス鉄道線路事業公社、ドイツはドイツ鉄道、ウクライナはウクライナ国鉄、ポーランドはポーランド国有鉄道。*印の国は、国内のすべての鉄道の合計。国により数値が大きく改訂されている。表10-2の脚注も参照のこと。1）アメリカ鉄道協会は2011年、アムトラックは2009年の数値。2）2012年。3）2011年。4）2008年。5）2013年度末の旅客営業キロ数で、JRと民鉄の合計。6）2009年。7）2007年。

表 10-2　主な国の鉄道輸送量（Ⅰ）

	旅客（億人km）			貨物（億t.km）		
	2000	2010	2013	2000	2010	2013
アジア						
アゼルバイジャン	5	9 [1]	6	58	82 [1]	82
イスラエル‥‥‥	8	20 [2]	19	12	11 [2]	11
イラン‥‥‥‥‥	71	168 [1]	172	142	202 [1]	226
インド‥‥‥‥‥	4 570	9 035 [2]	9 785	3 124	6 005 [2]	6 257
インドネシア‥‥	192	203	…	50	72	…
カザフスタン‥‥	102	154 [1]	185	1 250	2 132 [1]	2 358
韓国‥‥‥‥‥‥	285	330	226	108	95	105
ジョージア‥‥♮	5	7 [1]	6	39	62 [1]	60
タイ‥‥‥‥‥‥	99 [3]	80 [2]	75	34 [3]	32 [2]	25
（台湾）‥‥‥‥‥	…	165 [8]	192	…	9	7
中国‥‥‥‥‥‥	4 533	7 912 [1]	7 956	13 770	24 512 [1]	25 183
トルコ‥‥‥‥‥	58	55	38	99	110	102
日本‥‥‥‥‥ [10]	3 844	3 935	4 144	221	204	211
パキスタン‥‥‥	193 [4]	247 [2]	206	38 [4]	62 [2]	18
ベトナム‥‥‥‥	32	44 [1]	46	20	39 [1]	40
マレーシア‥‥‥	12 [6]	15 [2]	33	9 [6]	14 [2]	31
モンゴル‥‥‥‥	11	12	…	43	103	…
アフリカ						
アルジェリア‥‥	11	10 [2]	10	20	13 [2]	12
エジプト‥‥‥‥	579	408	…	42	16	…
チュニジア‥‥‥	13	15	…	23	20	…
南アフリカ共和国	39 [3]	139	…	1 068 [4]	1 133	…
モロッコ‥‥‥‥	20	44 [2]	48	47	56 [2]	60
ヨーロッパ						
イギリス‥‥‥ *	382 [9]	550 [8]	659	181 [3]	212 [2]	192
イタリア‥‥‥‥	471 [9]	445 [8]	389	258	120	105
ウクライナ‥‥‥	518	502 [1]	492	1 728	2 181 [1]	2 377
オーストリア‥‥	82	103 [8]	107	171	231 [8]	151
オランダ‥‥‥‥	147	154	170	45 [5]	50	…
クロアチア‥‥‥	13	17	9	19	26	21
スイス‥‥‥‥‥	126 [9]	176	180	99	87 [8]	86
スウェーデン‥‥	82	68	61	201 [5]	218	…
スペイン‥‥‥‥	200	223 [8]	238	121	78 [8]	78
スロバキア‥‥‥	29	23 [2]	24	112	77 [2]	73
チェコ‥‥‥‥‥	73	66	69	175	136	106
デンマーク‥‥‥	53	74	67	20 [5]	20	…
ドイツ‥‥‥‥‥	751	786	799	775	1 058	1 043
ノルウェー‥‥‥	27	27 [1]	28	30 [5]	31	…
ハンガリー‥‥‥	97	54	58	81	10 [8]	13
フィンランド‥‥	34	40	41	101	98	95
フランス‥‥‥‥	699 [9]	869 [1]	856	555	228 [1]	316
ブルガリア‥‥‥	35	21	18	55 [9]	31 [8]	27

第 10 章　運輸と郵便

主な国の鉄道輸送量（Ⅱ）

	旅客（億人km）			貨物（億t.km）		
	2000	2010	2013	2000	2010	2013
ベラルーシ……	177	76	90	314	462	438
ベルギー………	78 6)	105 2)	108	77 6)	54 1)	52
ポーランド……	241	157	129	544	343	333
ポルトガル……	38	37	33	26	19 2)	21
ルーマニア……	116	52	40	164 9)	103 8)	104
ロシア………	1 671	1 390 1)	1 446	13 730	20 113 1)	22 224
アメリカ						
アメリカ合衆国・・	89 6)	95	…	21 456	24 687 2)	25 246
アルゼンチン…・	89	86	…	87	121	…
カナダ………	15	13 2)	14	3 219	3 227 2)	3 525
チリ………	7 6)	8	…	31 6)	40	…
ブラジル………	59	…	…	1 549 4)	2 677	…
メキシコ………	0.8 6)	4	…	483 6)	692	…
オセアニア						
オーストラリア・・	7) 1	15		1 342	642 2)	596

国連統計年鑑，UIC（国際鉄道連合）の資料（2015年6月閲覧）による。2000〜05年までは国連統計年鑑，06年以降はUICのデータによる。UICのデータは，国有鉄道や旧国有鉄道など主に全国的なネットワークを持つ鉄道が対象。日本は国土交通省資料による会計年度の数値で，国内すべての鉄道の合計。国により数値が改訂されている。1）2012年。2）2011年。3）2007年。4）2008年。5）2005年。6）2009年。7）2001年。8）一部に2013年以前のデータを含む。9）一部に2010年以前のデータを含む。10）会計年度の数値。＊イギリスの2000年の数値は北アイルランドを除く会計年度の数値。ᵇグルジアから国名表記変更。

輸送量の単位　旅客人kmとは，輸送した旅客数に各旅客の乗車した距離（km）を掛け合わせたもの，貨物t.kmとは，輸送した各貨物のトン数に輸送した距離を掛け合わせたもので，旅客，貨物それぞれの輸送総量を示す。

表10-3　主な国の自動車輸送量（Ⅰ）

	旅客（億人km）			貨物（億t.km）		
	2000	2010	2012	2000	2010	2012
アジア						
アゼルバイジャン	92	166	200	35	113	133
ウズベキスタン・・	…	680 5)	725	12	245 5)	261
カザフスタン…・	4) 808	1 262 5)	1 640	4) 402	803 5)	1 211
韓国…………	746	794 5)	1 129	…	… 5)	1 045
キルギス………	46	72 5)	74	12	13 5)	13
中国…………	6 657	15 021	18 468	6 129	43 390	59 535
トルコ………	1 780	2 269	2 589 2)	1 514	1 904	2 161
日本………8)	9 513	8 770	9 146	3 131	2 478	2 117
パキスタン……	1 970	2 977 5)	3 228	…	1 634 5)	1 780

主な国の自動車輸送量（Ⅱ）

	旅客（億人km）			貨物（億t.km）		
	2000	2010	2012	2000	2010	2012
ベトナム………	4) 305	692	872	4) 123	362	439
ラオス…………	4) 17	26	26	4) 2	5	4
アフリカ						
アンゴラ………	1 115	…	…	57	…	…
エチオピア……	2) 2 191	…	…	2) 25	…	…
ヨーロッパ						
アイルランド…	…	529	5) 529	123	109	99
イギリス………	6 950	7 100	6 944	1 505	1 389	5) 1 530
イタリア………	…	8 037	…	1 848	1 758	5) 1 186
ウクライナ……	310	515	497	3) 206	344	390
オーストリア…	771	847	5) 856	172	165	161
オランダ………	1) 1 939	1 533	5) 1 667	457	758	5) 757
ギリシャ………	…	1 207	5) 1 237	184	298	208
スイス…………	3) 841	912	960	3) 145	171	172
スウェーデン…	2) 1 022	1 087	1 096	324	363	335
スペイン………	4 032	3 953	3 775	1 331	2 727	2 420
スロバキア……	324	314	316	143	274	295
チェコ…………	734	799	891	390	518	512
デンマーク……	652	674	683	110	106	123
ドイツ…………	9 269	9 805	5) 9 943	3 463	4 419	4 540
ノルウェー……	541	616	625	125	172	178
ハンガリー……	141	720	5) 717	133	337	337
フィンランド…	643	723	728	275	260	219
フランス………	4) 8 465	8 610	8 666	2 665	2 890	2 834
ベルギー………	1 198	1 328	1 338	325	448	377
ベラルーシ……	92	102	100	50	160	220
ポーランド……	1 904	2 336	2 516	750	2 142	2 333
ポルトガル……	…	943	5) 938	275	346	298
リトアニア……	3) 185	349	366	78	194	234
ルーマニア……	272	294	292	143	259	297
ロシア…………	…	1 407	1 334	…	1 990	2 490
アメリカ						
アメリカ合衆国 9)	73 234	68 303	68 781	…	40 434	5) 42 544
エクアドル……	2) 96	7) 118	…	2) 46	7) 12	…
カナダ…………	2) 4 834	6) 4 930	…	2) 1 709	1 353	1 419
メキシコ………	3 817	4 520	4 807	1 941	2 203	2 335
オセアニア						
オーストラリア…	2 838	3 192	3 281	1 326	1 868	1 965

第10章 運輸と郵便

国際道路連盟（IRF）"World Road Statistics " により作成。ただし，日本は国土交通省の資料による各年度の数値。国により過去にさかのぼって数値が改訂されている。1) 1999年。2) 2001年。3) 2002年。4) 2003年。5) 2011年。6) 2009年。7) 2007年。8) 2000年度と2010年度以降は，数値に連続性がない。9) 貨物輸送量の数値が大幅に改訂された。

表 10-4　**主な国の道路現況**（Ⅰ）（2012年末現在）

	道路延長 （km）	舗装率 （％）	人口千 人あたり 道路延長 （km）	高速 道路 割合[1] （％）	道路 密度[2] （km／km²）
アジア					
イスラエル‥‥‥‥‥	18 716	100.0	2.45	2.48	0.85
イラン‥‥‥‥‥‥‥	276 597	63.7	3.62	0.78	0.16
インド‥‥‥‥‥‥‥	4 865 394	55.5	3.93	…	1.48
インドネシア‥‥‥‥	501 969	57.0 [3]	2.03	…	0.26
カザフスタン‥‥‥ [3]	97 155	88.7	6.04	…	0.04
韓国‥‥‥‥‥‥‥‥	105 703	83.4	2.16	3.83	1.06
キプロス‥‥‥‥‥‥	12 806	66.5	11.34	17.20	1.38
サウジアラビア‥‥ [13]	221 372	21.5	8.97	1.76	0.10
シリア‥‥‥‥‥‥ [4]	69 873	64.9	3.24 [5]	2.12	0.38
シンガポール‥‥‥‥	3 426	100.0	0.65	4.70	4.83
タイ‥‥‥‥‥‥‥ [5]	180 053	…	2.73	0.25	0.35
（台湾）‥‥‥‥‥‥	41 903	…	1.80	2.36	1.30
中国‥‥‥‥‥‥‥‥	4 237 508	66.0	3.08	2.27	0.44
トルコ‥‥‥‥‥‥‥	394 748	91.5	5.33	0.54	0.50
日本‥‥‥‥‥‥‥ [12]	1 217 128	81.2	9.57	0.69	3.26
パキスタン‥‥‥‥ [3]	262 567	72.6	1.49	0.27	0.33
バングラデシュ‥‥ [6]	239 226	9.5	1.72	0.00	1.66
フィリピン‥‥‥‥ [6]	201 801	…	2.44	…	0.67
ベトナム‥‥‥‥‥‥	216 557	52.2	2.39	…	0.65
マレーシア‥‥‥‥‥	180 882	78.1	6.19	…	0.55
ミャンマー‥‥‥‥‥	39 082	45.7	0.74	1.51	0.06
アフリカ					
アルジェリア‥‥‥ [4]	113 655	77.1	3.07 [8]	0.60	0.05
エジプト‥‥‥‥‥ [4]	137 430	92.2	1.76	0.61	0.14
ケニア‥‥‥‥‥‥‥	160 886	7.0	3.73 [8]	0.00	0.28
タンザニア‥‥‥‥ [3]	86 472	14.9 [10]	1.87 [11]	0.00	0.09
ナイジェリア‥‥‥ [8]	193 200	15.0	1.42	0.00	0.21
南アフリカ共和国 [9]	364 131	17.3	8.00	0.07	0.30
モロッコ‥‥‥‥‥ [3]	58 698	70.6	1.83	2.38	0.13
ヨーロッパ					
アイルランド‥‥‥‥	96 002	100.0	20.98	0.94	1.37
イギリス‥‥‥‥‥‥	420 346	100.0	6.70	0.89	1.73
イタリア‥‥‥‥‥ [13]	487 700	100.0 [6]	8.31	1.37	1.62
ウクライナ‥‥‥‥‥	169 694	97.9	3.73	0.01	0.28
エストニア‥‥‥‥‥	58 768	26.9	45.53 [7]	0.17	1.30
オーストリア‥‥‥‥	124 588	100.0	14.72	1.38	1.49
オランダ‥‥‥‥‥‥	139 295	…	8.33	1.91	3.35
ギリシャ‥‥‥‥‥‥	116 960	…	10.51	1.02	0.89
クロアチア‥‥‥‥‥	26 690	90.7	6.20	4.70	0.47
スイス‥‥‥‥‥‥‥	71 513	100.0	8.94	2.53	1.73
スウェーデン‥‥‥ [3]	580 140	23.2	61.40	0.33	1.29
スペイン‥‥‥‥‥‥	666 648	…	14.26	0.45	1.32

主な国の道路現況（Ⅱ）（2012年末現在）

	道路延長 （km）	舗装率 （％）	人口千 人あたり 道路延長 （km）	高速 道路 割合[1] （％）	道路 密度[2] （km／km²）
スロバキア・・・・・・・・	54 869	100.0	10.08	0.76	1.12
スロベニア・・・・・・・・	38 985	100.0	18.85	1.97	1.92
チェコ・・・・・・・・・・・	130 636	…	12.25	0.58	1.66
デンマーク・・・・・・・・	74 108	100.0	13.24	1.60	1.72
ドイツ・・・・・・・・・・・	643 517	…	7.77	2.00	1.80
ノルウェー・・・・・・・・	93 868 [4] 80.7		18.80	0.42	0.29
ハンガリー・・・・・・・・	201 941	37.9	20.24	0.75	2.17
フィンランド・・・・・・	78 894	66.2	14.59	0.99	0.23
フランス・・・・・・・・・	1 062 693 [3] 100.0		16.62	1.08	1.94
ブルガリア・・・・・・・・	19 602	98.6	2.69	2.76	0.18
ベラルーシ・・・・・・・・	86 648	86.5	9.21	…	0.42
ベルギー・・・・・・・・ [3]	154 012	78.2	13.99	1.15	5.04
ポーランド・・・・・・・・	412 035	68.1	10.78	0.33	1.32
リトアニア・・・・・・・・	84 166	29.9	27.80	0.37	1.29
ルーマニア・・・・・・・・	112 524	…	5.17	0.49	0.47
ロシア・・・・・・・・・・・	1 283 400	72.3	8.96	…	0.08
北中アメリカ					
アメリカ合衆国・・・・	6 586 623 [11] 67.4		20.74	1.16	0.67
カナダ・・・・・・・・・ [10]	1 409 000 [8] 39.9		41.74	1.21	0.14
コスタリカ・・・・・・・・	42 802	26.2	8.91 [7] 0.00		0.84
ジャマイカ・・・・・・・・	22 434 [13] 73.3		8.10	0.27	2.04
ニカラグア・・・・・・・・	23 897	12.8	3.99	…	0.18
メキシコ・・・・・・・・・・	377 660	38.7	3.13	2.36	0.19
南アメリカ					
アルゼンチン・・・・・・	228 512	34.6	5.56 [10] 0.33		0.08
エクアドル・・・・・・ [7]	43 670	14.8	3.06	0.00	0.17
コロンビア・・・・・・・・	214 946	…	4.51	…	0.19
チリ・・・・・・・・・・・・・	77 571	24.0	4.44 [13] 3.07		0.10
ブラジル・・・・・・・・・・	1 584 104	13.9	7.97 [8] 0.00		0.19
ペルー・・・・・・・・・・・	149 660	12.5	4.99	…	0.12
ボリビア・・・・・・・・ [3]	82 288	11.6	7.97	…	0.07
オセアニア					
オーストラリア・・・・	900 083	…	39.05	5.76	0.12
ニュージーランド・・	94 160	66.7	21.11 [3] 0.21		0.35

国際道路連盟（IRF）"World Road Statistics" および世界銀行のデータにより作成。ただし，日本は国土交通省「道路統計年報」による2013年4月1日現在の数値で，道路密度は国土地理院の面積データを用いて算出した。人口千人あたりの道路延長は，国連「World Population Prospects; The 2012 Revision」（2015年6月閲覧）および世界銀行データによる各年央人口を用いて編者算出。国により道路に関する定義が異なり調査範囲が違うため，各国の道路整備状況を単純に比較することはできない。国により過去にさかのぼって数値が改訂されている。1）道路延長に占める高速道路（motorway）の割合。2）道路延長÷国土面積。3）2011年。4）2010年。5）2006年。6）2003年。7）2007年。8）2004年。9）2001年。10）2009年。11）2008年。12）2013年。13）2005年。

図 10-2　主な国の自動車保有台数の推移

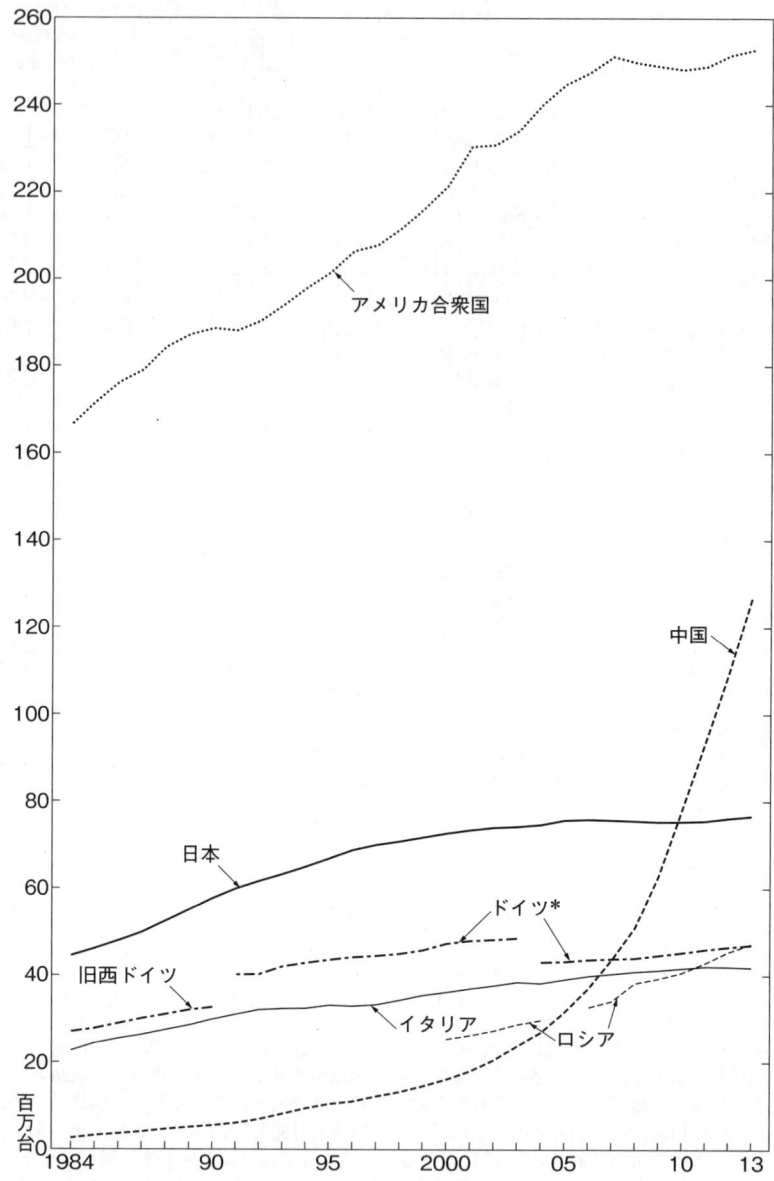

表10-5の資料により作成。乗用車・トラック・バスの合計。*2004年以降はトレーラー
を除く。

表 10-5　自動車の保有台数（Ⅰ）（単位　千台）

	2000 合計	2010 合計	2013			
			乗用車	トラック・バス	合計	人口100人あたり（台）
アジア						
中国‥‥‥‥‥	16 089	78 018	3)105 618	3) 21 084	126 701	9.1
日本‥‥‥‥‥	72 649	75 362	60 035	16 584	76 619	60.3
インド‥‥‥‥	7 540	23 813	21 551	10 948	32 499	2.6
韓国‥‥‥‥‥	11 164	17 941	15 078	4 323	19 401	39.4
インドネシア‥‥	5 205	18 900	11 485	7 902	19 386	7.8
タイ‥‥‥‥‥	6 120	10 700	7 109	6 813	13 922	20.8
トルコ‥‥‥‥	6 021	11 266	9 284	4 331	13 615	18.2
イラン‥‥‥‥1)	7 360	10 100	11 400	1 340	12 740	16.4
マレーシア‥‥‥	5 242	10 050	11 154	1 142	12 296	41.4
（台湾）‥‥‥‥	5 600	6 666	6 237	1 070	7 307	31.3
サウジアラビア‥	7 064	5 425	4 040	2 089	6 128	21.3
カザフスタン‥‥2)	1 247	3 668	3 900	700	4 600	28.0
フィリピン‥‥‥	2 361	3 123	868	2 531	3 399	3.5
パキスタン‥‥‥	1 342	2 264	2 159	620	2 779	1.5
イスラエル‥‥‥	1 596	2 400	2 339	386	2 725	35.2
アラブ首長国連邦	542	…	2 097	124	2 221	23.8
ウズベキスタン‥4)	1 500	…	1 524	528	2 052	7.1
ベトナム‥‥‥‥	226	1 550	1 800	150	1 950	2.1
シリア‥‥‥‥‥	445	1 425	1 017	879	1 896	8.7
イラク‥‥‥‥‥	1 060	1 043	1 211	543	1 754	5.2
クウェート‥‥‥	954	1 180	1 409	346	1 754	52.1
アフガニスタン‥	60	843	1 109	384	1 493	4.9
アゼルバイジャン 2)	436	964	1 100	190	1 290	13.7
ヨルダン‥‥‥‥	307	546	970	132	1 102	15.2
スリランカ‥‥‥	467	768	536	434	970	4.6
キルギス‥‥‥‥2)	213	707	405	430	835	15.1
シンガポール‥‥	561	784	607	206	813	15.0
ジョージア‥‥9)2)	300	687	670	120	790	18.2
イエメン‥‥‥‥	803	650	350	366	717	2.9
キプロス‥‥‥‥	385	617	545	141	687	60.2
（香港）‥‥‥‥	490	568	476	157	633	8.8
レバノン‥‥‥‥	1 352	546	519	104	623	12.9
バングラデシュ‥	183	115	250	360	610	0.4
オマーン‥‥‥‥	390	443	439	137	576	15.8
バーレーン‥‥‥	199	464	414	89	503	37.7
カタール‥‥‥‥	206	289	232	109	340	15.7
アフリカ						
南アフリカ共和国	6 046	7 890	6 377	2 923	9 299	17.6
アルジェリア‥‥	2 575	4 050	3 250	1 467	4 717	12.0
エジプト‥‥‥‥	1 943	3 862	3 380	1 164	4 544	5.5
モロッコ‥‥‥‥	1 491	1 885	2 365	1 206	3 572	10.8

第 10 章

運輸と郵便

自動車の保有台数（Ⅱ）（単位　千台）

	2000 合計	2010 合計	2013			
			乗用車	トラック・バス	合計	人口100人あたり（台）
ナイジェリア···	1) 1 747	3 090	2 700	740	3 440	2.0
リビア·········	820	858	1 938	524	2 462	39.7
コンゴ民主共和国	277	1 631	1 027	757	1 784	2.6
チュニジア·····	642	1 000	934	434	1 368	12.4
ケニア·········	440	436	698	461	1 158	2.6
コートジボワール	112	120	419	112	531	2.6
ジンバブエ·····	475	469	452	75	527	3.7
ボツワナ·······	118	260	247	134	381	18.8
（レユニオン）· 5)	247	336	266	103	370	42.2
ウガンダ·······	73	104	137	219	356	0.9
ヨーロッパ						
ロシア·········	25 394	40 654	39 320	7 900	47 220	33.1
ドイツ······ 6)	47 306	45 261	43 851	3 163	47 015	56.8
イタリア·······	36 165	41 650	36 963	4 867	41 830	68.6
フランス·······	33 813	37 744	31 650	6 550	38 200	59.4
イギリス·······	31 463	35 479	31 918	4 365	36 283	57.5
スペイン·······	21 427	27 513	22 025	5 130	27 155	57.9
ポーランド·····	11 045	20 319	19 389	3 345	22 734	59.5
ウクライナ··· 2)	5 730	9 418	8 541	1 672	10 213	22.6
オランダ·······	7 489	9 113	8 154	1 053	9 207	54.9
ギリシャ·······	3 507	6 610	5 124	1 343	6 467	58.1
ベルギー·······	5 222	6 092	5 439	859	6 298	56.7
ポルトガル·····	4 750	5 920	4 480	1 273	5 753	54.2
ルーマニア·····	3 281	5 113	4 696	805	5 501	25.4
チェコ·········	4 292	5 197	4 788	706	5 493	51.3
スウェーデン···	4 387	4 875	4 502	580	5 082	53.1
オーストリア···	4 493	4 847	4 641	434	5 076	59.7
スイス·········	3 864	4 464	4 321	432	4 752	58.8
フィンランド···	2 449	3 332	3 106	537	3 642	67.1
ハンガリー·····	2 749	3 418	3 041	437	3 477	34.9
ブルガリア·····	2 070	3 325	2 897	393	3 290	45.5
ベラルーシ··· 2)	1 502	2 654	2 778	501	3 279	35.0
ノルウェー·····	2 303	2 880	2 487	579	3 066	60.8
デンマーク·····	2 237	2 663	2 278	458	2 736	48.7
アイルランド···	1 546	2 383	1 910	390	2 300	49.7
スロバキア·····	1 407	1 974	1 907	300	2 207	40.5
セルビア····· 7) 1)	1 653	1 739	1 770	199	1 969	27.5
リトアニア·····	1 286	1 839	1 809	156	1 965	65.1
クロアチア··· 2)	1 200	1 715	1 402	137	1 539	35.9
スロベニア·····	931	1 146	1 072	78	1 150	55.5
ボスニア・ヘルツェゴビナ 1)	605	805	890	80	970	25.3

自動車の保有台数（Ⅲ）（単位　千台）

	2000 合計	2010 合計	2013 乗用車	2013 トラック・バス	2013 合計	2013 人口100人あたり（台）
エストニア‥‥‥	552	638	629	97	726	56.4
ラトビア‥‥‥‥	665	714	635	85	719	35.1
モルドバ‥‥‥‥	2) 240	586	480	180	660	18.9
アルバニア‥‥‥	141	419	342	100	442	13.9
ルクセンブルク‥	289	377	363	43	405	76.5
北アメリカ						
アメリカ合衆国‥	221 475	248 231	120 214	132 501	252 715	79.0
カナダ‥‥‥‥‥	17 571	21 231	21 262	1 072	22 334	63.5
中南アメリカ						
ブラジル‥‥‥‥	15 468	32 065	31 339	8 356	39 695	19.8
メキシコ‥‥‥‥	14 850	30 427	24 286	10 093	34 380	28.1
アルゼンチン‥‥	6 607	10 116	9 452	3 041	12 493	30.1
コロンビア‥‥‥	1 782	…	2 829	1 251	4 080	8.4
チリ‥‥‥‥‥‥	2 036	3 053	2 588	1 268	3 856	21.9
ベネズエラ‥‥‥	2 439	3 180	2 546	814	3 360	11.1
ペルー‥‥‥‥‥	993	1 544	964	824	1 788	5.9
グアテマラ‥‥‥	203	1 468	601	1 088	1 689	10.9
（プエルトリコ）8)	…	1 540	1 116	493	1 609	43.6
ドミニカ共和国‥	506	1 332	716	767	1 483	14.3
エクアドル‥‥‥	580	790	548	743	1 291	8.2
コスタリカ‥‥‥	424	775	660	205	866	17.8
ウルグアイ‥‥‥	625	726	741	93	834	24.5
ボリビア‥‥‥‥	456	530	245	410	655	6.1
パナマ‥‥‥‥‥	263	472	525	112	637	16.5
キューバ‥‥‥‥	…	435	224	239	463	4.1
パラグアイ‥‥‥	363	450	335	113	447	6.6
トリニダード・トバゴ‥	207	361	334	44	378	28.2
オセアニア						
オーストラリア‥	12 025	15 352	13 000	3 382	16 382	70.2
ニュージーランド	2 662	3 099	2 700	534	3 234	71.8

日本自動車工業会「世界自動車統計年報」（2005，12，15年），国際道路連盟（IRF）"World Road Statistics"，国際自動車工業連合会のデータにより作成。ただし，中国は中国国家統計局編「中国統計年鑑」による。人口100人あたりの自動車保有台数は，国連「World Population Prospects; The 2012 Revision」（2015年6月閲覧）の年央人口などを用いて算出。乗用車とトラック・バスの分類は国によって異なるため各国を単純に比較することはできない。日本の自動車台数は被けん引車と三輪車を除き，特種（殊）用途自動車を含む。中国には台湾，香港，マカオを含まず。国により過去にさかのぼって数値が改訂されている。1）2005年。2）2001年。3）バスは乗用車に含む。4）2002年。5）フランス領。6）2010年以降は，トレーラーを除く。7）コソボを含まず。2006年6月にセルビア・モンテネグロからモンテネグロが独立し，08年2月にはコソボがセルビアからの独立を宣言した。8）アメリカ合衆国領。9）グルジアから国名呼称変更。

第10章 運輸と郵便

表 10-6　主な国の二輪自動車保有台数 （各年末現在）（単位　千台）

	2000	2012		2000	2012
アジア			**ヨーロッパ**		
イラン・・・・・・	…	7) 6 290	イギリス・・・・・	995	8) 1 377
インド・・・・・・	1) 28 342	115 478	イタリア・・・・ 4)	9 748	8 583
インドネシア・・	13 563	75 981	オランダ・・・・・	1 030	1 211
韓国・・・・・・・・	…	8) 1 828	ギリシャ・・・・・	638	1 776
タイ・・・・・・・・	13 817	2) 19 965	スペイン・・・・・	3 648	5 022
（台湾）・・・・・・	11 423	15 140	チェコ・・・・・・	737	977
中国・・・・・・・・	37 720	102 171	ドイツ・・・・ 6)	4 970	8) 5 814
トルコ・・・・・・	1 000	*2 658	フランス・・・・・	2 410	3 089
日本・・・・・・・・	5) 13 974	10) 11 823	ポーランド・・・・	…	2 208
パキスタン・・・・	*1 977	8) 5 470	ロシア・・・・・・	6 329	9) 4 710
フィリピン・・・・	1 235	4 120	**アメリカ**		
ベトナム・・・・ *	6 060	9) 25 415	アメリカ合衆国	…	8 455
マレーシア・・・・	5 357	10 592	アルゼンチン・・	1 061	7) 2 516
ミャンマー・・・・	…	3 153	コロンビア・・・・	1 000	4 543
アフリカ			ブラジル・・・・・	4 123	20 062
ナイジェリア・・	…	3) 3 040	メキシコ・・・・・	260	1 590

日本自動車工業会「世界自動車統計年報」，国際道路連盟（IRF）"World Road Statistics"
による。モペット（国際規格で50cc以下かつ50km／h以下と定義されるもの）を含む。国
により二輪自動車の定義が異なる。国により過去にさかのぼって数値が改訂されている。
*モペットを除く。1）2001年。2）2013年。3）2007年。4）三輪車を除く。5）3月末時点。
6）スクーターを除く。7）2008年。8）2011年。9）2009年。10）2013年3月末時点。

表 10-7　世界の主要貨物海上荷動き量

	石油	鉄鉱石	石炭	穀物	液化ガス1)	計×
実数（百万 t）						
1990・・・・・・	1 565	360	331	216	90	4 334
2000・・・・・・	2 249	450	508	261	149	6 269
2005・・・・・・	2 589	662	673	274	194	7 638
2010・・・・・・	2 756	991	930	343	276	9 031
2013・・・・・・	2 792	1 189	1 179	387	308	10 175
2014*・・・・・	2 785	1 332	1 201	419	317	10 529
構成比（%）						
1990・・・・・・	36.1	8.3	7.6	5.0	2.1	100.0
2000・・・・・・	35.9	7.2	8.1	4.2	2.4	100.0
2005・・・・・・	33.9	8.7	8.8	3.6	2.5	100.0
2010・・・・・・	30.5	11.0	10.3	3.8	3.1	100.0
2013・・・・・・	27.4	11.7	11.6	3.8	3.0	100.0
2014*・・・・・	26.5	12.7	11.4	4.0	3.0	100.0

日本海事広報協会編「海事レポート」などにより作成。石油は原油と石油製品を合計した
もの。*推計値。1）LPGおよびLNG。×その他とも。

表 10-8　世界の商船船腹量（単位　千総トン）

	2000年末	うち油送船	2013年末	うち油送船	2014年末	うち油送船
パナマ・・・・・・・・・	114 382	27 588	218 269	29 512	217 605	28 500
リベリア・・・・・・・・	51 451	19 759	126 439	35 216	126 991	33 576
マーシャル諸島・・	9 745	5 462	95 025	27 252	109 384	30 576
（香港）・・・・・・・・・	10 242	734	85 576	12 416	92 355	14 070
シンガポール・・・・	21 491	9 118	69 353	18 383	77 041	16 051
マルタ・・・・・・・・	28 170	11 595	49 707	10 681	56 239	12 249
バハマ・・・・・・・・・	31 445	13 504	52 986	17 322	54 950	17 542
中国・・・・・・・・・・・	16 499	2 250	43 064	7 238	44 475	6 247
ギリシャ・・・・・・・・	26 402	13 681	41 735	23 287	42 347	22 934
イギリス* ・・・・・・	11 093	3 416	30 594	6 096	28 802	5 283
キプロス・・・・・・・・	23 206	4 165	21 049	2 228	21 079	1 863
日本・・・・・・・・・・・	15 257	3 742	19 801	3 474	21 066	3 484
イタリア・・・・・・・・	9 049	1 639	18 143	2 312	16 239	1 727
ノルウェー* ・・・・	22 604	7 949	16 405	2 781	15 916	2 721
デンマーク* ・・・・	6 926	1 173	12 773	1 086	14 947	816
インドネシア・・・・	3 384	805	12 689	3 081	13 549	3 451
韓国・・・・・・・・・・・	6 200	607	12 012	342	12 135	212
アメリカ合衆国・・	11 111	3 176	11 256	1 205	11 507	1 262
ドイツ・・・・・・・・・	6 552	29	12 411	278	11 117	307
（バーミューダ）・・	5 752	2 152	11 031	1 120	10 986	952
アンティグア・バーブーダ・・	4 224	5	10 047	1	9 546	1
インド・・・・・・・・・	6 662	2 526	9 208	4 146	9 194	3 950
オランダ* ・・・・・・	6 403	164	8 660	40	8 688	39
ロシア・・・・・・・・・	10 486	1 402	7 816	1 361	8 257	1 725
マレーシア・・・・・・	5 328	868	6 993	2 037	7 136	1 999
トルコ・・・・・・・・・	5 833	625	5 926	636	5 868	637
フランス* ・・・・・・	4 816	2 159	5 798	1 484	5 799	1 729
ベルギー・・・・・・・・	144	4	4 049	807	5 312	2 096
ポルトガル* ・・・・	1 191	354	2 178	266	4 599	266
フィリピン・・・・・・	7 002	154	4 592	140	4 337	143
ベトナム・・・・・・・・	1 002	136	4 027	658	4 230	657
（台湾）・・・・・・・・・	5 086	907	3 305	131	3 740	131
（ケイマン諸島）・・	1 796	304	3 292	372	3 505	535
タイ・・・・・・・・・・・	1 945	364	3 162	1 213	3 390	1 377
サウジアラビア・・	1 260	219	2 899	835	3 226	872
（ジブラルタル）・・	604	342	3 336	132	3 219	94
イラン・・・・・・・・・	4 234	2 101	3 272	206	3 195	206
ルクセンブルク・・	1 079	311	3 459	14	3 095	11
世界計×・・・・・・	558 054	155 429	1 122 649	237 519	1 166 847	239 498

IHS Maritime&Trade「WORLD FLEET STATISTICS」により作成。100総トン以上の鋼船。漁船・雑船を含む。*各国の海外自治領，第二船籍制度などについては本国の船籍に含めた。ただし，中国の香港，マカオおよびイギリスのバーミューダ，ジブラルタル，ケイマン諸島は本国とは別に集計した。×その他とも。

第10章

運輸と郵便

図10-3　**商船の国別・船種別の船腹量**（2014年）

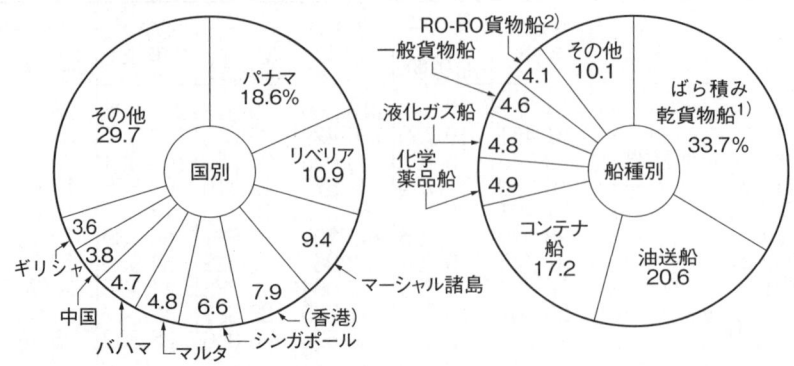

表10-8の資料による。表10-8の脚注参照。1）穀物や石炭，鉄鉱石などのばら積み乾貨物を輸送する船で，荷役装置付きの船や油・貨兼用船などは含まず。2）荷役の際，船の側面や船尾にある開口部から車両が直接出入りするなどして作業を行う船。

表10-9　**港湾別のコンテナ取扱量**（単位　千TEU）

	2000		2012		2013
香港‥‥‥‥‥	18 100	上海‥‥‥‥‥	32 529	上海‥‥‥‥‥	33 617
シンガポール・	17 040	シンガポール・	31 260	シンガポール・	32 240
釜山（韓国）‥	7 540	香港‥‥‥‥	23 117	深圳‥‥‥‥‥	23 278
高雄（台湾）‥	7 426	深圳‥‥‥‥	22 940	香港‥‥‥‥	22 352
ロッテルダム[1]	6 280	釜山‥‥‥‥	17 041	釜山‥‥‥‥	17 686
上海（中国）‥	5 613	寧波－舟山（中国）	16 175	寧波－舟山‥‥	17 351
ロサンゼルス・	4 879	広州（中国）‥	14 764	青島‥‥‥‥	15 520
ロングビーチ[2]	4 601	青島（中国）‥	14 503	広州‥‥‥‥	15 309
ハンブルク‥[3]	4 248	ドバイ‥‥‥	13 280	ドバイ‥‥‥	13 641
アントワープ[4]	4 082	天津（中国）‥	12 303	天津‥‥‥‥	13 010
深圳（中国）‥	3 994	ロッテルダム・	11 866	ロッテルダム・	11 621
ポートケラン[5]	3 207	ポートケラン・	10 001	大連‥‥‥‥	10 860
ドバイ‥‥‥[6]	3 059	高雄‥‥‥‥	9 781	ポートケラン・	10 350
ニューヨーク[7]	3 050	大連（中国）‥	8 917	高雄‥‥‥‥	9 938
東京‥‥‥‥‥	2 899	ハンブルク‥	8 892	ハンブルク‥	9 302
フェリックストウ[8]	2 853	アントワープ・	8 635	アントワープ・	8 578
ブレーメン‥[9]	2 712	ロサンゼルス・	8 078	アモイ‥‥‥	8 010
ジョイアタウロ[10]	2 653	タンジュンペラパス[5]	7 719	ロサンゼルス・	7 869
タンジュンプリオク[11]	2 476	アモイ（中国）	7 202	タンジュンペラパス	7 628
横浜‥‥‥‥	2 317	タンジュンプリオク	6 460	ロングビーチ・	6 731
マニラ‥‥‥[12]	2 292	（参考）東京‥	4 752	（参考）東京‥	4 861

CONTAINERISATION　INTERNATIONALによる。国際標準規格の20フィートコンテナを1TEUとする。東京港は2012，13年とも世界28位。港湾により数値が改訂されている。1）オランダ。2）アメリカ合衆国。3）ドイツ。4）ベルギー。5）マレーシア。6）アラブ首長国連邦。7）ニューヨーク／ニュージャージー。8）イギリス。9）ブレーメン／ブレーマーハーフェン（ドイツ）。10）イタリア。11）インドネシア。12）フィリピン。

表 10-10　世界の民間航空輸送量（定期輸送）

航空会社の所属国	旅客（百万人km）			貨物（百万t.km）		
	2012	2013*	〃%	2012	2013*	〃%
アメリカ合衆国	1 324 783	1 352 529	23.4	39 111	37 107	20.0
中国･･････････ 1)	500 258	562 748	9.7	15 569	16 054	8.6
アラブ首長国連邦	249 585	290 268	5.0	12 033	13 985	7.5
イギリス･････	251 219	259 164	4.5	6 244	6 032	3.2
ドイツ･･･････	214 322	217 834	3.8	7 237	7 334	4.0
フランス･････	172 588	177 950	3.1	4 626	4 383	2.4
ロシア･･･････	150 872	168 213	2.9	4 132	3 305	1.8
カナダ･･･････	150 212	152 627	2.6	1 960	1 946	1.0
日本･･･････････	138 059	148 323	2.6	7 046	7 456	4.0
オーストラリア	138 849	144 361	2.5	2 732	2 682	1.4
アイルランド･･	113 139	119 759	2.1	123	124	0.1
トルコ･･･････	96 488	116 867	2.0	1 934	2 349	1.3
シンガポール･･	111 080	115 371	2.0	6 899	6 513	3.5
ブラジル･････	111 561	113 408	2.0	1 363	1 633	0.9
インド･･･････	106 965	111 724	1.9	1 579	1 617	0.9
（香港）･･････	109 589	110 720	1.9	9 468	9 440	5.1
韓国･･･････････	98 727	100 826	1.7	12 291	11 785	6.3
オランダ･････	94 709	98 681	1.7	6 015	5 751	3.1
マレーシア････	71 014	87 284	1.5	1 944	1 991	1.1
インドネシア･･	80 620	85 665	1.5	880	959	0.5
スペイン･････	85 158	80 480	1.4	1 132	954	0.5
タイ･･･････････	74 975	80 262	1.4	2 758	2 644	1.4
世界計×････	5 481 113	5 782 174	100.0	184 891	185 626	100.0

ICAO "ANNUAL REPORT OF THE COUNCIL 2013" により作成。ICAO（国際民間航空機関）加盟191か国の統計。国内線と国際線の合計。貨物には郵便物を含まず。*暫定値。
1) 台湾，香港，マカオを除く。×その他とも。

表 10-11　世界の空港利用状況（Ⅰ）（貨物）（2013年）（単位　千t）

空港名	国際・国内貨物取扱量1)	空港名	うち国際貨物取扱量2)
香港･･･････････････	4 166	香港･･･････････････	4 127
メンフィス･･･････	4 138	ドバイ･････････････	2 436
上海浦東･････････	2 929	仁川（ソウル）･･････	2 395
仁川（ソウル）････	2 464	上海浦東･･･････････	2 159
ドバイ･･･････････	2 436	フランクフルト･･････	1 974
アンカレッジ･････	2 421	成田･･･････････････	1 941
ルイビル･････････	2 216	チャンギ（シンガポール）	1 850
フランクフルト･･･	2 094	シャルル・ド・ゴール（パリ）	1 835
シャルル・ド・ゴール（パリ）	2 069	アンカレッジ･･･････	1 676
成田･･･････････････	2 020	マイアミ･･･････････	1 675

次ページ（Ⅱ）の脚注参照。

世界の空港利用状況（Ⅱ）（旅客）（2013年）（単位　千人）

空港名	国際・国内乗降旅客数	空港名	うち国際乗降旅客数[5]
ハーツフィールド[3]（アトランタ）	94 431	ロンドン・ヒースロー・	67 325
北京首都…………	83 712	ドバイ……………	65 876
ロンドン・ヒースロー・	72 368	香港……………	59 274
東京………… [4]	68 907	シャルル・ド・ゴール（パリ）	56 768
オヘア（シカゴ）……	66 777	チャンギ（シンガポール）	52 775
ロサンゼルス………	66 668	スキポール（アムステルダム）	52 528
ドバイ……………	66 432	フランクフルト………	51 316
シャルル・ド・ゴール（パリ）	62 053	スワンナプーム（バンコク）	41 303
ダラス・フォートワース	60 471	仁川（ソウル）………	40 786
スカルノ・ハッタ（ジャカルタ）	60 137	アタテュルク（イスタンブール）	34 079

日本航空協会「航空統計要覧」（2014年版）により作成。空港名のうち「国際空港」は省略した。空港名の横のカッコ内は空港のある都市，または近隣にある大都市名。貨物は積込および取卸貨物。1）郵便物を含む。2）郵便物を含まない。3）ハーツフィールド・ジャクソン・アトランタ。4）羽田空港。5）2013年の成田空港の国際乗降旅客数は30490千人で世界13位。

表 10-12　主要航空会社の輸送実績（定期輸送）（2014年）

航空会社名	旅客輸送量（百万人km）	航空会社名	貨物輸送量（百万t.km）
デルタ航空（米）………	290 862	フェデラルエクスプレス（米）	16 020
ユナイテッド航空（米）・	287 547	エミレーツ航空[1]……	11 240
エミレーツ航空[1]	230 855	ＵＰＳ[4]（米）	10 936
アメリカン航空（米）…	208 046	キャセイパシフィック航空[3]	9 464
中国南方航空………	166 074	大韓航空（韓）………	8 079
サウスウエスト航空（米）*	162 445	ルフトハンザ・ドイツ航空	7 054
ルフトハンザ・ドイツ航空	143 403	シンガポール航空	6 019
英国航空…………	137 204	カタール航空	5 997
エールフランス………	134 528	カーゴルックス航空[5]…	5 753
中国国際航空………	112 247	中華航空[6][7]……	5 266
カンタス航空（豪）…	110 645	中国国際航空	4 910
ライアンエアー[2]*…	108 173	中国南方航空	4 736
トルコ航空…………	104 445	中国東方航空	4 500
中国東方航空………	103 740	英国航空	4 329
ＵＳエアウェイズ（米）	101 509	エティハド航空[1]……	4 159
キャセイパシフィック航空[3]	100 032	エバー航空[7]………	4 007
シンガポール航空……	94 664	全日本空輸	3 847
（参考）全日本空輸…	69 503	エールフランス……	3 826
〃　日本航空……	50 855	（参考）日本貨物航空…	2 731

IATA（国際航空運送協会）の資料などにより作成。国内線と国際線の合計。貨物輸送量は郵便物を含まず。旅客，貨物とも輸送量が多い順に航空会社名を掲載。*IATA非加盟の航空会社。1）アラブ首長国連邦。2）アイルランド。3）香港。4）ユナイテッド・パーセル・サービス。5）ルクセンブルク。6）日本での呼称はチャイナエアライン。7）台湾。

表 10-13　各国の郵便物数 （2013年）

	通常郵便（百万通）		速達（百万通）		小包（万個）	
	国内	国際差出	国内	国際差出	国内	国際差出
アジア						
アラブ首長国連邦 ·	5) 115	15	0.2	0.3	4) 0.1	4) 12
イスラエル・・・・・・	526	16	…	…	7) 130	7) 15
イラン・・・・・・・ 4)	803	1.4	137	0.1	209	14
インドネシア・・・・	6) 130	6) 0.1	11	0.5	4) 268	4) 3.5
韓国・・・・・・・・・・	3 920	40	103	7.5	20 341	58
タイ・・・・・・・・・・・	2 007	35	5) 68	5) 0.7	1 050	29
中国・・・・・・・・・・	6) 6 963	4) 105	840	11	6 776	7) 141
トルコ・・・・・・・・・	946	13	34	0.04	822	18
日本・・・・・・・ 1)	2)18 525	35	… 3)	11	8)375 264	180
マレーシア・・・・・	1 159 6)	15	38	0.3	92	60
アフリカ						
エジプト・・・・・・・	72	29	1.7	0.2	25	6.5
チュニジア・・・・ 6)	76	1.4	0.7	0.3	7) 7.1	7) 5.1
ナイジェリア・・・・	32	2.3	0.1	0.01	7) 0.5	7) 3.1
南アフリカ共和国	1 347	25	…	0.05	478	19
ヨーロッパ						
イギリス・・・・・・・	16 669	449	…	…	5)7)42 300	7) 17
イタリア・・・・・・・	3 923	79	5.2	0.5	99	7) 57
ギリシャ・・・・・・・	347	…	…	…	7) 57	…
スイス・・・・・・・・・	1 905	94	2.0	…	7)11 400	7) 190
チェコ・・・・・・・・・・	2 547	61	0.5	0.1	3 233	36
ドイツ・・・・・・・・・	19 261	…	…	…	7)103 000	
ノルウェー・・・・・	861	13	…	…	2 374	31
ポーランド・・・・・・	875	26	3.7	0.2	3 929	73
ポルトガル・・・・・	6) 1 419	6) 32	…	…	6)7) 22	6)7) 8.1
ロシア・・・・・・・・・	1 156	6.0	4.6	0.2	6) 5 311	6) 36
アメリカ						
アメリカ合衆国 ·	6)154 938	…	…	…	6)67 630	6)7)2 613
アルゼンチン・・・	542	1.4	29	0.04	7) 323	…
チリ・・・・・・・・・・	133	1.4	5.8	0.1	7) 154	7) 2.4
ブラジル・・・・・・・	8 205	5.2	205	0.6	7) 5 479	7) 19
ペルー・・・・・・・・・	8.0	0.9	… 4)	0.05	7) 2.2	7) 4.9
メキシコ・・・・・・・	755	8.6	3.2	0.4	7) 58	7) 1.1
オセアニア						
オーストラリア ·	4 183 6)	71	43 6)	0.7	6)11 275 6)	124

第 10 章　運輸と郵便

UPU（万国郵便連合）の資料による（2015年6月閲覧）。ただし，日本は日本郵政グループの資料による。通常郵便には普通郵便のほかに，書留，広告郵便，新聞なども含まれる。国により郵便物の範囲は異なるため単純に比較することはできない。小包には保険付小包を含む。国により過去にさかのぼって数値が改訂されている。1) 2013年度。2) 速達を含む。3) EMS（国際スピード郵便）。4) 2011年。5) 2010年。6) 2012年。7) 保険付を含まず。8) ゆうパックおよびゆうメール。

第11章　情報通信・科学技術

　世界の固定電話の契約件数は，人口100人あたりで2010年の17.8件から2014年には15.2件に減少した（表11-1）。先進国では固定電話契約をやめる人が少なくないほか，途上国では各家庭まで電話線を張る必要が無い移動電話の普及が急速に進んでいることもあって，固定電話契約があまり伸びていない。一方,移動電話の契約件数は世界的に伸びており，人口100人あたりで2010年の76.6件から14年には96.3件，総数で70億件にまで拡大している（表11-2）。通信機器メーカー等による国際的な業界団体であるGSAによると，近年先進国で普及が進む第4世代通信規格であるLTEの契約数は2015年3月末時点で6億3500万件（うち中国が1億6200万件）であり，このうち3億8200万件は直近の1年間に増加したものである。2015年第一四半期でLTE契約の増加数は第3世代携帯電話を大きく上回り，世界的に見ても携帯電話契約はLTEが主流になっている。LTEの商用サービスは138か国で提供されており，途上国でも地域によっては最新の通信ネットワークの構築が進んでいる。

　世界のインターネット利用者数は2015年末時点で32億人（うち途上国が20億人），100人あたり43.4人である（ITUによる推定，以下同じ）。途上国では人口の3分の2にあたる約40億人がインターネットから取り残されており，特に開発が遅れた後発開発途上国では人口の9億4000万人のうちインターネット利用者は8900万人（9.5%）に留まる。世界全体のインターネット契約数をみると，固定ブロードバンドは2015年末時点で契約数が100人あたり10.8件と推定されるが，移動ブロードバンドは契約数が大きく増加して100人あたり47.2件（1人が複数の端末で契約することがあるため，人口普及率より数値が高い）である。利用料金は低価格化が進んでいるが，購買力平価換算で移動ブロードバンド通信料金は途上国が先進国の約2倍，固定ブロードバンドでは3倍である。途上国はインフラ整備の遅れに加えて利用率が低いために料金が割高で,このことが途上国でのインターネット普及を阻む要因になっている。

表 11-1 固定電話契約数（Ⅰ）（単位 千件）

	1990	2000	2010	2013	2014	100人あたり件(2014)
アジア‥‥‥‥	116 692	358 707	602 785	551 526	526 102	12.1
アゼルバイジャン	620	801	1 507	1 758	1 795	18.9
アラブ首長国連邦	396	1 020	1 479	2 086	2 103	22.3
イエメン‥‥‥	125	347	1 046	1 143	1 169	4.7
イスラエル‥‥	1 626	2 974	3 408	2 900	2 900	37.1
イラク‥‥‥‥	712	675	1 721	1 900	1 948	5.6
イラン‥‥‥‥	2 199	9 486	25 815	29 689	30 588	39.0
インド‥‥‥‥	5 075	32 436	35 090	1) 29 033	1) 27 000	2.1
インドネシア‥	1 066	6 663	40 931	30 723	29 638	11.7
ウズベキスタン	1 403	1 655	1 892	2 000	2 508	8.6
カザフスタン‥	1 333	1 834	4 058	4 392	4 338	26.1
韓国‥‥‥‥‥	13 276	25 863	28 543	30 333	29 481	59.5
北朝鮮‥‥‥‥	500	500	1 180	1 180	1 180	4.7
サウジアラビア	1 234	2 965	4 166	4 940	3 922	13.4
シリア‥‥‥‥	496	1 675	4 069	4 429	3 986	18.1
シンガポール‥	1 054	1 946	1 996	1 967	1 960	35.5
スリランカ‥‥	121	767	3 578	2 707	2 679	12.5
タイ‥‥‥‥‥	1 325	5 591	6 835	6 056	5 690	8.5
（台湾）‥‥‥	6 301	12 642	16 433	16 597	14 045	60.2
中国‥‥‥‥‥	6 850	144 829	294 383	266 985	249 430	17.9
トルコ‥‥‥‥	6 861	18 395	16 201	13 552	12 529	16.5
日本‥‥‥‥‥	54 528	61 957	65 619	61 019	63 610	50.1
パキスタン‥‥	843	3 053	6 079	6 371	4 898	2.6
フィリピン‥‥	610	3 061	3 335	3 149	3 093	3.1
ベトナム‥‥‥	99	2 543	14 374	6 725	5 562	6.0
（香港）‥‥‥	2 475	3 926	4 362	4 419	4 435	61.1
マレーシア‥‥	1 586	4 628	4 610	4 536	4 410	14.6
アフリカ‥‥‥	8 390	19 440	31 655	25 388	24 904	2.2
アルジェリア‥	812	1 761	2 923	3 133	3 093	7.7
エジプト‥‥‥	1 602	5 484	9 618	6 821	6 316	7.6
南アフリカ共和国	3 315	4 962	4 861	3 876	4 303	8.1
モロッコ‥‥‥	403	1 425	3 749	2 925	2 488	7.4
ヨーロッパ‥‥	204 037	295 041	307 033	286 759	279 464	37.9
アイルランド‥	983	1 832	2 078	2 034	2 023	43.2
イギリス‥‥‥	25 368	35 228	33 409	33 384	33 238	52.4
イタリア‥‥‥	22 350	27 153	22 536	21 098	20 570	33.7
ウクライナ‥‥	7 028	10 417	12 941	11 831	10 461	24.6
オーストリア‥	3 223	3 997	3 398	3 334	3 267	38.3
オランダ‥‥‥	6 940	9 889	7 232	7 125	7 126	42.4
ギリシャ‥‥‥	3 949	5 659	5 898	5 333	5 219	46.9
クロアチア‥‥	823	1 721	1 866	1 668	1 569	36.7
スイス‥‥‥‥	3 943	5 236	4 908	4 593	4 375	53.6
スウェーデン‥	5 849	6 056	4 734	3 928	3 821	39.7
スペイン‥‥‥	12 603	17 104	20 181	19 384	19 089	40.6
セルビア‥‥‥	…	…	3 110	3 032	2 856	37.3

第11章 情報通信・科学技術

固定電話契約数（Ⅱ）（単位　千件）

	1990	2000	2010	2013	2014	100人あたり 件 (2014)
チェコ‥‥‥‥	1 624	3 872	2 367	2 001	1 887	17.6
デンマーク‥‥	2 911	3 835	2 614	2 095	1 879	33.3
ドイツ‥‥‥ 2) 3)	3) 31 887	3) 50 220	52 900	48 700	47 021	56.9
ノルウェー‥‥	2 132	2 401	1 647	1 237	1 157	22.7
ハンガリー‥‥	996	3 798	2 977	2 978	3 011	30.3
フランス‥‥‥	28 085	33 987	40 622	39 080	38 805	60.0
ブルガリア‥‥	2 175	2 882	2 164	1 942	1 817	25.3
ベラルーシ‥‥	1 574	2 752	4 139	4 469	4 514	48.5
ベルギー‥‥‥	3 913	5 036	4 640	4 596	4 694	42.1
ポーランド‥‥	3 293	10 946	7 667	5 477	5 036	13.2
ポルトガル‥‥	2 379	4 321	4 486	4 530	4 589	43.2
モルドバ‥‥‥	462	584	1 161	1 221	1 218	35.2
ルーマニア‥‥	2 366	3 899	4 500	4 720	4 600	21.3
ロシア‥‥‥‥	20 700	32 070	44 916	40 473	4) 39 426	27.7
北中アメリカ‥	160 108	233 108	197 522	180 919	176 713	31.0
アメリカ合衆国	5) 136 114	5) 192 513	149 652	133 233	129 418	40.1
カナダ‥‥‥‥	15 296	20 840	18 394	16 921	16 572	46.6
キューバ‥‥‥	337	489	1 164	1 237	1 265	11.2
グアテマラ‥‥	190	677	1 499	1 863	6) 1 718	10.8
ドミニカ共和国	341	894	1 013	1 171	1 226	11.6
メキシコ‥‥‥ 7)	5 355	12 332	19 919	21 037	21 099	17.0
南アメリカ‥‥	19 051	56 710	77 484	81 022	80 014	19.5
アルゼンチン‥	3 027	8) 7 894	9 914	9 662	9 439	22.6
エクアドル‥‥	491	1 224	2 086	2 395	2 442	15.3
コロンビア‥‥	2 415	7 193	7 186	7 141	7 181	14.7
チリ‥‥‥‥‥	864	3 303	3 458	3 203	3 408	19.2
ブラジル‥‥‥	9 409	30 926	42 141	45 038	44 128	21.8
ベネズエラ‥‥	1 488	2 536	7 083	7 774	7 809	25.3
ペルー‥‥‥‥	565	1 717	3 160	3 206	3 033	9.9
オセアニア‥‥	9 461	12 295	13 064	12 730	11 567	29.8
オーストラリア 9)	9) 7 787	9) 10 050	10) 10 625	10) 10 350	11) 9 190	38.9
ニュージーランド	1 469	1 831	1 880	1 850	1 850	40.6
世界計‥‥‥‥	517 739	975 300	1 229 544	1 138 344	1 098 765	15.2

ITU "World Telecommunication/ICT Indicators 2015" による。国や年次によって調査時期や調査機関等が異なる場合があるほか，一部に推定値や暫定値を含む。アナログ回線のほか，VoIPやWLL（無線で加入者宅と直接回線をつなぐサービス），ISDN音声回線，固定公衆電話を含む。特にISDNは国によっては 2 回線分とするなど計上方法が異なる場合がある。世界計，地域計は原資料での掲載国の合計で，旧ユーゴスラビアなどが含まれていない。1) WLL，ISDNを除く。2) 1990年は旧西ドイツでドイツテレコムのみ。3) 公衆電話を除く。4) 予測値。5) ローカルループ（加入者線）。6) 電話番号に対する新税により，使用頻度の低い回線の返還などが相次いだ。7) 利用中の回線のみ。8) テレフォニカ・デ・アルヘンティーナとテレコム・アルヘンティーナ。9) ISDNを除く。10) VoIPを除く。11) 調査方法が変更されて使用中の回線や転売分のみ集計されている。

表 11-2 移動電話契約数（Ⅰ）（単位 千件）

	1990	2000	2010	2013	2014	100人あたり 件 (2014)
アジア‥‥‥‥	1 543	256 762	2 901 775	3 801 025	4 011 603	92.4
アフガニスタン	—	—	13 000	21 588	23 424	74.9
アラブ首長国連邦	34	1 428	10 926	16 064	16 819	178.1
イエメン‥‥‥	—	32	11 085	16 845	17 100	68.5
イラク‥‥‥‥	—	—	23 264	32 450	33 000	94.9
イラン‥‥‥‥	—	963	54 052	65 246	68 891	87.8
インド‥‥‥‥	—	3 577	752 190	1) 886 304	1) 944 009	74.5
インドネシア‥	18	3 669	211 290	313 227	319 000	126.2
ウズベキスタン	—	53	20 952	21 500	21 639	73.8
カザフスタン‥	—	197	19 403	30 365	28 003	168.6
韓国‥‥‥‥‥	80	26 816	50 767	54 681	57 208	115.5
カンボジア‥‥	—	131	8 151	20 265	23 900	155.1
サウジアラビア	15	1 376	51 564	53 104	52 736	179.6
シリア‥‥‥‥	—	30	11 696	12 291	15 599	70.9
スリランカ‥‥	1	430	17 359	20 315	22 123	103.2
タイ‥‥‥‥‥	63	3 056	71 726	93 849	97 096	144.4
（台湾）‥‥‥‥	83	17 874	27 840	29 710	30 358	130.2
中国‥‥‥‥‥	18	85 260	859 003	1 229 113	1 286 093	92.3
トルコ‥‥‥‥	32	16 133	61 770	69 661	71 888	94.8
日本‥‥‥‥ 2)	868	66 784	123 287	147 888	152 696	120.2
ネパール‥‥‥	—	10	9 196	21 362	23 196	82.5
パキスタン‥‥	2	306	99 186	127 737	135 762	73.3
バングラデシュ	—	279	67 924	116 553	120 350	75.9
フィリピン‥‥	—	6 454	83 150	102 824	111 326	111.2
ベトナム‥‥‥	—	789	111 570	123 736	136 148	147.1
（香港）‥‥‥‥	134	5 447	13 794	17 098	17 372	239.3
マレーシア‥‥	87	5 122	33 859	43 005	44 929	148.8
ミャンマー‥‥	—	13	594	6 832	26 576	49.5
アフリカ‥‥‥	14	15 393	545 557	823 761	884 972	77.9
アルジェリア‥	0	86	32 780	39 517	37 258	93.3
アンゴラ‥‥‥	—	26	9 403	13 285	14 053	63.5
ウガンダ‥‥‥	—	127	12 828	18 069	20 366	52.4
エジプト‥‥‥	4	1 360	70 661	99 705	95 316	114.3
エチオピア‥‥	—	18	6 854	25 647	30 490	31.6
ガーナ‥‥‥‥	—	130	17 437	28 026	30 361	114.8
カメルーン‥‥	—	103	8 637	15 665	17 270	75.7
ケニア‥‥‥‥	—	127	24 969	31 830	33 633	73.8
コートジボワール	—	473	15 599	19 391	22 105	106.2
コンゴ民主共和国	— 3)	15	11 820	28 232	37 103	53.5
スーダン‥‥‥ 4)	—	23	18 093	27 658	27 797	72.2
セネガル‥‥‥	—	250	8 344	13 134	14 380	98.8
タンザニア‥‥	—	111	20 984	27 443	31 863	62.8
チュニジア‥‥	1	119	11 114	12 712	14 284	128.5
ナイジェリア‥	—	30	87 298	127 246	138 960	77.8
マリ‥‥‥‥‥	—	10	7 440	19 749	23 498	149.0

移動電話契約数（Ⅱ）（単位　千件）

	1990	2000	2010	2013	2014	100人あたり 件 (2014)
南アフリカ共和国	6	8 339	50 372	76 865	79 540	149.7
モザンビーク‥	—	51	7 224	12 401	18 444	69.7
モロッコ‥‥‥	1	2 342	31 982	42 424	44 115	131.7
ヨーロッパ‥‥	3 422	273 777	935 390	962 591	966 328	130.9
イギリス‥‥‥	1 114	43 452	76 730	78 674	78 461	123.6
イタリア‥‥‥	266	42 246	93 666	96 863	94 200	154.2
ウクライナ‥‥	—	819	53 929	62 459	61 170	144.1
オーストリア‥	74	6 117	12 241	13 272	12 953	151.9
オランダ‥‥‥	79	10 755	19 179	5) 19 467	5) 19 562	116.4
ギリシャ‥‥‥	—	5 932	12 293	13 000	6) 12 793	115.0
スペイン‥‥‥	55	24 265	51 389	50 159	50 761	107.8
チェコ‥‥‥‥	—	4 346	12 934	13 670	13 966	130.0
ドイツ‥‥‥ 7) 8)	273	3) 48 202	88 400	100 034	99 529	120.4
フランス‥‥‥	283	29 052	57 785	63 324	64 875	100.4
ポーランド‥‥	—	6 747	46 952	56 973	59 796	156.4
ルーマニア‥ 9)	—	2 499	24 360	22 910	22 920	105.9
ロシア‥‥‥‥	—	3 263	10)237 689	11)218 300	221 030	155.1
北中アメリカ‥	5 958	137 564	475 603	529 865	531 006	93.2
アメリカ合衆国	5 283	109 478	285 118	310 698	317 444	98.4
カナダ‥‥‥‥	584	8 727	25 825	28 360	29 480	83.0
グアテマラ‥‥	0	857	18 068	21 716	12)16 912	106.6
メキシコ‥‥‥	64	14 078	91 383	103 762	102 188	82.5
南アメリカ‥‥	36	44 473	408 737	513 904	529 647	128.9
アルゼンチン‥	12	6 488	57 082	67 362	66 357	158.7
エクアドル‥‥	—	482	14 781	16 626	16 606	103.9
コロンビア‥‥	—	2 257	44 478	50 295	55 331	113.1
チリ‥‥‥‥‥	14	3 402	19 852	23 661	23 683	133.3
ブラジル‥‥‥	1	23 188	196 930	271 100	280 729	139.0
ベネズエラ‥‥	7	5 447	27 880	30 896	30 528	99.0
ペルー‥‥‥‥	2	1 274	29 115	13)29 793	14)31 666	102.9
オセアニア‥‥	239	10 296	30 744	34 791	41 592	107.2
オーストラリア	185	8 562	22 500	24 940	31 010	131.2
世界計‥‥‥‥	**11 212**	**738 264**	**5 297 806**	**6 665 937**	**6 965 147**	96.3

資料は表11-1に同じ。一般の電話網の技術を用いた通常の移動電話。データカードやUSBモデム，公衆データサービス等を含まない。プリペイドは過去 3 か月以内に利用があるもの。世界計，地域計は原資料での掲載国の合計。1) 固定線のWLL（表11-1脚注参照）を含む。2) PHSを含む。2010年以降は統計上区分できないデータカードを含む。3) 利用していないものを含む。4) 2000年以前は旧スーダンの数値で，カナール社が固定電話として計上した分を含む。5) M2Mや専用モバイルブロードバンドを除く。6) 1 事業者のみ。7) 2010年以降はデータ通信のみのSIMカードやM2Mを除く。8) 旧西ドイツ。9) 2010年以降は過去 6 か月以内に利用があったプリペイドを含む。10) 発行SIMカード数。11) 登録SIMカード数は 2 億7774万 5 千枚。12) 電話番号に対する新税により，使用頻度の低い回線の返還などが相次いだ。13) データ通信のみを含む。14) 同年よりデータ通信を除く。

表 11-3　固定インターネット契約数（Ⅰ）（2013年）（単位　千件）

	固定インターネット	FTTH[1]	DSL	ケーブル	固定ブロードバンド[2]（2014）	100人あたり（件）
アジア………	…	…	…	…	361 385	8.3
アゼルバイジャン	1 905	98	1 495	10	1 887	19.8
アラブ首長国連邦	[3] 1 040	841	198	0	[3] 1 087	11.5
イスラエル……	2 003	—	1 263	740	2 048	26.2
イラン………	…	…	—	—	7 426	9.5
インド………	18 327	[4] 128	[4] 12 715	[4] 712	[4] 15 746	1.2
インドネシア・	61 181	…	…	…	3 009	1.2
カザフスタン・	1 881	620	1 127	57	2 148	12.9
韓国…………	18 737	12 102	1 851	4 784	19 199	38.8
サウジアラビア	2 120	258	1 850	…	3 044	10.4
シンガポール・	[5] 1 429	559	300	547	1 533	27.8
タイ…………	5 291	114	4 376	308	5 517	8.2
（台湾）………	6 158	2 895	1 554	1 154	7 437	31.9
中国…………	…	…	…	…	200 483	[6] 13.6
トルコ………	…	…	…	…	8 866	11.7
日本…………	39 605	25 353	4 470	6 023	37 225	29.3
パキスタン……	3 024	11	1 064	33	2 009	1.1
バングラデシュ	3 157	1 000	15	7	1 893	1.2
フィリピン……	5 725	2 257	2 255	2 310	23 242	23.2
ベトナム……	…	…	…	…	6 001	6.5
（香港）………	2 591	1 274	751	196	2 269	31.2
マレーシア……	…	700	1 599	…	3 061	10.1
レバノン……	…	…	…	…	1 132	22.8
アフリカ……	…	…	…	…	9 776	0.9
アルジェリア・	…	0	1 298	…	1 600	4.0
エジプト……	2 746	…	2 631	…	3 068	3.7
南アフリカ共和国	…	4	…	…	1 706	3.2
モロッコ……	838	…	835	—	992	3.0
ヨーロッパ…	…	…	…	…	199 433	27.0
アイルランド・	[7] 1 191	5	776	341	1 259	26.9
イギリス……	[8] 22 967	…	15 821	4 394	23 730	37.4
イタリア……	…	364	13 223	—	14 370	[6] 23.0
ウクライナ……	5 957	1 224	2 010	759	3 573	8.4
オーストリア・	2 270	25	1 492	694	2 349	27.5
オランダ……	…	…	…	…	6 893	41.0
ギリシャ……	2 913	2	2 907	—	3 156	28.4
クロアチア……	961	11	782	99	984	23.0
スイス………	3 474	117	2 218	1 097	3 750	46.0
スウェーデン・	…	…	…	…	3 293	34.2
スペイン……	12 137	627	9 335	2 142	12 834	27.3
スロバキア……	874	267	437	142	1 191	21.8
セルビア……	1 104	12	694	375	1 191	15.6
チェコ………	1 820	350	953	518	[9] 2 969	27.6

固定インターネット契約数（II）（2013年）（単位　千件）

	固定インターネット	FTTH[1]	DSL	ケーブル	固定ブロードバンド[2]（2014）	100人あたり（件）
デンマーク‥[10]	[11] 2 330	334	1 171	646	2 334	41.4
ドイツ‥‥‥‥	…	[12] 257	23 193	[13] 5 071	29 573	35.8
ノルウェー‥‥	…	492	799	590	1 942	38.1
ハンガリー‥‥	2 490	370	793	1 195	2 716	27.3
フィンランド・	…	328	1 028	316	1 759	32.3
フランス‥‥‥	25 100	558	22 461	1 701	25 970	40.2
ブルガリア‥‥	[14] 1 397	493	256	226	1 486	20.7
ベラルーシ‥‥	2 870	130	…	…	2 684	28.8
ベルギー‥‥‥	3 820	3	1 863	1 951	4 011	36.0
ポーランド‥‥	[15] 6 003	[10] 233	[10] 2 784	[10] 2 313	9 108	23.8
ポルトガル‥‥	2 587	459	1 096	972	2 831	26.7
ルーマニア‥[10]	3 760	[16] 1 817	[17] 1 041	[17] 535	4 008	18.5
ロシア‥‥‥‥	24 115	14 078	7 655	331	24 865	17.5
北中アメリカ・	…	…	…	…	128 468	22.5
アメリカ合衆国	…	7 637	30 855	54 341	[18] 97 981	30.4
カナダ‥‥‥‥	11 859	389	4 717	6 574	12 428	[6] 34.4
メキシコ‥‥‥	13 539	647	9 097	2 956	14 313	11.6
南アメリカ‥‥	…	…	…	…	43 535	10.6
アルゼンチン・	6 042	43	3 653	2 288	6 141	14.7
エクアドル‥‥	1 003	[19] 55	[19] 677	[19] 272	1 249	7.8
コロンビア‥‥	4 487	35	2 410	1 991	5 026	10.3
チリ‥‥‥‥‥	2 296	68	972	1 162	2 503	14.1
ブラジル‥‥‥	27 180	649	12 541	6 414	[20] 23 162	11.5
ベネズエラ‥‥	2 479	…	1 885	388	2 413	7.8
ペルー‥‥‥‥	1 579	7	1 356	211	1 766	5.7
オセアニア‥‥	…	…	…	…	7 626	19.7
オーストラリア	6 063	115	4 787	934	6 086	25.8
ニュージーランド	…	…	…	…	1 386	30.5
世界計‥‥‥‥	…	…	…	…	**750 223**	10.4

資料は表11-1に同じ。推定値を含む。固定インターネットはブロードバンド以外を含むすべての固定回線。WiMAXなど無線の固定回線を含む。FTTHやDSL，ケーブルなどブロードバンドは下り速度が256kbps以上で，日本の基準より低速のものが含まれる。世界計や地域計は原資料掲載国の合計。1）FTTHはFiber to the home。家庭以外にも建物（FTTB）も含む。2）FTTHやDSL，ケーブルや他のブロードバンドの合計。3）WiMAXを含まず（約3千契約）。4）下り512kbps以上。5）利用中の回線か問わない。6）2013年。7）固定無線通信（FWA）を含む。8）企業からの接続分を除く。9）Wi-Fiでの契約を含む（Wi-Fiホットスポットを除く）。10）144kbps以上。11）ダイヤルアップは144kbps未満でも含む。12）ケーブル業者によるものを含む。13）ケーブル業者によるFTTB/FTTHを除く。14）全プロバイダの92.4％の数値。15）前年にインターネットを利用したすべての契約数。16）DSLやケーブルとの混合を除く。17）FTTH/FTTBとの混合を含む。18）送受信の少なくとも一方向が200kbps以上のもの。19）回線の遅いものを含む。20）256kbps以上と限らない。

表 11-4　移動ブロードバンド契約数（Ⅰ）（単位　千件）

	移動ブロードバンド通信[1]（2013）	モバイル通信（2013）	携帯電話等[2]（2013）	通信専用[3]（2013）	モバイル通信（2014）	100人あたり（件）
アジア‥‥‥‥	…	835 985	…	…	1 286 874	29.6
アラブ首長国連邦	[4] 8 325	8 322	…	5 771	10 764	114.0
イラン‥‥‥‥	[5] 1 755	945	768	177	[6] 8 404	10.7
インド‥‥‥ [7]	40 655	40 264	…	…	69 990	5.5
インドネシア‥	60 531	60 531	…	…	87 769	34.7
ウズベキスタン‥	6 610	6 413	…	…	7 022	23.9
カザフスタン‥	9 502	9 407	9 298	109	9 928	59.8
韓国‥‥‥‥‥	51 893	51 892	40 547	11 345	53 751	108.6
クウェート‥‥	…	4 621	…	…	4 864	139.8
サウジアラビア	25 345	24 530	114	24 416	29 086	99.0
シンガポール‥	8 168	8 082	…	…	8 615	156.1
タイ‥‥‥‥‥	35 040	35 040	…	…	53 689	79.9
（台湾）‥‥‥‥	14 694	13 316	1 472	11 844	15 598	66.9
中国‥‥‥‥‥	295 961	295 961	…	…	582 539	41.8
トルコ‥‥‥‥	24 184	24 173	…	…	32 361	42.7
日本‥‥‥‥‥	153 261	[8] 149 059	…	…	[8] 154 144	121.4
ネパール‥‥‥	…	3 700	…	…	4 900	17.4
パキスタン‥‥	1 539	948	…	…	9 376	5.1
バングラデシュ	2 973	2 970	485	2 485	10 161	6.4
フィリピン‥‥	8 900	23 522	…	…	28 002	28.0
ベトナム‥‥‥	17 215	17 215	…	…	28 731	31.0
（香港）‥‥‥‥	6 892	6 774	5 432	1 460	7 589	104.5
マレーシア‥‥	4 190	17 387	1 104	2 607	17 611	58.3
ミャンマー‥‥	552	552	…	…	7 991	14.9
アフリカ‥‥‥	…	143 597	…	…	193 013	17.0
アルジェリア‥	[9] 0	…	…	1 078	8 302	20.8
ウガンダ‥‥‥	3 232	3 626	…	…	5 695	14.7
エジプト‥‥‥	25 553	28 781	21 653	3 899	36 269	43.5
エチオピア‥‥	4 598	4 502	…	…	7 286	7.5
ガーナ‥‥‥‥	10 425	10 324	…	…	15 806	59.8
コートジボワール	…	3 000	…	…	5 109	24.6
コンゴ民主共和国	2 178	2 168	1 886	282	5 505	7.9
ジンバブエ‥‥	5 350	5 348	4 039	1 309	5 727	39.2
スーダン‥‥‥	10 174	9 681	…	…	10 489	27.2
チュニジア‥‥	3 397	3 397	2 542	855	5 287	47.6
ナイジェリア‥	17 532	17 532	…	…	20 902	11.7
モロッコ‥‥‥	4 946	4 939	3 357	1 581	8 984	26.8
リビア‥‥‥‥	…	4 000	…	…	5 038	80.6
南アフリカ共和国	30 912	30 894	…	…	24 816	46.7
ヨーロッパ‥‥	…	416 920	…	…	485 048	65.7
イギリス‥‥‥	55 067	[10] 55 049	50 138	4 911	[10] 62 638	98.7
イタリア‥‥‥	37 872	37 457	3 757	33 700	43 300	70.9
オーストリア‥	5 482	5 466	2 199	3 267	5 729	67.2

移動ブロードバンド契約数（Ⅱ）（単位　千件）

	移動ブロードバンド通信1)（2013）	モバイル通信（2013）	携帯電話等2)（2013）	通信専用3)（2013）	モバイル通信（2014）	100人あたり（件）
オランダ……	10 448	10 785	…	…	11 610	69.1
スイス………	5 125	5 256	4 299	824	6 250	76.6
スウェーデン・	10 557	10 541	…	…	11 204	116.3
スペイン……	31 518	31 370	2 722	28 648	36 267	77.1
チェコ………	11) 6 637	5 601	1 452	4 149	6 747	62.8
デンマーク……	12) 5 842	5 831	3 513	2 318	6 530	115.8
ドイツ………	37 050	37 000	26 400	10 600	52 575	63.6
ノルウェー……	4 607	4 371	2 866	1 505	4 737	93.0
フィンランド・	6 705	6 700	559	6 141	7 538	138.5
フランス……	36 720	36 550	…	3 645	42 810	66.2
ブルガリア……	4 224	4 199	12) 2 793	12) 1 406	4 760	66.4
ベラルーシ……	4 299	4 299	…	…	5 117	55.0
ベルギー……	5 113	5 104	4 632	472	6 440	57.8
ポーランド……	23 702	20 996	16 718	4 278	23 804	62.3
ポルトガル……	3 898	3 898	1 299	2 598	4 804	45.3
ルーマニア……	8 184	13) 8 154	13) 1 718	13) 6 436	13) 10 693	49.4
ロシア………	86 070	85 908	…	…	93 903	65.9
北中アメリカ・	…	377 307	…	…	400 678	70.3
アメリカ合衆国	316 440	313 653	…	…	315 778	97.9
カナダ………	18 008	17 595	16 124	1 471	21 243	59.8
メキシコ……	…	34 564	37 211	2 077	46 408	37.5
南アメリカ……	…	157 618	…	…	239 747	58.3
アルゼンチン・	13 352	13 299	…	…	22 420	53.6
エクアドル……	4 196	4 135	3 627	507	4 934	30.9
コロンビア……	12 110	12 059	…	3 804	22 048	45.1
チリ………	6 284	6 270	5 407	863	8 969	50.5
ブラジル……	104 277	103 108	96 073	7 034	157 868	78.1
ベネズエラ……	12 453	12 421	11 286	1 135	13 529	43.9
オセアニア……	…	30 309	…	…	31 747	81.8
オーストラリア	25 937	25 795	19 645	6 150	26 521	112.2
世界計……	…	1 961 735	…	…	2 637 106	36.4

資料は表11-1に同じ。推定値を含む。ブロードバンドは下り速度が256kbps以上のもの。世界計，地域計は原資料掲載国の合計。1）モバイル通信のほか地上固定無線通信，衛星通信がある。個々の国の定義や調査範囲の違いや，調査時点が異なる場合などでモバイル通信の方が数値が大きい場合がある。2）過去3か月以内にネット接続したもので，SMSのみの使用等を含まない。従量課金ベースのものを含む。3）データカードやUSBモデムなどを用いて音声通話契約と別に契約されるもの。モバイルWiMAXを含む。過去3か月以内にネット接続したもの。4）モバイル通信にWiMAXを加えたもの。5）モバイル通信に固定無線ブロードバンドを加えたもの。6）2014年に3Gや4Gの営業許可が2業者に与えられた。7）下り512kbps以上。8）携帯電話等と通信専用モバイル，モバイルWiMAX。9）固定WiMAXのみ。10）M2Mを含む。11）Wi-Fiを含む（ホットスポットを除く）。12）144kbps以上。13）6か月以内に利用したもの。

表 11-5　インターネット推定利用者数 (2014年)

	利用者数 (千人)	利用者 率 (%)		利用者数 (千人)	利用者 率 (%)
中国・・・・・・・・・	687 135	*49.3*	ポーランド・・・・	25 455 [2]	*66.6*
アメリカ合衆国	281 809	*87.4*	タイ・・・・・・・・・	23 454 [3]	*34.9*
インド・・・・・・・・	228 132	*18.0*	マレーシア・・・・	20 377	*67.5*
ブラジル・・・・・	116 371	*57.6*	オーストラリア	19 982	*84.6*
日本・・・・・・・・・	115 036	*90.6*	ケニア・・・・・・・	19 767	*43.4*
ロシア・・・・・・・	100 468 [1]	*70.5*	モロッコ・・・・・	19 024 [7][8]	*56.8*
ナイジェリア・・	76 191	*42.7*	サウジアラビア	18 708 [9]	*63.7*
ドイツ・・・・・・・	71 238 [2]	*86.2*	ウクライナ・・・・	18 426	*43.4*
イギリス・・・・・	58 163 [2]	*91.6*	ベネズエラ・・・・	17 585	*57.0*
メキシコ・・・・・	54 955 [3]	*44.4*	オランダ・・・・・	15 655 [2]	*93.2*
フランス・・・・・	54 137 [2]	*83.8*	バングラデシュ	15 217	*9.6*
ベトナム・・・・・	44 710	*48.3*	チリ・・・・・・・・・	12 859	*72.4*
インドネシア・・	43 332 [4]	*17.1*	ウズベキスタン	12 771	*43.6*
韓国・・・・・・・・・	41 754 [5]	*84.3*	ペルー・・・・・・・	12 369 [3]	*40.2*
フィリピン・・・・	39 728	*39.7*	ルーマニア・・・・	11 703 [2]	*54.1*
トルコ・・・・・・・	38 707 [2][6]	*51.0*	スーダン・・・・・	9 486	*24.6*
イタリア・・・・・	37 839 [2]	*62.0*	ベルギー・・・・・	9 473 [2]	*85.0*
スペイン・・・・・	35 860 [2]	*76.2*	カザフスタン・・	9 116	*54.9*
カナダ・・・・・・・	30 949	*87.1*	スウェーデン・・	8 911 [2]	*92.5*
イラン・・・・・・・	30 878	*39.4*	チェコ・・・・・・・	8 561 [2]	*79.7*
アルゼンチン・・	27 047	*64.7*	アラブ首長国連邦	8 539 [8][10]	*90.4*
エジプト・・・・・	26 434 [3]	*31.7*	ハンガリー・・・・	7 562 [2]	*76.1*
南アフリカ共和国	26 038	*49.0*	アルジェリア・・	7 223	*18.1*
コロンビア・・・・	25 722 [4]	*52.6*	スイス・・・・・・・	7 097 [11]	*87.0*
パキスタン・・・・	25 548	*13.8*	世界計×・・・・	**2 918 423**	*40.5*

資料は表11-1に同じ。1) 15〜72歳。2) 16〜74歳。3) 6歳以上。4) 5歳以上。5) 3歳以上。6) 過去12か月以内の利用者。7) 5〜75歳。8) 過去3か月以内の利用者。9) 全人口に対する割合。10) 15〜74歳。11) 14歳以上で過去6か月以内の利用者。×その他とも。

表 11-6　主要国の出版点数 (2013年) (単位　点)

イラン・・・・ [1]	28 322	ベトナム・・・ [2]	24 589	ハンガリー・ [4]	11 645
インドネシア [2]	24 000	マレーシア・ [1]	17 923	フランス・・・・・	66 527
韓国・・・・・・・・	43 146	イギリス・・・・	184 400	ポーランド・ [4]	13 410
タイ・・・・・・ [2]	13 607	イタリア・・・・	61 966	ロシア・・・・・・	120 512
(台湾)・・・・・ [3]	28 084	オランダ・・・ [3]	11 500	アメリカ合衆国 [4]	202 952
中国・・・・・・・・	225 030	スペイン・・ [1]	44 000	アルゼンチン [4]	26 367
トルコ・・・・ [1]	43 100	チェコ・・・・ [1]	18 985	コロンビア・ [3]	12 334
日本・・・・・・・・	82 589	ドイツ・・・・・・	93 600	ブラジル・・・ [4]	20 792

出版ニュース社「出版ニュース」(2015年5月上旬号) および同「出版年鑑」(2014年版) による。統計の取り方が各国の任意基準により，厳密に比較できない。基本的には総出版点数の統計で重版を含むが，新刊点数のみの国もある。統計が得られた国のみ。インドは2004年に8万2537点を出版しているが，最近のデータが得られていない。1) 2011年。2) 2009年。3) 2010年。4) 2012年。

表 11-7   **世界のソフトウェア売上高**（2013年実績）（単位　百万ドル）

会社名	ソフト売上高	全売上高	ソフト比率（％）	雇用者数（千人）
IBM（米）・・・・・・・・・・・・・・・	78 854	99 751	79.1	464
マイクロソフト（米）・・・・・・	66 997	77 849	86.1	99
オラクル（米）・・・・・・・・・・・	31 834	37 180	85.6	120
アクセンチュア（米）・・・・・・	28 563	30 394	94.0	275
ヒューレット・パッカード（米）	26 634	112 298	23.7	318
EMCコーポレーション（米）	23 222	23 222	100.0	64
SAP（独）・・・・・・・・・・・・・・	22 328	22 328	100.0	65
エリクソン（スウェーデン）	16 824	34 879	48.2	8
アップル（米）・・・・・・・・・・・	16 051	170 910	9.4	80
NTTデータ（日）・・・・・・・・・	15 754	15 754	100.0	29
CSC（米）・・・・・・・・・・・・・・	14 993	14 993	100.0	90
日立製作所（日）・・・・・・・・・・	14 951	21 617	69.2	326
キャップジェミニ（仏）・・・・	13 401	13 401	100.0	128
ジェネラル・ダイナミクス（米）	11 847	31 218	37.9	96
タタ・コンサルタンシー(印)	11 527	11 743	98.2	276
アトス（仏）・・・・・・・・・・・・・	11 439	11 439	100.0	76
シネックス（米）・・・・・・・・・・	10 845	10 845	100.0	14
CGIグループ（カナダ）・・・・	9 934	9 934	100.0	68
コグニザント（米）・・・・・・・・	8 843	8 843	100.0	171

Software Magazine "2014 Software 500"（http://www.softwaremag.com）による。

サイバー攻撃の高まり

　2015年6月，日本年金機構は125万件の個人情報が流出していたことを明らかにした。さらにその後も，政府系機関や企業などへのサイバー攻撃が相次いでいる。アメリカでは，連邦政府人事管理局へのサイバー攻撃で政府職員など2210万人分の個人情報が流出したが，これはアメリカの総人口の7％に当たる過去最大規模の個人情報流出である。このようなサイバー攻撃による被害総額は，世界全体で年間4000億ドル以上と見込まれる（米マカフィー社や米戦略国際問題研究所による2014年公表の試算値）。

　2014年，アメリカ連邦捜査局（FBI）は「アクシオム」と呼ばれる強力なハッカー集団の存在を明らかにした。アクシオムはアメリカや日本などの政府機関の重要情報や，中国企業と競合する企業の技術情報などを盗み取ってきたとみられ，FBIでは中国政府の支援を受けていると分析している（中国政府は否定）。アクシオムに対抗するため，アメリカのコンピュータセキュリティ企業はこれまでの技術競争から一転して，情報を共有化し連携して対応するようになった。アメリカ政府も積極的な連携を模索しているが，2013年に発覚したNSA（国家安全保障局）による大規模な情報収集活動の影響もあって，企業側の政府への不信感が根強い。

表 11-8　日刊新聞発行部数（単位　千部）

	2011	2012	2013	成人千人あたり 部	発行紙数（紙）	
					2011	2013
イスラエル····	700	···	···	···	10	11
インド········	109 900	112 892	···	···	4 396	···
インドネシア··	9 256	9 457	9 583	53.9	401	394
韓国··········	12 505	10 929	···	···	352	···
シンガポール··	956	915	873	192.6	8	8
タイ··········	7 625	···	···	···	45	···
中国··········	105 261	116 321	···	···	960	···
トルコ········	4 732	4 748	5 077	91.1	69	74
日本··········	48 345	47 778	46 999	424.5	106	104
マレーシア····	2 596	2 547	2 574	117.2	31	38
南アフリカ共和国	1 514	1 433	1 346	36.0	20	21
アイルランド··	625	581	537	149.2	9	9
イギリス······	11 755	10 737	9 852	186.5	95	93
イタリア······	4 273	3 991	3 723	72.4	97	111
ウクライナ····	2 440	2 517	···	···	35	···
オーストリア··	1 997	1 980	1 862	257.0	15	15
オランダ······	3 359	3 240	3 063	219.8	28	28
ギリシャ······	985	···	···	···	40	···
スイス········	1 995	1 920	1 810	262.8	···	···
スウェーデン··	2 667	2 156	1 855	232.7	82	75
スペイン······	3 520	3 008	2 660	67.4	116	110
スロバキア····	381	352	300	65.2	9	9
チェコ········	1 138	1 052	942	105.2	80	79
デンマーク····	967	902	799	172.7	32	30
ドイツ········	18 522	18 021	17 242	246.1	353	345
ノルウェー····	1 803	1 725	1 632	394.5	73	74
ハンガリー····	1 237	1 023	915	108.3	30	30
フィンランド··	1 912	1 780	1 656	364.4	48	46
フランス······	7 115	6 841	6 537	121.1	85	84
ブルガリア····	1 095	827	···	···	70	···
ベルギー······	1 348	1 321	1 299	139.8	23	23
ポーランド····	2 810	2 472	2 216	67.6	37	35
ポルトガル····	480	413	···	···	19	···
ルーマニア····	789	655	548	32.3	50	43
ロシア········	8 024	8 024	···	···	530	···
アメリカ合衆国	44 421	43 433	40 712	160.1	1 382	1 395
カナダ········	4 303	4 210	4 190	142.6	95	94
アルゼンチン··	1 157	1 043	993	31.6	40	37
ブラジル······	8 651	8 806	8 480	55.8	···	···
オーストラリア	2 711	2 548	2 281	121.9	47	47
ニュージーランド	619	596	551	154.4	21	21

日本新聞協会「データブック　日本の新聞」(2015年) による。原資料は世界新聞・ニュース発行者協会 "World Press Trends"。有料日刊紙の統計。

第11章　情報通信・科学技術

表 11-9　主要国の研究費と研究者数 (2012年)

	研究費 (億円)	研究費対 GDP比 (％)	研究費の 政府負担 割合 (％)	研究者数 (千人)	人口1万 あたり 研究者数 (人)	研究者1 人あたり 研究費 (万円)
イスラエル‥‥	8 071	4.20	[1] 12.2	[2] 49.8	[2] 64.1	[2] 1 644
インド‥‥‥‥	[3] 10 758	[3] 0.76	[3] 66.1	[4] 154.8	[4] 1.4	[4] 465
インドネシア [5]	421	0.08	…	21.3	1.0	198
韓国‥‥‥‥‥	39 275	4.36	[2] 24.9	[2] 288.9	[2] 58.0	[2] 1 244
シンガポール [2]	4 726	2.23	38.1	33.7	64.9	1 402
タイ‥‥‥ [5]	618	0.25	37.9	22.0	3.3	281
(台湾)‥‥‥‥	11 621	3.07	24.8	139.2	59.7	835
中国‥‥‥‥‥	130 176	1.98	21.6	1 404.0	10.4	927
トルコ‥‥‥ [2]	5 315	0.86	29.2	72.1	9.8	737
日本‥‥‥‥‥	173 246	3.67	19.1	835.7	65.6	2 073
マレーシア‥ [2]	2 457	1.07	41.4	47.2	16.5	520
南アフリカ共和国[1]	2 428	0.76	44.5	18.7	3.7	1 297
アイスランド [2]	269	2.40	42.3	2.1	66.8	1 262
アイルランド‥	2 897	1.72	29.8	16.1	35.0	1 802
イギリス‥‥‥	34 118	1.72	28.9	252.7	39.7	1 350
イタリア‥‥‥	20 333	1.27	[2] 41.9	110.8	18.2	1 835
オーストリア‥	8 927	2.84	40.4	38.6	45.9	2 310
オランダ‥‥‥	13 252	2.16	[2] 35.5	58.6	35.0	2 261
ギリシャ‥‥‥	1 371	0.69	50.4	24.1	21.4	568
スイス‥‥‥ [6]	15 555	2.87	22.8	25.1	32.6	6 187
スウェーデン‥	14 240	3.41	[2] 27.7	49.3	51.8	2 890
スペイン‥‥‥	13 729	1.30	[2] 44.5	127.1	27.5	1 080
チェコ‥‥‥‥	3 285	1.88	36.8	33.2	31.6	990
デンマーク‥‥	7 505	2.98	29.0	37.7	67.4	1 992
ドイツ‥‥‥‥	79 795	2.92	[2] 29.8	342.7	41.8	2 328
ノルウェー‥‥	6 601	1.65	[2] 46.5	27.9	55.6	2 365
ハンガリー‥‥	1 289	1.30	36.9	23.8	24.0	541
フィンランド‥	7 004	3.55	26.7	40.5	74.8	1 731
フランス‥‥‥	47 142	2.26	[2] 35.4	[2] 249.1	[2] 38.3	[2] 2 005
ベルギー‥‥‥	8 617	2.24	[2] 23.4	44.1	39.9	1 956
ポーランド‥‥	3 517	0.90	51.3	67.0	17.4	525
ポルトガル‥‥	2 531	1.50	[2] 41.8	50.7	47.9	499
ロシア‥‥‥‥	18 107	1.12	67.8	443.3	31.0	408
(参考) EU‥ [7]	275 863	2.08	[2] 33.9	1 652.9	32.5	1 669
アメリカ合衆国	361 883	2.79	30.8	[2] 1 253.0	[2] 40.2	[2] 2 733
カナダ‥‥‥‥	24 537	1.73	34.5	[2] 157.4	[2] 45.6	[2] 1 573
メキシコ‥‥ [2]	3 972	0.43	59.6	46.1	4.2	861
ブラジル‥‥ [1]	21 830	1.16	52.7	138.7	7.2	1 574
オーストラリア[1]	[1] 24 823	[1] 2.20	[6] 34.6	[6] 92.6	[6] 42.6	[6] 2 648
ニュージーランド [2]	1 655	1.27	41.4	16.3	36.9	1 015

文部科学省「科学技術要覧」(2014年版) による。暫定値や推定値を含む。1) 2010年。2) 2011年。3) 2007年。4) 2005年。5) 2009年。6) 2008年。7) EU28か国。

表 11-10　各国特許庁別特許出願・登録件数（2013年）（単位　件）

特許出願	出願数	うち内国人	特許登録	登録数	うち内国人
中国‥‥‥‥‥	825 136	704 936	アメリカ合衆国	277 835	133 593
アメリカ合衆国	571 612	287 831	日本‥‥‥‥‥	277 079	225 571
日本‥‥‥‥‥	328 436	271 731	中国‥‥‥‥‥	207 688	143 535
韓国‥‥‥‥‥	204 589	159 978	韓国‥‥‥‥‥	127 330	95 667
欧州特許庁‥‥	147 987	73 503	欧州特許庁‥‥	66 696	33 600
ドイツ‥‥‥‥	63 167	47 353	ロシア‥‥‥‥	31 638	21 378
ロシア‥‥‥‥	44 914	28 765	カナダ‥‥‥‥	23 833	2 756
インド‥‥‥‥	43 031	10 669	オーストラリア	17 112	1 110
カナダ‥‥‥‥	34 741	4 567	ドイツ‥‥‥‥	13 858	9 792
ブラジル‥‥‥	30 884	4 959	フランス‥‥‥	11 405	10 235
オーストラリア	29 717	3 061	メキシコ‥‥‥	10 368	312
イギリス‥‥‥	22 938	14 972	イタリア‥‥‥	8 114	7 017
フランス‥‥‥	16 886	14 690	（香港）‥‥‥‥	6 564	92
メキシコ‥‥‥	15 444	1 210	北朝鮮‥‥‥‥1)	6 550	6 520
（香港）‥‥‥‥	13 916	226	シンガポール‥	5 575	393
イラン‥‥‥‥	11 643	11 305	イギリス‥‥‥	5 235	2 464
シンガポール‥	9 722	1 143	アルジェリア‥	5 127	492
イタリア‥‥‥	9 212	8 307	南アフリカ共和国	4 756	474
北朝鮮‥‥‥‥1)	8 381	8 354	ニュージーランド	4 752	298
インドネシア‥	7 450	663	ウクライナ‥‥	3 635	1 744

WIPO "IP Statistics Data Center"（http://ipstatsdb.wipo.org/）による。2015年7月1日閲覧。各国特許庁のほか，ヨーロッパ各国へは欧州特許庁，旧ソ連構成国のうち8か国へはユーラシア特許庁でも出願できる。近年は中国の出願数が急速に増加しているが，出願から登録に時間がかかることもあり，出願数に比べて登録数が少ない。1）2012年。

表 11-11　各国出願人の国内外別特許出願件数（2013年）（単位　件）

	国内	国外		国内	国外
中国‥‥‥‥‥	704 936	29 160	インド‥‥‥‥	10 669	10 239
アメリカ合衆国	287 831	213 331	オーストリア‥	4 159	9 193
日本‥‥‥‥‥	271 731	201 410	イスラエル‥‥	1 201	11 566
韓国‥‥‥‥‥	159 978	63 549	フィンランド‥	3 492	9 218
ドイツ‥‥‥‥	73 929	110 564	オーストラリア	3 061	9 454
フランス‥‥‥	24 538	46 545	デンマーク‥‥	3 275	8 932
イギリス‥‥‥	19 552	31 748	ベルギー‥‥‥	2 600	9 126
スイス‥‥‥‥	8 187	36 810	イラン‥‥‥‥	11 305	38
ロシア‥‥‥‥	29 120	4 947	スペイン‥‥‥	4 532	6 480
オランダ‥‥‥	8 151	25 438	北朝鮮‥‥‥‥1)	8 354	10
イタリア‥‥‥	12 017	16 879	ブラジル‥‥‥	4 959	1 889
カナダ‥‥‥‥	4 567	21 737	ポーランド‥‥	4 608	1 423
スウェーデン‥	6 000	16 647	トルコ‥‥‥‥	4 769	1 024

資料は上表に同じ。各特許庁の国籍別出願数を合算したもの。国際出願などで同じ特許を複数国にまたがって出願したものは，当該国の数だけ重複して計上される。1）2012年。

表 11-12　国際出願特許件数（2014年）（単位　件）

出願人の国籍別		メーカー別	
アメリカ合衆国·	61 492	ファーウェイ（華為技術）（中）	3 442
日本·········	42 459	クアラコム（米）···········	2 409
中国·········	25 539	ZTE（中興通訊）（中）······	2 179
ドイツ·······	18 008	パナソニック（日）·········	1 682
韓国·········	13 151	三菱電機（日）·············	1 593
フランス·····	8 319	インテル（米）·············	1 539
イギリス·····	5 282	エリクソン（ス）···········	1 512
オランダ·····	4 218	マイクロソフト（米）·······	1 460
スイス·······	4 115	シーメンス（独）···········	1 399
スウェーデン···	3 925	フィリップス（蘭）·········	1 391
カナダ·······	3 089	サムスン電子（韓）·········	1 381
イタリア·····	3 061	トヨタ自動車（日）·········	1 378
フィンランド···	1 815	ロベルト・ボッシュ（独）····	1 371
オーストラリア·	1 726	シャープ（日）·············	1 227
スペイン·····	1 705	NEC（日）·················	1 215
イスラエル····	1 596	LGエレクトロニクス（韓）···	1 138
インド·······	1 394	テンセント（騰訊控股）（中）··	1 086
オーストリア···	1 387	富士フイルム（日）·········	1 072
シンガポール···	944	ユナイテッド・テクノロジーズ（米）	1 013
計×········	**214 500**	日立製作所（日）···········	996

WIPO "Patent Cooperation Treaty Yearly Review"（2015年版）による。ス＝スウェーデン。国際出願特許は，一つの出願願書で特許協力条約加盟国すべてに同時に出願したことと同じ効果を与えるもの。出願人の国籍別は推定値。×その他とも。

表 11-13　知的財産使用料の貿易額（単位　百万ドル）

輸出（受取額）	2012	2013	輸入（支払額）	2012	2013
アメリカ合衆国	125 492	129 178	アイルランド··	42 103	46 407
日本··········	31 892	31 587	アメリカ合衆国	39 501	39 016
スイス········	16 438	17 360	中国··········	17 749	21 033
イギリス······	11 892	12 947	シンガポール··	19 850	20 153
ドイツ········	9 828	12 908	日本··········	19 898	17 831
フランス······	12 747	11 556	スイス········	11 529	12 217
スウェーデン··	7 046	7 455	カナダ········	10 857	10 871
オランダ······	5 561	6 317	フランス······	8 758	10 150
アイルランド··	4 997	5 287	韓国··········	8 617	9 837
韓国··········	3 903	4 328	イギリス······	8 860	9 037
カナダ········	3 994	4 066	ドイツ········	6 285	8 399
イタリア······	4 100	3 970	ロシア········	7 629	8 389
フィンランド··	3 332	3 715	イタリア······	5 317	5 169
ベルギー······	2 640	3 358	タイ··········	3 610	4 586
メキシコ······	96	2 295	オランダ······	3 627	4 495
計×········	**259 603**	**273 631**	計×········	**267 293**	**283 091**

国際貿易投資研究所資料による。原資料はIMFの国際収支統計。×原資料掲載国の合計。

第 12 章　諸国民の生活

　21世紀に入り，国際社会が取り組むべき課題として掲げられたミレニアム開発目標（MDGs = The　Millennium　Development Goals）の最終報告書が，2015年7月6日に国連によって公表された。MDGsには極度の貧困削減など8課題が設定され，近年，世界の国と地域で開発の中にこれらの課題を取りこみ，大きな成果が得られることとなった。

　最大の課題である極度の貧困と飢餓の撲滅において，その目標が達成された。1990年には，1日1ドル25セント未満という極度の貧困生活を送る人々の数が19億2600万人に上った（世界人口の36％）。開発途上国ではその割合が47％で，ほぼ2人に1人が極度の貧困生活者となっていた。国連が2000年にミレニアム開発目標を掲げ，15年かけて各国の削減努力が続けられた結果，2015年に世界の極度の貧困生活者は8億3600万人（世界人口の12％）まで減少した。10億人以上の人々が極度の貧困から脱却したことになり，開発途上国における極度の貧困率も14％と大きく改善された。

　飲み水に関する衛生環境も大きく進歩して，2000年には早くも目標を達成した。1990年に安全な飲み水（改良された飲料水源）を利用する割合は世界人口の76％であったが，2015年には91％に上昇した。この25年間で新たに安全な飲み水を利用できるようになったのは26億人で，このうち水道水を利用できるようになったのは19億人である。この結果，水道水を利用できる世界の人口は，1990年の23億人から2015年には42億人へと増加した。

　小学校児童の就学率もかなり向上して，サハラ以南アフリカを除く全ての開発途上地域において目標の達成が間近となった。開発地域における初等教育（小学校）の就学率は大きく向上し，2000年の83％から2015年の91％まで上昇した。地域としては目標に届かなかったものの，最も就学率が向上したのはサハラ以南アフリカで，1990年の52％から2015年には80％まで増加した。また，開発途上地域における男女別就学率では，

初等，中等，高等教育で男女格差が解消された。

　幼児や妊産婦の死亡率の削減においても著しい改善がみられた。5歳未満の幼児死亡率は1000人あたりで，1990年の90人から2015年の43人へと半分以下に下がり，妊産婦の死亡率も出産10万あたり1990年の380人から2013年の210人へと45％減少した。しかしながら，ミレニアム目標値の設定が高かった（幼児死亡率3分の2削減，妊産婦死亡率4分の3削減）こともあって，目標水準には届かなかった。

　また，HIV，マラリア，結核などのまん延防止と減少にも成功した。HIV感染者は2000年以降40％減少し，抗レトロウイルス療法（HIVの進行を抑え込む薬の処方）を受ける人数が飛躍的に増加した。マラリアが風土病となっているサハラ以南アフリカでは，2000年以降620万人以上がマラリアによる死を免れており，同地域で9億以上の殺虫剤処理された蚊帳が配布された。

　国連の新しい人口推計によると，世界人口は2015年の73億人から30年には85億人になるとみられている。世界人口は，今後も途上国を中心にして急速に増えていくが，これに対し，国連では，MDGsに続く，次の15年間で取り組むべき新たな目標を定める協議が続けられてきた。その結果，2015年8月2日，2016〜30年にかけての新しい開発目標について各国の合意が成立し，同年9月に開催される「持続可能な開発サミット」で採択される見通しとなっている。新たな目標は，17分野で数値目標を含む169項目が盛り込まれており，MDGsの8分野21目標から大幅に増えた。その主要なテーマは，男女間の不平等，貧富の格差，気候変動と環境悪化の影響，紛争の脅威，残された貧困層と飢餓などである。女性に対する差別は，就業，資産，意思決定などにおいて未だに残っている。貧困層と富裕層では，子供の通学率と死亡率に明確な格差があり，都市部と農村部では享受できる衛生施設に差がある。さらに世界の二酸化炭素排出量の増加（1990年以降50％以上も増加），深刻な水不足，漁業資源の乱獲などが開発目標に及ぼす影響，紛争により安住できずに移動を強いられる多くの人々，今も8億人以上の飢餓にあえぐ人々の存在など，これらが大きな課題として残されている。

図 12-1　医療関連支出の対GDP比（2011年）

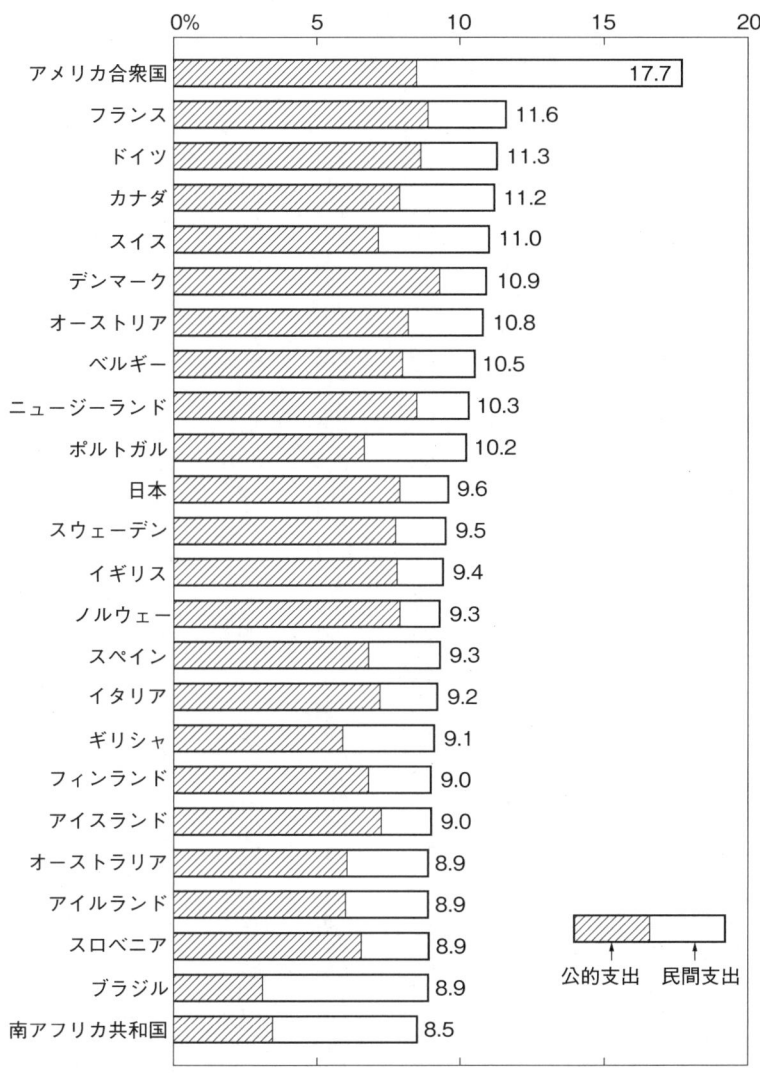

経済協力開発機構（OECD）"Factbook 2014"による。2011年または最近のデータ。
医療関連支出は，医薬品や医療サービスの消費額と医療体制への資本投資を測定した
もの。医薬品や医療サービスへの公的支出と民間支出（家計を含む），公的な医療予
防や公衆衛生に関するプログラムへの支出などが含まれる。個人に対する医療サービ
スには，入院や外来支出などのほかに，自宅療養費などが含まれる。医療関連支出の
国際比較は，データの取り方が一様でないため，注意が必要。

表 12-1　保健統計と購買力平価換算による 1 人あたり GNI（I）

	平均寿命（年）					乳児[1] 死亡率	
	1990	2000	2013	男	女	1990	2013
アジア							
アゼルバイジャン	63	66	72	70	75	75	30
アフガニスタン・	49	55	61	61	62	121	70
アラブ首長国連邦	72	74	77	76	78	14	7
アルメニア・・・・・	67	71	71	67	75	42	14
イエメン・・・・・・	58	61	64	63	66	88	40
イスラエル・・・・・	77	79	82	81	84	10	3
イラク・・・・・・・・	69	71	70	67	74	42	28
イラン・・・・・・・・	64	70	74	72	76	44	14
インド・・・・・・・・	58	62	66	65	68	88	41
インドネシア・・・	62	67	71	69	73	62	25
ウズベキスタン・	67	66	69	67	72	59	37
オマーン・・・・・・・	68	72	76	74	79	32	10
カザフスタン・・・	66	63	68	63	73	45	15
カタール・・・・・・・	75	77	79	79	80	18	7
韓国・・・・・・・・・・	72	76	82	78	85	6	3
カンボジア・・・・・	54	61	73	70	75	86	33
北朝鮮・・・・・・・・・	70	65	70	66	73	33	22
キプロス・・・・・・・	76	77	82	80	84	10	3
キルギス・・・・・・・	66	66	69	66	73	55	22
クウェート・・・・・	73	75	78	78	79	14	8
サウジアラビア・	69	73	76	74	78	35	13
ジョージア*・・・	71	72	74	71	78	41	12
シリア・・・・・・・・・	70	73	76	73	78	30	12
シンガポール・・・	75	79	83	81	85	6	2
スリランカ・・・・・	69	70	75	72	78	18	8
タイ・・・・・・・・・・	69	70	75	71	79	30	11
タジキスタン・・・	64	64	69	68	70	85	41
中国・・・・・・・・・・	69	71	75	74	77	42	11
トルクメニスタン	62	62	64	60	68	73	47
トルコ・・・・・・・・・	65	70	75	72	79	56	17
日本・・・・・・・・・・	79	81	84	80	87	5	2
ネパール・・・・・・・	54	62	68	67	70	99	32
バーレーン・・・・・	73	74	77	76	78	20	5
パキスタン・・・・・	60	63	66	65	67	106	69
バングラデシュ・	60	65	71	70	72	100	33
東ティモール・・・	50	59	67	65	69	130	46
フィリピン・・・・・	66	69	69	65	72	41	24
ブータン・・・・・・・	53	60	68	68	69	93	30
ブルネイ・・・・・・・	73	76	77	76	79	9	8
ベトナム・・・・・・・	70	73	76	71	80	37	19
マレーシア・・・・・	71	71	74	72	76	14	7
ミャンマー・・・・・	59	62	66	64	68	78	40
モンゴル・・・・・・・	61	63	68	64	72	77	26

5歳未満児の死亡率[2]		妊産婦死亡率[3]		合計特殊出生率[4]		1人あたりGNI[5](PPPドル)	
1990	2013	1990	2013	1990	2013	2013	
							アジア
95	34	60	26	2.7	2.0	16 180	アゼルバイジャン
179	97	1 200	400	7.7	4.9	1 960	アフガニスタン
17	8	16	8	4.4	1.8	[6]59 890	アラブ首長国連邦
50	16	47	29	2.5	1.7	8 180	アルメニア
125	51	460	270	8.7	4.1	3 820	イエメン
12	4	12	2	2.8	3.0	31 780	イスラエル
53	34	110	67	5.9	4.0	14 930	イラク
57	17	83	23	4.8	1.9	15 610	イラン
126	53	560	190	3.9	2.5	5 350	インド
84	29	430	190	3.1	2.3	9 270	インドネシア
71	43	66	36	4.1	2.2	5 290	ウズベキスタン
39	11	48	11	7.2	2.9	[6]52 780	オマーン
53	16	91	26	2.7	2.6	20 680	カザフスタン
21	8	11	6	4.0	2.0	128 530	カタール
7	4	18	27	1.6	1.2	33 360	韓国
118	38	1 200	170	5.6	2.9	2 890	カンボジア
43	27	85	87	2.3	2.0	…	北朝鮮
11	4	18	10	2.4	1.5	27 630	キプロス
66	24	85	75	3.7	3.2	3 080	キルギス
17	10	12	14	2.4	2.6	[7]84 800	クウェート
44	16	41	16	5.8	2.6	53 640	サウジアラビア
47	13	50	41	2.2	1.8	7 020	ジョージア*
37	15	130	49	5.3	3.0	…	シリア
8	3	8	6	1.9	1.2	76 860	シンガポール
21	10	49	29	2.5	2.3	9 470	スリランカ
37	13	42	26	2.1	1.4	13 430	タイ
108	48	68	44	5.2	3.8	2 500	タジキスタン
54	13	97	32	2.5	1.7	11 850	中国
91	55	66	61	4.3	2.3	12 920	トルクメニスタン
74	19	48	20	3.1	2.0	18 570	トルコ
6	3	14	6	1.5	1.4	37 550	日本
142	40	790	190	5.2	2.3	2 260	ネパール
23	6	21	22	3.7	2.1	[6]36 290	バーレーン
139	86	400	170	6.0	3.2	4 840	パキスタン
144	41	550	170	4.6	2.2	3 190	バングラデシュ
172	55	1 200	270	5.3	5.2	[6] 7 670	東ティモール
59	30	110	120	4.3	3.0	7 840	フィリピン
134	36	900	120	5.6	2.2	6 920	ブータン
12	10	26	27	3.5	2.0	[8]68 010	ブルネイ
51	24	140	49	3.6	1.7	5 070	ベトナム
17	9	56	29	3.5	2.0	22 530	マレーシア
109	51	580	200	3.4	1.9	…	ミャンマー
108	32	100	68	4.1	2.4	8 810	モンゴル

保健統計と購買力平価換算による1人あたりGNI（Ⅱ）

	平均寿命（年）					乳児[1]死亡率	
	1990	2000	2013	男	女	1990	2013
ヨルダン‥‥‥‥	70	72	74	72	76	30	16
ラオス‥‥‥‥‥	53	59	66	65	68	111	54
レバノン‥‥‥‥	67	74	80	78	82	27	8
アフリカ							
アルジェリア‥‥	68	70	72	70	74	40	22
アンゴラ‥‥‥‥	43	46	52	50	53	133	102
ウガンダ‥‥‥‥	47	45	59	57	61	107	44
エジプト‥‥‥‥	65	68	71	69	74	63	19
エチオピア‥‥‥	45	51	65	63	66	122	44
エリトリア‥‥‥	48	45	64	61	66	93	36
ガーナ‥‥‥‥‥	57	58	63	62	64	80	52
カーボベルデ‥‥	66	70	75	71	78	48	22
ガボン‥‥‥‥‥	61	59	64	62	65	60	39
カメルーン‥‥‥	54	51	57	56	58	85	61
ガンビア‥‥‥‥	52	56	61	60	63	80	49
ギニア‥‥‥‥‥	47	51	58	57	59	140	65
ギニアビサウ‥‥	49	52	54	53	55	133	78
ケニア‥‥‥‥‥	60	52	61	60	63	64	48
コートジボワール	51	48	53	52	54	104	71
コンゴ共和国‥‥	56	52	59	58	60	60	36
コンゴ民主共和国	49	48	52	51	54	115	86
ザンビア‥‥‥‥	43	41	58	57	60	115	56
シエラレオネ‥‥	38	39	46	46	46	158	107
ジブチ‥‥‥‥‥	57	57	62	60	63	92	57
ジンバブエ‥‥‥	62	42	59	56	61	50	55
スーダン‥‥‥‥	55	58	63	61	65	80	51
スワジランド‥‥	61	48	53	53	53	55	56
赤道ギニア‥‥‥	48	50	56	55	57	124	69
セネガル‥‥‥‥	57	57	64	63	66	71	44
ソマリア‥‥‥‥	47	50	54	53	56	108	90
タンザニア‥‥‥	51	50	63	61	65	101	36
チャド‥‥‥‥‥	45	46	52	51	53	116	89
中央アフリカ共和国	48	45	51	50	52	115	96
チュニジア‥‥‥	70	73	76	74	78	41	13
トーゴ‥‥‥‥‥	55	55	58	57	60	90	56
ナイジェリア‥‥	46	47	54	54	55	126	74
ナミビア‥‥‥‥	63	57	68	66	70	50	35
ニジェール‥‥‥	43	50	59	59	59	138	60
ブルキナファソ‥	50	49	59	58	59	103	64
ブルンジ‥‥‥‥	49	48	56	54	58	103	55
ベナン‥‥‥‥‥	53	54	59	57	60	108	56
ボツワナ‥‥‥‥	65	47	64	63	65	39	36
マダガスカル‥‥	51	58	64	63	66	98	40
マラウイ‥‥‥‥	45	44	60	58	61	143	44

5歳未満児の死亡率2)		妊産婦死亡率3)		合計特殊出生率4)		1人あたりGNI5)(PPPドル)	
1990	2013	1990	2013	1990	2013	2013	
37	19	86	50	5.5	3.2	11 660	ヨルダン
162	71	1 100	220	6.2	3.0	4 550	ラオス
32	9	64	16	3.0	1.5	17 400	レバノン
							アフリカ
47	25	160	89	4.8	2.8	13 070	アルジェリア
226	167	1 400	460	7.2	5.9	7 000	アンゴラ
179	66	780	360	7.1	5.9	1 630	ウガンダ
85	22	120	45	4.4	2.8	10 790	エジプト
205	64	1 400	420	7.2	4.5	1 380	エチオピア
151	50	1 700	380	6.5	4.7	1 180	エリトリア
128	78	760	380	5.6	3.9	3 900	ガーナ
63	26	230	53	5.3	2.3	6 210	カーボベルデ
93	56	380	240	5.4	4.1	17 230	ガボン
136	95	720	590	6.4	4.8	2 770	カメルーン
170	74	710	430	6.1	5.8	1 610	ガンビア
238	101	1 100	650	6.6	4.9	1 160	ギニア
225	124	930	560	6.6	4.9	1 410	ギニアビサウ
99	71	490	400	6.0	4.4	2 780	ケニア
152	100	740	720	6.4	4.9	3 090	コートジボワール
92	49	670	410	5.3	5.0	4 600	コンゴ共和国
176	119	1 000	730	7.1	5.9	740	コンゴ民主共和国
193	87	580	280	6.5	5.7	3 810	ザンビア
268	161	2 300	1 100	6.5	4.7	1 690	シエラレオネ
119	70	400	230	6.1	3.4	…	ジブチ
75	89	520	470	5.2	3.5	1 690	ジンバブエ
128	77	720	360	6.2	4.4	3 230	スーダン
74	80	550	310	5.7	3.3	6 060	スワジランド
184	96	1 600	290	5.9	4.8	23 270	赤道ギニア
141	55	530	320	6.6	4.9	2 210	セネガル
180	146	1 300	850	7.4	6.6	…	ソマリア
167	52	910	410	6.2	5.2	2 430	タンザニア
215	148	1 700	980	7.3	6.3	2 010	チャド
177	139	1 200	880	5.8	4.4	600	中央アフリカ共和国
52	15	91	46	3.4	2.3	10 610	チュニジア
146	85	660	450	6.3	4.6	1 180	トーゴ
213	117	1 200	560	6.5	6.0	5 360	ナイジェリア
74	50	320	130	5.2	3.1	9 490	ナミビア
327	104	1 000	630	7.8	7.6	890	ニジェール
202	98	770	400	7.0	5.6	1 680	ブルキナファソ
171	83	1 300	740	7.5	6.0	770	ブルンジ
179	85	600	340	6.7	4.8	1 780	ベナン
50	47	360	170	4.7	2.6	15 640	ボツワナ
161	56	740	440	6.3	4.5	1 370	マダガスカル
245	68	1 100	510	7.0	5.4	750	マラウイ

保健統計と購買力平価換算による１人あたりGNI（Ⅲ）

	平均寿命（年）					乳児[1]死亡率	
	1990	2000	2013	男	女	1990	2013
マリ‥‥‥‥‥	46	48	57	57	57	131	78
南アフリカ共和国	62	59	60	57	64	47	33
南スーダン‥‥‥	42	49	56	55	57	150	64
モーリシャス‥‥	70	72	74	70	78	20	13
モーリタニア‥‥	58	60	63	62	65	78	67
モザンビーク‥‥	43	47	54	53	55	158	62
モロッコ‥‥‥‥	64	68	71	69	73	64	26
リビア‥‥‥‥‥	68	72	75	73	77	36	12
リベリア‥‥‥‥	42	51	62	61	63	165	54
ルワンダ‥‥‥‥	48	46	65	64	67	93	37
レソト‥‥‥‥‥	61	48	50	48	52	70	73
ヨーロッパ							
アイスランド‥‥	78	80	82	81	84	5	2
アイルランド‥‥	75	77	81	79	83	8	3
アルバニア‥‥‥	69	70	74	73	76	35	13
イギリス‥‥‥‥	76	78	81	79	83	8	4
イタリア‥‥‥‥	77	80	83	80	85	8	3
ウクライナ‥‥‥	70	68	71	66	76	17	9
エストニア‥‥‥	70	71	77	72	82	17	3
オーストリア‥‥	76	78	81	79	84	8	3
オランダ‥‥‥‥	77	78	81	79	83	7	3
ギリシャ‥‥‥‥	77	78	81	79	84	11	4
クロアチア‥‥‥	73	74	78	75	81	11	4
スイス‥‥‥‥‥	78	80	83	81	85	7	4
スウェーデン‥‥	78	80	82	80	84	6	2
スペイン‥‥‥‥	77	79	83	80	86	9	4
スロバキア‥‥‥	71	73	76	72	80	16	6
スロベニア‥‥‥	74	76	80	77	84	9	2
セルビア‥‥‥‥	72	72	75	72	77	24	6
チェコ‥‥‥‥‥	71	75	78	75	81	13	3
デンマーク‥‥‥	75	77	80	78	82	7	3
ドイツ‥‥‥‥‥	76	78	81	79	83	7	3
ノルウェー‥‥‥	77	79	82	80	84	7	2
ハンガリー‥‥‥	69	72	75	71	79	17	5
フィンランド‥‥	75	78	81	78	84	6	2
フランス‥‥‥‥	78	79	82	79	85	7	4
ブルガリア‥‥‥	71	71	75	71	78	18	10
ベラルーシ‥‥‥	71	69	72	66	78	14	4
ベルギー‥‥‥‥	76	78	80	78	83	8	4
ポーランド‥‥‥	71	74	77	73	81	15	5
ボスニア‥‥‥[9]	73	75	77	75	80	16	6
ポルトガル‥‥‥	74	77	81	78	84	12	3
マケドニア‥‥‥	72	73	76	74	78	33	6
モルドバ‥‥‥‥	68	67	70	66	75	27	13

5歳未満児の死亡率[2]		妊産婦死亡率[3]		合計特殊出生率[4]		1人あたりGNI[5]（PPPドル）	
1990	2013	1990	2013	1990	2013	2013	
254	123	1 100	550	7.1	6.8	1 540	マリ
61	44	150	140	3.7	2.4	12 530	南アフリカ共和国
253	99	1 800	730	6.8	4.9	1 860	南スーダン
23	14	70	73	2.3	1.4	17 730	モーリシャス
118	90	630	320	6.0	4.7	2 850	モーリタニア
237	87	1 300	480	6.2	5.2	1 100	モザンビーク
81	30	310	120	4.1	2.7	7 000	モロッコ
42	15	31	15	5.0	2.4	…	リビア
248	71	1 200	640	6.5	4.8	790	リベリア
152	52	1 400	320	7.3	4.5	1 450	ルワンダ
86	98	720	490	4.9	3.0	3 160	レソト
							ヨーロッパ
6	2	7	4	2.3	2.0	41 090	アイスランド
9	4	6	9	2.1	2.0	38 870	アイルランド
41	15	31	21	3.0	1.8	9 950	アルバニア
9	5	10	8	1.8	1.9	37 970	イギリス
10	4	10	4	1.3	1.4	35 220	イタリア
20	10	49	23	1.8	1.5	8 970	ウクライナ
20	3	48	11	2.1	1.6	24 920	エストニア
10	4	10	4	1.5	1.4	45 040	オーストリア
8	4	11	6	1.6	1.7	46 260	オランダ
13	4	6	5	1.4	1.3	25 660	ギリシャ
13	5	8	13	1.6	1.5	20 810	クロアチア
8	4	8	6	1.6	1.5	59 610	スイス
7	3	6	4	2.1	1.9	46 170	スウェーデン
11	4	7	4	1.4	1.3	32 870	スペイン
18	7	15	7	2.1	1.3	25 970	スロバキア
10	3	11	7	1.5	1.6	28 650	スロベニア
28	7	18	16 [10]	1.8	1.5	12 480	セルビア
15	4	15	5	1.9	1.5	26 970	チェコ
9	4	9	5	1.7	1.7	45 300	デンマーク
9	4	13	7	1.5	1.4	45 010	ドイツ
9	3	9	4	1.9	1.9	65 450	ノルウェー
19	6	23	14	1.9	1.3	22 660	ハンガリー
7	3	6	4	1.8	1.8	39 860	フィンランド
9	4	12	9	1.8	2.0	38 180	フランス
22	12	24	5	1.8	1.5	15 210	ブルガリア
17	5	37	1	1.9	1.6	16 950	ベラルーシ
10	4	10	6	1.6	1.8	41 160	ベルギー
17	5	17	3	2.1	1.3	22 830	ポーランド
18	7	19	8	1.7	1.3	9 660	ボスニア[9]
15	4	15	8	1.6	1.3	27 190	ポルトガル
37	7	15	7	2.2	1.4	11 520	マケドニア
32	15	61	21	2.4	1.5	5 180	モルドバ

第12章 諸国民の生活

保健統計と購買力平価換算による1人あたりGNI（Ⅳ）

	平均寿命（年）					乳児[1]死亡率	
	1990	2000	2013	男	女	1990	2013
モンテネグロ…	76	75	76	74	78	15	5
ラトビア………	69	70	74	69	79	17	7
リトアニア……	71	72	74	69	79	13	4
ルーマニア……	70	71	74	71	78	31	11
ロシア…………	69	65	69	63	75	22	9
北中アメリカ							
アメリカ合衆国・	75	77	79	76	81	9	6
エルサルバドル・	65	70	73	68	77	46	14
カナダ…………	77	79	82	80	84	7	5
キューバ………	74	77	78	77	80	11	5
グアテマラ……	62	68	72	68	75	60	26
コスタリカ……	77	77	79	77	81	14	8
ジャマイカ……	71	71	74	72	77	25	14
ドミニカ共和国・	69	73	74	73	74	46	24
トリニダード・トバゴ・	68	69	71	67	74	27	19
ニカラグア……	71	73	74	71	77	51	20
パナマ…………	74	76	77	74	80	26	15
バハマ…………	72	73	76	73	78	20	10
ベリーズ………	71	72	75	72	78	32	14
ホンジュラス…	67	71	74	72	77	46	19
メキシコ………	71	75	75	73	78	37	13
南アメリカ							
アルゼンチン…	73	75	76	73	80	24	12
ウルグアイ……	73	75	77	74	81	20	10
エクアドル……	69	73	76	73	79	44	19
ガイアナ………	63	65	64	60	67	47	30
コロンビア……	71	74	78	75	81	29	15
スリナム………	73	74	77	74	80	41	20
チリ……………	73	77	80	77	83	16	7
パラグアイ……	73	74	75	72	78	37	19
ブラジル………	66	71	75	72	79	51	12
ベネズエラ……	72	74	76	72	80	25	13
ペルー…………	70	72	77	76	79	57	13
ボリビア………	58	63	68	65	70	85	31
オセアニア							
オーストラリア・	77	80	83	80	85	8	3
ソロモン諸島…	62	65	69	67	70	32	25
ニュージーランド	76	79	82	80	84	9	5
パプアニューギニア	56	59	62	60	65	65	47

WHO（世界保健機構）"World Health Statistics 2015"による。ただし，合計特殊出生率と1人あたりGNIは世界銀行"World Development Indicators"（2015年6月閲覧）による。1）生存出生児1000人のうち満1歳未満で死亡する人数。2）生存出生児1000人のうち5歳未満で死亡する人数。3）妊娠中または分娩後42日以内の母体の死亡で出生10万人あたり。↗

5歳未満児の死亡率[2]		妊産婦死亡率[3]		合計特殊出生率[4]		1人あたりGNI[5](PPPドル)	
1990	2013	1990	2013	1990	2013	2013	
17	5	8	7	1.9	1.7	14 410	モンテネグロ
20	8	57	13	2.0	1.4	22 510	ラトビア
17	5	34	11	2.0	1.6	24 530	リトアニア
38	12	170	33	1.8	1.5	18 390	ルーマニア
26	10	74	24	1.9	1.7	24 280	ロシア
							北中アメリカ
11	7	12	28	2.1	1.9	53 750	アメリカ合衆国
60	16	110	69	4.0	2.2	7 490	エルサルバドル
8	5	6	11	1.8	1.6	42 120	カナダ
13	6	63	80	1.8	1.4	[7]18 520	キューバ
81	31	270	140	5.6	3.8	7 130	グアテマラ
17	10	38	38	3.2	1.8	13 570	コスタリカ
30	17	98	80	2.9	2.3	8 490	ジャマイカ
60	28	240	100	3.5	2.5	11 630	ドミニカ共和国
31	21	89	84	2.5	1.8	26 220	トリニダード・トバゴ
67	24	170	100	4.8	2.5	4 510	ニカラグア
31	18	98	85	3.1	2.5	19 300	パナマ
24	13	43	37	2.6	1.9	22 700	バハマ
40	17	75	45	4.5	2.7	7 870	ベリーズ
59	22	290	120	5.1	3.0	4 270	ホンジュラス
46	15	88	49	3.4	2.2	16 020	メキシコ
							南アメリカ
28	13	71	69	3.0	2.2	…	アルゼンチン
23	11	42	14	2.5	2.0	18 940	ウルグアイ
57	23	160	87	3.8	2.6	10 720	エクアドル
61	37	210	250	2.5	2.5	6 610	ガイアナ
35	17	100	83	3.1	2.3	11 960	コロンビア
48	23	84	130	2.7	2.3	15 960	スリナム
19	8	55	22	2.6	1.8	21 060	チリ
46	22	130	110	4.5	2.9	7 670	パラグアイ
62	14	120	69	2.8	1.8	14 750	ブラジル
30	15	93	110	3.4	2.4	17 900	ベネズエラ
80	17	250	89	3.8	2.4	11 160	ペルー
123	39	510	200	4.9	3.2	5 750	ボリビア
							オセアニア
9	4	7	6	1.9	1.9	42 110	オーストラリア
39	30	320	130	5.9	4.0	1 810	ソロモン諸島
11	6	18	8	2.2	2.0	[6]30 970	ニュージーランド
89	61	470	220	4.8	3.8	2 510	パプアニューギニア

↘4）1人の女性が生涯に産むであろう平均子ども数。5）購買力平価（PPP）換算による1人あたり国民総所得。PPPはそれぞれの通貨の買える財やサービスの量が等しくなるように計算して求められるもの。6）2012年。7）2011年。8）2009年。9）ボスニア・ヘルツェゴビナ。10）1991年。*2015年4月，「グルジア」から国名呼称変更。

表 12-2　男女別の死因別死亡率（Ｉ）（人口10万あたり）

年次	全死因		感染症・寄生虫症		悪性新生物（がん）	
	男	女	男	女	男	女
アジア						
イスラエル···　2011	522.0	525.4	24.8	26.7	135.3	129.7
韓国·········　2012	585.1	476.4	15.4	12.8	184.5	108.5
キルギス·····　2010	804.4	594.0	23.7	12.4	66.8	56.6
クウェート···　2011	188.6	151.0	7.1	7.7	20.7	26.0
ジョージア···　2009	1 154.8	968.6	11.3	4.0	129.9	100.1
日本·········　2011	1 055.7	909.0	20.8	20.4	342.8	219.6
バーレーン···　2009	198.2	209.7	6.1	9.0	15.0	23.1
フィリピン···　2008	590.9	428.7	59.0	33.3	52.6	49.7
ブルネイ·····　2011	342.1	283.9	18.2	11.0	67.4	62.6
モルディブ···　2008	402.6	284.6	21.1	16.4	34.5	16.4
アフリカ						
エジプト·····　2011	666.7	555.4	25.7	19.6	39.6	31.4
モーリシャス·　2012	804.0	647.4	30.4	17.8	87.4	81.9
ヨーロッパ						
アイスランド·　2009	639.4	614.5	4.3	3.8	191.9	159.8
アイルランド·　2010	624.2	589.4	5.8	5.7	188.9	167.9
イギリス·····　〃	883.4	913.0	8.7	10.3	269.5	235.4
イタリア·····　〃	995.0	980.8	16.6	15.9	330.3	237.8
ウクライナ···　2012	1 544.3	1 374.9	48.5	15.1	240.9	167.7
エストニア···　〃	1 235.7	1 112.2	14.6	5.2	318.9	238.3
オーストリア·　〃	913.8	974.2	8.0	7.8	261.4	221.7
オランダ·····　〃	819.8	863.1	13.2	13.5	284.3	234.8
ギリシャ·····　2011	1 063.5	936.5	8.6	8.8	306.5	187.4
クロアチア···　2012	1 251.6	1 173.7	8.0	5.7	383.8	262.5
スイス·······　2010	786.4	814.5	9.4	8.9	235.1	181.8
スウェーデン·　2012	933.7	998.8	23.3	23.1	241.9	222.4
スペイン·····　〃	893.1	831.0	14.3	13.6	286.9	171.8
スロバキア···　2010	1 053.4	932.4	7.1	6.8	267.0	183.1
スロベニア···　〃	915.7	900.6	4.1	4.1	318.0	252.9
セルビア·····　2012	1 477.0	1 363.8	7.1	5.5	345.2	246.8
チェコ·······　〃	1 057.5	1 003.1	15.1	15.7	291.0	230.5
デンマーク···　〃	928.7	935.3	15.0	16.4	291.4	264.6
ドイツ·······　〃	1 035.7	1 088.4	20.2	24.6	298.7	243.8
ノルウェー···　〃	801.4	880.1	18.2	22.8	230.4	202.8
ハンガリー···　〃	1 345.3	1 268.0	9.0	9.6	387.2	287.4
フィンランド·　〃	966.8	949.2	6.0	5.3	233.0	201.3
フランス·····　2011	892.9	807.3	18.2	17.9	290.8	195.4
ブルガリア···　2012	1 594.6	1 402.1	11.2	6.1	298.5	201.1
ベラルーシ···　2009	1 580.7	1 262.4	20.6	5.0	237.9	143.0
ベルギー·····　2010	974.8	955.7	20.2	25.7	287.9	215.9
ポーランド···　2012	1 083.3	918.8	7.6	5.8	282.5	211.4

循環器系疾患		呼吸器系疾患		消化器系疾患		妊娠・分娩	自殺
男	女	男	女	男	女	女	男
129.5	139.6	41.0	40.6	18.5	20.3	1.2	8.3
110.4	123.8	50.4	40.1	29.4	15.4	11.6	38.2
348.5	331.4	65.4	45.3	64.4	31.2	51.3	15.6
84.4	55.2	10.4	13.7	4.0	4.3	10.3	1.5
606.2	562.4	19.8	15.2	40.3	14.9	50.5	7.1
265.5	279.9	179.0	132.7	40.1	33.2	4.1	32.0
55.2	46.6	13.5	17.2	6.1	5.2	16.8	4.1
189.2	148.8	81.2	64.1	34.2	13.1	97.0	3.1
94.5	72.0	26.1	25.8	6.4	6.3	…	2.5
147.4	106.6	52.3	49.7	14.0	7.2	57.2	—
285.9	256.8	43.0	39.6	90.2	56.0	22.5	0.4
244.3	210.5	67.6	50.3	41.8	12.8	62.1	14.3
235.8	220.7	43.9	65.9	14.9	24.7	—	18.0
209.2	201.9	66.4	75.8	23.3	24.3	4.0	17.4
285.5	287.6	115.7	127.4	45.8	48.5	5.0	10.5
337.3	409.2	75.8	55.9	40.6	39.9	2.8	10.9
886.4	1 016.6	57.9	20.0	81.2	43.2	12.7	34.9
565.7	687.1	49.4	20.7	44.6	38.0	7.1	30.8
337.9	466.0	50.9	43.5	40.5	31.2	1.3	24.1
217.6	240.8	89.1	84.0	28.1	34.7	3.4	14.3
417.1	440.9	97.6	88.4	29.3	20.7	3.8	7.2
527.1	639.6	62.1	39.6	65.9	41.2	7.2	28.9
257.7	302.9	52.1	43.3	30.7	32.5	3.7	18.8
349.9	384.2	62.2	67.3	29.9	29.3	4.4	17.2
239.4	282.2	115.5	87.3	45.7	39.1	2.2	11.8
489.9	566.7	70.1	53.1	68.4	37.9	—	20.5
302.6	411.8	55.3	53.9	64.2	48.4	—	33.1
720.1	801.3	84.2	54.5	53.9	40.8	14.9	26.6
468.7	539.8	62.6	49.6	48.2	37.5	5.5	26.6
232.8	236.5	95.3	109.1	41.8	38.6	—	17.9
373.4	478.1	80.2	67.8	50.9	47.2	4.6	18.1
239.1	282.9	81.3	89.9	22.9	30.0	—	14.7
593.8	695.2	79.2	58.7	85.6	53.4	10.0	38.2
369.3	383.2	46.7	28.7	54.3	34.9	3.4	24.7
211.1	227.1	58.5	49.5	39.8	31.6	5.7	25.4
969.0	991.7	69.2	40.4	66.1	32.1	4.3	18.9
800.4	729.9	67.8	21.3	64.6	41.5	0.9	50.1
274.9	315.2	112.2	87.8	39.7	41.3	6.1	27.1
445.9	474.7	62.8	42.4	50.9	35.5	1.0	29.8

第12章 諸国民の生活

男女別の死因別死亡率 (II) (人口10万あたり)

	年次	全死因		感染症・寄生虫症		悪性新生物 (がん)	
		男	女	男	女	男	女
ポルトガル···	2012	1 091.4	968.0	25.9	19.1	306.7	188.8
マルタ········	2011	803.7	766.2	4.8	7.2	228.4	192.1
モルドバ·····	2012	1 217.7	1 012.9	25.8	5.4	197.0	127.8
モンテネグロ·	2009	967.7	891.1	1.0	0.9	161.9	120.8
ラトビア·····	2012	1 478.3	1 372.1	17.1	9.5	344.2	251.4
リトアニア···	〃	1 495.5	1 249.7	28.0	13.3	323.0	218.1
ルクセンブルク	〃	682.9	734.9	15.7	18.2	217.3	188.6
ルーマニア···	〃	1 286.8	1 115.3	15.7	7.0	279.7	180.8
ロシア········	2010	1 591.1	1 273.0	38.2	10.9	234.7	175.9
北中アメリカ							
アメリカ合衆国	2010	810.7	786.2	22.8	20.9	198.0	174.1
カナダ········	2011	707.7	696.4	15.7	16.6	221.7	198.9
キューバ·····	〃	826.8	721.3	9.9	5.6	221.2	166.7
コスタリカ···	2012	465.4	347.4	9.9	5.8	98.7	84.0
パナマ········	2011	510.3	368.0	36.7	25.0	72.9	68.3
ベリーズ·····	2010	573.5	388.1	64.3	33.4	48.8	58.1
メキシコ·····	2012	576.3	430.7	18.7	11.6	61.9	60.9
南アメリカ							
アルゼンチン·	2012	817.5	718.6	34.3	31.1	153.7	133.2
ウルグアイ···	2010	1 038.8	923.0	26.0	19.8	258.5	188.1
コロンビア···	2011	489.2	362.8	16.4	8.8	71.9	71.7
チリ·········	〃	592.0	510.2	12.7	9.2	144.1	130.6
ブラジル·····	〃	681.8	505.5	29.0	20.9	99.1	84.4
ベネズエラ···	2009	585.4	363.3	24.7	14.6	72.6	70.4
オセアニア							
オーストラリア	2011	677.5	638.1	11.2	10.3	217.6	164.6
ニュージーランド	2010	668.8	643.4	5.7	6.1	207.0	181.5

国連デモグラフィック・イヤーブック (2013年版) による。死因分類は，第10回修正の国際疾病分類による。男女それぞれの人口10万あたりの死亡率。死亡数の少ないケースでは，正確な死亡率を表していないことがある。悪性新生物はがんのこと。循環器系疾患は，リ↗

先進国の自殺率　世界保健機関（WHO）の自殺に関する報告書によると，世界で2012年に自殺した人は，推定で80万4千人に上り，自殺率は10万人あたり11.4人であった。先進国（OECDに加盟する34か国）各国の自殺率をみると，高い方では韓国の28.9人が1位で，続いてハンガリー19.1人，日本18.5人，ポーランド16.6人，フィンランド14.8人などであった。一方，低い方では，スペイン5.1人，イタリア4.7人，メキシコ4.2人と来て，財政危機にあえぐギリシャが3.8人で最も低かった。先進国の自殺率の傾向をあえてあげると，旧社会主義国や東アジアで高く，南ヨーロッパで低くなっている。

循環器系疾患		呼吸器系疾患		消化器系疾患		妊娠・分娩	自殺
男	女	男	女	男	女	女	男
287.1	335.6	139.6	125.6	51.0	36.1	4.5	17.1
353.1	349.9	61.3	50.2	21.7	25.8	—	9.7
606.0	674.5	72.0	27.2	113.9	93.2	30.4	27.4
487.7	530.8	53.0	34.3	28.6	15.9	—	24.7
735.8	850.1	52.6	19.5	57.2	38.4	20.1	39.6
714.4	820.1	62.7	23.9	83.8	55.9	9.8	54.4
211.2	249.8	50.8	55.1	33.2	34.2	16.6	14.9
685.5	751.8	79.1	46.2	83.9	52.7	11.4	20.6
784.9	824.9	80.2	28.5	79.5	51.4	16.7	41.9
253.6	253.7	75.6	77.9	31.6	27.6	20.6	19.9
192.8	191.0	64.0	64.1	27.9	28.1	4.8	16.3
305.4	293.0	84.1	76.1	34.1	23.4	45.8	21.6
137.9	108.1	38.6	30.5	33.1	23.9	30.0	11.4
141.1	112.0	46.7	36.2	22.6	15.6	80.5	6.7
119.3	82.2	49.4	34.0	20.4	21.0	…	8.0
126.9	114.8	45.5	35.7	61.9	35.0	…	7.6
233.1	227.1	119.0	118.0	39.7	25.7	…	13.0
274.2	299.3	115.9	92.0	42.9	36.0	4.2	26.1
133.6	122.2	47.4	41.9	22.6	19.5	69.0	7.3
154.8	143.8	53.7	51.9	49.0	32.0	18.6	19.4
179.5	160.3	68.1	60.3	38.9	21.7	59.5	8.0
158.4	124.1	30.5	27.8	25.6	13.1	73.1	4.2
196.7	211.7	59.0	53.2	23.3	23.3	4.0	15.5
227.4	238.3	58.0	54.6	19.4	19.9	9.4	18.0

↘ウマチ性心疾患，虚血性心疾患，脳血管疾患，炎症性心疾患など。呼吸器系疾患は，慢性閉塞性肺疾患やぜん息などで，伝染性のものは含まれない。消化器系疾患は，胃や十二指腸など消化器系の潰瘍や肝硬変など。

世界の富裕層 クレディ・スイスの「2014年度グローバル・ウェルス・レポート」によると，世界で総額100万ドル以上の富（金融資産と非金融資産の合計から負債を引いた額）を保有する富裕層の数は，2014年（年央値）に3484万人に達した。国別ではアメリカが1417万人で最も多く，以下，日本273万人，フランス244万人，イギリス204万人，ドイツ196万人と続いた。さらに5000万ドル以上の富を持つ超富裕層となると，世界で12万8220人に絞り込まれ，国別ではアメリカが6万2858人と圧倒的に多く，以下，中国7631人，ドイツ5548人，イギリス4660人と続き，日本は2887人で7位となっている。

表 12-3 世界の地域別HIV感染者 (単位 千人)

	HIV感染者数		HIV感染割合 (%)(15〜49歳)		エイズ死亡者数 (年間)	
	2005	2013	2005	2013	2005	2013
アジア・オセアニア	4 500	4 800	*0.2*	*0.2*	340	250
中東・北アフリカ	160	230	*<0.1*	*0.1*	8.8	15
サハラ以南アフリカ	23 200	24 700	*5.6*	*4.7*	1 800	1 100
カリブ海諸国···	270	250	*1.2*	*1.1*	23	11
中南アメリカ···	1 300	1 600	*0.4*	*0.4*	68	47
西・中央欧州, 　北アメリカ···	1 800	2 300	*0.3*	*0.3*	28	27
東欧・中央アジア	830	1 100	*0.5*	*0.6*	51	53
世界計·······	**32 100**	**35 000**	*0.8*	*0.8*	**2 400**	**1 500**

UNAIDS "THE GAP REPORT" による。HIV（ヒト免疫不全ウイルス）感染者数は実数が存在するであろう範囲の中位データ。地域別の分類は原資料に基づく。感染割合は15〜49歳の成人人口のうちHIVに感染している人の割合で概数。死亡数は各年間のエイズ（後天性免疫不全症候群）関連死亡者数で概数。

表 12-4 HIV感染者数の多い国 (2013年) (単位 千人)

	HIV 感染者数	感染割合[1] (15〜49歳) (%)		HIV 感染者数	感染割合[1] (15〜49歳) (%)
南アフリカ共和国	6 300	*19.1*	ボツワナ·······	320	*21.9*
ナイジェリア···	3 200	*3.2*	ベトナム·······	250	*0.4*
インド·········	2 100	*0.3*	アンゴラ·······	250	*2.4*
ケニア·········	1 600	*6.0*	ナミビア·······	250	*14.3*
モザンビーク···	1 600	*10.8*	ガーナ·········	220	*1.3*
ウガンダ·······	1 600	*7.4*	ウクライナ·····	210	*0.8*
タンザニア·····	1 400	*5.0*	チャド·········	210	*2.5*
ジンバブエ·····	1 400	*15.0*	スワジランド···	200	*27.4*
ザンビア·······	1 100	*12.5*	ルワンダ·······	200	*2.9*
マラウイ·······	1 000	*10.3*	ミャンマー·····	190	*0.6*
エチオピア·····	790	*1.2*	メキシコ·······	180	*0.2*
ブラジル·······	730	*0.6*	南スーダン·····	150	*2.2*
インドネシア···	640	*0.5*	スペイン·······	150	*0.4*
カメルーン·····	600	*4.3*	ハイチ·········	140	*2.0*
コンゴ民主共和国	440	*1.1*	コロンビア·····	140	*0.5*
タイ···········	440	*1.1*	ギニア·········	130	*1.7*
コートジボワール	370	*2.7*	イギリス·······	130	*0.3*
レソト·········	360	*22.9*	中央アフリカ共和国	120	*3.8*

UNAIDS（国連合同エイズ計画）"THE GAP REPORT" による。中位推計。表12-3の注記を参照。アメリカ，ロシア，中国などのデータは不詳。日本も本統計では不詳となっている。1）15〜49歳人口の感染者割合。

表 12-5　医師数・病床数（人口１万あたり）

	医師数	病床数		医師数	病床数
アジア			モロッコ‥‥‥‥	6.2	9
アゼルバイジャン	34.0	47	リビア‥‥‥‥‥	19.0	37
アラブ首長国連邦	25.3	11	**ヨーロッパ**		
イスラエル‥‥‥	33.4	33	アイルランド‥‥	26.7	29
インド‥‥‥‥‥	7.0	7	イギリス‥‥‥‥	28.1	29
インドネシア‥‥	2.0	9	イタリア‥‥‥‥	37.6	34
カザフスタン‥‥	36.2	72	ウクライナ‥‥‥	35.4	90
カタール‥‥‥‥	77.4	12	オーストリア‥‥	48.3	76
韓国‥‥‥‥‥‥	21.4	103	オランダ‥‥‥‥	…	47
カンボジア‥‥‥	1.7	7	ギリシャ‥‥‥‥	…	48
サウジアラビア・	24.9	21	スイス‥‥‥‥‥	40.5	50
シンガポール‥‥	19.5	20	スウェーデン‥‥	39.3	27
スリランカ‥‥‥	6.8	36	スペイン‥‥‥‥	49.5	31
タイ‥‥‥‥‥‥	3.9	21	チェコ‥‥‥‥‥	36.2	68
中国‥‥‥‥‥‥	14.9	38	デンマーク‥‥‥	34.9	35
トルコ‥‥‥‥‥	17.1	25	ドイツ‥‥‥‥‥	38.9	82
日本‥‥‥‥‥‥	23.0	137	ノルウェー‥‥‥	42.8	33
パキスタン‥‥‥	8.3	6	ハンガリー‥‥‥	30.8	72
バングラデシュ・	3.6	6	フィンランド‥‥	29.1	55
フィリピン‥‥‥	…	5	フランス‥‥‥‥	31.9	64
ベトナム‥‥‥‥	11.9	20	ベルギー‥‥‥‥	29.9	65
マレーシア‥‥‥	12.0	19	ポーランド‥‥‥	22.2	65
ミャンマー‥‥‥	6.1	6	ポルトガル‥‥‥	41.0	34
モンゴル‥‥‥‥	28.4	68	ルーマニア‥‥‥	24.5	61
ヨルダン‥‥‥‥	25.6	18	ロシア‥‥‥‥‥	…	97
ラオス‥‥‥‥‥	1.8	15	**アメリカ**		
アフリカ			アメリカ合衆国・	24.5	29
アルジェリア‥‥	12.1	…	アルゼンチン‥‥	38.6	47
アンゴラ‥‥‥‥	1.7	…	ウルグアイ‥‥‥	37.4	25
エジプト‥‥‥‥	28.3	5	エクアドル‥‥‥	17.2	16
エチオピア‥‥‥	0.3	63	カナダ‥‥‥‥‥	20.7	27
ガーナ‥‥‥‥‥	1.0	9	キューバ‥‥‥‥	67.2	53
カメルーン‥‥‥	0.8	13	コスタリカ‥‥‥	11.1	12
ケニア‥‥‥‥‥	2.0	14	コロンビア‥‥‥	14.7	15
ジンバブエ‥‥‥	0.8	17	チリ‥‥‥‥‥‥	10.2	21
タンザニア‥‥‥	0.3	7	パラグアイ‥‥‥	12.3	13
チュニジア‥‥‥	12.2	21	ブラジル‥‥‥‥	18.9	23
ナイジェリア‥‥	4.1	…	ペルー‥‥‥‥‥	11.3	15
マダガスカル‥‥	1.6	2	メキシコ‥‥‥‥	21.0	15
マラウイ‥‥‥‥	0.2	13	**オセアニア**		
マリ‥‥‥‥‥‥	0.8	1	オーストラリア・	32.7	39
南アフリカ共和国	7.8	…	ニュージーランド	27.4	23

WHO（世界保健機構）"World Health Statistics 2014および2015"による。医師はその国で登録し医業を行う者で，単位は人。病床数は診療所・病院などの病床数。医師数は2007年から2013年内のいずれかの直近データで，病床数は2006年から2012年内の直近データ。

表 12-6　改善された飲用水・衛生設備を利用できる人の割合（2015年）（単位　％）

	種類別の飲用水設備1)			都市・地方別の衛生設備2)		
	計	自宅の蛇口	その他	平均	都市	地方
アジア						
アフガニスタン・	55	12	43	32	45	27
インド・・・・・・・・	94	28	66	40	63	28
インドネシア・・・	87	22	65	61	72	47
カンボジア・・・・・	76	21	55	42	88	30
中国・・・・・・・・・	95	73	22	76	87	64
ネパール・・・・・・・	92	24	68	46	56	43
パキスタン・・・・・	91	39	52	64	83	51
バングラデシュ・	87	12	75	61	58	62
フィリピン・・・・・	92	43	49	74	78	71
ブータン・・・・・・・	100	58	42	50	78	33
ベトナム・・・・・・・	98	27	71	78	94	70
ミャンマー・・・・・	81	8	73	80	84	77
モンゴル・・・・・・・	64	24	40	60	66	43
ラオス・・・・・・・・	76	28	48	71	94	56
アフリカ						
アンゴラ・・・・・・・	49	15	34	52	89	22
ウガンダ・・・・・・・	79	5	74	19	29	17
エチオピア・・・・・	57	12	45	28	27	28
ガーナ・・・・・・・・	89	19	70	15	20	9
カメルーン・・・・・	76	17	59	46	62	27
ケニア・・・・・・・・	63	22	41	30	31	30
コートジボワール	82	43	39	22	33	10
コンゴ民主共和国	52	8	44	29	29	29
ザンビア・・・・・・・	65	16	49	44	56	36
セネガル・・・・・・・	79	53	26	48	65	34
タンザニア・・・・・	56	13	43	16	31	8
ナイジェリア・・・	69	2	67	29	33	25
マダガスカル・・・	52	7	45	12	18	9
マリ・・・・・・・・・・	77	16	61	25	38	16
南アフリカ共和国	93	73	20	66	70	61
モザンビーク・・・	51	9	42	21	42	10
南アメリカ						
コロンビア・・・・・	91	88	3	81	85	68
ブラジル・・・・・・・	98	94	4	83	88	52
ペルー・・・・・・・・	87	78	9	76	82	53
ボリビア・・・・・・・	90	84	6	50	61	28

WHO/UNICEF "Progress on drinking-water and sanitation 2015" による。UNICEFと
WHOの共同調査。より安全で衛生的な上水資源および下水施設を利用することができる
人口の割合を示している。1) その他には，公衆水道，汚染されないようになっている井
戸や泉，雨水などがある。給水車などによるものは水資源とみなされない。2) 排泄物が
きちんと人から隔離されている処分設備（家庭用トイレのみで，共用および公衆トイレは
含まれない）を利用できる人口の割合で，下水道施設に接続した水洗トイレからたて穴式
屋外トイレまで広い範囲を含む。

表 12-7　結婚率と離婚率 （2012年）（人口千あたり　件）

	結婚率	離婚率		結婚率	離婚率
アジア			スロベニア・・・・・	3.4	1.2
アゼルバイジャン	8.5	1.2	セルビア・・・・・・・	4.8	1.0
アルメニア・・・ 2)	6.0	1.0	チェコ・・・・・・・・・	4.3	2.5
イスラエル・・・ 2)	6.6	1.7	デンマーク・・・・・	5.1	2.8
イラン・・・・・・・・・	10.9	2.0	ドイツ・・・・・・・・	4.7	2.2
ウズベキスタン・	10.1	0.6	ノルウェー・・・・・	4.9	2.0
カザフスタン・ 2)	9.7	2.7	ハンガリー・・・・・	3.6	2.2
カタール・・・・・・	1.9	0.8	フィンランド・・・	5.3	2.4
韓国・・・・・・・・・・	6.5	2.3	フランス・・・・・・	3.8	2.0
キプロス・・・・・ 2)	7.3	2.3	ブルガリア・・・・・	2.9	1.6
キルギス・・・・・・	10.3	1.6	ベラルーシ・・・・・	8.1	4.1
クウェート・・・ 2)	6.4	2.0	ベルギー・・・・・・	3.6	2.5
ジョージア・・・・	6.8	1.6	ポーランド・・・・・	5.3	1.7
シンガポール・ 3)	6.8	1.9	ボスニア・・・・・ 4)	4.8	0.6
タジキスタン・・・	12.4	0.9	ポルトガル・・・・・	3.3	2.4
中国・・・・・・・・・・	9.6	1.8	マケドニア・・・・・	6.8	0.9
トルコ・・・・・・・・ 3)	7.9	1.6	マルタ・・・・・・・・	6.7	1.1
日本・・・・・・・・・・	5.2	1.8	モルドバ・・・・・・	6.8	3.0
（パレスチナ）・・・	9.4	1.5	モンテネグロ・ 3)	6.2	0.8
（香港）・・・・・・・ 3)	7.7	…	ラトビア・・・・・ 3)	5.7	3.5
モンゴル・・・・・ 3)	5.4	1.2	リトアニア・・・・・	6.9	3.5
ヨルダン・・・・・ 2)	10.3	2.6	ルーマニア・・・・・	5.1	1.5
アフリカ			ルクセンブルク・ 3)	3.2	2.0
エジプト・・・・・・・	11.2	1.9	ロシア・・・・・・・・・	8.5	4.5
セーシェル・・・ 3)	19.0	2.1	**北中アメリカ**		
モーリシャス・・・	8.3	1.6	アメリカ合衆国 2)	6.8	2.8
ヨーロッパ			キューバ・・・・・ 3)	5.5	2.9
アイスランド・ 2)	4.6	1.6	グアテマラ・・・・・	5.6	0.3
アイルランド・・・	4.5	0.6	コスタリカ・・・ 3)	5.5	2.8
アルバニア・・・ 3)	8.2	1.3	ジャマイカ・・・・・	7.5	0.9
イギリス・・・・・ 2)	4.5	2.1	ドミニカ共和国・	4.3	1.8
イタリア・・・・・・・	3.5 2)	0.9	パナマ・・・・・・・・・	3.7	1.1
ウクライナ・・・・・	6.1	1.1	メキシコ・・・・・・・	5.0	0.9
エストニア・・・・・	4.5	2.4	**南アメリカ**		
オーストリア・・・	4.6	2.0	アルゼンチン・ 2)	3.1	…
オランダ・・・・・・・	4.2	2.1	ウルグアイ・・・・・	2.8	…
ギリシャ・・・・・・・	4.5 1)	1.2	チリ・・・・・・・・ 2)	3.8 1)	0.1
クロアチア・・・・・	4.8	1.3	ベネズエラ・・・ 2)	3.5	…
スイス・・・・・・・・・	5.3	2.2	ペルー・・・・・・・・ 3)	2.8	0.4
スウェーデン・・・	5.3	2.5	**オセアニア**		
スペイン・・・・・・・	3.5	2.2	オーストラリア・	5.4	2.2
スロバキア・・・・・	4.8	2.0	ニュージーランド	4.6	2.0

国連デモグラフィック・イヤーブック（2013年版）による。民法等に基づくもののみ。1) 2010年。2) 2011年。3) 2013年。4) ボスニア・ヘルツェゴビナ。

図 12-2　所得の分配

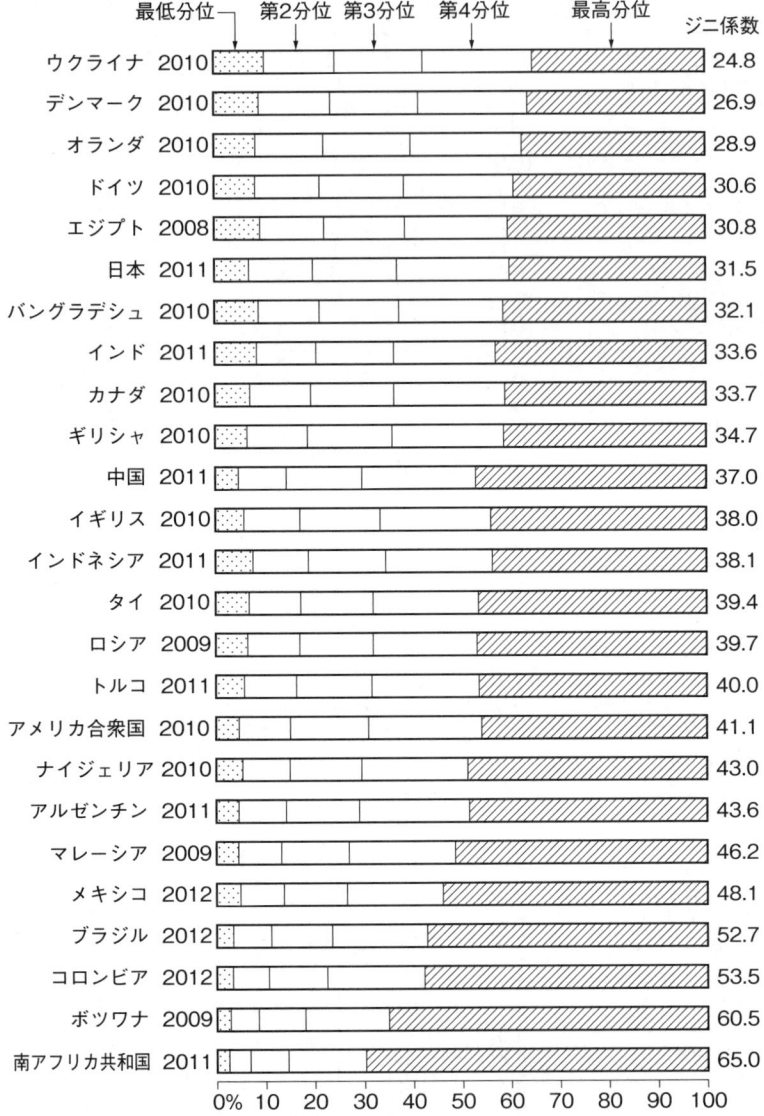

世界銀行 "World Development Indicators"（2015年版）による。日本は厚生労働省「所得再分配調査報告書」による（3年毎の調査）。区分は人口を1人あたりの所得または支出をもとに20%単位で5階級に分けたもの。所得分配のデータは各国での所得の概念や標本設定にばらつきがあるため比較には注意が必要。ジニ係数とは所得分配の平等度を示す指数で，0から100の範囲で大きくなるほど貧富の差が大きい。

表 12-8　　1 人 1 日あたり食料供給栄養量（Ⅰ）（2011～13年）

	熱量 （kcal）	でん粉質 （％）	動物性 （％）	たん白質 （g）	動物性 （％）	脂質 （g）
アジア						
アラブ首長国連邦	3 215	40.2	15.7	98.2	38.4	102.7
イスラエル･･･	3 619	34.0	22.4	127.0	56.9	149.1
イラン･･･････	3 058	53.0	10.9	86.5	26.9	74.2
インド･･････ 1)	2 459	57.8	9.6	60.3	19.9	52.3
インドネシア 1)	2 777	69.1	6.6	62.2	28.5	57.7
カザフスタン･	3 107	35.8	30.1	96.7	58.8	117.8
韓国･･･････	3 329	44.0	16.6	96.0	46.6	102.5
カンボジア･･･	2 411	71.8	9.0	63.2	28.2	33.7
北朝鮮･･････ 1)	2 094	68.6	6.2	55.0	18.3	36.4
サウジアラビア	3 122	46.2	15.6	87.0	41.6	96.2
シリア･･････	3 106	44.7	13.5	78.3	28.7	107.4
スリランカ･･ 1)	2 539	56.7	6.6	59.7	27.3	49.7
タイ･･･････ 1)	2 784	49.3	12.6	60.9	40.8	58.6
中国･･･････ 1)	3 108	50.9	23.3	98.0	40.1	95.1
トルコ･･････	3 680	45.4	13.3	104.8	31.3	121.1
日本･･･････	2 719	40.9	20.3	88.4	55.5	87.3
パキスタン･･ 1)	2 440	49.4	21.7	65.5	41.6	74.9
バングラデシュ 1)	2 450	80.1	4.3	55.8	17.8	29.9
フィリピン･･ 1)	2 570	60.4	15.1	59.9	41.5	51.2
ベトナム･･･ 1)	2 745	58.1	20.9	81.6	38.0	72.1
マレーシア･･･	2 855	44.8	18.2	79.3	54.4	87.0
ミャンマー･･ 1)	2 571	53.9	16.6	82.6	40.8	69.4
モンゴル･････	2 463	46.9	32.4	77.1	58.1	89.3
ヨルダン･････	3 149	47.9	12.4	83.8	35.3	101.1
ラオス･･････	2 356	71.6	8.6	63.4	20.8	36.2
アフリカ						
アルジェリア 1)	3 296	54.7	11.5	92.0	27.2	76.6
ウガンダ･････	2 279	44.7	7.7	51.7	23.6	51.2
エジプト･････	3 557	64.6	9.4	102.5	23.9	64.1
エチオピア･･ 1)	2 131	77.1	5.9	60.4	12.7	25.9
ガーナ･･････	3 003	66.7	4.8	61.9	27.9	44.7
カメルーン･･･	2 586	53.3	5.8	69.3	19.6	55.4
ガンビア･････	2 849	62.5	7.5	68.4	25.1	77.6
ギニア･･････	2 553	62.0	3.8	53.9	16.1	61.4
ケニア･･････ 1)	2 206	58.5	12.5	61.8	25.7	48.0
コートジボワール 1)	2 799	65.0	4.1	58.5	23.4	59.3
コンゴ･･････	2 195	60.0	10.1	54.8	46.2	47.3
ジンバブエ･･ 1)	2 110	56.9	8.5	48.4	24.3	57.2
セネガル･････	2 426	59.9	7.2	59.4	27.1	75.1
タンザニア･･ 1)	2 208	56.6	6.6	57.8	17.6	46.1
チャド･･････ 1)	2 110	69.6	5.6	62.7	15.5	47.1
チュニジア･･･	3 362	52.4	10.2	98.0	26.3	87.1
ナイジェリア 1)	2 700	66.2	3.8	63.8	15.4	56.4
ブルキナファソ 1)	2 720	65.4	5.8	79.4	13.9	61.6

1人1日あたり食料供給栄養量（Ⅱ）（2011～13年）

	熱量 （kcal）	でん粉質 （%）	動物性 （%）	たん白質 （g）	動物性 （%）	脂質 （g）
マダガスカル[1)	2 052	79.9	7.2	46.7	21.5	24.5
マラウイ‥‥‥	2 334	71.1	4.2	63.6	9.3	38.7
マリ‥‥‥‥‥	2 833	68.5	14.5	83.1	31.9	63.2
南アフリカ共和国	3 007	53.6	15.4	83.5	41.1	83.4
モザンビーク[1)	2 283	72.1	4.6	45.7	13.9	41.9
モロッコ‥‥‥	3 334	60.6	9.2	95.6	25.4	65.2
リビア‥‥‥‥	3 211	48.1	13.1	81.2	36.7	95.3
ヨーロッパ						
アイルランド‥	3 591	33.8	26.3	105.1	56.7	130.5
イギリス‥‥‥	3 414	31.5	29.0	102.7	56.9	138.1
イタリア‥‥‥	3 539	33.7	25.8	109.9	54.5	156.4
ウクライナ‥‥	3 142	42.5	20.4	86.3	46.7	89.3
オーストリア‥	3 784	26.2	30.9	106.6	60.5	171.5
オランダ‥‥‥	3 147	27.6	31.9	106.2	66.7	116.5
ギリシャ‥‥‥	3 433	31.5	25.0	111.4	55.6	150.3
クロアチア‥‥	3 052	32.2	26.5	82.4	55.7	110.4
スイス‥‥‥‥	3 487	23.5	32.2	93.8	62.6	157.4
スウェーデン‥	3 160	27.2	33.9	107.0	66.3	132.1
スペイン‥‥‥	3 183	24.8	26.1	103.3	63.1	160.2
スロバキア‥‥	2 902	36.6	25.1	74.2	48.4	106.9
スロベニア‥‥	3 173	39.0	27.0	99.0	56.2	118.8
チェコ‥‥‥‥	3 292	31.3	26.0	90.7	57.6	139.2
デンマーク‥‥	3 363	28.5	36.5	107.7	63.4	132.2
ドイツ‥‥‥‥	3 539	28.3	30.9	103.1	60.3	145.8
ノルウェー‥‥	3 484	30.9	32.2	109.0	59.1	150.3
ハンガリー‥‥	2 968	28.6	30.7	79.0	55.9	135.3
フィンランド‥	3 285	31.5	39.0	112.6	62.0	136.7
フランス‥‥‥	3 524	29.7	33.5	112.6	63.1	162.4
ブルガリア‥‥	2 877	44.4	22.4	84.1	46.6	92.5
ベルギー‥‥‥	3 793	30.4	30.9	101.1	58.1	165.9
ポーランド‥‥	3 485	40.0	27.0	102.0	51.6	121.0
ポルトガル‥‥	3 456	31.5	29.5	111.2	62.1	142.5
ルーマニア‥‥	3 363	45.4	24.1	104.8	46.9	104.9
ロシア‥‥‥‥	3 358	40.7	24.0	101.3	53.4	100.6
北中アメリカ						
アメリカ合衆国	3 639	24.6	27.3	109.2	64.7	161.6
カナダ‥‥‥‥	3 419	26.4	26.7	103.4	55.9	150.0
キューバ‥‥‥	3 277	44.7	14.6	83.9	35.6	65.8
グアテマラ‥[1)	2 419	48.8	10.5	63.7	28.0	55.7
コスタリカ‥‥	2 898	34.0	20.2	75.6	50.4	87.7
ジャマイカ‥[1)	2 746	39.7	18.6	77.0	48.2	78.4
ドミニカ共和国[1)	2 614	31.9	14.8	58.2	45.4	89.3
ニカラグア‥‥	2 564	50.9	12.1	67.4	30.4	61.5
パナマ‥‥‥[1)	2 733	43.4	21.4	79.4	52.4	77.8
ホンジュラス‥	2 651	46.1	15.4	66.6	38.1	74.6

1人1日あたり食料供給栄養量（Ⅲ）（2011〜13年）

	熱量 （kcal）	でん粉質 （％）	動物性 （％）	たん白質 （g）	動物性 （％）	脂質 （g）
メキシコ‥‥‥1)	3 072	43.8	20.5	87.6	46.4	93.6
南アメリカ						
アルゼンチン・	3 155	36.0	30.0	100.0	64.6	113.1
ウルグアイ‥‥	2 939	44.7	25.0	89.0	53.6	86.3
コロンビア‥1)	2 804	33.9	17.8	64.4	52.0	82.2
チリ‥‥‥‥‥	2 989	44.2	24.6	86.8	51.2	87.6
パラグアイ‥1)	2 589	43.9	21.4	70.7	48.3	92.7
ブラジル‥‥1)	3 263	33.4	25.3	95.0	55.4	117.8
ベネズエラ‥‥	2 880	40.6	19.9	84.1	54.5	89.1
ペルー‥‥‥1)	2 700	55.2	11.4	74.9	36.1	51.2
ボリビア‥‥‥	2 254	50.9	20.0	65.6	45.4	54.7
オセアニア						
オーストラリア	3 265	24.2	32.4	106.4	67.6	153.3
ニュージーランド	3 170	26.9	37.5	101.3	65.0	125.3

FAO "Food Balance Sheets"（http://faostat.fao.org/）による。2015年7月28日閲覧。肥料や種子などを除いた人間の消費に向けられた食料分で，個人が実際に消費したものではない。新しい計量単位であるジュールが広く使われるようになるまでは，熱量の単位にはキロカロリーが使われる。熱量はアルコール類を含む。でん粉質食料は，穀類（ビールを除く），いも類・でん粉の合計。1) は2013年で，他は2011年。

表 12 9　1人1日あたり食料供給量（Ⅰ）（2011〜13年）（単位　g）

	穀物2)	いも類	野菜	肉類3)	牛乳・4) 乳製品	魚介類5)
アジア						
アラブ首長国連邦	402	35	209	158	304	66
イスラエル‥‥‥	410	103	460	298	517	56
イラン‥‥‥‥‥	506	167	685	101	163	23
インド‥‥‥‥1)	407	84	243	11	232	14
インドネシア・1)	536	165	111	42	41	77
カザフスタン‥‥	322	296	616	206	771	14
韓国‥‥‥‥‥‥	415	49	607	180	72	212
カンボジア‥‥‥	476	89	106	45	7	97
北朝鮮‥‥‥‥1)	406	173	342	40	10	26
サウジアラビア・	434	32	261	180	248	22
シリア‥‥‥‥‥	456	76	353	60	298	8
スリランカ‥‥1)	417	54	127	20	96	71
タイ‥‥‥‥‥1)	372	64	141	83	80	72
中国‥‥‥‥‥1)	413	188	968	177	89	122
トルコ‥‥‥‥・	560	142	660	94	454	20
日本‥‥‥‥‥・	286	83	278	141	195	151
パキスタン‥‥1)	389	50	72	50	502	5

1人1日あたり食料供給量（Ⅱ）（2011～13年）（単位　g）

	穀物[2]	いも類	野菜	肉類[3]	牛乳・[4]乳製品	魚介類[5]
バングラデシュ[1]	521	132	75	13	60	53
フィリピン[1]	447	86	174	102	43	87
ベトナム…… [1]	452	46	404	163	45	90
マレーシア……	402	36	186	156	88	159
ミャンマー… [1]	397	59	223	111	86	149
モンゴル………	370	142	131	230	371	1
ヨルダン………	456	105	359	131	226	18
ラオス…………	489	122	367	59	8	45
アフリカ						
アルジェリア・[1]	596	177	454	62	388	11
ウガンダ………	184	454	77	39	87	35
エジプト………	691	105	565	82	177	61
エチオピア… [1]	412	222	49	23	121	1
ガーナ…………	251	1 192	109	50	26	75
カメルーン……	313	414	290	47	40	50
ガンビア………	537	19	84	25	166	73
ギニア…………	367	306	143	26	43	27
ケニア……… [1]	351	246	138	44	260	12
コートジボワール[1]	299	841	103	47	19	50
コンゴ…………	179	724	101	111	40	71
ジンバブエ… [1]	390	54	44	54	87	8
セネガル………	447	51	151	44	67	68
タンザニア… [1]	291	389	125	31	110	15
チャド……… [1]	446	151	21	39	57	13
チュニジア……	584	83	614	74	295	35
ナイジェリア・[1]	376	689	174	28	22	44
ブルキナファソ[1]	595	41	46	36	82	18
マダガスカル・[1]	355	430	46	44	68	13
マラウイ………	412	516	61	26	13	13
マリ…………	592	92	162	79	343	22
南アフリカ共和国	495	93	124	176	150	16
モザンビーク・[1]	288	728	51	25	13	22
モロッコ………	696	126	381	98	153	36
リビア…………	524	95	621	90	317	37
ヨーロッパ						
アイルランド…	356	247	261	236	681	61
イギリス………	312	276	258	231	660	52
イタリア………	426	106	396	245	714	71
ウクライナ……	386	383	448	144	392	36
オーストリア…	306	160	300	294	652	37
オランダ………	245	259	229	201	956	65
ギリシャ………	375	180	636	228	767	54
クロアチア……	328	116	224	176	601	54
スイス…………	294	115	296	214	819	48
スウェーデン…	269	160	257	227	938	85

1人1日あたり食料供給量（Ⅲ）（2011～13年）（単位　ｇ）

	穀物[2]	いも類	野菜	肉類[3]	牛乳・[4]乳製品	魚介類[5]
スペイン‥‥‥‥	244	171	339	262	493	118
スロバキア‥‥‥	354	147	261	165	364	22
スロベニア‥‥‥	391	150	219	235	663	31
チェコ‥‥‥‥‥	326	181	203	231	488	26
デンマーク‥‥‥	377	164	334	220	774	63
ドイツ‥‥‥‥‥	305	194	258	244	700	39
ノルウェー‥‥‥	337	152	210	186	708	146
ハンガリー‥‥‥	277	161	257	205	455	15
フィンランド‥‥	305	184	241	208	1 082	98
フランス‥‥‥‥	344	150	284	260	685	95
ブルガリア‥‥‥	455	87	201	168	394	18
ベルギー‥‥‥‥	360	290	351	217	616	69
ポーランド‥‥‥	413	315	354	211	542	33
ポルトガル‥‥‥	348	161	455	263	586	157
ルーマニア‥‥‥	492	272	511	157	667	17
ロシア‥‥‥‥‥	409	305	301	198	477	61
北中アメリカ						
アメリカ合衆国・	290	164	310	323	703	59
カナダ‥‥‥‥‥	277	221	312	255	598	61
キューバ‥‥‥‥	381	246	355	141	268	16
グアテマラ‥‥[1]	358	33	156	78	128	4
コスタリカ‥‥‥	288	86	131	139	447	30
ジャマイカ‥‥[1]	283	214	278	179	250	66
ドミニカ共和国[1]	237	81	135	135	202	22
ニカラグア‥‥‥	387	38	27	82	219	14
パナマ‥‥‥‥[1]	363	68	80	192	193	36
ホンジュラス‥‥	370	22	151	101	316	8
メキシコ‥‥‥[1]	437	45	153	184	306	29
南アメリカ						
アルゼンチン‥‥	335	129	193	293	531	16
ウルグアイ‥‥‥	459	138	142	198	566	18
コロンビア‥‥[1]	245	217	116	147	297	17
チリ‥‥‥‥‥‥	389	187	186	225	276	38
パラグアイ‥‥[1]	264	362	119	158	207	10
ブラジル‥‥‥[1]	318	153	141	274	409	30
ベネズエラ‥‥‥	387	121	153	230	440	35
ペルー‥‥‥‥[1]	355	345	181	77	170	61
ボリビア‥‥‥‥	332	239	88	194	124	5
オセアニア						
オーストラリア・	239	141	263	354	630	71
ニュージーランド	253	155	308	361	409	71

FAO "Food Balance Sheets"（http://faostat.fao.org/）による。2015年7月28日閲覧。原資料では，年間供給量が記載されている。1)は2013年で，他は2011年。2)ビールを除く。3)くず肉を含む。4)バターを除く。5)海草類，水生ほ乳動物を含む。

図 12-3　主な都市の戸建住宅の広さと価格の比較 （2013年 1 月現在）

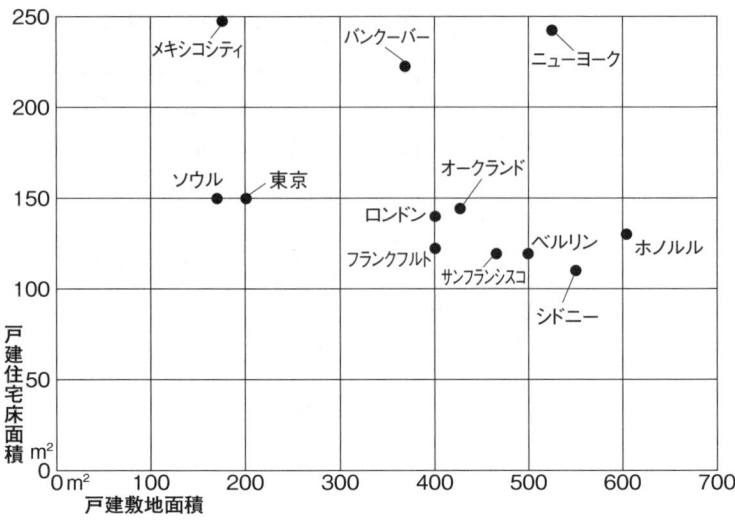

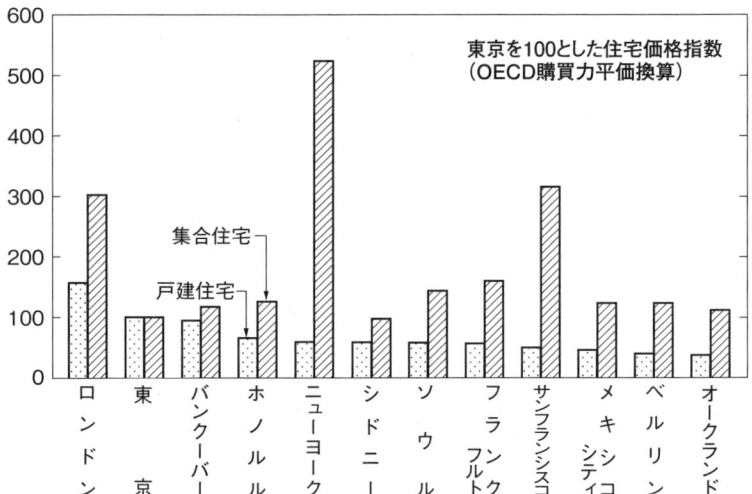

公益社団法人　日本不動産鑑定士協会連合会「世界地価等調査」（2013年）から作成。
2 ～ 3 年ごとの調査。対象は，各都市の都心から概ね 1 時間以内の一戸建住宅また
は集合住宅が集積している地域で，居住環境が良好な地域にある住宅。住宅価値は
土地・建物一体価格。日本国内における調査地点は，戸建住宅が東京都杉並区成田東，
集合住宅が東京都練馬区豊玉北となっている。2013年調査によると，東京の戸建住
宅価格は 1 億50万円（住宅床面積150m²，敷地面積200m²），集合住宅価格は2950万
円（住宅床面積70m²）で，これをそれぞれ100とした指数で各都市の戸建および集合
住宅価格と比較している（OECD購買力平価換算による）。

図 12-4　OECDによる教育機関に対する支出の対GDP比

（全教育段階）（2011年）

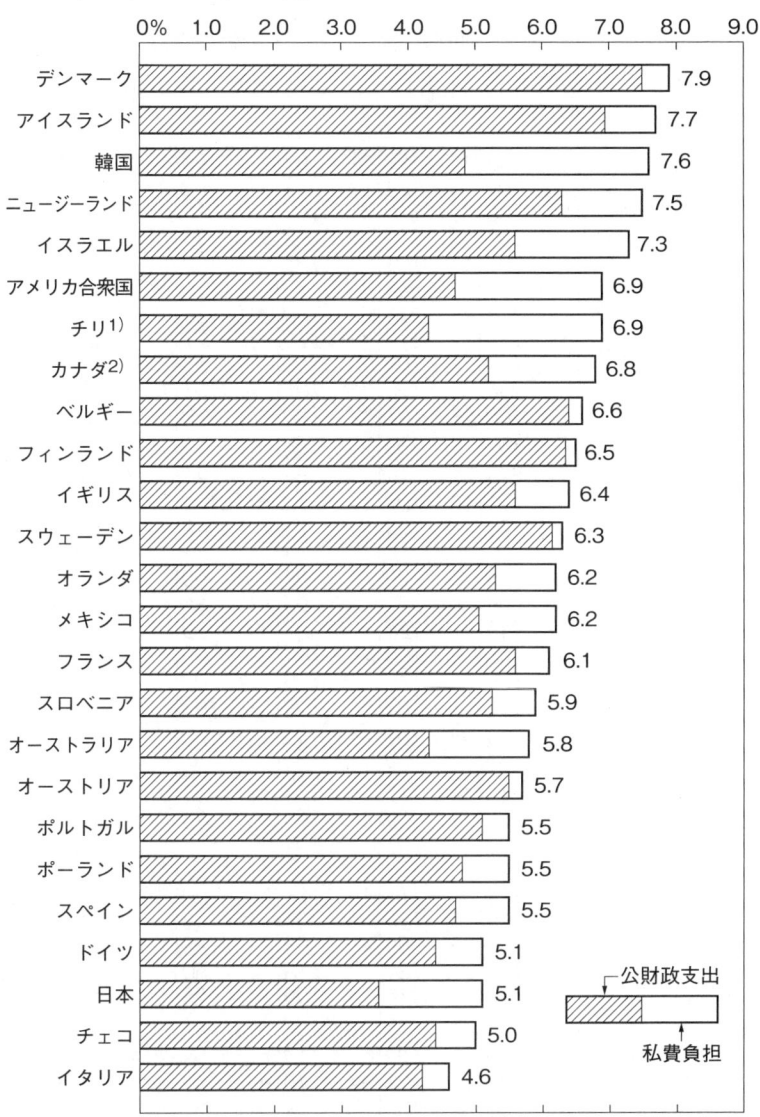

経済協力開発機構（OECD）"Education at a Glance"（2014年版）による。国内総生
産に占める教育支出の割合。大学での研究・開発などを含み，家庭教師や学習塾への
支出は含まない。公財政支出には，教育機関への家計支出に対する公的補助，および
国際財源からの直接教育支出を含む。1) 2012年。2) 2010年。

第12章　諸国民の生活

表 12-10 **教育に関する指標**（Ⅰ）（2013年，識字率は2015年）

| | 総就学率[1]（％） | | | | | 不就学率[2]（初等教育）（％） |
| | 初等教育 | | | 中等教育 | 高等教育 | |
	男女平均	男	女	男女平均	男女平均	
アジア						
アゼルバイジャン	*1 98	*1 99	*1 97	*1 100	*1 20	*1 10.7
アフガニスタン・	106	124	87	54	*3 4	…
アラブ首長国連邦	*1 108	*1 110	*1 107	…		*1 1.7
イエメン・・・・・・・	101	110	92	49	*3 10	11.6
イスラエル・・・・・	104	104	105	102	67	2.8
イラク・・・・・・・・	…	…	…	…	…	
イラン・・・・・・・・・	119	118	120	*1 86	58	1.4
インド・・・・・・・・・	*1 114	*1 113	*1 116	*1 71	25	*1 1.4
インドネシア・・・	*1 109	*1 109	*1 109	83	*1 32	*1 4.7
カザフスタン・・・	106	106	107	101	55	1.3
韓国・・・・・・・・・・	*2 100	*2 101	*2 100	*2 99	*2 97	*2 2.2
カンボジア・・・・・	125	129	120	…	*3 16	*1 1.6
クウェート・・・・・	…	…	…	…	28	…
サウジアラビア・	*2 110	*2 107	*2 113	*2 124	58	*2 2.5
シリア・・・・・・・・・	74	75	73	48	31	34.3
シンガポール・・・	…	…	…	…	…	…
スリランカ・・・・・	98	99	98	99	19	5.7
タイ・・・・・・・・・・	96	97	95	86	51	*5 4.4
中国・・・・・・・・・・	126	126	127	92	30	…
（香港）・・・・・・・・	105	105	104	99	67	0.8
トルコ・・・・・・・・	109	110	109	102	79	4.8
日本・・・・・・・・・・	*1 102	*1 102	*1 102	*1 102	*1 61	*1 0.1
ネパール・・・・・・・	*2 133	*2 127	*2 138	*2 67	17	1.3
パキスタン・・・・・	92	98	86	38	10	28.1
バングラデシュ・	*3 114	*3 111	*3 118	*1 54	*1 13	*4 3.8
フィリピン・・・・・	107	109	105	85	34	9.1
ベトナム・・・・・・・	105	106	104	…	25	1.9
マレーシア・・・・・	…	…	…	*1 71	*1 37	…
ミャンマー・・・・・	*4 114	*4 115	*4 114	*4 50	*1 13	
モンゴル・・・・・・・	109	110	107	*4 92	62	4.8
ヨルダン・・・・・・・	*1 98	*1 99	*1 98	*1 88	*1 47	*1 2.9
ラオス・・・・・・・・・	121	124	118	50	18	2.7
レバノン・・・・・・・	113	118	109	75	48	4.1
アフリカ						
アルジェリア・・・	119	122	115	*3 98	33	*1 0.9
アンゴラ・・・・・・・	*3 140	*3 171	*3 110	*3 32	*3 7	*3 14.3
ウガンダ・・・・・・・	107	106	108	27	*3 4	8.4
エジプト・・・・・・・	115	116	113	89	33	*3 2.7
エチオピア・・・・・	…	…	…	…	…	…
ガーナ・・・・・・・・・	*2 107	*2 107	*2 107	*2 67	14	11.1
ガボン・・・・・・・・・	*3 165	*3 167	*3 162	…	…	…
カメルーン・・・・・	*2 113	*2 120	*2 107	52	*3 12	*2 5.1

教師1人あたり児童数（初等教育）（人）		識字率3)（%）					対GDP4)公的教育支出割合（%）	
		成人（15歳以上）			若者			
		男女平均	男	女	男女平均			
								アジア
*1	12	99.8	99.9	99.8	99.9	*3	2.4	アゼルバイジャン
*1	45	38.2	52.0	24.2	58.2		4.6	アフガニスタン
	16	93.8	93.1	95.8	99.4		…	アラブ首長国連邦
*3	30	70.1	85.1	55.0	90.2		…	イエメン
*3	13	*3 97.8	*3 98.7	*3 96.8	*3 99.5	*3	5.6	イスラエル
	…	79.7	85.7	73.7	81.5		…	イラク
	26	86.8	91.2	82.5	98.4		3.7	イラン
*3	35	71.2	81.3	60.6	90.2	*1	3.9	インド
*1	19	93.9	96.3	91.5	99.0	*1	3.6	インドネシア
	16	99.8	99.8	99.8	99.8	*5	3.1	カザフスタン
*2	17	…	…	…	…	*1	4.6	韓国
	47	77.2	84.5	70.5	91.5	*4	2.6	カンボジア
	9	96.3	96.5	95.8	99.5		…	クウェート
*2	11	94.7	97.0	91.1	99.3		…	サウジアラビア
	…	86.4	91.7	81.0	96.4	*5	5.1	シリア
*5	17	96.8	98.6	95.0	99.8		2.9	シンガポール
*1	24	92.6	93.6	91.7	98.8	*1	1.7	スリランカ
*1	16	96.7	96.6	96.7	98.2	*1	4.9	タイ
	17	96.4	98.2	94.5	99.7		…	中国
	14	…	…	…	…		3.8	（香港）
	20	95.0	98.4	91.8	99.2		…	トルコ
*1	17	…	…	…	…		3.8	日本
*2	24	63.9	76.4	53.1	86.9		4.1	ネパール
	43	57.9	69.5	45.8	74.8		2.5	パキスタン
*3	40	61.5	64.6	58.5	83.2	*5	1.9	バングラデシュ
	31	96.3	95.8	96.8	97.9	*5	2.7	フィリピン
	19	94.5	96.3	92.8	98.1	*1	6.3	ベトナム
*1	12	94.6	96.2	93.2	98.4	*3	5.9	マレーシア
*4	28	93.1	95.2	91.2	96.3		…	ミャンマー
	28	98.4	98.2	98.6	98.5	*3	5.5	モンゴル
	…	95.4	97.7	92.9	99.2		…	ヨルダン
	26	79.9	87.1	72.8	90.2	*4	2.8	ラオス
	12	93.9	96.0	91.8	99.1		2.6	レバノン
								アフリカ
	23	80.2	87.2	73.1	95.6		…	アルジェリア
*3	43	71.1	82.0	60.7	72.9	*4	3.5	アンゴラ
	46	78.4	85.3	71.5	90.7		2.2	ウガンダ
	23	73.8	82.2	65.4	91.1		…	エジプト
*1	54	49.1	57.2	41.1	69.5	*4	4.7	エチオピア
*2	30	76.6	82.0	71.4	90.6	*3	8.1	ガーナ
*3	25	83.2	85.3	81.0	89.1		…	ガボン
*2	44	75.0	81.2	68.9	83.8	*1	3.0	カメルーン

第12章　諸国民の生活

教育に関する指標（Ⅱ）（2013年，識字率は2015年）

	総就学率1)（％）					不就学率2) 初等教育 （％）
	初等教育			中等教育	高等教育	
	男女平均	男	女	男女平均	男女平均	
ギニア…………	92	100	85	*1 38	10	23.5
ケニア…………	*1 114	*1 114	*1 115	*1 67	*5 4	*1 15.1
コンゴ共和国…	*1 109	*1 106	*1 113	*1 54	10	*1 8.4
コンゴ民主共和国	113	119	107	43	7	…
ザンビア………	108	109	108	…	…	6.9
ジンバブエ……	*1 109	*1 110	*1 108	*1 47	6	*1 5.7
スーダン………	*1 70	*1 74	*1 66	*1 41	17	*1 45.5
スワジランド…	*1 114	*1 119	*1 109	*1 61	5	…
セネガル………	*2 84	*2 80	*2 87	*3 41	*4 8	*2 20.5
タンザニア……	90	88	91	33	4	15.5
中央アフリカ共和国	*1 95	*1 109	*1 81	*1 18	*1 3	*1 27.8
チュニジア……	110	112	109	91	34	0.2
トーゴ…………	134	142	127	*3 55	10	2.5
ナイジェリア…	*4 85	*4 88	*4 81	*4 44	…	*4 34.3
ナミビア………	*1 109	*1 111	*1 108	…	…	*1 11.5
ニジェール……	72	78	66	18	*1 2	36.5
ブルキナファソ・	87	88	85	28	5	32.1
ブルンジ………	134	134	134	33	4	5.2
ボツワナ………	*1 108	*1 110	*1 107	…	25	*1 9.1
マダガスカル…	145	146	145	38	4	…
マラウイ………	141	139	144	37	*3 1	*5 2.5
マリ……………	84	*1 94	*1 83	45	*1 7	31.2
南アフリカ共和国	101	103	98	111	*1 20	…
南スーダン……	*3 86	*3 103	*3 68		…	*3 58.6
モーリシャス…	108	108	107	*1 96	41	1.8
モーリタニア…	97	95	99	30	5	26.7
モザンビーク…	105	110	100	26	5	12.4
モロッコ………	*2 118	*2 120	*2 115	*1 69	*3 16	*2 1.2
リビア…………	…	…	…	…	…	…
リベリア………	*2 96	*2 100	*2 92	*2 38	*1 12	*2 62.3
ルワンダ………	134	132	135	33	8	6.6
レソト…………	108	109	107	*1 53	10	19.9
ヨーロッパ						
アイルランド…	*1 104	*1 104	*1 104	*1 119	*1 71	*1 0.3
イギリス………	109	109	109	129	60	0.1
イタリア………	*1 99	*1 99	*1 99	*1 99	*1 62	*1 1.6
ウクライナ……	105	105	106	99	79	2.2
オランダ………	104	105	104	131	*1 77	2.8
ギリシャ………	*1 102	*1 102	*1 102	*1 109	*1 117	*1 0.2
スイス…………	*1 103	*1 103	*1 103	*1 96	56	*1 0.9
スウェーデン…	120	117	123	129	65	0.4
スペイン………	104	104	105	131	86	1.5

教師1人あたり児童数(初等教育)(人)	識字率3)(%)				対GDP4)公的教育支出割合(%)	
	成人(15歳以上)			若者		
	男女平均	男	女	男女平均		
44	30.4	38.1	22.8	45.2	3.5	ギニア
*1 57	78.0	81.1	74.9	85.9	*4 5.5	ケニア
*1 44	79.3	86.4	72.9	80.9	*4 6.2	コンゴ共和国
37	63.8	78.1	50.0	68.7	*4 1.5	コンゴ民主共和国
48	63.4	70.9	56.0	65.8	…	ザンビア
*1 36	86.5	88.5	84.6	91.7	*4 2.0	ジンバブエ
*1 46	75.9	83.3	68.6	89.6	*5 2.2	スーダン
*1 29	87.5	87.4	87.5	94.8	*3 7.8	スワジランド
*2 32	57.7	69.7	46.6	73.1	*4 5.6	セネガル
43	70.6	75.9	65.4	76.3	*2 3.5	タンザニア
*1 80	36.8	50.7	24.4	36.4	*3 1.2	中央アフリカ共和国
17	81.8	89.6	74.2	98.1	*1 6.2	チュニジア
41	66.5	78.3	55.3	85.1	4.4	トーゴ
*4 38	59.6	69.2	49.7	72.8	…	ナイジェリア
*4 30	81.9	79.2	84.5	89.9	*4 8.3	ナミビア
36	19.1	27.3	11.0	26.6	*1 4.5	ニジェール
46	36.0	43.0	29.3	45.4	4.3	ブルキナファソ
45	85.6	88.2	83.1	87.6	5.4	ブルンジ
*1 23	88.5	88.0	88.9	97.9	*5 9.5	ボツワナ
40	64.7	66.7	62.6	65.1	2.1	マダガスカル
69	65.8	73.0	58.6	75.1	7.7	マラウイ
41	38.7	48.2	29.2	54.1	*1 4.2	マリ
32	94.3	95.5	93.1	99.0	6.0	南アフリカ共和国
*3 50	…	…	…	…	…	南スーダン
20	90.6	92.9	88.5	98.7	3.7	モーリシャス
35	52.1	62.6	41.6	62.6	4.0	モーリタニア
55	58.8	73.3	45.4	76.7	6.6	モザンビーク
*2 26	68.5	78.6	58.8	83.2	6.3	モロッコ
…	91.0	96.7	85.6	100.0	…	リビア
*2 26	47.6	62.4	32.8	54.5	*1 2.8	リベリア
60	70.5	73.2	68.0	80.4	5.0	ルワンダ
33	79.4	70.1	88.3	85.1		レソト
						ヨーロッパ
*1 16	…	…	…	…	*3 5.9	アイルランド
18	…	…	…	…	*3 5.8	イギリス
…	99.2	99.4	99.0	99.9	*3 4.1	イタリア
16	99.8	99.8	99.7	99.8	*1 6.7	ウクライナ
12	…	…	…	…	*1 5.5	オランダ
*1 9	97.7	98.5	96.9	99.4	…	ギリシャ
*1 11	…	…	…	…	*1 5.0	スイス
*1 10	…	…	…	…	*3 6.5	スウェーデン
*1 13	98.1	98.7	97.5	99.7	*1 4.4	スペイン

教育に関する指標（Ⅲ）（2013年，識字率は2015年）

	総就学率[1]（％）					不就学率[2]初等教育（％）
	初等教育			中等教育	高等教育	
	男女平均	男	女	男女平均	男女平均	
スロバキア‥‥‥	101	102	101	92	54	…
スロベニア‥‥‥	99	99	99	110	84	2.7
チェコ‥‥‥‥‥	99	99	100	103	63	…
ドイツ‥‥‥‥‥	100	101	100	101	60	0.9
ハンガリー‥‥‥	100	101	99	108	57	4.0
フランス‥‥‥‥	108	108	107	109	60	0.9
ポーランド‥‥‥	101	101	101	109	72	3.0
ポルトガル‥‥‥	105	106	104	123	66	4.1
マケドニア‥‥‥	*1 89	*1 89	*1 89	*1 83	*1 38	*1 8.1
ルーマニア‥‥‥	*1 94	*1 95	*1 93	*1 95	*3 52	*1 9.8
ロシア‥‥‥‥‥	100	99	100	97	*1 76	2.6
北中アメリカ						
アメリカ合衆国・	98	98	97	94	89	7.6
エルサルバドル・	110	113	108	70	26	7.9
カナダ‥‥‥‥‥	*1 99	*1 99	*1 100	*1 111	…	*1 0.9
キューバ‥‥‥‥	98	98	97	92	48	3.6
グアテマラ‥‥‥	104	106	102	65	19	12.0
コスタリカ‥‥‥	103	104	103	109	48	9.0
ジャマイカ‥‥‥	…	…	…	78	29	…
ドミニカ共和国・	*1 103	*1 108	*1 97	*1 76	*1 46	*1 10.9
ニカラグア‥‥‥	*4 117	*4 118	*4 116	*4 69	…	*4 6.8
パナマ‥‥‥‥‥	100	101	98	74	*1 43	8.7
ホンジュラス‥‥	105	106	105	71	21	9.9
メキシコ‥‥‥‥	105	105	105	88	30	2.1
南アメリカ						
アルゼンチン‥‥	*1 124	*1 125	*1 123	*1 107	*1 80	…
ウルグアイ‥‥‥	*4 112	*4 114	*4 110	*4 90	*4 63	*4 0.2
エクアドル‥‥‥	112	112	112	103	*1 41	1.2
コロンビア‥‥‥	*4 115	*4 116	*4 114	93	48	*4 8.9
チリ‥‥‥‥‥‥	100	101	98	99	79	8.0
パラグアイ‥‥‥	*1 96	*1 98	*1 95	*1 75	*4 35	*1 18.8
ブラジル‥‥‥‥	…	…	…	…	…	…
ペルー‥‥‥‥‥	102	102	101	94	*4 41	5.6
オセアニア						
オーストラリア・	105	105	105	136	89	2.5
ニュージーランド	98	98	98	119	79	2.1

UNESCO Institute for Statistics（http://www.uis.unesco.org/　2015年7月9日閲覧）による。教育制度や就学当該年齢は国によって異なるため，比較には注意が必要。データは原則として各国の調査に基づくが，UNESCOによる推計値の場合もある。日本では，初等は特殊教育を含む小学校（成人教育は除く），中等は前期（中学校レベル）／後期（職業訓練校・高等専門学校を含む高等学校レベル），高等は大学・専門学校以上の教育（通信教育，大学院レベルなども含む）に相当する。高等教育に成人教育や失業者のための↗

教師1人あたり児童数(初等教育)(人)	識字率3)(%) 成人(15歳以上) 男女平均	男	女	若者 男女平均	対GDP4)公的教育支出割合(%)	
15	…	…	…	…	*1 3.9	スロバキア
17	99.7	99.7	99.7	99.9	*3 5.6	スロベニア
19	…	…	…	…	*3 4.3	チェコ
12	…	…	…	…	*3 4.8	ドイツ
10	99.1	99.1	99.0	98.8	*3 4.6	ハンガリー
18	…	…	…	…	*1 5.5	フランス
10	99.8	99.9	99.7	100.0	*3 4.9	ポーランド
13	95.7	97.1	94.4	99.6	*3 5.1	ポルトガル
*1 15	97.8	98.8	96.8	98.6	…	マケドニア
*1 18	98.8	99.1	98.5	99.3	*1 3.0	ルーマニア
*1 20	99.7	99.7	99.7	99.7	…	ロシア
						北中アメリカ
*1 14	…	…	…	…	*3 5.2	アメリカ合衆国
24	88.0	90.4	86.0	97.5	*3 3.4	エルサルバドル
…	…	…	…	…	*3 5.3	カナダ
9	99.8	99.9	99.8	100.0	*4 12.8	キューバ
24	81.5	87.4	76.3	95.4	2.8	グアテマラ
16	97.8	97.7	97.8	99.3	6.9	コスタリカ
21	88.7	84.0	93.1	96.5	6.3	ジャマイカ
*1 24	91.8	91.2	92.3	97.9	3.7	ドミニカ共和国
*4 30	82.8	82.4	83.2	91.6	*4 4.4	ニカラグア
25	95.0	95.7	94.4	98.1	*3 3.3	パナマ
*5 34	88.5	88.4	88.6	97.2	5.9	ホンジュラス
*1 28	95.1	96.2	94.2	99.0	*3 5.1	メキシコ
						南アメリカ
…	98.1	98.0	98.1	99.3	*1 5.1	アルゼンチン
*4 14	98.5	98.2	98.8	99.0	*3 4.4	ウルグアイ
19	94.5	95.4	93.5	98.8	*1 4.2	エクアドル
25	94.7	94.6	94.8	98.7	4.9	コロンビア
20	97.5	97.6	97.4	98.7	*1 4.6	チリ
*1 24	95.6	96.1	95.0	99.0	*1 5.0	パラグアイ
21	92.6	92.2	92.9	98.9	*1 6.3	ブラジル
18	94.5	97.3	91.7	98.9	3.3	ペルー
						オセアニア
…	…	…	…	…	*1 4.9	オーストラリア
*1 15	…	…	…	…	*1 7.4	ニュージーランド

↘職業訓練を含む国もある。1) 各教育で年齢にかかわらず実際に就学している者の数を当該就学年齢層の人口で除したもので，就学年齢層を上下する生徒がいるために100％を超える国がある。2)就学年齢層にあるにもかかわらず学校に行っていない人口の割合。3)原則として日常生活の簡単な内容についての読み書きができる人口割合の推計値。成人は15歳以上。若者は15歳から24歳。4) 国内総生産（GDP）に対する公的教育支出の割合。*1は2012年。*2は2014年。*3は2011年。*4は2010年。*5は2009年。

第12章 諸国民の生活

表 12-11　OECD統計による道路交通事故（2013年）

	死傷者発生事故件数（件）	事故後30日以内死者数（人）			負傷者数（人）
		総数	人口10万あたり	10億走行台kmあたり	
アジア					
インド…………	486 475	137 572	11.0	…	494 893
韓国……………	215 354	5 092	10.4	17.2	328 711
中国…………1)	210 812	62 387	4.6	…	237 421
トルコ…………	161 306	3 685	4.9	…	274 829
日本……………	629 021	5 152	4.1	6.9	780 715
ヨーロッパ					
アイスランド……	808	15	4.5	4.7	1 217
アイルランド…… 2)	5 376	189	4.1	4.0	2) 7 597
イギリス………	144 426	1 766	2.8	3.5	190 923
イタリア……… 2)	186 726	3 385	5.7	…	2) 264 716
ウクライナ…… 2)	30 699	4 824	10.7	…	2) 37 519
オーストリア……	38 502	455	5.4	5.8	48 044
オランダ……… 3)	3 853	570	3.4	4.5	3) 3 651
ギリシャ………	12 072	874	7.9	…	14 812
クロアチア……	11 225	368	8.6	…	15 274
スイス…………	17 473	269	3.3	4.3	21 379
スウェーデン……	14 816	260	2.7	3.4	20 259
スペイン………	89 519	1 680	3.6	…	124 720
スロベニア……	6 542	125	6.0	7.2	8 742
セルビア………	13 522	646	6.8	…	18 472
チェコ…………	20 342	654	6.1	2) 15.7	25 288
デンマーク……	2 984	191	3.4	3.9	3 394
ドイツ…………	291 105	3 339	4.0	4.6	374 142
ノルウェー……	5 241	187	3.7	4.3	6 842
ハンガリー……	15 691	591	5.9	…	20 090
フィンランド……	5 334	258	4.8	4.8	6 681
フランス………	56 812	3 268	5.1	5.8	70 607
ベルギー………	41 279	724	6.5	7.1	53 967
ポーランド……	35 847	3 357	8.8	…	44 059
ポルトガル…… 2)	29 867	637	6.1	…	2) 38 105
リトアニア……	3 391	256	8.5	…	4 007
ルクセンブルク…… 2)	1 019	45	8.5	…	2) 1 378
ロシア…………	204 068	27 025	19.0	…	258 437
アメリカ					
アメリカ合衆国…… 2)	1 634 000	32 719	10.3	6.8	2) 2 362 000
カナダ…………	122 000	2 150	6.1	5.6	169 000
オセアニア					
オーストラリア……	…	1 192	5.1	5.0	1) 34 082
ニュージーランド	9 348	254	5.6	6.3	11 781

経済協力開発機構（OECD）The International Transport Forum（IRTAD）"Road Safety Annual Report 2015" による。1）2011年。2）2012年。3）2010年。

表 12-12　主な国の犯罪状況（2013年）

	人口10万あたり認知件数（件）				人口10万あたり検挙人員（人）	人口10万あたり警官数（人）
	殺人	暴行・傷害	強盗	窃盗		
アジア						
アラブ首長国連邦	0.6	3.3 1)	0.5 1)	162.8 1)	1) 1 597.6	…
イスラエル····	1) 1.7	2) 571.0	2) 36.4	2) 938.8	2) 2 767.7	2) 359.7
インド········	3.3	26.7	2.9	29.8	281.4	138.3
インドネシア··	0.6	14.1	4.8	10.2	3) …	161.8
韓国··········	1) 0.8	1) 127.0	5.3	1) 591.9	4) 5 230.4	1) 209.1
シンガポール··	0.3	8.8	4.7	297.9	314.2	162.2
トルコ······· 1)	4.3	354.5	13.9	282.3	2 268.4	510.7
日本··········	0.3	46.7	2.6	391.4	206.4	202.2
フィリピン····	9.3	…	50.1	126.2	2) 25.7	151.7
アフリカ						
アルジェリア··	1.3	138.9	45.3	139.3	495.9	491.4
エジプト····· 2)	3.4	0.4	3.4	109.7	74.6	…
ケニア········	6.6	30.8	8.0	25.8	184.7	95.0
ナイジェリア·· 1)	10.3	9.5	1.1	13.9	3) 68.3	207.4
ヨーロッパ						
イタリア·····	0.8	108.7	104.6	1 803.3	1 603.7	453.4
オランダ·····	0.7	311.1	78.1	3 820.2	1 895.9	307.9
ギリシャ·····	1.4	50.4	44.2	929.2	2) 2 198.1	480.2
スウェーデン··	0.9	839.8	87.4	4 002.0	1 121.4	208.0
スペイン·····	0.6	35.6	183.3	348.3	798.7	525.3
ドイツ·······	0.7	612.4	57.1	2 271.9	2 531.4	296.2
フィンランド··	1.7	654.3	28.1	2 163.3	5 093.0	141.5
フランス·····	1.2	299.6	193.9	1 302.6	1 720.3	172.4
ベルギー·····	1.8	621.0	1 616.0	2 075.2	2 364.0	342.1
ポーランド····	0.8	…	32.4	523.5	1 125.6	255.8
ロシア········	9.0	24.4	64.5	645.9	708.9	522.0
アメリカ						
アメリカ合衆国	3.8	226.3	107.8	1 876.1	3 531.3	195.9
カナダ········	1.4	138.9	66.0	1 382.1	1 682.3	196.9
コロンビア····	31.8	171.6	194.0	284.7	575.4	1) 346.5
チリ········· 1)	3.1	113.4	467.6	1 094.2	3 373.1	268.5
ブラジル·····	26.5	330.1	505.3	890.8	…	267.5
メキシコ·····	18.9	173.1	595.7	73.8	1 011.5	371.2
オセアニア						
オーストラリア	1.1	2) 305.5	40.5	2 068.8	1 675.6	262.6
ニュージーランド	1.0	1) 227.9	1) 46.8	1) 2 279.6	2) 4 352.8	1) 197.0

UNODC（国連薬物犯罪事務所）資料による（https://data.unodc.org　2015年7月13日閲覧）。警官数は12月末現在。国際比較は各国における犯罪の法的定義等が異なるため注意が必要。殺人は意図的に他人を死に至らしめたもの。暴行・傷害には，性的暴行，傷害致死を含まず。強盗には強要，すりを含まず。窃盗には侵入盗，乗り物盗を含まず。1) 2012年。2) 2011年。3) 2010年。4) 2009年。

表 12-13　地域別の観光客到着数と国際観光収入

	観光客到着数 （百万人）			国際観光収入 （十億ドル）		
	2013	2014	%	2013	2014	%
ヨーロッパ・・・・・	566.4	581.8	51.4	491.7	508.9	40.9
EU（28か国）・	433.8	455.1	40.2	405.3	422.6	33.9
アジア・太平洋・	249.8	263.3	23.2	360.7	376.8	30.3
オセアニア・・・	12.5	13.2	1.2	42.9	44.8	3.6
アメリカ・・・・・・	167.5	181.0	16.0	264.2	274.0	22.0
北アメリカ・・・	110.2	120.4	10.6	204.5	210.9	16.9
カリブ諸国・・・	21.1	22.4	2.0	25.4	27.1	2.2
中央アメリカ・	9.1	9.6	0.8	9.4	10.2	0.8
南アメリカ・・・	27.1	28.6	2.5	24.9	25.8	2.1
アフリカ・・・・・・	54.4	55.7	4.9	35.5	36.4	2.9
北アフリカ・・・	19.6	19.8	1.7	10.2	10.6	0.8
サハラ以南・・・	34.7	35.9	3.2	25.3	25.9	2.1
中東・・・・・・・・・	48.4	51.0	4.5	45.2	49.3	4.0
世界計・・・・・・・	**1 087**	**1 133**	100.0	**1 197**	**1 245**	100.0

世界観光機関（UNWTO）"Tourism Highlights"（2015）による。観光客到着数はレジャー，ビジネス，その他の目的のために外国から訪れる人で延べ数。原則として，継続して1年を超える範囲の旅行者および日帰り旅行者は含まず。国際観光収入には日帰り旅行者分を含む。ただし，国によってデータの取り方が異なるため，比較には注意が必要。

2014年の観光客到着数の上位国は，フランス（83.7百万人，単位は以下同様），アメリカ合衆国（74.8），スペイン（65.0），中国（55.6），イタリア（48.6），トルコ（39.8），ドイツ（33.0），イギリス（32.6），ロシア（29.8），メキシコ（29.1）。

表 12-14　国際観光収入と国際観光支出の多い国・地域 （億ドル）

	国際観光収入			国際観光支出	
	2013	2014		2013	2014
アメリカ合衆国・	1 729	1 772	中国・・・・・・・・・・・	1 286	1 649
スペイン・・・・・・・	626	652	アメリカ合衆国・	1 041	1 108
中国・・・・・・・・・・	517	569	ドイツ・・・・・・・・・	914	922
フランス・・・・・・・	567	554	イギリス・・・・・・・	527	576
（マカオ）・・・・・・・	518	508	ロシア・・・・・・・・・	535	504
イタリア・・・・・・・	439	455	フランス・・・・・・・	429	478
イギリス・・・・・・・	410	453	カナダ・・・・・・・・・	352	338
ドイツ・・・・・・・・・	413	433	イタリア・・・・・・・	270	288
タイ・・・・・・・・・・・	418	384	オーストラリア・	286	263
（香港）・・・・・・・・・	389	384	ブラジル・・・・・・・	250	256

資料・注記は表12-13参照。国外移動に伴う収入と支出。日本の国際観光収入は2013年が151億ドル，2014年が189億ドル。

図 12-5 世界の年平均地上気温平年差の推移

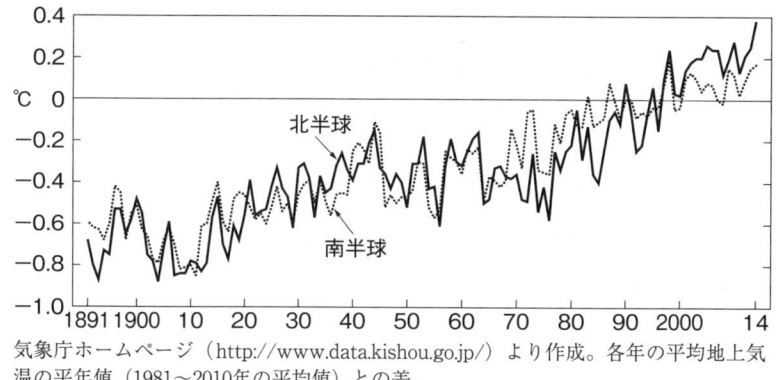

気象庁ホームページ（http://www.data.kishou.go.jp/）より作成。各年の平均地上気温の平年値（1981〜2010年の平均値）との差。

表 12-15 京都議定書による温室効果ガス削減目標値と達成状況（%）

	削減目標	達成状況			削減目標	達成状況	
		排出量のみ[1]	森林[2]吸収量等含む			排出量のみ[1]	森林[2]吸収量等含む
ポルトガル･･･	27	20.2	12.3	ベルギー･････	-7.5	-14.0	-7.1
ギリシャ････	25	11.9	16.7	チェコ･･････	-8	-30.0	-13.0
スペイン････	15	23.7	13.4	スロバキア･･･	-8	-37.1	-18.2
アイルランド･	13	11.0	11.3	スロベニア･･･	-8	-3.2	-9.2
アイスランド･	10	19.2	10.0	エストニア･･･	-8	-55.3	-25.7
オーストラリア	8	-1.0	3.3	ラトビア････	-8	-56.4	-29.8
スウェーデン･	4	-15.3	-15.9	リトアニア･･･	-8	-55.6	-37.4
ノルウェー･･･	1	7.5	-12.6	ブルガリア･･･	-8	-53.0	-47.9
フィンランド･	0	-4.7	-3.6	ルーマニア･･･	-8	-55.7	-48.2
フランス････	0	-10.0	-6.5	EU（15か国）	-8	-11.8	-12.5
ロシア･･････	0	-32.7	-34.5	スイス･････	-8	-0.9	-8.7
ウクライナ･･･	0	-56.7	-44.7	リヒテンシュタイン	-8	2.5	-12.9
ニュージーランド	0	20.4	-20.3	モナコ･････	-8	-12.5	-12.5
クロアチア･･･	-5	-7.8	-10.9	イギリス････	-12.5	-23.1	-22.5
オランダ････	-6	-6.4	-7.6	オーストリア･	-13	4.9	-1.9
ポーランド･･･	-6	-28.8	-24.3	デンマーク･･･	-20.9	-14.8	-21.7
ハンガリー･･･	-6	-41.8	-36.5	ドイツ･････	-21	-23.6	-24.7
日本･･････	-6	1.4	-8.4	ルクセンブルク	-28	-8.7	-26.5
イタリア････	-6.5	-4.2	-5.4				

国立環境研究所の資料による。原資料は国連気候変動枠組条約（UNFCCC）。京都議定書（第一約束期間，2008〜2012年の平均値）の温室効果ガス排出量削減の目標値と達成状況。基準年は主に1990年。カナダは2012年12月に京都議定書から離脱。アメリカ合衆国は京都議定書未批准。ベラルーシ，キプロス，カザフスタン，マルタ，トルコは削減目標値が未定。1）温室効果ガス総排出量のみの達成率。2）総排出量に森林吸収量および京都メカニズムクレジットを加味した達成率。京都メカニズムとは海外で実施した温室効果ガス排出削減量等を自国の削減目標の達成に換算できる柔軟性措置。

第12章 諸国民の生活

図 12-6　世界の二酸化炭素（CO₂）排出量割合

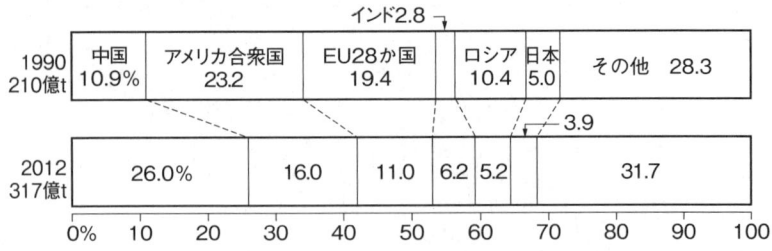

表12-16の資料に同じ。中国は香港を含む。EUは28か国（EU加盟国の割合はドイツ 2.4%，イギリス1.4%，イタリア1.2%，フランス1.1%）。

表 12-16　主な国の二酸化炭素（CO₂）排出量（二酸化炭素換算）

	総排出量 （百万t-CO₂）		1人あたり （t-CO₂）		GDPあたり[1] （kg-CO₂）	
	1990	2012	1990	2012	1990	2012
中国・・・・・・・・・[2]	2 278	8 251	2.00	6.08	3.64	1.73
アメリカ合衆国	4 869	5 074	19.46	16.15	0.59	0.36
EU28か国・・・・・	4 068	3 505	8.52	6.91	0.40	0.24
ドイツ・・・・・・	950	755	11.97	9.22	0.43	0.25
イギリス・・・・	549	457	9.60	7.18	0.37	0.19
イタリア・・・・	397	375	7.01	6.15	0.27	0.22
フランス・・・・	353	334	6.07	5.10	0.22	0.15
インド・・・・・・・・	580	1 954	0.67	1.58	1.66	1.41
ロシア・・・・・・・・	2 179	1 659	14.69	11.56	2.58	1.69
日本・・・・・・・・・・	1 057	1 223	8.55	9.59	0.27	0.26
韓国・・・・・・・・・・	229	593	5.35	11.86	0.64	0.55
カナダ・・・・・・・・	428	534	15.46	15.30	0.55	0.41
イラン・・・・・・・・	179	532	3.17	6.96	1.76	2.17
サウジアラビア	151	459	9.32	16.22	0.76	0.92
ブラジル・・・・・・	192	440	1.29	2.22	0.32	0.39
メキシコ・・・・・・	265	436	3.05	3.72	0.47	0.42
インドネシア・・	146	435	0.82	1.76	0.97	1.02
オーストラリア	260	386	15.17	16.70	0.57	0.42
南アフリカ共和国	254	376	7.21	7.20	1.48	1.22
トルコ・・・・・・・・	127	302	2.30	4.04	0.47	0.48
世界計・・・・・・	20 974	31 734	3.98	4.51	0.69	0.58
（再掲）						
OECD・・・・・[3]	11 140	12 146	10.41	9.68	0.44	0.31
OECD以外・・	9 214	18 508	2.19	3.20	1.69	1.23

IEA "CO₂ Emissions from Fuel Combustion Highlights"（2014年版）による。二酸化炭素（CO₂）換算。世界計はバンカー油（国際輸送に供される船舶や航空機の燃料）による二酸化炭素排出を含む。1) 2005年価格1米ドルGDP（国内総生産）あたり。2) 香港を含む。3) 経済協力開発機構加盟34か国。44ページの解説欄参照。

第 13 章　軍備・軍縮

　2001年のアメリカ同時多発テロ以降，アメリカはテロとの戦いを宣言して，アメリカを主体とした有志連合はアフガニスタンや2003年からはイラクに軍事介入を行った。一定の成果はあったものの，テロが沈静化することは無く，イラクやシリアでは残忍なイスラム国の台頭を招いた。テロとの戦いは今後も続くと予想され，先が見えない状態にある。

　アメリカが2014年3月に公表したQDR（4年ごとの国防計画見直し）は，厳しい財政事情を反映して作成された。近代化と即応性を進める一方で兵力を削減するとしており，2015年1月にはヨーロッパの米軍基地など15か所を閉鎖し返還することを発表している。また，中東では安定化が進むとみられていたことから，同地域の戦力を大幅に削減することとしていた。アメリカでは2013年に連邦予算の強制削減が行われたが，2016年度（2015年10月～16年9月）以降に再度強制削減された場合には軍の戦略追求が困難になるとして，予算削減の努力を示す一方で議会に対して特に協力を要請していた。しかし，中東の情勢変化で，オバマ大統領は2016年度予算教書でイスラム国の根絶とシリア内戦の終息のために88億ドルを計上するなど，国防目的の裁量的経費を4.5%増額した。

イスラム国　イスラム教スンニ派の過激派組織で，2014年6月にイラク北西部からシリア東部にかけての一帯でイスラム国家の樹立を宣言した。2015年7月時点までに国家承認している国は無い。インターネットを多用し，捕虜や他国の民間人を殺害する動画を配信する極めて残忍な組織であるが，プロパガンダ動画で世界各国の人々に参加を呼びかけ，報道によるとシリアに渡り武装勢力などに加わった外国人戦闘員は2万5000人以上（うち西側諸国が少なくとも4500人）と推定される（アメリカ国家情報長官室による2015年7月の分析）。

　近代国家を廃しカリフ制の復活を宣言しているが，イスラム諸国ではイスラム教の教えと全く異なると反発している。しかし，東南アジアのイスラム教過激派などからもイスラム国を支持する動きがあり，その波及が懸念される。一方，支配地域内では圧制が続いて人々が抑圧されているが，アメリカ軍などの空爆を経ても活発に軍事行動を続けている。組織内にはイラクの旧フセイン政権下の軍人が多くいると見られ，イスラム国との戦いは長期化が予想される。

　一方，アジア太平洋地域ではアメリカ海軍が艦艇の6割を配備する計画を進めるなど，アメリカは同地域への重視を鮮明にしている。日本の防衛省防衛研究所ではその理由として，近年の中国の対外行動により，地域秩序がすでに影響を受け始めているとみているからであろうと分析している。中国は南シナ海において独自の主張に基づく力による現状変更を試みているとして，フィリピンやベトナムなどから非難を受けている。また，軍事費を大幅に増額して（中国はGDPの伸びを反映したものでGDP比では少ないとしている）軍事力の近代化を進めており，将来的には太平洋でアメリカと拮抗した能力に成長するとの予測もある。

　核兵器はアメリカとロシアの保有数が依然として圧倒的であるが，核弾頭数はピーク時の7万発から2015年には1万5700発へと減少している。しかし，核兵器の近代化や新型の運搬手段の導入を進めるなど，核抑止力を堅持する姿勢を崩していない。他の核保有国も新兵器への移行やミサイル搭載など技術力を高める中で，イランの核開発問題の歴史的な合意は核拡散の防止にとって重要な成果となった。

イランの核協議合意

　2015年7月，イランの核開発問題で欧米や中国の6か国とイランは問題解決に向けた最終合意に達した。2002年に発覚したイランの核開発は，核兵器につながり核拡散を懸念される問題で，欧米はイランへの経済制裁などを行ってこれに対抗してきた。しかし，2013年にイランでは穏健保守派のロウハニ政権が誕生し，同年には核開発活動の一部停止などに応じる一方で欧米諸国などは制裁の一部を一時的に緩和する暫定合意が成立した。今回の最終合意はその流れを受けたもので，イランは核開発を今後長期的に大幅に制限し，製造する濃縮ウランを原子力発電用の濃縮度の低いものにするほか，イラン国内の核施設すべてをIAEA（国際原子力機関）が予告なく査察することに同意するなどして，核兵器の開発を防ぐ。一方，欧米諸国などは経済制裁を解除することが決まった。

　アメリカとイランは1979年のイスラム革命以来対立を続けてきたが，今回の合意は核兵器の拡散が交渉によって防がれた歴史的なものと評価する声が高まっている。一方，アメリカ議会を中心にイランが合意を守るか懐疑的な見方もあり，特にイランに敵対的なイスラエルは，今回の合意がイランの核保有につながるものになると強く反発している。

図 13-1 核弾頭総保有数の推移

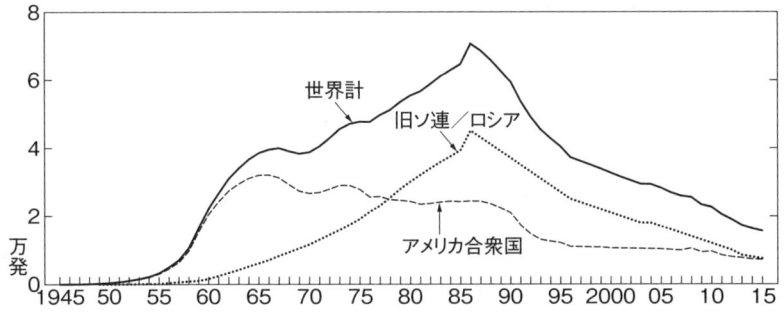

米国科学誌 "Bulletin of the Atomic Scientists" などによる。

表 13-1 世界の核弾頭保有状況 （2015年）（単位 発）（概数）

	実戦配備分		予備分 （実戦配備 可能なもの）	総計 （備蓄分を 含む）	核実験 実施年 （初年）
	戦略核	戦術核			
ロシア‥‥‥‥‥	1 780 [1)]	‥‥	2 720 [2)]	7 500	1949
アメリカ合衆国‥	1 900 [3)]	180	2 620 [4)]	7 200	1945
フランス‥‥‥‥	290	—	10	300	1960
中国‥‥‥‥‥‥	[5)] ‥‥	[5)] ‥‥	250	250	1964
イギリス‥‥‥‥	150	—	65 [6)]	215	1952
イスラエル‥‥‥	—	—	80 [7)]	80	[8)] ‥‥
パキスタン‥‥‥	—	—	100〜120	100〜120	1998
インド‥‥‥‥‥	—	—	90〜110	90〜110	1974
北朝鮮‥‥‥‥‥	—	—	[9)] <10	[9)] <10	[10)]2006
世界計‥‥‥‥	～4 120	～180	～6 000	～15 700	

Federation of American Scientists（FAS：米国科学者連盟）のインターネット資料（http://www.fas.org/issues/nuclear-weapons/status-world-nuclear-forces/）による。2015年4月更新のデータ。核弾頭の保有状況は各国にとって機密性が高い事項であり，推定を含む概数となっている。実戦配備核弾頭のうち，即時に発射できる厳戒態勢にあるものは，ロシアとアメリカ合衆国が持つ1800発ほどとみられる。1) すべての戦術核は倉庫保管されており，数千発が解体待ちとされる。2) 解体処分待ちの約3000発を含む。3) ヨーロッパ（ベルギー，ドイツ，イタリア，オランダ，トルコ）に配備されている。4) このうち約2500発が解体処分待ち。5) 数百発の核弾頭を保有すると推定されるが，即時発射可能な実戦配備分はないと考えられている。6) 2020年までに180発程度にまで縮小。7) 100〜200発程度の核弾頭を製造できる分のプルトニウムを所有していると考えられている。8) 核実験実施の有無については不詳。9) 最大10発程度の核弾頭保有の可能性があるが，実情は不明。10) 2006, 09, 13年に核実験が実施されたが，詳細不明。

戦略核兵器とは，戦略的な目的のために保有する核兵器で，ロシアとアメリカ合衆国では，大陸間弾道ミサイル（ICBM）や戦略爆撃機，潜水艦発射弾道ミサイル（SLBM）に核弾頭を搭載した核兵器の総称。**戦術核兵器**とは，通常兵器の延長での使用を目的する核兵器で，一般に戦略核よりも射程距離が短い。

図 13-2 戦略核弾頭の削減の推移

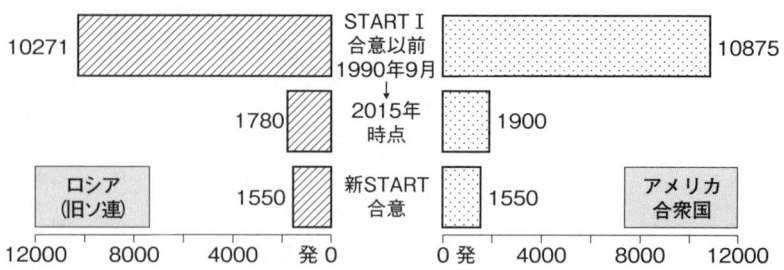

米軍備管理協会資料，米国科学誌 "Bulletin of the Atomic Scientists"，SIPRI年鑑な
どによる。STARTは戦略兵器削減条約。新STARTは2010年4月に締結，2011年2
月に発効。条約発効後7年以内に，配備戦略核弾頭を1550発に削減し，大陸間弾道ミ
サイル（ICBM）など3種の運搬発射手段を未配備も含めて800基・機（配備済は700基・
機）に削減するよう義務づけている。

表 13-2 各国の主要な核戦力 （概数）（2014年11月現在）

	長距離（戦略）爆撃機（機）	陸上発射ミサイル			海上発射ミサイル	
		ICBM（基）	I/MRBM（基）	SRBM（基）	SLBM（基）	（参考）SSBN（隻）
ロシア・・・・・・・1)	72	311	—	—	160	10
アメリカ合衆国1) 2)	94	450	—	—3)	288 3)	14
フランス・・・・・・	43	—	—	—	64	4
中国・・・・・・・・・・	—	4) 66	140	252 5)	48	4
イギリス・・・・・・・	—	—	—	—	48	4
パキスタン・・・6)	—	—	30	30	—	—
インド・・・・・・・6)	—	7) ・・・	24	30	—	—

米国科学誌 "Bulletin of the Atomic Scientists" および国際戦略研究所（IISS）"The
Military Balance"（2015年版）による。発射実験が行われ核搭載が可能とみられるミサイ
ルで，実際に配備されているかどうかは不詳が多い。本表掲載分以外にもイスラエルは核
開発能力があると考えられており，IRBMやSRBMで発射できるとみられる。イランと北
朝鮮は詳細不明。SSBNは弾道ミサイル搭載原子力潜水艦のこと。1) 新START条約に基
づき，2015年3月時点の配備ICBM, SLBM, 爆撃機数の計がロシア515，アメリカ785と
公表されている。2) 有事に即応できるものが60機。3) SSBNはこのうち2隻（SLBM各
24基搭載）がオーバーホールされている（常時2隻以上オーバーホール）。SLBMはこれ
らを含めると336基。4) うち10基は射程距離が短く，朝雲新聞社「防衛ハンドブック」で
はこれらをI/MRBMに分類している。5) 3隻のSSBNにはSLBMが12基以上搭載できると
見込まれるが詳細不明で，本表では12基とした。6) 推定値。7) 試験中。
ICBM（大陸間弾道ミサイル）の射程は5500km以上で，飛行時間は約20～30分。
I/MRBM（中距離弾道ミサイル）の射程は1000～5500kmで，飛行時間は約10～20分。
SRBM（短距離弾道ミサイル）の射程は1000km以下で，飛行時間は約5～10分。
SLBM（潜水艦発射弾道ミサイル）は，射程距離に関係なくSSBN（弾道ミサイル搭載原
子力潜水艦）に搭載されるもの。

図 13-3　主要国の防衛費の推移（2005年度＝100）

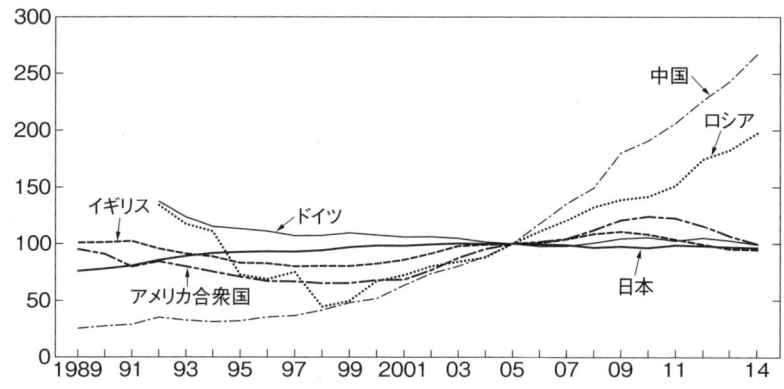

ストックホルム国際平和研究所 "SIPRI Military Expenditure Database"（http://milexdata.sipri.org/　2015年7月15日閲覧）により作成。2011年基準価格（ドル換算）の各国の国防支出を2005年＝100とした指数で表したもので，過去に遡って訂正される。ロシアと中国はSIPRIの推計値。イギリスは会計システムの変更により，2000年以前と2001年以降のデータは厳密に接続しない。日本は予算額で，SACO経費を含み，恩給費などを含まない。

表 13-3　主要国・地域の兵役制度（2014年末現在）

	区分	徴兵の服務期間および備考
アメリカ…	志願	
ロシア……	徴兵・志願	12か月。
中国……	徴兵	2年。
イギリス…	志願	
フランス…	志願	
ドイツ……	志願	
イタリア…	志願	
スイス……	徴兵	19〜20歳の時に18〜25週間の新兵訓練，その後20歳から30歳までの10年間に3週間の再訓練を5〜7回受ける。
スウェーデン	志願	
エジプト…	徴兵	12か月〜3年。
インド……	志願	
韓国……	徴兵	陸軍：21か月，海軍：23か月，空軍：24か月。
北朝鮮……	徴兵	陸軍：5〜12年，海軍：5〜10年，空軍：3〜4年。
（台湾）……	徴兵	1年。志願制への移行を推進中。
タイ……	徴兵	2年。くじ引きによる選抜。
ベトナム…	徴兵	陸軍・防空軍：2年，空軍・海軍：3年。特技者は3年，一部の少数民族は2年。
イスラエル・	徴兵	将校：48か月，男子：36か月，女子：24か月。兵役後，男子は40歳（一部の特技者については54歳）まで，女子は38歳（または結婚）まで予備役として年次訓練を受ける。

朝雲新聞社「防衛ハンドブック」（2015年版）による。原資料はミリタリー・バランスなど。

第13章

軍備・軍縮

表 13-4　各国の国防支出と兵力比較（Ⅰ）

	国防支出総額（百万ドル）			1人あたり国防支出（ドル）		
	2012	2013	2014	2012	2013	2014
北アメリカ····	663 445	594 166	596 925	1 905	1 693	1 688
アメリカ合衆国	645 000	578 000	581 000	2 055	1 827	1 822
カナダ········	18 445	16 166	15 925	538	468	457
ヨーロッパ····	277 983	281 454	286 922	449	453	461
アイスランド··	33	38	39	105	121	122
アイルランド··	1 148	1 202	1 217	243	252	252
アルバニア····	187	185	166	62	62	55
イギリス······	61 274	58 075	61 818	972	916	970
イタリア······	23 993	25 212	24 274	392	410	394
エストニア····	437	480	520	343	379	413
オーストリア··	3 189	3 230	3 325	388	393	404
オランダ······	10 335	10 344	10 683	618	616	633
キプロス······	450	460	432	395	398	368
ギリシャ······	6 676	5 898	5 639	620	548	523
クロアチア····	818	799	774	183	179	173
スイス········	4 831	5 054	5 260	610	632	652
スウェーデン··	6 170	6 494	6 688	644	673	725
スペイン······	15 826	14 622	15 070	336	309	316
スロバキア····	881	994	1 063	161	181	193
スロベニア····	509	466	455	255	234	229
セルビア······	841	689	711	116	95	99
チェコ········	2 221	2 149	2 089	210	203	197
デンマーク····	4 422	4 553	4 811	798	819	864
ドイツ········	40 974	44 172	43 934	504	544	542
トルコ········	10 166	10 692	10 047	127	132	123
ノルウェー····	6 974	7 236	6 977	1 389	1 423	1 355
ハンガリー····	1 196	1 103	1 004	120	111	101
フィンランド··	3 625	3 812	3 725	689	724	707
フランス······	50 258	52 317	53 080	766	793	801
ブルガリア····	659	750	736	94	107	106
ベルギー······	5 264	4 985	5 038	504	477	482
ポーランド····	8 552	8 942	10 380	223	233	271
ボスニア···· 1)	231	…	227	60	…	59
ポルトガル····	2 639	2 772	2 633	245	257	243
マケドニア····	129	…	131	62	…	62
マルタ········	50	60	61	122	145	148
モンテネグロ··	52	65	80	79	99	123
ラトビア······	180	210	…	82	97	…
リトアニア····	317	359	436	90	102	124
ルーマニア····	2 211	2 423	2 875	101	111	132
ルクセンブルク	267	249	255	524	484	491
ロシア・ユーラシア	68 488	76 784	81 604	243	271	288
アゼルバイジャン	1 759	1 948	2 108	185	203	218

国防支出のGDPに占める割合（％）			兵力（千人）(2015)			
2012	2013	2014	正規	推定予備	準軍隊	
3.69	*3.20*	*3.11*	1 499	886	—	**北アメリカ**
3.99	*3.45*	*3.34*	1 433	855	—	アメリカ合衆国
1.01	*0.88*	*0.89*	66	31	—	カナダ
1.49	*1.45*	*1.44*	2 140	2 312	752	**ヨーロッパ**
0.24	*0.26*	*0.25*	—	—	—	アイスランド
0.55	*0.54*	*0.53*	9	5	—	アイルランド
1.47	*1.38*	*1.19*	8	—	1	アルバニア
2.51	*2.40*	*2.47*	159	79	—	イギリス
1.19	*1.21*	*1.16*	176	18	184	イタリア
2.00	*1.99*	*2.05*	6	30	—	エストニア
0.80	*0.76*	*0.77*	23	162	—	オーストリア
1.34	*1.28*	*1.30*	37	3	6	オランダ
1.96	*2.11*	*2.01*	12	50	1	キプロス
2.68	*2.42*	*2.33*	145	217	4	ギリシャ
1.43	*1.33*	*1.24*	17	—	3	クロアチア
0.76	*0.78*	*0.80*	21	155	—	スイス
1.17	*1.13*	*1.17*	15	—	1	スウェーデン
1.17	*1.05*	*1.07*	133	14	81	スペイン
0.96	*1.01*	*1.04*	16	—	—	スロバキア
1.12	*1.00*	*0.96*	8	2	6	スロベニア
2.25	*1.61*	*1.58*	28	50	—	セルビア
1.13	*1.06*	*1.01*	21	—	3	チェコ
1.41	*1.39*	*1.45*	17	54	—	デンマーク
1.20	*1.23*	*1.20*	182	45	—	ドイツ
1.28	*1.26*	*1.14*	511	379	102	トルコ
1.39	*1.35*	*1.28*	26	46	—	ノルウェー
0.94	*0.83*	*0.72*	27	44	12	ハンガリー
1.45	*1.44*	*1.36*	22	354	3	フィンランド
1.93	*1.91*	*1.90*	215	28	103	フランス
1.29	*1.38*	*1.31*	31	303	16	ブルガリア
1.09	*0.98*	*0.97*	31	—	7	ベルギー
1.75	*1.74*	*1.91*	99	—	73	ポーランド
1.33	*…*	*1.15*	11	—	—	ボスニア[1]
1.24	*1.27*	*1.19*	35	212	45	ポルトガル
1.33	*…*	*1.19*	8	5	—	マケドニア
0.57	*0.64*	*0.64*	2	—	—	マルタ
1.21	*1.42*	*1.70*	2	—	10	モンテネグロ
0.63	*0.68*	*…*	5	8	—	ラトビア
0.75	*0.78*	*0.90*	11	7	11	リトアニア
1.31	*1.30*	*1.49*	71	45	80	ルーマニア
0.47	*0.41*	*0.41*	1	—	1	ルクセンブルク
2.57	*2.74*	*2.98*	1 207	3 857	701	**ロシア・ユーラシア**
2.56	*2.65*	*2.71*	67	300	15	アゼルバイジャン

各国の国防支出と兵力比較（Ⅱ）

	国防支出総額（百万ドル）			1人あたり国防支出（ドル）		
	2012	2013	2014	2012	2013	2014
アルメニア‥‥	396	458	470	129	150	154
ウクライナ‥‥	2 050	2 414	3 587	46	54	81
ウズベキスタン	1 455	…	…	51	…	…
カザフスタン‥	2 280	2 290	2 030	130	129	113
キルギス‥‥‥	105	101	95	19	18	17
ジョージア‥‥	394	397	393	80	80	80
タジキスタン‥	170	194	186	22	24	23
トルクメニスタン	539	…	…	107	…	…
ベラルーシ‥‥	552	…	…	57	…	…
モルドバ‥‥‥	22	24	25	6	7	7
ロシア‥‥‥‥	58 765	66 073	70 048	412	464	492
アジア‥‥‥‥	317 562	325 482	343 804	82	83	87
アフガニスタン	2 077	2 751	3 286	68	88	103
インド‥‥‥‥	40 986	41 896	45 212	34	34	37
インドネシア‥	6 531	7 834	7 076	26	31	28
オーストラリア	27 099	24 535	22 512	1 231	1 102	1 000
韓国‥‥‥‥‥	29 257	31 506	34 438	599	644	702
カンボジア‥‥	348	399	445	23	26	29
北朝鮮‥‥‥‥	…	…	…	…	…	…
シンガポール‥	9 843	9 730	10 015	1 839	1 782	1 799
スリランカ‥‥	1 533	1 821	1 789	71	84	82
タイ‥‥‥‥‥	5 426	5 874	5 685	81	87	84
（台湾）‥‥‥‥	10 452	10 321	10 126	450	443	433
中国‥‥‥‥ 2)	102 643	115 844	129 408	76	85	95
日本‥‥‥‥‥	59 077	48 709	47 685	464	383	375
ニュージーランド	2 207	2 605	3 186	510	597	724
ネパール‥‥‥	235	233	311	8	8	10
パキスタン‥‥	5 814	5 926	6 006	31	31	31
パプアニューギニア	78	83	99	12	13	15
バングラデシュ	1 537	1 713	1 956	10	10	12
東ティモール‥	64	67	69	56	57	58
フィジー‥‥‥	63	58	50	71	65	55
フィリピン‥‥	1 761	2 069	2 035	17	20	19
ブルネイ‥‥‥	411	413	573	1 005	993	1 356
ベトナム‥‥‥	3 355	3 938	4 248	37	43	45
マレーシア‥‥	4 440	4 840	5 031	152	163	167
ミャンマー‥‥	2 188	2 179	2 433	40	40	44
モンゴル‥‥‥	115	114	105	40	39	36
ラオス‥‥‥‥	20	22	24	3	3	4
中東・北アフリカ	158 463	175 083	197 585	439	477	529
アラブ首長国連邦	13 433	…	…	2 528	…	…
アルジェリア‥	9 324	10 405	11 996	250	273	309
イエメン‥‥‥	1 634	1 849	1 885	66	73	72
イスラエル‥‥	16 855	18 703	20 139	2 220	2 427	2 575

国防支出のGDPに占める割合（%）			兵力（千人）(2015)			
2012	2013	2014	正規	推定予備	準軍隊	
3.98	*4.39*	*4.23*	45	210	4	アルメニア
1.16	*1.35*	*2.66*	122	1 000	…	ウクライナ
2.84	…	…	48	—	20	ウズベキスタン
1.12	*0.99*	*0.90*	39	—	32	カザフスタン
1.59	*1.40*	*1.24*	11	—	10	キルギス
2.49	*2.46*	*2.44*	21	—	12	ジョージア
2.24	*2.28*	*2.03*	9	—	8	タジキスタン
1.53	…	…	22	—	—	トルクメニスタン
0.87	…	…	48	290	110	ベラルーシ
0.31	*0.30*	*0.33*	5	58	2	モルドバ
2.91	*3.15*	*3.40*	771	2 000	489	ロシア
1.43	*1.43*	*1.41*	9 490	14 748	3 769	**アジア**
10.43	*13.11*	*14.55*	179	—	152	アフガニスタン
2.25	*2.12*	*2.12*	1 346	1 155	1 404	インド
0.74	*0.83*	*0.69*	396	400	281	インドネシア
1.76	*1.54*	*1.38*	57	23	—	オーストラリア
2.53	*2.50*	*2.58*	655	4 500	5	韓国
2.44	*2.55*	*2.57*	124	—	67	カンボジア
…	…	…	1 190	600	189	北朝鮮
3.56	*3.39*	*3.38*	73	313	75	シンガポール
2.58	*2.79*	*2.54*	161	6	62	スリランカ
1.48	*1.38*	*1.22*	361	200	93	タイ
2.21	*2.09*	*1.92*	290	1 657	17	（台湾）
1.25	*1.28*	*1.30*	2 333	510	660	中国2)
0.99	*0.95*	*0.90*	247	56	13	日本
1.30	*1.42*	*1.69*	9	2	—	ニュージーランド
1.21	*1.14*	*1.40*	96	—	62	ネパール
2.51	*2.48*	*2.44*	644	—	304	パキスタン
0.49	*0.48*	*0.52*	2	—	—	パプアニューギニア
1.25	*1.27*	*1.34*	157	—	64	バングラデシュ
1.54	*1.57*	*1.59*	1	—	—	東ティモール
1.57	*1.40*	*1.15*	4	6	—	フィジー
0.70	*0.73*	*0.65*	125	131	41	フィリピン
2.47	*2.51*	*3.40*	7	1	2	ブルネイ
2.43	*2.52*	*2.49*	482	5 000	40	ベトナム
1.46	*1.48*	*1.42*	109	52	25	マレーシア
4.12	*3.79*	*3.91*	406	—	107	ミャンマー
1.12	*0.94*	*0.75*	10	137	8	モンゴル
0.22	*0.21*	*0.22*	29	—	100	ラオス
5.00	*5.33*	*5.73*	2 473	1 683	853	**中東・北アフリカ**
3.61	…	…	63	—	—	アラブ首長国連邦
4.49	*4.90*	*5.27*	130	150	187	アルジェリア
4.62	*4.57*	*4.15*	67	—	71	イエメン
6.55	*6.43*	*6.60*	177	465	8	イスラエル

第13章 軍備・軍縮

各国の国防支出と兵力比較 (Ⅲ)

	国防支出総額（百万ドル）			1人あたり国防支出（ドル）		
	2012	2013	2014	2012	2013	2014
イラク・・・・・・・	14 727	16 897	18 868	473	530	579
イラン・・・・・・・	18 137	14 786	15 705	230	185	194
エジプト・・・・・	4 578	5 310	5 449	55	62	63
オマーン・・・・・	6 723	9 246	9 623	2 176	2 931	2 989
カタール・・・・・	3 728	･･･	･･･	1 910	･･･	･･･
クウェート・・・・	4 728	4 338	4 841	1 787	1 609	1 765
サウジアラビア	56 724	67 020	80 762	2 138	2 488	2 953
シリア・・・・・・・	･･･	･･･	･･･	･･･	･･･	･･･
チュニジア・・・・	670	759	911	62	70	83
バーレーン・・・・	1 018	1 236	1 335	816	965	1 016
（パレスチナ）・・	･･･	･･･	･･･	･･･	･･･	･･･
モーリタニア・・	112	149		33	43	
モロッコ・・・・・・	3 403	3 723	3 859	105	114	117
ヨルダン・・・・・・	1 520	1 216	1 268	234	188	194
リビア・・・・・・・	2 988	4 656	･･･	532	776	･･･
レバノン・・・・・・	1 148	･･･	･･･	277	･･･	･･･
中南アメリカ・・	72 111	72 736	73 297	121	121	121
アルゼンチン・・	4 858	5 578	4 265	115	131	99
ウルグアイ・・・・	460	466	427	139	140	128
エクアドル・・・・	1 508	･･･	1 702	99	･･･	109
エルサルバドル	144	154	150	24	25	24
ガイアナ・・・・・・	33	35	37	45	48	51
キューバ・・・・・・	･･･	･･･	･･･	･･･	･･･	･･･
グアテマラ・・・・	211	259	264	15	18	18
コスタリカ・・・・	348	402	420	75	86	88
コロンビア・・・・	12 682	13 551	13 444	280	296	291
ジャマイカ・・・・	138	130	120	48	45	41
スリナム・・・・・・	49	･･･	･･･	87	･･･	･･･
チリ・・・・・・・・・・	4 274	4 444	3 877	250	258	223
ドミニカ共和国	362	371	397	36	36	38
トリニダード・トバゴ	442	395	436	360	323	356
ニカラグア・・・・	66	85	83	11	15	14
パナマ・・・・・・・	548	637	717	156	179	199
パラグアイ・・・・	336	347	313	51	52	47
ブラジル・・・・・・	33 163	31 441	31 930	166	156	158
ベネズエラ・・・・	3 886	3 300	4 655	139	116	161
ペルー・・・・・・・	2 653	2 752	2 588	90	92	86
ボリビア・・・・・・	336	373	405	33	36	38
ホンジュラス・・	150	179	216	18	21	25
メキシコ・・・・・・	5 230	5 927	6 548	45	50	54
サハラ以南アフリカ	20 519	23 262	24 184	23	25	26
アンゴラ・・・・・・	4 145	6 091	6 846	230	328	359
ウガンダ・・・・・・	375	365	405	11	11	11

国防支出のGDPに占める割合（％）			兵力（千人）(2015)			
2012	2013	2014	正規	推定予備	準軍隊	
6.82	*7.37*	*8.13*	178	—	…	イラク
4.56	*4.03*	*3.90*	523	350	40	イラン
1.75	*1.96*	*1.91*	439	479	397	エジプト
8.91	*11.99*	*11.95*	43	—	4	オマーン
1.96	…	…	12	—	—	カタール
2.72	*2.47*	*2.70*	16	24	7	クウェート
7.73	*8.95*	*10.38*	227	—	25	サウジアラビア
…	…	…	178	…	…	シリア
1.48	*1.62*	*1.85*	36	—	12	チュニジア
3.32	*3.77*	*3.92*	8	—	11	バーレーン
…	…	…	—	—	…	（パレスチナ）
2.82	*3.56*	…	16	—	5	モーリタニア
3.55	*3.59*	*3.43*	196	150	50	モロッコ
4.91	*3.59*	*3.47*	101	65	15	ヨルダン
3.65	*7.11*	…	7	…	…	リビア
2.67	…	…	60	—	20	レバノン
1.27	*1.27*	*1.28*	1 552	2 156	933	**中南アメリカ**
0.81	*0.91*	*0.80*	74	—	31	アルゼンチン
0.92	*0.84*	*0.77*	25	—	1	ウルグアイ
1.72	…	*1.69*	58	118	1	エクアドル
0.60	*0.63*	*0.59*	15	10	17	エルサルバドル
1.16	*1.18*	*1.18*	1	1	—	ガイアナ
…	…	…	49	39	27	キューバ
0.42	*0.48*	*0.45*	17	64	25	グアテマラ
0.77	*0.81*	*0.83*	—	—	10	コスタリカ
3.43	*3.58*	*3.36*	297	35	159	コロンビア
0.94	*0.91*	*0.86*	3	1	—	ジャマイカ
1.01	…	…	2	—	—	スリナム
1.60	*1.60*	*1.47*	61	40	45	チリ
0.60	*0.61*	*0.64*	46	—	15	ドミニカ共和国
1.67	*1.43*	*1.47*	4	—	—	トリニダード・トバゴ
0.62	*0.76*	*0.70*	12	—	—	ニカラグア
1.53	*1.57*	*1.60*	—	—	12	パナマ
1.35	*1.20*	*1.00*	11	165	15	パラグアイ
1.48	*1.40*	*1.42*	318	1 340	395	ブラジル
1.30	*1.45*	*2.22*	115	8	—	ベネズエラ
1.38	*1.36*	*1.24*	115	188	77	ペルー
1.23	*1.21*	*1.19*	46	—	37	ボリビア
0.81	*0.97*	*1.11*	12	60	8	ホンジュラス
0.44	*0.47*	*0.51*	267	87	59	メキシコ
1.32	*1.42*	*1.39*	1 574	213	264	**サハラ以南アフリカ**
3.59	*4.91*	*5.21*	107	—	10	アンゴラ
1.76	*1.59*	*1.55*	45	10	2	ウガンダ

第13章 軍備・軍縮

各国の国防支出と兵力比較（IV）

	国防支出総額（百万ドル）			1人あたり国防支出（ドル）		
	2012	2013	2014	2012	2013	2014
エチオピア‥‥	254	351	375	3	4	4
エリトリア‥‥	78	…	…	13	…	…
ガーナ‥‥‥‥	112	295	277	5	12	11
ガボン‥‥‥‥	225	282	183	140	172	109
カメルーン‥‥	355	393	410	16	17	18
ギニア‥‥‥‥	39	…	…	4	…	…
ギニアビサウ‥‥	26	…	…	16	…	…
ケニア‥‥‥‥	930	970	1 042	22	22	23
コートジボワール	647	775	812	29	35	36
コンゴ共和国‥‥	324	…	720	72	…	154
コンゴ民主共和国	232	427	456	3	6	6
ザンビア‥‥‥‥	320	377	422	23	27	29
ジンバブエ‥‥‥	318	356	368	25	27	27
スーダン‥‥‥‥	…	1 892	…	…	54	…
セネガル‥‥‥‥	192	248	254	15	19	19
ソマリア‥‥‥‥	…	…	…	…	…	…
タンザニア‥‥‥	264	333	396	6	7	8
チャド‥‥‥‥‥	202	…	…	18	…	…
中央アフリカ共和国	50	…	…	10	…	…
トーゴ‥‥‥‥‥	62	72	89	9	10	12
ナイジェリア‥‥	2 100	2 347	2 253	12	14	13
ナミビア‥‥‥‥	381	411	410	176	188	186
ニジェール‥‥‥	70	…	…	4	…	…
ブルキナファソ	137	154	164	8	9	9
ブルンジ‥‥‥‥	62	66	61	6	7	6
ベナン‥‥‥‥‥	78	86	89	8	9	9
ボツワナ‥‥‥‥	332	316	346	158	149	161
マダガスカル‥‥	69	74	74	3	3	3
マラウイ‥‥‥‥	31	24	42	2	1	2
マリ‥‥‥‥‥‥	213	302	365	14	19	22
南アフリカ共和国	5 069	4 213	4 005	104	87	83
南スーダン‥‥‥	819	862	1 044	77	78	90
モーリシャス‥‥	71	84	84	54	64	63
モザンビーク‥‥	33	33	35	1	1	1
リベリア‥‥‥‥	23	…	…	6	…	…
ルワンダ‥‥‥‥	76	84	81	6	7	7
レソト‥‥‥‥‥	55	48	54	29	25	28
世界計‥‥‥ 3)	1 578 570	1 548 967	1 604 322	226	220	225

イギリス国際戦略研究所（IISS）"The Military Balance"（2015年版）による。国防支出は各国公表値のドル換算（公式レート）。公表される国防支出に含まれる内容は，軍人恩給などが国ごとに異なるため注意が必要。NATO加盟国は，原則としてNATO定義（軍人恩給，自国内に駐留する他の部隊に対する受入国政府負担経費など，当該国の国防に対するすべての支出を含む）による。地域区分は原資料通り。1) ボスニア・ヘルツェゴビナ。↗

国防支出のGDPに占める割合（％）			兵力（千人）(2015)			
2012	2013	2014	正規	推定予備	準軍隊	
0.60	*0.76*	*0.75*	138	—	—	エチオピア
2.52	…	…	202	120	—	エリトリア
0.27	*0.62*	*0.78*	16	—	—	ガーナ
1.26	*1.47*	*0.88*	5	—	2	ガボン
1.34	*1.34*	*1.27*	14	—	9	カメルーン
0.69	…	…	10	—	3	ギニア
2.66	…	…	4	—	2	ギニアビサウ
1.85	*1.76*	*1.66*	24	—	5	ケニア
2.34	*2.42*	*2.39*	…	…	…	コートジボワール
2.37	…	*5.10*	10	—	2	コンゴ共和国
0.84	*1.43*	*1.39*	134	—	—	コンゴ民主共和国
1.28	*1.41*	*1.65*	15	3	1	ザンビア
2.55	*2.70*	*2.68*	29	—	22	ジンバブエ
…	*2.83*	…	244	—	20	スーダン
1.37	*1.68*	*1.60*	14	—	5	セネガル
…	…	…	11	—	—	ソマリア
0.93	*1.00*	*1.08*	27	80	1	タンザニア
1.63	…	…	25	—	10	チャド
2.31	…	…	7	—	1	中央アフリカ共和国
1.58	*1.65*	*1.83*	9	—	1	トーゴ
0.45	*0.45*	*0.38*	80	—	82	ナイジェリア
2.91	*3.35*	*3.42*	9	—	6	ナミビア
1.04	…	…	5	—	5	ニジェール
1.24	*1.28*	*1.22*	11	—	—	ブルキナファソ
2.47	*2.41*	*2.01*	20	—	31	ブルンジ
1.04	*1.04*	*0.96*	7	—	3	ベナン
2.28	*2.14*	*2.12*	9	—	2	ボツワナ
0.69	*0.70*	*0.66*	14	—	8	マダガスカル
0.75	*0.62*	*0.95*	5	—	2	マラウイ
2.08	*2.78*	*3.03*	4	—	8	マリ
1.33	*1.20*	*1.17*	62	—	15	南アフリカ共和国
8.01	*6.14*	*8.78*	185	—	—	南スーダン
0.62	*0.71*	*0.66*	—	—	3	モーリシャス
0.23	*0.22*	*0.21*	11	—	—	モザンビーク
1.32	…	…	2	—	—	リベリア
1.04	*1.10*	*1.01*	33	—	2	ルワンダ
2.33	*2.13*	*2.21*	2	—	—	レソト
2.20	*2.09*	*2.08*	**19 936**	**25 856**	**7 271**	世界計[3]

↘ 2) 国防支出は中央政府予算のみ。その他の国防関連支出（研究開発費や海外からの武器調達費など）を含む予算総額は，アメリカ国防省は2014年度の国防予算について公表額の1.3倍から2倍程度と指摘している。3) 国防支出に関しては地域計の合計と世界計が合わないことがあるが詳細は不明。各地域計も同じ。

第13章　軍備・軍縮

図 13-4　主な国・地域の兵力 (概数) (2013年)

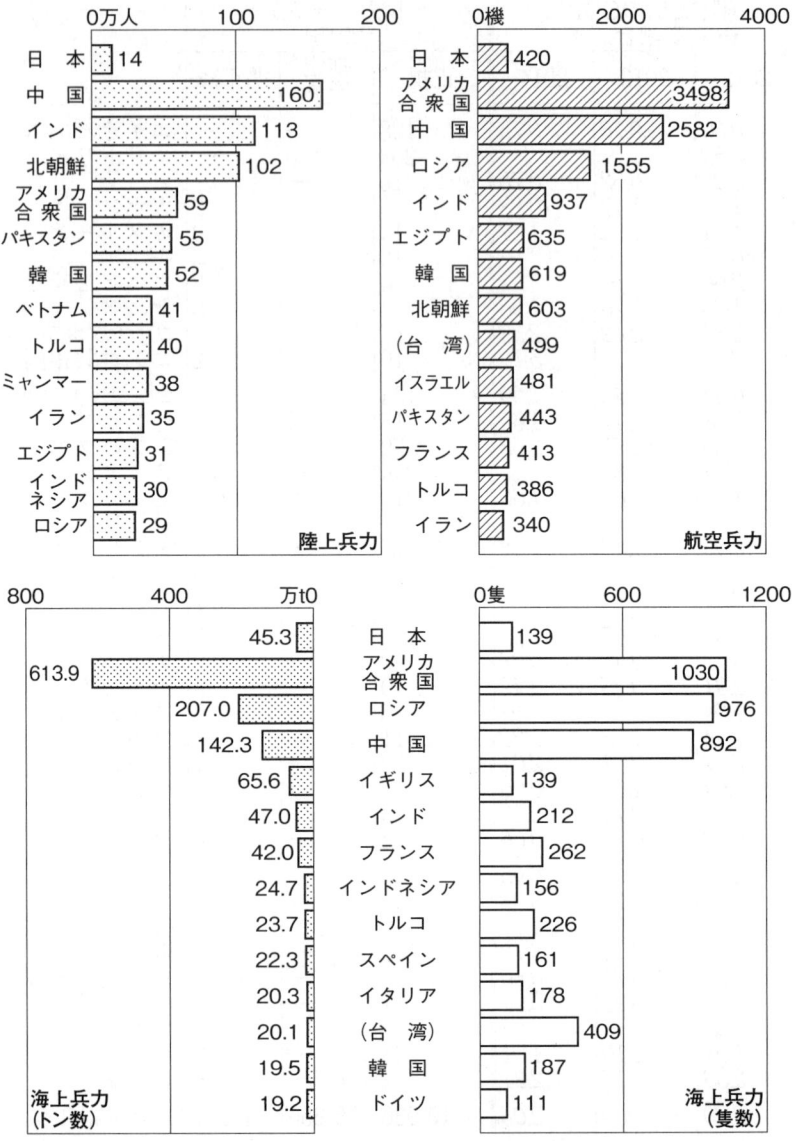

朝雲新聞社「防衛ハンドブック」(2015年版) による (原資料は「ミリタリー・バランス」および「ジェーン年鑑」など)。陸上兵力は陸軍の兵員。海上兵力は艦船トン数および隻数。航空兵力は作戦機数。日本は2013年度末の実勢力で, 航空兵力の作戦機数は, 航空自衛隊の作戦機 (輸送機を除く) と海上自衛隊の作戦機 (固定翼のみ) の合計。

表 13-5　**主な国の軍種別兵力**（2014年11月現在）（単位　千人）

	正規兵力				推定予備兵力	準軍隊
	計	陸軍	海軍	空軍		
中国・・・・・・・・・・	2 333.0	1 600.0	235.0	398.0	510.0	660.0
アメリカ合衆国・	1 433.2	539.5	559.2	334.6	854.9	―
インド・・・・・・・・	1 346.0	1 150.9	67.9	127.2	1 155.0	1 403.7
北朝鮮・・・・・・・・	1 190.0	1 020.0	60.0	110.0	600.0	189.0
ロシア・・・・・・・・	771.0	230.0	130.0 [1]	148.0	2 000.0	489.0
韓国・・・・・・・・・・	655.0	522.0	68.0	65.0	4 500.0 [2]	4.5
パキスタン・・・・	643.8	550.0	23.8	70.0	―	304.0
イラン・・・・・・・・	523.0	350.0	18.0	30.0	350.0	40.0
トルコ・・・・・・・・	510.6	402.0	48.6	60.0	378.7	102.2
ベトナム・・・・・・	482.0	412.0	40.0	30.0	5 000.0	40.0
エジプト・・・・・・	438.5	310.0	18.5	110.0	479.0	397.0
ミャンマー・・・・・	406.0	375.0	16.0	15.0	―	107.3
インドネシア・・・	395.5	300.4	65.0	30.1	400.0	281.0
タイ・・・・・・・・・・	360.9	245.0	69.9	46.0	200.0	92.7
ブラジル・・・・・・	318.5	190.0	59.0	69.5	1 340.0	395.0
コロンビア・・・・・	296.8	237.0	46.2	13.6	35.0	159.0
(台湾)・・・・・・・・	290.0	200.0	45.0	45.0	1 657.0	17.0
メキシコ・・・・・・	266.6	205.0	53.6	8.0	87.4	58.9
日本・・・・・・・・・・	247.2	151.1	45.5	47.1	56.1	12.7
スーダン・・・・・・	244.3	240.0	1.3	3.0	―	20.0
サウジアラビア・	227.0	75.0	13.5	36.0	―	24.5
フランス・・・・・・・	215.0	115.0	36.8	45.5	27.7	103.4
エリトリア・・・・・	201.8	200.0	1.4	0.4	120.0	―
モロッコ・・・・・・・	195.8	175.0	7.8	13.0	150.0	50.0
南スーダン・・・・・	185.0	185.0	―	―	―	―
ドイツ・・・・・・・・	181.6	63.5	15.9	31.4	45.0	―
アフガニスタン・	178.5	172.0	―	6.5	―	152.2
シリア・・・・・・・・	178.0	110.0	5.0	47.5	…	…
イラク・・・・・・・・	177.6	100.0	3.6	9.0	―	…
イスラエル・・・・	176.5	133.0	9.5	34.0	465.0	8.0
イタリア・・・・・・	176.0	103.1	31.0	41.9	18.3	183.5
スリランカ・・・・・	160.9 [3]	200.0 [3]	15.0 [3]	28.0	5.5	62.2
イギリス・・・・・・	159.2	91.6	32.9	34.7	79.1	―
バングラデシュ・	157.1	126.2	16.9	14.0	―	63.9
ギリシャ・・・・・・	145.0	93.5	18.5	21.4	216.7	4.0
エチオピア・・・・・	138.0	135.0	―	3.0	―	―
コンゴ民主共和国	134.3	103.0	6.7	2.6	―	―
スペイン・・・・・・	133.3	69.4	22.2	20.4	13.9	80.7
アルジェリア・・・	130.0	110.0	6.0	14.0	150.0	187.2
フィリピン・・・・・	125.0	86.0	24.0	15.0	131.0	40.5

イギリス国際戦略研究所（IISS）"The Military Balance"（2015年版）による。正規兵力の計には，中央部隊など軍種別に特定できない兵力を含む。便宜上，海兵隊や沿岸警備隊は海軍に，防空軍は空軍に含む。推定予備兵力や準軍隊のほかに文官や2次的兵力を有する国もある。1）このほかに，空輸隊が32千人。2）改編中。3）予備兵などを含む。

国連平和維持活動（PKO）の現況（2015年4月末現在）

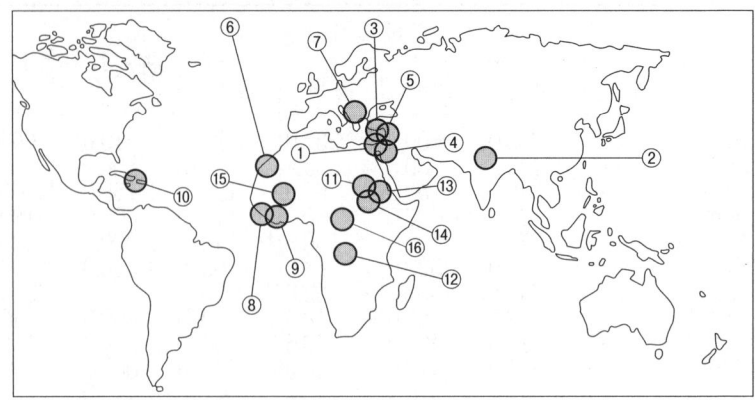

①UNTSO（国連休戦監視機構）：1948年5月
　パレスチナにおける休戦状態の監視。
②UNMOGIP（国連インド・パキスタン軍事監視団）：1949年1月
　ジャム・カシミール地域での両国の休戦を監視。
③UNFICYP（国連キプロス平和維持軍）：1964年3月
　ギリシャ系のキプロス国家守備隊とトルコ系軍との戦闘再発を防止。
④UNDOF（国連兵力引き離し監視軍）：1974年5月
　イスラエルとシリアのゴラン高原での休戦を監視。
⑤UNIFIL（国連レバノン暫定軍）：1978年3月
　レバノン南部からのイスラエル軍の撤退を確認。
⑥MINURSO（国連西サハラ住民投票ミッション）：1991年4月
　モロッコへの統合か独立かを選択するための住民投票を監視。
⑦UNMIK（国連コソボ暫定行政ミッション）：1999年6月
　2008年の独立により権限が移譲されたコソボ政府の監視・監督。
⑧UNMIL（国連リベリアミッション）：2003年9月
　2003年8月の和平合意に基づき，政府軍と反政府勢力との停戦を監視。
⑨UNOCI（国連コートジボワールオペレーション）：2004年4月
　2003年5月から始まったミッションを引き継ぎ，停戦を監視。
⑩MINUSTAH（国連ハイチ安定化ミッション）：2004年6月
　治安維持。2010年1月に起きた地震からの復興のため増員された。
⑪UNAMID（ダルフール国連AU合同ミッション）：2007年7月
　スーダン西部ダルフール地域における停戦合意の履行監視と人道援助。
⑫MONUSCO（国連コンゴ民主共和国安定化ミッション）：2010年7月
　1999年11月から開始したミッションを引き継ぎ，文民保護などにあたる。
⑬UNISFA（国連アビエ暫定治安軍）：2011年6月
　スーダン南部アビエ地区の武装解除と治安維持。
⑭UNMISS（国連南スーダンミッション）：2011年7月
　新独立国の南スーダンの国家建設と発展に向けての援助と治安の維持。
⑮MINUSMA（国連マリ多元統合安定化派遣団）：2013年4月
　2013年7月1日にアフリカ主導の多国籍軍から任務を引き継ぐ。
⑯MINUSCA（国連中央アフリカ共和国多元統合安定化派遣団）：2014年4月
　内戦状態に陥っている中央アフリカ共和国で，民間人の保護などにあたる。

図 13-5　各国のPKOへの派遣人員と予算分担率 (2015年)

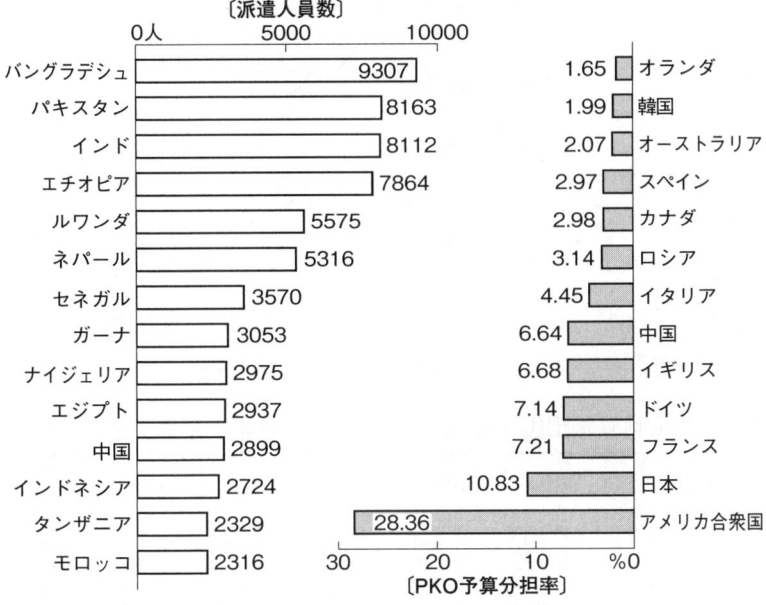

〔派遣人員数〕

国	派遣人員数
バングラデシュ	9307
パキスタン	8163
インド	8112
エチオピア	7864
ルワンダ	5575
ネパール	5316
セネガル	3570
ガーナ	3053
ナイジェリア	2975
エジプト	2937
中国	2899
インドネシア	2724
タンザニア	2329
モロッコ	2316

PKO予算分担率	国
1.65	オランダ
1.99	韓国
2.07	オーストラリア
2.97	スペイン
2.98	カナダ
3.14	ロシア
4.45	イタリア
6.64	中国
6.68	イギリス
7.14	ドイツ
7.21	フランス
10.83	日本
28.36	アメリカ合衆国

〔PKO予算分担率〕

国連平和維持活動 (United Nations Peacekeeping Operations) 資料による。派遣人員数は警官などを含み，2015年4月末時点で総数は10万7565人。PKO予算は2014-15年で，総額84億7000万ドル。

図 13-6　多国籍軍が展開中の主な国・地域 (2014年) (概数)

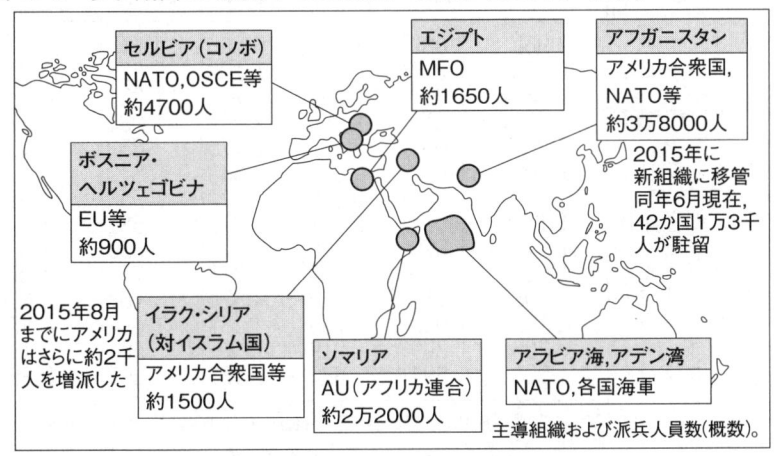

セルビア (コソボ)
NATO, OSCE等
約4700人

エジプト
MFO
約1650人

アフガニスタン
アメリカ合衆国，
NATO等
約3万8000人

2015年に
新組織に移管
同年6月現在，
42か国1万3千
人が駐留

ボスニア・ヘルツェゴビナ
EU等
約900人

2015年8月
までにアメリカ
はさらに約2千
人を増派した

**イラク・シリア
(対イスラム国)**
アメリカ合衆国等
約1500人

ソマリア
AU (アフリカ連合)
約2万2000人

アラビア海，アデン湾
NATO, 各国海軍

主導組織および派兵人員数(概数)。

イギリス国際戦略研究所 (IISS) "The Military Balance" などによる。MFOはイスラエルとエジプトの和平条約履行監視のために1981年に設立された機関。

図 13-7　**通常兵器の輸出の推移**（1990年基準価格）

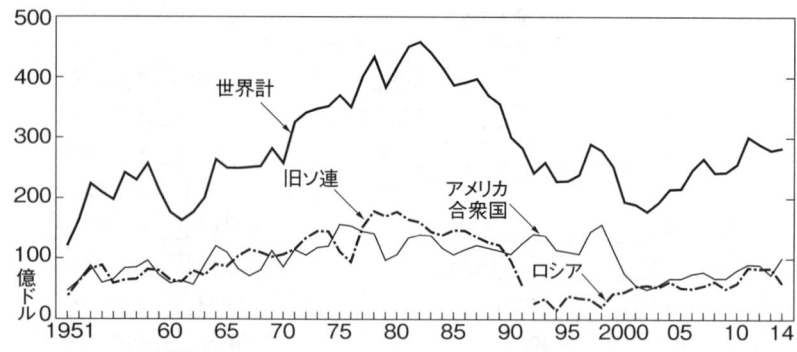

資料・注記は表13-6を参照。データは過去に遡って見直される。

表 13-6　**通常兵器輸出国・輸入国**（1990年基準価格）（単位　百万ドル）

輸出国	2010	2011	2012	2013	2014	2010〜14の合計
アメリカ合衆国	8 169	9 111	9 018	7 384	10 194	43 876
ロシア·········	5 993	8 556	8 402	8 462	5 971	37 383
中国··········	1 459	1 336	1 666	2 068	1 083	7 612
ドイツ········	2 725	1 359	1 161	942	1 200	7 387
フランス······	911	1 770	1 067	1 578	1 978	7 304
イギリス······	1 101	1 010	930	1 484	1 704	6 228
スペイン······	277	1 437	546	733	1 110	4 102
計×········	**25 631**	**30 108**	**28 902**	**27 916**	**28 308**	**140 866**

輸入国	2010	2011	2012	2013	2014	2010〜14の合計
インド········	2 955	3 682	4 591	5 566	4 243	21 036
サウジアラビア	1 020	1 215	899	1 192	2 629	6 955
中国··········	937	1 020	1 651	1 715	1 357	6 680
アラブ首長国連邦	605	1 210	1 088	2 252	1 031	6 186
パキスタン····	2 226	1 069	973	1 175	659	6 102
オーストラリア	1 507	1 583	879	333	842	5 144
トルコ········	469	733	1 489	670	1 550	4 912
アメリカ合衆国	1 113	1 014	1 217	812	581	4 736
韓国··········	1 274	1 570	1 066	179	530	4 620
シンガポール··	1 020	936	828	771	717	4 272
アルジェリア··	808	1 115	889	374	463	3 649
ベトナム······	152	1 023	733	487	1 058	3 453
モロッコ······	306	1 399	819	55	594	3 173
ベネズエラ····	208	594	680	1 165	207	2 853

ストックホルム国際平和研究所（SIPRI）Arms Transfers Database（http://www.sipri.org/databases　2015年7月10日閲覧）による。国際比較や時系列比較のために独自の方式で算出されており，他のデータと比較できない。日本の輸入額は2010〜14年の5年間で1754百万ドル，輸出額は無い。×はその他を含む。輸入の計は輸出と同じ。

図 13-8　通常兵器輸出入国の割合 (2010〜2014年計)

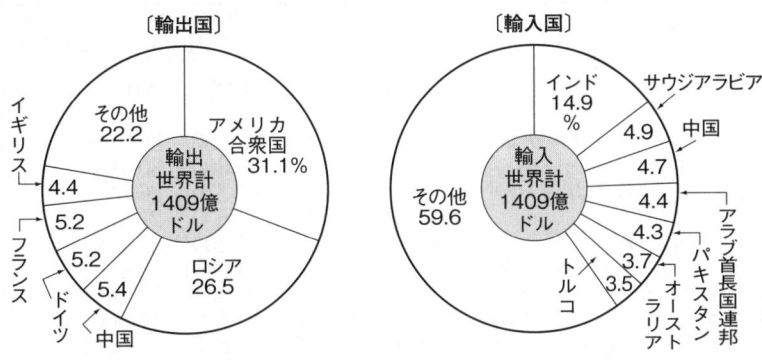

〔輸出国〕

- その他 22.2
- アメリカ合衆国 31.1%
- 輸出世界計 1409億ドル
- ロシア 26.5
- 中国 5.4
- ドイツ 5.2
- フランス 5.2
- イギリス 4.4

〔輸入国〕

- インド 14.9%
- サウジアラビア 4.9
- 中国 4.7
- アラブ首長国連邦 4.4
- パキスタン 4.3
- オーストラリア 3.7
- トルコ 3.5
- 輸入世界計 1409億ドル
- その他 59.6

資料・注記は表13-6に同じ。日本の輸入額は17.5億ドルで世界の1.2%。

図 13-9　通常兵器輸出入国の輸出先と輸入先 (2010〜2014年計)

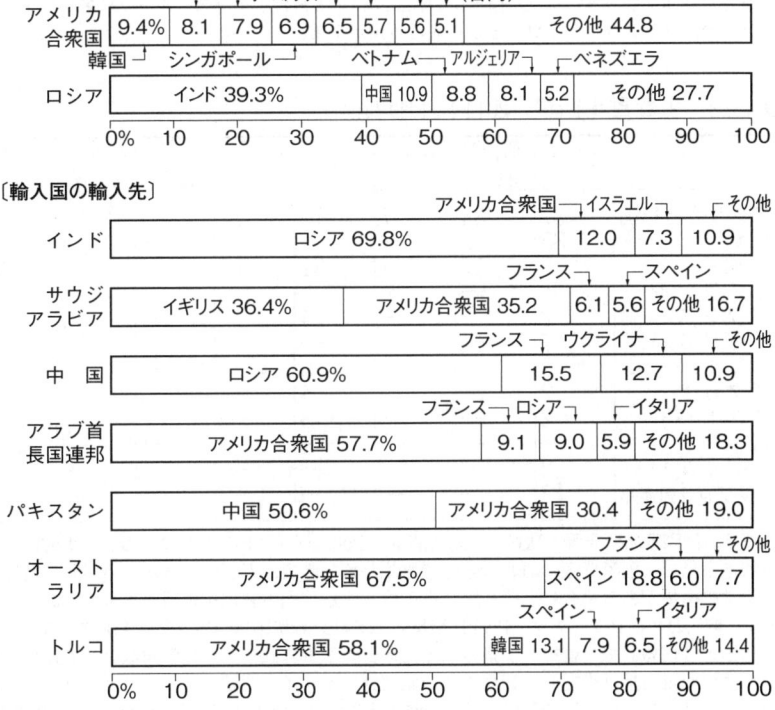

〔輸出国の輸出先〕

アメリカ合衆国：アラブ首長国連邦 9.4%　オーストラリア 8.1　トルコ 7.9　6.9　インド 6.5　5.7　サウジアラビア（台湾）5.6　5.1　その他 44.8

ロシア：韓国／シンガポール インド 39.3%　中国 10.9　ベトナム 8.8　アルジェリア 8.1　ベネズエラ 5.2　その他 27.7

〔輸入国の輸入先〕

インド：ロシア 69.8%　アメリカ合衆国 12.0　イスラエル 7.3　その他 10.9

サウジアラビア：イギリス 36.4%　アメリカ合衆国 35.2　フランス 6.1　スペイン 5.6　その他 16.7

中国：ロシア 60.9%　フランス 15.5　ウクライナ 12.7　その他 10.9

アラブ首長国連邦：アメリカ合衆国 57.7%　フランス 9.1　ロシア 9.0　イタリア 5.9　その他 18.3

パキスタン：中国 50.6%　アメリカ合衆国 30.4　その他 19.0

オーストラリア：アメリカ合衆国 67.5%　スペイン 18.8　フランス 6.0　その他 7.7

トルコ：アメリカ合衆国 58.1%　韓国 13.1　スペイン 7.9　イタリア 6.5　その他 14.4

資料・注記は表13-6に同じ。日本の輸入は90.4%がアメリカ合衆国からのもの。

第13章　軍備・軍縮

表 13-7　世界の兵器製造および軍事関連企業（中国を除く）

企業名	国名	軍事売上高（百万ドル）		対総売上高（％）(2013)
		2012	2013	
1 ロッキード・マーチン ……	アメリカ	36 000	35 490	78
2 ボーイング ………………	〃	30 600	30 700	35
3 BAE　システムズ ………	イギリス	26 770	26 820	94
4 レイセオン ………………	アメリカ	22 500	21 950	93
5 ノースロップ・グラマン ……	〃	19 400	20 200	82
6 ゼネラル・ダイナミクス ……	〃	20 940	18 660	60
7 EADS ………………… 1)	2)	15 400	15 740	20
8 ユナイテッドテクノロジーズ・	アメリカ	12 120	11 900	19
9 フィンメカニカ …………	イタリア	12 530	10 560	50
10 ターレス …………………	フランス	8 880	10 370	55
27 三菱重工業 ………………	日本	3 010	3 240	9
68 三菱電機 …………………	〃	1 550	1 070	3
75 川崎重工業 ………………	〃	1 850	970	7
93 NEC ……………………	〃	2 050	820	3

ストックホルム国際平和研究所（SIPRI）資料による。社名前の数字は兵器製造および軍事関連売上高順位。1)欧州航空防衛宇宙会社。2014年1月にエアバスグループに名称変更。2)オランダ，フランス，ドイツなどから成る多国籍企業。

表 13-8　主な軍事衛星（2014年11月現在）

	通信	測位[1]航法	気象	ISR[2]	電子[3]信号	宇宙監視	早期[4]警戒	(参考)計
アメリカ合衆国	37	34	7	12	24	3	6	123
ロシア ……	35	33	―	―	4	―	2	74
中国 ……	5	17	―	31	15	―	―	68
イスラエル ‥	4	―	―	5	―	―	―	9
フランス ……	2	―	―	4	―	―	2	8
イギリス ……	7	―	―	―	―	―	―	7
ドイツ ……	2	―	―	5	―	―	―	7
イタリア ……	2	―	―	4	―	―	―	6
インド ……	2	―	―	3	―	―	―	5
日本 ……	―	―	―	4	―	―	―	4
スペイン ……	2	―	―	―	―	―	―	2
アラブ首長国連邦	2	―	―	―	―	―	―	2

イギリス国際戦略研究所（IISS）"The Military Balance"（2015年版）による。軍事的に使用される衛星で，国家機密に関わる分野であるため，詳細は不明の場合が多い。同じ名称下で複数の衛星がある場合は，それぞれを1体とする。民生利用を併用するものもある。1)測位・航法およびタイミング（PNT）衛星。アメリカ合衆国はGPS（全地球測位システム）。2) ISRとは情報収集・監視・偵察のこと。地表の軍事施設などを光学画像などで監視。日本の情報収集衛星は内閣府の管理下で，北朝鮮のミサイル問題がきっかけとなり2003年に導入された。3) ELINT/SIGINT（Electric Intelligence/Signals Intelligence）。通信情報や，レーダーなど非通信電子情報による情報収集。4) 弾道ミサイル発射の探知。

索　引

1985年12月10日	初 版 発 行	2006年 9 月 1 日	第17版発行
1987年12月 5 日	第 2 版発行	2007年 9 月 1 日	第18版発行
1989年12月 1 日	第 3 版発行	2008年 9 月 1 日	第19版発行
1991年12月 5 日	第 4 版発行	2009年 9 月 1 日	第20版発行
1993年12月 1 日	第 5 版発行	2010年 9 月 1 日	第21版発行
1995年 9 月 1 日	第 6 版発行	2011年 9 月 1 日	第22版発行
1996年 9 月 1 日	第 7 版発行	2012年 9 月 1 日	第23版発行
1997年 9 月 1 日	第 8 版発行	2013年 9 月 1 日	第24版発行
1998年 9 月 1 日	第 9 版発行	2014年 9 月 1 日	第25版発行
1999年 9 月 1 日	第10版発行	2015年 9 月20日	第26版発行
2000年 9 月 1 日	第11版発行		
2001年 9 月 1 日	第12版発行		
2002年 9 月 1 日	第13版発行		
2003年 9 月 1 日	第14版発行		
2004年 9 月 1 日	第15版発行		
2005年 9 月 1 日	第16版発行		

せかいこくせいずえ
世界国勢図会 2015／16年版

やのつねたきねんかい
編集・発行 公益財団法人 矢野恒太記念会
理事長 森 田 富治郎
編集長 米 永 浩
〒100-0006 東京都千代田区有楽町1-13-1 第一生命本館
電話 {事務局 (03) 5221-7403, 7404
編集室 (03) 5221-7405
URL http://www.yanotsuneta-kinenkai.jp

定価 (本体2,685円＋税)

乱丁・落丁本はお取りかえいたします。
印刷／大日本印刷

ISBN 978-4-87549-449-2

《世界国勢図会の姉妹図書》

日本国勢図会 2015/16 ずえ （公財）矢野恒太記念会編（毎年6月刊） A5判/544頁/定価(本体2,685円＋税)	初版以来88年，わが国の現況をあらゆる分野の統計データをもとに解明した統計年鑑。最新の統計と簡潔，平易な解説で定評がある。
データでみる県　　勢 2015 （公財）矢野恒太記念会編（毎年12月刊） A5判/512頁/定価(本体2,685円＋税)	日本国勢図会の地域統計版。都道府県については経済・社会の各分野から幅広く統計を集めて比較を行い，市町村については主要統計を掲載。
日本のすがた 2015(3月刊) ―表とグラフでみる社会科資料集― A5判/224頁/定価(本体1,000円＋税)	日本国勢図会のジュニア版。多数のグラフとわかりやすい解説によって，わが国の現状が目で見てわかる社会科資料集。
数字でみる　日本の100年 改訂　第6版 （公財）矢野恒太記念会編（2013年3月発行） A5判/560頁/定価(本体2,762円＋税)	日本国勢図会の長期統計版。日本の20世紀以降の歩みを，幅広い分野の戦後統計を主体に，簡潔な解説と年表によって概観できる。